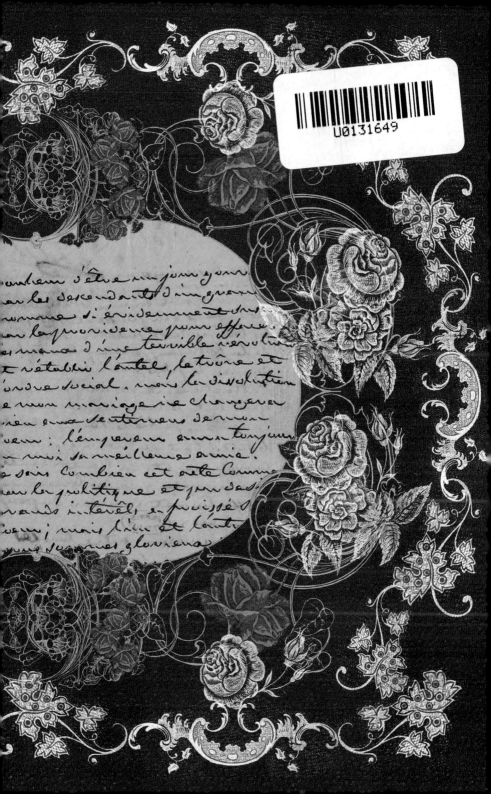

bonheur d'être un jour pour
sur les descendants d'un grand
romans si évidemment dirigé
par la providence pour effacer
les maux d'une terrible révolution
et rétablir l'autel, le trône et
l'ordre social, mais la dissolution
de mon mariage ne changerait
rien aux sentiments de mon
cœur : l'empereur sera toujours
pour moi sa meilleure amie.
Je sais combien cet acte commande
par la politique et par des
grands intérêts, en puisse
cœur; mais l'un et l'autre
nous serons glorieux

马提尼克玫瑰

约瑟芬皇后传

Josephine: The Rose of Martinique

〔英〕安德莉亚·斯图亚特 著

（Andrea Stuart）

余南橘 译

社会科学文献出版社
SOCIAL SCIENCES ACADEMIC PRESS (CHINA)

本书获誉

本书获法英交流协会（Franco-British Society）颁发的2003年度伊尼德·麦克劳德文学奖（The Enid McLeod Literary Prize）、《新政治家》年度图书

它轻而易举地成为这位风姿绰约的女人的最佳英文传记。——安德鲁·罗伯茨，《拿破仑与威灵顿》《拿破仑大帝》作者

斯图亚特把她的故事讲得非常好，专业地将必要的政治和历史事件连缀其间……马提尼克岛的背景被充分而迷人地调动起来……斯图亚特的书写有时如同她笔下的乡村一般丰茂郁美。——安东尼娅·弗雷泽，《玛丽·安托瓦内特：旅途》作者

《马提尼克玫瑰》是一部全面的、真正与人物产生共鸣的传记。在加勒比地区长大的安德莉亚·斯图亚特，既能保持学者的冷静远观，又能真诚地尝试理解她的传主。——《华盛顿邮报》

引人入胜……斯图亚特清晰地写出了（拿破仑与约瑟芬）看似不真实的浪漫关系……这是一个在庞大的拿破仑研究领域

中常常被忽略的女人的顽强一生，读来令人兴味盎然。——《科克斯书评》

这本传记主要闪烁着社会史的光泽，为我们提供了大革命之前和大革命时期的巴黎百景图。它取材于当时的信件和回忆录，勾勒了当时妇女群体扮演的角色，使白人男性乐在其中的关于克里奥尔妇女的异国情调幻想，由女性主导的沙龙的影响，以及野心勃勃的女性想要实现阶级跃迁所需的社交技巧。——《独立报》

一部关于这位著名的法国皇后的研究细致、引人入胜的传记……虽然（约瑟芬）在很大程度上是倚仗她的魅力、时尚感和美貌，但在与拿破仑相伴的绝大多数时间里，她是一位职业女性，是外交官员、礼仪专家和公共关系顾问。约瑟芬生命中的这些方面在以前出版的许多英文传记中都能读到，但斯图亚特的成就在于突出了这些方面，并使之鲜活如生。——琳达·沃尔夫，《亚特兰大宪法报》

斯图亚特认为，皇帝在《拿破仑法典》中对妇女群体的苛待反映了他自己婚姻的动荡与挫折，这个观点读来很有说服力……当斯图亚特叙述至他们生活的终点时，这两人近乎病态的互补仍然清晰，令人心痛。——《出版人周刊》

这个故事在斯图亚特笔下显得激动人心、感人至深……这本书之所以如此好读，是因为它很好地讲述了一个非凡的故事——被那个时代的著名人物以及崇拜者们环绕的约瑟芬，在

一个迷人而动荡的时代的生活。——《文学评论》（英国）

斯图亚特利用日记和书信，细致入微地再现了约瑟芬的故事。……这本研究深入、令人着迷的传记，理应激起普通读者对拿破仑时代的浪漫传奇的兴趣。——玛丽·马尔莫·穆兰尼，《图书馆杂志》

斯图亚特将约瑟芬置于她的加勒比海背景下，并探索她作为十八世纪一位从法国殖民地来到母国的移民的意义，向我们提供了关于这个女人的一生的真正崭新的见解，无论她从那微末的起点走了多远，她总是被称作"马提尼克玫瑰"。——凯瑟琳·休斯，《星期日邮报》

（斯图亚特）在想象与现实之间取得了精妙的平衡，为我们呈现了一个饱满的、色彩鲜活的、有血有肉的时代标杆式人物的形象。——莱斯利·麦克唐维尔，《格拉斯哥星期日先驱报》

献给我所爱的人

目　录

插图说明

1. 拉帕热里庄园的厨房，现为拉帕热里博物馆（Wikimedia Commons）

2. 十八世纪中叶的罗亚尔堡，彩色版画（Wikimedia Commons）

3. 约瑟芬与算命人，大卫·威尔基作于1837年（National Gallery of Scotland, Edinburgh, 译者摄）

4. 亚历山大·德·博阿尔内肖像，乔治·罗杰作于1834年（Château de Versailles, Wikimedia Commons）

5. 玛丽·安托瓦内特肖像，伊丽莎白·维吉-勒布伦作于1783年（Schloss Wolfsgarten, Frankfurt, Wikimedia Commons）

6. 勒-卡姆修道院，大革命期间被当作监狱使用，约瑟芬曾被关押在此（Bibliothèque nationale de France, Paris）

7. 保罗·巴拉斯肖像，根据希莱尔·勒德吕的原作复制的彩色版画，1798年（Wikimedia Commons）

8. 拉扎尔·奥什肖像，让-路易·拉纳维尔作于1801年（Musée de la Révolution Française, Vizille, Wikimedia Commons）

9. 拉福斯监狱中的特蕾莎·塔利安，让-路易·拉纳维尔作于1796年（私人收藏，Wikimedia Commons）

10. 雷卡米埃夫人肖像，雅克-路易·大卫作于1800年（Louvre, Paris, Wikimedia Commons）

11. 詹姆斯·吉尔雷作于 1804 年的漫画："塔利安夫人与约瑟芬皇后在巴拉斯面前裸舞，1797 年冬"（Metropolitan Museum of Art，New York）

12. 拿破仑在阿尔科拉桥上挥舞战旗。安托万-让·格罗作于 1797 年（Louvre，Paris，Wikimedia Commons）

13. 拿破仑掌权时期的杜伊勒里宫。伊波利特·贝朗热作于 1862 年（Louvre，Paris，Wikimedia Commons）

14. 约瑟芬在马尔梅松。弗朗索瓦·热拉尔作于 1801 年（Hermitage Museum，Saint Petersburg，Wikimedia Commons）

15. 奥坦丝·德·博阿尔内肖像，弗朗索瓦·热拉尔作于约 1800 至 1810 年（Musée National du Château de Malmaison，Rueil-Malmaison，Wikimedia Commons）

16. 欧仁·德·博阿尔内肖像，老安德烈·阿皮亚尼作于 1800 年（Museo Correr，Venice，Wikimedia Commons）

17. 加冕大典。雅克-路易·大卫作于 1806 至 1807 年（Louvre，Paris，Wikimedia Commons）

18. 约瑟芬皇后肖像，弗朗索瓦·热拉尔作于 1807 年（Musée national du Château de Fontainebleau，Seine-et-Marne，Wikimedia Commons）

19. 御座上的拿破仑，让-奥古斯特-多米尼克·安格尔作于 1806 年（Musée de l'Armée，Paris，Wikimedia Commons）

20. 第一帝国时期的女式宫装（Metropolitan Museum of Art，New York）

21. 约瑟芬在马尔梅松的花园中，皮埃尔-保罗·普吕东作于 1805 年（Louvre，Paris，Wikimedia Commons）

22. 约瑟芬皇后肖像，安托万-让·格罗作于 1808 年

（Musée Masséna，Nice，Wikimedia Commons）

23. 拿破仑与约瑟芬离婚。亨利·弗雷德里克·肖平作于
1843 年（Wallace Collection，London，Wikimedia Commons）

24. 玛丽·路易丝皇后与罗马王。弗朗索瓦·热拉尔作于
1813 年（Château de Versailles，Wikimedia Commons）

25. 约瑟芬离婚后居住的纳瓦尔城堡。水彩画（Wikimedia
Commons）

26. 马尔梅松宫的外景（Bella Audley 摄）

27. 马尔梅松宫的用餐室（Bella Audley 摄）

28. 马尔梅松宫中的约瑟芬卧室（Bella Audley 摄）

29. "约瑟芬皇后"玫瑰，皮埃尔–约瑟夫·雷杜德作于
1817 至 1824 年（Metropolitan Museum of Art，New York）

30. 马尔梅松花园中的约瑟芬皇后雕像，维塔尔·迪布雷
作于 1859 年（译者摄）

31. 约瑟芬皇后作为马尔梅松守护神的寓意画。弗朗索
瓦·热拉尔作于 1805 至 1806 年（Metropolitan Museum of Art，
New York）

32. 约瑟芬皇后将自己的子女和孙辈介绍给沙皇亚历山大
一世。让·路易·维克多·维热·迪维纽作于 1864 年
（Musée National du Château de Malmaison，Rueil–Malmaison，
Wikimedia Commons）

33. 约瑟芬皇后的陵墓（译者摄）

序　言

我最初被约瑟芬吸引是由于我个人的身份认同感。我们都出生在加勒比地区，是种植园家族的后裔，都在少女时代被带到了旧世界，并不得不在这个与我们身后的世界截然不同的社会中奋力求存。在我看来，这一背景和这些经历塑造了约瑟芬这个女人，并对她产生了深远的影响，如果忽视这些，我们就可能彻底误解她。例如，约瑟芬和拿破仑都是外乡移民这一事实，于我来说能够解释他们二人之间那紧密的纽带（在许多评论家眼中这一纽带并不真实）。所以，正是约瑟芬早年那些鲜为人知的故事吸引我写她。但我越了解她，就越是被她戏剧性的跌宕人生所吸引。

作为传主的约瑟芬受益于人们对她彪炳史册的第二任丈夫拿破仑·波拿巴经久不衰的迷恋。在她逝世后的两个世纪里，已经出现了近六十部关于她的传记（因此写出一部权威的约瑟芬传是不可能的，我只是在这部寻常传记中提供一种新的叙述方式）。然而，这些书有许多是由拿破仑的崇拜者撰写的，他们的真正兴趣点在于寻找一个新角度来接近波拿巴。另一些人则是渴望探索约瑟芬所处的那个迷人的年代。于是，从许多意义上讲，约瑟芬仍像是个未有人踏足的领域。和她的其他传记作家相反，我对拿破仑的兴趣来源于对约瑟芬的迷恋。

但"不朽的约瑟芬"本身就值得我们关注，她的一生甚至比拿破仑更能让我们看到那个时代可怕的沧海桑田，她站在每一次历史动荡的风口浪尖：从为欧洲的文化、知识与经济的腾飞提供金钱的西印度群岛奴隶种植园，到肖代洛·德·拉克洛（Choderlos de Laclos）《危险关系》（*Les Liaisons Dangereuses*）中刻画的旧制度的衰败，再到大革命，她从中勉强保全性命逃出生天，再被"时代的巨人"拿破仑·波拿巴从大革命后颓废堕落的巴黎生活中解救出来。无论是在杜伊勒里宫、枫丹白露宫还是马尔梅松宫，约瑟芬都扮演了新帝国宫廷的核心角色，为帝国的美学和社会氛围做出了贡献。

在经历了五年弗吉尼亚·伍尔夫（Virginia Woolf）口中"如驴拉磨"的传记研究与写作之后，约瑟芬的魅力于我来说丝毫未减。约瑟芬并非她雄姿杰出的丈夫的陪衬，而是一个独一无二的现代女性：一个外乡移民，用她的魅力、适应能力和姿态风仪在一个危险而瞬息万变的时代激流勇进。

这本书的完工得益于许多人的支持和鼓励，没有他们，这一切都将是泡影。我首先要感谢我的编辑乔治娜·莫雷（Georgina Morley），她对这本书信心十足，在我精力不济的时候，她的强化午餐总能让我打起精神来。我了不起的经纪人大卫·葛德文（David Godwin）在我垂头丧气时用他的热情鼓舞我。我还要感谢我的文字编辑塔利娅·贝克尔（Talya Baker），她的辛勤努力使书稿增色良多，还有麦克米伦出版社的每一个人，他们把约瑟芬放在心上，用悉心的呵护支持着她。还要感谢我的约瑟芬同好伊莱恩·哈奇森（Elaine Hutchison），在撰写第一章时她给予我许多帮助，我还要感谢作家协会的大力支持。此外，我还要感谢伊丽莎白·默里（Elizabeth Murray）、伊丽莎白·卡特迈尔·弗里德曼（Elizabeth Cartmale Freedman）和艾米莉·扎恩（Emily Zahn），她们慷慨地和我分享关于拿破仑的有用资料。

为了这项研究，我数次踏上风光无限的旅途。在马提尼克岛——我的研究开始的地方，我收获了极大的善意。我亲爱的朋友，巴巴多斯博物馆馆长亚历山德拉·库明斯（Alissandra Cummins）给我指明了方向。感谢区域博物馆馆长琳恩-罗丝·布泽（Lynn-Rose Beuze），她提供了许多人的联系方式和重要信息；感谢省档案馆的莉莉安娜·肖卢（Liliane Chauleau）的合作和帮助；感谢拉帕热里博物馆的蒙特乔利小姐（Mlle Montjoly），她提供了关于拉帕热里种植园的资料；感谢西蒙娜·罗丝·罗塞特（Simone Rose Rosette）和埃米尔·阿奥特（Emile Hayot），他们热情接待了我，为我提供了许多信息。我最想感谢的是舍尔歇图书馆的阿历克斯·卡尔蒙特（Alex Calmont），他为我提供的帮助远远超出了他的职责范围。在法国本土，我要感谢梯也尔图书馆的工作人员与马尔梅松博物馆的贝尔纳·舍瓦利埃（Bernard Chevallier）及其团队的全体成员，他们让我畅行无阻地参观城堡、搜寻档案。我还要大力感谢卡迪纳特博士（Dr Catinat）和让·阿博（Jean Abou），他们以其魅力和高效为我在法国的研究提供了许多帮助。

xiii

我要特别感谢我的父母，肯尼斯与芭芭拉·斯图亚特，还有我的手足，琳达与史蒂文，他们以不同方式为这本书的出版提供了重要帮助。感谢我的诸多朋友和为我提供意见的人，包括马特·西顿（Matt Seaton）与玛丽白·汉密尔顿（Marybeth Hamilton），他们早早给出的评论非常有益；简妮丝·韦斯特

（Janice West）、丽贝卡·阿诺德（Rebecca Arnold）和博伊德·汤金（Boyd Tonkin），感谢她们定期提供相关的文本；克莱尔·巴拉特（Claire Barratt），感谢她在技术方面的专长；菲莉帕·布鲁斯特（Philippa Brewster），她富有洞察力的评论和周到的编辑建议珍贵一如既往。特别感谢诺曼·特拉克（Norman Track）和我亲爱的朋友、研究约瑟芬的同好桑德拉·古尔兰（Sandra Gulland），她进入这个领域的时间比我早，并一直慷慨地为我提供她的资料和信息源。我还要感谢我的朋友西格里德·罗辛（Sigrid Rausing），她的帮助让我完成了这本书。最重要的是要感谢塔拉·考夫曼（Tara Kaufmann），她充满智慧的批评、编辑上的贡献和不遗余力的支持使这本书成为现在的模样。

我们是被自己热爱的事物塑造成的。

——歌德

第一章 童年

对一座岛的爱是最为严峻的一种激情：它超越了血脉
的跳动，穿过根和土壤，流淌出卧房的边界，奔涌过家庭
薄弱的四壁……

——菲莉丝·阿尔弗雷

一圈光华闪烁的群岛环绕着美洲的中部，它的中心地带便
是约瑟芬皇后的故乡。如今的马提尼克岛是个繁华的法国省
份，从理论上来讲，它和卢瓦尔-谢尔省或加来海峡一样是法
国的一部分，尽管它坐落在绿松石般的加勒比海，距法国本土
有数千英里之遥。这里混居着许多民族，如同一幅拼凑而成的
镶嵌画，讲述了一个关于奴隶制和定居者的复杂故事。这里有
非洲人和美洲印第安人，白人种植园主和取代了甘蔗田奴隶的
印第安雇工，还有来自中国和叙利亚的商人。

岛上的地理环境如它的人口组成那般多种多样。整座岛屿
的形状仿佛这里盛产的一种奇异的蝴蝶，树叶上随处可见它们
的身影。马提尼克岛丰饶秀丽，连绵起伏的山丘中穿插着青翠
的峡谷。芒果和菠萝在没有任何人力培育的环境里蓬勃生长。
香蕉向着太阳膨胀变黄，面包树上沉重地挂满了胖乎乎的绿色
果实。在北方，蕨类植物和兰花装点着繁茂的森林，它们与南
方干旱地区的典型植被——仙人掌和灌木丛相映成趣。事实

上，马提尼克岛像两个截然不同的岛屿合在了一起。靠近大西洋的这边地势陡峭，风高浪急。被加勒比海环绕的那一边则风平浪静，宛如一块柔顺光滑的蔚蓝色地毯。

2　　马提尼克岛有一段耸人听闻的弱肉强食的历史。听说这个岛上"全是女人"的克里斯托弗·哥伦布，于1502年停靠在了"马提尼诺"（Matinino）。那时该岛的原住民，一个被称作阿拉瓦克人的美洲印第安部落已经被更加好战的加勒比人屠杀。后者和第一批到达这里的欧洲人相处得较为和平。到这里来的西方人大致可分为两类，走投无路的和有罪在身的：逃离法律制裁的犯人，厌倦了打仗的逃兵，来了就不再离开的水手。所有的新来者都惊愕地发现，这座特别的天堂里到处都是蛇。

十七世纪三十年代，法国官方宣称该岛为法国所有，殖民竞赛正式开始。人们陶醉于新世界的远大前程和在那里发现的可观财富，从遥远的地方奔来定居：法国来的最多，但也有从英格兰、爱尔兰、西班牙、葡萄牙来的，后来还有意大利。这些人里有顶着新买的或伪造的贵族头衔的冒险家，无权继承遗产于是想自己赚钱的小儿子，以及被法国政府送来的惯犯、盲流、乞丐和公娼——他们以到这里来为代价换取自由。这些新移民全是梦想家和赌徒，心中满怀希望，被重获新生的可能性迷花了双眼。

但在这些岛上是没有法律可言的。海盗和私掠者，背负着他们的谋杀、暴力和沉船的历史，主宰了殖民地的商业和军事活动。这群跨国恶棍穿着标志性的服装，身披皮马甲，戴着金耳环，手持精工打造的大砍刀，给该地区的日常生活蒙上恐惧的阴影，并在加勒比海丰富多彩的神话中写下了他们不可磨灭的名字。那时是海盗们的黄金岁月，是最朝不虑夕、动荡不安的年代。"海岸兄弟帮"的成员中，有英国人波奈特（Bonnet），他声称自己浪迹于海是为了躲避他唠叨的妻子，还有一个叫德·格拉蒙（De Grammont）的法国贵族，他在一次决斗中杀死了引诱他妹妹的人。他们与蒙巴斯（Monbars，绰号"灭鼠人"），以及"海盗们的皇帝"亨利·摩根（Henry Morgan）爵士之流纵横海上。

到了十八世纪，马提尼克岛繁荣的合法与非法贸易使它成为一块兴旺发达的殖民地。此时加勒比人几乎已经完全被消灭。一百多年前开始实行的奴隶制变本加厉，以满足对糖产量的需求，这一"白色黄金"为加勒比群岛带来的财富远超人们的预期。作为南美洲和北美洲的门户，马提尼克岛的地理位置保证了它在军事上的重要性，并为其赢得了"安的列斯群岛的明珠"的别称。岛上最大的两座城市，圣皮埃尔（Saint-Pierre）和罗亚尔堡（Fort-Royal）是"向风群岛"中最国际化的城市，是商贾、旅行家和军人的游乐场与聚会地。这也难怪在 1763 年与英国签订的条约中，法国人在加拿大（众所周知，它被伏尔泰蔑称为"几亩雪地"）和极富商业与战略意义的马提尼克、圣多明各和瓜德罗普等"糖岛"间会选择后者了。

约瑟芬的家族史与马提尼克岛的历史交织而不可分割。她的一位先祖，皮埃尔·贝兰·德·艾斯南布克（Pierre Belain d'Esnambuc）是安的列斯群岛的法国势力奠基人。1635 年，他代表路易十三占领了马提尼克岛。她的另一位先祖，奥兰治的纪尧姆（Guillaume d'Orange）也是一位英勇而大胆的领袖。1640 年，他保护殖民者免遭加勒比人的攻打。

1674 年，他在抗击试图夺取马提尼克岛的荷兰海军时也发挥了关键作用。六代人下来，这两个人的后裔——罗丝-克莱尔·德·维尔杰·德·萨努瓦（Rose-Claire des Vergers de Sannois），一个显赫的种植园家族的女儿，同约瑟夫-加斯帕尔·德·塔舍·德·拉帕热里（Joseph-Gaspard de Tascher de La Pagerie）结为夫妇。

在新娘的父亲，约瑟夫-弗朗索瓦·德·维尔杰·德·萨努瓦眼中，这门婚事可算不得是一门好亲。新郎的父亲加斯帕尔-约瑟夫于 1726 年抵达马提尼克岛，身上除了一纸证明他贵族身份的文书外别无长物。他的血统足以让人刮目相看：他的一位姓塔舍的祖先，于 1142 年捐建了一所修道院，另一位祖先在 1190 年当过十字军。但加斯帕尔-约瑟夫自己没有什么出众的能力，在马提尼克岛也没挣下太多钱。尽管他娶了一位种植园主家的女继承人，但也没能站稳脚跟，最后靠给一些种植园当管家，凭借他强大的人脉关系讨生活。他在岛上的名声很不好——尽管他一直自诩血统高贵——他的一个准亲家（那人的儿子追求他的女儿）对和他家结亲犹豫不决，就因为"她的父亲生活放荡，风流事弄得人人皆知"。[1]

女方的父亲同样门第高贵，德·维尔杰·德·萨努瓦家族的大部分人来自法国的布雷斯特（Brest），但这个家族在岛上扎根的时间比塔舍家族要长得多，和欧洲定居者本身的历史一样长久。他是一个真正的克里奥尔人。这一名称是指在殖民地出生的具有欧洲血统的人（奴隶们称这一群体为"贝柯人"，一个伊博语词，意为"树叶底下的白人"，带有贬义色彩，意指低贱或不合法的出身）。萨努瓦家族在这一地区拥有许多种植园，仅是在马提尼克这个岛上便有价值 6 万

4

利弗尔（livre）①的资产，此外还有大量的现金储蓄。作为岛上最古老、最闻名的家族之一的族长，他是个"大白人"，种植园家族的杰出代表。这些家族互相通婚，同气连枝，以几乎无人掣肘的权力主宰着殖民地的生活。（那些"小白人"则多数是当年被法国政府送来的那些人的后代，生活贫困，大多从事水手、小管理员和生意人等职业。）

如果不是因为罗丝-克莱尔韶华已老，德·萨努瓦先生大概根本不会考虑这门婚事。她当时二十五岁，按照岛上贵族阶层的概念，差不多是嫁不出去了。从未离开过她的小小岛屿的罗丝-克莱尔，无疑是被这个年轻的约瑟夫-加斯帕尔·德·塔舍·德·拉帕热里勾引住了。他在法国宫廷里待了五年，担任来自萨克森的王储妃玛丽-约瑟芙（Marie-Josèphe）的侍从，熏陶出一身的风流态度和世故浮华。罗丝-克莱尔被迷住了，但她父亲没有。不过，这个年轻人当兵当得不错，他回到马提尼克岛后做了海岸炮兵中尉，在该岛的小规模军事战斗中表现突出。这对萨努瓦家族来说是个小小的安慰，出于对膝下没有继承人的恐惧，罗丝-克莱尔的父母勉强同意了这门亲事。

1763年6月23日，这对夫妇的第一个孩子出生在马提尼克岛。五周以后，这个结实的女婴在三岛村（Trois-Îlets）的一座白色小教堂里受洗，两年前她的父母就是在这里结的婚。主持洗礼仪式的圣方济各修士如是记录："今天，1763年7月27日，我给一个五周大的小女孩施了洗礼，她是约瑟夫-加斯帕尔·德·塔舍老爷与罗丝-克莱尔·德·维尔杰·德·萨努

---

① 十八世纪末的1利弗尔等于如今的43英镑。

瓦夫人的合法女儿。"送孩子去洗礼是她的外祖父和祖母提出的。她被命名为玛丽-约瑟芙-罗丝·德·塔舍·德·拉帕热里（Marie-Josèphe-Rose de Tascher de la Pagerie）。亲朋齐聚一堂的洗礼仪式过后，罗丝——被她的黑白混血保姆玛丽恩（Marion）称作"小耶耶特"（Little Yeyette）——按照传统被带到邻近的各个种植园让大家看，接受人们的祝贺、亲吻和赞美，还收到了许多送给新生儿的礼物。

在一系列庆祝过后，小姑娘回到了她出生的地方，它非比寻常。这座种植园被称作拉帕热里庄园（l'Habitation de la Pagerie），现在是一座博物馆，坐落在马提尼克岛西南部这座名叫"三岛"的小村子里，这个村名来自它的海湾边点缀的三座小岛。在被一场飓风袭击之前，村子的视野被小罗丝受洗的那座白色小教堂占据。三岛村的西边便是种植园，地处一块小小的高地上，在一个细长的漏斗形峡谷中间。一个到过那里的人写道，这个地方是一片"和平的港湾"。[2]

拉帕热里庄园被这一带的人称作"小几内亚"，因为它的绝大部分奴隶来自非洲。无论是当时还是现在，拉帕热里庄园都是个风景如画的地方。如此便不难理解罗丝的家人对它的热烈依恋了。他们感到自己已经实实在在地在这片荒野中开拓了新生活。为了征服这块土地并将其据为己有，他们同大自然进行了一场不屈不挠的搏斗。她的祖先一边砍伐、清理、焚烧和建造，而与此同时岛上繁盛的植被也不断破坏他们的工作，裂开墙壁，挪走石头，摧毁地基。种植园五百公顷土地中的每一寸都代表着罗丝所在家族的胜利，是他们意志的纪念碑，象征着他们在最艰险的条件下的顽强战斗力。

拉帕热里的"大屋"是一座相对比较朴素的建筑。按照传统，它建在地势稍高处，以便种植园主时刻盯住他的产业。这是一座风格简洁的白色木质建筑，通风良好，用瓦片覆盖，坐落在大块方形石头垒成的地基上。屋内混搭着传统的法国家具和美洲制造的家具。房间里弥漫着庄园里种植的花的香气：晚香玉、茉莉花、不凋花。房子的三面被阳台环绕，这是一种带板条栏杆的有顶阳台，罗丝小时候经常在这里观景。

房屋外面就是一座整洁荫凉的花园，主要种的是大罗望子树、芒果树和橘子树，它们的花与叶几乎遮住了屋子。最右边和左边是一些附属建筑，包括为大屋服务的厨房。木槿、玫瑰、不凋花和金合欢树组成的树篱包围着整个庭院。我们很容易想象，还是个小娃娃的罗丝被保姆领着，在房子右边的"棕榈巷"里散步。高大的棕榈树组成的荣誉卫队像罗马柱一样矗立在道路两旁，青翠的树叶交错成一顶巨大的树冠；这一直是她最爱的地方之一。

随着时间流逝，耶耶特的小胖腿带着她在自家的种植园里走得更远。拉帕热里真正的荣耀不是它的建筑，而是它的土地。它坐落在一个多斜坡沟壑的山谷里，还有约瑟芬后来经常回忆起的巨大的木棉树。郁郁葱葱的山丘上分布着绿色的牧场和草坪，还有一片又一片绿油油的甘蔗地。始终有牛羊在起伏的草地上吃草。甘蔗叶在微风吹拂下不断舞动，形成了一首首永不停息的谣曲，"如同一片海洋"将工厂和民居围住。透过树叶的缝隙，可以看到加勒比海闪闪发光的蓝色。

该地区原本是加勒比人的耕地，所以当罗丝的家人在此定居时，这里已经有了丰富的水果和蔬菜。山坡上生长着咖啡、可可、棉花和木薯，险峻而陡峭的山上，茂盛的硬木林一直覆盖到山顶。在种植园的周边，始终有可能侵入的，是梦境般的

6

雨林。这里蜿蜒蛇行的藤萝蔓叶掩映着峡谷，在自由生长的植被周围挂起了花环。滋养这一切的是拉帕热里河，它仿佛一条重要的大动脉，从庄园的主体部分贯穿而过。这条河时而迟缓有毒，时而迂回甘洌，时而危险湍急，水流难以预测，其实它是由众多河流汇聚起来的。如今它被称作"五名河"（the River with Five Names）。

从拉芒丹（Lamentin）的山上眺望，拉帕热里庄园更加壮观。种植园三面环山，山峦绵延，绿色逐渐淡去，转成天空中的雾蓝色。最高的山峰卡尔贝（Carbet）顶上笼罩着云雾。在第四面，庄园向三岛村的海湾倾斜下去。从这个有利地形看，漏斗形的山谷会让人联想到那些巨大的天然露天剧场。每一个斜坡和沟壑都被树叶掩盖着。空气中弥漫着清新的盐味和甜美的热带花香。气氛非常宁静。难怪被缓冲在山与海之间的罗丝会觉得这里很安全。她家的土地一直延伸到看不见的远方，对一个小姑娘来说，这里一定像是整个世界。

在罗丝小时候，拉帕热里确实是一整个世界，一块全然独立的飞地。和大多数种植园一样，它是个自给自足的社区，像任何一座小镇一样五脏俱全，主要依靠自家土地上种植的作物和渔猎维持生计。它有自己的木匠和铁匠，有自己的面粉厂和锯木厂，还有一所小小的医院。虽然甘蔗作物是种植园经济的支柱，但拉帕热里也出售山坡上种植的少量咖啡、靛蓝和棉花。它甚至还自己生产蜂蜜和上光剂，这些产品在该地区广受欢迎，它们来自在这里的多种植被中繁衍生息的大量蜜蜂。

拉帕热里一家像专制君主般统治着他们目下的一切。小罗丝从小就享受着王室继承人般的特权，身边围绕着许多爱她的亲人和廷臣——她的父母、她的外祖父母、她昵称"罗塞特"

（Rosette）的姑姑以及她的两个妹妹，分别是生于 1764 年 12 月 11 日的凯瑟琳-德茜蕾（Catherine-Désirée）和生于 1766 年 9 月初的玛丽-弗朗索瓦丝（Marie-Françoise），又叫玛奈特（Manette）。她由她最喜欢的保姆玛丽恩及其两个年轻帮手，热纳维埃芙（Geneviève）和莫里塞特（Mauriciette）照顾，她们给她洗澡、穿衣，呵护她、给她盖被子。罗丝在奴隶中长大，奴隶们只顾着满足她的每一个愿望，她是许多"过分任性"[3]的克里奥尔儿童的典型。

她承认自己"童年被宠坏了"。她从小便知道自己长得漂亮，被人宠爱，受人赞美。尽管如此，她仍是个乖巧甜蜜的孩子，长着一张十分迷人的脸。琥珀色的大眼睛、光彩照人的面容使小耶耶特成为一道美丽的风景线。她那一头栗色的长发一丝不苟地卷好，在海岛灿烂的阳光下闪耀着金色的光辉。她的肌肤被太阳晒得发烫。这个邻里口中"漂亮的克里奥尔"在幼年时期便有一种不可抗拒的魅力。人人都钟爱她，尤其是她一贯严厉的外祖父。她像一只小猫，在吸引人的胆怯和贪婪的好奇心，敏捷和对生命的渴望之间跳来跳去。

1766 年 8 月 13 日，一场大飓风袭击了该岛，并持续了两天，罗丝在拉帕热里庄园的平静生活被粗暴地打断了。风暴的第一个征兆来临时，三岁的罗丝正在她的小木床上睡觉：岛屿西北侧的地平线被轻轻地遮住了，随后夜晚骤然陷入了深深的黑暗之中。通常由月亮和星辰照亮的热带的天空，被黑压压的云层和雨点笼罩。空气中弥漫着雷电和湿气结合产生的硫黄与沥青的气味。

罗丝被捆在保姆的怀里，同她快要临盆的母亲、父亲、妹妹凯瑟琳和一些家丁一道逃出了房子，到炼糖厂的二楼避灾。

8 时速超过100英里的狂风横扫全岛；大地颤抖，火焰从它的胸膛里喷出。河流冲垮了河岸。海面也同样令人生畏：巨浪滔天，似乎要与云层融为一体。溺水者的呻吟和哭喊被海浪的声音掩盖。一位幸存者回忆说："那是一场可怕的大混乱。水、火、风的可怕的狂怒。似乎自然界本身正在走向终结。"[4]

没有什么能抵挡飓风的肆虐。岛上的蔗糖、靛蓝、香蕉和可可等被一扫而空，树木被连根拔起，人和牛被抛向空中。一个小船员被风从甲板上吹起来，然后安然无恙地落到了陆地上。房屋被撬开，屋顶被掀起，就像拔瓶塞一样。在三岛村附近的三一镇（Trinité），飓风的威力"仿佛是在藐视上帝"，把一座教堂从地基上拔起，掀起墙体，然后将它们摔成碎片。"飓风结束后，人们发现一名妇女被压死，她的两个孩子在她的怀中安然无恙地睡着。另一户人家则用自家的门作为筏子，紧紧抓住它，直至获救。"[5]此次灾难中共有440人死亡，580人受伤，无数人无家可归，经济遭到严重破坏。根据一则报道，许多人看到灾后的景象时，浑身湿透，瑟瑟发抖，跪在地上，祈求上帝的宽恕。

当筋疲力尽、目光黯然的拉帕热里一家回到家里时，看到的是一派残破的景象。用脆弱的竹子建造的奴隶住所完全被冲走了。甘蔗和种植园的大部分植被都被夷为平地。牧场上散落着死去的牛，河里漂浮着那些在暴风雨中没能找到安全的避难所的奴隶的尸体。满地是树干和树枝，还有许多家当：衣服、餐具、零星的家具。大屋什么也没剩下。只有他们藏身的炼糖厂和坚固的石砌厨房完好无损。这是一场浩劫，种植园要花几十年才能恢复过来。

震惊退去后，重建工作开始了。全岛的人都被动员起来，清理废墟，重新种植农作物，护理伤员。他们在拉帕热里重建了奴隶区、洗衣房和鸽舍。炼糖厂的二楼被改造成了家庭住所，并在南侧建了一条走廊。住在这里很不舒服，这本是一种临时的安排，但由于经济问题和罗丝父亲的拖延症，一家人将在她童年的余下时间里继续住在这里。

六个月后，罗丝的外祖父德·萨努瓦去世，这加剧了飓风带来的经济困难。一家人本以为会有一笔丰厚的遗产可继承，但贪财的公证人玩了一个阴谋诡计，使他们只继承了他的债务。罗丝的嫁妆已经用完，现在分文不剩。在她的童年时代，钱一直是个烦心事。起初罗丝还太小，无法完全理解这意味着什么。随着她年岁渐长，以及与高度物质化和攀比心强的种植园家庭接触增多，家里不稳定的经济状况就成了更大的问题。但她此时只有四岁，物质上稍有匮乏的日子几乎没有影响到她的日常生活。她感受到的是一个充满亲情和爱的环境，被种植园主显而易见的安逸生活缓冲，而这种安逸是由奴隶们的劳动支撑起来的。

生活慢慢走上了正轨。这个以好客闻名的家庭恢复了娱乐活动。由于房子没有了，正式与非正式的舞会无法举行，但还是可以举办豪华的大型午餐会——这是岛上庆祝复活节、圣诞节、生日和招待重要客人的传统活动。一支由奴隶组成的队伍会连续工作数日，烹饪、烘焙和清洁，为多达300名宾客提供食物。菜肴通常摆放在长长的野餐桌上，桌上铺着白色的亚麻布，并装饰有种植园里栽培的异国花卉。通常情况下，菜肴是法国本土和海岛特色的混合体：有上等法国葡萄酒以及"小潘趣酒"，即岛上版本的朗姆酒；烤肉与酱菜以及当地的美食，比如螃蟹汤、甘薯和烩海龟肉一起上桌；各类点心与芒果、番石榴等热带水果一同罗列。如果天气格外热，会有奴隶用长竹子和鸵鸟毛制成的大扇子给他们扇风，或者回到室内，在能抵御炎热和光线的阴暗房间里睡一个午觉。

这种娱乐方式在岛上被称作"克里奥尔宴"（creolizing），轻松而悠闲，客人们有时会在这里逗留几天。但这种盛大的社交场合很少。绝大多数日子里都没有客人来，罗丝和她的妹妹们得自娱自乐。种植园的生活往往是与世隔绝的，拉帕热里也不例外。人们很难到这里来，在那个大多数旅行既费力又花时间的年代，来这里只能通过骑马或乘马车，穿越险峻和简陋的道路抵达。因此，除了偶尔骑着驴子来拜访的神父之外，这一家人和他们的奴隶基本只能依靠自己的力量。

10　　　如果有一幅描绘约瑟芬童年时代的画作，那它的色调会和高更的调色板很相似。高更是在 1887 年游历马提尼克岛时首次对明亮的色调产生兴趣的。这是一个由三原色组成的世界：天空的钴蓝色，太阳灼热的金色，以及来自落日和热带花朵的斑斓红色。这些主色调中夹杂着各种光谱：粉色、紫色、橙色、黄色、白色和无限色调的绿色，来自兰花、九重葛、凤凰木、木槿和朱顶花等热带植物。种植园里色彩艳丽，空气浓厚湿润，弥漫着金银花、茉莉花和赤素馨花的香气。

农业是种植园存在的缘由，它在背后影响着人们的生活。拉帕热里庄园的生活取决于制糖的节奏。种植园的居民每天早上都会被奴隶主的海螺壳唤醒，召唤奴隶们上工。一年中的任何时候都可以种植甘蔗，而收割一茬甘蔗往往是再次种植的信号，于是奴隶们的工作永不停歇：挖沟、种植、收割、清理，然后从头开始（加勒比地区留存至今的一个象征符号还是妇女们头顶着一捆捆甘蔗，等待榨汁）。因为甘蔗很容易腐烂，所以榨汁是一件十万火急的事情，奴隶们每天工作长达18个小时，先是运送甘蔗，然后榨汁，制造原糖。制糖厂宛如但丁笔下的地狱。在这里，近乎赤身裸体的奴隶在火光、锅炉房的轰鸣声和可怕的高温下辛勤劳作，将刚榨出的汁液转化为浓稠的黑色糖浆。在这些时候，种植园因为甘蔗生长而总是弥漫着微甜的空气中，散开了焦糖的腻人气味。

罗丝很喜欢甜的东西。她徘徊在甘蔗地里，希望能得到一段新鲜甘蔗，切开，剥皮，然后咀嚼和吸吮甘蔗纤维里的甜汁。许多年后，她会在马尔梅松宫的温室里种植甘蔗，让她的外孙们体验她童年的挚爱。但在拉帕热里，甘蔗汁只是第一道美味。还有刚压榨出来的甘蔗汁变成的浓稠黑糖浆，然后是深色的糖蜜，再是晶莹剔透的红糖原料，最后才被提炼成最终的出口产品。罗丝的甜口给她留下了终生难忘的记忆：她的左前门牙是蛀的，这赋予她独特的微笑，灿烂而迷人，但同时完全不露出牙齿。

不过，"糖文明"的进程只是断断续续地侵入她的日常生活，她的日常生活以家庭为中心，还有几个作为看护和陪伴的奴隶。她的童年是在露天地里度过的，宽松而凉爽的棉布衣服方便她自由活动，这是殖民地儿童的时尚。在这个属于她们自己的自然主题公园里，女孩们探寻树木、花朵和水果，观赏黑雀、蓝鹭以及其他二十五种栖息在种植园里的鸟。她们进行比赛，玩抓人游戏或捉迷藏，可以细致地观察蜂窝，折腾蜥蜴，有数不尽的地方可供探索、躲藏和喜爱。种植园是一处令人回味无穷的地方，它的形象深深地印在了她的脑海里，多年后会在她在法国本土打造的花园里重现。

她的童年在活泼好动中度过。罗丝骑着她的西班牙小马，或到山间散步。出远门则坐轿子，她的轿子是一种装饰有流苏和鸟羽的吊床，由奴隶抬着。她还可以出海捕鱼，乘坐小而快的独木舟航行，或者在海湾的浅水浴场中游泳，这些地方现在为纪念她而被称作"约瑟芬浴场"。当奴隶们在马拉松式的舞蹈中庆祝休息日时，她与奴隶们一块儿跳舞，享受着释放和快乐，有时会从日落一直跳到日出。成年后，关于童年她主要回忆起的是种种感官知觉：强烈的光线，被日光晒过的皮肤的温暖，最重要的是轻盈、自由、无拘无束的感觉。"我跑、我蹦、我跳，从早到晚，没有人限制过我小时候的撒野。"[6]

小几内亚有很多神奇的地方，可以激发一个孩子的想象力。有一些神秘的地方，比如一百年前加勒比人用三层岩石建造的奇特水箱，以及他们在岛上各地的石头上留下的神秘雕刻。也有一些静谧的地方，比如河边阴凉的浴池，有时可以发现河床上有半宝石灼灼生辉。罗丝会在她心爱的保姆玛丽恩，或她的妹妹和朋友的陪伴下在这里洗澡，然后坐在长满青苔的冰凉石头上聊天或做梦。热带森林里有很多令人兴奋的地方，有山丘、峡谷和阴森黑暗的所在，尽管脚下有蛇、狼蛛和蝎子等危险，她还是会去探索。在这里，罗丝和她的妹妹们会在她们的小世界的边界线上玩耍、徘徊、做梦和寻宝。

她的体质与在法国本土长大的儿童截然不同。她从灼热的铺路石跳到潮湿而凉爽的草地上；品尝有金黄色外皮的六月李子的苦味，里面还有刺状的种子；呼吸太阳晒过的石头的气息，混合着香草和桉树叶的味道；感受在清澈的加勒比海里游泳时，小鱼群从她脚边飞快掠过的惊喜。黄昏时分，她凝望火红金黄的夕阳，追逐萤火虫，它们像小灯笼一样飘在热带的夜色中，然后在蝉鸣和树蛙的叫声中入睡，这些小家伙的交响乐伴随着黑夜一同降临。

"夜晚具有超自然的光辉。"[7]一位旅行家如此描述马提尼克岛。对于一个听着黑人保姆讲的民间故事长大的小女孩来说，这句话尤其正确。夜晚有成群结队的幽灵：微风摇晃着树木，仿佛在打拍子，甘蔗飒飒作响，果蝠在黑暗中呼啸而过。日光下看似无害的植被，在月光的照耀下变得可怕而诡异。白天还只是一棵树，夜晚就变成了一个生灵，是那些被岛民称作"蒂姆-蒂姆"（tim-tims）的僵尸，或者是鬼魅般的"莫纳-莫斯"（moun-mos）。这些诡异的感觉在奴隶居所的杂音中更趋强烈。当一家人闲适地坐在室内打牌、唱歌或聊天时，大屋里只能看到奴隶们的火堆。但是他们的歌声和讲故事的低语却在清澈的夜风中飘荡。夜晚属于奴隶们，这是他们唯一真正的休闲时光，所以他们的一切生活琐事都是在此时做的。这时候主人对自己的资财最不放心。这是奴隶叛乱和神秘失踪的时间，这加剧了紧张的气氛，使夜晚对于像罗丝这样一个充满想象力的小女孩来说，更加令人不安、好奇和激动。

她现在是怎样的人，将来要成为怎样的人，很大程度上是在这个地方，在她故乡富有异国风情的丰富感官世界中形成的。这是一个必须通过身体而非头脑来领会的世界。这有助于解释她主要是出于感性的智慧和高度演化的审美判断。她的风格让人联想到把她带大的黑白混血妇女们：丰满娇娆，极具诱惑力，就像她们富于感染力的克里奥尔口音使她美丽的声音充满了动人的岛国情调。甚至连她的举止——她在法国因此而闻名——也像岛屿上的"加勒比海的维纳斯"一样，一位观察家说，她们走起路来就像"飘浮在沙地上"一般，缓慢而慵懒，她们的头颅完美地抬起。

在后来的岁月里，罗丝倾向于把马提尼克岛的生活描绘成一个食禁果前的天堂。但这座伊甸园里已经有了一条蛇：奴隶制。许多为她作传的人倾向于在奴隶制问题上给她家加以粉饰，把他们描述成"仁慈的保护者"，但没有证据表明拉帕热里在这方面比其他种植园更好或更坏，也没有证据表明这个家族开创了一个乌托邦式的计划，以消灭种植园生活中的剥削。如果他们有这样做，那就太不寻常了，肯定会被人记载下来。暴行是种植园生活中固有的一部分，不管一个孩子的地位多么高高在上或是受到保护，都无法逃脱它的丑陋和野蛮。

拉帕热里的贫富对比令人不安。家人住的地方有漂亮的花园和成荫的树木，俯瞰着组成奴隶区的 38 间肮脏的小棚屋。在这些黑暗而不透气的小屋子里，地板是碎泥土，床是稻草或兽皮，150 名男女老少在这里睡觉、吃饭、生活和死去。这里也是许多小奴隶的家，他们是耶耶特童年的玩伴：马克西米（Maximin）、自出生以来就体弱多病的提梅达斯（Ti-Medas）、还有独腿的博科约（Bocoyo）。但到一天结束时，拉帕热里姐妹回到了她们美好的生活当中，那是一个始终优雅而美丽的世界，而她们的同伴则回到了另一个黑暗的、充斥着贫穷和苦难的世界。

奴隶们在甘蔗田里工作的景象，在烈日下光着上半身——脊背在皮鞭下弓起，汗水从他们的身体里汩汩流出——这种画面使新到殖民地的游客不安和震悚，而对罗丝来说，这就是她日常生活的一部分。当他们并肩走过甘蔗田，以相同的节奏干活时，在一位旁观者看来，他们"就像步兵的长矛一样令人生畏"。[8] 可作物的丰收就是以殴打和残酷镇压为代价的。奴隶的哭泣声和呻吟声清晰可闻。他们从日出劳作到日落，每周工作六天，一年到头都是如此。而在休息日，他们还要在自己的小块土地上忙活。在劳累过度、疾病和饥饿的夹攻下，死亡似乎是一种幸福的解脱。热心的废奴主义者维克多·舍尔歇（Victor Schoelcher）写道："鞭子是殖民地的灵魂，是种植园的时钟：它宣布什么时候该睡觉，什么时候该起床，什么时候该上工，什么时候该休息……一个黑人只有在死的那一天，才能名正言顺地不被鞭子叫醒。"[9]

在奴隶制早期最残酷的岁月里，许多殖民地奴隶的平均寿命只有二十五岁。路易十四制定的《黑人法典》（Code Noir）于1685年颁布，旨在规划殖民地社会的架构。它标榜自己保护了人类和文明的社会结构，但事实上它是残暴的象征。殴打、用烙铁烙印和活活烧死是对犯罪奴隶的普遍刑罚。而对于那些留下记录的、几乎从来得不到制裁的更怪异的暴行，极少有法律或公序良俗予以制约。种植园主有时会在奴隶身上涂满蜂蜜，将其钉在蚁穴上让蚂蚁咬死；还有的人喜欢将火药塞进犯罪奴隶身上的孔窍，然后点燃。一个到岛上来旅游的人惊恐地发现，就在晚餐之前，他那风姿绰约的女主人将她的厨子活活扔进了烤箱，并无动于衷地看着他尖叫着被烧死。他犯了什么罪呢？洗盘子没有洗好。[10]

奴隶制不仅存在于主人的田地上，它还存在于主人的房舍里，并渗透到主人家的亲密关系之中。约四分之一的小几内亚奴隶从事家政工作：男仆、洗衣女工、护理员、厨师、清洁工。他们不可避免地与主人家的日常生活产生千丝万缕的联系。种植园家庭的气氛与宫廷无异，种植园主就是王室成员。插手奴隶的生活在他们眼中不仅是自己的权利，更是义务：对他们施以告诫和惩罚，乃至干涉他们的性生活，因为在小几内亚生下的所有孩子都是种植园主的私产。奴隶们为了摆脱自身无力的处境，像廷臣一样打听情报，为了待遇和地位四处活动。人人都盯紧其他人，无休无止地争斗，散播流言蜚语和谣言八卦，阴谋诡计层出不穷。在这些背后，是持续不断的恐惧和猜疑的暗流。奴隶们知道自己的生命取决于主人的一念之间。而主人不知道每一张恭顺的笑脸背后是不是犹大之吻；照顾孩子的护理员，甚至是自己的私生子女是否会撒下碎玻璃或在黑暗中提起刀来。（1806 年，罗丝的母亲起诉了她的一个仆人，指控后者企图毒死她。）[11]

性关系使本已紧张的种植园生活气氛更加燥热。男性种植园主和女奴滥交是被广泛接受的，他们也乐意这样做。因此，像罗丝的母亲这样的妇女常常被期望与父亲和丈夫的姬妾，乃至她们的私生子女共居一个屋檐下。难怪有传言说克里奥尔女人对女奴的报复心很重，因为这些女人和她们长久地生活在一起，同时又是她们的竞争对手。

包括强奸和强制生育在内的奴隶制度，在每个种植园家族中都留下了一段隐秘的历史。拉帕热里家族也不例外。罗丝的外祖母德·萨努瓦夫人［出嫁前名叫凯瑟琳·布朗（Catherine Brown）］的种族出身就引人怀疑。在一个对个人血统进行严格审查，以免出现"恐怖"的异族血统的岛屿上，她的祖先的种族仍然笼罩在神秘之中。更具体的疑问是关于那些在屋里做活的黑白混血女人，她们的父系血统问题。比如罗丝的保姆玛丽恩。她的父亲是谁？监工布兰克？罗丝的外祖父德·萨努瓦？约瑟夫？还是其他种植园的白人？漂亮的黑白混血奴隶尤菲米娅（Euphémie）的父亲是谁几乎不问可知，她后来陪罗丝去了巴黎：人们普遍认为她是约瑟夫·德·拉帕热里的私生女。但在殖民地的道德扭曲的世界里，家人同时也是财产，罗丝的同父异母妹妹也是她的奴隶。奴隶制扭曲了人与人之间的关系和感情纽带，即使在家庭内部也一样。

罗丝曾宣称："对于那些没有影响到我个人的奴隶，如果他们犯了什么错，我总是细心地为他们打掩护。"[12]人们从来没有怀疑过她本人对种植园奴隶的同情心，而奴隶们也以热烈的忠诚回报她，她多年后回到岛上时，这忠诚会对她有用。但她所生活的世界中的压迫是不可否认的。罗丝很早就学会了把自己的感情分门别类，在抛洒巨大善意的同时也闭上眼睛，对更广泛的恶行视而不见——这一技能在她今后的人生中会起很大的作用。

罗丝出生在一个复杂的地点，一个动荡的时期。作为加勒比地区最具战略地位和价值的"糖岛"之一，马提尼克岛是英法无休无止的经济和战略霸权争夺战中最爱的一颗棋子，在两国之间不断地来回易手。据家族传说，当罗丝还在母亲肚子里的时候，德·拉帕热里夫人就曾在两个奴隶的陪同下爬上种植园的山头，眺望罗亚尔堡的港口发生的激烈战斗，她的丈夫正投身其中。整整三个晚上，炮声隆隆，火光冲天，事实证明此役是陷入七年战争余波的法军和岛上居民的分水岭级别的胜利。在罗丝出生前三个月，被英国人占领近十年的马提尼克岛重归法国。因此，罗丝以极小的概率避免了成为英国人——就像科西嘉岛在拿破仑出生前夕重为法国所控制，让他以极小的概率避免了成为意大利人。

1763年的《巴黎条约》带来了和平，但代价巨大。岛上 16
的种植园主在多年的封锁和敌占期间积下了巨额债务，他们的种植园收入下降到比经营成本的三分之一还低。那些没有被大火烧毁的庄园被严重忽视，许多建筑物年久失修，而它们的田地和牧场也几乎变成了荒地。在三岛村，情况因疟疾流行以及痢疾和黄热病的暴发而变得更加棘手，无论是黑人还是白人都深受此害。

一系列自然灾害加剧了最初的封锁带来的可怕经济影响。马提尼克岛似乎也不想要自己复苏。罗丝出生几个月后，该岛蚁灾肆虐，它们是被一批非洲奴隶无意中传播来的。在邻近的巴巴多斯，这些蚂蚁为害甚广，以至于居民制订了撤出岛屿的计划。在马提尼克岛，蚂蚁几乎吞噬了所有的植被，连牲畜的草场也不放过。树木被蚁群裹得密不透风，飞鸟都不敢在树枝上停留。就连岛上可怕的蛇类也对蚁群毫无抵抗力，它们被在岛上无情行进的蚂蚁生吞活剥。蚂蚁们成群结队地行进，通过用无数前辈的尸体搭成的桥梁，成功渡过大小河流。尽管岛民竭尽全力，组织狩猎队烧死了数以百万计的蚂蚁，但它们一度看上去攻无不克。蚁灾对居民威胁极大，以至于小耶耶特身边一直有奴隶守卫，当她睡觉的时候，奴隶们就守在她的小床脚下。

仅仅两年后，1766 年的大飓风进一步摧毁了这座岛屿。更糟糕的是，罗丝的整个童年都与岛上的火山佩雷山（Pelée）相伴。它杀气腾腾，以可怕的频率冒烟喷灰，抛出炽热的火山岩烬和流淌的岩浆，使民众提心吊胆，时刻提醒着他们它的致命威胁。岛上一直以来的地动似乎也变得更加频繁。当佩雷山终于在 1902 年爆发时，圣皮埃尔被彻底摧毁，该城的两万人口在十分钟内丧生，火山灰覆盖了全岛。仅有的两名幸存者是一个骑着驴子回来的裁缝和一个酒鬼，后者当时被关押在地下牢房里，因此幸免于难。他后来受雇于 P. T. 巴纳姆（P. T. Barnum）的马戏团，展示他身上被熔岩烧出的壮观疤痕，佩雷山令人望而生畏的破坏力的唯一活证。

马提尼克岛还有另一座火山——奴隶制本身。它在社会的地表下隆隆作响，溃烂流脓，挤压着社会的薄弱处，随时有可能爆发，将所到之处尽行摧毁。一小撮人统治十倍于己的人口，这一困局始终吸引着人们的关注。奴隶制度系统性的残酷旨在使奴隶们保持顺从和恐惧，但这并不能消除殖民者的忧虑。他们害怕奴隶起义，担心自己在家里被毒死；他们害怕跑进山里的逃奴会突袭他们的种植园，趁他们睡觉时杀死他们。他们的负罪感（尽管被压制得很好，而且不被承认）或许给奴隶制这个高压锅增添了另一种有害成分。当然，强烈的偏执和仇恨是会传染的。总督芬朗（Fenlon）在 1764 年写道："我来到马提尼克岛时，心中怀着对欧洲人虐待黑奴的所有偏见。"但在短暂停留后，他宣布："为了白人的安全，必须像对待牲畜一样对待黑奴。"[13]

马提尼克岛等岛屿上的种植园主的焦虑，因蓬勃发展的废奴运动而水涨船高，他们担心废奴运动会激起奴隶的希望，并煽动后者起来叛乱。十八世纪下半叶，批判奴隶制的声势日渐浩大。在英国，这一运动在 1765 年后取得长足进展。在法国，孟德斯鸠、卢梭等哲学家和作家推动了这一运动，卢梭的《社会契约论》一书谴责了奴隶制，他们的思想激发了人们对异国风情和"善良的野蛮人"形象的热情。阿芙拉·贝恩（Aphra Behn）的小说《奥鲁诺克》（Oroonoko）进一步浪漫化了这一理想。这本小说讲述了一位被卖为奴的非洲王子的故事，首版于 1699 年，在整个十八世纪都是畅销书。伟大的狄德罗也抨击奴隶制，他是十卷本《百科全书》（出版于 1765 年至 1772 年，主要讨论当时的主流思想和哲学辩论，当时所有重要的法国作家都参与其中）背后的驱动者。若古尔骑士[①]也是如此，他在著作中对奴隶制和黑人所受的待遇进行了强烈谴责。

雷纳尔（Raynal）神父发表于 1770 年的《欧洲人在东西印度的殖民与贸易的哲学政治史》（*Histoire philosophique et politique des établissements et du commerce des Européens dans les deux Indes*）为法国随后的废奴主义论战提供了动力。和他一道的还有孔多塞与英国经济学家亚当·斯密，前者用笔名"若阿尚·施瓦茨"（Joachim Schwarz）发表了《关于黑人奴隶制的思考》（*Réflexions sur l'esclavage des Nègres*），批评奴隶制的可行性，并提出了在七十年内终结奴隶制的计划。这场论战最终导致了"黑奴之友协会"（Société des amis des Noirs）的诞生，它由布里索（Brissot）和米拉波（Mirabeau）于 1788 年 2 月创立，效仿了格兰维尔·夏普（Granville Sharp）和克拉克森（Clarkson）在英国成立的一个组织。它吸引了拉法耶特（Lafayette）、克莱蒙-通纳尔（Clermont-Tonnerre）、拉罗什福科-利扬古尔（La Rochefoucauld-Liancourt）公爵、特鲁达内（Trudaine）和拉梅特（Lameth）等知名成员，他们（尽管困难重重）致力于即刻废除奴隶制和结束奴隶贸易。

在法国大革命前的动荡岁月里，关于反奴隶制的讨论越来越热烈。在许多方面，加勒比地区的奴隶社会"不过是法国

① 指路易·德·若古尔（Louis de Jaucourt, 1704—1779），法国学者和作家，《百科全书》最多产的撰稿人，书中约 25% 的内容是由他撰写的。——译者注

旧制度的一种华丽的夸张版本，一幅疯狂的漫画"。[14]在马提尼克岛和法国本土，都是极少数特权阶层邪恶地剥削大多数人，特权阶层内部互相举荐，以把持自己在最顶端的地位，自认比劳动人民和充满活力的新兴商业中产阶级都要优越得多。在这两个社会中，最娇生惯养的成员因其富有和闲暇而穷极无聊，沉溺于放纵堕落和漫不经心的残忍行为，令世人为之震惊。马提尼克岛的殖民者和法国本土的贵族是在罗马大火时弹琴的尼禄，无视脚下沸腾翻滚的鼎镬。难怪革命家米拉波将这两个社会相提并论，指责它们都睡在维苏威火山的边缘。

殖民地生活的特殊之处造就了一个复杂而不稳定的社会。殖民者感到自己被外人深深误解，他们认为外人不理解他们所处的特殊的危险环境，其结果是一种被围攻的心态和狂热的独立主张。他们以强大的经济实力为武器，不断与本土争夺自治权，叫嚣说"上帝太高，法国太远"，管不着他们的所作所为。岛上形成了一个由神秘而深奥的社会规则组成的网络，其中大部分规则是以种族偏执为基础的。那些获得了自由的有色人种也不被允许穿用某些衣服、首饰或发型，以免同白人混淆，某些名字只有白人可以用，以避免被可怕地传成是"有色人种"。

这种强烈的压抑感，加上过度的游手好闲，造就了一个风气颓废的社会。酗酒和卖淫屡见不鲜，对女奴的广泛而公开的性剥削也是如此，这让来岛上旅游的人大跌眼镜。赌博也非常流行：岛上到处流传着关于女儿被嫁给别人抵债，或整座种植园在赌桌上一夜之间易手的故事。居民们什么都赌：纸牌、骰子、斗鸡，甚至是在秘密场所斗蛇和獴。决斗经常发生，以至于这个克里奥尔人还不到一万的小岛上的伤亡率有时甚至可以

19

和巴黎一较高下。1779 年至 1780 年，短短几个月内有十七人死于决斗。

这个独一无二的社会塑造了克里奥尔人的气质。在旁人眼里，他们粗俗、排外、缺乏耐心，而且，一位观察家在罗丝出生的那一年写道："他们特别离不开享乐。"富裕的生活方式助长了他们的奢侈倾向，并支撑了他们铺张的待客传统。舒服的气候、美丽的岛屿和轻松的生活节奏发展了他们"活跃的想象力"和强健的体魄，尤其是妇女的"显而易见的优雅"。但是，"赋予他们这些优势的条件同时阻碍了他们的进步"。克里奥尔人从幼年开始就被惯着，在一群奴隶的陪伴下成长，最简单的事也由奴隶去做，他们"懒散"，"没有什么野心"。在后来的岁月里，罗丝会利用这些对克里奥尔人的看法来为自己谋好处，以她所谓的"天生的懒散"为借口，避免做她不想做的事。但这些刻板印象也有正确的地方。罗丝在许多方面都是克里奥尔人的典范，"活泼、爱享乐、感性、任性无常"，[15] 几乎不可能想象其他社会里能养育出她这样的人。

罗丝的母亲也是一个典型的克里奥尔人：态度激烈地保护着她的家庭，对她的岛屿充满热爱。她与马提尼克岛的关系是一种爱情。马提尼克岛融入了她的血脉。她的祖先曾为征服和坐稳它而奋斗。这种与土地的战斗，失败与胜利、屈从与征服的来回易手，为他们与该岛的关系染上一层浪漫的色彩。岛屿的美丽和给人带来的深沉的感官享受也发挥了一定作用：德·拉帕热里夫人对它的反应是发自肺腑的。岛上的山川水土让游客们气喘连连，脖颈上寒毛直立。它的危险和不确定性只会助长它的刺激。她的爱是一种来自肉体的非理性的爱，是一种爱慕之情。她相信没有什么能美过她的岛屿。对她来说，要离开这里就等于死亡。她这一辈子都不会离开马提尼克岛。

相比之下，罗丝的父亲渴望逃离。令他的妻子十分恼火的是，他不断地把马提尼克岛土气的社交生活与法国宫廷的荣华和精致相比较。与他的妻子不同，她家在岛上扎根已经有一个多世纪了，而他则是家族中第一代出生在岛上的人——几乎算不得是克里奥尔人。对他来说，岛上的魅力已经开始黯然失色。曾经让他兴奋不已的美景已经变得熟悉乃至单调，不过是雨季更绿一些，旱季更褐一些罢了。他发现这里的气候很不适合他居住。潮湿和炎热加剧了他反复发作的疟疾和风湿病。

工作也很枯燥。虽然约瑟夫并不讨厌穿着他那套种植园主的制服——带闪亮纽扣的白色夫拉克外套，南京棉布做的骑马裤，拿着金顶手杖在拉帕热里大摇大摆地走来走去，但他发现经营种植园与他的天性很不相宜。创建种植园的挑战和刺激已经烟消云散，剩下的仅仅是维护它：监督监工、检查记账员的账本、仔细核对财务和合同等细致又烦琐的工作。

然而，最让人难以忍受的是孤寂。约瑟夫是个颇善于交际的人，他当年很享受宫廷的欢乐和在军队服役时期的友谊。但由于地理位置和当时交通的限制，拉帕热里庄园在社交上是孤立的——只有他的妻子和女儿，以及一两个不住在奴隶宿舍的白人雇员能当他的听众。"种植园生活的孤独"是整个糖岛公认的综合征，正如一位郁郁寡欢的种植园主给他在法国本土的兄弟的信中所写："没有什么地方的时间过得比这里更慢，也没有什么地方比这里更难捱。"[16]约瑟夫并不是唯一一个眷恋罗亚尔堡的繁华的人，那里的港口停满了船舶，街上有琳琅满目的商品在售。他在那里赌博、喝酒、梦想着在法国重拾他埋葬了的梦想，在他的黑人情妇和朗姆酒杯之间消磨时间。[17]

20

约瑟夫当初和罗丝-克莱尔结婚究竟是出于爱情，还是为了支撑他那岌岌可危的经济和社会地位，目前还不清楚，但这段婚姻几乎从一开始就出现了问题。罗丝-克莱尔在罗丝出生时写给亲戚的一封信中，已经有了些许反抗和自卫的意味："与我们期待的相反，上帝很高兴赐给我们一个女孩……我自己是很高兴的。我们为什么不偏袒自己所属的性别呢？我知道有些女人集许多优点于一身，别的人都不能和她们相比。"

数年后，当她怀上他们的最后一个女儿时，她的恐惧就表达得非常清楚了："我真心希望这会是你期待的小侄子，也许这会让他的父亲对我多一点爱。"[18] 在接下来的日子里，约瑟夫不在家的频率越来越高。虽然在飓风袭岛期间和他们的第三个孩子出生时他都在拉帕热里，但他在家里的另一个种植园——圣卢西亚的佩布奇（Paix-Bouche）和首府罗亚尔堡的时间越来越多。不久之后，她痛苦地写道："他把时间花在他迷人的罗亚尔堡。他在那里寻到的乐趣比和我以及我的孩子们在一起要多。"[19]

约瑟夫的弟弟在为他辩护时写道："他的本意是好的……他爱他的家庭，最爱他的孩子们，但他必须要人推着走。"[20] 然而，约瑟夫无法习惯种植园的生活。他三天打鱼两天晒网的拙劣管理只会加剧战争和天灾对种植园财务状况的破坏。在他的指导下，拉帕热里种植园的规模几乎缩减到了其全盛时期的一半，那个时候它拥有 322 名奴隶，每年的糖产量高达 700 公斤。他的妻子跟在后面收拾残局。对于一个被描述为"因勤劳和坚定的性格而出类拔萃"[21] 的妇女来说，这种情况一定极其令人沮丧。他反复无常的插手，既放任自流，又歇斯底里地活跃过度，成了她的绊脚石。直到他去世多年以后，她才得以放开手脚使庄园扭亏为盈。

利润始终就在那里等着人来获取。拉帕热里出产的糖在蓬勃兴旺的跨大西洋贸易中发挥了自己的作用，使发展中的帝国列强富裕起来。运载着拉帕热里的作物的船只先在非洲停靠，他们在那里用烟草、金币、手帕和珊瑚项链购买新抓来的奴隶。在极为可怕的运输条件下，会有多达三分之一的奴隶在航程中丧生，活着的人被载往南特、拉罗谢尔、圣马洛和波尔多等法国港口，船只在那里装载运往加勒比海的基本物资。抵达加勒比海后，受尽磨难的货物终于被卸下，他们被卖掉、打上烙印、最后报废。随后，船只满载着热带的农产品返回欧洲本土，其中包括让所有经过手的人都富裕起来的"白色黄金"。当然，为它殒命的奴隶除外。

罗丝不可能不知道父母的婚姻裂痕。随着夫妇俩越来越疏远，她父亲不在家的时间越来越多。他在家的时候是个慈父，虽然偶尔会发脾气——这取决于他的健康状况怎样，以及他喝了多少酒。但罗丝-克莱尔才是家中占据主导地位的人，始终发挥影响力的主心骨，值得女儿们依靠。我们从罗丝与父母有生之年的书信往来中，对她和父母的关系有相当多的了解。她与两人的书信都充满了爱和温情，不过她在给母亲的信里有一种敬畏之感，而这在给她父亲的信里显然没有。 22

罗丝作为长女与父母都很亲近。她一定是越来越善于在他们的紧张关系中斡旋，在不伤害任何一方的感情的情况下抚慰双方。这是一种技艺，事实证明以后对她会非常有用。罗丝这一辈子都是个完美的左右逢源的人，能够在不得罪任何一方的情况下驾驭动荡的时代和政治派别，在最艰难的情况下维系人们的感情。她的父母还会给她留下另一份遗产，一份重要而又充满矛盾的遗产：她既继承了母亲对小岛的热切依恋，也继承了父亲同样强烈的逃离小岛的愿望。

整个童年时代，法国都在她的眼前晃来晃去。她是听着父亲对那五年辉煌宫廷生活的讲述长大的：坐在饰有鸢尾花的黄金王座上的国王、王室的狩猎活动、庆祝王储诞生时璀璨斑斓的焰火表演。罗丝还遇到过某些更为具体的诱惑。就在她三岁生日前夕，她父亲的妹妹，被家人唤作"艾德米"（Edmée）的玛丽-尤菲米娅-德茜蕾·德·塔舍写信给家里，说要带罗丝去法国接受教育。全家人都很高兴：到法国本土上学是每个有孩子的克里奥尔家庭都梦想的。她母亲回复说："她表现出很强的天赋，我希望您能在两年之内帮助她利用好这些天赋。"[22] 在接下来的几年里，由于飓风造成的经济困难和外祖父德·萨努瓦去世，送罗丝去法国的计划暂时搁浅了。但一家人仍然充满期待，就像她的外祖母于罗丝五岁那年写的一封信："确实本不该由我送她去——但我想我能尽力帮助你完成理想。"[23]

尽管罗丝热爱在种植园的生活，但她父亲描绘的法国图景过于华美灿烂，比起想象中大洋彼岸的生活，马提尼克岛想必相形见绌了。但如今她的父亲已经接管了种植园的财务，他生性优柔寡断。不过，他的妻子仍然抱有希望。可在接下来的几年里，来自家庭的压力似乎无法扭转约瑟夫的惰性。1775 年，一个亲戚写信给艾德米："我想他现在不会决定动身去法国。理由是这要花很多钱，而他缺钱：他和其他许多老好人都有这个共同点。我告诉他，如果他不送她去，我这里有三个女孩已经准备好去了。"[24] 就这样，法国的美好前程在罗丝成长的过程中一直近在她眼前，却又若即若离地遥不可攀。

七岁的时候，罗丝得了天花。接下来的许多时日，家里人为她的性命提心吊胆。但小姑娘最后痊愈了，且非常幸运地没有留疤——天花很容易使患者毁容。漫长的康复期过后，她的教育问题又提上了日程。她母亲忧心忡忡。"漂亮又善良的孩子，你的性格和心灵都完美无缺，可是你的头脑……哎呀！你的头脑！"[25]她的母亲认为，如果她在法国长大，就能有好的榜样，克服克里奥尔人的"厌学情绪"，但事实就是如此，罗丝对学习不感兴趣。需要采取些措施了。

1773 年，十岁的罗丝被送进了学校。在保姆的陪伴下，她乘坐马车和独木舟渡船，一路舟车劳顿，来到了她父亲的花花世界——罗亚尔堡，后来更名为法兰西堡（Fort de France）。它于 1638 年建城，在海边的沼泽地中发展起来，时至今日，它的臭水沟里依然会爬出螃蟹。在罗丝出生前几十年，它压倒了地盘更大、人口更密集的圣皮埃尔，成了马提尼克岛的首府。它的位置意味着积水时而散发出难闻的气味，热病也经常在这里暴发。该城有一条运河，人们可以乘坐贡多拉（gondola）或小船往来。大大小小的住宅之间有商店、妓院和船只修理所。它的贫民窟里住着一贫如洗的人，还有一个小小的麻风病人聚居区。后来这里有了城镇警察，以制裁酒吧里的打斗，防止马匹在大街上奔跑。随着时间的推移，罗亚尔堡建起了一个可以与圣皮埃尔的集市相媲美的市场，戴着班布什头巾的妇女们在这里售卖进口的猴子和鹦鹉，以及椰子、香蕉、芒果、鬣蜥和各种鱼。

罗丝入读的学校名叫"神意院"（Maison de la Providence），位于这个繁华热闹的城市的中心。它是一座宏伟的白色建筑，两边各有一栋别墅，还带一个院子、一些附属建筑和几个精心设计的花园。安的列斯群岛圣方济各会的教长夏尔·弗朗索瓦（Charles François）神父在罗丝出生的前一年创办了这所学校，在教育之余也为一贫如洗的妇女提供安身之处。根据创始人的说法，这所学校的理念在于驱散因和黑人走得太近而产生的"懒惰"与"堕落"，并将"出身良好的年轻姑娘们"培养为未来的"妻子、母亲和种植园女主人"。这位神父写道："在这个学校里，我们希望给学生打上谦逊、优雅、温柔、谨慎和对工作与上帝的热爱的烙印。这些品质是她们这个性别最好的装饰品，也是所有美德的卫士。"因此，神意院教授的课程以宗教研究为主。

罗丝和其他女学生一样，穿上了红蓝条纹的棉质校服。她们早晨五点起床，开始每天两个小时的祈祷和冥想。弗朗索瓦神父一开始在学术上的任何标榜，在学校开办后的几年里都逐渐放松了，其目标也变得更加世俗和实用。早晨七点准时上课，由威严的嬷嬷和她的教师团队负责监督，这些教师主要来自法国本土。课程包括钢笔字、基础算术、地理、绘画和刺绣。罗丝的父母还额外给她交了舞蹈课的学费，老师是圣皮埃尔剧院的芭蕾舞首席弗朗索瓦，以及当地一位艺术家上的绘画课。

但课业负担并不算重。罗丝和她的密友伊芙每天有三次休息时间，每周放两次假（星期三和星期六的下午），所以有很多时间可以互相倾诉秘密，交换恋爱心得，还有其他贝柯人家庭的无尽八卦，以及法国时尚生活的琐事。任何一所殖民地的寄宿女校都是这个样子。女学生们每月还可以进城一天，罗丝在这一天的大部分时间里都和她的祖母德·拉帕热里老太太在一起，或者去找她父亲在港口服役时的上级。这与其说是一种教育，不如说是一所精修学校①，它更关注的是缩小思想范围而不是扩大思想范围。它培养出来的年轻女孩回家后，一位观察家抱怨说："品位轻浮，脑袋里塞满了浪漫的废话。"26

就这样过了四年，十四岁的罗丝回到了家里，梦想着去法国，梦想着父母能给没多少嫁妆的她安排一门婚事。她在等待中试图重新适应原先的生活。但这并非易事。她已经习惯了学校的欢乐岁月。单调的种植园生活中为数不多的乐趣之一，是偶尔在邻近的种植园或罗亚尔堡的政府大楼举办的舞会。这些舞会是对法国本土舞会的一类略显过时的模仿。在奴隶组成的乐队的伴奏下，宾客们在夜色中闲逛，直到天气变凉，可以进屋。火炬照亮了草地，站在一旁服侍的家奴看着他们长长的影子穿过通明的场地。有时会有烟花或巡回剧团的表演，他们在岛上向来很受欢迎。汗流浃背的舞者身边飞舞着手帕，空气中弥漫着用来装饰房间的热带花卉的香气。

尽管马提尼克岛表面上粉饰得不错，但它仍然是一个非常粗犷野蛮的社会。自定居者在他们眼中的"西大荒"（Wild West）与土地和加勒比人斗争以来，还没有过去多长时间。这是一个商贾而非文化人的社会，人们的谈话总是离不开航船问题、作物轮作和买卖奴隶。与巴黎比起来，马提尼克岛是一个男性主导的地方，孕育出的是一种粗俗的社交生活，那些不能沉溺其中的人都会被排斥在外；至于巴黎，罗丝听说，妇女

① 精修学校（finishing school）是欧洲的一类女校，以培养在社交场上有魅力的、能吸引男性的"上流社会淑女"为宗旨。这类学校一般不传授学术知识，而主要教导学生如何在婚恋市场上变得更有价值。电影《泰坦尼克号》中杰克教罗丝吐口水时曾问她："精修学校里没有人教你们这个吗？"（What, they didn't teach you that in finishing school?）——译者注

在贵族社会这个精致的世界里发挥着独一无二的影响力。一位游客在谈到马提尼克岛粗俗的礼节和内容贫乏的对话时，总结说："这是一个可悲的克里奥尔人的社会。"27

生活在马提尼克岛的人很难不注意到繁华的本土对它的殖民地的矛盾态度。他们都看到了那些满脸通红、一身酒气的种植园主虐待奴隶的讽刺漫画。占领这个与母国相隔千里的世界的家族，永远不被允许忘掉他们只是殖民地的人，他们不应该敢于声称与母国有真正的亲缘关系。对罗丝来说，马提尼克岛始终是她要离开的地方，而法国则能点石成金。她信仰它，就像一个神学院的见习修士信仰圣礼一样。她梦想着起飞，梦想着过上奢华荣耀的生活。

该地重燃的战火使生活更加复杂了。1777 年，正值美国独立战争，马提尼克岛作为法国与叛乱殖民地之间的主要通商口岸，不可避免地被卷入了冲突之中。马提尼克岛总督德·布耶（de Bouillé）将军的处境很不妙。该岛虽然没有正式进入战争状态，但它对宿敌英国的态度是很明确的。尽管巴巴多斯的英国总督警告说，马提尼克岛在任何情况下都不应窝藏参与冲突的"叛军、海盗或其他人员"，但海盗们已经把马提尼克当作在袭击英国海军之余的一个非法藏身地点（总督批准在罗亚尔堡的港口建造一艘名叫"响尾蛇"的海盗船，借此表达自己的支持之意）。法国和美国签订的"商业、友谊和联盟"条约更加剧了该地区的紧张局势。作为回应，英国于1778 年 12 月占领了圣卢西亚。法国在马提尼克岛上驻扎了两千多人的军队，它成了法国在加勒比地区的行动枢纽和对北美的援助中心。

大概是在这个时候，在马提尼克岛服役的蒙加亚尔

（Montgaillard）伯爵见到了这个最终将成为约瑟芬皇后的女孩子。他评论道："她非常优雅，与其说是美丽，不如说是诱人，但就她的体型来说，这样的轻盈和优雅已经是很出众了。她跳起舞来像仙女，如鸽子一般脉脉含情，她有一种无思无虑，一种好卖弄风情的气质，现在已经看不到了。但令人惊讶的是，这种气质在殖民地还一直保留至今，没有改变，表现为任性无常和挥霍无度，尽管她家境可能其实一般。"[28]

　　这段白描显示，即便是在少女时代，罗丝便已有了能吸引那个时代的巨人的魅力。蒙加亚尔的敏锐洞察是不是马后炮，受影响于后起的、强大的约瑟芬神话，我们不得而知，但无可争议的是，即便是伯爵指出的缺点也吸引了拿破仑。后者见到的罗丝已经在岁月的调教下收敛了她的无思无虑。至于她的好卖弄风情和任性无常，拿破仑热爱前者，而纵容后者。

　　有如此的青涩魅力，无怪乎有许多关于她青春年代罗曼史的传闻稗说。其中只有一个可能是真的：她和一个年轻的苏格兰詹姆斯二世党人后裔有过一段简短的田园牧歌，我们只知道那人名叫威廉，姓氏以字母 K 开头。他们在一起几个月后便被两家父母拆散，从此参商两隔，直到约瑟芬弥留之际，而那时她已经病得认不出他了。特尔西耶（Tercier）将军这类人的回忆基本不可信，此人在回忆录中欲说还休地提到他和少女时代的罗丝的一段所谓的爱情："她那时很年轻，我也是……"[29]他的弦外之音只是众多传说中的一个，在这些传说里，男人们企图攀扯那个时代最令人向往的女性，来抬高自己在情场上的风流美名。

　　可能是在 1777 年的某一天，罗丝和两个女友计划去拜访当地的女术士尤菲米娅·大卫（Euphémie David）。她从许多方面来看，都是那种典型的在岛上有影响力的女巫或术士。外人大概会把她们看作江湖骗子，但在一个种植园里，对她们的力量完全置若罔闻是不可能的。当欧洲的医药不管用时，她们的秘方往往行之有效，她们的法术和药水受到欧洲人和非洲人的追捧。

大卫独自一人居住在小几内亚附近的小山中，房子是一座摇摇欲坠的棚屋，道路两边盛开着大朵的朱顶花，这是约瑟芬喜爱的花朵。她的小棚屋里摆着她这个职业的人所必备的物品：风干的草药，装着不知是什么东西的瓶瓶罐罐，以及各种粗糙的容器。姑娘们惶恐不安地走进屋子，把几枚硬币交到这位黑白混血老妇人的手里，然后她挨个盘问她们，接着给第一个姑娘看手相——她的命运并不在"世界的舞台上"，她会和一个种植园园主结婚，在殖民地度过幸福而富足的一生。第二个姑娘是罗丝的一个远房表妹，名叫爱梅·杜比克·德·里维利（Aimée Dubucq de Rivery），她得到的预言完全耸人听闻：她将来会被海盗绑架，漂洋过海，卖到"一座金碧辉煌的宫殿"的后宫之中。历经艰难困苦后，她会诞下一个儿子，这个男孩将登上御座。但大卫总结说："当你体悟到无上的幸福和荣耀后，它们就会随即烟消云散宛如一梦，一场久久不愈的顽疾将要把你带入坟墓。"

第三个姑娘得到的预言也相当激动人心。老妇人告诉罗丝，她的手相显示她将要结两次婚。第一任丈夫是一位和她家有交情的金发青年，他会把她带到欧洲，但这段婚姻并不幸福。她将在历经磨难后再婚，第二任丈夫是个"没什么财产的深色皮肤的男子"。不过，他未来会名扬天下，"荣光照彻寰宇"，使她"地位胜于王后"。"但是"，她总结道，尽管享尽荣华，"你将郁郁而终"，"频频追念马提尼克岛那简单而快乐的生活"。[30]

由于这个故事过于玄妙，来源也不可靠，很多人把它当作杜撰。但罗丝在接受报纸采访时曾提到这件事[31]（一些认识她的人也提过），而那时她还远不能预判自己将来会成为皇后。如果这件事（或类似的事）的确发生过，或许就可以解释约瑟芬的宿命感，因为任何一个在迷信而充满魔幻色彩的加勒比海长大的克里奥尔少女，都不会对这样的一则预言不以为意。至于她的女友们，那头一个姑娘的确成了种植园主太太，就此度过一生，而她的远房表妹爱梅后来的经历，和约瑟芬自己的一样，是一段充满争议、非比寻常的传奇[1]。

一个到过马提尼克岛的人如是描述年轻的克里奥尔姑娘："她是一只笼子里的鸟儿，朦朦胧胧地渴望着自由，却没有想到这种自由将要带来的危险。"[32]他并不认识约瑟芬，但对于约瑟芬的命运，这句话描述得不能再精确了。

罗丝的婚姻之事的首席策划人是她的姑妈艾德米。她给侄女说媒的动机并不单纯。二十多年以来，她和马提尼克及法占加勒比的其他岛屿的总督，弗朗索瓦·德·博阿尔内（François de Beauharnais）保持着浪漫关系。他们二人相识时

---

① 1788 年夏，爱梅在从法国返回马提尼克岛的途中失踪。有传言说奥斯曼苏丹阿卜杜勒-哈米德一世之妻、马哈茂德二世之母、于 1808 年至 1817 年任奥斯曼摄政太后的娜克希迪尔就是爱梅。1867 年，奥斯曼苏丹阿卜杜勒-阿齐兹一世（娜克希迪尔之孙）访问巴黎时，拿破仑三世曾对他提到约瑟芬与娜克希迪尔的亲缘关系。但这一传言至今未能得到证实。——译者注

博阿尔内已有妻子，年过四十，情场和官场上都是老手——早在国王正式授予他侯爵头衔的十年前，他就以该头衔自居了。而当时艾德米才十九岁，身材高挑，一头金发。她还聪明，有野心，意志坚定，其坚定程度就像她哥哥约瑟夫不负责任又好做梦一样。她知道父兄都靠不住，不能指望他们来保护她的利益，她的命运在她自己手中。

起初艾德米设法像取悦侯爵一样讨好侯爵夫人，很快她就被邀请去做侯爵夫人的女伴，和她同住在总督府的屋檐下。艾德米和侯爵日益亲密的感情似乎并未影响到她和侯爵夫人的友谊。唯一的麻烦在于艾德米是个单身女人，因此侯爵夫人开始为她物色一个丈夫，一个能接受他们这种奇特的三人行的人。

一个最可能的人选出现了，名叫阿历克斯·雷诺丹（Alexis Renaudin）。他相貌英俊，是国王的火枪手，刚到岛上不久。他对艾德米的状况一无所知，热烈地渴望娶她。但他的父亲，拉芒丹一个相当成功的种植园主，对有关艾德米和侯爵的流言，以及人们对艾德米的指摘感到不安，因为她"经常滥用她对德·博阿尔内夫妇的影响力，从他们那里获得好处，这引起了最绘声绘色的怨言"。[33]然而，雷诺丹家自己也有见不得人的事。阿历克斯刚刚从索缪（Saumur）监狱放出来，进去的缘由是他父亲控告他企图下毒弑父。这一系列障碍——通奸、糟糕的家庭关系和社会舆论——对这门亲事来说并不是好兆头。阿历克斯和艾德米婚后不久便开始疏远了。

与此同时，博阿尔内的仕途也陷入了危机。1758 年，英国舰队袭击了邻近的瓜德罗普岛，该岛在侯爵的管辖范围之内。岛上负责指挥的上尉绝望地发来求救信号，但没有收到回应。博阿尔内总督明显有义务做出回应，他也有足够的舰船赶

28

去支援，但对他来说有更紧要的事：他要参加他的情妇和阿历克斯·雷诺丹的婚礼。庆典结束已经是三个月后的事情了，这时他才启航前往瓜德罗普。已经太晚了。在许多人战死后，瓜德罗普于博阿尔内抵达的前一天向英军投降。总督毫不犹豫地立即掉转船头，回了马提尼克，把瓜德罗普丢下不管。

这桩丑闻迅速发酵。一本题为《关于英国人攻占马提尼克的信》（*Lettres sur la prise de la Martinique par les Anglais*）的匿名小册子批判总督为一己私情牺牲了瓜德罗普。博阿尔内愤怒地否认了这些指控，还向巴黎发去报告，把岛屿沦陷的责任推到那位勇敢的上尉和其他瓜德罗普军官身上，这使他的行为性质更加恶劣。事情的完整经过逐渐水落石出，侯爵名誉扫地，被召回法国。

因为舍不得他亲爱的艾德米，他设法在马提尼克多留几个月。阿历克斯很快发现了整个马提尼克岛都已经知道的事，他对妻子大打出手，随后便要分居。他启程前往法国，向法院提出合法分居。艾德米一开始回了娘家，但随后为了保证她获得分居后的财产，又和她丈夫一道去法国，身边带着两个奴隶，一个叫夏洛特，一个叫阿特米西。紧随其后的是她的情夫及其妻子，一直很有耐心的侯爵夫人。他们匆忙上路去追艾德米，把幼子亚历山大留给了艾德米的母亲照管。

不着调的博阿尔内夫妇慢慢就在法国长居下来。年幼的亚历山大于1765年回到父母身边，当时他五岁。在朝廷和海军部位高权重的朋友的帮助下，博阿尔内侯爵成功晋升为准将，还因其总督任期获得了一笔10000利弗尔的补贴，这在人均年纳税额为1300利弗尔的重税时代是一笔不小的财富。德·博阿尔内夫人退居她娘家的乡间宅邸，把丈夫的大门向艾德米敞开，后者当时暂住在一座修道院里。当时的巴黎有很多这种修道院，为在婚姻上遇到困难的女士提供庇护所。两个女人都对这一安排非常满意，她们之间一直保持着充满温情的书信往来，直到 1767 年德·博阿尔内夫人逝世。由于艾德米的丈夫在和她分居后又活了三十五年，而当时法国不存在离婚这回事，因此她无法和侯爵结为连理。所以，这对情人直接搬到了一起。随之而来的丑闻并不在于批判他们的通奸行为——这在巴黎见怪不怪，而是他们竟大胆地公然同居。

　　这种状态维持了将近二十年，但此时艾德米意识到是时候为将来考虑了。1777 年她三十八岁，她的情夫六十二岁。而雷诺丹身体康健，还能活很久。没有婚姻作为保障，艾德米知道一旦侯爵去世，她将落入赤贫的境地。然而，继子亚历山大是被她从小养到十七岁的，他"像爱母亲一样爱她"。[34] 所以，为什么不亲上加亲，把他的继承权拉到自己家呢？她计划把亚历山大说给自己的侄女兼教女罗丝为丈夫，后者已经到了适婚的年纪。

　　艾德米写给娘家的信带着新的急切。她在信中要求，尽快把她的某个侄女送来和亚历山大成婚。她热情地描摹亚历山大有"一张讨人喜欢的脸，一表人才，聪明，有天赋，博学，具备一切属于灵魂和心灵的美好品质：他周围的所有人都爱他"。罗丝的父母对亚历山大的"一表人才"兴趣不大，他们更关心他将来可观的私人收入。但令他们琢磨不透的地方在于，亚历山大为什么会想要一个拉帕热里家的女儿。她们的克里奥尔人身份并不是障碍，事实上这是个优点。许多法国本土的贵族家庭受惠于克里奥尔新娘带来的巨额嫁妆，但罗丝没有嫁妆。其实，这桩婚姻的双方都各有算盘：亚历山大还不到继承他母亲那边的大笔财产的年纪，除非他结婚成家。

但是，在侯爵写给约瑟夫·德·拉帕热里的一封信里，出现了一个糟糕的小插曲。"您的大女儿要是能再小几岁的话，我们肯定就选她了，我也同样很喜欢她。但我得交代，我儿子现在才十七岁半，他觉得一个十五岁的姑娘在年龄上和他太相近了。在这种情况下，明智的父母是不得不向客观环境妥协的。"[35]罗丝在做了一堆梦后被踢出局了。侯爵点名要她的妹妹凯瑟琳，后者最近刚因黄热病夭亡，而身处法国的大家还不知道。因此约瑟夫去信告知，说他会带他的小女儿，时年十一岁的玛奈特去法国，等天气一合适就动身。

素日好脾气的罗丝放声哭闹，抱怨咒骂，哀哀乞求。她以一种前所未有的坚韧抓紧自己的梦想不放。她父亲感到惊异，于是写信代长女陈情："年纪最长的那个女孩，之前总要我带她去法国，我怕她会因我对她妹妹的偏爱而受到影响。她皮肤非常好，眼睛很美，手臂生得很漂亮，在音乐方面相当有天赋。她性格很乖巧，渴望见识一下巴黎。如果有选择的余地，我想把两个女儿都带上，但是，一位母亲刚刚失掉一个女儿，怎么能再把她和剩下的两个女儿分开呢？"[36]

可他没有选择的余地了。生性腼腆胆怯的玛奈特发起了烧，她母亲认为这是由于要和家人分离而吓出来的。于是约瑟夫只有一个选择，即带那个亚历山大明确说了不要的姑娘：长女罗丝。也是天意合该如此，大西洋彼岸的情况越来越紧急。侯爵的健康状况日益恶化，他担心以后亚历山大的监护人们会撤回这门亲事。艾德米写道："你听天由命吧，上帝知道怎么做对我们更好……但我们一定要一个你的孩子。快来，带一个还是两个都随便，只要快来。"[37]随后侯爵很快寄来一封信，信

31

中附上一份授权书，同意在马提尼克岛宣读结婚预告。新郎一栏填上了亚历山大的名字，而新娘一栏留着空白。看来，罗丝终究是命中注定要去法国了。

　　艾德米担心亚历山大可能会被博阿尔内家的阴谋所左右，于是要求她兄长快来。但由于约瑟夫身体状况不好，再加上他一贯的优柔寡断，这对父女迟迟未能成行。和往常一样，他似乎没有足够的能力做出必要的种种安排，在他收到授权书六个月后，结婚预告仍未宣读。直到1779年4月11日，马提尼克岛圣母院的神父方才宣布，德·博阿尔内骑士亚历山大-弗朗索瓦将与玛丽-约瑟芙-罗丝·德·塔舍·德·拉帕热里结婚。

　　约瑟夫在制订和执行计划时的磨蹭，某种程度上是由于外在的障碍阻碍了他们立刻动身。马提尼克岛被卷入了美国独立战争的波澜中。作为法国在这一地区的据点，马提尼克岛从冲突一开始就扮演了秘密的角色，现在则是公开的：英法两国正在交战。约瑟夫曾长时间装模作样地在那里巡视过种植园的圣卢西亚，现已落入英军的控制之下，马提尼克岛也正被围困。此外，战争并非旅途中唯一的风险。横渡大西洋的过程危机四伏，飓风盛行的季节很快就要到来了。人们经常在海上失踪。

　　直到1779年9月①，罗丝方启程前往法国。这小小的一队人——罗丝、约瑟夫、她的姑妈罗塞特，以及她的侍女兼同父异母的妹妹尤菲米娅——乘坐海军运货船"法兰西岛"（île

---

①　此处原文如此，似应为7月，不然和第二章开头部分在海上耗时三个月于10月12日抵达布雷斯特的说法有冲突。——译者注

de France）号，和其他船只一起，由"波莫纳"（Pomone）号
护卫舰护航。这个几乎还是孩子的、把她的玩偶娃娃与微薄的
妆奁一起打包的姑娘，站在甲板上，头顶是纤细的吊索和飞舞
的舰旗，在起航的动静和喧嚣中，会想到些什么呢？当她看着
自己心爱的岛屿缓缓从视野中消失时，内心一定充满了兴奋和
恐惧。她告别了她心爱的故乡，告别了一个因次女夭亡、幼女
患病和长女远去而悲伤的家庭，她要去往一片陌生的、崭新的
土地，迎接未知的未来。一个宿命感不那么强烈的姑娘，在这
种环境下可能已经退缩了。

　　事实证明，这会是一次险象环生、令人难受的为期三个月
的航行，因可怕的暴风雨而拖长，为敌军不断的袭击所威胁。
不过，旅程一开始还是很美丽的。船只驶过白沙皓皓的海岸，
穿越加勒比海上漂浮的海草、珍稀的鱼类与透明的软体动物，
在正午炽热的阳光下反射出千般色彩，这一定让人觉得这艘船
仿佛在碧玉的海洋中驶过。罗丝想必望着海浪，惊叹于大海深
处的珊瑚，她的脸颊发烫，头发被风吹得凌乱，她的思绪应接
不暇。当她漂浮在波光粼粼的海面上，最后一次看到加勒比海
的天空中令人惊叹的夕照，或享受着这里的最后一个良夜，而
她的岛屿，马提尼克岛的群山在月华的照耀下依旧微茫可辨
时，她心头会想些什么呢？

32

第二章　来到巴黎

33

她相貌不美，也未施粉黛。

——圣伯夫

罗丝在踏上旧世界的土地时，心中一定怀着难以表达，乃至她自己也说不清的热烈的渴望。当时她十五岁，来到一个从未见过的国家，要嫁给一个她从来不认识的人。但是，她的恐惧会因其期待而有所缓和。法兰西是她父亲回忆中的国度，是他度过生命中的黄金时代的地方。也许这里会为她带来光彩和浪漫，也许这里会成为她自己闪闪发光的回忆的源泉。

然而，无论她出发时怀着怎样愉快的心情，都早已被可怕的航行所磨灭。横渡大西洋的旅程历来漫长而艰辛，而她在"法兰西岛"号上的航行，因可怕的天气状况变得更加糟糕且持久。汹涌的海浪和似乎没有尽头的风暴冲击着船，严重威胁着它的安全，许多旅客的行李都被海水卷走，其损失无法挽回。至少有十次，他们确切无疑地对自己能否生还感到绝望。而法国又一次与英国开战，英国舰队的不断威胁给他们在海上的三个月更增添了恐惧。他们还担心步罗丝的表妹爱梅的后尘，后者在一年前被海盗掳走。①

　　10 月 12 日，船在布雷斯特大港靠岸。此时一行人已经筋疲力尽，卧床不起。航程带来的疲惫一定使罗丝对法国的第一印象变得更加迷茫而不知所措。她面前不是加勒比地区鲜明的色彩，而是法国秋季苍茫的天空。她的肌肤上没有日光的温暖，反而生出潮湿的寒意。还有那些白色的面孔！罗丝这辈子都没有在同一个地方见过这么多欧洲人。布雷斯特本身的面貌便已令人生畏。它位于巴黎以西 310 英里，是法国海军的两大基地之一，让她所熟悉的加勒比地区的港口相形见绌。布雷斯特部分坐落在岩石开凿而成的地方，矗立在欧洲海岸线上占地面积最大、位置最安全的深水湾之一。它那深邃的扇形海湾被丘陵海岬包围，通过一条深而窄的通道连着大海。这个港口也是恶名远扬的布雷斯特监狱遗址的所在地，它们拥有险恶的外观和糟糕的名声，在十九世纪魔鬼岛和法属圭亚那流放地建立后才被关闭。

　　罗丝一行人到达时，迎接他们的正是这个"粪堆"（亚历山大的形容）般的小镇，未来一段时间他们也要住在这里。在离开时的仓促和忙碌中，德·拉帕热里先生以他一贯的不着调，忘了将他们离开马提尼克岛的消息告知雷诺丹夫人，所以她直到 10 月 20 日，也就是他们抵达八天之后才知道他们来了。她收到一张字条，说他们一行人已经抵达港口。她在亚历山大的陪同下即刻出发了，尽管他们走得很快，但还是要再过

---

① Christine Isom-Verhaaren 的论文 "Royal French Women in the Ottoman Sultans' Harem"（2006）指出，现存资料显示爱梅截至 1788 年仍在法国。而娜克希迪尔太后的所有子女均出生于此之前。这也是"爱梅-娜克希迪尔"神话难以成立的原因之一。——译者注

几天才能到布雷斯特。

家人间的重逢一定会有些尴尬。他们要在那里筹办一场婚礼，但关键人物已经有将近二十年未曾相见了。他们拥抱时打量着彼此，过往的家庭回忆扰乱了气氛。雷诺丹夫人上一次见到她的兄长和妹妹时，他们都还风华正茂，充满活力和希望。而现在的约瑟夫是个爱抱怨的病人，罗塞特是个已届中年的老小姐，狡诈刁钻，尖牙利齿。艾德米在他们眼中也变了。原先那个年轻的希腊式美人儿不见了，取而代之的是个贵气逼人的中年妇人。他们上一次见到的亚历山大还是个胖胳膊胖腿的小孩子，现在已是个青年男子了。与此同时，这场爱情剧的新角色，罗丝和尤菲米娅，愁眉苦脸，依然疲惫不堪，饱受舟车劳顿之苦。

约瑟夫的健康状况每况愈下，被迫卧床不起。这耽误的时间给了亚历山大充分的机会来审视他的未婚妻。她并不是他所期待的，或者说得直白些，不是他想要的。与当时的绝大多数法国男性一样，亚历山大对克里奥尔妇女的概念，源于他那个时代围绕着海岛产生的一系列复杂神话。十八世纪的法国充斥着描绘"克里奥尔美女"的画作，画中她们身着迷人的睡衣，或一丝不挂地沐浴，身边陪伴着黑奴或黑白混血奴隶。旅行家的故事加深了人们对克里奥尔妇女的绮思幻想，在这些幻想中，她们几乎如东方女人般性感，像交际花一样诱人。有一个细节淫猥的故事，别有用意地描述了克里奥尔妇女的日常服装，她们的乳房从透明的薄棉纱上"漫溢出来"。另一个则满腔热情地描述了这些轻薄的衣裳对观者产生的效果，它们令人想到"丰满香艳的场面，她们的一举一动漫不经心，更增添了诱惑力"。[1]毫无疑问，这些形象与其说是亲眼所见，不如说是作家和艺术家的狂热编造，但它们影响力甚广，以至于旅游公司也利用了它们，并在它们设计的商业广告中加以推广，以诱导冒险者们去参观这些"有魔力的"岛屿。

至于亚历山大真正见过的那些克里奥尔妇女，只是名义上的克里奥尔人。她们可能是在海岛上出生的，但这些大种植园家族的千金很早就被送到法国本土接受教育，只是偶尔回岛上的家里看看（因此雷诺丹夫人急于让侄女来本土念书）。这些女继承人在巴黎镀了金后，便成为渴望捞钱的贵族家庭的首选新娘。人们认为，她们远比那些虽然有钱但出身资产阶级的金融家小姐要强，因为她们属于贵族行列，尽管只是小贵族。当然，她们身上还残留有属于海岛的神秘感。许多人认为她们比"法国古老土地上的妇女"更美，她们拥有"黑钻石般的眼睛"和"激情洋溢"的天性。她们是"宫廷和首都的统治者"，她们能够被一眼辨认出来，因为"她们走路时撩人的慵懒……以及她们与生俱来的优雅风姿，被普遍模仿但从未被超越"。[2]

出现在亚历山大面前的罗丝，和他曾梦想过的天堂里的鸟儿，或他熟悉的那些娴雅的巴黎克里奥尔女人完全不同：她粗壮、土气、尚在青春期、素面朝天、穿着过时，而且说话时口音浓重得简直能拿刀一切两半。此时无论是罗丝还是她未来的丈夫都绝不会料到，有朝一日她将成为那诱惑了亚历山大和整个法兰西的克里奥尔神话的中坚人物。亚历山大给他父亲的回信措辞小心谨慎，但仍难掩失望之情："德·拉帕热里小姐大概不像你预想的那样漂亮，但我想我能向你保证她亲切友好，讨人喜爱，这能弥补她外貌上的不足。"[3]

相反，罗丝却被她的未婚夫迷得神魂颠倒。亚历山大就是

36　她当初在修道院念书时和朋友们幻想过的那种男青年。那个年
代的人们尤其欣赏亚历山大这一款的人。个子不是非常高，然
而"身材很好"，肩宽胸阔，热切的蓝眼睛，如刀削斧凿的修
长鼻梁，饱满的双唇。头发一丝不苟地梳好，扑上发粉，在脖
颈处用蝴蝶结束起。亚历山大是个军人，而那个时代最富浪漫
色彩的职业莫过于此。他的军官制服给他本来的好皮囊增光添
彩：白色制服，银灰色的纽扣和镶边。他的举止风度最是令人
印象深刻：年方十九的亚历山大已经是个阅历相当丰富的年轻
人了，意气风发，举手投足高雅无比——这是一个真正的人生
赢家。

　　亚历山大是他接受的复杂而广博的教育的产物，就像罗丝
是她接受的原始的殖民地教育的产物一样。从马提尼克岛返回
法国后，亚历山大被送到巴黎的德普莱西学院（Collège de
Plessis），他的哥哥弗朗索瓦已在此就读。等长到十岁时，家
里聘请了一位名叫帕特里科尔（Patricol）的数学老师来教育
这一对兄弟，此人年事已高，对卢梭等启蒙运动的哲学家们怀
着一腔热情。尽管帕特里科尔学究气很重且自视甚高，他还是
在博阿尔内兄弟的人生中扮演了非常重要的角色。亚历山大受
其影响尤深，也许是因为他和自己的父亲关系不睦，因此在老
师身上寻求补偿。

　　过了几年，帕特里科尔带着这一对兄弟去德意志地区学习
语言。此行对年轻的亚历山大影响很大，他变得更为独立自
主。1775 年，兄弟俩敬爱的老师接到一份新职，去教育拉罗
什福科公爵路易－亚历山大（Louis－Alexandre，duc de La
Rochefoucauld）的两个外甥。拉罗什福科公爵是当时法国贵族

阶层中最著名的人物之一，也是启蒙运动圈子里的明星，和伏尔泰、拉法耶特、本杰明·富兰克林都是朋友。这一委托对帕特里科尔来说着实难以抗拒，他带着亚历山大去上任了。接下来的几年里，亚历山大在公爵位于巴黎的豪华公馆，以及塞纳河下游、距首都约 50 英里的拉罗什-居荣（La Roche-Guyon）城堡度过。

现在亚历山大已经牢牢扎根于法国最显赫的贵族家庭，同时也是法国自由派知识分子的核心圈子之中。在这些光彩闪耀的圈子里，他见证并参与了最终将推动大革命的论战。拉罗什福科公爵是政治、科学和艺术界的领军人物，他是法国第一个废奴组织"黑人之友协会"的创始人之一，译介过北美十三州宪法，法国大革命爆发前四年，纽约授予他荣誉市民称号。他还是科学院院士，担任过王家医学会主席。他曾在巴黎的高等法院上发言，呼吁国王关注法兰西的民权。这一激动人心的复杂环境对亚历山大在社交和学识上的发展产生了深远影响。

37

在亚历山大的青春年代，并非所有的榜样都像拉罗什福科公爵那般堪称楷模。他的老师颇有责难地提到了于罗（Hurault）兄弟对这个十五岁少年的不良影响。亚历山大在马提尼克岛第一次见到了他们，据帕特里科尔说，他们一直在给亚历山大讲他们"在驻军地的冒险"作为乐子，他们对妇女和战争的满不在乎的态度给他留下了深刻印象："在他身上，最令我惊讶和非常不快的是他会极度小心地隐藏他内心的感情，并能十分轻易地予以否认。你无法从他的眼神中解读出他的所思所感。他从不脸红……"[4]

这一考语很有启发性。尽管亚历山大还是个少年，但他身上正在发展出未来作为一名老练政治家的不可捉摸，以及冷漠和诡诈。他欺骗和伪装的能力，以及在欺骗和伪装时毫不尴尬或懊悔的能力，会对他的婚姻造成很坏的影响。他的玩世不恭、相当具有掠夺性的态度——尤其是在两性关系上——后来被他的朋友布耶侯爵①注意到了。他写道，亚历山大对风流韵事的强烈追求"满足了他的自尊心，并几乎占据了他的全部精力"。⁵他是个"卡萨诺瓦"（Casannova），风流成性，对征服比对感情本身更感兴趣，亚历山大的女人们仅仅是众多的"战利品"。他经常"讲述他在情场上的好运"，并通过罗列"女士们的头衔和其他特征"来证明他的夸口。比他差不多小十岁，在易受影响的年纪就成为亚历山大的密友的布耶侯爵认为，亚历山大对异性的"轻浮"态度非常恶劣，以至于对他自己后来的感情生活产生了不利影响。

十六岁那年，亚历山大获得委任，加入了公爵指挥的萨尔（Sarre）步兵团。1777 年春季，他随团在鲁昂服役。尽管军队要求严格，他还是能设法找到时间在繁忙的驻军城市中拈花惹草。同年 10 月，他被批准休假，在公爵的拉罗什-居荣城堡度过了头两个星期，然后去大努瓦西（Noisy-le-Grand）找他父亲和雷诺丹夫人。她就是在这时向他透露了结婚的计划，这既能给他带来经济上的独立，又能为她自己提供保障，并改变罗丝的生活。

尽管来的是罗丝，而非她受惊的幼妹，但婚礼安排仍然继续进行。亚历山大爱上了一个来自布列塔尼的有夫之妇，这一消息让雷诺丹夫人更加紧锣密鼓地操办婚事。8 月 25 日，亚历山大给她写信说："后天我要和我的一个朋友一起到乡下

---

① 即前文提到的马提尼克岛总督布耶的儿子。——译者注

去——是去一个海军中尉的妻子家，一个迷人的女人……我打算在那里待两天，在这短暂的时间之内，我将尽一切可能取得成功……也许当这封信送到你手里的时候，我就已经成为最幸福的男人了……"他数日后的来信口吻志得意满："我不会向你隐瞒，你的骑士已经尝到了幸福的滋味。他被一个迷人的女人所爱，她是布雷斯特卫戍区和这一地区所有人渴望的对象……她的丈夫三天前走了，告诉我他要奉命出差三个星期。我衷心希望不会有什么事让他提前回来……"[6]

比安排一个已经公开宣布自己恋爱的男人同另一个女子结婚更奇怪的是，亚历山大和他父亲的情妇之间有一种奇特的共谋关系。他向雷诺丹夫人透露了他征服的细节。他解释说，这是因为她就像他的母亲一样。但他并不是把她当母亲来看待的，因为很少有年轻人会向母亲倾诉这种浪漫的细节，也不会像亚历山大那样附上情妇的言辞露骨的来信，请她"评判我的选择"。不过，亚历山大与雷诺丹夫人的亲密关系，以及他讨她欢心的强烈愿望，至少在一定程度上说明了他为什么愿意配合她安排的婚事。

经过数日的休息和调养，医生宣布德·拉帕热里先生的身体已经差不多可以旅行了。然而，雷诺丹夫人担心长途跋涉到巴黎会影响他的健康，于是做了两手准备，她安排他在出发前先去见一位布雷斯特的公证人，他在那里签署了一份文件，表示同意这桩婚事，并授权雷诺丹夫人全权代表自己和妻子行事。她现在有权指定任何她认为合适的金额作为嫁妆，为此她还有权指定、冻结和抵押德·拉帕热里先生和他妻子名下的所有财产。雷诺丹夫人现在可以轻松地喘口气了：这桩婚事已经

39

完全掌握在她的手中，她目前可以把注意力转移到组织前往首都的旅程上，费用由她来支付。

考虑到德·拉帕热里先生的健康状况仍然很脆弱，这趟旅程是分阶段进行的。一行人于11月2日出发。尽管罗丝晕车，但对她来说，此行一定充满魔力，因为他们看着法国在自己的眼前徐徐展开。他们每天大约走30英里，在一些城镇停留整整一天，以便让德·拉帕热里先生抓紧时间休息。这个节奏足够悠闲，能让这对年少的夫妇增进对彼此的了解。雷诺丹夫人写给侯爵的信很乐观。她写道，罗丝"对你的儿子抱有你希望的所有感情，我非常满意地看到她很适合他……他很忙，是的，非常忙，跟你的儿媳妇在一起"。三天后的另一封信欢呼道："事情不断变得越来越好。"[7]

这并非完全一厢情愿。未婚夫本人在给父亲的信的开头写道："与德·拉帕热里小姐在一起的快乐……是我没给您写信的唯一原因。"[8]罗丝当然被她优雅的未婚夫迷住了。她从来没有见过像他这样的年轻人。他的自信就像一面围绕他的神奇盾牌，似乎没有什么情况是他无法控制的。粗鲁的旅店老板一看到他便恭恭敬敬；他总能正确地辨认出葡萄酒的品种；旅途劳顿也不会在他那无懈可击的制服上留下任何痕迹或褶皱。反过来，亚历山大也不禁因罗丝赤裸裸的爱慕和流露出爱意的大眼睛而颇为自得。从一种相当高高在上的角度来讲，他很喜欢她的陪伴；她迎合了他的自视甚高。但他也敏锐地意识到，对于他决心要在其中大显身手的时髦社交圈，她根本就不适合。

当一行人终于来到巴黎这座大城的门前时，罗丝的兴奋一定会发展到狂热的程度，因为它的"毫无节制的华丽与丑恶的奢侈"。进城的路两旁都是漂亮的行道树，蔚为壮观。不过，首先冲击她的会是气味。巴黎也许是"世界的首都"，是科学、艺术、时尚和品位的中心——但它也是"恶臭的中心地带"。据说这座城市的腐臭味"在三里格外就能闻见"，其浓郁的恶臭空气厚重到几乎可以看见。它的气味过于令人恶心，以至于许多初来乍到的人都被反胃的感觉压倒，有些人甚至会昏过去。

40

　　在气味的支配下，穿越首都的旅程会在感官的巨大昏沉中度过。当他们的敞篷车在鹅卵石铺成的街道上腾挪颠簸时，罗丝被周边高得似乎要消失在空中的建筑物、没有人行道的狭窄而肮脏的街道和可怕的交通堵塞包围。她从来没有见过这么多人：乞丐和衣着整齐的管理人员、送奶女工和搬运工。一张张海报从她眼前闪过，从寻找丢失的猫到兜售望远镜，应有尽有。噪声震耳欲聋。小贩们的叫卖声和赌咒发誓声，街道上持续不断的喧闹谈话全融合在一起，听起来像是一种完全陌生的语言。

　　最终一行人在特文诺街（Thevenot）的房子前停了下来。它坐落在一条相当狭窄的街道上，位于一个曾经非常时髦但现在却很凋敝的地区，它是一栋细细高高的两层楼房，壮观的正门由某个不知名的女神的石雕头像守护。这栋房子原本属于侯爵的祖母，最近才成为侯爵和艾德米的住所，他们放弃了在加兰西埃街（Garancière）的时髦公寓，好让这对年轻夫妇能和他们住在一起。这栋冰冷的房子，加上住在这里的三个中老年人，以及周围衰败的宏伟、臭气和噪声，就是罗丝的新家了。

　　放好行李、安顿下来以后，雷诺丹夫人立即开始策划婚礼。有婚约要拟定，有妆奁要订购，有宾客要邀请。12月的第一周宣读了结婚预告，它早在八个月前就在马提尼克岛宣读了三次。为确保万无一失，雷诺丹夫人安排在三个不同的教区宣读结婚预告：大努瓦西，婚礼将在此地举行；她刚刚迁出的圣叙尔皮斯（Saint-Sulpice）；以及他们刚刚搬来的圣索沃尔（Saint-Sauveur）。12 月 9 日，她申请免除再读和三读结婚预告，并获得了批准。[①]

次日，结婚协议"在德·拉帕热里先生位于德·雷诺丹夫人家的居所里"签署，当着几位见证人的面，包括这对夫妇的父亲、亚历山大的哥哥弗朗索瓦和路易-萨缪尔·塔舍（Louis-Samuel Tascher）神父，他是约瑟夫的远房亲戚，也是他挑选的代理人，以防他的健康状况再次恶化而无法出席婚礼。新娘的父亲承诺会出一笔 12 万利弗尔的丰厚嫁妆，她的妆奁包括在其中。[②] 这个数目是根据在西印度群岛的财产折算成现金而来的，而且大家都知道，这笔钱是镜花水月。毕竟约瑟夫连支付来法国的旅费都很勉强，所以他不可能拿得出这笔巨款。罗丝预计真正能得到的数额是每年 6000 利弗尔，也就是她父亲许诺的那一大笔嫁妆的 5% 的年息，这就少得多了。但如果这笔钱能如数支付，在王室年平均税收为 1400 利弗尔的年代，它仍然足以让人过上舒适的生活。

41

---

① 根据天主教规定（自 1213 年的拉特兰大公会议之后），举行婚礼前必须在连续三个圣日，在所在教区公开宣读三次结婚预告，其目的是为了核实夫妇双方的身份，以及通过公开透明来确保这段婚姻没有障碍（如重婚或未满结婚年龄）。如果申请免于宣读结婚预告并获准，则可取消这一环节，好处在于可将结婚日期提前，并降低有人阻挠这段婚姻的风险。——译者注

② 嫁妆（dowry）和妆奁（trousseau）是两个不同的概念。嫁妆是新娘从娘家继承的财产，用途是在婚姻存续期间和守寡后为她提供生活来源。妆奁是新娘带到夫家的陪嫁物品，包括服装、首饰、家具及其他生活用品，可从娘家带来，也可在结婚前购置。——译者注

　　罗丝在婚约中的贡献是她从亲朋那里收到的贺礼和家具。它们总共价值 15000 利弗尔，但并没有计划把它们从马提尼克岛运过来。亚历山大带来了他从母亲和外祖母那里继承的巨额收入，每年从她们在圣多明各的房产和在法国的家族地产获得的 40000 利弗尔。到目前为止，对这段婚姻贡献最大的是雷诺丹夫人，她给了罗丝位于大努瓦西的房子和里面的全部家具，以及一大笔钱，目前属于她的一位亲戚，但这位亲戚死后归她所有。然而，由于雷诺丹夫人在有生之年对这些财产保有权益，罗丝目前无法动用它们。

　　婚礼终于在 12 月 13 日举行。这并非一场很时髦的活动，而是在大努瓦西寒冷的郊区小教堂里举行的一次肃穆仪式。为了庆祝这一时刻，新郎以他惯有的胆量授予了自己子爵的头衔，而他当时还没有资格用这个头衔。博阿尔内家的人都来了，亚历山大身边有许多给他撑场面的人，包括众多的堂表兄弟、他的家庭教师帕特里科尔、他的哥哥弗朗索瓦和他在军队里的许多朋友。可怜的罗丝几乎是孤身一人。正如他们之前担心的，罗丝的父亲因病没能出席婚礼，她是被神父领来的，虽然神父也是她的亲戚，但她和他并不熟识。新娘身边没有母亲、姊妹或朋友为她张罗，对她的婚服发表慨叹，倾听她的恐惧，擦去她的泪水。唯一来自妇女的支持是她的两个姑妈，罗塞特与艾德米，但她和她们两个都不十分亲近。她的签名稚嫩而飘忽，是婚姻登记册上唯一的女名。婚姻生活就此开始了。

第三章 婚后生活

42

在法国，卑鄙者通常左右逢源，高尚者往往朝不保夕。

——尚福尔

这对年轻夫妇婚后便立刻在特文诺街安家落户了。博阿尔内公馆（Beauharnais's hôtel，"公馆"这个词是当时对私人宅邸的称呼）所在的地区位于今天的格兰大道（Grands Boulevards）和中央大市场（Les Halles）之间。这一地区自路易十四将宫廷从卢浮宫和杜伊勒里宫迁出之后就没有真正时髦过。到了1779年，那些高大的贵族住宅，排列在黑暗而缺乏光照的街道两旁，带着高高的花园围墙和锻铁栏杆，体现着一种已经褪色的华贵宏伟。宅邸本身像是一座陵墓：庞大、幽闭、寒冷，进门是一间壮观的入门厅，接着是宽阔的接待室，装饰着吊灯、挂毯、油画和镀金家具。一部大楼梯通向一家人不通风但宽敞的卧室，然后通向仆人们居住的孟萨尔式屋顶阁楼。石制的房屋采暖很糟，冬天寒冷，夏天闷热。外面的道路非常狭窄，马车无法转弯，而且它的中心有一条臭水沟。对罗丝来说，在冬季搬到特文诺街居住一定是一种囚禁的感觉，大部分时间待在室内，在阴冷无风的房间里，由一声不响、无精打采的仆人服侍。这与她在马提尼克岛的户外生活大相径庭——那里四周都是自然界的美景，有明亮的阳光与柔和的热带空气。

　　对于十六岁的罗丝来说，这一定像是有一层纱蒙住了她之前所知道的一切。在这个新的国家里，一切东西对她来说都是陌生的，令人兴奋且充满威胁。要学习的东西太多，要习惯的东西太多，简直就像重新活一次一样。她是带着对法国的期待来到这里的，她还不太确定现实会如何与她的期待相匹配。她没有意识到，自己很快就会对周围的一切感到困惑，从天气到人。天空为什么是灰色的，不是蓝色的？大家吃饭时八卦的女演员都是谁？这位号称能用电治病的梅斯梅尔（Mesmer）又有什么魅力？就连他们对王室的态度也和她预想的不一样。这并不是说国王和王后不受欢迎，他们还是很受欢迎的，因为法国参与北美独立战争的行动很成功，但也没有她父亲表现出来的那种崇敬之情。相反，抱怨自己在宫中的职位，或者嘲笑国王——他是个好人，"尽管看起来像个跟在犁后面蹒跚的农民"[1]——是一种时尚。

　　但没有时间去怀旧了，罗丝要学习一座城市。巴黎，"欧洲的首都"，在1779年还是一个半中世纪的要塞般的城邦，国王的刽子手公开执行酷刑，偶尔会有马匹或猎犬追着一头跑进市中心的鹿扰乱交通。对于在马提尼克这样的小岛上长大的罗丝，这个辽阔的、不方便的大都市一定相当不同寻常。即使在家中，她也能听见城市里的喧嚣，马蹄和马车的哒哒声，车轮在鹅卵石路上的辘辘滚动声。渐渐地，她窗外莫名其妙的嘈杂声响开始变得有意义了。现在，她能分辨出穿不雅的红色背带裙的送奶女工的吆喝；到处兜售抹布、扫帚和旧铁器的小贩；端着大托盘的苹果和橘子小贩；以及城里两万名卖水的人。

"巴黎是世界上最好的剧院。"十九世纪的记者和政治家儒勒·巴斯蒂德（Jules Bastide）如是说。一天到晚都有街头艺人——玩杂耍的、走钢丝的、魔术师和江湖医生——吸引着观众，与四处游逛的鞋匠、奔波的搬运工、擦地板的人、书摊、小饰品店和甜食贩子争夺人们的注意力。这座城市似乎从不睡觉。午夜过后，一天的工作就开始了，市场上的商人和农民乘坐颠簸摇晃的马车，前来首都售卖他们的蔬菜、水果和鲜花。天一破晓，面包师、卖柠檬水和咖啡的小贩以及其他走街串巷的食品小贩紧随其后，为即将进城的人们提供食物，他们的叫卖声给清晨增添了活力，与此同时，理发师们带着梳子、卷发钳和发粉在城市里奔波，为他们的主顾服务。到了早上，城市的街道上挤满了赶往市场的牲畜、乘双轮单匹马车的舞蹈教师、乘双轮敞篷马车的击剑教师、载着人们去外省和从外省来的马车，还有坐在疾驰的大轮子轻便马车里的时髦男青年。

徒步在城市中穿行是一场噩梦，英国旅行家亚瑟·扬（Arthur Young）指出："街道非常狭窄，许多路上拥挤不堪，百分之九十都很脏，而且没有人行道……在巴黎徒步对一个男人来说意味着疲惫和辛劳，而对一个衣着体面的女人来说则是不可能的。"[2]行人面临的另一个威胁是巴黎人民即使在繁忙的大道中间也不怯于露天大小便。1775 年曾造访巴黎的沙龙女主人兼作家海丝特·特拉勒（Hester Thrale）说："妇女们在大街上蹲下身来，就像在关着门的厕所里一样镇定自若。"[3]那些徒步的旅行者通常很明智地穿黑色衣服，动作非常灵活——敏捷地跳到一边，或者贴在墙边以避免被挤到。和马车一起跑的狗使路况更加恶化，它们（通常是大丹犬）跑在主人的车子前面，撞倒的人（包括卢梭在内）几乎和马车撞倒的人一样多。即使是像罗丝这样乘马车出行的人也很辛苦。交通问题"使街道变得过分危险"。每年有两百多人死于街头事故。下雨使情况更糟。雨后人们会被城中恶名远扬的泥浆溅到身上，这是一种由有毒的污水、排泄物和泥土组成的混合物。虽然它们会被定期铲起来用作肥料，但路上仍然有厚厚的一层，被每场大雨渲染成恶臭的泥浆。

铺天盖地的臭气为这座城市绘制了一幅属于自己的地图：罗丝家附近的胶水和制革工坊的排放物气味；司法宫、卢浮宫、杜伊勒里宫和巴黎歌剧院的可怕的尿臊味；以及恶臭的中心地带——城北的蒙福孔（Montfaucon），污水池和屠宰场在那里并排而立。这些气味与其他千百种来源，如肉店、公墓、医院、排水沟的气味混杂在一起。罗丝渐渐能够辨别出所有的气味，这是生活在这座城市里的每个人都掌握的技能。正如著名的巴黎编年史家路易-塞巴斯蒂安·梅西埃（Louis-Sebastien Mercier）所言："如果有人问我，怎么会有人能待在这种肮脏的地方，所有的恶习和疾病层层堆叠，空气被千百种腐臭的蒸气毒害，周围是屠夫的店铺、公墓、医院、排水沟、尿流、粪堆，以及染布工、制革工、鞣皮匠的摊位……如果有人问我，一个人怎么在这个深渊里生活——浓烈的臭气厚重得几乎能看见，方圆三里格内都能闻到……我会回答说，巴黎人已经习以为常，他们习惯了潮湿的雾气、有害的蒸气和难闻的烂泥。"[4]

这些条件意味着许多人觉得在巴黎待不下去。一位英国外交官总结说："这是一个人所能想象的最拙劣、建得最差、最肮脏、最臭气熏天的城市。"另一位外交官则对这座城市的风景不屑一顾，他说："总的来讲，这是我到过的最沉闷和阴暗的城市之一。"然而，巴黎仍然吸引着来自世界各地的游客，因为它也是"欢乐之都"。正如美国人古弗尼尔·莫里斯所写："我所见到的已足以让我相信，一个人大概会在这座城市里不断地工作上四十年，然后在不知不觉中老去。"他的结论是，寻欢作乐是法兰西首都的大事。他写道，一个住在巴黎的人"生活在一种旋风之中，它旋转得如此之快，让他什么也看不见"。[5]

幸好这座首都能提供如此之多的娱乐，因为在罗丝婚后的最初几个月里，她仅有的一些消遣就大多来自城市的大街小巷。毫无疑问，她曾期待她的新生活是一连串光华闪闪的私人晚宴、舞会、剧院和化装舞会，但现实却没有那么迷人。她的社交生活主要局限在亚历山大的亲朋好友圈子里，而事实证明她进入宫廷的梦想也只是个梦。她的婆家尽管在社会上很有地位，但还没有达到那种能入宫的贵族等级。

进入巴黎社交界的早期机会来了，是由艳丽而活泼的范妮·德·博阿尔内（Fanny de Beauharnais）提供的。她自己和侯爵的弟弟结了婚，她的女儿和亚历山大的哥哥结了婚。被全家人称作"范妮阿姨"的女人热情、优雅、漂亮。她年轻时缔结了一场灾难性的婚姻，现在已经与丈夫分居，把精力投到了情场、文学事业和主持一家有影响力的沙龙上。她的创作既倾向于感伤的早期浪漫主义运动，也贴近多拉诗派①的风雅轻诗。她笔耕不辍：她写过许多诗歌、小册子和一部题为《为

---

① "多拉诗派"（School of Dorat）是法国十八世纪七十年代的一个文学团体，以范妮·德·博阿尔内和诗人克劳德-约瑟夫·多拉（Claude-Joseph Dorat，1734—1780）为首。这个团体的诗人被称作"轻诗人"（poètes légers）。——译者注

爱所蒙蔽》（*L'Aveugle par amour*）的小说。

但是，范妮获得的声誉和影响力主要来源于她的沙龙女主人身份，她主持的沙龙后来被称作"也许是大革命前夕巴黎最重要的沙龙"。[6]当时的报道描述她"端坐在银蓝色的沙发上，妆化得很浓，扑了粉的头发上装饰着粉红色的玫瑰花蕾"。她的追随者中有"通晓世故、富有阅历的人和文人才子，尽管后者的分量很不均衡"。[7]他们当中既有感伤主义者，也有改革家：如库彼埃（Cubières）、雷蒂夫·德·布勒托纳（Restif de la Bretonne）和编年史家梅西埃等人，一位评论家将他们称作"品位低下的三巨头"。并不是人人都喜欢她位于巴克街（rue du Bac）的沙龙：一位来访者发现这里烟雾缭绕又闷得慌——范妮讨厌新鲜空气——以至于咳嗽声比交谈声还多。

不过，在罗丝看来，这就是高雅的最高境界了。但不幸的是，她在沙龙里没有给别人留下好印象：她缺乏必要的社交技巧，对艺术或政治发表不出意见，而且太害羞，不机灵。范妮阿姨真心喜欢罗丝，很乐意把她介绍给聚在她沙龙里的人。但亚历山大对他年轻的新娘的笨拙感到羞愧，越来越多地把她留在家里。

罗丝被允许和她丈夫一同分享的另一个消遣是共济会，但在这里他也越来越不愿意让她跟在身边。当时共济会在男女中都非常流行，在巴黎有很多俱乐部，其名称通常与道德修养有关。亚历山大和罗丝加入了"三重光明"（La Triple Lumière）。虽然这些俱乐部后来和推翻君主制的政治异见联系在一起，但此时它们只是一些专属的俱乐部，为特权阶层提供机会，让他们可以穿着漂亮的衣服调情，参加"为在俱乐部看来应受惩

46

罚的小事而进行的愚蠢忏悔仪式"。[8]而罗丝又一次没能出彩。

当亚历山大回到他的军团服役后，罗丝的世界变得更狭窄了。特文诺街的日子很漫长，只有那几个比她年长很多的亲人——她仍然抱病在身的父亲、她的公公和她的姑妈陪伴着她。她在巴黎没有朋友，她的娱乐方式就是乘车在城中长时间地兜风。据说她把丈夫送给她的那几件首饰放在衣兜里玩，像个小女孩一样向熟人炫耀。她想念丈夫，向亚历山大抱怨他不经常给她写信，这为她招来一顿严厉的训斥。"请相信我的公正，不要用我不该担的指责来破坏我读你写的信的乐趣。"[9]

很难描述这个时期的罗丝。她很不喜欢写信，所以我们对她此时的生活很少有第一人称的描述。她将长成的成年女性是由试验和经历锻造出来的，而这个阶段的她还很年轻，没有长成，缺乏自信和主见。在那些个性张扬、野心勃勃、充满自信、与他们的世界合拍的成年人的包围下，她变得不知所措，被他们的声音淹没了。她像个幽灵一样在这两种生活的变换中飘来飘去，她不再是加勒比海的公主，但也还不是一个巴黎女人。她似乎一直急于讨好别人，急于被人爱，黏人，占有欲很强。然而，亚历山大在给她的信中的怨言——以及她很少给他写信——表明她也出现了一种近乎青春期的郁郁寡欢和叛逆。她毕竟只有十六岁。

亚历山大还没有完全放弃希望，他仍想把他的新娘塑造成一个配做他妻子的女人。虽然她让他恼火，但他觉得她的爱慕很可爱，而当她不在身边的时候，他对她也逐渐产生了感伤的情绪。然而他决心改造她，他给她写的很多信更像是一个老师写的，而非出自爱人之手。在 1780 年 5 月 26 日的一封信中，他明确表示要根除她的缺点："我很高兴看到你向我表现出的提升自我的愿望。这样的品位不难达到，而且总能给人带来纯粹的快乐，它还有一个宝贵的优点，就是不会给关注到它的人留下遗憾。通过坚定你已下的决心，你学到的知识将使你超出其他人，把智慧与谦逊结合起来，会使你成为一个有成就的女人。"[10]

罗丝不是亚历山大和巴黎欣赏的那种女性，对这一点她自己心知肚明。她不时髦：她所习惯的简约的克里奥尔风格在法国还不流行。十八世纪七十年代末的巴黎女性造型离不开裙撑、丝带和羽毛，以至于她们看起来仿佛一张会走路的大床。她们精致繁复的裙子由厚重的褶边和压花织物制成，用紧身胸衣、衬裙和宽大的内撑（一种臀垫）支撑，其宽度和体积令人印象深刻。这些服装非常笨重，以至于穿着它坐下来是一种"介于船只进港和平行泊车之间的行为"。[11]这种令人生畏的效果因流行的"装饰品"而更加突出，如鲜花、流苏、丝带、薄纱、绒球，甚至是绳索连缀的花环。除此之外，白皙的脸庞和洋红色的双颊上衬托着高耸如塔的发型，由人造马鬃梳成，有时能达到几英尺高，用别针和发油定型，上面的装饰物包括水果、鲜花，甚至是玻璃小猪。有些发型高得惊人，以至于妇女们不得不跪在或坐在马车的地板上，好让车子装得下她们的头发。这些发型一经设计完成，就不能随便乱动，而假发抓手——长长的象牙或骨质棍棒，末端有一只小手——则被用来挠时常窝在里面的虫子。有一种发型在罗丝到来的前一年非常流行，是为了庆祝 1778 年 6 月法国海军护卫舰"美丽的母鸡"号（La Belle-Poule）下水而设计的，它装饰有一艘护卫舰模型，包括桅杆、吊索和大炮。

"巴黎女人"（Parisienne）不仅要雅致讲究，还要交谈风趣，说话时要有正确的口音，表现出无可挑剔的风度举止。这些特质罗丝一个都不具备（尽管她有天生的优雅仪态），而且她也没有学会好好跳舞，在那个非常看重舞蹈能力的年代，这被视作一个可怕的缺点。在大革命前的几十年里，对女性的"魅力和优雅"的崇拜达到了前所未有的高度。根据托马斯·杰斐逊的说法，巴黎女人是一种独一无二的存在，他指出："她们谈话时的自如和活泼给她们的社会带来了一种魅力，这是在其他任何地方都找不到的。"[12]另一位评论家也认为，由于巴黎的女人"从很早就开始习惯于思考，她们比其他任何地方的女人都更自由、更有见识……她们将男性刚强的性格与她们自身性别的细腻感觉结合起来。"[13]

在马提尼克岛的种植园社会里，人们毫不生疑地认为妇女的贤惠要重于聪明，而罗丝进入的社会则奖赏那些聪明外露、对情欲毫不掩饰的女人。据梅西埃说，在巴黎"最高的天赋"是"会逗人开心"。旧制度时期最后的名女都是高雅又聪明的女人，她们的爱情生活和她们的说话之道一样错综复杂。亚历山大的崇拜者斯蒂芬妮·德·热利斯（Stéphanie de Genlis）就是这样的女人。她漂亮、优雅，主持着在王家宫殿（The Palais Royal）举行的沙龙，那是她的王室情夫奥尔良公爵的宅邸。她在这里招待了一群博学多识又颓废堕落的持异见者，他们聚集在一起讨论政治、调情、讲俏皮话。

她的头号竞争对手是热尔曼娜·德·斯塔尔（Germaine de Staël）。热尔曼娜是瑞士金融家雅克·内克尔膝下唯一的子嗣，而内克尔是法国政府在大革命前十年里金融战略的关键人物。内克尔的财富和显耀保证了他女儿的社会地位，但她的声誉却得益于她自己的天赋。她是一位天才的作家，能言善辩，是那个时代杰出的女知识分子之一，也是那一代人里最重要的沙龙女主人之一。热尔曼娜肤色黝黑，嘴唇鼓鼓的，长着一个大鼻子，她绝谈不上是美貌（古弗尼尔·莫里斯说她"看起来像个女仆"），但很迷人。一旦她开口说话，用她那双闪闪发光的大眼睛盯住某个人，所有关于她外貌的负面看法都会烟消云散。她的人格力量和魅力是不可抗拒的。

　　十七岁时，她曾有机会和年轻的英国首相威廉·皮特结婚，这门婚事令人艳羡，但她拒绝了，因为这意味着她要离开她心爱的国家。她后来解释说："宇宙就在法国，法国之外，什么都没有。"[14] 为了继续享受"巴黎的天籁之音"，她选择了当时就职于瑞典驻巴黎大使馆的埃里克-马格努斯·德·斯塔尔（Eric-Magnus de Staël）这个不那么令人羡慕的丈夫。这场婚事谈了好几年，其间她得到了瑞典国王的保证，国王许诺永远不会把他从巴黎召回国。他被擢升为大使，得到了男爵的头衔，并有机会接触内克尔家的百万家产。她在婚后这样描述她的丈夫："对我来说，他是唯一方便的选择，因为他不会让我不开心，原因很简单……他不会打扰我的感情。"[15]

　　亚历山大带着他年少的妻子来到这些女人的沙龙。与马提尼克岛那些关于农作物轮作和奴隶价格的散漫交流不同，在巴黎，谈话艺术是一种既定的、有价值的商品。梅西埃认为，言谈在巴黎已经达到了世界上其他任何地方都无法比拟的完美程度："这是一种精致的消遣，只能属于一个极度文明的社会，它有既定的精确规则，并始终能得到遵守。"根据德·斯塔尔夫人的说法，理想的谈话是"毫不费力、自然、轻松而流畅的"。这是一门艺术，只要摆脱插话、炫耀或迂腐等不良习惯，就能学会。很多年后热尔曼娜流亡瑞士，在回忆起一场美

49

妙的谈话所带来的影响时写道："它是一种相互作用的特定方式，通过语调、手势或眼神来展示不同程度的理解，给彼此以瞬间的欢乐。简而言之，是一种随机引起电火花的欢乐，"她总结道，"在法国，谈话不仅仅是……交流思想、情感和做交易的手段……它是法国人喜欢玩弄的一种工具，它就像音乐或烈酒对于某些人一样，能使精神活跃起来。"[16]

罗丝被完全陌生的巴黎沙龙的气氛震住了，这可以理解，在沙龙里，"来自文学界、科学界和艺术界的新面孔源源不断地刺激着智慧、计谋和学识的交融"。[17]这些沙龙是巴黎社交和知识生活的中心。据塞居尔伯爵说，一场沙龙所讨论的话题可以包罗万象："《论法的精神》和伏尔泰的故事、爱尔维修的哲学、塞丹（Sedaine）或马蒙泰尔（Marmontel）的歌剧、拉阿尔普（La Harpe）的悲剧和瓦瑟农（Voisenon）修道院长的淫秽故事、印度的发现……还有科勒（Colle）的歌曲……"，以及分享八卦和谈情说爱。沙龙生活中除了必不可少的轻浮和阴谋诡计之外，也闪耀着博学才智，有一种社会流动性的氛围。沙龙为思想的自由表达提供了为数不多的有效渠道，在一定程度上挫败了旧制度下强大的审查机制。正是沙龙培养和庇护了日益增长的政治反对派、社会异见和普通知识分子的反对力量。

政治观点分为两种，一拨人赞成以美国模式为基础建立共和国，另一拨人则崇尚英国式宪法。亚历山大和他的圈子里的人——放荡不羁的米拉波伯爵、后来为拿破仑效命的塔列朗，以及日后在大革命期间担任部长的路易·德·纳博讷（Louis de Narbonne）都倾向于后一种。梅西埃表达了他们的愿望，他高呼："我们的大宪章——英国政府的基础和以前我们的基础——在哪里？英国人引以为豪的《人身保护法》在哪里？"
怀抱理想主义的法国青年领导着"美洲人"，他们自愿为美国
独立的浪漫事业而奋斗。在华盛顿的军中晋升为将军的富裕贵
族拉法耶特，萨拉托加的英雄罗尚博，还有卡斯特里
（Castries）公爵。对于他们来说，美国是乌托邦，本杰明·富
兰克林和托马斯·杰斐逊这样的美国来客则是英雄，无论走到
哪里都会受到欢迎和奉承。

在旧制度走向衰落的年代，妇女群体具有相当大的影响
力。要想成为一名沙龙女主人，需要付出艰辛的努力，有很多
技艺等着她们学习，且通常要在老牌沙龙里当学徒。这需要出
众的机智和老练、组织能力和辛勤工作：分发材料、炒热谈
话、拉拢沉默寡言的人，阻止滔滔不绝的人说得太多，以便让
所有人都能发光。但这些努力对许多妇女来说是值得的。沙龙
提供了一个独特的机会，让她们获得名望、权力、自我提升和
自我表达。在一个女性有野心会被视作有失德行的年代，沙龙
提供了一条出路。妇女们通过将卢梭的"服务理念"人格化，
获得了重塑当时的社会形态的机会。

狄德罗说："女性让我们习惯了清晰而有魅力地讨论最枯
燥和棘手的话题。"其他人则对女性的投入不那么热心。卢梭
抨击道："在沙龙里，男人们试图取悦女人，这样一来，他们 51
就变得女性化、娘娘腔了……女人没法把自己变成男人，于是
就把我们变成女人。"他认为这座城市对妇女有腐蚀作用：
"我决不应该带我的妻子去巴黎，更不用说我的情妇了。"许
多外国人一致认为法国女人是欧洲最危险的物种，并对她们惊
人的社会和政治影响力摇头叹惋。正如苏格兰人大卫·休谟发
的牢骚，法兰西民族"严重抬高了那些大自然使其居于人下

的人，她们的劣等和弱点是绝对无法治愈的"。难怪法国被称作"女人的国家"。

罗丝飞离了她出身的小岛，最后却淹没在了《危险关系》的会客厅里。这部小说出版于 1782 年，作者是一个名叫肖代洛·德·拉克洛的四十一岁军官。它概括了罗丝现在所处的迷人、淫荡乃至堕落的世界。它甫一问世便立即引起了（负面的）轰动。这本令人震惊的、玩世不恭的小说被描述为"对整个国家的道德的侮辱"，引起了修女院院长和主教们的反感。据传，王后的私人图书馆订购了一本空白封面的《危险关系》。小说的第一版在数日之内便销售一空。由于人们相信这本小说是一部有现实原型的作品，因此公众的情绪更趋激动，大家忙着传播识别主要人物的"线索"。后来拉克洛承认这本书是根据他认识的人写的，人们的猜测就更多了。

《危险关系》无情揭露了法国上流社会放荡腐化的性风气，为作者提供了进入他所描述的圈子的机会。小说是用书信体写成的，主人公梅特伊侯爵夫人和瓦尔蒙子爵被描述为"职业浪子"，他们把偷香窃玉当作一种生意，从中获取利润和欢愉。在小说中，爱情就是战争，忠贞只是障碍，要靠谎言和虚假的承诺来攻克，必要时甚至要靠胁迫。勾引是一种胜利，只有当游戏尽可能持久、微妙和罪恶时，才能令人愉悦。正如瓦尔蒙宣称的："要让她自己屈服，但不要压制她的挣扎！让她有反抗的力量，但没有征服的力量，让她充分感觉到自己的软弱，不得不承认自己的失败。"对瓦尔蒙来说，他引诱贤德的德·图尔韦（de Tourvel）夫人是在"打仗"，而她是"敌人"。

《危险关系》这本书对罗丝个人具有特殊意义，因为一些历史学家认为，小说中的浪子瓦尔蒙子爵的原型就是亚历山大。[18]这并非不可能，尽管有很多情场老手声称过这书写的是自己。亚历山大和拉克洛曾一同在军中服役，两人是朋友。更重要的是，亚历山大自己的行为恶名远扬。他的朋友布耶注意到他"喜好"收集和展示他从浪漫征服中夺得的"战利品"，亚历山大的大部分风流韵事与其说是因为爱情，不如说是为了给自己的男性魅力添砖加瓦。和所有的浪荡子一样，亚历山大的虚荣心极为强烈，只有在得知自己的恋情路人皆知时才会真正感到满足。

与笨拙而不善社交的可怜的罗丝相比，亚历山大具备了一个时髦的、年轻的采花天才所需的全部特质：外表、机智和无可挑剔的社交技巧。他精明地经营着他的魅力和优雅的资本，他是个雄心勃勃的年轻人，决心要每个人都认得他，确保自己在任何地方都受到欢迎。在舞会和招待会上，他毫不费力地游走于社交场合，用他的机智和巧妙的恭维取悦城中著名的美女，用军营里的八卦和黄色笑话逗乐他年轻的军中同僚，用亲热而又不失礼貌的聊天方式赢得怀有戒心的陪护女伴①和母亲们的青睐，用他的博学和富于智慧的观点打动来访的政要和外交使节、高级官员和贵族。

诚然，有些人被他自以为是的傲慢所冒犯，有些人则不齿他吹嘘自己征服女性的癖好。但他仍然是一个备受欢迎的情郎，在巴黎城留下一连串被他弄得破碎的心。和拉克洛笔下的

52

---

① 指在年轻的未婚小姐出入社交场合时陪伴在她们身边，起到监护、引导作用的年长女士。——译者注

反英雄瓦尔蒙一样，亚历山大热衷于拈花惹草且老于此道。他更喜欢年长的女人，尤其是那些经验丰富或已成人妻的女人，因为她们意味着更大的挑战。她们需要他使出所有的诱惑策略，他可以在追求她们时表现得更加热烈和大胆，拿出他更为放肆的一些看家本领，而不碰上贞女的嗔怒。

他最大的胜利是在舞场上取得的。许多女人看着他——肌肉紧绷着，双腿和手臂摆出优雅的姿势，鞋跟在地板上有节奏地敲击着，她们想象着自己被他专业的臂膀紧拥在怀的样子，不禁失魂落魄。甚至连玛丽·安托瓦内特也为他倾倒，尽管亚历山大并不在最高级的圈子里，但她仍坚持让他出席许多最顶尖的、准入最严格的聚会。"在那个跳舞被视为一种艺术的时代，他很有理由被认作巴黎最好的舞者。"[19]

没有人比他在舞场上更感到熟稔和自在，他的一位同时代人写道："除了夸德里尔舞的方阵，很难想象他在别的地方。"[20]亚历山大信仰舞蹈。他知悉舞蹈的社交潜力和它在感官上的可能性。他从不只邀请美丽或富有的女人共舞，而是小心翼翼地取悦所有女人。他很乐意与年长的公爵夫人或初入社交场合、害羞脸嫩的小姐在地板上热烈旋转。他曾写道："跳舞……是一剂包治百病的良药。"[21]与那些在舞会上迟到早退的冷漠的上流人士，或那些局促地拖着步子，仿佛跳舞是一种乏味义务的人不同，亚历山大怀抱着一种被点燃的欢乐，尽情投入舞蹈中。

这是一个离开舞厅时面红力竭，但也全然兴奋的人。他总有余裕去深深地望最后一眼，那种让倾慕他的人激动不已、心旌摇荡、长吁短叹的眼神，甚至能在黎明的第一缕晨光中促成一场艳遇。他是觉得自己的社会地位竟如此依赖在舞场里的表现而感到不快，还是担心舞会结束后自己的光彩会褪色，我们不得而知。但有一点非常清楚，那就是他在最挑剔的巴黎社交圈里占据了一个独一无二的位置：女士们的男人，社交场合的装点，聪明的谈伴，但最重要的是出彩的、不知疲倦的舞者。

当亚历山大跟别人跳舞、辩论、调情时，罗丝通常被留在家里，因为她的存在让他感到丢脸。在社交场上，她显得笨拙、尴尬、无知，她黏人的占有欲让他发疯。"她想让我在社交场合只和她在一起，她想知道我都在说些什么，做些什么，写些什么……"[22]当她真的与人交往时，很明显，她说不出机智的言辞，一副乡下女的模样，对政治和人际关系的看法也很过时，完全不了解当下的情况。对于像亚历山大这样自我意识过剩的男性来说，有一个对他反应如此糟糕的妻子是无法忍受的。甚至连她的优点，她那可爱的态度和美丽的大眼睛都被他在懊恼中忘掉了。她缺乏社交热情，这让她看起来比实际情况更不起眼，当然，罗丝还没有达到她最好的状态：她有一点青春期的发胖，穿上那个时代的华丽衣裳也不舒服。这应该是一个可以事先预料到的问题，因为正如蒙加亚尔伯爵指出的，"克里奥尔人的无知几乎是众所周知的事情"。伯爵对此观点表示赞同，他继续说："我们都知道，那些身为克里奥尔人的贵妇人虽然在社会最顶端拥有崇高的地位，却几乎不识字，更不用说写作了。"罗丝也不例外。拿破仑的贴身侍从康斯坦写道："她像大多数克里奥尔人一样缺乏学识，她在谈话中没有或几乎没有什么贡献。"[23]

这些关于克里奥尔人的观念贯穿了罗丝在法国的生活，影响了她的公众形象。"岛"在大都市中是一个"神奇的词"，54

使人联想到异国情调的风光、英勇的冒险和无尽的财富。这个神话有一定的道理。法国因它的殖民地而大发其财，不仅商贾们从"白色黄金"中获得了巨大的商业利益，这些利益还渗透到了社会的方方面面："十八世纪末，在每一栋有杰出人士迎来送往的房子里，每一个举行优雅、高端、奢华的宴会的地方，你都可以寻找并找到来自殖民地的财富。"[24]

这种商业影响转化成了政治影响。据说克里奥尔人"统治着王室和城市"。他们"在玛丽·安托瓦内特的宫廷中受到高度重视"，他们对法国的文化生活影响深远。到十八世纪中叶，受卢梭和多明我会修士拉巴（Labat）神父的《法属美洲群岛之旅》（*Nouveau Voyage aux isles Françoises de l'Amérique*）等游记的启发，一股庞大的异国文学热兴起了。圣伯夫、夏多布里昂和莱瑟尔（Lethière）等作家、画家，以及他们在艺术上的继承人高更和波德莱尔都爱上了这些岛屿的异国情调，并反过来影响了他们的受众。受过教育的公众如饥似渴地阅读着那些关于爱情和冒险的传奇故事，它们有热带风光和永远湛蓝的天空衬托，点缀着海盗与印第安人的身影。在安的列斯群岛的生活的诱惑下，许多人认为"在热带地区生活的白人在审美上拥有特权"。克里奥尔人在时尚、家居，甚至是日常生活中奠定了基调。真正"高雅"的人把他们的亚麻布衣服送到马提尼克岛去清洗，这样就可以沾染热带咸湿空气中独特的清新气息；葡萄酒则定期被送去安的列斯群岛进行几次海上旅行，然后再运回来，在途中完成陈酿。

这种神话与风俗的交融，影响了法国人对克里奥尔人的生活的看法。在他们的心目中，克里奥尔人有钱、有特权，但也"懒惰""无知""挥霍无度""缺乏能力"。这些对克里奥尔人的轻率偏见在这一时期非常普遍，身居法国的罗丝自始至终都是这些偏见的受害者。具有讽刺意味的是，这些用来诋毁克里奥尔人的词语，与克里奥尔人对奴隶的刻板印象不谋而合。

　　罗丝发现自己身处一个不理解她、她也不理解的社会。她一定对这些与她的海岛老家截然不同的新期望感到困惑。在马提尼克岛，她是"肤色贵族"的一员，她的欧洲血统象征着她的社会特权。可一旦到了法国本土，她就成了千万分之一，她的白皮肤并不代表任何特殊的好处。更令人震惊的是，一些有色人种获得了她梦寐以求的社会地位。比如圣乔治骑士①，拿破仑的外交大臣塔列朗曾说他是"我见过的最有成就的人"，此人出生于瓜德罗普岛，父亲是法国贵族，母亲是一个非洲女人，他先是作为法国最伟大的击剑手之一闻名于世，后来又跻身当时最有才华的音乐家之列。他是小提琴演奏家、作曲家和乐队"业余音乐会"（Concert des Amateurs）的指挥，他的乐队出现在所有时髦场合。除了他的音乐才能和惊人的体格天赋外，"神勇的黑白混血儿"还以他的机智和魅力著称；他带着一根宝石手杖，每当他征服一个新的对手，就在上面添一颗宝石。他的才能使他在玛丽·安托瓦内特的宫廷中很受宠爱，但他的出身背景使他同情大革命，他在1792年指挥了一个黑人骑兵连，这些黑人士兵中有一位也是名人——托马-亚历山大·仲马（Thomas-Alexandre Dumas），一位法国侯爵和美貌的女黑奴所生的儿子。仲马出生于圣多明各，在罗丝来法国之后几年也来了法国。绰号"黑魔鬼"的他以强大的战斗

55

---

　　① 指约瑟夫·波洛涅（Joseph Bologne, chevalier de Saint-Georges, 1745—1799）。——译者注

力闻名，他的军事生涯始于王室龙骑兵，最终作为一名将军跟随拿破仑远征埃及。能够徒手折断火枪的他，将作为小说家大仲马的父亲留名青史。

在法国，干出一番事业是很受重视的，罗丝也必须有所成就。亚历山大发现妻子头脑空空，对此感到惊恐，于是决定扮演皮格马利翁的角色。在写给十七岁的妻子的信中，只比她年长三岁的亚历山大说，他在第一次见到她时就制订了一个计划，"重新开始教育你，用我的热情来修复你生命中被悲惨地忽视的前十五年"。[25] 为此，他给她拟了一个工作计划，这个计划是他在知己帕特里科尔和雷诺丹夫人的帮助下制订的，其中包括阅读杰出诗人的作品、用心研读各种戏剧专著、学习历史和地理。他甚至还聘请了一位舞蹈教师。

亚历山大不在的时候，罗丝兢兢业业地做着她的功课。她给丈夫写信，向他保证她确实有在努力学习。他回信祝贺她："通过坚定你已下的决心，你学到的知识将使你超出其他人，把智慧与谦逊结合起来，会使你成为一个有成就的女人。"[26] 作为一个男青年写给他新婚妻子的信，它的语气实在过于居高临下、浮夸傲慢。这封信只是他作为一个平庸的老师，给她寄去的一连串冗长无聊的书信的开端。他并不知道这一切都是徒劳，他的教学方法并不适合她。罗丝不适合死记硬背的学习，她此生学到的一切都是通过交谈和观察获得的。

亚历山大显然希望妻子对他塑造她的努力心怀感激。他以为她会顺从并热切听从他的指示。他没有想到她可能会因此感到深受伤害，他可能会坐实她的忧虑，即她的丈夫以她为耻。远离了拉帕热里的爱和支持的魔法阵，身处一个她茫然不知所

措、被人评头论足和瞧不起的地方，对她来说是太艰难了。而
亚历山大为教育她所做的努力更进一步削弱了她的信心。罗丝
的反应是今人所说的"消极抵抗"，她一声不吭，看上去是顺
从，借此表达她的抗拒和愤恨，尽管随着时间的推移，她显然
没怎么学习，如果还在学的话。

1780 年 7 月，亚历山大不得不重新加入他的军团。他的
离去让罗丝陷入悲伤，而他给她的信则流露出沮丧和矛盾的情
绪，这种情绪正在成为他们关系的突出特点。亚历山大可能是
一个玩世不恭的花花公子，但他同时也可以多愁善感，放纵自
己沉溺于浪漫情绪中。他也喜欢罗丝，这种喜欢贯穿了他们波
折不断的婚姻和以后的生活。他折服于她的爱慕，被她天真无
邪的甜美所迷惑，尽管这与愚笨和头脑简单相关联，而这个就
让他很恼火了。这样一种感情，以及他这个阶层的男人都有的
浮夸礼数，有助于解释他此时给她写的信中体现的丰富内容。
他在到达目的地布雷斯特后的第一封信宣称："如果我的爱能
转化为拥抱，你丰满的小脸颊现在就会被扎痛。"[27]下一封信
中，他向她保证："是的，我的心，我真的爱你……我最渴望
的莫过于我们家的安宁和家庭生活的宁静。"[28]

然而，亚历山大的言与行并不相符。这些信并不能证明婚
姻的激情，它所证明的是亚历山大写信的能力。写信在那个时
代被认为是时髦男女的基本技能。一封措辞高雅的信件是诱惑
力和说服力的舞台，能够展示活力和清晰的思维，是一个炫耀
动人的情感表达或无瑕的遣词造句的机会。在二十一世纪的读
者看来，亚历山大的书信风格相当浮夸且不真诚，但十八世纪
的同行们无疑会予以赞赏。

于是罗丝也更加需要学习写信。亚历山大决心教她怎么

57

写，并因为她不愿意或没能力配合而越来越丧气。8月底，他又回到了他最喜欢的话题上："你没有告诉我你的天赋怎么样了，你还在培养它们吗，我亲爱的？……我希望你能一直把你的信的初稿寄给我。我想你在表达上也许有一些错误。"[29]他还写信给艾德米，说他怀疑罗丝的信有人代笔，并鼓动艾德米支持他确定"如何处理我妻子的信件"。[30]

艾德米姑妈的确有在帮助罗丝，而罗丝虽然爱亚历山大，也很重视他给她写的信，但她根本就拒绝回信。就像后来她与拿破仑的关系一样，她不肯写信这件事造成了相当程度的夫妇关系紧张，这显得很反常。罗丝未来会成为一名称职的书信作者，而在这个阶段，我们很难确知她是因为缺乏信心而不写信，还是为了逃避亚历山大的责骂。这也许是她避免不愉快的强烈本能的早期表现，预示了她此后在被动的权力角逐中发展出的技能。

不过，最重要的一点在于，他们此时的信件清晰地表明，这对年轻夫妇实在不相匹配。罗丝是在小岛上充斥着狂热的浪漫情怀的学校里长大的，她带着对婚姻和忠诚的童话般的观念来到法国。而亚历山大则成长在截然不同的观念当中。正如路易十六的母亲曾感慨的那样，法国的上流贵族们认为爱自己的妻子是彻头彻尾的不道德行为："在下层阶级中还能找到彼此忠诚的夫妇，但在上层社会里，我不知道有哪一桩婚姻是感情对等的或忠诚的。"在亚历山大的圈子里，少数坚守贞操的妇女被讥讽为"土包子"。利涅亲王评论说："当好父亲和好丈夫并不时髦。"

对于法国的上流社会来说，婚姻是一种通常把性格迥异的人扯在一起的经济安排。由于这些包办婚姻基本不考虑个人选择，许多男女认为可以自由地按照自己的意愿处置他们的感情。亚历山大自己的父母友好分居（当时法国不允许离婚），各自追求乐趣和性爱。这是一种常见的做法。德·拉图尔·杜 58 邦（de la Tour du Pin）夫人曾记录自己与德·斯塔尔夫人的一次谈话，热尔曼娜在谈话中明确表示，她对前者愿意迎合丈夫的意愿感到惊讶。她诧异地说："在我看来，你是把他当作情人在爱的。"

然而，《危险关系》的沙龙开始受到新的启蒙思想的影响。亚历山大作为一个情场老手，被卢梭"家庭和炉灶"的理想深深吸引。亚历山大的性格中体现了矛盾的力量，这种矛盾也体现在那个时代的文化当中，使这位浪荡公子能够宣称他对浪漫的理想感情的依恋，正如他将革命的原则与对贵族特权的强烈眷顾结合起来一样。他觉得与妻子倾心相爱是件不错的事，而且从来没有比妻子离他远远的时候更这么觉得。他是两个时代的产物：他在思想上倾向于启蒙运动的博爱、平等和伴侣之爱的理想，而他的行为更多地来自十八世纪的制度化不平等和严格区分婚姻与恋爱的观念。

亚历山大同意帕特里科尔的观点，他坚持认为"妻子和情妇是不一样的，前者是一生的伴侣，她的目的应该是激发那些牢固而持久的友谊，而不是那些转瞬即逝的爱情"。[31]亚历山大希望从妻子那里获得更多的东西，而不是"一个对我无话可说的物件"——他曾这样形容罗丝。正如他对艾德米抱怨的，他"温柔的心怎么能爱上一个无法填满感情倾泻的漫长间隔的女人呢"？但他的妻子却搞不明白这些复杂的想法，她可以给予大量的爱与性激情，但无法成为他渴望的有教养的伴侣。

罗丝是在性觉醒的边缘遇到亚历山大的。他是她的第一个情人。她珍视并享受那些他不屑一顾的"感情倾泻"。她强烈的占有欲和嫉妒心表明，她是在同他的性爱中被俘虏的。单纯而缺乏经验的她，被和丈夫在一起时激发的情欲的力量弄得失去了平衡。她在这段婚姻中体验到了所有属于初恋的激情和妒意，即便她想，她也不知道如何压抑自己的强烈感情。

无论如何，亚历山大还是迷恋着别的人。据他的朋友布耶说，他是在"违心"（contre cœur）的情况下结婚的——这违背了他内心的意愿——而罗丝怀疑丈夫仍在和情妇交往，这更加剧了她的怨恨。她的婚姻从一开始就很拥挤。这位布列塔尼的有夫之妇，"迷人的女人"，数年前亚历山大曾在给艾德米的信中对她赞不绝口，她现在仍在他的生活之中。她名叫玛丽-弗朗索瓦丝-洛尔·德·吉拉尔丹·德·蒙热拉尔（Marie-Françoise-Laure de Girardin de Montgerald），她的丈夫名叫亚历山大-弗朗索瓦-勒瓦索·德·拉图什·德·隆格布雷（Alexandre-François Le Vassor de la Touche de Longpré）。洛尔·德·隆格布雷也是个克里奥尔人，是罗丝母系一族的远亲。她是亚历山大的初恋情人，关于她，他写道："直到此刻，我还是误解了自己的感情。无论是因为我的感情还没有充分发展，还是因为我到目前为止都只把自己和那些不能激起我猛烈的激情的人拴在一起。我从来没有经历过真爱。而第一个向我揭示真爱的对象是如此善良，如此温柔，以至于我怀着最深切的绝望，眼看着我必须与她长别的那一刻的到来。"[32]

洛尔和亚历山大恋爱时二十九岁，比亚历山大年长十一岁的她已经有了一个女儿。她的第二个孩子在罗丝与亚历山大结婚的那一年出生，这个男孩几乎可以肯定是亚历山大的儿子，他被命名为亚历山大，此举颇厚颜无耻，只是因为她的情人和她丈夫刚好重名。优雅、时尚、见多识广、风流老练的洛尔是人们想象中亚历山大会爱慕的那种女人。她喜欢剧烈的情感波动，知道如何玩弄爱情游戏。她的捉摸不透足以维持他的兴趣，她的变幻莫测和戏剧性能挑起亚历山大早早被养刁了的口味。她还有点神经质，因为她有个习惯：总是强迫性地啃咬一根随身携带的蜡烛。

洛尔·德·隆格布雷是永远困扰罗丝婚姻的阴影。在她的妒火烧得最旺时，她一定会因为想到这对情侣在讨论她，甚至在她结婚前讨论她而充满了挫败的愤怒。也许因为在洛尔眼中她构不成威胁，所以他们才决定选她做他的妻子。对亚历山大来说，洛尔的魅力仍然是不可抗拒的，而他的妻子的魅力则可有可无。洛尔的形象日后会在罗丝的脑海中越涨越大，她是一个危险人物，她的阴谋最终会毁掉罗丝的婚姻。

12月，亚历山大到巴黎看望了罗丝和家人，但他没待多久。在因军务短暂离开后，他决定不回巴黎，而是去了拉罗什-居荣的拉罗什福科家（也可能是去找他的情妇）。不久之后，罗丝确认有孕的消息传来，亚历山大写信给雷诺丹夫人，说他正试图重新安排自己的工作，以便8月或9月在家陪罗丝生孩子。"我最大的愿望是能设法在德·博阿尔内夫人生产时到场，那将是我最大的满足。即便过程很困难，我也一定会请假的。"

妻子怀孕带来的和解很短暂。亚历山大对自己的婚姻状况感到悲哀，他向帕特里科尔解释说，他最初觉得他们能够幸福，但当他计划"开始"她的教育时，却遭到"如此冷漠的态度和如此之低的学习意愿"，他放弃了，确信自己是在浪费时间。亚历山大把她的不愿改变理解为个人层面的拒绝："如果我妻子真心爱我，她就会努力……获得我欣赏的品质，从而使我和她联系在一起。"他报复性地恢复了他口中的"单身汉生活"。他向帕特里科尔解释说，这并不是他真心想要的，因为他仍然更喜欢"来自家庭的幸福和安宁"，而不是"社交场的动荡的逸乐"。[33]

对此，帕特里科尔显然认为这段婚姻还是值得挽救的，他提出了一些合理的建议。亚历山大是不是有些太不耐烦、太没包容度了？毕竟不是每个人都适合这样枯燥的学习计划。也许需要一个"新系统"。与其试图独自支撑妻子的教育，他应该考虑让整个家庭都参与进来。如果他们愿意为她朗读所选的材料，她就更有可能吸收它们。一个教学小组（包括艾德米和罗丝的父亲）被召集起来，对罗丝的无知进行了又一次批评。作为这场运动的一部分，可怜的罗丝被要求阅读维尔托神父（abbé Vertot）撰写的四卷本《罗马史》。她是否读了这部书我们不得而知，因为她眼下已经怀孕六个月，她有理由去想别的事情。

亲友们都对这段陷入瓶颈的婚姻感到担忧。帕特里科尔写信给艾德米，敦促她建议罗丝收敛她的嫉妒心，他认为这对夫妇双方都有害。他还建议她说服罗丝改变对"心地温柔的"亚历山大的策略："粗暴和专横是吸引她所爱的丈夫的两种最糟糕的方式，"他振振有词地总结道，"夫人，让你的热心和爱指引你竭尽所能吧，你和我一定会成功地使这对夫妻重归于好，我对此毫不怀疑。他们的幸福与我们自己的幸福是不可分割的。"[34]

1781 年 9 月 3 日，罗丝的第一个孩子出生了，是个男孩。次日他在圣索沃尔教堂受洗，得名欧仁-罗丝（Eugène-Rose）。他母亲十八岁，父亲二十一岁。这是亚历山大的第二个孩子，但他还是非常高兴，夫妇二人的关系在一段时间内充满了温情和亲密。然而，随着孩子带来的新鲜感逐渐淡去，亚历山大的良好表现也随之消失了，家庭气氛趋于恶化。艾德米建议亚历山大出国去旅行。11 月 1 日，他启程去意大利旅行，他在意大利写了一些自怜的信，讲述他所错过的、巴黎冬季的"聚会和社会启蒙"。

当亚历山大于 1782 年 7 月从意大利回来时，家里发生了巨大的变化。罗丝的父亲和姑妈罗塞特都回马提尼克岛去了，罗丝比以前更加孤立无援。她几乎绝望地感激再次见到丈夫，亚历山大则发现艾德米开的药方起了作用：离别确实让两颗心贴得更近了，用罗丝的话说，他似乎"陶醉于发现自己又和她在一起了"。搬家之后，重新开始的感觉得到了加强。新家是以亚历山大的名义而非他父亲的名义租下的。这栋位于新圣夏尔街的新居坐落在一个更时髦的区，离鲁莱圣菲利普（Saint-Philippe-du-Roule）教堂不远，这是第一个真正属于罗丝的家。在这片短暂而平静的绿洲里，她又一次怀孕了。

然后，几乎没有任何征兆，亚历山大又走了。罗丝在他消失后不久就收到了一封信，信中有自辩，有指责。在亚历山大口中，他的行为是成熟而负责任的："我最亲爱的，你会原谅我的不辞而别，离你而去……没有最后再告诉你一遍，我完全属于你吗？……对妻子和对荣耀的爱在我心中都占据了绝对的主导地位，如果我屈服于后者，那也是为了你和你的孩子们的未来好……因此，我耐心地接受你向我倾倒的全部指责，尽管它们如此不公正、如此冷酷无情……请相信我有足够的理智知道如何行事，有足够的良知不忘记我身为父亲和丈夫的责任。"[35]

亚历山大突然离开确实有一定的道理。随着美国独立战争持续进行，加勒比地区需要法国士兵来应对英国人的威胁。为此，亚历山大向他家族的老朋友，现为向风群岛总督的布耶侯爵提出申请，要求担任他的副官。在侯爵的支持下，他提交了一份来自他的保护人——拉罗什福科公爵的推荐信，信中称他是"一个正直、机智、十分渴望学习的年轻人"。不幸的是，在亚历山大的请求到达之前，布耶已经启程前往向风群岛任职。亚历山大并不气馁，他决定以志愿军人的身份去马提尼克岛。

眼下使亚历山大心潮澎湃的军事野心，通常是在他经历了长时间的"家庭和炉灶"——他自称非常渴望的东西——之后才受他青睐的。他年轻、虚荣、好动，家庭生活让他感到无聊、困顿和不满。连他自己都无法承认这些矛盾，难怪他要找理由逃避。

亚历山大在布雷斯特等船时写给罗丝的信现存十八封，它们反映了他对家庭生活的矛盾情感所激发的过度情绪波动。在第一封信中，他说自己在等船时没有收到她的信，他为此感到痛苦，指责她对他的感情漠不关心，并要求知道他怎么会被遗忘至此。即便当他发现她确实给他写过信时，他也没有收回他的指责，只是在附言中加了一句简短的感谢，要求她帮他弄到出发所需的官方许可。

许可终于到了，但亚历山大不得不等到船队集结完毕才能启程。令罗丝心痛万分的是，他随后写信告诉她，洛尔·德·隆格布雷的父亲在马提尼克岛去世，她和他一起来到布雷斯特，以便坐同一艘船离开。即使是这样的事态发展也没有让亚历山大感到羞愧，他写道："你有两个仆人，而邮差从巴黎出发时，你连一个人都不派过去，所以我得向别人打听你和你儿子的健康状况。再见，夫人。"[36]

这些话从他的笔端倾泻而出，充满指责的语气，而且常常自相矛盾。这种没事找事可能是亚历山大对他苛待妻子而产生的内疚的一种应对方式。通过说服自己她才是那个忽视和冷漠的人，他们的婚姻困境就会归咎于她而非他。他在下一封信中写道："信使已经到了，没有我期待的东西。我的天啊！你在忙什么？不能给我这种快乐？这种忽视真是难以想象……啊！你的感情是肤浅的。你的心里从来没有过真正的爱情……如果像我开始担心的那样，我们的婚姻必然要走向悲剧，那你就只能怪你自己了。"[37]

这出书信体情节剧仍在继续，亚历山大把自己矛盾而多变的感情投射到罗丝身上。有时他悔恨不已，满口"我错了"，并不断地声明"最忠诚的丈夫"的忠贞不渝。有时他又发火，指责她的冷漠，甚至暗示她可能出轨。在这一连串的抱怨、指责、抗议和命令中，亚历山大时刻提醒她他所做的"残酷的牺牲"或他遭受的"可怕的损失"。

短暂的平静在10月时降临了，亚历山大恳求罗丝原谅他"一百万次"，原谅他的指责的可怕的"不公正"。他在信中关爱有加地提到这个新怀上的孩子，他以为这又是个儿子，事实并非如此。"请全心全意地吻我亲爱的小欧仁，保护好他的弟弟……我什么时候才能再见到他们啊！"另一封信中，他语带

63

同情地写道："你病了，我亲爱的妻子，而我不在你身边照顾你，不能分担你的病痛……如果你受苦了，如果你因怀孕而疲惫的身体让你感到不舒服，那么精神上的折磨就是我所分担的。"最后他要求她数一数欧仁的小牙，"像亲吻你的丈夫一样温柔地亲吻他"。[38]

不过，他很快又恢复了怨言。她又一次沉默了，对他的需求不够敏感。亚历山大在一封信中暗示，他正期待着被遗忘："我到战争和大海的险境中去寻求死亡，我将毫无悲哀和遗憾地看到自己的生命——一个时时刻刻生活在不幸中的生命被夺去。别了！"[39]

亚历山大定在 11 月 8 日启程。船队准时出发，但在拉罗谢尔港口附近再次延误。这只给了他时间来酝酿怨恨。在 12 月 21 日"维纳斯"号最终启程前，他的不快在给妻子的最后一封信中显而易见：

我希望能从你那里得到进一步的消息，但我的希望是徒劳的……小艇刚到，你一个字也没寄来！一个可怜的丈夫，他来来回回地折腾，却一点儿也没有接近目的地，而你竟拒绝安慰他，这可能吗？啊，不幸的杳无音信！你让我感到前方有多少困难啊！至于你的无常，如果它终究不可避免，那就告诉我吧，这样我就再也不会来见你了。别了！请原谅我写的信，但我很生气。[40]

第四章　亚历山大在马提尼克岛

> ……我确信这是一桩谋逆。64
>
> ——伊丽莎白一世

亚历山大在"戏剧表演"途中仁慈地让罗丝歇了一会儿，直到 1783 年 2 月，她收到一封信，信中谴责她对他在这次危险旅程中的痛苦"漠不关心"，而她却留在"逸乐之中"。事实上，罗丝现在怀着七个月的身孕，身边只有生病的侯爵和艾德米姑妈，并没有什么"逸乐"可言。然而，亚历山大不允许这一点破坏他的浮夸辞藻。他轻而易举地忘掉了他的不辞而别、他的情妇和他留给妻子的财务困境，篡改了历史，把自己说成是妻子的反复无常和忽视的受害者。他在旅途中大度地决定原谅她，以免失去"说我爱你的甜蜜的快乐"。他继续写道，他曾努力说服自己"你还是有一点爱我的"。尽管如此宽宏大量，亚历山大还是忍不住在信的结尾心怀恶意地写道，他曾在漫长的旅途中和洛尔·德·隆格布雷一起玩牌："游戏对我来说经常是很无聊的，但从旅伴那里获得的快乐却给予了我充分的补偿。"[1]

1783 年 1 月 21 日，"维纳斯"号停靠在罗亚尔堡青绿色的水域，亚历山大立刻上路去拜访他在三岛村的岳家。他在岛上旅行时看到的情况令他深感不安。亚历山大从五岁起就没有

再见过马提尼克岛，他看到的不是启蒙运动时期许多法国人讴

65 歌的卢梭式"高贵的野蛮人"的天堂，而是一个奴隶制社会的现实：简陋的环境和贫穷的人民。他给罗丝写道："众多有色人种的道德观念、他们不雅的服饰、他们的生活方式、他们的住所和放纵的外表，所有这一切都让我感到惊奇。"[2]拉帕热里种植园的状况也让他失望。与梦想中的白色大宅和一群训练有素、身穿一丝不苟的制服的仆役截然不同，他发现这家人仍然住在破烂不堪的炼糖厂的废墟里，和他们那些衣衫褴褛的奴隶一起露营。罗丝的父亲仍然没有筹集到足够的资金来挽回飓风带来的损失。

亚历山大对与岳父母一家相见的描述是乐观的。"一切都好，"他在三岛村写道，"你父亲正忙于农田里的活计，你母亲爱你，总是在想念你。"他向她报平安，说她六十五岁的外祖母德·萨努瓦夫人依旧精神矍铄，但罗丝漂亮的妹妹玛奈特却"不幸因病而毁容"。我们不知道亚历山大是否还记得原本要做他新娘的是玛奈特，他会不会觉得自己幸运地逃过一劫。在看到她本人之前，他的确有考虑过把她撮合给军队里的一个朋友。但现在她容貌已毁，而她的体弱多病意味着家里人更不愿意和她分开，即使有钱给她做嫁妆。因此亚历山大没去说媒，而是努力说服玛奈特接受新近流行的接种治疗法，以治疗使她衰弱至此的顽疾。岳父母一家急于知道罗丝的健康状况如何，他也满足了他们。他告诉罗丝"他们很高兴得到你的消息"，他带过去的罗丝的画像在"他们所有人的心中"[3]唤起了欢乐和幸福。

亚历山大在三岛村受到的欢迎可能没他信中说的那么热情。罗丝的父亲最近才从法国回来，他亲眼看到了女儿婚姻的

不幸开端，他无疑向他强势的妻子讲了这些事。不管是亚历山大从岳父母的态度中察觉到了冷漠，还是他觉得这里太土气而缺乏乐趣，他在种植园逗留的时间很短。不到两天他就回了罗亚尔堡，声称他有事务要办。

无论拉帕热里家对女婿有什么意见，他在罗亚尔堡成了时尚风向标。他的文雅魅力征服了罗丝的叔父和婶娘，塔舍男爵及其夫人。男爵夫人给雷诺丹夫人写了一封信，信中盛赞道："啊，这个迷人的男孩子，愿上帝保佑我的儿子在各方面都能像他一样，要是我儿子真能像他，我就不再要求他别的什么了，我将是最幸福的女人！"[4]

亚历山大失望地发现，几乎没有什么军事行动的影子。北美的战事已经全部结束，在他抵达前一周，和平谈判已经在伦敦展开。这位心怀不满的寻求荣耀的人写信给罗丝，说如果他没能获得委任，"我将在与你重逢的欢乐中寻得安慰，并及早回来拥你入怀，爱情将补偿我被剥夺的荣耀"。在这些动听的情话之后，亚历山大又重新开始了没完没了的教化妻子的工作，指导她如何抚育他几乎没见过面的儿子。他教训她说，她对欧仁的态度必须坚定，以免让"过度的母爱"宠坏了他。罗丝也必须对自己保持警惕："我建议你保持忙碌，这将抵消你的懒散，这是一直以来导致你忽视自己的责任的首要原因。"[5]

这封信中的和蔼语气并非完全没有诚意。亚历山大的头脑很混乱，他有时确实关心自己的妻子，而他驳杂的信号只会使罗丝的感情更加混乱。他可能也感到相当内疚。自从他在罗亚尔堡居住以来，他对当地一些美女的大力追求引起了活跃的流言蜚语。当这位年轻的风流公子结束他的爱情冒险后，又公开

66

了他与情妇洛尔·德·隆格布雷的婚外情，全城都为之哗然：他毕竟是个有妇之夫，而妻子还是一个当地的姑娘。

到了4月的第三周，亚历山大对罗丝的友好态度已被从前的咄咄逼人取代。在矛盾、内疚和怨恨的情绪中，无疑是在他自己的不良行为的刺激下，他开始了一系列新通信。他再次指责她无视他："我亲爱的，我记得你曾经预言过，我可以从你的信中看出你是否对我不忠……好吧，我已经三个月没收到来自你的任何消息了……我已经答应自己不再给你写信。徒劳的承诺！就像你向我许下的那些承诺一样。我想你身体还健康吧，既然你给德·拉帕热里夫人写了信。我什么也没收到……替我拥抱我亲爱的儿子，照顾好他的未来，他也许会拿出片刻想想我这个爱你的丈夫，他会爱你一辈子……"[6]

罗丝确实一直在给她所有的亲人写信，除了亚历山大。4月29日，他又去信指责她："我终于确信你对我不忠了！我亲眼看到了证据！是的，我亲眼看到了你给你父母写的信，而我，只有我一个人被你忘掉了。"但让他大发雷霆的不仅是她没给他写信，还在于罗丝在给姑妈罗塞特的信中对他的评价，罗塞特相当恶意地让亚历山大读了这封信。"你没有提到我，"他愤怒地写道，"除了说你已经治好了对我的相思病以外。"

他继续说："这就是我从法国走后你一直顽固地保持沉默的原因……这种行为向我证明你的心变了……我之前在每封信里都说，这会是最后一封信。但每次我的心都忘记了这一训诫，只要一有机会，我还是热情地拿起笔来。但以后绝对不会了。"他暴跳如雷，说他以后不会再把自己的任何打算告诉她。"如果你想知道关于我的消息，"他悲壮地总结道，"我父亲总是知道的，如果你好奇，可以通过他得知我在哪个国家……我被抛弃了。"[7]

但这当然不是亚历山大的最后一封信。他的来信接连不断，仿佛突突发射的枪子。罗丝还是没有回复他。他在马提尼克岛停留期间她没有给他写过一行字。她这样做有很多理由。她可能是厌倦了给一个急于"改造"她、对她的来信加以批评和修正的丈夫写信。几乎可以肯定的是，她一直知道他与洛尔·德·隆格布雷有私情。厌倦了丈夫的不忠与指责的罗丝，不管是出于计谋还是疲惫，都找到了一个最能让他恼怒的武器：沉默。亚历山大被她的一声不吭所激怒。更糟糕的是，罗丝既不解释，也不为自己的沉默找理由。嫉妒、愤怒、热情的恳求，这些亚历山大都能应对，但没有什么比冷漠更能刺伤他高高在上的自尊。即使没有他的这些婚外情，他信中无休无止的霸凌语气也足以成为罗丝不理会他的理由。无论如何，她带着一个刚出生的婴儿和一个年幼的孩子，身边只有年老体衰的亲人，她有其他问题要担心。亚历山大的突然离去使她陷入了巨大的经济困难。她之前花了一大笔钱买礼物，托亚历山大送给马提尼克岛的家人们，她还得支付新生儿的接生费和洗礼费。

在亚历山大劈头盖脸的愤怒信件中，罗丝的第二个孩子于4月10日出生，是个女孩。她接受了洗礼，得名奥坦丝-欧仁妮（Hortense-Eugénie）。范妮担任孩子的教母，十岁的罗贝尔·加斯帕尔·德·塔舍（Robert Gaspard de Tascher）① 代表罗丝的父亲出席。女儿诞生的消息立刻被送往马提尼克岛的家中，但即便这个时候罗丝也没有直接给她丈夫写信。她因分娩　68

---

① 约瑟芬的堂弟。他的父亲是约瑟芬的叔父塔舍男爵。——译者注

而元气大伤，身心俱疲，她觉得还是不要管他为好。她越是保持沉默，她丈夫便越狂怒、霸凌、哀告。他在 1783 年 5 月 10 日的一封信中写道："你知道我的性格，沸腾、炽烈，我的渴望和我的感情、激情一样活跃。"虽然他怒气冲冲，但她却拒绝提供哪怕一点点"安慰"，也不告诉他任何有关他家人的消息。他带着他特有的歇斯底里总结说："他们说马上要对（奥地利）皇帝①发动战争。愿上帝让此事发生吧，我可以去参战，让我在那里找到生活的终点，生活对我来说已经成为一种负担。"8

亚历山大过度的情绪化行为或许能解释接下来发生的事情。6 月，当奥坦丝出生的消息传到马提尼克岛时，洛尔·德·隆格布雷用心险恶地表示，这个女孩比预产期提前了两周出生，所以亚历山大不可能是孩子的父亲。洛尔之所以出言诽谤，可能是因为她家与塔舍·德·拉帕热里家长期交恶，而且她和罗丝是情敌，尽管洛尔最近已经开始和一个名叫亚瑟·狄龙（Arthur Dillon）的法国-爱尔兰混血军人谈起了恋爱，此人后来成了她的第二任丈夫②。无论洛尔·德·隆格布雷的话有多不可信，她都给亚历山大提供了一个具体的火力点，让他发泄对妻子的怒火。

自从到了加勒比海之后，亚历山大就一直在发泄他对罗丝的怨气，向所有愿意听他讲的人抱怨他的妻子。起初，他向罗

---

① 此处作者的标注或有误，奥地利到 1804 年方升格为帝国（后文将根据时间对译名进行相应的调整）。这里的皇帝指的是神圣罗马帝国皇帝、奥地利大公约瑟夫二世。——译者注

② 亚瑟·狄龙与第一任妻子所生的女儿即前文提到的德·拉图尔·杜邦夫人，他与洛尔·德·隆格布雷所生的女儿是拿破仑的副官亨利·贝特朗之妻。——译者注

丝的婶娘塔舍男爵夫人哀叹罗丝缺乏教育，现在女儿出生的消息又给了他攻击她的新口实。在洛尔的陪同下，亚历山大开始罗织分居的理由，二人在岛上四处搜寻罗丝的劣迹。她家当然非常恼火，她的母亲愤慨地写信给亚历山大的父亲博阿尔内侯爵："我从来没想到他会被德·隆格布雷夫人牵着鼻子走……他完全被她洗了脑，不知道自己在干什么。"[9]

在搜寻证据的过程中，亚历山大回到了三岛村，审问种植园里的奴隶。奴隶们被威逼利诱吓坏了。在一个说不出白人想听的话便会被殴打乃至杀死的社会里，奴隶们对罗丝的爱重是实打实的：只有一个奴隶被诱导去诽谤她。"小希尔维斯特"在罗丝离开马提尼克岛时只有五岁，但亚历山大说服他编造了一连串不可能的指控。他不可避免地遭到了惩罚。正如罗丝的 69 母亲后来给女儿写的："我把他锁了起来，但他伙食挺好。"[10]

亚历山大甚至找上了一个在屋里做活的、名叫布丽姬特（Brigitte）的奴隶，他说她知道罗丝的过去，还替她藏匿了许多信件。他多次诱导她说出罗丝所谓的放荡行为，但一无所获。布丽姬特在给罗丝父母的声明中称："子爵先生用尽一切手段想从小姐的行为中获取一些不利于她的东西，我不停地抗议说，在我认识的所有人里，没有一个比她更让我尊敬、珍视和爱重。他听了非常生气。"[11]愤怒的亚历山大威胁这个可怜的女人说，要是她敢把他们的谈话内容透露给她的主人，就要她的命。约瑟夫在发现亚历山大企图贿赂他们的奴隶以诽谤女儿时勃然大怒。他写了一封异常清晰和尖锐的信，详细描述了接下来的激烈争吵，此信在事情发生七个月后寄到了法国："这就是你此行的成果，你本来要对法国的敌人发动的崇高运动：不过是向你妻子的名誉和她家庭的安宁开战。"[12]

　　亚历山大在鼓捣这些阴谋诡计期间得了斑疹伤寒。他住在德·拉帕热里家的宿敌图隆（Turon）家疗养。为了庆祝他恢复健康，他勾引上了主人的妻子图隆夫人。尽管亚历山大公开和罗丝敌对，但他仍自我意识过剩到希望自己的岳母能到他的新情妇家来看望他。她拒绝了，这令他极为恼火，她还尖刻地说："我觉得自己到这样的地方很不合适。"

　　罗丝的老对头洛尔·德·隆格布雷亲自给她送去了一封来自亚历山大的信，酝酿已久的爆炸终于发生了。我们可以想象一下当时的情景：衣冠楚楚的德·隆格布雷夫人来到了位于大努瓦西的宅邸，博阿尔内一家刚刚整修了它，到这里来度过夏季。一番冷冰冰的寒暄之后，情妇将一封信交到了懵然无知的妻子手中。罗丝正带着两个小孩，她对信里写了什么毫无心理准备。她对发生在马提尼克岛的风波几乎一无所知，她的家人为了保护她免遭伤害，小心翼翼地对她隐瞒了真相。

　　信上注明的日期是 7 月 8 日。"如果我在发怒的第一时间70 写下这封信，我的笔就会把信纸烧焦，你听了我所有的恶语以后，会以为我给你写信是出于一时的坏脾气或嫉妒，但实际上距离我发现这些事已经过去三个多星期了。尽管我心中的绝望和愤怒使我窒息，但我能控制住自己，我会冷冷地告诉你，你在我眼中是最卑鄙的生物。"

　　他知道且震惊于她在老家的"令人发指的行径"的"大量细节"。他知道她在马提尼克岛和各种男人有染。他知道她为了保守秘密而给人封口费，知道她给情人写的信的内容。"至于忏悔，我甚至不要求你忏悔，你没有忏悔的能力：一个生物……当她知道自己已经被许配给另一个人时，还能把情人搂进怀里，她是没有良心的，她是世界上最下贱的荡妇。"

　　他继续自居正人君子地攻击她，宣称她在家人不知不觉时欺骗了他们，他还听说她在去法国参加婚礼的途中，在圣多明各与一个男人有染。"你一个人使整个家庭蒙羞，把丑闻和耻辱带给了一个你不配嫁入的外国家庭"。在这种"骇人听闻的不名誉行为"之后，她除了家庭风波外还想指望什么？他宣称："刚出生的这个孩子，是在我从意大利回来八个月零几天后生的，叫我怎么想呢？……我被迫认她，但我对天发誓，这是别人的孩子，她的血管里流的是一个陌生人的血！这孩子永远不会知道我所受的耻辱，我在这里发誓，她永远不会知道，无论是在她的教育安排上，还是在家庭事务上，她都不会知道她的父亲是一个奸夫。"

　　他最后总结说：

　　　　我再也不会让自己处于被欺辱至此的险境之中了……请你在收到这封信后，立刻自己去修道院：这就是我的最后一句话，世界上没有什么能让我收回这句话。我会见你一次，而且只在我到巴黎时见一次，讨论一些实际事务……但是，我再说一遍，不要闹，不要抗议……你会矢口否认我所说的，我知道，因为你从很小的时候起就养成了撒谎的习惯……我已经做好了准备，防备你的一切挣扎，我会时刻小心武装自己，不听信你卑鄙的诺言，它们虚假而可耻。[13]

当罗丝读到这一连串粗野的谩骂、指责和威胁时，她心中会产生什么感觉？罗丝知道亚历山大给她安的罪名都是子虚乌有，但她肯定想知道他是从哪里听来的这种谣言。至于他说发现了

71

她婚前不贞的证据，谁会如此颠倒黑白地诽谤和背叛她呢？她自己的丈夫怎么会相信这样的谎话呢？比起对她人格的指责，更令人震惊的是他信中的语气：充满了仇恨和蔑视。也许她曾希望，她表面上对他一连串来信的无动于衷，能使他羞愧地检讨自己的行为。但她现在却面临着被赶出家门，失去丈夫和家人的可怕未来。

令罗丝深感欣慰的是，亚历山大的全家人都站在她这边。他们从未怀疑过她的清白，这对她和他们来说都值得赞赏。这些人，也即她的亲属圈，比任何人都清楚亚历山大作为丈夫的污点，并为此感到歉疚。他们知道说奥坦丝是私生女乃无稽之谈。被关在家里、既没有钱也没有朋友的罗丝能有什么机会出轨？但亚历山大面对他们的恳求无动于衷。他相信自己的所作所为是"道德的行为"，他写信给罗丝，宣布"如果旅途的疲惫和我可怕的精神状态不至危害我的健康"的话，他将于10月回到巴黎，语气中的自我陶醉已上升至艺术的高度。他报告说，他的悲痛迫使他卧床不起——他并没有提到床上还有图隆夫人——信的结尾写道："相信我，夫人，我们两个人中你并不是更值得同情的那个。"[14]

当罗丝试图忍受这些对她的指控时，亚历山大的丑行开始从马提尼克岛传来。她母亲写的一封信全面描述了他的"可怕行为"：德·隆格布雷夫人如何埋下怀疑的种子；亚历山大如何辜负他们的好客款待；他如何试图贿赂奴隶。她的母亲接着写道："我亲爱的女儿……所有认识你的人和你的朋友都对你遭受的一切充满愤慨，这种可恶的暴行……回到你小小的家乡来吧，"她劝罗丝，"我们的臂膀永远敞开欢迎你……并为你遭受的不公而安慰你。"[15]

　　她还给亚历山大的父亲博阿尔内侯爵写了一封措辞严厉的信："我从来没有想到，我们的女婿子爵会令我们如此悲哀……他住在这里的时候，非常不体贴人。他和很多女人混在一起……行为闲散放荡……被德·隆格布雷夫人牵着走。"她接着揭露他如何贿赂她的奴隶，在他们家乱来。"这种彻头彻尾的卑鄙行径和下作手段，怎么可能是一个受过教育、出身高贵的人的行为呢？……我的女儿几乎不可能再和他在一起了，除非他真诚保证洗心革面……你很爱她，那我以此名义问你，她怎么能继续和一个如此易受人左右的丈夫生活在一起，他用金钱来掩盖自己的耻辱，花钱请人诽谤自己的妻子？"她恳切地补充说，"啊，我可怜的女儿……把她送到我这里来吧，让她和爱她的母亲相拥而泣……把她送到我这里来，先生，我会给她新生活的。"[16]

　　与此同时，亚历山大已经离开了马提尼克岛。他乘坐的"阿塔兰忒"（Atalante）号于 9 月 15 日抵达罗什福尔。他马上用他特有的那种霸凌和自怜兼具的语气给罗丝写信："我从你父亲的信中惊奇地发现，你竟然还没有进修道院。"他告诫她说，她希望他改变主意是没有意义的。他补充道，尽管"他的病"是因为她给他带来的"可怕的悲伤"，但他仍然坚定不移。在他发现了她的劣迹之后，他们怎么还能继续生活在一起呢？他将会被"你的丑行（你已经知道我晓得了）折磨终身"。他警告她说，他父亲和她姑妈的干预只会使他的决心更加坚定，他总结道，她只有两条路可走："回美洲……或者去修道院……对他们的任何企图、任何努力、任何手段我都无动于衷。"[17]

　　仅在这一点上，他讲的是对的，他确实很顽固。亚历山大

72

竭力避免亲友们的责难。回到法国后，他避开家门，住到了德·隆格布雷夫人的一个亲戚家。10 月下旬，当他终于抵达巴黎时，除了要求见他的儿子欧仁外，亚历山大继续避开新圣夏尔街和住在那里的人，搬进了拉罗什福科公爵的房子。他的整个社交圈都试图劝和他们夫妇二人，但毫无效果。每个人都尝试和他讲道理：他的父亲、他的哥哥，甚至是拉罗什福科公爵本人。他从来没有去见罗丝，也没有和她交流过。随着时间的流逝，罗丝明白她除了遵从亚历山大的指令外别无选择。1783 年 11 月 27 日，她去了修道院。

第五章　修道院

我们因自己的风格而蒙拯救。

——亨利·詹姆斯

11 月的最后一周，罗丝搬进了蓬特蒙（Panthémont）修道院。陪伴她的有艾德米姑妈（为她提供精神上的支持）和欧仁，奥坦丝被留给其乳母照顾。

进修道院并不意味着罗丝要过上贞洁、节俭和虔诚的生活，这并非衣麻蒙灰①的宗教戒律。自中世纪初期以来，出身良好的法国妇女——孀妇、老小姐、被抛弃的妻子——在巴黎的修道院里赁屋而居是一种既定习俗（事实上，这一习俗一直延续到十九世纪）。范妮阿姨当年在婚姻破裂后就选择了这种方式，因有例在先，罗丝没有疑虑。由于首都五分之一的房地产由教会所有，这种机构数量众多，到十八世纪八十年代有将近两百家，为租客提供档次不同的住所。

蓬特蒙修道院就是一个典型的例子。在修道院院长玛丽-凯瑟琳·德·贝迪西·德·梅济耶尔（Marie-Catherine de Béthisy de Mézières）的大力赞助下，这所修道院被改造成了上

---

① 原文为"sackcloth-and-ashes"，典出《旧约·以斯帖记》4：1："末底改知道所做的这一切事，就撕裂衣服，穿麻衣，蒙灰尘，在城中行走，痛哭哀号。"——译者注

流社会妇女的时髦休养所。这些妇女和罗丝一样，出于种种原因不得不离开家。修道院地处贵族区圣日耳曼郊区（faubourg Saint-Germain），坐落在格勒内尔街（Rue Grenelle）上，与波埃姆街（Rue des Bohèmes）的街口相对，周围是一片美丽的花园，围墙上爬满了常春藤。修道院的场地包括一座新修葺过的小礼拜堂、数幢住宅楼和一栋教学楼，和大多数修道院一样，蓬特蒙修道院也开办女校。尽管它的地理位置很繁华，膳宿费用却很经济：每年只收 800 利弗尔，而三十多名世俗住客的住宿费则从单人间的 300 利弗尔到六室公寓的 1200 利弗尔（位于主楼的二楼，还配有自己的厨房）不等。除了正式的礼拜活动外，租客们不受任何特别的约束。她们不需要立宗教誓言，可以随心所欲地出入，自己选择时间接待访客。

74

就在这里，在这美丽而宁静的环境中，罗丝开始重建她分崩离析的生活。无论年仅二十岁的她对自己仍然爱着的丈夫和一段已经无可挽回的婚姻感到怎样心碎，她都明白此事必须得到妥善解决：子女们的未来必须得到保障。她的选择很有限。《百科全书》总结了妇女在生活中所受的法律束缚："根据新旧法律，"它解释道，"已婚妇女要服从丈夫，也就是说，她在他的权力范围之内，所以她必须服从他。"如果妻子不履行自己的义务，丈夫可以"适度"纠正她。[1]如果妻子的确或涉嫌违反性义务，丈夫可以采取法律手段惩治她——亚历山大就打算这样做——但罗丝在法律上无权对他的不忠行为采取行动。为了起诉分居（离婚在当时还不合法），女方必须证明丈夫有日积月累的、往往是羞辱性的冷淡和虐待行为，而男方只需提出粗略的不忠证据即可。通过法院争取权利的过程非常麻烦，以至于许多妇女望而却步。但罗丝有冲冠一怒的理由，她坚定、勇敢而果决。在雷诺丹夫人的指导下，她的行动迅速而有效。她向王室提出申请，以便开始正式分居的程序，几周之内，她就预约上了巴黎沙特莱法院（Châtelet）的一位官员。

与此同时，亚历山大仍然拒绝回家，甚至连家的周边也不靠近，而是住在拉罗什福科公爵位于小奥古斯汀街（rue des Petits Augustins）的公馆。他希望说服公爵任命他为副官，从而重启他的军事生涯。他抽出时间去探望了最近才被他宣称非他亲生的女儿。雷诺丹夫人收到了一封来自大努瓦西的本堂神父的信，信中写道："子爵先生来看望了他的女儿……他因为旅伴的原因没有来见我，但他表达了他的歉意。他支付了两个月的看护费用，送给他女儿集市上买的珠宝，然后走了，似乎很满意。据说他在巴黎很是自得其乐。"[2]

1783 年 12 月 8 日（星期一）上午，罗丝在修道院三楼的接待室会见了法院的仲裁人路易·乔龙（Louis Joron）。她这次提出了她的正式控诉，"控告她的丈夫博阿尔内先生"。会见的成果是一份长长的、细致的、充满不幸的文件，罗丝在其中陈述了她的遭遇。她告诉乔龙她如何来到法国，她的婚礼，她对这段婚姻的希望。她证明了亚历山大经常不在她身边，据官员计算，在两年九个月的婚姻生活中，亚历山大与妻子相处的时间只有可怜的十个月。她伤心地告诉他，亚历山大"非常浪荡"，而马提尼克岛之旅导致了他们的分离。她把亚历山大的最后两封信拿给仲裁人看，信中充满了十分恶劣的指责、侮辱和威胁。她还说，尽管有许多值得尊敬的人支持她，包括主张她的清白的公公，但"他将坚持不再和她共同生活"。因此，她申请"肉体和住所"的合法分离。乔龙对楚楚动人的、受了屈辱的罗丝表示同情。他的报告总结说："申诉人不可能屈服于这种侮辱。她会失去自己和孩子应有的权利，把自己暴露在最糟糕的命运之中。"[3]

1784 年 2 月 3 日，巴黎法院院长对她的申诉做出了首次答复，命令她继续留在修道院，直到法律程序走完，同时命令亚历山大支付子女的抚养费、尤菲米娅（是她在照顾欧仁）的工资，以及罗丝之前一直承担的其他杂费。亚历山大的反应属于典型的报复。尽管他现在比他父亲有钱得多［他从母亲家继承了皮瓦尔·德·沙斯杜尔（Pyvart de Chastullé），一处位于圣多明各的种植园］，但他还是坚持要卖掉家里的房子。这种行为只会进一步于他不利，特别是他还追索罗丝的珠宝，她当时在没有经济来源的情况下被他遗弃在法国，被迫把这些珠宝变卖了。他尤其向罗丝追讨被她在绝望中卖掉的奖章，她卖它是为了支付奥坦丝的出生和洗礼费用。正如她在给朋友的信中写的："我欠债主的钱，孩子马上就要出生了……我弄不到洗礼所需的钱……德·博阿尔内先生一定知道我什么都没有，什么都需要，但因为金钱并非我的上帝，这不是我最关心的事情。"[4]

当正义的车轮继续缓慢地转动时，罗丝在为经济上的问题发愁。她在给一个债主的信中解释了她为什么没有结清账目："自从他（亚历山大）从马提尼克岛回来以后，他几乎拒绝支付所有寄给他的账单，他说只有我承认这些账单准确无误，才会给我付钱。如果商人真的交付了货品，工人的确做了工，我是不会拒绝的，但这些东西并没有留在我的手里，德·博阿尔内先生一到巴黎就把所有东西都卖掉了。他应该比任何人都清楚这些家具到哪里去了。"[5]

亚历山大决定将罗丝放逐到修道院，本意是要惩罚她。然而事实证明，这是她成长过程中的一个重要分水岭。自从来到法国后，她第一次和这么多同龄人在一起，这些妇女与她处境相似。妇女们的集体脆弱性和共同的经历是巨大的社会平等器，它创造了一种在其他情况下永不会产生的亲密关系。她的同伴没有像她丈夫和充满竞争的沙龙一样对她评头论足，认为她不够好，而是真心实意地喜欢与认可她。和她同住的一个人说："她很有趣。"他们被她的故事打动：一个年轻美丽的女郎，有可爱的孩子，却被凶残的丈夫迫害。她们钦佩她没有被击溃，尽管前途未卜，但还是勇敢地面对未来。正是在这些妇女中间，罗丝缔结了在法国的第一段真正的友谊。

罗丝在修道院的日子是她所受的教育中最有益的部分。起初，修道院于她只是一个避难所，一个远离不幸婚姻的动荡的安宁港湾，但最终修道院生活的宁静，以及其他住客和修女的支持开始治愈她的心灵。在一个个性尚可塑造的人生阶段，修道院生活的宁静让她获得了解放，为她提供了发展自己性格的空间。与丈夫分居，又远离娘家的爱的支持，罗丝得以认识到自己作为一个独立的生命是如何发挥作用的。她终于有时间去发现自己是谁，并获得自我认同。在修道院里，她首先发现了自我，随后重塑了自我。

就像演员研习如何扮演一个角色一样，罗丝研究她周围的妇女们，以便学习如何成为"一个真正的巴黎女人"。在修道院的日常生活中，在走廊上、在会客厅里、在去小礼拜堂的路上，罗丝观察着她的同伴。她有各种各样的女性气质原型可供研究：她的同伴包括保守的嬷嬷、巴黎见多识广的淑女、外省贵族和大资产阶级。她留神她们的姿态、观察她们的动作、倾听她们的声音、研究她们的闲谈。她观察她们如何走入房间、

77

如何离开房间、如何向人打招呼、如何和人道别。她探寻她们如此舒徐自如的秘密，她们看起来出于自然的优雅的秘密。她仔细观察她们如何穿衣，如何化妆，甚至是如何安放她们的手。

她开始了解这些妇女如何塑造自己的美，特别是在一个自然之美没什么意义的社会里。梅西埃认为，在巴黎，"女人就像一颗钻石"，"除非经过切割和打磨，释放出它全部的光彩，否则就不美"。罗丝最终会成为这些女性艺术的专家，但此时她还是个新手，只是开始体会到需要不断努力才能跟上时尚的变化。修道院为她提供了一个学习的机会，让她在这个全是妇女的团体中做一名学徒，她们分享美容药水的配方，交换化妆技巧，以创造出时尚的妆容：白垩色的脸，嫣红的双颊，洋红色的嘴唇。她们教她如何用烧焦的软木或灯黑染黑眉毛和睫毛，如何用火药把牙齿擦白。和她的新朋友一样，罗丝也对胭脂上了瘾（据说到1781年，法国妇女每年要用掉200万罐胭脂）。她的穿衣品位随着接触时尚圣经而日渐提高，比如同伴们虔诚研究的《时尚陈列室》（*Cabinet des Modes*）和《法兰西时尚与服饰》（*La Galerie des Modes et Costumes Français*）。在修道院里，罗丝开始明白，女性气质是一种表演，而美貌是一门手艺。

这并非一门容易掌握的手艺。旧制度时期是一个有着复杂社会规矩的环境。例如，优雅的动作是"终极的地位象征"。但是，与现代对"动作"的直率理解不同，十八世纪的观念是错综复杂的。因此，罗丝自然的优雅并不够。即便是简单的行止——如进出房间、坐下、在街上与人擦肩而过或喝一杯茶——也被高度渲染、仪式化和自知自觉，如同舞蹈般经过编排。妇女要美妙地扬起头颅，手臂从躯干上轻柔地曲起，而不是像仆人或乡下人那样直挺挺地耷拉在两边。她必须"行云流水"[6]般走路，转脚时仿佛在一套脚轮上滑行。不管她的骨质紧身胸衣有多不舒服，她必须用比男人还小的步子走路，而且不能弄乱裙子。所有这些动作都不能显得笨拙、僵硬或不雅。所有这些动作都有精确的表演标准，必须学会，并需要时间来练习以臻完美。

其他社交艺术的要求也同样很高。罗丝早年在巴黎社交界的灾难性经历，使她无比清楚言谈技巧的重要性。她由此明白对得体交谈的要求和对优雅举止的要求是一样严格的。通过观察修道院里的妇女们，她逐渐熟习了以下艺术：以庄重和亲热调和得当的方式与熟人打招呼，曼声细语地说话，认真而解语地倾听他人，知道什么时候该灵巧地打断别人的话，或用诙谐的一语双关来回应。更重要的是那些微妙的、非语言的技能：手帕的摆动、扇子微妙的开合。扇子是一种可以用来"表达千种情绪"的配饰，被认为是女人手中的危险武器，就像男人手中的剑一样。

一个人可以通过天性、耳濡目染或自身努力而变得时尚。罗丝的风度气质是这三者共同作用的结果。她自然而然地拥有某些天赐之资：美丽的声音、善解人意的天性和迷人的举止。在修道院里，她汲取了生活在其中的住客的气息，开始慢慢理解她所进入的优雅社会的不成文密码。但她的风度主要是她自己努力的产物。虽然并非知识分子，但罗丝通过观察和本能学得很快。这种素质，再加上她动荡的一生中所表现出的非凡的适应能力，使得罗丝能够凭一己之力实现亚历山大的威逼和书本永远无法达成的目标：转变为一个入时的女人。

　　时尚潮流的变迁也对罗丝有利。她当初刚来法国时盛行的大裙撑和令人惊骇的发型现在现已经有些过时了，只有在最正式的场合才会出现。取而代之的是一种更适合罗丝的风格，尤其是现在她已经长成了，面庞和身材也褪去了青春期的赘肉。伊丽莎白·维吉-勒布伦的一幅玛丽·安托瓦内特肖像捕捉到了新的风尚，这幅画在1783年的沙龙展上引起了轰动。画中的王后头戴一顶草帽，身穿款式简洁的白色长裙，让人想起克里奥尔妇女爱穿的朴素的薄棉纱裙，她们将这种造型从殖民地带到了宫廷。扮上这种新造型的罗丝看起来很美，她自己也感觉很舒服。她的土气终于被视作一种资本，她终于可以对自己的女性魅力和蓬勃生春的性意识感到自信了。

　　罗丝在修道院度过的岁月并不像亚历山大以为的那样，是她人生的低谷。相反，它教会她如何以优雅的姿态展示自己，使她更有自信，在社交场上更为从容。正在这段时间里，那个高雅的、迷人的、风姿绰约的，并最终更名为"约瑟芬"的女人雏形初现了。

　　1785年初，亚历山大强行将欧仁从修道院绑走，这对分居夫妇之间的矛盾更加激烈。罗丝立即写信给巴黎法院院长，要求当局强制亚历山大把三岁的儿子还给她。她的要求把事情挑到了非解决不可的地步，剑拔弩张的夫妇二人被传唤到沙特莱。1785年3月5日，在巴黎公证人特鲁塔（Trutat）先生的书房里，这场纠纷终于得到了解决。罗丝彻底被平反。由于无法提供任何证据来支持他对妻子的指控，亚历山大被迫接受庭外和解。"上述德·博阿尔内子爵承认，他的妻子，子爵夫人的申辩是有道理的，他给上述女士的写于7月12日和10月20

日的信件（她所控诉的信件）是错误的，他承认这些信是出于年轻的一时激愤。"他后悔"让位于一时的激愤，因为在他回到法国后，群众和她公公的证词都对她有利。他意识到由于他的所作所为，德·博阿尔内子爵夫人有权主张分居"，文书继续写道，"因为双方都想避免家事外扬所带来的不愉快"，还因为罗丝想要"向她的两个孩子证明她的母爱"，她决定"接受既已向她开出的条件"。[7]

根据协议中的条款，罗丝可以住到她乐意的任何地方，自由使用她的嫁妆和其他任何可能归于她的收入。亚历山大必须支付所有诉讼费用，并每年给她 5000 利弗尔。奥坦丝的父亲是谁不再有疑问，她在结婚前都会和母亲住在一起，亚历山大每年要再支付 1000 利弗尔作为女儿的抚养费用。按照当时的习俗，欧仁将归父亲抚养，但他会和母亲一起生活到五岁，此后每年夏季来和罗丝同住。四年的婚姻生活就这样结束了。此时的罗丝年仅二十一岁。

第六章　枫丹白露

我们又唱又跳地向悬崖奔去。

——德·拉图尔·杜邦夫人

　　十八世纪八十年代中期的法国，社会氛围乐观而活跃，对即将到来的事情一无所知。当时有一股显而易见的变革的力量，力图抓住未来并使之符合集体意志。在艺术和科学领域，面世的种种创新给人们带来了新的可能和对未来的希冀。启蒙运动的理想点燃了大众和知识分子对于改革的渴望。一位历史学家恰如其分地将其描述为"法国贵族阶层的集体受虐狂"[1]，许多贵族，包括已经和罗丝分居的亚历山大，现在致力于社会变革，这是一种最终将夺去他们的权力的变革。

　　罗丝走入的正是这个狂热的、快节奏的世界，她眨着眼睛，终于成年了。她曾被困在一段鸡飞狗跳的关系里，后来又孤独地居住在老博阿尔内的家中，她自身的磨难使她无法完全参与到她所处的城市的变化当中。而现在，婚姻关系终于结束了。分居协议让她舒舒服服地脱了身，并使她第一次掌握了自己的命运。无论她内心还有什么挥之不去的伤痛，她也已经把自己改造成了一个真正的巴黎女人，拥有了核心的朋友圈子，引导她度过大革命前巴黎令人不安的社会和政治旋涡。

　　罗丝在签署分居协议后的几个月里一直住在巴黎。由于新圣夏尔街的房子已经不在了，亚历山大卖掉了家具，并取消了租约，所以她不得不继续住在修道院。家里位于大努瓦西的另一处房子，已经被艾德米姑妈按照婚约中赋予她的权利卖掉了。毫无疑问，与这两处住宅有关的糟糕回忆意味着它们对罗丝都没有太大的吸引力。她更爱位于巴黎核心地带的修道院的独立小公寓。

81

　　巴黎似乎在呼应罗丝的蜕变。这座城市正在大兴土木。"巨大的住宅楼仿佛被施了魔法般拔地而起，"目瞪口呆的梅西埃写道，"由最美轮美奂的房屋组成的新城区正在成形。建筑热潮给这座城市带来了庄严宏伟的氛围。"[2]据他计算，在过去的二十年内，这座城市有三分之一的地方得到了重建。建筑热提升了城市的活力，这是公众的乐观态度的具体证明。托马斯·杰斐逊于1784年来到巴黎，他被这座首都瞬息万变的景象深深吸引，"每天都在变得更开阔、更美丽"。[3]

　　王家宫殿是这座城市的新精神的一个缩影。它于1784年开放，是路易十六的堂亲、奥尔良公爵菲利普的创想，他在大革命初期以"平等菲利普"（Philippe Égalité）的名号闻名于世。王家宫殿像一座体量庞大的购物中心，各种娱乐云集在此，任人采撷，包括赌场、商铺、咖啡馆、书店、蕾丝制造商、卖柠檬水的人和闲逛的牌手。游客们能够欣赏到魔法灯笼或灯影戏表演，还可以光顾妓院。据梅西埃所言，它是"一个迷人的地方，一座城中之城。一个人可以被关在这里好几年，生活得无忧无虑，根本不会产生逃离的念头"。[4]在这个"欲望的狂欢节"中，来自各个阶层的人不自觉地混杂在一起。像罗丝这样的时尚女性与交际花一道散步，有名望的军人与最卑微的农场职员一同享乐。王家宫殿的社会融合是前所未有的。它是这座城市新兴民主精神的体现，它的旺盛活力似乎是时代精神的总结。

变革的情绪不仅在地面上显而易见，天上也有踪迹可循。对热气球的热情席卷了法国。1783 年 9 月 19 日，艾蒂安·孟戈菲（Étienne Montgolfier）最著名的一次飞行试验举行，他的蓝色塔夫绸热气球被放飞到凡尔赛宫的上空，气球上装饰着金鸢尾。篮子里有三名乘客：一只名叫"登天"（Montauciel）的绵羊、一只鸭子和一只公鸡。它飘飞了八分钟，随后降落在凡尔赛宫外几英里远的树林里，在场的观众（超过十万人）欣喜若狂。动物航空员毫发无损。这种飞行的壮观场面着实非同寻常，在观众中激起了强烈的情感。有一次在圣克卢，望着热气球从头顶飞过的人群齐刷刷跪倒在地，双手合十，仿佛是在祈祷。还有一次，热气球航空员降落在了田野里，遇见他们的农民以为他们是外星人，强迫他们脱光衣服以证明自己是人类。热气球航空员成了民族英雄，民谣讴歌他们的事迹，肖像画捕捉他们的面容。人们支持热气球就像现在支持足球队一样，妇女们甚至把微型热气球编到头发上。这种狂热吸引了所有人，不论男女，不分贫富，这是一种真正的民主景观，引来如潮的民众支持。人们认为他们正在目睹一场真正的解放事件。历史学家西蒙·沙玛（Simon Schama）认为，人们觉得它"预示着自由流动的未来"[5]，以前无法想象的事情，现在似乎成为可能。

在欢乐的表面之下，潜藏着复杂而危险的伏流。法国大革命现在离我们只有几年的时间了。一直以来的宿命论被启蒙运动对科学进步、社会改革和新的可能性的关注所取代。热气球的成功证明，科学家甚至连大气都可以征服。那么，为什么社会不能克服它所有的弊病呢？人们意识到很多事情是错误的。国王对北美独立战争的财政支持在当时广受赞誉，却耗尽了法国的国库，现在国家已经到了破产的边缘。人们普遍认为，国王无能，政府腐败。蔑视宫廷和对王室无礼成为一种时尚。国王因为喜欢修理机械而被称为"锁匠"，更刻薄的绰号是"肥猪"。但首当其冲受到民众敌视的还是玛丽·安托瓦内特。关于她的下流小册子层出不穷，无论是特权阶级还是穷人都读得如饥似渴。它们把她描绘成一个挥金如土的淫妇，主持着一个堕落而贪婪的宫廷。无数的色情出版物被印刷出来，展示了"那个奥地利女人"无休无止的奢华飨宴和男女滥交。玛丽·安托瓦内特一会儿被说成是马基雅维利主义者，一会儿又是头脑空空的女人，被越来越多地视作"外国人"的她成为政府运转失灵和国家问题的替罪羊。[6]

大革命前夕经济、政治和商贸上的深刻变化，对巴黎的社交行为产生了巨大影响。对此持不赞同态度的克雷奇（Crequy）侯爵夫人写道："女士们不再互相陪同，也不再在打招呼前起身。人们说'女人'而不说'女士'，说'宫里的男人'而不说'贵族'。宴席上受邀前来的高门贵女和金融界人士的妻子混坐在一起。"[7]许多人认为，这种阶级壁垒的打破和社会风气的变化，是旧制度时期的社会与政治结构正在崩塌的又一迹象。

此类社会变革的影响对妇女群体来说尤为重要。新的社会空间突然向她们开放了。剧院、歌剧院和音乐会现在是"美好世界"的一部分，是妇女可以独自一人或与丈夫之外的男人一起去的地方。就连玛丽·安托瓦内特也是剧院的忠实拥趸，她在没有国王相陪的情况下也会去观看演出。妇女们在脂粉、汗水和烟尘的气息中欣赏着歌剧与戏剧表演，这些剧目探讨了和她们的生活息息相关的问题：爱情、通奸和离婚。但是，吸引罗丝这样的妇女来到剧院，并令她们为之着迷的不仅仅是表演，她们还喜欢"剧院里微妙的色情气氛"，享受"对话、调情、幽会和爱的小纸条，这已经成了公认的看戏的一部分"。[8]

没有什么比罗丝看了很多遍的一出戏更能概括新的时代精神了——博马舍的《费加罗的婚礼》。它于 1784 年 4 月 21 日在法兰西剧院开演时，大批观众为争抢座位而大打出手。尽管有人试图打压该剧（作者被抓进了圣拉扎尔监狱），但它仍是这十年来最成功的戏剧作品。它讲述了一个狡猾的仆人战胜主人的故事，在歌颂普通人的同时，也取笑了高高在上的爵爷们。它关于平等的初步主张表达了新出现的同理心，确保了它能受到只买得起剧院后排票的寒酸观众的欢迎。更难解释的是该剧在上流社会中的受欢迎程度，贵族们对该剧的反应是明显的受虐狂表现，奥伯基希（Oberkirch）男爵夫人观察到，他们"自己打自己的脸，对自己的损失发笑，更糟糕的是他们也让别人笑了……奇怪的无知无觉！"

罗丝享受着这座城市的种种繁华，尽可能在巴黎逗留了很久。但住在这里开销太大，她也很思念她的家人。最后，她和孩子们搬去了雷诺丹夫人与侯爵位于枫丹白露的新居。枫丹白露位于巴黎东南 37 英里处，与同名的森林毗邻，罗丝搬到这里的时候，枫丹白露还只是个相当沉闷的小村庄（而在接下来的一个世纪里，它成了一处很受欢迎的避暑胜地，吸引了大批来自巴黎的度假人士）。侯爵在蒙莫兰大街上租的房子比他们之前的住所要简朴一些，尽管它的马厩能够容纳十二匹马。

它很漂亮，罗丝很喜欢它，她用马提尼克岛寄来的一些家具布置她的居室。修道院的公寓被她当作偶尔去首都时的一个歇脚之地。

　　家庭生活有一些常有的烦心事。侯爵现在已经七十二岁，年老体衰，艾德米神秘的胃病让大家为之担忧。按照分居协议，一年之后，五岁的欧仁将到巴黎和父亲一起生活。亚历山大把这个小男孩送进了维尔迪埃（Verdière）先生在塞纳河街经营的寄宿学校。罗丝非常想念欧仁，但亚历山大会定期给她写信，让她了解儿子的情况。她则回以小奥坦丝的故事。这种书信往来并不代表和解，亚历山大和罗丝再也不会以夫妻关系共同生活了。然而，这证明了他们二人都对子女抱有真挚的感情。

　　令人悲伤的是，亚历山大新近的成熟表现并没有泽被他对罗丝的财务承诺。他全心全意地追求首都的逸乐，蚕食着他从这桩婚事中得到的经济遗产，于是他经常迟付给罗丝的津贴。马提尼克岛也传来了坏消息。博阿尔内侯爵之前任命罗丝的父亲做他的加勒比海财产的管理人（更多是出于需要，而不是因为对他抱有信心），而以约瑟夫一以贯之的管理不善的天赋，博阿尔内家的岁入开始一路走低。尽管侯爵寄去一连串的信件，质询他是怎么做的生意，并给他提供指示和建议，但情况并没有得到改善，侯爵的收入减少成涓涓细流，来得也不规律。这使罗丝的父亲更难给绝望的女儿寄去结婚时承诺的每年5000利弗尔①，哪怕只是一部分。

　　国家的总体经济形势加剧了这个家庭的金钱问题。1786年，路易十六从他的财政大臣卡洛讷（Calonne）那里得知，

① 此处原文如此，和第二章的说法有出入。——译者注

国家正处于严重的财政危机之中。卡洛讷指责他的政敌内克尔管理不善，并解释说国家所有的信用都已耗尽，彻底的变革是避免破产的唯一办法。他提出的财政改革建议包括用普遍土地税取代现有的税收制度、引入印花税、更自由的谷物贸易、废除国内海关和贸易壁垒。议会否决了他的改革方案，卡洛讷于1787 年 4 月被撤职。政府就各种妥协方案展开辩论，同时筹措急需的贷款。

85　　窘迫的经济状况对枫丹白露的小家庭产生了深刻影响。侯爵在最风光的时候曾享有 15 万利弗尔的岁入，但到十八世纪八十年代初，他领到的养老金降至 1.2 万利弗尔，现在国家正大刀阔斧地削减养老金，它又可怜巴巴地降到了 2800 利弗尔。罗丝以越来越强硬的态度面对他们的经济问题。她给战争大臣去信，抱怨她公公的待遇。虽然此举无济于事，但她在 1785年 11 月与政府的税务官斗争时却取得了可喜的成功。罗丝解释说她现在已经和丈夫分居，成功将虚高的征税额削去了一半，降至 30 利弗尔。亚历山大的孟浪还导致了其他经济纠纷，比如一个债主写信给罗丝，要求她支付亚历山大为别的女人购买的珠宝首饰。

　　1787 年春季，罗丝的叔父塔舍男爵从她父亲那里给她捎来了钱，这在一定程度上缓解了他们的经济困难。这并不是约瑟夫承诺的全部款项，但它给了罗丝希望，让她指望以后能有更多的钱。"亲爱的父亲，我已经收到了您通过我叔父送来的汇票，共计 2789 利弗尔 6 苏 8 第纳尔，我深深感谢您。它让我心生希望，盼望您正认真地忙于想办法为我提供更多的可观款项，"显然，她对不得不向父亲催钱感到不好意思，继续写道，"亲爱的父亲，您心里很明白，如果不是因为急需用钱，我在信里除了对您的感情什么也不会说的……我全心全意地拥抱您。"[9]

1786 年 6 月，一个神秘的孩子的出生扰乱了罗丝的生活。这个小姑娘在受洗时得名玛丽-阿黛拉伊德·德·昂蒂尼（Marie-Adelaide d'Antigny），起初有传言说她是罗丝的私生女。这个流言可能是因为罗丝和雷诺丹夫人都很关心这个孩子，卡尔梅莱（Calmelet）先生被任命为她的事务托管人，奥坦丝的事务托管人也是他。后来罗丝为阿黛尔①操办了婚礼，还给她出了一份妆奁，艾德米也在遗嘱中为她留下了 300 利弗尔的年金。罗丝参与阿黛尔的生活，这不可避免地引起了很多议论。但她的行为有一个非常简单的解释：她认为这个孩子是亚历山大的女儿，是与一个其人不详的已婚女子交往的产物。亚历山大在几年后承认自己是她的父亲，但由于他和孩子的母亲都对这小姑娘没有任何兴趣，所以由雷诺丹夫人和罗丝来负责照管她。

罗丝在枫丹白露有一些现成的社交生活。范妮阿姨在那里有房子，塞科尼（Cecconi）姐妹和她们的父亲也住在那里，在她婚后最暴风骤雨的日子里，是这些人为她提供了有力的支持。蓬特蒙修道院的院长还把罗丝介绍给了她的侄子贝迪西子爵，他在皮卡第王家步兵团中任上校。她还与蒙莫兰（Montmorin）侯爵夫人及其儿子成了熟人，后者是弗兰德军团的上校和城堡总督，地位显赫，路易十五在他的洗礼仪式上曾亲手抱过他，这在路易十五的臣民中是唯一一个。这个朋友圈子并不以才智著称，枫丹白露的兴趣相当守旧。巴黎人热衷于

86

---

① 阿黛拉伊德的昵称。——编者注

谈论财政和宪法改革的必要性，而在枫丹白露，人们的话题主要是宫廷中已不再新鲜的八卦。不过，生活还是过得很惬意，可以组织或参演私人戏剧，有牌局可参加，偶尔还有舞会。

枫丹白露作为王宫所在地，影响了罗丝在狩猎季的社交活动。她和国王内廷的各种官员都认识了，比如河流、森林和王室狩猎总管弗朗索瓦·休伊（François Hüe），他生性快活，长着一个大鼻子，他对国王的忠诚最终导致他被捕入狱。除了长期驻扎在那里的官员，罗丝还有机会见到一些在狩猎季来到这里的贵族。几个世纪以来，经过瓦卢瓦王朝和波旁王朝的统治，枫丹白露成了王室狩猎胜地中最好的地方。但它也受到了国家经济困难的影响，活动亦不像从前那样奢华。虽然少了一些排场和娱乐，但狩猎仍然是一件令人目眩神迷的盛事。在这个令人向往的圈子里，罗丝有机会施展她新生的魅力。她开始大放异彩。令已经和她分居的丈夫非常恼火的是，她——而不是他——被允许谨慎地跟随狩猎，这是一种与等级相对应的特权。罗丝一直热爱动物，她终此一生都没有射杀过一只猎物。她是从狩猎的其他方面获得乐趣的：香槟早餐、号角声、猎手、狩猎队伍从一处乡间小屋到另一处时，在美丽的森林里飞驰而过。1787 年秋季，侯爵给正在巴黎的雷诺丹夫人写信："子爵夫人昨天去猎野猪了。她全身湿透了，但非常高兴，换了衣服后还吃了点东西。"虽然她没有资格接近国王，也不被允许参加宫中举办的舞会，但罗丝乐此不疲，她此时还完全不知道，自己有朝一日会以法国统治者的配偶的身份，来主持这一宫廷活动。

罗丝偶尔也去巴黎。她先是住在修道院，租约到期后又住到银行家德尼·德·鲁热蒙（Denis de Rougemont）家里，他

是博阿尔内家的故交。巴黎之行使她有机会见到心爱的欧仁，87
并享受首都更热闹的社交氛围。就像在伦敦一样，巴黎餐桌上
的谈话围绕着"钻石项链事件"，这是十八世纪最臭名昭著的
丑闻之一。玛丽·安托瓦内特在一无所知的情况下成了这桩复
杂丑闻的明星。它的情节堪比最荒诞不经的戏剧，围绕着爱慕
虚荣、容易上当受骗的红衣主教德·罗昂（de Rohan）陷入的
一个圈套展开。红衣主教急于讨好王后，相信了一帮阴谋家的
话，以为她想要一条相当俗气的钻石项链，这条项链由 647 颗
钻石组成，重达 2800 克拉，价值 150 万利弗尔。参与阴谋的
人包括一个名叫卡利奥斯特罗（Cagliostro）的人，他自称是
魔法师，以及一个自称王室后裔的女冒险家让娜·德·拉莫特
（Jeanne de la Motte）。红衣主教在夜月下和一个从王家宫殿找
来的妓女见了面，这个淡金色头发的妓女身着白色薄棉纱裙，
化装成王后的模样。罗昂自以为已经从王后处得到了购买的指
令，为这条项链预付了大笔款项，与此同时，真正的项链已经
被拆分成零件，倒卖到了英吉利海峡对岸。

整件事曝光之后，在愤怒的债权人和珠宝商震耳欲聋的呼
喊声中，所有参与者都设法在公众面前洗白自己，除了可怜的
玛丽·安托瓦内特。尽管她一开始并不想要这条项链，而且一
直试图通过认真控制她的奢侈消费来改善她的公众形象。但事
实证明，这则看似颇有趣味的花边新闻是旧制度棺材上的一颗
钉子。公众认为，玛丽·安托瓦内特的贪得无厌是酿成此事的
首要原因，而项链事件中败坏的骗子和贪婪的贵族的角色，似
乎是一个腐败横行的政权的完美象征。按照拿破仑的说法，项
链事件的影响甚至比空空如也的国库、饥寒交迫的农民和怨声
载道的手工业者更甚，它是法国大革命的真正开端，也是法国

君主制的终结。

然而，当时的罗丝和大多数同龄人一样，并不太关心政治局势。她忙于享受她的独立地位和她新发现的自信心。她的一众仰慕者助长了这种自信，其中有科瓦尼（Coigny）骑士，一位比她年长二十岁的绅士，有着丰富多彩的过去（他的父亲死于决斗，他还追求过萨拉·伦诺克斯小姐①）。他后来跻身波旁王朝最活跃的间谍之列，而罗丝在执政府时期救了他的命。另一个追求者是一位已婚的年长男士，骑兵准将克雷内（Crenay）伯爵，他的军事生涯始于王室卫队，当时他为路易十六的父亲服务。

尽管罗丝的新生活看起来平静而快乐，但她突然出人意料地决定回马提尼克岛去。为了筹措旅行所需的钱，她向她的朋友德尼·德·鲁热蒙求助，后者借给她 6000 利弗尔，她又向姑妈借了 1000 利弗尔，还卖掉了自己的竖琴，放弃了她最喜欢的一门爱好。钱一凑齐，罗丝就带着奥坦丝和尤菲米娅启程去了勒阿弗尔。在那里，她从一个克里奥尔熟人处租了一栋小房子，三个人在那里等过了整个 6 月才找到一艘合适的船。1788 年 7 月 2 日，她们启程前往马提尼克岛。

---

① 英国十八世纪名媛，第二代里士满公爵之女，英王查理二世之曾孙女。著名的辉格党政治家查尔斯·福克斯（Charles Fox, 1749—1806）是其外甥。——译者注

第七章 还乡

我知道，支撑着漂泊的是希望。

——埃斯库罗斯

罗丝为什么会如此匆忙地启程去马提尼克岛？是什么促使她甘愿忍受她讨厌的、横渡大西洋的漫长旅程，以及随之而来的各种危险和生活不便？对于一位年轻女士来说，在没有父兄或丈夫的护送下踏上这段旅程无疑是很不寻常的。她的这一举动似乎非常草率，因为她出发的时候身上的盘缠不够多，衣装很少，还带着一个五岁的孩子。她此行的动机在加勒比地区仍然引起猜测。有人认为，罗丝是为了去追求她婚前结识的一个男人，此人现在驻扎在罗亚尔堡。她的女儿奥坦丝后来说，她是在逃避爱情，尤其是她对亚历山大长久的感情，她以"暂时的旅行"[1]来治愈伤痕。

一位传记作者认为"罗丝……怀孕了，想掩盖她非法的肚子"。[2]在马提尼克岛仍有关于孩子的说法，而在隔壁的多米尼克，有说法称罗丝回到加勒比海后就怀孕了，她在此长久逗留，以便生下孩子。但如果是这样的话，罗丝真的会从对这种事见怪不怪的巴黎——抛开老练而世故的雷诺丹夫人，她可以保证指导她谨慎而有效地解决这种情况——跑到马提尼克岛，一个她的一举一动都会被仔细观察，被人说三道四的地方？

90　　　几乎可以肯定金钱是动机之一。在分居后的几个月里，亚历山大没有按照预先说好的时间给钱，还和她争抢她的嫁妆，就夫妻共同财产争执不下，这加剧了罗丝对自己的经济状况的焦虑。她或多或少地依赖于姑妈艾德米和侯爵的帮衬，这让她坐立不安。由于他们两人的健康状况都不太好，这种依赖让罗丝没有安全感。罗丝还意识到，她从拉帕热里庄园得到的钱比她应得的要少，她可能觉得她本人出现大概会激励她畏缩的父亲，为她生发出更多的资金来。

　　罗丝回老家还有其他原因，她的女儿奥坦丝在回忆录中这样解释："尽管我母亲活得很光鲜，但她不能忘记她的故乡和家庭。她把年迈的母亲留在了家里，她希望能再见到她。"³奥坦丝总是维护母亲的声誉，她把罗丝此时的处境描述为"光鲜"是夸张了。但罗丝为自己的亲人担心是事实。她知道父亲和妹妹的健康状况不佳，并曾写信给马提尼克岛的许多朋友，表达对她母亲的担忧。一个不那么具象，但也许同样重要的理由是，罗丝在经历了最近发生的一切之后，被那种深切的思乡之情压倒，这种故土之思有时会吞没移民的心神，那种对熟悉、爱、安全的渴望，对被留在身后的一切的渴望。

　　这是一段漫长的旅程，由于法国与英国战端再起，以及在塞纳河注入英吉利海峡的地方险些与另一艘船发生碰撞，这趟旅途险象环生。最终，她们乘坐的"苏丹"号于1788年8月11日停靠在马提尼克岛。此时正值雨季，是岛上最炎热潮湿的时候。罗丝对回到拉帕热里庄园感到非常兴奋，她没有在罗亚尔堡多作停留，享受叔父塔舍和婶娘的款待。我们可以想象，当罗丝穿越蔚蓝的海湾，感受着迎面而来的熟悉的海盐水雾，再一次见到让三岛村得名如此的三座小岛时，她的心中怀着怎样的感情。

在码头上，三人被接上了家里的马车，踏上了回家的短途。她们发现种植园在罗丝离开后发生了一些变化。大屋终于在几年前重建了，这样一来就不用再住在楼上的炼糖室里了。新房子和原来的房子差不多，石头地基上的一座木屋，屋顶是整齐的瓦片。罗丝和奥坦丝被安顿在房子右翼的五间卧室中的一间。不过，种植园的其他地方还是破破烂烂的。罗丝上次见到小几内亚已经是将近十年以前了，很多地方都变了——尤其是罗丝她自己。她离开的时候是个乡下姑娘，回来时已经是一个时髦的年轻女郎了。

91

她得到了热烈的接待。所有奴隶都急切地想看看这个游荡在外的女儿，都出来迎接她，包括她从前的保姆玛丽恩。罗丝发现，她担心母亲的身体是在杞人忧天。德·拉帕热里夫人虽然上了年纪，但依然硬朗而不屈不挠。可她父亲的健康状况却糟糕到了令人震惊的程度。她的外祖母德·萨努瓦夫人已经去世，而她美丽的妹妹玛奈特，正如亚历山大说的那样，不幸被困扰她多年的疾病毁了容，有人认为可能是坏血病。

和亲朋好友重逢叙旧之后，罗丝在岛上安稳下来，过着平和的海岛生活。她回到了她的心之所属，回到了给她如此深刻的安全感的、能够驱邪的飞地，她在那里住了两年多。她又一次在泛着阳光的房间中醒来，听着清风拂过藤蔓的窸窣声响。她又一次坐在河边，沐浴在清澈而冷冽的河水中，走过苍翠的赤素馨花和九重葛，呼吸着馥郁甜蜜的空气。

在马提尼克岛停留期间，罗丝得以和她的宝贝女儿分享自己在热带地区的童年往事。我们很容易想象母女二人怎样漫步在小几内亚连绵起伏的土地上，浓郁的、温暖的、潮湿的泥土气息扑鼻而来，刺目的阳光扎痛她们的眼睛。偶尔，这对母女会停下脚步，深栗色的头颅垂在金黄的小脑袋上，观察一朵陌生的花儿，或一只让马提尼克岛因此闻名的色彩华丽的蝴蝶，或看一只尘土色的蜥蜴在青玉般的草地上飞快地爬行，即使奴隶制的惨状和掠夺此时仍像不散的阴魂般徘徊在她们美好和特权阶层的迷人圈子之外。

关于在马提尼克岛的时光，奥坦丝只深刻地记得一件事，这段记忆充分说明了她母亲的成长经历。有一天，小姑娘正看着外婆数钱，脑子里冒出一个念头：这堆铜币是她的，她可以拿去用。她把钱收进裙子里，和家里的一个仆人一道出发，把钱分发给种植园里的奴隶们，这是在学她母亲的做派。她回到家的时候里一片混乱：外婆怒气冲冲，奴隶们吓得瑟瑟发抖，唯恐被人指责偷了钱。小小的罪魁祸首被查出来后，德·拉帕热里夫人的反应非常严厉，以至于直到那时还"从来没有掉过一滴眼泪，也没有被骂过一句重话"的奥坦丝终生难忘。"我因这个错误而遭到的羞辱太过强烈……从那遥远的一天起，我再也没有撒过谎，也没有想过要对事实添油加醋。"[4]

不过，生活总的来说是平淡无奇的。有时她们会去拜访当地的朋友和邻居，如住在拉帕热里附近的种植园的马尔莱一家。除了这些社交活动外，罗丝还有机会重新认识种植园的实际工作，并再次面对奴隶制及其奇特的劳动分工，为她家的繁荣兴旺而努力。她甚至可能试着检查了财务状况，以了解她在法国的财源的波动情况。事实上，拉帕热里种植园在这些年里应当过得很不错。法国通过1783年的《凡尔赛条约》和北美独立战争从英国那里赢得了某些殖民特许权，这改善了马提尼克岛和其他"糖岛"的经济状况。但拉帕热里种植园的账簿上没有任何发财的证据，约瑟夫根本不具备利用新的商业环境的才能。

罗丝也会对她的表妹爱梅·杜比克·德·里维利的命运进行揪心的猜测。她显然是在横渡大西洋的艰难航行中不知所终了。家人悬心她可能是被海盗抓去了。她的命运正如无数小说和非虚构作品叙述的那样，非常耸人听闻。她不仅被柏柏里海盗绑架，而且被辗转送到了阿尔及尔，在那里被拍卖到土耳其苏丹塞利姆三世的后宫。这位金发蓝眼的克里奥尔美人很快就成了苏丹最宠爱的妃嫔，生下了他的继承人马哈茂德二世，并由此成为皇太后，掌权直至 1820 年。[①] 这一神话般的人生是不是真实的，历史学家们仍争论不休。一些怀疑论者倾向于对她的失踪做出同样耸人听闻的另一种解释：可怜的爱梅被一个图财的亲戚谋杀，并被秘密埋葬在了家族种植园的土地上。无论真相如何，围绕爱梅·杜比克·德·里维利的传说巩固了关于克里奥尔妇女的异国情调神话，而这种神话塑造了公众对约瑟芬的看法。[5]

随着时间的流逝，现在已经入世的罗丝对三岛村相当有限的娱乐感到不满。到 1789 年，她把越来越多的时间花在罗亚尔堡世俗的娱乐消遣上。作为港口指挥官，她的叔父罗贝尔·塔舍负责招待停泊在港口的政府官员和海军军官。罗丝参加了他主持的各种晚会和舞会，她尤其喜欢在政府大楼举行的晚会。她发现岛上的社会生活在她离开之后变得更加高雅了。正如一位历史学家在写到大革命前几年的克里奥尔上流社交场时

93

[①] 此处原文如此。实际上，马哈茂德二世是苏丹阿卜杜勒-哈米德一世之子，娜克希迪尔太后于 1817 年去世。——译者注

所言："宴席的挥霍与排场令人难以置信，妇女们的装束更是言语所不能形容。"[6]令罗丝惊讶的是，为了与当地的美女一较高下，她不得不写信去法国要求把她的正装送来。一位老熟人在描述她这段时间的情况时写道："那位女士，虽然并不是十分标准的漂亮，但她的风度气质、她的欢快和好心肠还是使她颇具吸引力。她全神贯注地追求她那个时代的奢华享受，她发现她的魅力给她带来了某些好处……她相当公开地藐视公众舆论……由于资金有限，而她又喜欢花钱，所以她经常被迫从她的崇拜者的钱袋里掏钱。"[7]

然而，在这种表面的平静之下，马提尼克岛的骚动正在酝酿之中。最终导致法国大革命的动荡的涟漪正从母国扩散到其殖民地的海岸。马提尼克岛已经是一个四分五裂的社会，其特点是奴隶们寻求自由、获得自由的有色人种反对种族歧视、殖民地的精英们寻求政治独立，这些斗争相互交织在一起。正如一位历史学家指出的那样，"所有人都只梦想着为自己的处境争取有利改变：种植园主想加强自己的权力，'获得自由的有色人种'想获得一切公民权利，而黑人则想获得自由"。很少有社会"像这些建立在奴役、不公和偏见之上的种植园社会一样，自由、平等、博爱的理想在这里显得如此危险"。[8]

异议的第一个表现是奴隶群体中萌发的抗争精神。尽管他们孤立无援，没有受过教育，但不可能对他们全盘隐瞒关于民众骚乱的消息。他们发现，美国已经走上了取缔奴隶制的进程，法国的慈善家和种植园主正在就废除奴隶制问题进行公开辩论，在美国独立战争期间，马提尼克岛总督布耶侯爵建立了有色人种纵队，他们参与军事行动，这进一步提升了他们对平等权利的要求。这些信息以种种方式渗入奴隶群体之中：一些黑人在混迹于巴黎的酒馆和公共场所后回到了加勒比地区；一些学会了读写的人看到了主人手中的小册子和传单；一些人在酒馆或餐桌上偷听到了谈话的片段。他们把搜集到的信息传播出去，奴隶们越来越意识到解放并非不可能，从而推动了日益高涨的解放呼声。

与此同时，母国的事态正在加速发展。当罗丝于 1788 年 7 月横渡大西洋时，一场冰雹席卷了法国西部的大部分地区，小麦歉收，导致面包价格飞涨。政治局势和天气一样动荡不安。萨德侯爵夫人（就是那位臭名昭著的萨德侯爵的妻子）观察到："我们一直以来处于丑闻、恐惧、期票、破产、欢乐、叛乱的骚动之中……"[9]为解决国家的财政危机，国王曾试图征收新的印花税。已经怨声鼎沸的高等法院认为，这一权利完全属于三级会议——它是一个成立于十四世纪的代表大会，这个包括神职人员、贵族和平民在内的机构自 1614 年以来就没有再开过会。路易十六宣布关闭高等法院，并下诏逮捕了两名持异见的领导人。全国所有的地方法院都宣布声援巴黎高等法院，旧政权的命运至此无可改变。在接下来的几个月里，反王权的示威活动遍及全国，得到了所有社会阶层的支持。到 6 月的第三周，神职人员站出来声援代表全国 98% 人口的第三等级。第三等级代表会议更名为国民议会（National Assembly）①，获得了广泛的拥戴。路易十六勃然大怒，下令

① 此机构在法国大革命期间数次改组并更名。1789 年 7 月 9 日更名为国民制宪议会（National Constitutional Assembly），1791 年 9 月 30 日解散，后身为国民立法议会（National Legislative Assembly）。本书中大部分地方只用"National Assembly"指代，译者根据上下文时间对译名进行了调整。——译者注

94

关闭三级会议会场。代表们发现大门被锁上了，于是在最近的一个合适地点——一个网球场里重新召开会议。随后发生了举世闻名的网球场宣誓，当时代表们发誓不给法国制定出一部宪法绝不休会。

国王命令他的王室卫队解散三级会议。第三等级提出抗议，拉法耶特将军和米拉波伯爵等进步贵族也对代表们示以支持。路易十六面对自己的部队的进一步抗命，又秘密增聘了十六个团，主要由瑞士和德意志的雇佣军组成。但他开除了深受欢迎的财政大臣内克尔，此人曾拿出自家的几百万资金来缓解法国的财政问题，这是最后一根稻草。内克尔遭解职的消息传遍了整个首都。1789 年 7 月 12 日，数以万计的民众举着他们的英雄和国王的堂亲"平等菲利普"的半身像上街游行。起事者在新成立的国民自卫军集结的时候抢夺了市政厅的弹药。两天后，7 月 14 日，人们向那座王权专制的象征——巴士底狱进军。大革命已经开始。

95 在加勒比地区，奴隶们对法国大革命的解读主要通过它对解放奴隶和殖民地问题的态度，大革命热心于就此进行辩论。奴隶们也因此对它表示欢迎。但是，这有时会造成误解。奴隶们在大革命真正开始反对奴隶制很久以前就这样看待它了（革命者经常鼓励这些误解，把改革说得比实际意义更大，以获得支持）。当然，大革命对加勒比地区奴隶制度的威胁既有思想上的，也有政治上的。在思想领域，它宣扬了一种鼓舞人心的自由和平等学说，从 1792 年开始，这种学说姗姗来迟地囊括进了反种族主义，然后从 1794 年开始吸收了反奴隶制。大革命通过引发冲突削弱了殖民地的白人权力结构，而战争则使人口分裂成不同的派系。

到 1789 年巴黎街头爆发革命时，愤怒的殖民者和惊慌失措的官员抱怨说，反奴隶制的宣传材料在英国和法国西印度群岛流传，吸引了激动的奴隶们的注意力。殖民者在饭桌上不谨慎的谈话、与新来的海员在码头上的交谈、海外奴隶口吻过于乐观的信件，都是有关反奴隶制的进一步信息来源和误导。就像传话游戏一样，它们在奴隶人口中传播开来，加勒比地区的黑人比以往任何时候都更加清楚地意识到，以前似乎是坚不可摧的白人统治架构正在出现裂痕。

马提尼克岛的一位官员写道："所有赞成放黑人自由的文字……最后都落到我们身上。那些主人在奴隶面前乱说话，奴隶又去与他们的朋友交流，这一切发酵的根源就在这里。"[10]自由的思想在奴隶们的脑海中被鼓舞起来。一桩谣言在该地区传播，说法国已经通过了一项解放奴隶的法律，路易十六宣布了他们的自由。这一错误的想法部分是源于内克尔在 1789 年 5 月 5 日的演讲，他在此次演讲中说："这一天即将到来……你们将以爱人如己的目光……看待那些成为野蛮的奴隶贸易受害者的不幸的人。"[11]

被奴役的男男女女都愿意相信废除奴隶制的言论，不管它们听起来有多天真，不仅因为这些言论满足了他们最深切的渴望，还因为当今局势的发展让它们变得很可信。在 1789 年试图改革奴隶贸易之前和之后，种植园主的负面新闻向奴隶们发出了他们有潜在盟友的信号。关于法国大革命初期的报道也鼓励了奴隶们对激进变革的期待。虽然七月起义的消息几个月后才传到岛上，但在法国涌现的新情绪却席卷了整个加勒比地区。马提尼克岛是第一个爆发冲突的岛屿。

冲突从奴隶们轻微的不服从开始。8 月 31 日，局面在圣

96

皮埃尔市升级为全面暴动，奴隶们带着大砍刀和锄头在那里横冲直撞。骚乱蔓延开来，白人居民普遍担心会发生"大屠杀"。到了1790年5月，岛上动荡不安。罗亚尔堡传来的消息使沉睡中的三岛村更加恐惧。罗丝的叔父，港口指挥官塔舍男爵在与暴动的奴隶谈判时被扣作人质。起事者还占领了要塞，并威胁要轰炸罗亚尔堡。

此时正是飓风季节，气氛沉闷而潮湿，更加剧了威胁感。法国的动乱对罗丝来说只是遥远的传闻，而马提尼克岛的麻烦似乎越来越近。马提尼克岛是个小地方。这里发生的每件事都会被讲上好多遍，其后果也会被讨论，白人的被害妄想很快就达到了狂热的程度。罗丝担心奥坦丝，她认为是时候离开这座岛屿了。

1790年的夏末，罗丝在罗亚尔堡的总督府，她是总督的客人。她把时间花在尝试协商让她们返回法国的通行线路上。有一天，她在奥坦丝和尤菲米娅的陪同下穿过萨凡纳（Savannah，它是罗亚尔堡中心的一个长方形的草地广场，如今她的雕像就矗立在这里）。她对这里的每一寸土都很熟悉。她在寄宿学校念书的时候，以及后来在罗亚尔堡逗留的时候几乎每天都要从这里经过。但突然之间，她们的脚步被落在面前的一发炮弹打断了。惊慌失措的三个人碰上了一位船长，他提出让她们搭乘他的护卫舰"理智"号走。罗丝立刻答应了，她没带行李，也没机会和家人道别，就匆匆忙忙地上了船。

在回法国的路上，罗丝的内心一定五味杂陈。她记忆中的马提尼克岛比现实生活中的小岛更闲适，更富有田园气息。而奴隶——也就是岛上的大多数人——的敌意，或许让罗丝感到自己并不属于且从未完全属于她的岛屿。但岛上也许并没有发

生变化，而是罗丝自己变了。她现在太像巴黎人了，无法完全
适应马提尼克岛的慢节奏和缺乏紧迫感。这就像把法兰西喜剧
院换成了某个小型的外省剧院一样。如果她留在这里，总觉得
自己好像少了些什么。她代表了移民进退两难的处境：她并不 97
完全属于她的新生活，但她已经改变了太多，老家已经永远回
不去了。

　　当帆船向大海驶去时，起义的奴隶试图向撤退的船只开
火，但没有成功。船上的条件也很困难。由于衣服实在太少，
罗丝被迫把船上的商店翻了个底朝天。缺乏合适的衣服对小奥
坦丝来说很好玩，她是其他所有旅客的"宠物"，她很喜欢船
员们为她制作的临时鞋子。

　　与此同时，在马提尼克岛上，对奴隶起义的反应迅速而残
酷，这表明了奴隶主心中的恐惧。参与起义的奴隶被逮捕，领
袖被判处公开殴打致死，他们的头颅被展示在岛上的主要十字
路口的柱子上，尸体则被当作垃圾丢弃在路边。载着罗丝的船
只正在横渡大西洋，她应该还不知道这些。几周后她在土伦登
陆，此时她也并不知道，她这一生将再也见不到故乡了。

第八章　大革命

> 在那些可怕的日子里，每个法国人要么是共犯，要么
> 是受害者。
>
> ——波恩伯爵夫人

　　1790年10月29日傍晚，"理智"号抵达土伦背风的深水港湾。罗丝、奥坦丝和尤菲米娅蓬头垢面，精疲力竭。经过了长达五十二天的暴风雨中的航行，最后在直布罗陀海峡险些和别的船相撞，船几乎搁浅并倾覆。而当她们三人重新踏上陆地后，便又开始了前往首都的500英里的艰苦路程。她们发现这个国家已经发生了翻天覆地的变化。她们途经的每一个村庄都留下了革命的重大事件的标记。攻占巴士底狱一周年的夏季庆祝活动，即"伟大的联盟节"的陈迹随处可见：城镇中悬垂的旗帜、破损的凯旋门和褪色的窗花。大多数人家都筑起了"爱国圣坛"，上书"公民为国家而生，为国家而活，为国家而死"。每个公共广场和村庄的绿地上都矗立着无处不在的"自由之树"，上面装饰着自由帽和红白蓝三色绶带，表示该社区承诺拥护大革命。

　　巴黎也变了。巴士底狱曾经矗立的地方剩下一堆瓦砾，墙壁上有不祥的涂鸦。1789年夏天最惊人的遗产是拉法耶特的国民自卫军，这些骄傲的年轻人身披革命的斗篷，在街上大摇

大摆地走来走去，震慑潜在的对手，维持良好的革命秩序。自
1789 年末以来，活跃在这座城市里的"希望和喜悦"的气氛
已经有些变味了，但革命仍然是非常时尚的。托马斯·杰斐逊 99
记录道，这座曾经"欢乐而无思无虑"的城市，已经变成了
"政治的熔炉"，这里的"男人、女人和孩童都满口政治，不
谈别的"。[1]另一位来访者写道："共和主义全然是一种道德上
的流行病，爵位、宫殿，甚至是王冠都无法保护其主人不受感
染。"[2]在沙龙里，斯蒂芬妮·德·热利斯这样的妇女展示了一
个早期的革命时尚的例子，她的乳沟上垂着一块用巴士底狱的
石头打磨成的吊坠，她们热衷于就共和国进行辩论。色彩鲜艳
的墙报装点着城市，宣传着各个政治派系的诺言。大街小巷的
小贩们出售革命纪念品，包括巴士底狱的小模型、拉法耶特和
马拉等革命英雄的泥塑像。在咖啡馆里，民众可以从每天印刷
出的十几种新的小册子和 335 份报纸中任意采择，这些小册子
和报纸现在在首都随处可见。它们热情澎湃的言辞助长了咖啡
馆演说家、街角煽动者和闲谈者对时局的抨击。

外国人深信"博爱的千禧年"终于到来，纷纷涌向这座
城市，以便"畅饮自由之泉"。尽管巴士底狱的陷落带来了破
坏和暴力，但对许多人来说，仍然"感到有什么全新的东西
正在生成，一种新鲜的、政治生活的无限可能性，一种崭新的
共同期待"。[3]正如华兹华斯在 1790 年，即罗丝回国的那一年所
写："那是一个全欧洲欢欣鼓舞的时刻，法国站在黄金时代的
顶峰，人类的自然天性似乎又苏生了。"像华兹华斯这样的旅
人和同情革命的人"急切地从巴士底狱的废墟中捡起石块，
留给他们的孩子"，而"巴士底狱的钥匙作为革命的象征被带
到欧洲各地，夏多布里昂甚至将一把钥匙送给了纽芬兰总督，

另一把钥匙则送到了杰斐逊位于弗吉尼亚州的家中"。[4]革命之风已起。当时无人知晓这场特殊的飓风会带来多大的破坏。

亚历山大站在这一徐徐开幕的大戏的中心地带。在罗丝住在马提尼克岛期间，他几乎抛弃了他的军事生涯，在政坛上谋求进取。当路易十六在 1789 年夏季召开历史性的三级会议时，亚历山大和所有心怀政治抱负的人一道决定参选。他被选为布卢瓦（这是他祖先生活的城市）的代表，并加入了三级会议。他在那里与他的导师拉罗什福科公爵及其他自由派贵族结盟。

100 到了 6 月，当三级会议单方面重组为一个拥有立法权的常设机构，并改名为国民议会（有时也被称为制宪议会）时，亚历山大的圈子里一片欢腾。

对亚历山大来说，这是一段令人激动的岁月，对他的所有年轻同侪来说亦是如此，他们对革命充满热情。他们是柏拉图的哲人王，塑造了革命思想的伟大议程。他们是自由主义的精英，要把一个在传统的泥潭中浸淫许久的国家拉出来。他们要把世界从迷信和不平等中解放出来，并用一个博爱和理性的黄金时代取而代之。变革不再是一个梦想。法国人现在觉得他们有机会结束特权阶级的僵局，使穷人摆脱苦难，结束各种奴隶制度。能够塑造未来的想法是一种新的陶醉。历史已经成为他们几乎可以握在手中的东西。

亚历山大和他的代表们正忙于起草期待已久的宪法，7 月 14 日的关键事件打断了他们理想主义的辩论。这起暴力事件的催化剂是两个流言：第一个是国王打算中止国民制宪议会，第二个是他计划流放人民真正信任的金融家雅克·内克尔。当十万名起义的民众冲进巴士底狱，杀死监狱总督，将囚犯释放出狱时，远在凡尔赛宫的代表们情绪阴沉，而亚历山大和他的同志们却喜出望外，欢呼雀跃，把帽子抛向空中。

不过，这一分水岭时刻所带来的欢欣鼓舞，因随后几个月的暴动和暴力事件而有些黯然失色。10月5日，愤怒的妇女聚集在巴黎市政厅，就面包价格居高不下和物资短缺提出抗议，随后她们前往凡尔赛宫与国王对峙，这使骚乱和暴力达到了高潮。当晚王宫遭到袭击，许多王室卫队成员被杀。在巴黎人的饥饿和怒火的吞噬下，国王同意批准《人权宣言》和废除封建制度。惊惶失措的王室成员被一群醉醺醺的起义民众押送回了首都，卫兵的头颅被挂在长矛上，王室一家被关进了杜伊勒里宫。暴力事件引发了第一波流亡潮：许多有能力离开的人带着残酷和混乱的往事逃离了这个国家，其他人则坚信流血是变革所必需的祝福，大革命差不多已经结束了。

在这动荡的几个月里，亚历山大青云直上。1789年11月，他当选为国民制宪议会的三位秘书之一，一个月后，他被任命为军事委员会委员。他提出了一个雄心勃勃的计划：对军队和民兵进行民主化改组。他的计划建议剥夺国王的军事指挥权，这使他与他虔诚的保王派兄长（也是一名代表）发生了冲突，弗朗索瓦被称作"没有进步的博阿尔内"，以区别于他的弟弟。

在制定大革命指导思想的议程中，亚历山大非常活跃。他就男性普选权、废除特权、受英国法学启发的新刑法、教育、新闻、宗教和犹太人的困境等不同主题发表讲话和著述。第一届国民制宪议会的这些伟大的意识形态讨论构成了十八世纪启蒙运动的高潮。这些讨论导致了全面的、根本性的变革，这些变革体现在一些激进的法令中。1790年上半年，国民制宪会通过法律，废除长子继承制和纯男性继承制、废除世袭贵族制、出售教会财产和为神职人员制定公民宪法。

自由派贵族似乎决心放弃自己的特权。亚历山大和他的同志们，包括蒙莫朗西子爵马修（vicomte Matthieu de Montmorency）、德布罗意亲王维克多（Prince Victor de Broglie）、埃吉里翁公爵（duc d'Aiguillon）、孟德斯鸠侯爵和奥尔良公爵前赴后继，热衷于剥夺长久以来维护了自己的财富和权力的阶级特权。贵族爵位被废除了。军队、政府和教会中的职位不再是出身高贵的人的专利，他们的养老金和薪俸被公开，供议会审查。教会作为以往贵族的另一条出路失去了吸引力，因为什一税被废除，神父只能拿死工资，因此他们的收入急剧下降。

到1790年10月罗丝返回法国时，国民制宪议会的杂耍戏已经成为全国人民最喜爱的娱乐活动，代表们也成了明星。亚历山大在罗丝回国的当月就当选为议会主席，他是议会中最耀眼的人物之一，他那充满激情的演说尤其令人钦佩。亚历山大的性格非常适合担任这一职务，正如他的朋友布耶侯爵所写："德·博阿尔内先生精力充沛，性格倔强，有很深的智慧、追求名声的渴望和非常强烈的野心。"布耶认为，亚历山大的政治抱负源于许多小贵族共有的受伤害的自尊心和受挫的进取心。"这些不利因素折磨着他的虚荣心，也许促使了他决定与宫廷的敌人结盟，为革命的呼声助威。"[5]

亚历山大在政坛上的新角色极大地满足了他可观的自我意识。据弗雷尼里（Frenilly）男爵说，"当代表是个非常时髦的事"。他将代表们描述为那种"渴望激动和喧嚣……渴望被包围、被倾听和被信任是群众真正所需要"[6]的人。新的议会所在地从前是杜伊勒里宫的马术学校，尽管马匹和尿液的气味无处不在，但它的受欢迎程度却可以与剧院相媲美。它已成为一个时髦的看人和被人看的地方。像罗丝和范妮阿姨这样的妇女排队观看辩论，仔细观察对方的服装，为演说家们倾倒。像亚历山大这样的代表"到处受到欢迎，人人将他们奉为法国的主人和仲裁者"。

　　布耶对亚历山大的评价有点苛刻，反映了一个保守派以马后炮的态度回顾过去的厌倦观点。毫无疑问，亚历山大很享受这种关注，他是一个虚荣心极其强烈的人，但他也的确是真正投入和慷慨激昂的。他从童年时代起就迷恋政治和启蒙思想，它们转化为革命，给他的生活带来了意义，否则他的生命可能会被浪费在无穷无尽的消磨时间和没有意义的享乐上。和其他人一样，他也被卷入了对新时代的憧憬中，醉心于思想的自由交流。正如热尔曼娜·德·斯塔尔畅想的那样，"人们的呼吸更轻松了，胸膛中的空气更多了，一种对不受束缚的幸福的无限希望强有力地掌控了这个国家，就像它掌控所有曾年轻过的人一样，心怀幻想，不加警惕"。[7]

　　亚历山大在政坛上的显赫地位也改变了罗丝的生活。她的丈夫现在成了名人，即使是在她居住的沉闷的枫丹白露，他的名字也能引起骚动。但她没有时间沉浸在丈夫的光芒之中，因为她在回来后不久就接到了父亲逝世的消息。（一年之后，她抱病已久的妹妹玛奈特也随父亲进了坟墓。）她的悲痛使她深居简出了数周，但她很快就明白，大革命的风云变幻使她必须而且应当进行社交改造。

　　罗丝有充分的理由从郊野的安宁中出走。枫丹白露的小避风港的家庭生活已经开始让她感到拘束。侯爵和艾德米姑妈的健康状况一天不如一天，他们的社交生活甚至比过去更有限。罗丝是个富有魅力的单身女性，她也许已经准备好从失败婚姻的悲痛中走出来了。她肯定想离欧仁近一些，他目前在巴黎的阿尔古学院（Collège d'Harcourt）念书。她也在那里为女儿找到一所好学校，还不到八岁的奥坦丝被送进了由圣贝尔纳教派的修女开办的布瓦修道院（Abbaye-aux-Bois）。家人团聚是幸福的，因为罗丝和她的两个孩子都很亲近，她想给奥坦丝和欧仁一个机会，让这对兄妹在分别两年后重新在一块儿。

毫无疑问，罗丝和其他人一样，渴望居住在这座见证历史的城市之中。重大事件时刻都在发生，她不会想待在某个偏僻的地方旁观。她丈夫的社会地位让这座城市变得更加诱人：这对夫妇也许疏远了彼此，但他们仍然是夫妇，现在博阿尔内这个姓氏使许多大门为她敞开。罗丝越来越频繁地到巴黎去，住在她丈夫的哥哥弗朗索瓦·德·博阿尔内位于马图兰街（rue des Mathurins）的房子里。几个月内，她就基本把自己的阵地转移到了巴黎。

为了在这个新的革命环境中生存，罗丝需要再一次重塑自我。把自己改造成一位女公民是个挑战，她有很多东西要学习：一种新的革命语言正在生成，新的短语被创造出来，旧的词汇被添上全新的含义。（正如亚瑟·扬所写："'制作一部宪法'是他们采用的一个新词……就好像宪法是按照菜谱制作的布丁。"）巴黎的劳动人民称自己为"无套裤汉"（sansculottes）。"贵族的"一词不再用来指代一个阶级，而是适用于任何反革命的东西：因此有了贵族的食物、书籍、戏剧、说话方式和发型。与之相对应的"爱国者"也不再指热爱国家的人，而是指忠诚于革命的人。所以，可以有"贵族的"女仆和"爱国的"公爵（如果世袭贵族头衔没有在1790年夏被废除的话）。1790年12月，《文雅信使》（Mercure）报上的一篇文章建议禁止使用"您"。很快，罗丝注意到连卖花少女也开始称她为"你"，认为"您"是贵族气的称呼而拒绝使用。随着改"您"为"你"，最后的社会等级区分似乎也消失了。但是，更多的变化还在后面。到1792年秋，所有人都被称作"公民"和"女公民"。罗丝热心于依照革命行为准则改造自我，这触怒了她的一些熟人，他们认为她有点太墙头草了："她一点也不反感追随时代的要求，"当时有人说，"要求弘扬普通人的言谈和举止。"[8]

罗丝还需要置办新衣服：她的绝大部分衣服都是当时匆匆前去马提尼克时留下的，这些衣服现在已经不合适了。因为社会秩序中被颠覆得最厉害的就是时尚。到1790年夏季，《巴黎纪事报》已经开始大力主张禁止那些彰显阶层区分的东西，比如昂贵的"贵族"时装。奢华的珠宝展和服装展被禁止。唯一得到鼓励的装饰物是"爱国"的饰品，比如德·热利斯夫人装着巴士底狱石头的小金盒，画着联盟节的扇子，还有后来的断头台造型的耳坠。社会鼓励妇女穿着相对简单的本土面料，以表现她们的爱国热情，流行的颜色是三色旗的红白蓝。服装款式本身很简洁：外套和裙子，加上一件相配的背心，肩膀上系上一条披肩。旧制度时期的繁复发型已经被简单的、不扑粉的发型取代，并配有爱国气息的头饰，比如"巴士底狱女帽"或"美洲女帽"。1791年和1792年的时尚杂志显示了政治和社会的阴云如何反映在服装上。"衣着简洁是时尚，举止上也要相应的冷静节制，现在的风尚不再是'逸乐的、柔

104

美的或轻浮的气质'，而是'举止坚定、昂首挺胸、步伐轻快、少些喋喋不休'……"⁹

罗丝这样的克里奥尔人在大革命期间处于矛盾地位。来自产蔗糖的殖民地的人传统上与财富和特权联系在一起，因此遭到了一些敌视，尤其是当革命越来越激进的时候。罗丝的朋友奥斯当夫人是一位热心的革命者，但她有一次在街上被一群充满敌意的人辱骂，说她应该"带着她的靛蓝和糖饼回到她的地盘去"，于是她决定离开这座城市。罗丝做了一个明智的决定，她自称是"美洲人"，这个词是对来自安的列斯群岛和美洲大陆的人的泛称。它避开了"克里奥尔人"带有的财富和保守主义内涵，还让人想起新世界的共和主义梦想。

罗丝并没有鲜明的政治立场。她在保守的殖民地父母的养育下成为一个保王党，但她和亚历山大结了婚，又与他的启蒙运动圈子接触，受影响颇深。到了大革命前夕，她不可避免地与她丈夫的观点联结在一起，当时有人说她是"君主立宪主义者"。不管罗丝自己是否接受这种归类，她肯定喜欢她疏远了的丈夫所处的特权政治圈子的刺激，即使她显然避免表达自己的任何强烈意见。她曾躲在她那克里奥尔人的懒惰面具后慢吞吞地说："你知道的，我太懒散了，不想选边站队。"在一个政治局势瞬息万变的时代，错误的政治效忠可能会危及生命，这也许是一个明智的姿态。当然，罗丝确实对那个时代的宏大思想和理论没有什么兴趣。正如她的朋友德·雷米扎（de Rémusat）夫人在晚年写到她时所说的："她的注意力游离于任何关于抽象思想的讨论。"比起政治，她终其一生对人更感兴趣。她是一个本能的政治变色龙，她发现利用自己的漠不关心来穿越那个时代的重大政治动荡是非常可取的。

1791 年，亚历山大出任国民制宪议会主席，踏上了他革命生涯的巅峰。6 月 21 日上午，当王室一家已经逃出巴黎的消息传来时，他正在主持会议。亚历山大公布此消息时的口吻是轻描淡写的典范："先生们，国王在夜里逃走了。让我们继续今日的议程吧。"[10]

王室逃离革命法国的密谋（部分是由玛丽·安托瓦内特的情人费尔森伯爵组织的）似乎从一开始就是不祥的。由于被一些冗长的宫廷仪式耽搁，王后在午夜会合时姗姗来迟。王室一家伪装成仆人，乘坐一辆绿黑相间的、笨重的、内里装饰着天鹅绒的柏林式大马车，在法国西北部蹒跚前行，走得很慢。中途一个挽具坏了，要修；信使搞错了方向。当王室一行人抵达瓦伦纳（Varennes）这个"悲惨的小城"时，比预定时间晚了两个钟头，此时整个国家都已处于戒备状态。他们的逃跑企图最终败于一个低微的马夫之手，他拿着一枚印有路易十六头像的硬币，质问路易十六是否就是国王。王室一家终遭拦截，他们从无能的开始到失误的终结，一共走了 165 英里。

国王的逃跑激怒了民众。他们觉得自己被出卖了。国王"擅离职守"。国民制宪议会进入红色警戒状态。巴黎的街道上，人们撕扯砸烂印有鸢尾花的商店和旅馆招牌。一些爱开玩笑的人在杜伊勒里宫外贴出了"房屋招租"的标语。在王室一家返回巴黎的第一段路上，六千名满怀怒火的群众包围了他们。次日，在三名国民制宪议会代表和一支部队的护送下，他们开始向首都进发。当他们接近巴黎时，气氛变得如葬礼般阴郁。一条广为张贴的标语警告市民："为国王鼓掌将被鞭打，侮辱国王将被绞死。"① 国王在一个烈日炎炎的日子里重又回到了巴黎。他们的柏林式大马车覆满了路上呛人的灰尘，透过窗户，能够看见玛丽·安托瓦内特那张生了皱纹的憔悴的脸。一声不响的人群在路线两旁寂然排开。他们没有摘下帽子，以此表达不敬和不悦。

这对亚历山大来说是一个具有分水岭意义的时刻。他站在风口浪尖，负责组织追捕逃亡者并监督他们的抓捕、押解和返回。他还主持了一场持续 126 个小时的非凡辩论会，从国王出逃开始，到 6 月 27 日王室一家被捕的消息传来时结束。亚历山大对集体的情绪爆发做出了冷静而坚定的反应。他给父亲写信说："我非常累，但我找到了力量和勇气，希望……我能够为公共利益服务，维护国家的和平。"[11]

国王出逃是大革命的一个转折点，使局势不可逆转地趋向两极化。立宪派，又名斐扬派（得名于他们开会的地点，以前是一座修道院），与国王有着千丝万缕的联系，因此为国王辩护，但对许多人——比如年轻的拿破里奥尼·布奥拿巴特（Napoleone Buonaparte，当时他的名字还是这样拼的）来说，君主的叛逃已经破坏了积极的君主立宪制的可行性，他们转而支持共和政体。在议会中，像拉法耶特这样的温和派发现自己的星光正在消逝。他们遭到了越来越多的"左派"的反对，后者是那些坐在演讲台左边的人。"左派"是由吉伦特派（因其来自的地区而得名）和雅各宾派（得名于他们聚会的工人

---

① 意思是要围观群众保持沉默。——译者注

俱乐部）组成的一个不稳定的联盟。雅各宾派在议会中的绰号是"山岳派"，因为他们习惯坐在演讲台左边靠墙的高处。雅各宾派由强大的三巨头领导：让-保罗·马拉，极端派刊物《人民之友》（*L'ami du peuple*）的创办人，他早就把路易十六和玛丽·安托瓦内特列为人民之敌；强大的演说家丹东，生着一张绝不会被认错的、伤痕累累的脸（他小时候被猪踩过），他说它具有"自由的粗犷特色"；以及冷酷的、猫儿一般的罗伯斯庇尔，他在没有梳好头发、扑好发粉时绝不见人。亚历山大现在就是和这个激进派结了盟。

1791 年 7 月 17 日（星期日），在战神广场举行了一场和平集会，目的是就成立共和国提交请愿书，但请愿民众遭到了国民自卫军的枪击，政治局势由此更加紧张。硝烟散去后，有五十多人死亡，数百人受伤，并颁布了戒严令。当局害怕民众的暴力报复，于是在接下来的几周里开始抓捕极端派别的领导人。丹东逃去了英格兰，罗伯斯庇尔和其他雅各宾派领导人在巴黎藏身，激进派俱乐部遭到骚扰，激进派报纸被镇压。到了月底，局势有所稳定，尽管国王现在经常被路边三流小报称作"假货路易"或"肥猪"，玛丽·安托瓦内特则是"奥地利母狼"。7 月 31 日，亚历山大再次当选为国民制宪议会主席，并指导宪法的制定完成。这赋予了国王否决权①，没收了所有教会财产，并确保了由约四分之三的成年男性选出的单一立法议会。9 月 14 日，当国王向新宪法宣誓效忠时，议会的成员和街上的民众都高呼"革命结束了！"，并以烟花和晚会来庆祝。

---

① 国王暂时否决议会表决通过的法令的权力。被国王以此权否决的法令在该届议会中不得再提请，但一旦议会连续三届通过该法令，则自动生效。——译者注

此时，亚历山大在政坛上的地位举足轻重。在那一年的沙龙展（一年一度的全法最佳艺术作品展）上，他的肖像与罗伯斯庇尔的挂在一起。罗丝发现自己成了法国的实际统治者的妻子。而欧仁和奥坦丝回忆说，作为他的子女，当他们从学校放假回到枫丹白露时，居民们会冲他们喊："王储和储妃来了！"[12]但亚历山大的胜利未能长久。国民制宪议会的一个相当短视的举动，使它的第一波成员丧失了参加以后的立法机构竞选的资格①，他此后再也没机会担任如此显赫的职务了。

1791 年夏季，罗丝和她的孩子们在枫丹白露度过了大部分时间。10 月，她搬到了圣多米尼克街（rue Saint-Dominique）43 号的一家公馆，与它的主人、她的朋友奥斯当夫人分担费用。这两个女人有很多共同点：她们都是克里奥尔人，在加勒比地区出生和长大，丈夫都不在身边，而且都有孩子。玛丽-弗朗索瓦丝·奥斯当-拉莫特（Marie-Françoise Hosten-Lamotte）膝下有三个子女：两个儿子目前在圣卢西亚，还有一个十三岁的女儿德茜蕾，她和奥坦丝关系非常亲密，这两个女孩花了很多时间来编排短小的戏剧，表演给她们的母亲看。奥斯当夫人把罗丝引入了巴黎更大的克里奥尔人圈子，还把她介绍给了一些她说得上话的保王党人士。她经常邀请罗丝到她位于克鲁瓦西（Croissy）的乡间别墅度周末。

这一友谊成了罗丝的情感寄托，并贯穿了整个大革命。虽然历史上罗丝被描绘成一个为男人活着、靠男人活着的女人，

---

① 国民制宪议会于 1791 年 9 月 30 日自行解散，罗伯斯庇尔提出自我否定条例，规定全体制宪议会议员不得参与后续的国民立法议会议员竞选。——译者注

但其实她非常重视妇女之间的友谊，并培养和维持了与女人们的忠诚关系。

现在看起来，罗丝在一场革命的中期作为一名独立女性亮相在巴黎的舞台上，似乎有些不合时宜，但在当时这是合情合理的。城市中的氛围非常平静，以至于许多人认为大革命已经结束。弗雷尼里男爵在 1791 年春季如是写道："革命似乎出现了某种中止或休战——广大市民说：'一切都好！革命已经结束了，让我们尽情享受和休息吧。'一个外国人可能会认为，法国是欧洲最和平的国家……"[13]

罗丝的生活充满了希望。她的孩子们都上学去了，她摆脱了她强大的丈夫的存在所带来的约束，她完全独立了。她长期以来滋长的雄心——频繁出入上流社交场合，穿着最新款时装，享受奢侈生活，在全世界都在谈论的巴黎沙龙抛头露面，看到她脚下围着一群崇拜者，享受旧制度社会所能提供的一切乐趣——似乎马上就要满足了。但是，这个辉煌的、多彩的、欢悦的社会已经进行到了最后一幕。据一位观察家说，1791年与 1792 年之交的冬季"欢乐而辉煌，就好像人们在为接下来漫长的悲伤岁月积攒快乐一样……我们不停地跳舞，就像士兵在一场战斗的前夜在军营里一样，而巴黎则沉湎于游戏和享乐"。[14]

当罗丝试图进入这个行将消亡的世界时，发现最近的动荡对她有利。大革命的混乱以及由此产生的流亡潮意味着社会流动性比以前更强。资产阶级与出身贵族的人混在一起，高门世家的大门向罗丝敞开。她与霍亨索伦-西格马林根亲王妃阿梅莉（princesse Amélie de Hohenzollern-Sigmaringen）成了好友，此时阿梅莉和哥哥萨尔姆-基尔堡亲王（prince de Salm-

Kyrbourg）住在一所富丽堂皇的公馆，它如今是荣誉军团的宫殿。她是巴黎为数不多的仍然热衷八卦、时尚、爱情而非政治的女人之一。她为人相当肤浅，但事实证明她后来与罗丝和亚历山大的友谊长久而深远。

萨尔姆亲王也被证明是一个讲义气的朋友。他出生在德意志地区，但长期居住在法国，他的财富和贵族身份使他在宫廷中人气很高。不过，他的名声却有些可疑。据说他曾在一次决斗中偷偷穿了胸甲——此举是很不光彩的，而且对手倒地之后他还试图剑刺对方。托马斯·杰斐逊总结说，他是一个"没有才能、没有勇气、没有原则的亲王"。1789年，亲王的政治立场开始左倾，他的华丽宅邸成了亚历山大等议会代表的聚会场所。萨尔姆公馆，这座注定要成为巴黎地标的建筑，灵感来源于卢梭的新古典主义设想。它融合了法式公馆的温柔优雅与古典世界的不朽和宏伟。它坐落在塞纳河左岸，以一座罗马式凯旋门为中心，周围的柱廊环绕成庭院。大革命初期的岁月里，罗丝和亚历山大的大部分时间正是在这些华丽恢宏的环境中度过的。

他们还多次参观了范妮阿姨最近开办的沙龙，这是她的第三家沙龙，已搬到图尔农街（rue de Tournon）的一座美丽公馆，它从前为布朗卡（Brancas）公爵所有。她每周五举办的聚会被形容为"国民议会之卵"。这里孕育出的种子将滋养社会舆论，并结出自由的果实。她的"辉煌而活跃的圈子"包括她的情人、诗人库彼埃，百科全书派的马蒙泰尔和作家肖代洛·德·拉克洛等名人，还有德芳（Deffand）侯爵夫人和奥德托（d'Houdetot）伯爵夫人等著名的沙龙女主人，以及几个著名的、极具花瓶功能的年轻美女。从通往范妮的蓝金色公寓的大理石大楼梯上走下来的罗丝，已经不是早年那个胆小怕事的女孩了。她已经蜕变成一只闪闪发光的蝴蝶，轻松地在这个显赫的社交圈里飞舞，无论男女都觉得她诱人而亲切。男人们崇拜她琥珀色的眼睛、无瑕的肌肤、完美的臂膀和她身上散发出的性感气息，女人们则喜爱她的亲和态度。

正是在这多变的环境中，罗丝遇到了大革命中的所有名流。他们中有米拉波伯爵，他曾宣称他丑陋的容貌是他最大的武器（他在和两个美丽的歌剧院女郎进行了一次激烈的三人性交后死去，并在死后被人发现是保王党间谍）。塔列朗，这位出身贵族的主教成了革命分子，后来在她第二任丈夫的事业中影响巨大；拉法耶特，美国独立战争的英雄，国民自卫军的创始人，他为人高调浮夸，曾被人形容是"一尊寻找基座的雕像"。拉法耶特会在每周一举行"美国人的晚餐"，邀请所有目前正在巴黎的美国政府代表参加，从杰斐逊到富兰克林。在这些场合，每个人都讲英语，谈论着美国这个自由民主的地方的历史与时事。罗丝甚至对夏洛特·罗伯斯庇尔①产生了依恋之情，后者曾把自己的一幅小像送给罗丝，作为她们友谊的象征。在热尔曼娜·德·斯塔尔眼中，1788 年至 1792 年的巴黎社会处在黄金时代。"生活在那个年代的人无法不承认，人们在其他地方从未见过如此多的生命和智慧。"[15]

由于他们的社交圈有重叠，罗丝和亚历山大不可避免地经常见面。因此，她的一些比较多情的传记作者声称，这对夫妇在这些年里旧情复燃。据一个尤其甜蜜的故事说，穿着迷你的"美洲式"服装的小奥坦丝带着父母二人在某位德·蒙莫兰先

110

---

① 马克西米连·罗伯斯庇尔的妹妹。——译者注

生的家中共进烛光晚餐。然而，罗丝和亚历山大并没有重归于好。毫无疑问，他们在她回马提尼克岛之前达成的缓和关系得以维持。他们对子女的真心关怀维护了这种关系，但没有证据能证明这对夫妇再次住到一起过。

亚历山大的私生活放浪一如既往，他在政坛上的显赫地位更方便了他追求中意的巴黎女人。罗丝也有她自己的风花雪月。为什么不呢？她当时二十七岁，非常公开地同丈夫分居了，而丈夫的风流事已经人尽皆知，她也可以自由地做自己喜欢的事情。她先是和斯奇庞·杜·鲁尔（Scipion du Roure）在一起，他是一位年轻英俊的海军军官，是她从马提尼克岛回法国时在"理智"号上认识的。他"罗马人的容貌、他的优雅和他的英武"[16]使他在别人眼中很有魅力。许多年后，奥拉斯·德·维尔-卡斯特尔（Horace de Viel-Castel）声称，他的父亲，一位骑兵军官，在罗丝和拿破仑结婚之前与她有过一段情。不止于此，有一长串的男性夸口他们曾追求并获得她的青睐。这其中有多少是出于和她同时代的男性的虚荣心，想吹嘘自己与这个时代最卓绝的美人之一有过罗曼史，我们并不完全清楚，但罗丝在这一时期无疑是谈过不少恋爱的。

在后来的岁月里，罗丝被批判为荡妇和拜金女。但这些指控通常出自拿破仑的敌人，他们希望通过诋毁她来抹黑他。还有些人则是希望提高自己在情场上的地位（几乎每一个与她擦肩而过的男人，即使是在童年时代，也会说她是自己的情人）。而许多为她作传的人是从维多利亚时代严肃方正的道德角度出发来撰写传记，认为有必要对罗丝进行审查删减或保护她的名誉，根据自己所处社会的意识形态来辑录她的人生。我们很难通过这些错误的信息对罗丝的爱情生活产生一个清晰的认识。不过可以肯定的是，和她上过床的男人比声称和她上过床的男人要少，而比某些人希望的多。罗丝的行为与她的年龄和阶级是相匹配的，和与她同时代的名人热尔曼娜·德·斯塔尔和德·热利斯夫人一样，她是个充满激情和感官欲望的女性，在那个时代，性带来的欢愉是受赞美而不是遭压制的。

罗丝并不是唯一一个因时代的动荡而大胆起来的女人。从许多方面来看，在巴黎当女人似乎不错。法国是欧洲唯一一个多年来一直在辩论"妇女问题"的国家。辩论的基石是由像玛丽·勒雅尔·德·古尔内（Marie le Jars de Gournay）这样的妇女奠定的，她是蒙田的义女。她是个相当独立的女性，摒弃"女性气质"的打扮和装饰，拒绝按照传统对女人的要求行事，如顺从和讨好。她于 1622 年发表了《男女平等论》（*Égalite des Hommes et des Femmes*），1626 年又发表了《女士的怨言》（*Grief des Dames*）。她是一位不屈不挠的社会活动家，反对任何认为妇女"天生"低等的观念。

在旧制度晚期，罗丝来到法国时，妇女地位仍然是一个热度很高且经久不衰的话题。罗丝并非知识分子，但她不可避免地卷入这些争论之中，毕竟范妮阿姨是那个时代最热心的女权倡导者之一。早在 1773 年，她就曾就此话题发表过一本薄薄的小册子，里面写道："向所有思考的人敬礼！"政治和社会领域的平等思想一经提出，就不可避免地要引起对男女平等的要求。正如孔多塞侯爵在 1790 年总结的："在一个物种中，要么所有个体都没有真正的权利，要么所有个体拥有同样的权利……"

孔多塞并不是唯一一个支持妇女解放的男人。杰里米·边沁、弗雷德里希·施莱格尔和西奥多-戈特利布·冯·希佩尔等重要的男性思想家都曾帮助扩大这一运动。法兰西的女权主义与大革命的意识形态深深纠缠在一起。荷兰移民埃塔·德·艾尔德斯女男爵（Baroness Etta d'Aelders）发表了一本小册子，建议成立妇女俱乐部来为大革命助力。到了1791年，奥林普·德·古热发表了《女权宣言》（*Déclaration des droits de la femme et de la citoyenne*），作为对《人权宣言》的回应①，要求妇女群体享有公民权利和政治自由。它旗帜鲜明地提出："妇女生而自由，她与男性拥有同等的权利。"[17]

妇女群体充分参与了街头的革命活动。带头攻打巴士底狱的是个女人，名叫蒂尔瓦涅·德·梅里库尔（Théroigne de Méricourt）。这位身着男装、头戴羽冠、身披血红色斗篷、华丽夺目的"女大兵"是许多政治俱乐部的偶像，在不少人眼中是性和政治解放的妇女的典型。出生在富裕家庭并跻身成功交际花的德·梅里库尔，在"集市妇女日"，即护送国王返回王室住所的凡尔赛游行中也非常引人注目。三年之后，梅里库尔骑在她那匹乌黑的骏马上，率领一大群妇女袭击了杜伊勒里宫。

正如蒂尔瓦涅·德·梅里库尔在街头昂视阔步一样，曼侬·罗兰（Manon Roland）在沙龙里众星拱辰。她的丈夫是比她年长得多的、性情严肃的公务员让-玛丽·罗兰·德·拉普拉蒂埃（Jean-Marie Roland de La Platière）。曼侬·罗兰是一

①《人权宣言》（*Déclaration des droits de l'homme et du citoyen*）中的"人"（l'homme）在当时的语境里不包括女人。同样，美国独立战争时的文件《独立宣言》中，"人生而平等"（all men are created equal）中的"人"（men）也不包括女人。——译者注

112

位自学成才的知识分子，通常情况下以她丈夫的名义写作，在幕后为吉伦特党的温和派制定和左右革命政策。她对革命事业充满热情。她写道："我们只需流血便能获得重生。"在这一短暂而令人兴奋的时刻，这样的危险女性群体出现并壮大了。镁光灯还照耀着波丽娜·莱昂（Pauline Léon）这样的女人，她是一个巧克力商的女儿，领导着革命共和派妇女会，一个激进而好斗的派系，在巴黎的大街小巷让人感受着它的喧嚣，还有她的同志，高挑而优雅的女演员克莱尔·拉孔贝（Claire Lacombe），她在签名的时候总是写："自由的女人拉孔贝。"

这批多姿多彩、引人注目的妇女所做的努力，有助于将被忽视的妇女关切的问题纳入革命议程。到 1792 年底，经过激烈的辩论，未经父母准许便可结婚的最低年龄从三十岁降至二十一岁，婚姻只需通过民事手续。经夫妻双方同意可以离婚。甚至任命妇女为公务员的计划也有了。法兰西成为妇女解放的中心地带。于是毫不奇怪，著名的《女权辩护》的作者玛丽·沃斯通克拉夫特最初是法国大革命的狂热支持者，她被巴黎的种种可能性所吸引，于 1792 年 12 月移居巴黎。

然而，在沃斯通克拉夫特到来前的几个月，政治局势已经 113 开始走向黑暗。法国于 1792 年 4 月 12 日对奥地利宣战。[①] 对外国入侵的恐惧加剧了国内的冲突，引发了一连串的政治爆炸。断头台于五天后首次被推了出来。6 月 20 日，一群暴民闯入杜伊勒里宫，将路易十六挟持了四个小时，强迫他戴上象

---

① 此处原文如此。实际上，法国是于 4 月 20 日对奥地利宣战的。——译者注

征自由的红帽子，并举杯为国家的长盛久安祝酒。7月25日，不伦瑞克公爵（此人曾率领奥地利和普鲁士军队对组织涣散、装备简陋的法军取得了一系列轻松的胜利）发表宣言，称他将为恢复法王和教会的权力而战，并威胁说，如果王室再受到威胁，他将对法国大革命施以惩戒，并处死全体巴黎居民。所有报纸和小册子上都报道了这一宣言。人们几乎不谈论别的事情，有人呼吁国王立即退位。

到了8月，入户搜查——又被称作"家访"——导致数千人被捕。为了使恐惧最大化，搜查工作通常在深夜或凌晨进行，由十个或十个以上的人带着枪、马刀和长矛闯入受害者家中。人群在街上游荡，高唱革命之歌《一切都会好》（Ça Ira），其中不乏煽动性的歌词，包括"我们要吊死所有的贵族"。城市中的氛围变得十分具有威胁性，以至于罗丝给她的子女办了退学，把他们接到自己身边来住。

8月9日，各大教堂敲响了警钟。由于意识到即将发生可怕的事情，许多人都闭门不出。次日，人群早早地聚集在一起，准备向杜伊勒里宫发动大规模袭击。他们高呼着"打倒贵族！打倒教士！打倒否决权！"的口号向王宫进发。最终导致了一场彻底的大屠杀。国王麾下超过五百名瑞士卫队成员死于非命，他们的尸体上有棍伤和刀伤，生殖器被割掉，喂给了宫里养的狗。王室一家逃入国民立法议会大厦方保全性命。这场血腥的起事被称作"二次革命"，影响深远。国王被停职，王室一家被囚禁在肃杀的堡垒"圣殿塔"（the Temple）中，它坐落在一个古老的区，离巴士底狱不远。

到1792年秋季时，一场"爱国战争"已经迫在眉睫。伴随着《祖国在危难中》（le patrie en danger）的呼号，巴黎变成了一个武装大营。街道上人声鼎沸，回荡着行军的脚步声和击鼓声。人们普遍认为，敌军离这座城市只有数日的路途了。114 华托①的画作《志愿兵出发》记录了人们急于加入志愿兵的场景，但新兵担心他们离开后城市会失去保护。面对来自外部的威胁，人们的焦虑转向"内部的敌人"。丹东的警告"你们中间有叛徒"在城中回响。民众害怕反革命分子、冥顽不化的教士和隐藏在人群中的破坏分子。他们担心贵族阶层会与罪犯们同流合污并夺取政权。

这种对叛徒的焦虑集中到了监狱里。革命报刊警告民众，"监狱里到处都是阴谋家……"这说明这座城市需要清除所有"贪赃枉法的教士、镀金的贵族、病态的妓女和宫廷的走狗"。[18]监狱内的气氛十分紧张。在监狱外，空气中弥漫着恐惧、愤怒和阴谋的气息。巴黎是一个即将爆炸的火药桶。

它在 9 月 2 日爆炸了，警钟再次成为民众大开杀戒的信号。当天早晨，志愿兵开始聚集，随后各个监狱遭到袭击。罗丝和她的小小家庭缩在室内，她家附近有两座监狱，可以听到那里传来的尖叫和哭喊。成群结队的男男女女冲进监狱的大门，手里拿着火枪、短斧、长矛、刀子、镰刀，以及街上所有的临时武器：斧头、马刀乃至木工锯。一旦进入监狱，暴民们就组织了特设法庭，有些囚犯在掌声和拥抱中被释放，有些则遭受"复仇之斧"。约有 1600 人在此次屠杀中丧生。死者中有年仅八岁的儿童，杀死他们着实不是件易事——"很难让人在这个年龄就被剥夺生命"。

---

①　指弗朗索瓦-路易-约瑟夫·华托（François-Louis-Joseph Watteau, 1758—1823）。著名的洛可可画家让-安托万·华托（Jean-Antoine Watteau, 1684—1721）是他的叔祖父。——译者注

在拉福斯监狱（La Force），传言中玛丽·安托瓦内特的同性情人朗巴尔亲王妃被砍死。她的头颅被挑在一根长矛上，人们举着它从玛丽·安托瓦内特的囚室的窗前走过，好让她看到她死去的朋友的可怕遗骸。巴黎似乎溅满了擦不净的鲜血：水沟通红，墙壁被染成了猩红色，妇女们穿过公共广场时，双脚在血迹斑斑的土地上打滑。困扰革命的暴力事件再也不能说是出于偶然，是政治变革的不幸副产品了。挑在长矛上的头颅、大屠杀、斩首，甚至是被广泛称作"人民正义"的私刑、刀杀和置人于死地的殴打现在已成为日常生活的重要特征。人们不得不接受这样一个事实：流血是革命固有的一部分，是革命的核心。正如历史学家西蒙·沙玛所言："它是革命能量的源泉。"[19]

115

九月大屠杀对许多人来说是个转折点。许多人对流血事件感到恐惧，纷纷躲到国外，造成了新一波流亡潮。范妮阿姨逃到了意大利，其他许多人则去了英国、德意志地区和美国。对于那些怀抱革命思想的人来说，贵族们选择出国而不是服从政府的改换，这表明他们真正的祖国是他们所属的阶级，而非他们所属的国家。这一观念使现有的对立更加牢不可破，革命更趋激进。

在计划离开的人中，有罗丝与亚历山大的朋友萨尔姆亲王和他的妹妹阿梅莉。他们提出要带欧仁和奥坦丝一起走。罗丝万分感激地答应了。他们计划撤退到阿图瓦的圣马丁庄园，在那里等待时机离开法国。孩子们只是被告知他们要去乡下度假。欧仁对这一前景很高兴，但小奥坦丝却非常伤心：她长到九岁，很少与母亲分开过。她写了一封恳求的信，罗丝回信说："我很高兴收到你的信，我亲爱的奥坦丝。你舍不得离开妈妈,我很感动,但亲爱的,你不会离开我很久。我希望王妃能在明年春季回来,或者我去接你……与你分离,我很难过……我全心全意地爱着我的小奥坦丝。替我拥抱欧仁,再见了,我的孩子,我的小奥坦丝,我全心全意地拥抱你,深深地爱你。"[20]

然而,母女团聚的时间到得比罗丝预料的还要快。当亚历山大听说罗丝要把孩子们送走时,他勃然大怒:由于他的哥哥弗朗索瓦加入了孔代麾下的流亡军官团,他在革命队伍里的地位已经岌岌可危。他担心如果自己的子女也出国流亡,他将彻底落入险境。他坚持要孩子们立刻回家。于是萨尔姆亲王把孩子们送回了巴黎,这可能是他一生中唯——次全然无私的善举,而这一善举将使他付出生命的代价——他再也没有机会逃出这座城市了。他们回来后,亚历山大坚持让欧仁到他现在驻扎的斯特拉斯堡上学。而奥坦丝之前就读的学校,就像城里的大多数修道院一样,已经关门了,她将在家中由她母亲雇的女伴德·兰诺瓦(de Lannoy)小姐教育。

1792 年 9 月,崭新的法兰西共和国宣告成立。民众举行了庆祝活动,但仍被关押在圣殿塔的王室一家的命运引人悬心。恐惧像阴霾一样笼罩着整个城市。两个多月后,12 月 26 日,对路易十六的审判开始了。国王被控犯有叛国罪,一批机密文件的曝光据说证明了他与反革命势力相勾结,从而支持了这一指控。1793 年 1 月 15 日,国王被判有罪,这是预料之中的事。然而,该判他什么刑经过了一番激烈交锋。在白热化的争论后,新成立的共和国以极其微弱的优势选择弑君。

处决被安排在 1 月 21 日,于革命广场进行,断头台最近被移到了那里。人们从前一天晚上就开始到行刑地集合,当时下了一场雪。到了 21 日清晨，尽管天气很冷，但仍聚集了一大群人，他们兴奋而庄严。虽然很多人支持这一判决，但所有人都被他们即将见证的重大历史事件——处决一位国王——惊呆了。

上午十点十五分，一辆封闭的马车穿过人潮。路易身穿灰色马裤、灰色长袜、粉红色马甲和一袭褐色的丝质大衣，头发梳得一丝不苟。他一下马车就和行刑人桑松起了争执，桑松要把他的手捆起来。最后国王的双手争取到了自由，他登上高高的断头台，画了个十字，脱下大衣和马甲，开始发表讲话——"我的人民啊，我作为一个无辜的人而死"——随后他的声音被鼓声淹没。他的头颅伸进断头台的夹板里。人群中的杂音逐渐扩大成呼喊，之后沉寂下来。桑松向他的儿子打了个手势，铡刀落下，路易的头颅滚入篮筐，人群一片哗然。收集纪念物的人用手帕蘸取鲜血，刽子手则立即开始拍卖国王的物品——这是属于他的特权。

处决国王使法国的国家安全陷入新一轮风暴。2 月 1 日，英国对法国宣战。巴黎出台了一系列针对"敌国人士"的法律，首先是要求有特殊登记和护照。2 月 5 日，巴黎城内发生粮食骚乱，三周后，旺代地区爆发了第一次保王党人叛乱。4 月 15 日，在对国内外敌人的忧惧日益增长的背景下，公共安全委员会宣告成立。现在大革命受到了内外战争的双重威胁。

法国在其产糖殖民地上也遇到了麻烦。在马提尼克岛，就在罗丝离开之后，据称被列为"有色人种"（指混血儿）的人的密谋被发现，并遭当局武力镇压。在圣多明各，村庄里烈火熊熊。奴隶们进行武装抵抗，为他们的自由而战。一项解放殖

117

民地"有色人种"的提案引起了激烈的反对。在国民议会上，一位殖民地定居者代表宣称，他的同胞绝不会接受"来自我们的奴隶的孙辈的法律。不！宁可死，也不受这种侮辱……如果法国派遣武装执行这项法令，我们很可能会决定抛弃法国"。[21]但在1792年，"有色人种"获得了全部的权利。1793年8月，马提尼克岛的定居者向共和国叫板：比起解放他们的奴隶，他们宁愿选择将该岛交给英国。尽管如此，国民公会还是于1794年初在法国全境废除了奴隶制。

　　所有这些都影响了圣多米尼克街的小家庭。罗丝陷入经济困难。她在早年和之后的婚姻生活中都曾缺钱，现在她又缺钱。事实证明，大革命使她的许多同时代人在经济上举步维艰，范妮阿姨为了糊口被迫典当了自己的珠宝，现在罗丝又陷入窘境。她回到法国后投入的繁忙社交生活，加上她对奢侈品的热爱，使她本就不多的收入进一步缩水。雷诺丹夫人为她保管的年金已经被债务抵消了大半。罗丝的父亲去世时留下一屁股债，他的遗孀被迫与债权人讨价还价以挽救种植园，罗丝的年金被大幅削减。而由于安的列斯群岛的动荡严重阻碍了通往法国本土的资金流，她的这部分收入，以及亚历山大自己从家族种植园获得的收入也常常中断。

　　不过，自从罗丝搬进修道院后，她开始意识到自己的能力和才智，以及如何将这些能力和才智转化为她需要和渴望的金钱。她开始和一些朋友往比利时搞点投机倒把，某些来自巴黎的商品在比利时非常紧俏。她赚的钱就当时来说是一笔不小的数目，虽然这让她手头宽裕了一段时间，但也并未维持多久，对罗丝来说，钱从来都不经花。她的财务状况终其一生混乱不堪，她始终处于负债状态，无论有多少收入。

亚历山大的情况也令人担忧。他的事业在经历了领导国民制宪议会的巅峰之后，出现了一些危险的转折。1792 年春季，当大革命中的法国向奥地利宣战时，亚历山大出人意料地宣布

118 自己准备"飞向前线"。由于他现在没有资格连任，所以这并非表面上的英雄主义牺牲，军队已成他目前唯一的选择。1792年 8 月，他被任命为莱茵军团的参谋长，驻扎在斯特拉斯堡。到 1793 年 3 月，他已指挥一个师，5 月底，他取得了莱茵军团的全面指挥权。

亚历山大在军队高层中的一路升迁主要是由于共和国队伍内部的混乱。法军的许多上层人物现在都已流亡国外，这就为那些有才华、有抱负的年轻人创造了机会，尤其是拿破里奥尼·布奥拿巴特，他们这样的人在军队中迅速崛起。然而，创造这些机会的条件也给革命军带来了严重的问题，因为革命军的领导频繁更换，长期组织涣散、装备不良。尽管存在这些不利因素，革命军最初还是取得了一些成功，比如 1792 年 9 月底的瓦尔密战役，它阻止了奥军向巴黎推进。此后萨伏伊和尼斯也传来捷报。荷兰和比利时的部分地区被吞并，并被迫为其"解放"缴纳税款。

亚历山大就是在这种狂热而紊乱的气氛中走马上任的。遗憾的是，和他父亲一样，他作为一名军人也没有什么大的作为。他不怎么关心自己的军队，而是把大部分时间花在制订严格的训练计划上，并撰写长篇大论，它们在国民公会上被宣读，还发表在官方刊物《箴言报》（Le Moniteur）上。这些文章写得非常激昂，最终亚历山大被任命为战争部长。他明智地拒绝了这个职位，因为它仿佛一只淬毒的圣杯，所有担任过这个职务的人都遭了灾，仕途和人生被毁。

亚历山大被任命为莱茵军团总司令时，正值革命军命运的严酷转折关头。1793 年 3 月，共和国军队的最高统帅迪穆里埃（Dumouriez）将军投敌。同月，亚历山大的上级指挥，也是昔日贵族的古斯蒂（Custine）将军被迫从美因茨撤退，两万人被困。尽管古斯蒂代表大革命取得过许多胜利，但他的溃败导致他被解职、逮捕和最终殒命断头台。这些军事上的挫折激起了广泛的歇斯底里情绪，并导致吉伦特派政府垮台，政府被指控与叛将同流合污。到 1793 年夏，敌军已经深入法国境内，全国宣布进入紧急状态。

在这种强烈的偏执气氛中，亚历山大辞藻华丽的公函——它们一度给前政府留下了深刻印象——对疑心颇重的雅各宾派几乎没有什么效果。他们最早的一项改革就是派出"特派员"，调查军队在战场上的行为。关于博阿尔内的报告明显是矛盾的。它赞扬了他与当地雅各宾俱乐部的密切联系。作为斯特拉斯堡自由之友协会的主席，亚历山大很快获得了东北边境最热心的自由卫士的声誉。他取悦来访的政治人士，甚至悬赏 300 利弗尔以奖励"发展阿尔萨斯公共精神的最恰当手段"征文的头名。但该报告对他的道德观念明显不那么热情，哀叹他因"白天向妓女求欢，晚上为她们举办舞会"而引发的公共丑闻。

亚历山大忙于政治串联和乱搞男女关系，于是他忽视自己的军事责任也就不足为怪了。一个典型的例子发生在 1793 年 6 月，当时被敌军围困的美因茨请求博阿尔内将军和他的六万名士兵增援。尽管亚历山大不断保证说莱茵军团正在赶来，但他还是拖拖拉拉。当美因茨在次月陷落时，亚历山大的举动让人想起了他父亲当年在瓜德罗普岛的所作所为——他批评了那

119

些"投降的懦夫"，敦促国民公会砍了这些叛徒的脑袋，并将他们的首级送给普鲁士国王。随后，当敌人向法国进军时，亚历山大以健康不佳为由，完全放弃了自己的指挥权，并单方面提拔了一名部下接替他的位置。在辞呈中，亚历山大预料到了作为前贵族的他会遭到怀疑。"在这个革命的年代，"他向国民公会悲切地说，"叛国行为如此层出不穷，前贵族似乎总是成为破坏自由的阴谋的首领，此时，那些虽然沾染了这一世袭的污点，可心中却刻着自由和平等的人，有责任宣布自己的退出。"

这种高尚的牺牲与其说是出于原则，不如说是出于恐惧。亚历山大意识到，人们对他的贵族背景和他在军事上的无能，还有他不断地追求女人的批评越来越多。当时新流行的社会风气由"美德之人"罗伯斯庇尔奠定，是一丝不苟和严肃方正的，亚历山大的放荡不羁尤其招人厌恶——这是旧制度时期留下的腐朽遗产，应当被铲除。特派员表示同意，建议立即批准亚历山大辞职，因为"博阿尔内将军自己也承认，他既没有共和国军队将领所需的实力，也没有必需的道德能量"。在
120 这份报告的空白处，还添上了一句令人毛骨悚然的话："依我看，应当逮捕博阿尔内。"[22]

8 月 21 日，国民公会批准了亚历山大的辞呈，前一天刚通过一项禁止贵族出身的人在军中任职的法令。随后的一项法令要求所有被革职或辞职的军官必须禁足在自家的庄园里。到了 9 月，当臭名昭著的《嫌疑人法》通过时，亚历山大被捕几乎就是如在目前的事了。他躲去了布卢瓦附近的家族城堡——博阿尔内堡（La Ferté Beauharnais），大张声势地参加雅各宾协会的集会，并紧张地收集能够证明他共和立场的证明

信。在给父亲的一封信中，他以合乎道德的口吻坚定说道：
"……我的大脑没有懒惰下来。它为共和国的利益疲于奔命，
我的心中也洋溢着为同胞谋福祉的努力和渴望。"[23]

1793 年的夏季和秋季，政治旋涡的变幻仍在继续。法国
东部边境正进行着一场激烈的战争，同时公安委员会对自己国
内的安全问题耿耿于怀。7 月 10 日，丹东在与罗伯斯庇尔进
行了激烈的内部权力斗争后，被开除出公安委员会。三天后，
马拉在浴缸里被夏洛特·科黛（Charlotte Cordy）刺杀身亡。9
月，委员会加强了对巴黎民众的控制，并采取了一系列紧急措
施，包括限制人群聚集和在城市中自由行动的权利。这些措施
最终导致了宪法中止，并建立了实质上由罗伯斯庇尔和圣茹斯
特领导的军事独裁政权。

在这个可怕的时期，据罗丝的朋友德·雷米扎夫人说，她
把大部分时间花在"尽可能多地帮助别人上。尽管她的行为
招人怀疑，但她的亲和、优雅和温柔的态度是没有问题的"。
她在拉人脉关系方面已经锻炼得相当熟练了。她通过丈夫获得
了进入革命圈子的机会，而克里奥尔人和贵族的背景又使她有
机会接触到他们的敌人。她凭借自己外表上的独特魅力和机会
主义的非政治态度，在激进的革命者、波旁王室间谍、外国游
客、金融家和加勒比海说客的迷宫中游刃有余，其间结交朋
友、调情、拉拢有用的人脉。

到 1793 年秋季，大革命时期的恐怖统治已经开始，并以
令人印象深刻的官僚效率执行。除了入户搜查外，恐怖统治的
执行人还要求公民在家门口贴上告示，说明屋内有多少居民。
任何人可能在任何时候被告发，且不需要任何真凭实据，这使
人们保持恐惧和分裂。断头台上每天都在死人。圣茹斯特在为

121

自己辩护时宣称："共和国就是要消灭一切反对它的人。"大革命需要"净化"法国社会，剔除基督教的"狂热分子"和联邦主义①的怪物，整个国家都处于烈火之中。在内战肆虐的旺代，韦斯特曼（Westermann）将军以惊人的残暴手段镇压敌视革命的人，他宣称："公民们，旺代已经和它的妇女与儿童一起，死在我们的自由之剑下了……"24到1794年年中，旺代的平叛工作已告完成。最臭名昭著的大屠杀发生在南特，那里的囚犯被绑上漏水的平底驳船。在这类垂直于地表的流放中，溺死者多达4800人。

在巴黎，人们对暴力行为的担忧和恐怖统治下的经历使他们足不出户。许多人认为，比起出门还是留在家里更安全，因为在外面不礼貌的言语、手势或衣着都可能引起路人的怒火。那些冒险出门的人不再穿红白蓝三色服装，新流行的颜色是灰色，因为它能尽可能地降低穿着者的存在感。（时尚业到1793年春季已经完全消亡。四年后时尚杂志才恢复出版。）对任何像服饰这样轻浮的东西表现出兴趣都可能危及项上人头。"即使保持干净整洁也会被视作反革命，"十八世纪诗人海伦·玛丽亚·威廉姆斯（Helen Maria Williams）写道，"穿干净衬衫的男人有可能被批判为香气逼人的蠢货。"选择何种香水也是政治站队的证明。用"参孙发蜡"（pomade

---

① 吉伦特派在反雅各宾派的斗争中采取的行动。"二次革命"后面对外敌压境，吉伦特派提出将政府从巴黎撤到图尔或布卢瓦，遭到反对。1792年底，吉伦特派在外省建立组织，对抗巴黎公社，宣称巴黎仅仅是法国的一部分。它反映了外省资产阶级的要求，反对巴黎的一家独大与雅各宾派的中央集权。雅各宾派指控它分裂国家，并对其实施打击。——译者注

de Samson，原文如此）① 涂抹脑袋是对爱国主义信念的肯定，而"使用百合花香精②或王后之水涂抹你的荷叶领和手帕"²⁵ 则是想被流放或上断头台。

大革命决心取代旧法国的视觉参照点，建立一个新的"图像帝国"²⁶，这在人们生活的各个领域引起了动荡。他们喜爱的戏剧被修改，提到王室和贵族的句子被删去，扑克牌上的红桃皇后被改成了"艺术自由"，国王则变成了"无套裤汉将军"。甚至有人提议废除棋子的名称。曾经熟悉的街道改了名，大家很难在城市里给人指路：亲王街（rue Monsieur de Prince）变成了自由街（rue Liberté），红十字广场（place de la Croix-Rouge）变成了红帽广场（place de la Bonnet-Rouge），圣母院变成了"理性圣殿"。人们曾经敬仰崇奉的教堂被掠夺，雕像遭到损坏。铁匠捣毁小礼拜堂的栏杆，石匠从雕刻的墓碑上抹去高贵的头衔。圣徒、天使和大天使从壁龛中被移走，随后被烧毁或砸碎。为了进一步解绑法国和天主教会，共和历取代了格里高利历，共和历始于 1792 年 9 月 22 日，即共和国宣布成立的那一天。这样一来，民众每十天放一天假，再加上年底的五六天公共假日——上工的日子大大增加了。困惑

122

---

① "发蜡"一词的法语是"pommade"，原文作者少写了一个"m"。"参孙"和大革命时著名的刽子手桑松（Sanson）发音相近，因此使用它是"对爱国主义信念的肯定"。——译者注

② 法国王室徽记是香根鸢尾（fleur-de-lis），但这个词的字面意义是"百合花"，因此百合也常与法国王室联系起来。有些说法认为，这种混乱是由于鸢尾花作为路易七世确立的王室徽记，也被称作"路易花"（fleur-de-loys），因其发音与"fleur-de-lis"相近导致讹误。也有说法认为在植物分类学不够发达的年代，鸢尾花和百合花因其外观相似而被混为一谈，纹章学意义上的"鸢尾花"其实是许多花卉的综合，一如中国文学中的"芙蓉"。——译者注

的人们询问彼此"今天本来是哪天？"其结果是人们迷失了方向，乃至对环境感到陌生。巴黎人发现他们在自己的城市里成了陌生人，在自己的土地上成了外国人。

《嫌疑人法》出台后，罗丝继续住在圣多米尼克街就很危险了。她不仅在首都的社交场合非常引人注目，而且她还属于那些"前贵族"，是这类人的"妻子"，名列法令中特别强调的那些"贵族的朋友"。她决定搬去克鲁瓦西，因为郊区小镇往往比大城市或乡下的城堡安全些，那些地方革命暴力肆虐。而克鲁瓦西这样的城镇不太可能热情高涨地执行革命法令。在这个田园式的小地方，人们对革命很热心，但在实践中却很克制。这在很大程度上要归功于罗丝的熟人让·夏诺里耶（Jean Chanorier）的努力，他是一位已经退休的税务官，也是该镇的前任镇长。在他的精明引导下，克鲁瓦西远离了席卷全国许多地方的过激行为。罗丝感觉在这里很安全，或者说，在这个可怕的时代，在这里是可能感到安全的。

夜莺居（Maison Rossignol）非常适合她。价格公道，一年的租金是1200利弗尔，由她和她的舍友奥斯当夫人共同分担。而且她已经认识了从前的房客康庞（Campan）夫人，后者曾担任玛丽·安托瓦内特的侍女官，现在仍住在克鲁瓦西。这栋房子就在镇上的主干道旁，坐落在一个绿树成荫的美丽花园里。从房子周围窄小的阳台和客厅的窗户里，罗丝可以看到吕埃（Rueil）树木茂密的山坡，还能看到克鲁瓦西教堂的塔楼和瓦勒里昂山（Mont-Valerien）的高地。一片小草坡缓缓向下，通往一条栽有丁香树篱的纤道，它沿着塞纳河向前延伸，河道在这个地方拐了个弯，像是一条闪闪发光的丝带。隔着树

梢，罗丝能够望见房子对面的马尔梅松城堡，它坐落在它广阔 123
的花园和田场里，她会逐渐爱上这座城堡。

在搬进去两天后，即 1793 年 9 月 26 日，罗丝按照法律规
定去当地政府报到。她在那里按规定发表了声明，宣布她已在
此地居住。秘书将她的来访记录在案，并给她发了十分抢手的
"公民证"，以证明她不是流亡贵族。文件中没有提到奥坦丝，
但三天后，文件的空白处加了一张纸条，上书"十二岁的公
民欧仁·博阿尔内"将与他的母亲一同住进她的新居。

罗丝决心把她家整顿成一个正直的共和主义典范，并响应
国民公会关于所有儿童都应学习一门手艺的规定，她安排两个
子女去当学徒。欧仁在乡下木匠让－巴蒂斯特·科夏尔
（Jean-Baptiste Cochard）手下当学徒，此人很快就会成为"公
社"的国民代理人①。这是一件幸事，此时她家正处于岌岌可
危的状态，而他的革命身份为她家提供了急需的信誉。同时，
奥坦丝拜一个裁缝为师，而这个裁缝恰好是她的家庭教师德·
兰诺瓦小姐。

尽管罗丝谨慎地不去引来别人关注的目光，但她还是参加
了一些低调的社交活动。她在夏诺里耶先生高雅的城堡中度过
了谨慎但愉快的夜晚，身边是奥斯当夫人和她的朋友康庞夫
人，后者和她的房东布尔德里（Bauldry）先生在一起。罗丝
在那里见到了在勒－卡姆监狱（Les Carme prison）的大屠杀中

---

① "国民代理人"（national agent）是恐怖统治时期出现的一个职位，由国民
公会于共和二年霜月十四日（1793 年 12 月 4 日）批准设立。国民代理人
在区（district）和公社（commune）的行政机构中代表政府，负责监督和
确保法律的执行，拥有很大的权力。热月政变后因其恐怖统治色彩而遭清
洗，共和三年芽月二十八日（1795 年 4 月 17 日）被废除。——译者注

险些丧命的前修道院院长梅诺·德·庞瑟蒙（Maynaud de
Pancemont），以及夏尔·德·韦尔热讷（Charles de Vergennes）
和他的家人。作为路易十六时期一位名臣①的侄子，韦尔热讷
在早期是一位热衷于革命的人，曾任国民自卫军指挥官。但由
于对大革命的过激行为心生厌恶，他后来和家人退居克鲁
瓦西。

　　他的女儿克莱尔是奥坦丝的密友。克莱尔在她的回忆录中
写道，她当时经常去博阿尔内家，两个小姑娘用克莱尔的珠宝
玩装扮游戏，并分享她们童年时的梦想，也就是当"一笔巨
额财富的女主人"。克莱尔后来和一位将军结婚，并在拿破仑
的宫廷中担任侍女官②，她对罗丝仰慕非常："她的肢体灵活
而精巧，一举一动从容优雅。拉封丹的话用在她身上再合适不
过了——'她的优雅比她的美貌更美'。"²⁷

124　　如果罗丝安安静静地待在克鲁瓦西，等着革命风暴过去，
那她或许能平安无事。但她从来都无法拒绝别人的求助，尤其
是当这个求助者是她特别亲近的人，比如她的范妮阿姨。范妮
阿姨的女儿玛丽③被捕，因为她的前夫弗朗索瓦——亚历山大
的哥哥——是个流亡军官，尽管她早已和他离婚，并同一个英
俊的混血男人幸福地生活在一起，他们的关系堪称共和主义婚
姻的模范。玛丽的女儿，也就是奥坦丝的女友艾米莉已经向公
安委员会呼吁释放她的母亲，但一无所获。现在范妮和艾米莉

---

① 指路易十六的外交大臣韦尔热讷伯爵（Charles Gravier, comte de
　　Vergennes, 1719—1787）。——译者注
② 即前文提到的德·雷米扎夫人。——译者注
③ 她全名玛丽-安妮-弗朗索瓦丝（Marie-Anne-Françoise），作者在后文又
　　称她为"弗朗索瓦丝"。——译者注

请求罗丝为她们的呼吁助力。罗丝立即回到圣多米尼克街（现在神圣化的名字已经被取消，只叫多米尼克街）的公寓，开始发动她的人脉。

　　罗丝回到的巴黎城与她离开时大不相同了。大革命初期那种喧闹嘈杂的街景早已不复存在。现在人们都缩在室内，只图保全性命。妓院被关闭，跳舞被禁止，食物短缺也是常事。1793 年 10 月 16 日，玛丽·安托瓦内特在接受了不光彩的审判后被处决，她被指控协助和唆使境外势力，阴谋挑起法兰西内战，并勾引自己的亲生儿子，士气跌落到了新的低谷。人们因恐惧而变得冰冷，不仅恐惧当局，也恐惧彼此。他们害怕被人举报，害怕被指控为叛国、参与境外阴谋、腐化堕落或更严重的罪行。似乎每个人都在指控其他人。人们知道，几乎任何举动——一个眼神或笑容，热情太多或热情不够——都可能被阐释为"不爱国"，因此人们尽可能地避免社交。在有他人在场的情况下，人们扮演着完美的革命主体的角色，以保障自己的生命安全。在公共场合，人们为亲朋被处决而欢欣鼓舞。妻子向革命法庭告发丈夫，丈夫告发妻子，母亲检举自己的儿子，孩子背叛自己的父母。

　　罗丝和全巴黎的人一道听闻了一些可怕的故事：妇女在分娩后直接被送上断头台，在死亡来临的前一刻还在给新生的孩子哺乳；有人在上断头台时被同志的鲜血滑倒，因双臂被捆住于是被拖上断头台；公安委员会坚持要将一具尸体送上断头台，以免他"逃脱"刑罚；砍下来的头颅被传首示众；以及那些黑暗的、一再出现的吃人的故事。她了解到许多朋友和熟人的可怕命运。亚历山大的革命战友和贵族同侪克莱蒙-通纳 125

尔公爵被一群暴民追赶，随后被枪杀，尸体从三楼的窗户扔了出去；拉罗什福科公爵路易被人从马车上拖下来用石头砸死，然后当着他妻子和母亲的面被斧头和马刀肢解；孔多塞为避免被捕和送上断头台的命运，宁愿选择服毒。正如吉伦特派演说家皮埃尔·韦尼奥所悲悼的："大革命就像农神一样，正在吞噬自己的孩子。"

这座城市本身的特质加剧了革命的恐怖：巨大的城门、令人望而生畏的城墙和六十座瞭望塔。它在物理上的压抑放大了恐怖统治幽闭性的支配地位。流言、仇杀、暴民恐慌和暴力导致的心理压力犹如高压锅里的蒸汽，这在现代城市里不可能发生，因为现代城市有无数的逃生通道。但对于大革命期间的巴黎居民来说，曾经让他们感到安全和受保护的防御工事如今却把他们困住了，他们被禁锢在其中。在这几个月里，这座城市仿佛一个巨大的、无法逃离的培养皿，滋生了怨恨、暴力和恐惧。没有任何物或人能从大革命的毁灭之火中安然脱身。［由此催生了埃瓦里斯特·弗拉戈纳尔（Évariste Fragonnard）的伤心故事：他毁掉了他父亲的许多杰作，谴责它们的画风颓废堕落。①又或如普瓦图犬的命运，它作为一种贵族阶层喜爱的狗，现在在大街上遭到愤怒的民众的殴打。］

当罗丝在多年后谈到这"可怕呀，可怕呀"的年代时，并没有详述这一时期对她的心理造成的影响。但我们很难想象她能逃脱困扰她的同时代人的痼疾，其中许多人说，他们遭遇了一系列心理和生理疾病，包括噩梦、失眠、焦虑和忧郁。即

---

① 埃瓦里斯特·弗拉戈纳尔的父亲是著名洛可可风格画家让-奥诺雷·弗拉戈纳尔（Jean-Honoré Fragonard, 1732—1806）。——译者注

使是在大革命早期，暴力气氛的弥漫也使画家伊丽莎白·维吉-勒布伦陷入了紧张绝望的境地："千百种邪恶的杂音从四面八方向我袭来，最终我只得落入焦虑和深沉的抑郁之中。"[28]随着大革命变得更加血腥和不可预料，情况越发糟糕。玛丽·沃斯通克拉夫特在恐怖统治开始时身处巴黎，她发现自己的心理受到了困扰。她悲伤地写道："死亡幻化成无数种可怕的形象主宰了我的幻想。"

许多人都有这样的不安。随着时间的推移，生存的实际困难、不断的暴力阴影和日复一日的恐惧造成了广泛的心理问题。巴黎的精神病院里充斥着日益增多的破碎灵魂。尽管菲利普·皮内尔（Philippe Pinel）相信大革命能带来社会革新，但作为一名在恶名昭彰的比塞特疯人院（Bicêtre asylum）工作、对临床心理学这一新出现的科学感兴趣的医生，他承认大革命给他的许多病人带来了强烈的身心困扰。他认为大革命"扰乱"了人们的感官，"极大地刺激了人们的激情"，实际上是把人驱向了疯癫。[29]

妇女尤其受到"革命的承诺"与"革命的现实"之间的落差的摧折。大革命刚开始的时候曾乐观拥护的女权事业，现在已经被践踏入尘土之中。孔多塞是活跃在大革命政坛上的最热心、最杰出的女权主义者之一，他在雅各宾派上台后被捕。年轻的夏洛特·科黛刺杀马拉，目的是为被围攻的吉伦特派争取支持，这个派别中许多人曾同情女权主义。她的这一举动被曲解，为雅各宾派的反女权主义提供了话柄，使他们得以宣称这场刺杀是允许妇女插手男人事务的结果。他们指出，更加极端的妇女革命俱乐部是暴力和失控的，并迅速采取行动将其镇压。

那些曾经在大革命中活跃的妇女，如今被定性为"怪物"、"婊子"和糟糕的母亲。她们是"酒神的女祭司"，"厚颜无耻、胆大妄为的妇人"，"没有品行和美德的浪女"。有些人认为，她们根本不是女人，而是"男女人"，即什么也不配的双性人。奥林普·德·古热被指控是"忘记了属于她的性别的美德"，于 1793 年 11 月被送上断头台，与夏洛特·科黛死在同一个月里。曼侬·罗兰也"忘记了属于她的性别的美德"，结果变成了"全方位意义上的怪物"，她也在同月被捕并慨然赴死。大革命中的其他女性弄潮儿的情况也好不到哪里去。1794 年 4 月 2 日（革命历的芽月十三日），公安委员会下令逮捕克莱尔·拉孔贝，她忍受了漫长的铁窗岁月。蒂尔瓦涅·德·梅里库尔差点被一群雅各宾派的妻子打死，最后落得精神失常，药石无灵。对妇女群体来说，大革命的承诺实际上已经化为乌有，最后一颗钉子将由拿破仑钉上。"'自由'这一概念也许是有女性色彩的，它在德拉克洛瓦笔下被拟人化为'玛丽安妮'（Marianne），但在通往'平等'的道路上，不知为何，她输给了男人之间的兄弟情谊——'博爱'①。"[30]

127　　如果说妇女群体共有的革命梦想已经土崩瓦解，那么许多妇女的个人生活却已经发生了改变。在这些年里，罗丝开始探索她的创业能力，她发现自己和母亲一样喜欢做生意。更重要的是，罗丝开始意识到她的人脉关系和社交能力的重要性。她在这方面受到了像热尔曼娜·德·斯塔尔这样的妇女的影响。

---

① "博爱"（fraternité）一词来源于拉丁语词"frater"，意为"兄弟"。——译者注

然而，与德·斯塔尔不同的是，罗丝的干预是为了其他人，而不是为了追求自己的政治权力。在一个朝不保夕的年代，当许多人因害怕祸及自身而不敢替他人出头时，罗丝愿意冒着风险，忠于她的正派和爱人如己的价值观。

她相信她的干预措施会管用。她谁都认识，她已经成功地帮助了很多人［包括安妮-朱丽·德·贝迪西（Anne-Julie de Béthisy），她是蓬特蒙修道院院长的堂亲，也是她在枫丹白露的一位熟人，穆兰侯爵夫人（marquise de Moulins）的外甥女］。因此，她毫不犹豫地对范妮施以援手，她开始尝试亲自游说她认识的人，以确保能够释放玛丽。通过她的朋友，公安委员会秘书贝特朗·巴雷尔（Bertrand Barère），她一再要求面见可怕的公安委员会主席纪尧姆·瓦狄埃（Guillaume Vadier）。事实证明在日益严峻的政治气候下这是白费劲，她的姒娌仍然被关押在圣佩拉吉监狱。

在别无他法的情况下，罗丝写了一封措辞巧妙的信，同时为她的姒娌和她的丈夫辩护，后者的处境已经变得岌岌可危了。

拉帕热里·博阿尔内致瓦狄埃，人民的代表：

问候、尊敬、信任、友爱。

由于不可能见到你本人，因此我希望你能认真阅读我在这里附上的内容。你的同僚告诉我你为人刚正不阿，但他同时也告诉我，你是纯粹而品德高尚的爱国主义者。尽管你对前贵族的忠诚度心存疑虑，但你总是关怀那些被错抓的不幸的人。

我相信，在阅读这封信时，你的仁慈和正义感会让你顾念一个在各方面都很不幸的妇女的处境，她与共和国的敌人大博阿尔内①有牵连，你知道他在国民制宪议会上反对你的同僚和我的丈夫亚历山大。公民代表，如果你把亚历山大和大博阿尔内混为一谈，我会非常难过的。我可以站在你的立场上说：你有权怀疑前贵族是否真心爱国，但在他们当中是可能找到自由和平等的热心朋友的。亚历山大从来没有偏离过这些原则：他一直坚守着阵地。如果他不热爱共和国，他就不会得到我的尊敬和爱。我是一个美洲人，他们家的人我只认识他一个，如果你允许我面见你，我就能驱散你的疑虑。我家是一个共和派的家庭：在大革命之前，我的孩子和无套裤汉完全是一个样的，我希望他们能配得上共和国。

我作为一个山岳党（极左）的无套裤汉，诚恳地给你写下这些话……我不要求好处，也不要求恩典，我只代表一个不幸的女公民恳求你的同情与仁慈。

如果我对她和她所处的境况有误解，或者在你眼中她的确可疑，那还请你不要理会我说的话，因为我和你一样，会铁面无私，但请不要误伤了你从前的同僚。请你相信，他是值得你的尊重的……

再见，尊敬的公民，我对你充满信心……[31]

罗丝说她是"山岳党"，说她和婆家的人不认识，说她的孩子一直是被当作无套裤汉养大的，这些说辞都很搞笑。但她信中的语气却很聪明。她提醒对方自己是"美洲人"，这令人想起

①　即亚历山大的哥哥弗朗索瓦。——译者注

了共和国最美好的期许。不过，政治形势发展至此，提这些梦想已经是太不着边际了。没有什么能阻挡恐怖统治的辘辘车轮。罗丝没有收到任何答复，玛丽仍在监狱里。罗丝在一个极其危险的时期引起了别人的注意。

亚历山大的命运已成定局。尽管他抗议说自己是无辜的，勤勉地收集了信任票和革命俱乐部的会员证书，但他还是在1794年初被人告发了。这是不可避免的——《嫌疑人法》专门列出了像他这样的人："所有被国民公会或其委员怀疑或被免职，且至今没有恢复职务的公职人员。"尽管当地人勇敢为他出头，但亚历山大还是于3月时在他位于卢瓦尔-谢尔省的城堡中被捕。他被押往卢森堡宫的监狱，随后又转到勒-卡姆监狱，其间他一直抗议说逮捕他是个错误。罗丝为了救他耗尽心神：她在城里东奔西走，与每一个老朋友见面或写信，甚至把亚历山大的共和主义热情的证明信誊抄出来，以证明他的清白。但她的努力全无用处，逮捕令没有被撤销。

129

亚历山大的锒铛入狱决定了罗丝的命运。一纸寄给公安委员会的匿名信举报了她和她的舍友奥斯当夫人。这封用心险恶的匿名信声称，奥斯当夫人在克鲁瓦西和巴黎的女性公寓是"嫌疑人的碰头地点"，并具体点出了一些据说在那里碰头的人的姓名：卡隆内、老韦尔热讷和他的长子。此信的结论是："小心亚历山大·德·博阿尔内的妻子，前子爵夫人，她在各政府部门的办公室里有很多关系。"[32]

3月19日，夏尔·德·韦尔热讷和他的儿子被捕。一个月后，根据《嫌疑人法》，下令逮捕"居住在多米尼克街953号的前将军之妻博阿尔内"和她的朋友奥斯当夫人。次日，也就是1794年4月21日（复活节，星期日）夜间，革命委员会的三名成员搜查了她们的公寓。尽管此类搜查的目的是引起人们的恐慌，但罗丝还是保持了清醒、冷静和轻快。她设法对委员会的代表，拉孔贝公民和乔治公民产生了异常有利的影响——他们远没有递上支持这一指控的文件，而是报告说："经过最严格的搜查，我们没有发现任何与共和国的利益相违背的东西。相反，大量的爱国信件只能给这位女公民以褒扬。"[33] 尽管有这一出人意料的支持，但他们的命令很清楚：封存此住宅中的所有文件，并将这位公民押送监狱。罗丝担心自己的勇敢面具会被揭穿，坚持让孩子们回屋去睡觉。她把子女托付给了家庭教师德·兰诺瓦小姐，说道："他们哭起来我就绷不住了。我没有与他们分离的勇气。"[34]

第九章　在狱中

我不晓得还有什么比从牢狱里醒来更残酷，在这里，最可怕的噩梦都逊色于现实。

——雅克-克劳德·贝纽

次日清晨，罗丝在恶名昭彰的勒-卡姆监狱一间狭窄而肮脏的牢房里醒了过来，她身下是一个薄薄的草垛。逮捕她的人原本打算把她押往英国人的乌尔苏拉会修道院，但那里已经满员了。于是她被转送到沃吉拉尔街（rue Vaugirard）的监狱，她的丈夫已经在那里关了一个月。罗丝是不幸的。勒-卡姆监狱曾被恰如其分地描述为"奥吉亚斯的牛圈"①。在巴黎的五十多所监狱里，它无疑名列卫生状况最差的一批。

它曾经是一座加尔默罗会修道院，自 1792 年 8 月外国入侵威胁法国以来便一直被当作监狱使用。9 月，在臭名昭著的九月大屠杀中，超过一百名住在这里的人——大部分是神父——被砍死在修道院内。当罗丝两年后来到这里时，墙壁、天花板、楼梯和铺路石上仍然沾染着血迹。勒-卡姆监狱的条件很糟糕，恶臭逼人，无法洗澡导致的体味与净桶的气味混在一起，这些净桶被放置在监狱又黑又闷的石板走廊上，有时里

---

① "奥吉亚斯的牛圈"（Augean stable）典出希腊神话，指极肮脏的地方。——译者注

面的水会溢出来，在地板上横流成恶臭的黏液。像罗丝这样的妇女，在走廊里穿行时很快就学会了提起裙摆。

勒卡姆监狱的牢房非常拥挤，一间屋子里通常能睡十四个人。罗丝与埃吉里翁公爵夫人、德尔菲娜·古斯蒂（Delphine Custine），还有其他一干妇女共住一间蚊虫滋生的牢房。这是一个长方形的房间，俯瞰着花园。牢房的窗户上有四分之三的空间被铁栏杆占据，因此这些妇女始终生活在暗夜之中。同这栋建筑的其他部分一样，屋子里要么酷热，要么严寒。夏季湿气很重，妇女们不得不趁中午把她们的亚麻衣物拧干。罗丝和其他几个妇女努力维持房间干净整洁，她的一个狱友回忆说："其他囚犯根本懒得这么做。"[1]

监狱里的气氛低沉而令人绝望。和卢森堡宫不同，贵族囚犯们在那里创造了一个迷你的旧制度宫廷——带来嵌宝的家具装饰宽敞、通风的房间，身穿锦衣华服，赌博和排演戏剧——这些放纵行为在勒-卡姆监狱都不可能存在。这里是监狱而非宫殿，它阴暗而肮脏，囚犯们每日除了恐惧死亡外别无他事可做。由于精神萎靡，无论是男女都不修边幅了：女囚衣衫不整、无精打采地坐着，头发剪到脖子那里，等待着被处决的时刻；男囚卷着衬衫袖子四处游荡，不穿长裤，不系领结，头发用手帕绑起来，也不刮胡子。

囚犯们数着钟声度日。从前这钟声是用来召唤加尔默罗会修女们祈祷的。囚犯被分隔开来，男囚从他们那一边被带到主走廊，先在饭堂吃饭，接下来是女囚。伙食很一般，但囚犯可以得到半瓶葡萄酒，面包管够。每天男囚和女囚只在院子里有几个小时的见面时间，在那里可以呼吸新鲜空气，在露天地里放风，眨巴着眼睛适应白天的日光。大家混在一起，散步或聊天，男人们打牌或下双陆棋。

革命法庭就是在这段放风时间里派代表来收集新鲜的牺牲。当法庭的小车进入前院时，整个监狱都会惊动。一旦叫到受难者的名字，按照惯例，他们要举起一只手来，随后整理一下仪容，做一个简单的告别，尽可能平静地离开。留下来的人祝福离去的人好运，朝他们挥手作别，并尽可能保持平静。"断头刀悬在每个人的脑袋上，那些今天幸免于难的人，没有一个敢肯定自己明天不会被带走。"[2] 这种残酷的仪式每天都会举行，除了每个月逢十的日子，这是革命历法中相当于星期天的日子，断头台告假一天。

勒-卡姆监狱的囚犯群体是整个法兰西的缩影。从事不同行当、出身不同背景、来自各个年龄段的人被收押在一起，在等待死亡的过程中抬头不见低头见。他们中有年过八旬的老妇，有青春期的男孩，木匠、洗衣女工和牙医与贵妇人、将军和代表并排睡觉。布洛涅修道院院长、前部长德斯图尔内（Destournelles）这样的名人同女仆和烟草商混在一起。罗丝还在这里见到了许多熟悉的面孔：有她在修道院里认识的妇女，萨尔姆亲王这样的密友（他好心地把欧仁和奥坦丝从他位于圣马丁的乡间宅邸送回来，随后就困在了巴黎），当然还有她的好朋友奥斯当夫人，她们二人在同一张逮捕令上，以及奥斯当夫人十五岁的女儿德茜蕾，已经结了婚并怀着身孕。

当然，还有亚历山大。这是多么奇怪而悲伤的相逢啊。罗丝已经好几个月没见到他了，可能自从他被提拔到莱茵军团之后就再没有见过。但无论他们之间存在什么遗恨或残余的苦涩，在断头台的威胁下都不值一提。浪漫之事早已烟消云散，但他们的命运仍不可抗拒地交织在一起。作为他的妻子，为他辩护就是为她辩护，他们一起努力搜集有用的证词、理由和良好公民身份的证据。在勒－卡姆监狱里，他们终于冰释前嫌，闲话监狱生活，为共同的辩护而努力，最重要的是，担心在这危险的时期被抛下的两个子女。

罗丝在入狱九个小时后，就和亚历山大一起给孩子们送去了报平安的信。罗丝的字条很简短："我亲爱的小奥坦丝，同你和我亲爱的欧仁分开让我心都碎了，我一直想着我的两个亲爱的孩子，我全心全意地爱你们，拥抱你们。"亚历山大给欧仁写道："我的孩子，要想着我和你的母亲，努力学习，好好工作。"接下来的话是写给两个孩子的："见不到你们，我和你们的母亲都很悲伤。怀着拥抱你们的希望和与你们交谈的快乐，我们很快得到了安慰。"[2] 这对忧心忡忡的父母获准收了一封回信，但接下来所有的通信都被禁止了。[3]

欧仁在父母先后被捕后，立刻担负起了一家之主的角色。他去找了让－朗贝尔·塔利安，大革命中的风云人物，也是他们家的朋友，恳求他替罗丝出面干预此事。奥坦丝回忆说："他爱莫能助。恐怖统治让大家的心都变冷了。"[4] 奥坦丝与欧仁同样在母亲被捕后马上尝试去探望她。但狱卒罗布拉泰尔（Roblâtre）不放他们进来，也不肯为他们传递信件。甚至他们给母亲送东西，补在物品清单上的一句"您的孩子们身体很好"都被狱卒划掉了。他们最后选择自己写物品清单，这样母亲就能通过笔迹得知他们平安无事。后来，罗丝那条丑陋而坏脾气的哈巴狗"福蒂内"（Fortuné）无意中提供了一个更巧妙的方法。一日，孩子们在监狱的大门前徒劳地和狱卒扯皮，想让他放他们进去，这条小狗溜进大门，跑到了它的女主人身边。她最终发现了藏在狗颈圈下面的字条，自此之后罗丝就用这种方法传递消息。

孩子们留在多米尼克街，由德·兰诺瓦小姐和一些仆人照管。从马提尼克岛寄来的钱经敦刻尔克的一位银行家抵达巴黎，为这个小小的家庭提供日常用度。孩子们会去萨尔姆亲王的妹妹霍亨索伦王妃家里打发时间。王妃和她的侄子，以及一个由她监护的英国女孩被软禁在家中。当孩子们在一起玩的时候，浑然不觉窗外远处的路易十五广场上聚集着一大群人。他们正围着断头台。

断头台的历史本身就是一段革命故事。1789 年 12 月，国民制宪议会议员、前耶稣会士兼外科医生约瑟夫-伊尼亚斯·吉约丹（Dr Joseph-Ignace Guillotin）① 提议改革死刑，认为死刑要符合《人权宣言》中概述的平等原则。他认为斩首是瞬间且无痛的，应当以此取代旧制度时期野蛮的行刑手段。被人们称作"断头机"的刑具于 1792 年 4 月首次投入使用，但用得并不多，它被安放在传统的公开处刑地点格雷夫广场（place de Greve）。当年 8 月的第三周，它被转移到杜伊勒里宫前的卡鲁塞尔广场（place du Carousel）上。

民众已经习惯了旧制度时期更为巴洛克式的死刑——忏悔游街，公开的临终高声忏悔，最后来到高潮，绞刑架上的尸体——相比之下，断头台是一种可怕的反高潮。"这就是一分钟的事儿，"一个失望的看客写道，"铡刀落下来，头没了，尸体被装进一个筐。大家什么也没看见，没有悲剧上演。"5 134

---

① "断头台"（Guillotine）这个词即来源于吉约丹，是这个姓氏的阴性形式。因此断头台也被称作"吉萝亭女士"（Madame Guillotine）。——译者注

（就连断头机本身的模样也是平平无奇的，一个大框，顶上有一扇铡刀。）在过去，被干脆利落地一刀斩首是仅属于贵族阶层的特权。对普罗大众来说，死刑是一个漫长、持久且极为血腥的过程。行刑人夏尔-亨利·桑松和他的儿子们熟谙种种酷刑的技法，且以他们的工作为傲。人们带着野餐篮子蜂拥而至，挑好位置，观看实际上成了大众娱乐节目的行刑。罪犯被施车轮刑，或遭车裂，有些被活活烧死，有些则被缓慢地绞死，他们的躯体在空中挣扎扭曲。有时犯人在高声嚎叫中被扒皮剐肉，露出白骨，有时往犯人的伤口上浇注滚油或硫黄，有时用烧红的铁条或铁棍折磨他们。在旧制度时期，死刑是一出关于痛苦与折磨的戏剧表演，国王的行刑人像音乐家一样鞠躬，而观众精疲力竭地回家去，被这极具冲击力的场景净化了心灵。

断头台丝毫不能提供此类卡塔西斯（catharsis），但作为革命正义的象征，它受到民众的拥戴，起初人们蜂拥而至，围观"断头机"的运行。一连串骇人的绰号似乎无穷无尽："爱国的剃刀""寡妇""吉萝亭的统治""吉萝亭的辩论"。巴黎的俚语同样舌灿莲花地形容被斩首这件事："削他的肩膀""给他剃个快头""教他们躺下来跳舞"。人们熟悉了断头台，并将它日常化和商品化：断头台造型的镇纸、断头台造型的儿童玩具，乃至断头台造型的发饰和耳坠。

尽管断头台快速无痛，却让贵族阶层郁郁不乐。古老的传统尊重阶级的差别，允许他们接受和升斗小民不同的死法。这死法也很有仪式感，华丽的刀剑和服装成全了他们的与众不同。但现在，被断头台斩首的整个过程是一种深沉的羞辱：他们被迫穿上简陋的衣服，头发被粗暴地剪短，可怕的行刑地是在大庭广众之下的，衣裳被扯开，肌肤不体面地暴露在刀锋之下（罗丝和她的狱友都自己剪掉了头发，至少可以免除这一步的羞辱）。所有这些对于一个依靠"严格控制身体形象和情感，以实现其作为阶级和个人的价值"[6]的阶级来说，都是一种独特的苦难。而如果说断头台削弱了贵族阶层的英伟形象，那他们就通过遵守尽可能严格的行为准则来加以弥补。

断头台所改变的不仅仅是死刑的性质，还有死刑发生的数量级。它的迅疾意味着处决犯人的效率是大革命前无法想象的。从 1793 年 3 月至 1794 年 8 月，有 14080 人在断头台上丧生。随着恐怖统治逐渐吞噬了整个国家，原先断头台被颂扬的妙处——它的高效率，它的快捷，它的一视同仁——开始让人们感到恐惧。再也没有人轻佻地喊断头台的别名了，开始有人不再去观刑。断头台已经掉过头来对他们虎视眈眈，这个革命的标志现在被看作是张着血盆大口的、永远填不满的，乃至如同吸血鬼。

罗丝觉得铁窗岁月着实难熬。对于这些等着"抽中圣吉萝亭的彩票"的人来说，时间在可怕的无所事事中流逝。他们每天都被一朝被带走从此不再回来的前景威胁，熟人和亲友一个接一个离去，夜晚辗转难眠，监狱生活匮乏贫瘠，这一切都让罗丝成了一个终日哭泣不止的废人，她翻来覆去地摆着塔罗牌，希望她的守护星能保佑她活下去。空气中充斥着死亡的影像，可怕的敌人像雾一样笼罩着她。

她无法理解那种要求贵族男女傲然赴死的行为准则。也许她入狱时并不知道有不言而喻的禁忌，不允许哭泣、哀求、为救赎而劝导。她无法压抑自己的恐惧，而这可能会招致不赞同和责备。她也搞不明白，为什么最高的赞誉是留给那些能够在死亡面前保持冷静，甚至是石头一般的人的，那些上断头台的人好像是在去参加凡尔赛宫的舞会。

她所不明白的是，在贵族高傲冷峻的行为之下，酝酿着一种歇斯底里的情绪，这种情绪来源于被不分贵贱地用断头台处死对其阶级的强烈集体羞辱。这种绝望下的神色不变是他们能对加害者实施的唯一心理报复。通过掩饰自己的感情，他们觉得自己是在剥夺暴徒因杀死自己而获得的满足感，并摘得了留给他们的唯一的胜果。由于没有在同样的环境中长大，也没有在同样的价值观中充分浸淫，这些微妙的东西被罗丝忽略了。她在极端情况下无法保持作为一个"巴黎女人"的假面。她是个局外人，她的"阶级并非她的国家"。罗丝不想庄严赴死，她想活下去。

威胁囚犯的不仅仅是断头台。随着偏激情绪在巴黎城中蔓延，他们害怕九月大屠杀会再次上演，而这次他们将成为受害者。他们还担心自己会被指控搞"狱中密谋"，当局定期编造此类罪名，以便将囚犯批量送上断头台，从而缓解公众对监狱人口激增的威胁的焦虑。

恐怖时期的最后几个月里，监狱的条件越来越差，勒-卡姆的狱卒们也日趋凶暴。比如一天早晨，一个牢头来到关押女囚的地方，把罗丝床上的铺盖拿走，说要给另一个囚犯用。她同屋的狱友埃吉里翁公爵夫人斗胆提问，说会不会给罗丝补一床更好些的。"不，"牢头脸上挂着瘆人的笑容，答道，"她不需要了。她马上就会被押去巴黎古监狱，然后上断头台。"后来罗丝自己回忆起这件事，补充说："听了这些话，我不幸的狱友们痛哭失声。我厌倦了她们没完没了的号丧，告诉她们说现在哭是没有道理的，我根本不会死，因为预言家说过我将来要当法国王后。"[7]在那些可怖的日子里，罗丝在极度的恐惧和对宿命将救她于绝地的希冀中载沉载浮。

亚历山大从前在莱茵军团的上级古斯蒂的儿媳妇，社交界闻名的美人德尔菲娜·德·古斯蒂写道，罗丝尽管愁眉不展，"说话时的模样极富诱惑力，举手投足间的魅力独一无二，她征服了监狱里每一个人的心"。和她一同在押的另一个密友，奥尔良公爵的英国情妇格蕾丝·艾略特（Grace Elliot）也十分喜爱罗丝，她在日记里写道："她是我见过的最娴雅、最可亲的女人之一。"政治是她们唯一会产生分歧的话题：她觉得罗丝是个"立宪派"，但如今"没有人不是雅各宾，或者说，没有人不遭到罗伯斯庇尔和恐怖统治的伤害"。[8]

幸运的是，罗丝和亚历山大都找到了逆境中的慰藉。在大革命瞬息万变的环境里，在囚禁的重压和对死亡不绝的恐惧下，对生活和爱的渴望显得越发剧烈。亚历山大发疯般地和德尔菲娜·德·古斯蒂相爱了，她是个金发美女，生着一双海蓝色的妙目，在亚历山大入狱后不久也被关了进来，和罗丝关在同一个牢房里。她的丈夫是阿尔芒·德·古斯蒂将军，他在妻子入狱前不久被砍了头。德尔菲娜入狱时明目张胆地穿着丧服，即便为共和国的敌人服丧被看作是不爱国的表现。她令许多人倾倒。她之前就和亚历山大是熟人，他们在巴黎社交界有不少共同的朋友。如今做了狱友，二人的关系发展成了强烈的爱情。德尔菲娜从来没有爱过她的丈夫，只是把他当成一个"亲爱的友人"，因此亚历山大是她的初恋。亚历山大同样爱得相当真挚，称她为"玫瑰女王"，写给她的信里充斥着毫无保留的激情，这是罗丝只能在梦里得到的。在给德尔菲娜的兄

137

弟埃尔泽阿的信里，亚历山大称他是"女神的兄弟"，而他自己则是德尔菲娜的"心上人"。

他们两个人的恋爱关系并不避着罗丝。但这无所谓，罗丝也找到了伴儿。她的情人是高大而健美的奥什将军，比她小五岁。他生着一张开阔而讨人喜爱的面庞，五官匀称，眉心有一道逗号似的伤疤，使他看上去颇具男子气概，再兼着一头乌黑的鬈发。据艾略特的说法，"奥什是个非常俊美的年轻人，相貌英武，脾气很好，很讨女人喜欢"。即使他没那么漂亮，罗丝也会被他吸引，因为他很勇敢，能给她安全感。奥什身上散发着权威的气息，他是个忠贞的共和派，一个管理犬舍的人的儿子，凭借自己的功绩在军队中一路晋升。即使是在监狱里，他也保持着令人鼓舞的豪气。正如他给一个朋友写的信："我身体很好，一直快活、高兴、无忧无虑。没有什么比饿肚子时一顿丰盛的晚餐更让人愉快了。共和国万岁。"他又补上一句："我明天会把我换下来的脏亚麻布衣服寄给你。"[9]

奥什的感情状况比罗丝的还要复杂。他是有妇之夫，妻子是个可爱的十六岁少女，名叫阿黛拉伊德·德绍（Adelaide Dechaux）。他和她结婚八天后被当局逮捕——当局对不得力的将军施以雷霆手段，对受欢迎的将军又心怀忌惮。奥什很爱自己那孩子般的新娘，但断头台的阴影笼罩着他，在朝不保夕的时刻里抗拒一个漂亮的克里奥尔女人的诱惑似乎毫无意义。他让罗丝感到有了底气，而且和他在一起还有别的好处。作为头号重犯，奥什有单独的房间，还能享用上好的葡萄酒、美味佳肴和餐后甜酒。他请他的新朋友一同分享这些东西。他们的感情浓烈而短暂，相遇仅二十六天后他们就分开了，奥什被押往巴黎古监狱，等待命运的进一步裁决。

　　勒-卡姆监狱的氛围就像大革命时期的其他监狱一样，弥漫着"情欲的疯狂"。据一位亲历者记述，"昏暗的走廊上回荡着亲吻和做爱时的呻吟"。在勒-卡姆监狱这是可能的，因为内部管理比较松懈，没有把囚犯分隔开来的铁条，狱卒只是在每条走廊的入口处上锁。想要和情人幽会不是什么难事，也不需要给狱卒太多贿赂。"幸亏里面很黑，大家衣服穿得也宽松"，每个夜晚都在"爱神最温柔的祝愿中圆满"。"已婚夫妻们重拾旧情，未婚情人们激情倍增。"这种欢乐有时会被革命法庭的残暴故事所扰乱，此时情侣们会"陷入沉默，或焦灼地望着对方，但随后便以新的热情相拥在一起，在彼此的臂弯中忘却这些事"。[10]

　　5 月中旬，欧仁与奥坦丝再次尝试代表他们的母亲出面。他们给国民公会的信是这样写的：

　　　　代表公民们，无辜的孩子为了他们挚爱的母亲的自由向你们呼吁。她一无错处，唯一的污点是她不幸生在贵族之家，而她现在已经认识到她与这个阶层格格不入，她结交的人士都是最好的爱国者，山岳派最杰出的成员……代表公民们，你们不会允许压迫无辜者、爱国者和好人的行为发生的。请让这些可怜的孩子的生活回到常轨吧，他们还太小，悲伤对他们来说太早了。

　　　　签名：欧仁·博阿尔内，十二岁

　　　　奥坦丝·博阿尔内，十一岁[11]

然而，国民公会已经收到太多这种可怜的哀告了。此信如泥牛入海。不过数周之后，政局的变化使这个家庭看到了罗丝与亚历山大双双获释的希望：在罗伯斯庇尔的推动下，国民公会摒弃了无神论，承认了最高主宰和不朽灵魂的存在。为此，罗伯斯庇尔将 1794 年 6 月 8 日（星期日）定为"最高主宰节"。人们普遍认为，罗伯斯庇尔会在这重要的一天里自立为独裁者，大赦所有囚犯，重新唤回秩序和宗教。当公众听说断头台已经被推走，当日不会执行死刑时，人们对终止流血的希冀得到了证实。

奥坦丝在回忆录里写道，当时家里的女仆告诉她，要把自己拾掇得齐整些，因为她的父母可能要出狱了，她大约能被允许去亲吻他们。十一岁的奥坦丝穿上一条白色的细亚麻布连衣裙，系着宽宽的蓝腰带，垂肩的头发一丝不苟地卷好，上杜伊勒里宫观看由画家大卫设计的节日庆典。五十万人——差不多是巴黎的全部人口——到场围观，乐队演奏，歌声阵阵，花朵被抛撒到空中。打扮成宁芙仙女的妇女们翩翩起舞，儿童们列队行进，还放飞了鸽子。随后，国民公会的成员沿着中央大厅附近架设的长长的木楼梯走下，进入杜伊勒里花园。

有一个人独自走在队伍的最前列。这是唯一一个头发上扑了粉的人：罗伯斯庇尔。奥坦丝紧张地听他要说什么，希望听到他宣布大赦令，但她一个字也没听见。代表们把花园中央的大盆拖了过来，里面是各种代表无神论和其他"虚无"的木头雕像。罗伯斯庇尔手持火把将它们点燃。瞬间一切都被焚毁，烟雾和火光冲天而起。一颗飘出来的火星把奥坦丝的裙子点着了。火焰好不容易被扑灭，歇斯底里的小女孩被带回了家。"这一天祸不单行，没有任何命令说要释放囚犯，我原先期待的欢乐落空了，取而代之的是悲哀和痛苦。"[12]

奥坦丝回忆说，有一天，一个她不认识的妇女来到多米尼克街，手里拿着一张字条，上面是罗丝的笔迹，要她来接孩子们。德·兰诺瓦小姐勉强同意让孩子们跟着她走了。那个妇女带着欧仁和奥坦丝来到勒-卡姆监狱对面的一所房子里。这时，监狱有一扇窗户打开了，他们的父母出现在窗边。奥坦丝又惊又喜，叫喊出声。她的父母急忙打了个手势让他们保持安静，但已经来不及了，一个警卫听到了她的叫声，发出了警报。那个妇女赶紧带着孩子们离开了。几天后，监狱的窗户被封死。这是欧仁和奥坦丝最后一次见到他们的父亲。

时间来到了7月底，留给亚历山大的日子不多了。7月21日，他的名字被点到。他被押往"死亡的大竞技场"巴黎古监狱，等待审讯和判决。他知道自己必死无疑，设法给爱人德尔菲娜送去了一条阿拉伯项链，她终此一生都保留着这条项链。他又给罗丝写了一封绝笔：

共和二年热月四日

统一而不可分割的

共和国

140

从今天对许多囚徒的审讯来看，我是被这里的某些贵族，所谓的爱国者蓄意诽谤了。我想，这一邪恶的阴谋将伴随我上革命法庭，因此我无法再见到你了，我的朋友，也不能再抱一抱我亲爱的孩子们了。

我不会把我心中的遗恨告诉你：鉴于我对孩子们的疼爱和对你手足般的感情，你定能感受到我告别人世时心中的所思所想。

我也为告别我热爱的祖国而感到悲哀，为了法兰西，我万死不辞。而现在我不仅无法再为她效力，还要在她的眼前被拖出她的怀抱，指控为不法公民。我怀着这一痛苦的念头，要求你在未来的岁月里为我伸张正义：奋力为我昭雪，让世人知晓我倾尽此生以报祖国，为自由和平等而斗争，这足以在世人眼中击溃那些诽谤我的可恨的人——他们大多来自居心叵测的阶层。这一任务须待来日，因为在革命的暴风雨中，一个力求打碎其周身的锁链的伟大民族必然要以正当的多疑武装自己，宁可错杀无辜也不能放过一个恶人。

我将泰然自若地奔赴死亡，这份泰然让我在最后关头能够体会到最温柔的感情，但我将怀着一个自由人特有的勇气、纯洁的良心和诚实的灵魂，我最热切的愿望是共和国能够繁荣昌盛。

永别了，我的朋友，我的孩子会成为你的慰藉。请好好教导他们，这就是对他们最大的安慰。最重要的是，要让他们用美德和公民责任洗去关于我横遭处决的记忆，追思我对国民的贡献和我应获的感激之情。

永别了，你知道我爱的人是谁，请安慰他们，照拂他们，让我永远活在他们心中。

永别了，此生最后一次将你和我亲爱的孩子们揽入怀中。

亚历山大·博阿尔内[13]

141　7月23日，亚历山大在革命法庭提堂，和他一起的还有另外四十八个人。这些人里有各种贵族（共和国已经褫夺了他们的头衔），一个名叫查尔斯·哈罗普（Charles Harrop）的二十二

岁的伦敦人，两名教士，各行各业的手艺人和许多仆役。包括
亚历山大在内的四十六人被当庭宣判有罪。次日，他登上了路
易十五广场——彼时已更名为国民广场——的断头台，一同上
路的还有他的朋友萨尔姆亲王。从霍亨索伦王妃的家里能够望
见广场，他的孩子们正在她家里玩。当罗丝接到她丈夫的死讯
后，她完全崩溃了，病势沉重，只能在她的牢房里躺着，除了
起来安慰她丈夫的情人德尔菲娜。她对另外一个狱友说："我
非常爱我的丈夫。"

　　罗丝究竟是如何逃过一死，免随亚历山大于地下的，至今
尚不清楚。但根据传记作家欧内斯特·纳普顿（Ernest
Knapton）的说法，种种证据指向一个名叫德尔佩什·德·拉
布西埃尔（Delperch de la Bussière）的人。此人是个十八线演
员，大革命期间受雇于公安委员会。有人认为，许多囚犯的卷
宗的消失与他有密切关系，这其中就有罗丝的，这使得他们的
审讯被推迟了。他的办法是把与他有牵连的卷宗都一页页吃掉
（字面意思）。罗丝深感自己欠他的情，1803 年，这位演员在
巴黎歌剧院义演，她赠给他一个装着一千法郎①的钱袋，并附
留言"永志不忘"。

　　局势的风云变幻同样拯救了罗丝。亚历山大被处决后几
天，罗伯斯庇尔倒台，被他所引领的革命反噬。这则消息是以
一种非比寻常的方式传到勒-卡姆监狱的囚犯那里的。一个女
人站在监狱外，幅度很大地打着手势，试图吸引囚犯们的注
意。她开始了一出古怪的哑剧。她先是摇晃自己的裙子，然后

---

①　1795 年"法郎"被引入货币体系，代替原先的"利弗尔"。后者于 1799
年停止流通。

捡起一块石头给他们看。她把这组奇怪的动作反反复复做了许多遍。囚犯们开始猜谜。"裙子（Robe）？""石头（Pierre）？""罗伯斯庇尔（Robespierre）？"猜对了，那个女人快活地点点头。然后她用食指缓缓地划过喉咙，这个动作的寓意是世人皆知的。恐怖的谜语猜完了。罗伯斯庇尔死了。

第十章　热月

只有经历过这些的人，才能明白乱世之人可以在歧途上走多远。

——塔列朗

一系列重大事件引向了罗伯斯庇尔之死，并直接导致了罗丝于十天后获释。这两件事的催化剂是恐惧。一批革命分子——包括保罗·巴拉斯、约瑟夫·富歇、让-朗贝尔·塔利安和路易-斯坦尼斯拉斯·弗雷龙（Louis - Stanislas Fréron）——厌恨恐怖统治的过激行为，并担忧自己将会成为下一个，他们决定是时候除掉罗伯斯庇尔了。于是"热月党人"（他们以此称呼闻名）开始秘密游说国民公会中的温和派代表。他们主张没有必要继续进行恐怖统治，并利用人们害怕成为下一个上断头台的人的普遍心理，巩固了一个行之有效的联盟以对抗"不可腐蚀者"。7月26日，根据当时的一则传言，塔利安收到了一把匕首和一封来自他狱中的情妇、美貌动人的特蕾莎·卡巴鲁斯（Thérésia Cabarrus）的信。信中嘲讽他没有拯救她的勇气："我在绝望中死去，因为我竟委身于你这样的懦夫。"

据说是出于羞耻心和爱情（但更可能是因为担心自己的项上人头），塔利安次日在国民公会带头发难。他挥舞着情妇给他的匕首，打断了罗伯斯庇尔的演讲，反复高呼："打倒暴君！打倒独裁者！"在这一举动的鼓舞下，代表们群起攻击罗伯斯庇尔，要求逮捕他。在随后的一片混乱中，罗伯斯庇尔和他的同僚躲进了市政厅。随后巴拉斯和他的人冲了进去。罗伯斯庇尔的一个信徒库东（Couthon）从轮椅上跳下来，躲到了桌子下面；罗伯斯庇尔的弟弟奥古斯汀从窗户跳了下去；罗伯斯庇尔在被拖走之前朝自己开了一枪，打中了下巴。他最狂热的追随者圣茹斯特是唯一保持冷静的人。热月十日，欢欣雀跃的巴黎人民涌上街头，去看这个曾把许多人送上绝路的人自己上断头台。

罗伯斯庇尔的死讯使整座城市陷入狂欢。大街上，完全陌生的人倒进彼此的怀抱，拥抱亲吻，在欢乐的"抽搐"中哭泣和欢笑。扳倒"不可腐蚀者"的人——塔利安、弗雷龙、巴拉斯等人被视为英雄：男人们向他们举起帽子，集市上的妇女给他们献花，年轻人亲吻他们的衣摆。一位亲历者赞叹道："人们的呼吸仿佛更加自由了。"笼罩在民众身上的焦虑和恐惧的重压似乎突然被解除了。一份报纸欢呼道："我们自由了……我们的思想、我们的意愿将不再遭到毒害，我们的错误再也不会被夸大成罪行，我们的家将终于成为一个安全的避风港，让我们免遭监视和告发。"[1]

正是在这种欢快的气氛中，被囚禁了三个半月的罗丝于1794年8月6日出狱。她是第一批从勒-卡姆监狱获释的囚犯。据她的儿子欧仁讲，她的恩人是她的老朋友，如今的大英雄塔利安。当初她的孩子们向他求援，他吓得不敢出面调解，现在他可以为她出面了。罗丝在得知自己将被释放的消息时昏了过去，但很快醒转，又恢复了她一贯的优雅态度。她的一位狱友回忆，她的伙伴们为这一好消息鼓掌。在拥抱了许多人、互致美好祝愿后，她"在大家的美好祝福和期许中"走出了监狱的大门。

出现在她面前的是一座鬼城。罗伯斯庇尔刚倒台后的巴黎俨然一个噩梦般的景象，长久失修，破败不堪。墙壁上溅满了泥浆和垃圾，铺路石的缝隙里长满了野草。许多建筑物外墙上的鸢尾花图案被铲掉，以至于城市看起来像是"被围困，被攻打"过一样。每座教堂的尖顶上的十字架都被拆除了。革命广场上的自由女神像被漆成了粉红色，奄拉在基座上。最让刚获释的囚徒感到不安的是街道，曾经喧嚣嘈杂、人头攒动，现在却因为路上少有车行而变得阴森幽静。

刚获得自由的那几天一定像是才从噩梦中醒来。在重获自由、见到自己的孩子、与家人及朋友团聚的喜悦和宽慰中，是活着和自由带来的小小奇迹：有干净的床单和体面的食物，晚上也不必再担心被狱友压抑的哭泣或监狱里可怕的老鼠惊醒。但也有需要调整和适应的地方。罗丝的身体垮了，她有着所有刚获释之人的浑如鬼魅的幽暗眼神。在一个当时见过她的人眼中，她遭的罪太明显了。他说，罗丝"非常瘦，面色憔悴苍白……由于生活窘迫而形容枯槁"。[2]

同样让人衰弱的还有这绝望的几个月带来的无形的心理伤痕。罗丝曾凝视深渊。和大多数人一样，她曾希望，甚至认为自己在面对断头台时会勇敢地，乃至倨傲地去死。但实际上她一直很害怕，非常害怕。现在，和许多处于她这种情况的人一样，她为自己竟活了下来而感到羞愧和内疚。她是否患有创伤后应激障碍的症状——失眠、突然涌现的恐怖、记忆闪回——仍然不得而知。不过，她的确承认在出狱后的一段时间里，她

144

的健康出现了一些问题，比如偏头痛、神经衰弱和月经紊乱，这些都是来自身体的证据，证明她并非安然无恙地摆脱了这段经历。

罗丝的隐痛呼应了大革命对整个国家造成的心理伤害。事实证明，它以永不停息的势头、各种紧急情况和突发事件惩戒着人们的心灵和身体。革命的混乱、动荡和暴力对全体民众来说是一场毁灭性的身心斗争。就算你不是一个积极参与其中的战斗人员，也逃不开它的摧毁之力；即便是在战线的后方，它也粉碎了人们的身心，毁掉了生活。人们被他们见到或听闻的暴力、死亡乃至自相残杀所扰，如此，大革命在国家的社会肌理中造成了深远的裂痕。没有人能不受影响地从大革命的经历中走出来；每个人都失去了一些珍爱的东西：亲人、理想或长期以来的梦。

但是，没有时间休养生息和反思了。对法国、对罗丝都是如此。她一定很快意识到自己的处境有多艰难。她的丈夫惨死，她的世界分崩离析，她年过三十，身无分文，还有两个孩子要抚养。马提尼克岛能不能来钱是个问题：经过五年的内战，该岛再次落入英国人手中。德·拉帕热里夫人同意保王党叛乱分子把种植园用作基地，她也很缺钱。即使她能筹到一些钱，也很难把它送到绝望的女儿手中，因为英国舰队控制了所有进出安的列斯群岛的交通。

怎么活下去？这是罗丝目前面临的挑战。她不得不四处去弄钱，在绝望中，她找到了家族的一位老朋友，从前的科兰古侯爵（marquis de Caulaincourt）。侯爵是一位以和蔼可亲、慷慨大方著称的非现役中将，虽然他也有自己的经济困难，但他还是把罗丝介绍给了他在巴黎证券交易所的联系人，而且据说他还动用了自己的三笔年金来资助她。两人之间是否存在过恋爱关系，至今不得而知。罗丝后来对一位朋友说，她把侯爵列入了三位"丈夫人选"当中，这意味着在罗丝心目中，他是一个认真追求她的人。当然，时年五十四岁的侯爵仍然是个器宇轩昂的迷人男子，有一双顾盼含情的黑眼睛和一头栗色的头发。而且毫无疑问，他对他的青年女友有一定的感觉，所以罗丝大概本能地知道，如果她允许的话，这种关系可能会进一步发展。与此同时，侯爵仍然和为他生下五个孩子的妻子保持着婚姻关系，两家人的交情也一直很好。侯爵的儿子们后来在拿破仑的荫庇下事业有成①，侯爵夫人也成为罗丝在帝国时期的心腹知己。

　　另一个潜在的经济来源在于揭开过去的伤疤，拿回她被没收的财物。由于她命丧断头台的丈夫沉冤未雪，她自己的财产仍被查封着。她明白，还亚历山大一个清白，既能满足他的遗愿，又可以缓解家里的经济困难。于是她带着一份遗嘱，动用她所有的人脉，轮番向对方施展魅力和哄骗。当国民公会代表让·德布里（Jean Debry）在一次演讲中以积极的口吻提到亚历山大时，罗丝觉得此人或许可以拉拢，于是给他写信，感谢他为"一位因贵族出身而丧命的、有德行的共和派人士"辩护。她答应附上亚历山大寄给她的那封绝笔的抄件，她言辞动人地描述了一个"把一生献给革命"的人的遭遇。她继续令人信服地树立了亚历山大爱国者的形象，即使是在断头台的阴影下，"没有必要掩藏自己的真实想法时，他仍然继续表达着

---

① 包括拿破仑的驻俄大使和外交大臣阿尔芒·德·科兰古（Armand de Caulaincourt，1773—1827）。拿破仑曾于1814年4月13日凌晨在枫丹白露宫自杀，是阿尔芒发现并救了他的命。——译者注

对祖国的热爱，这种情感从未从他的心中消失过"。[3]

146 　　与此同时，罗丝靠举债和朋友们的热心肠生活。她需要一套自己的公寓，于是搬到了附近的大学街（rue de l'Université）。她的仆人们愿意给她白打工，而忠诚的玛丽·德·兰诺瓦则把自己的毕生积蓄借给了她。她还问艾德米姑妈借了五万法郎。但这笔钱是用指券付的，它是大革命时期发行的价值不稳定的纸币。民众厌恶这一新式货币，更喜欢老式的金币，当指券的价值开始暴跌后，人们更加不信任它。指券的价值跌得实在太快，一天一个价码，以至于家里的主事之人每天尽可能早地出去买东西，以避免下午的通货膨胀。

　　物价上涨和通货膨胀造成了巨大的困难，数以百万计的人陷入贫困，尽管有些人利用金融混乱迅速发了财。一位见证者说："世界之都成了一个大卖场。"每个人都参与了疯狂的交易。人们在私人住宅、拍卖行，甚至是人行道上展示着被毁坏的生活碎片：油画、教堂的装饰物和祖传的珠宝被贪婪或绝望的人兜售给顾客。悲剧的规模在从前的贵族区惊人的明显。精致的住宅公馆成了一张忧郁、无人问津、被人抛弃的旧图画：拉罗什福科公馆成了仓库，地窖里有一个公共浴池；孔蒂公馆成了马匹交易市场；而萨尔姆公馆，罗丝曾参加了无数场夜宴和舞会的地方，如今灯火为新的主人而燃。

　　国家经济形势的危如累卵加剧了罗丝的经济困难，与此同时，她的日常生活也因巴黎的条件而雪上加霜。在巴黎的街道上穿行是一场噩梦。猪狗在肮脏的街道上觅食，周围是成群的乞丐、公娼和罪犯，以及绝望的市民和成千上万从全国各地涌来的难民。起初城里没有马车，因此租马非常昂贵。更让市民感到混乱的是，街道名称一再变更，房屋也不断重新编号。如果想要在国民公会所在地附近出没，必须要持有一张特殊的卡片，在每个区的边界处都要出示，有时在每条路上都要拿出来。罗丝的通行证描述她有一双"橙色的眼睛"①，她的年龄少写了三岁。

大街上也很危险。罗伯斯庇尔被处决后的"解脱和喜悦"立即被怒火和暴力复仇的欲望所取代。到了 1794 年夏末，巴黎街头充斥着关于暴君之死的小册子、歌谣和杂耍戏。民谣歌手得意地唱着"割喉者，你的最后时刻到了"，印刷商在路边摊上叫卖着他们的货物，并高喊"雅各宾派，人民的刺客！"和"绞死雅各宾派，他们是无赖！"圣雅克大街、王家宫殿和杜伊勒里宫的国民公会所在地之间的商店橱窗里摆满了刺激的图画，戏剧化地呈现着"不可腐蚀者"是怎么倒台的。

在剧院里，一系列精彩的新戏目上演驱赶"丑恶的怪物"和"可怕的食人魔"的剧情。每根路灯杆上的海报都宣传将演出《地狱里的罗伯斯庇尔！》等精彩戏目。弗雷龙自己的武装"金色青年"负责处理那些热情不够高涨的观众，他们怒斥推搡，直到被吓到的观众和他们一同唱起保王党的圣歌《人民的觉醒》（Réveil du Peuple）。这些年轻人主要是在大革命期间被送上断头台的工匠和商贾的孩子，他们身穿镶镀金纽扣的高领大衣，特大号领巾遮住下半张脸，手持长长的棍棒，

147

---

① 另一张通行证描述约瑟芬的眼睛是"黑色"，前文提到约瑟芬的眼睛是"琥珀色"，后文还会提到有人说约瑟芬的眼睛是"深蓝色"。Ernest John Knapton 的 *Empress Josephine* 指出，这种不同的描述可能是由于约瑟芬的虹膜颜色较浅，导致它会因光线、妆容、服饰和周围环境而发生变化。——译者注

在街上四处恐吓，试图向雅各宾派复仇。他们砸烂革命英雄的半身像，将马拉已经腐败的尸体从先贤祠拖出来，扔进一条阴沟。

这种暴力的政治派系斗争远非全貌，巴黎还被犯罪的浪潮裹挟。仅在巴黎一城就有大约十五个有组织的强盗团伙，他们有头领，有接头暗语，有仓库，有围墙。谋杀在剧院里发生，大白天也有抢劫案。市政府官员警告说："当务之急是政府要对强盗和刺客保持最高程度的警惕。人们晚上再也不敢单独出门……而在围墙之外……情况就更糟糕了。"[4]1795 年，塔利安的"茅庐"（La Chaumière）遭到袭击，所有的窗户都被砸烂，不久之后，他的妻子从马车上下来时也遭了小偷。次年，新的犯罪威胁出现了：一个被称作"复仇者公司"的著名蒙面匪帮，这个组织只接纳外表和举止时髦的人。这些受雇于人的杀手根据被害人的名气和操作难度开出不同的价格。

社会秩序已经瓦解。人们失去了对自己的生活的控制，没有稳定、忠诚和承诺可言。为了在他们的世界中重新确立某种框架和意义，人们绝望地尝试在神秘主义和玄学中寻求答案。巴黎充斥着预言家、魔术师、占卜师、算命人、看碗人和神秘学家。异教团体如雨后春笋般遍布全城，每个组织都有自己的秘密会议、接头暗语、徽记和仪式。虽然这一场景里缺了许多旧制度时期的宠儿（比如西西里骗子卡利奥斯特罗，他自称出生在一千年前的埃及，还有弗朗茨·梅斯梅尔，他声称自己能通过"动物磁力"治疗疾病，许多贵族对他深信不疑），但其他人的加入为那些问卜求卦的人提供了补偿。大名鼎鼎的、丰满身型将色泽鲜艳的希腊式长袍撑得紧绷绷的勒诺曼（Lenormand）夫人坚称罗丝从此时起成了她的主顾，直至去世。罗丝的朋友们否认这一说法。但圣海伦娜岛①上的拿破仑会证实，罗丝确实笃信占卜师，终其一生经常找他们咨询——尽管是偷偷摸摸的。

　　罗丝的焦虑中至少有一项被她在监狱时的情郎，即比她早两天出狱的拉扎尔·奥什解决了。这对情侣几乎立刻再续前缘。尽管奥什往蒂翁维尔（Thionville）寄过情书，保证对他的"小妻子"永远忠贞不渝，但他出狱后没有急着与一向耐心的阿黛拉伊德团聚。他的借口是公安委员会有命令。而现实是，他在与罗丝痛苦地分离四个月后，重新开始了恋爱。他的妻子虽然年少，但并不蠢，她叫来亲朋好友向他施压，要求夫妇团聚。不过，奥什找到了借口，先是辩解说有军务在身，然后又说他没钱。这为他争取到了更多时日来和罗丝在一起，他在书信中称罗丝是"他的同志的讨人喜爱的遗孀"。

　　奥什被新任命为瑟堡海岸军队总司令，他知道罗丝对金钱和子女的担忧，于是提出要带欧仁去上任。这对罗丝来说是天赐良机，她一直害怕正处在青春期的不安分儿子会成为街上那些斗狠的年轻人中的一员，或成为他们的受害者。欧仁很高兴。他喜欢并羡慕奥什，后者已经成了他的家庭成员，而且自从和父亲在斯特拉斯堡生活开始，他就萌生了军事雄心。尽管罗丝仍然很焦虑，但这个计划还是解决了两个问题：为她的儿子提供了一个值得信赖的保护人，也给她自己提供了一条与她眷恋的男人之间的纽带。

　　也许罗丝希望他能娶她。大革命期间离婚是合法的，并且

---

　　①　一译圣赫勒拿岛。——译者注

非常流行，而奥什年少的新娘既是"乡下女，又缺乏人生经验"，看上去并非一个不可战胜的对手。但奥什在爱妻和优雅娴熟的情妇之间极为纠结，似乎无法做出决定。然而，随着突然传来的军方调令，他的优先事项立刻发生了变化。浪漫生活掉到了第二位。他写信给妻子，要求她带着他征战中必不可少的装备——也就是他的枪和佩剑——出发来找她的"倒霉丈夫"。夫妇团聚使奥什对她旧情复燃。

9月1日，奥什已经在卡昂就任指挥。然而，他仍然与罗丝保持联系，在往来书信中谈论欧仁的情况，抒发对彼此的感情。这些信现在基本已经湮灭无存了，但罗丝后来为从奥什那里要回这些信而做的努力表明，信中有足够的罪证让她紧张不已。其他人会代替这些珍贵的信件向后人证明她对拉扎尔的感情之强烈。她的一位密友写道："在她喜欢过的所有男人里，奥什是她最爱的一个。"[5]但蒙加亚尔伯爵说："奥什拥有最吸引人的容貌，激发了波拿巴夫人最强烈的渴望。但他在死前不久表露了这一关系在他心中激起的反感，因为约瑟芬不停地问他要钱。"

罗丝也向家乡求援。11月，第一封她坚信能寄到的信抵达了马提尼克岛。再次与家人取得联系的喜悦跃然纸上：

一个要去新英格兰的人已经同意把这封信送到您手上。如果它能成功地让您知道女儿和孙辈都很好的消息，我会非常高兴。您无疑已听闻了我遭遇的不幸。我已经守寡四个月了！支持我的唯一慰藉就是我的孩子们，还有您，我亲爱的母亲。我最热切的期望是有一天我们能够团聚，我十分希望能有实现的一天。再见，我亲爱的母亲，请接受我和您的孙辈的爱的拥抱吧：我没有一天不谈起您，没有一天不充满想见到您的冲动。再见，我亲爱的母亲。

全心全意爱着您的女儿。

又及：……请代我向种植园的全体奴隶问好……[6]

虽然这第一封信实际上并没有提到钱，但随着罗丝的财务状况越发糟糕，她信中的措辞日益绝望。在 1794 年 12 月写就的两封信中，她在头一封里写道："至于您那可怜的女儿，她和她的孩子们都还活着，虽然他们不幸失去了父亲。我有理由对我的丈夫念念不忘，我对他的离去感到痛苦，我的孩子们现在只有我了，我奋力求存只是为了他们的幸福。"[7]她接着解释说，前几年她一直靠银行家让·埃默里（Jean Emmery，他和拉帕热里一家长期来往）给她的预付款生存。她现在欠了他一大笔钱，以至于她觉得自己"有占人便宜的危险"。而在第二封信里，罗丝解释说，如果母亲能寄来哪怕一点钱的话，她已经安排好汉堡的金融人士马西森（Matthiessen）先生和西勒姆（Sillem）先生把钱送到她的手中。

　　1795 年 1 月，没有收到任何钱的她再次写信，笔端流露出她所有的恐惧和绝望：

　　　　我希望您已经收到了您可怜的耶耶特和她的孩子们的温柔言语；她真的需要您的支持；她的心遭到接二连三的打击，她穷了很长时间了……您无疑已经了解了我和孩子们所遭遇的不幸，除了您的慷慨，我们没有其他谋生的指望了……如果没有我的好友埃默里和他的伙伴的照拂，我

150

不知道我会落到什么境地。我深知您爱我，所以我毫不怀疑您会给我提供生活所需的资金，您会认下并偿还我在埃默里先生那里的欠款……[8]

言辞悲切的请求终于起了效果。尽管德·拉帕热里夫人自己的处境也很拮据，但她还是设法寄来了一些钱，以缓解女儿的困难。可这并不足以让罗丝放松心神。在为撑起这个可怜的小家庭而斗争的过程中，罗丝发现了她所不知道的、属于自己的资财，并开始采取一系列措施试图摆脱困境。她以令人起敬的毅力，再次上书公安委员会，要求返还她在多米尼克街被查封的财产。在她一言九鼎的朋友塔利安的游说下，1795 年 2 月时委员会终于同意了她的请求，并称此举动为"正义之举"。

1794 年与 1795 年之交的那个冬季严峻异常。塞纳河和北部海岸线都上了冻。重要的交通路线被堵塞，粮食和燃料都无法运入巴黎。由于此前已经遭遇了一次灾难性的歉收，人们变得绝望了。他们砍掉自己的家具当柴火，城内外的树木全部被砍光。所有的必需品都要排队购买：蜡烛、肉、木头、奶制品、糖、盐、肥皂、油，甚至是葡萄酒。围绕着所有这些珍贵的商品，一个繁荣的黑市蓬勃发展起来，进一步炒高了物价。被逼得走投无路的人们开始吃未成熟的玉米、发霉的蔬菜、腐烂的鱼和肉，甚至有人把公共花园里的草往嘴里塞。街上回荡着"绝望的哭号声"，有些不幸的人说宁愿被枪毙也不想饿死。憔悴的猫和消瘦的狗被它们的主人丢弃，这些"透明的尸体"在城市里游荡，野蛮而凶残。巴黎城门口徘徊着狼群。

然而，面包的情况才是最能反映民众苦难的指标。大约凌晨一点，巴黎的面包店门口排上了队。妇女和儿童在寒气中站上一整夜，为的是得到四分之一磅黑面包的微薄配给。这种面包在清晨七点被运来。那些足够幸运或足够强壮的人挤上前奋力一搏，得到了他们的那份口粮，其他人则在漫长而绝望的等待后空手而归。面包——一种用豌豆和栗子粉混合而成的东西由政府分发给面包店，一旦拿到手里，就会变得极其令人倒胃口。弗雷尼里男爵写道："很多次，当这种假面包被送到我面前时，我把它扔到墙上，它就粘在了上面，甚至连我的狗都不愿接近它。"[9]那些能幸运地搞到普通白面粉的人，会找几个勇敢的糕点师傅暗中烘焙，然后秘密地聚在一起吃。弗雷尼里继续写道："在那个时候，去朋友家吃饭而不自带面包是很冒失的，是一种闻所未闻的无礼行为……"[10]

罗丝是少数几个被朋友们认为可不必遵守这一新社交规则的人。由此可见她的经济状况已经到了怎样糟糕的地步。但她的凄惨经历给她带来了一些好处：她发现自己成了相当时髦的人。"受过迫害就是最高的美德，"[11]弗雷尼里写道，"……被怀疑，被逮捕，最重要的是得蹲过监狱，"他解释道，"如果没经历过最后这个，社会上既不会救助你，也不会考虑你。人们痛悔自己当初怎么没被斩首，而是在热月九日后的一两天被释放……"为了进一步证明他的话，弗雷尼里回忆起自己在一次"受难者午餐会"上所受的耻辱："我含羞忍耻成为全场唯一一个没有进过监狱的人。"[12]

"但不会有人能这么兴高采烈地饿死了。"弗雷尼里如此承认道。因为尽管那个可怕的冬天物资匮乏，巴黎民众还是疯狂地寻欢作乐。剧院里座无虚席，似乎每天都有新的剧院开张。在恐怖时期销声匿迹的妓女们又回来了，生意红火，据一位官员说，大约有两万名妓女在大街上"像蚂蚁一样聚集"，"淹没"了整座城市，让"政府感到羞愧和耻辱"。不过最重要的一点在于，人们去跳舞。富人和穷人，特权阶级和升斗小民，善男信女和无耻之徒，每个人都去跳舞——在仓库和地窖里，在圣叙尔皮斯公墓的墓石上，甚至在勒-卡姆监狱沾满血迹的鹅卵石路上。

巴黎当时正处在"酒神节流行病"的笼罩之中。到1797年，全城有600家舞厅。巴黎人跳舞是为了遗忘，为了不去思考，为了记得自己还活着。一位亲历者写道："他们渴望噪音、灯光、热度和舞动身体的欢乐。"这些活动提供了"感官的全体紊乱"。有些人觉得"跳舞的反应"令人不安，对他们来说，这是"痴呆的、神经质的，坦率地说，是淫荡的……一惊一乍、冲动而可怕"。[13]对罗丝来说，这种对囚禁的反应可能看起来并不太陌生：它和马提尼克岛奴隶的舞蹈马拉松并无二致，是他们释放和遗忘的纵情狂欢。

这种遍及全国的、欲罢不能的寻欢作乐，无疑是恐怖统治骤然消亡所带来的精神真空的产物。梅西埃如此解释他的同胞的行为："……在大革命时期，如影随形的危险、私人关系的牺牲、公共疾病的情绪，使人们顾不得生活。"在持续不断的流血和惶惶不可终日的岁月里，艰苦朴素和高压已经留不下任何放纵的余地。在紧闭的家中经历了几个月的恐惧和沉默后，人们现在已经觉得，只要活着、没被逮捕就行了。死亡已经成为日常生活的一部分，以至于人们对死已习以为常。在漫长的哭泣之后，他们已经太累了，此时他们又迎来了欢笑，尽管还是在受苦。巴黎人看不出前方有什么可期待的，过去也没有什么可回忆的，他们专注于纯粹地享受当下。当下就是一切，娱乐和安逸是今天存在的理由。初到巴黎的拿破里奥尼·布奥拿巴特说："每个人似乎都决心弥补他们所受的苦难。由于谁也不确定明天会发生什么，于是他们决心不错过当下的任何一点乐趣。"

最后，罗丝被一直支撑着她的品质——她的魅力和强大的交际能力——从毁灭的边缘拉了回来。在这几个月的困难时期里，是她的新朋友圈子救了她。这个圈子围绕着她的恩人塔利安及其情妇特蕾莎·卡巴鲁斯。罗丝在大革命初期认识的塔利安还是个饥肠辘辘的年轻记者，在她获释前后，他的援手使他们重新建立了联系。他长得很俊，但不是特别聪明。他的父母曾在一位侯爵家里做看门人，很多人说侯爵是他的亲生父亲。他现年二十七岁，在青少年时期做过各种工作并乐在其中——律师的跑腿、印刷厂学徒——后来办报纸，积极参加革命。1794 年 9 月有人试图行刺他，然而失败了，这使他的名气和政治地位水涨船高。

他的情妇特蕾莎·卡巴鲁斯是一位西班牙贵族的女儿。她美貌超群，身材高挑，有一双棕色的眼睛和丝绸般的美丽黑发，据一位仰慕者形容，她"插上翅膀就是天使"。她十五岁时嫁给了一位法国侯爵，在恐怖时期被关进了巴黎最可怕的监狱之一——拉福斯监狱。她喜欢的富有异国风情的趾环掩盖了她在狱中被老鼠咬的伤疤。罗伯斯庇尔死后，正是她，比即将成为她丈夫的塔利安更吸引巴黎民众的集体想象。尽管是塔利安积极参与了 7 月 27 日的政变，但民众还是觉得，是她那颗美丽的头颅起了作用，是她那张措辞尖刻的纸条推动了阴谋家们的行动。（再说了，谁能抵抗濒临绝境的美人、匕首和夹带

153

纸条的浪漫故事?）现年二十岁的她被称作"热月圣母"（Notre-Dame de Thermidor），是"重临的自由的象征"。每当塔利安和特蕾莎一同出现在公共场合时，便会引起一片歇斯底里的狂热。新近释放的囚犯艾蒂安·帕斯基耶（Étienne Pasquier）在回忆录里描述了他们两个一次去奥蒂翁（Odéon）剧院的场景："塔利安夫妇在门外领略了粉丝的压力后进入剧院，发现全场的观众都站在椅子和长凳上，热烈的欢迎很快就拉长成了如雷般掌声与爱的呼喊。"[14]

尽管年龄相差十岁，罗丝还是很快和特蕾莎成了密友（罗丝深情地喊她"小家伙"）。这两个女人有很多共同点：都受过牢狱之灾和贫困之苦，都试图在大革命后的巴黎这片充满不确定性的水域中航行，都喜欢奢侈享乐，爱好华服豪宴。罗丝和特蕾莎的一拍即合，是当时社会上许多妇女间亲密友谊的一个展现。雷卡米埃（Récamier）夫人在见到德·斯塔尔夫人后，宣称："从那一刻起，我心里只想着她。"德·斯塔尔夫人也同样迷恋对方。"我看到你的时候，觉得为你所爱就满足了命运的安排，"她接着说，"我对你的爱是超越友谊的。"[15]这种妇女之间的浪漫友谊在大革命前就很流行。这一点在卢梭的小说《新爱洛伊丝》中能够找到佐证，小说中克莱尔与朱丽之间的激情常常要胜过故事中的异性恋关系。在罗伯斯庇尔倒台之后，浪漫的女性友谊又成为潮流。这在很大程度上是因为男女之间的关系被断头台、流亡和新出台的离婚法案所破坏。许多女性开始依赖彼此，在女友身上获取之前从男性那里获得的亲密关系、家庭稳定，有时还包括性。罗丝的确是特蕾莎的挚友，会参加她举行的绝大部分聚会，在她和塔利安结婚时担任证婚人。结婚那天塔利安很高兴，他爱慕特蕾莎，而特蕾莎的动机则务实得多：她对新丈夫的态度很矛盾，但她知道自己需要一个庇护人，尤其是她现在已经怀孕四个月。正如她后来所写："当你在暴风雨中沉浮时，抓住哪块木板往往是不容挑选的。"[16]

婚礼结束后，特蕾莎在她著名的寓所"茅庐"举行了盛大聚会。这座迷人的小屋位于一条与香榭丽舍大街垂直的小巷的尽头，当时这里是一片树林。它装饰得像一座巴黎喜歌剧院舞台上的油漆小屋，用未经打磨的木头装修，四周花团锦簇。不过，在淳朴的外表之下是内部的奢华。特蕾莎的沙龙是全首都最豪华的沙龙之一。装潢时髦，到处是罗马立柱、描绘神话场景的壁画和伊特鲁里亚花瓶。大沙龙里赫然是一座室内喷泉，喷泉中的海神雕塑手持三叉戟，威严地凝视着房间。更为奢华的是特蕾莎的卧室：它的正中央是一面巨大的镜子，以及一尊特蕾莎作为浴中的狄安娜的雕像，她的卧床形制华丽逼人，垂落着黄色的帷幔，四角上都有小天使铜像。

罗丝在"茅庐"见到了这个城市最有影响力的商人和政客。很快她就和所有代表热络起来了，包括弗雷龙、西哀士和卢韦（Louvet）。还有那些主宰金融界的人，比如佩雷戈（Perregeaux）和乌夫拉尔（Ouvrard）。后者在大革命初期是南特一家杂货店的小会计，通过娴熟的暴利活动成为法国首富，有时他会借钱给罗丝。他花钱大手大脚，在他的一座城堡的餐厅里，潘趣酒、杏仁奶和其他异国饮料从喷泉里汩汩流出。 155

这些新富人与贝尔纳多特、奥什、布奥拿巴特等青年将军，歌手加拉（Garat）、演员塔尔马（Talma）等知名艺人以及巴黎的美人们混在一起。在这些"迷倒历史的妖女"[17]中，最出众的是罗丝和特蕾莎。她们当中还有雷卡米埃夫人这样的女人，她是一位富有的银行家的妻子，以披巾舞和卧室（"巴黎最美的卧室"）而闻名。据夏多布里昂所言，她拥有"处女和情妇的双重魅力"[18]。还有阿梅兰（Hamelin）夫人，一位聪慧而野性的克里奥尔姑娘，一个同时代人说她的脸像牛头犬。尽管她不是一般意义上的漂亮，但她"华美的黑发，宁芙仙女般的腰肢，孩童般的脚，以及非凡的优雅"使她在许多人眼中难以抗拒。此外还有意大利美人维斯孔蒂（Visconti）侯爵夫人、迷人而不羁的爱梅·德·科瓦尼①，悲剧诗人安德烈·舍尼埃的名篇《年轻的女囚》（*La Jeune Captive*）正是为后者所写。这些女性，"时尚和美的至尊"[19]，有着相似的经历：早年被包办婚姻，之后寻找能够满足其庞大的社交与政治抱负的伴侣。她们也满足了那时人们对异国情调的追求：除雷卡米埃夫人外，所有人都是外国人，深色的肌肤和头发，引人注目。

罗丝还喜欢与那些"半上流社会的人"交往，例如她的密友，女演员兼交际花朱丽·卡鲁（Julie Carreau），她很快就会租给罗丝一栋房子。她还喜欢与女演员拉拉古尔（La Racourt）相伴，她们两人都对园艺颇为热心。这位杰出的悲剧女演员在她金碧辉煌、雕凿精美、有着蓝色大理石壁炉的沙龙里迎来送往，她喜着男装，手持一柄质地精良的粗手杖，并幸福美满地与玛丽·安托瓦内特的一位前侍女官公开同居。她的私生活过于惊人眼球，最终去世时未被允许举行天主教葬礼。

正是在这样的大背景下，罗丝遇到了那个将大大改善她处

① 她是第六章中提到的，曾追求约瑟芬的科瓦尼骑士的侄女。——译者注

境的人——保罗·巴拉斯。巴拉斯是推翻罗伯斯庇尔的幕后战略家，后接替塔利安成为国民公会主席，并成为其中最引人注目、最有声望的代表之一。那个冬季，罗丝给他寄去一封措辞优美的短笺。她借口提请他关照一位"在为祖国战斗时受伤的无套裤汉志愿兵"，说她已经很久没有见到他了。然后，她温和地责备他"抛弃了一个老熟人"，邀请他到大学街去看望她。[20]

156

　　保罗·德·巴拉斯继承了子爵的头衔，是普罗旺斯一个非常古老的贵族家庭的后裔。他的一位祖先曾参与过十字军东征，卷入中世纪的宫廷爱情，另一位祖先曾被封为圣女。他老于世故，见多识广，成功地挺过了大革命，并站在了胜利的一方。他对自己当年投国王死刑赞成票的事不做悔改，只辩解说"战争年代是不讲道德的"。巴拉斯是个高明的政客，同时也是个颓废的浪子、玩世不恭的逐利者，放荡不检、诡计多端、为人狡诈。正如一位外国使节所言："如果共和国不再为他的犬马、情妇、宴席和赌博买单的话，他明天就会把共和国扔出窗外。"[21]据另一个同时代人说，巴拉斯是"一个名副其实的海盗，手里抓着所有的刽子手、九月党人（参与了九月大屠杀的人）和共和国的屠杀者"。

　　年方四十的巴拉斯富有魅力，身材高大，精力旺盛，"一张利口，闪烁的绿色眼睛，风度翩翩"。有传言说他在印度养成了"可疑的口味"，他曾在印度与英国人作战，喜欢与年轻英俊的男性和漂亮女人为伍。他在政坛上的许多同僚都看不惯他的交际圈。

　　巴拉斯身边全是最坏的无政府主义头子、最腐败的贵族、失足女子、堕落的男人、投机倒把的商人、煽动者、情妇和奴才。最臭名昭著的浪子都是他家的常客。真理对他来说毫无意义，邪恶对他来说只是一种游戏。他既无信义又乏道德；在政治上，他表现平平，缺少决断。虽然他口口声声说着爱国者的语言——无套裤汉的语言，但他的衣食住行却是极尽奢华之能事。他有一个富贵王公的所有欲望，花钱如流水，追求华丽，沉湎酒色。[22]

另一位政客的批评之语更加一针见血："巴拉斯具备一个国王的全部恶习，但国王的美德却一个也没有。"[23]

在那个可怕的冬天，罗丝决定攀上巴拉斯是很有意义的。饥饿如影随形，她忧心子女的将来。她没有一技之长，找不到什么工作，事实上也根本没有工作机会。作为一个贵族妇女，她除了结婚外别无职业培训。所以她打出了从前的旧牌，用她当时拥有的唯一货品——她的美丽优雅——进行交易。巴拉斯的理想型女性是旧制度时期的优雅佳人，罗丝正是他喜欢的类型。她也很派得上用场，作为一个弑君的革命分子，巴拉斯在那些不待见他的圈子里需要履历清白的罗丝，她由此为他拉上了很多有用的人脉。巴拉斯有妻子，住在法国南部某个地方，所以他无法给情妇们许诺任何婚约或保证忠诚，但他确实给她们当了蓝颜知己，给予庇护和金钱。罗丝和巴拉斯的友谊进展迅速，根据一个同时代人的说法，"5月或6月的时候，罗丝·德·博阿尔内进了巴拉斯的后宫"。

这是一桩经过缜密盘算的情事。作为巴拉斯的官方情妇，罗丝的信用度大幅提升。她在卢森堡宫和他位于夏乐（Chaillot）的乡间宅邸扮演女主人的角色，与各类大人物见面。她在大学街的居所和克鲁瓦西款待他。她之所以能在那里继续住下去，很大程度上是依靠了巴拉斯的恩惠，因为现在是他替她交房租，直到他 1796 年 5 月买下格罗斯布瓦（Grosbois）城堡。同样住在克鲁瓦西的帕斯基耶写道：

> 德·博阿尔内夫人是我们的邻居。她的房子与我们的相邻。她过来得很少，每周来一次，是为了款待巴拉斯和他的一大群随员。早晨，我们看到一筐筐食物运了过来，然后开始有骑兵在从南泰尔（Nanterre）到克鲁瓦西的路上巡逻，年轻的督政很快会策马到来。博阿尔内夫人的房子是克里奥尔人的做派，表面华丽，但在这些多余的奢侈之外，许多必需品都缺。厨房里塞满了肉类、野味和异域水果——那是个食物严重短缺的时期——与此同时，厨房里的锅、杯子和盘子却都不够，她不得不来我们寒酸的家里借。[24]

关于在克鲁瓦西度过的那些夜晚，有许多骇人听闻的故事。想象力丰富的历史学家盖伊·布雷顿（Guy Breton）把它们描述为一场漫长的淫乐：据布雷顿所言，在喝汤时，罗丝、塔利安夫人和阿梅兰夫人先回到她们的香闺，随后一丝不挂地回到餐桌上。回来的时候，"特蕾莎把她的乳头浸到巴拉斯的香槟杯里"。在用肉菜时，罗丝在巴拉斯身上留下一片吻痕。在用沙拉时，浑身上下只有一条小餐巾的福蒂娜·阿梅兰跳起一种"淫亵的舞蹈"挑逗她的观众。用甜点时，塔利安夫人跪在地上，两手撑地，"模仿非洲豹的波动起伏"。用奶酪时，"罗丝坐在巴拉斯的膝盖上"。据布雷顿说，晚宴结束后，此景堕落

158

成了一场全盘的狂欢。"未来的皇后将未来的督政引诱到一张沙发上"，在沙发上，"像所有体贴的女主人一样，她关怀着客人的福祉"。与此同时，塔利安夫人和她为"以防万一"而带在身边的英俊保镖们在炉火前缠绵，阿梅兰夫人吃完最后一口甜点，也加入进来。这类活动持续到了凌晨，直到天明时分，罗丝才和她的客人们躺在地板上睡去。[25]

不管这些描述是真是假，罗丝和巴拉斯的关系是这类故事流传的主要原因。巴拉斯风流浪荡，纵情声色，什么都敢玩，这有据可查。于是人们认为，罗丝作为他的情妇也同样沉迷于这种性放纵。但在后来的岁月里，执政府和帝国时期，罗丝——彼时已更名为约瑟芬——对这类酒池肉林的勾当漠然视之。然而，对于那些在动荡年代挣扎沉浮的人来说，谁又能说得清什么是对、什么是错呢？巴拉斯后来出于恶意和复仇心态，积极促成罗丝水性杨花的名声。1799 年的雾月政变使拿破仑上位，赶巴拉斯下台，后者感到自己被前女友和昔日的小弟背叛，于是蓄意抹黑她。在回忆录里，巴拉斯称罗丝在和人交往时施展种种"诡计"和"交际花的手段"。她的诱惑力"融合了狡猾与欺骗"，他写道："她的魅力没有一点自然的成分，全是人力所致，来源于希腊和巴黎的妓女在其职业中使出的最周到、最处心积虑、最无微不至的技巧。"[26]他不体面的攻击后接着一连串激烈的指责。他宣称，罗丝极为欲求不满，和各种黑人男性以及她的仆人有染。但他又自相矛盾地说，她和别人上床只是图钱，而不是为了寻欢作乐。罗丝的"放荡"不像塔利安夫人是出于"女性的享受"，而是"仅仅来源于头脑计算，她在肉体享乐时丝毫没有走心。一言以蔽之，她除了自身的利益，什么都不爱，这个淫荡的克里奥尔人始终不忘她的生意经，尽管那些占有她的人以为她是被他们征服了，心甘情愿地献身于他们……"他总结道："要是她情夫脑壳里有黄金，她也能挖出来喝掉。"[27]

　　在当时的许多人眼中，罗丝是个风流的交际花。有一篇说 159
来令人惊奇的材料可供佐证：一册名叫《佐洛伊与她的两个跟班，或三位美女的人生几十年》（*Zoloé et ses Deux Acolytes ou Quelques Décades de la Vie de trois Jolies Femmes*）的讽刺小说。有人认为，它的作者就是臭名昭著的作家萨德侯爵。他作为军官参加过七年战争，从战场上回来后不久，就因自己声名狼藉的性冒险被捕入狱，在接下来的十二年间，他先后被关押在万塞讷城堡和巴士底狱。后来大革命爆发，重获自由的萨德公民以颇具煽动性的小册子和口若悬河的演说才华跻身名流。恐怖时期过后，他的声名又随着一系列色情宝典的出版而水涨船高，比如《闺房哲学》（*Philosophy of the Boudoir*）和《朱丽叶特》（*Juliette*）。

　　作为巴拉斯的远房表亲，萨德侯爵对他的社交圈子感兴趣是很正常的事情。他也对自己位高权重的亲戚深感不爽，因为当年他的名字在通缉流亡名单上（尽管他在大革命期间颇为活跃），而巴拉斯不肯出手相助。巴拉斯这边的理由很简单，虽然他们两人都顶着放荡浪子的名声，他还是觉得萨德的性虐待玩得太过了。"根据他的思考方式，感官的逸乐并不是来源于彼此之间的愉悦，而是建立在尽可能强烈地施加痛苦上……为了招徕信徒，强化他们的犯罪行为，他试图用写小说的方式来说明……世上的罪恶是等着我们眼中那些有德行的人的，而幸福的冠冕则会赐予恶人，从亚当的时代开始就是如此，并且永远都会如此。"[28]

　　因了萨德侯爵对巴拉斯的憎恨和巴拉斯对罗丝的迷恋，有人认为《佐洛伊》是一部有现实原型的作品。这本小黄书直到 1801 年才出版，出售时的噱头是一个"上世纪末的真实故事"。它描绘的是欢场中的放荡秘戏，同时其中的主要人物还相当容易令人影射现实，一时人人争睹。标题中的佐洛伊显然是指约瑟芬：佐洛伊"出生于美洲"。奥尔赛克（科西嘉）男爵[①]对应的是波拿巴，萨巴尔（Sabar）对应巴拉斯，劳埃达（Laureda）对应塔利安夫人，沃尔桑日（Volsange）对应维斯孔蒂夫人。

　　下面这段文字描述的是罗丝，不会有错：

　　　　佐洛伊来自美洲，家里在殖民地有可观的产业……她年方十五，便熟习了种种卖弄风情的技巧，再兼着家里的巨大财富，吸引来许多追求者。她和宫中的宠臣巴尔蒙伯爵（即博阿尔内）结了婚，但还是没有令那些追求者丧气，他们攻势更猛，就像从未被拒绝过似的，而佐洛伊，多情的佐洛伊，实在不忍令他们失望。她和巴尔蒙伯爵育有一儿一女，如今这两个孩子分享着他们那杰出的继父的好运……眼下她已年近不惑，却还努力活得像二十五岁一般。她地位尊崇，吸引来许多跟班，并且她的地位在某种程度上很好地替代了青春的魅力。她有缜密的心思、随周围环境而屈从或倨傲的性格、点到为止的举止、极精妙的

━━━━━━━━━━━━

　　① "奥尔赛克"（Orsec）一词是"科西嘉"（Corse）的打乱重组。——译者注

伪装技巧，以及每一种诱惑人心的素质，再加上疯狂的享乐欲望——甚至比劳埃达的欲望还要强烈百倍，最后是一个放债人的贪婪。她用赌徒般的狂热来挥霍她得到的钱，她毫无节制的奢侈能吞掉数个省份的赋税。[29]

如今绝大多数观点倾向于将《佐洛伊》归在萨德侯爵名下。但无论这段戏笔是谁写的，把那个时代最具标志性的作家和那个时代最具标志性的女人放在一起，有一定的合理性。罗丝身上自始至终都有萨德侯爵笔下两位知名女主人公[①]的影子。她和朱斯蒂娜一样，身无分文地走入一个全然陌生的世界，她把美德抓得越紧，就越是被堕落者和特权阶级迎头痛击。她长着一双动人心魂的、波光闪烁的大眼睛，始终吃苦，永远受罪，只因她脆弱而贫穷，但归根结底还是因为她生而为女人。朱丽叶特则全然是她妹妹的反面。她是一位女冒险家，一心要攀高枝，运用自己的肉体博取经济利益和欲望的满足。这两个形象融合在一起，就是一幅完美的罗丝的肖像。她既是牺牲品也是掠夺者，在脆弱和强大、顺从和斗争、屈服和顽抗间游走。她已经学会生存的技巧，却仍然渴望有人会来保护她。

这段对罗丝的描写为萨德侯爵招来了拿破仑无尽的仇恨。做第一执政时，拿破仑把他关押在圣佩拉吉监狱，后来又转移

① 指萨德的两部小说《朱斯蒂娜》和《朱丽叶特》中的同名女主人公。两人是姐妹，在父母破产去世后孤苦无依，姐姐朱丽叶特选择成为妓女，放荡淫乱，谋财害命，无恶不作，最后身居高位，成为伯爵夫人；妹妹朱斯蒂娜坚信美德与贞洁的力量，受尽苦难和凌辱仍坚贞不屈，最后被雷劈死。——译者注

到比塞特疯人院，再是夏朗东疯人院（Charenton），他在这个地方度过了余生。

罗丝真是个交际花么？这取决于如何定义该词。"交际花，指以爱情为职业的女人，她的主顾大多为社会名流，"历史学家乔安娜·理查逊（Joanna Richardson）如是写道，"尽管她为生计而出卖自己，并且得不到为人妻室的保障，但交际花至少有权挑选和拒绝她的情人。"[30]毫无疑问，上述定义部分适用于罗丝。她有权选择和谁风流，但爱情并非她的"职业"，虽然在那段绝望的岁月里，这是她最卖得出价的商品。罗丝的困境与她爱读的一本小说中的女主人公最是相似，即丹尼尔·笛福笔下的罗克珊娜（Roxana），当她成了寡妇，带着孩子，面临没饭吃的境地时，遵从了这句箴言："失节事小，饿死事大。"[①] 把孩子送到她婆家以后，她让人包养了。小说家向读者展示了一个绝境：她还能干什么？

《罗克珊娜》勾勒的是缺衣少食者的困境。如果一个大家心照不宣的理想的寡妇，是把亡夫的回忆看得重如珍宝，过着岑寂、贞洁的隐居生活的话，这部小说则生动描述了十八世纪那些缺少个人收入的妇女所要面临的困难，她们活在一个女人很难工作挣钱的社会里，又没有男人可供依靠。笛福抗辩说，在这场对孤身女人全然不利的斗争中，只要她韶华未老，有那么点性吸引力，这种肉体关系就是一个无法忽视的生计来源。同是笛福的作品，《摩尔·弗兰德斯》里写道："堕落往往出于需要，而非出于意愿。"

---

① 原文为 "Tis better to be a whore than to starve"。——译者注

　　混迹在大革命后的巴黎的不光是失去了丈夫和家产的妇女。1793 年出台的离婚法案制造了一大批新的单身妇女。而在这众多的离婚案例中，双方都同意的比例十不足一。不论男女都在利用新出台的法案，高高兴兴地把配偶甩掉（例如特蕾莎 1797 年就和她丈夫塔利安离了婚）。一位亲历者写道："舆论和道德上的普遍许可，离婚法案，家庭独立，逾越如此多的障碍，摧毁如此多的成见，其结果只是大大增加了那些替代婚姻的露水情缘。"

　　在这些"露水情缘"中，罗丝和巴拉斯尤为典型。为图利益和债务缠身，导致这些年间许多妇女和有钱的男人随意结合。一百五十年后，西蒙娜·德·波伏娃捕捉到了交际花的地位之复杂性。她指出，和公娼不同，高级妓女能够获得一定程度的认可、自由乃至权力。然而，不安的感觉永远不会消失。"没有哪个男人是她们绝对的主人。但她们对男人的需求又最为迫切。如果他对她失去了欲望，交际花的谋生手段也就完全失去了。新入这一行的女人都知道她的未来全在男人的手里，即便是明星，没了男人的支持，也会发觉她的声望日益惨淡。"[31] 困扰罗丝的正是这一难题：等她的美貌凋零，用一位著名交际花的话说，变成"一颗发黄的珠子"之后，现状还能维持多久呢？

　　1795 年春季，罗丝另外发了一笔财。敦刻尔克的银行家埃默里和凡赫、汉堡的银行家马西森和西勒姆与罗丝的朋友鲁热蒙联络，"向她确保"马提尼克岛上寄来了几千利弗尔。那年春季的晚些时候，罗丝召开了一场家庭会议，意在着手解决奥坦丝和欧仁的财务问题。她的财务顾问卡尔梅莱（她在狱

162

中时，是他保护了她的财务）和法律顾问拉基杜（Raguideau）都来了。在他们的建议下，罗丝问雷诺丹夫人借了五万利弗尔，后者卖掉了位于枫丹白露的房子，换了一套更小些的住所。她获得了亚历山大对圣多明各的财产的处置授权书，里面写明了该给子女们多少钱。罗丝得到了亚历山大留在斯特拉斯堡的马匹和封存在博阿尔内堡的图书馆的书籍的补偿，同时还拿到了政府出售家具所得的一万利弗尔。

罗丝终于能喘口气了，这是几个月来的头一回。恐怖时期后的第一个夏季，她和刚出产褥期的塔利安夫人（她生了一个女儿，取名罗丝·热月，罗丝担任教母）奔入了时髦的户外生活。她们投身于骑马、赛马、游泳和战车比赛的热潮，并在时尚的意大利人大道上漫步。这些精力充沛的活动看似是那个年代希腊化狂热的产物，但实际上是对大革命所带来的创伤的一种反应。这座城市仿佛一个久病初愈的人，居民渴望寻回自己的感官，重新感受自己的身体。另一类放纵体现在饮食上。经过几个月的忍饥挨饿，巴黎人现在大吃大喝，狼吞虎咽，极尽所能地挥霍。新开的餐厅一路上如雨后春笋般涌现，以响应下馆子的新热潮。小餐馆、点心店、香肠铺子与更加高档的饭店一同开张，那些大饭店的厨师都是旧制度时期的名厨——维里、米奥特和布维利耶。在这里，有钱的顾客能够品尝到鹧鸪肉酱、野猪肉和新研发的热月龙虾等美食。正如一位

163 观察家写的那样："大多数巴黎富人的心骤然变成了喉咙，他们的情感与感官混为一谈了，他们的欲望，食欲……"[32]

但是，跳舞狂潮仍然是新的感官追求的最明显表现。作为有直系亲属命丧断头台的人，罗丝很有资格参加这个十分时髦且高端的"死难者舞会"（bal des victimes）。在进入舞场时，

男性须垂首致意，这是在模仿断头台上俯身就戮的人。一些妇女剪短了头发，称其为"死难者发型"（coiffure à la victime），以模仿那些在前去断头台时被剪掉头发的囚犯。还有些穿着上断头台的衣服，这种衣服有红色的花边，被称作"死难者交叉饰带"（croisures à la victime），或者在脖子上系一条红色的丝带，象征断头台的刀口。虽然这类阴森可怖的复刻让外国人感到震惊，但它们以自己的方式表达了一种集体哀悼：既是为了纪念恐怖，也是为了驱散恐怖。

罗丝和她的朋友们还参加了在隆格维耶公馆（Hôtel de Longueville）这样的地方举办的"上流社会"的俱乐部活动。宾客们观看黑人少女跳夸德里尔舞，然后在于兰（Hullin）的切分节奏号角的伴奏下，看着大镜子里的自己翩翩起舞。她们也会去黎塞留公馆（Hôtel de Richelieu），"那个迷人的地方"，在那里，"上百个衣香馥郁的女神，头戴玫瑰花冠，身着雅典式的长裙飘然而过"。罗丝和特蕾莎这样的女性穿梭于欣赏的观众群中，"像柔和的灯光般在人群中闪闪发亮"，在舞池里，奇怪地沉默着的观众（通常是男人）看着舞者（大多是女人）起舞，浑然不觉夜尽天明，仿佛陷入恍惚之中。罗丝很喜欢参加这些活动。她有一次给特蕾莎寄了一张字条，让她们协调服装，以获得更大的影响力："我会在我头上系一条克里奥尔式的红头巾，在鬓边留三绺鬈发。这对我来说有点难以驾驭，但在你身上是比较自然的，因为你年纪更轻，如果不是更漂亮的话，也是无可比拟的更清新。你看，我考虑到了每个人……"[33]

最重要的是，罗丝享受买得起新衣服的感觉。与大革命时期符合政治氛围的端庄肃穆的服饰相比，新时期的装束风格华丽而炫耀。对古希腊罗马风格的狂热（这种狂热意味着艺术

上的成就与政治上的自由）启发了这一时期的时尚女性，她
们摒弃了紧身胸衣，穿上了无袖的透明长袍、凉鞋和用浮雕宝
164 石扣住的腰带。她们佩戴的首饰也闪烁出古典时代的灵感：手
镯、耳环、吊坠和奖章形胸针上都有历史或神话场景的绘画、
雕刻和浮雕。为了不破坏身体线条，她们的衣服没有口袋，所
以妇女们在腰带上系上小小的塔夫绸钱包。这些包包设计来只
是为了装一条手帕、一面小镜子、一盒散粉和一份剧院节目
单，钱包上一般绣着她们当时的情人的名字缩写。

　　装束的主题往往变化多端。据梅西埃所言，当时的时尚女
性会打扮成"宁芙仙女、土耳其皇后、野蛮人，这次是密涅
瓦，下次是天后朱诺……再下次是欧卡里斯（Eucharis）"。
特蕾莎穿戴成猎神狄安娜的模样来到拉内拉赫（Ranelagh）①，
"半裸着"乳房，背着一个嵌宝石的箭袋，短款的袍服"展露
出雪花石膏般的大腿"[34]，成为焦点。罗丝的克里奥尔朋友福
蒂娜·阿梅兰据说曾和人打赌，穿着袒胸露乳的连衣裙走过香
榭丽舍大街。另一个著名的赌局展示了那个时代尚轻尚薄的潮
流和妇女们的放荡不羁。一天晚上，在"茅庐"，塔利安夫人
和她的一位男性宾客打赌，说她全身上下的装束（包括手镯
和半靴）重量不会超过两枚六法郎的硬币。仆人拿来了天平，
她当着三四十个人的面脱光了衣服。她赢了。

　　虽然比同时代的人保守一点儿，但罗丝穿上这种古希腊风
格的裙子看起来很漂亮，这让她想起了少女时代的克里奥尔式
连衣裙。她喜欢穿精细到必须在水中织成的薄棉纱白裙。穿这

---

①　位于布洛涅森林（巴黎城西）的一处娱乐中心，于1773年模仿伦敦的同
　　名公园而建，里面有咖啡馆、舞厅、剧院和餐馆等场所。——译者注

类衣服的时候她与其说是穿着，不如说是披着，效果是丰满性感、如雕塑一般的。衣服的袖子轻轻地在顶部膨大，温柔地箍住她的手臂，低领口令人羞耻地裁到乳房上，裙子从胸部下方飞垂而下，就像从陡峭的悬崖上落下一样。

这些打扮使许多人感到愤怒。一份巴黎的报纸宣称："一些轻率的妇女过分沉溺于许可给她们的自由，以一种有伤风化的方式展示自己的身体。"另一份报纸宣称，"体面的男人"不禁对这种不当地展示"未包装的商品"感到厌恶。还有一位评论家抱怨说，这些妇女的"婴儿式"发型把头发梳成密密的小卷，她们的手臂有点太红了，一直到肩膀都是裸露的，裙子裁到腋下，脚上穿着凉鞋，装饰着白色和粉红色的花，她们的嘴唇上涂着胭脂，脸上擦满了粉，"仿佛一个巨大的玩偶，是由一位想当糕点师的机械师做的"。据传言，这些"撩人的女人"（provocatrices）——指罗丝和她的朋友们——还用水打湿衣服，使其更贴合身体，这只会使她们的名声更加狼藉。

新兴的时尚杂志《淑女与风尚》（*Journal des Dames et des Modes*）将会刊出这些大胆而时髦的女人，她们被称作"绝代佳人"（merveilleuses）。不过，为了防止那些较为单纯的读者对其中一些服装的出格感到惊讶，指责刊物用德行可疑的女士作为模特，编辑向读者们保证他的缪斯女神的社会地位："我们要跟着她们去观景、去参加舞会、去散步，她们的服装是我们模仿的对象……"[35]在这些女人中，德·博阿尔内夫人、塔利安夫人和雷卡米埃夫人最为出名，被称作"美惠三女神"。尽管罗丝已历尽沧桑，但她还是成功转型为一个引领时尚的名流，而不仅仅是个时髦女人。她是她那个时代的弄潮儿，每次

165

换造型都会引起全城时尚人士的关注。正如一份巴黎报纸所宣布的：“重磅！受到塔利安夫人和博阿尔内夫人影响的新发型！”[36] 另一份杂志总结说：“塔利安夫人、德·博阿尔内夫人、雷卡米埃夫人和阿梅兰夫人追求着当前对古希腊罗马服饰和装饰艺术的幻想……它们比五条战线上的五支大军都更加重要。”

1795 年夏末，罗丝要为她的孩子们做一些决策。欧仁已经从奥什军中归来，他的母亲现在把他送进了一所招收年轻男学生的学院——爱尔兰学院（Collège Irlandais）。奥坦丝一直住在枫丹白露的博阿尔内侯爵和雷诺丹夫人那里，但这并非长久之计，她的女儿必须接受教育，而且要比她童年时克里奥尔人的教育更完备。因此，当罗丝发现她在克鲁瓦西的老朋友，玛丽·安托瓦内特从前的侍女官康庞夫人正在欧仁就读的学校附近开办一所高端女校时，她立即把女儿送去参加面试。学费谈妥后，康庞夫人很高兴地接纳奥坦丝进入国立圣日耳曼学院念书。

家庭事务安排妥当后，当年 8 月，罗丝搬进了位于尚特雷纳街 6 号的新居。她从她的朋友，即将和演员塔尔马结婚的女演员朱丽·卡鲁那里租下了这栋房子——巴拉斯付的钱。它坐落在绍塞-昂坦区（Chaussée-d'Antin），这片地方最近才变得时髦起来，因为与剧院、餐厅和香榭丽舍大街隔得近。它原本是一片沼泽地，后来被开发商开垦，土地被卖给大银行家、富裕的资产阶级、旧制度时期的贵族以及一些事业有成的演员，他们在这里建了迷人的小房子。尚特雷纳街原本是一条乡间小道，被命名为“尚特雷纳”是因为这里能听到“小王后”（即青蛙）的叫声。①

这栋房子坐落在一处长方形的庭院里，右边是一间用来停马车的屋子，左边是马厩。一楼主要是一间大客厅，围绕着一座优雅的石制壁炉，有两扇高大的法式窗户。它通向花园，毗邻一间椭圆形的餐厅，餐厅有一道小楼梯通往地下室。地下室包括一处地窖、一间厨房和一个储藏室。卧室在二楼。罗丝一入住，就努力在新家添上她个人的标记。她试图将明媚的加勒比海风格与督政府时期对古希腊罗马风尚的新兴崇拜结合起来，所以她保留了朱丽·卡鲁留下的以庞贝古城为灵感的众神壁画，并添置了在马提尼克岛流行的透明薄棉纱窗帘。她给椅子罩上天蓝色的南京棉布，并在屋子的各处点缀了一些以古典时代为灵感的装饰品，包括一尊伊特鲁里亚的银瓮和一座小小的苏格拉底半身像。尽管装潢时尚，但眼尖的人会注意到，餐厅里几乎没有勺子和杯子，玻璃柜里只摆了三个盘子。罗丝的天赋为她的相对窘困蒙上了一层奢华的假象：她精致的品位和她的小花园里绚丽的花艺迷倒了所有来她家的人。

1795 年秋季，为了恢复国家的某种政治平衡，督政府宣告成立。它建立在温和的共和派与君主立宪派的脆弱联盟上，旨在提供一个对抗独裁的堡垒。行政权与立法权分离，权力由元老院和五百人院共主。五位督政官主持这个系统，包括罗丝的情夫巴拉斯。他几乎立刻就成为五个人里最有权势的一位。"巴拉斯国王"将成为行政部门的头面人物，他是诸位督政官

---

① "尚特雷纳"（Chantereine）由"歌唱"（chanter）和"王后"（reine）两个词组成。——译者注

中唯一一个干满了四年（从督政府成立到被推翻）的人。他的官邸位于卢森堡宫二楼，在著名的鲁本斯画廊旁边，是最豪华、配置最好的，他的制服比其他几位督政官更适合他挺拔的身躯。他身披绣有金线的猩红色大衣，手持闪闪发光的礼仪佩剑，看上去完全像是人们形容的"国王"。

167

巴拉斯主政的时期和法国历史上的任何时期一样，充满了腐败和贪污。督政府时期曾被比作苏联解体后的俄罗斯，但更令人回味的比拟也许是魏玛德国。它以令人眼花缭乱的社会流动性独树一帜。在这段岁月里，新的精英出现，旧的精英被遗忘，过去的传统和确定性被一扫而空。自由落体的经济与近乎疯狂的企业主义相结合，绝望的社会状况与歇斯底里的享乐主义并存，犯罪与绝望的性放纵交织在一起。能凝聚社会的结构似乎被完全破坏了。随着贫富差距扩大，社会的欢乐掩盖了巨大的绝望。警察抱怨说："奢侈毫无羞耻地与最极端的贫困对峙，放荡的狂欢重新出现并愈演愈烈，而与此同时那些不幸的人用枯瘦的手在阴沟里痛苦地谋生。"[37]

督政府甚至在正式成立之前就遭到了攻击。1795 年 10 月 5 日爆发了一系列未遂政变中的第一次，即所谓的"葡月暴动"。当时保王党人反叛最近出台的《共和三年宪法》，该宪法支持左派共和主义候选人进入新的立法机构。巴拉斯将镇压持不同政见派别的任务交给他新收的小弟（此举是成功的），一个名唤拿破里奥尼·布奥拿巴特的年轻军人。

就是在这个时候，罗丝邂逅了那个将改写法兰西的历史，以及她自己的人生的男人。就像许许多多关于拿破仑的故事一样，他与罗丝的第一次相遇也被神话了。被称为"佩剑传说"的故事是这样讲的：在拿破里奥尼用著名的"轻风般的葡萄弹"平息了群众骚乱后，发布了一则公告——所有未经授权的武器必须上缴当局。一名官员来到博阿尔内家，要求他们交出亚历山大的佩剑。愤怒的欧仁表示反对，却被告知任何异议都必须向巴黎的现任司令拿破里奥尼·布奥拿巴特提出。到了他的办公室，这位十五岁少年严肃而有理有据地争辩说，他应当保留他父亲——一位已故的共和国英雄——的这份重要军事遗产。深深为之动容的拿破里奥尼点头同意了。有一个版本的故事说，这个年轻人的态度给他留下了深刻印象，他要求见一见这个好样儿的年轻人的母亲。另一个版本说，是罗丝为了感谢拿破里奥尼的慷慨，要求面见指挥官。这两个版本都不是事实。实际情况要平淡得多。正如后来波拿巴在圣海伦娜岛的流放中回首往事时所回忆的那样："我在巴拉斯那里第一次见到我的妻子。她对我的一生产生了非常大的影响，在我的记忆里，她永远是我亲爱的人。"

168

　　人们对他们的关系之"不可能"做过许多论证，但实际上这个"克里奥尔人"和这个"科西嘉人"有许多共同之处。首先，他们都是他乡之客。和罗丝一样，拿破仑也是个岛民，于 1769 年 8 月 15 日生于科西嘉岛。他的故土和她的故土一样，都是欧洲国家殖民游戏中的一颗棋子，与母国的关系非常矛盾。此外，拿破仑和罗丝都差点当不成法国人。就像英国人在罗丝出生前三个月才将马提尼克岛归还给法国一样，拿破仑差一点就成了意大利人，因为科西嘉岛在他出生前几个月才重新为法国所控制。罗丝和拿破仑都是热带体质：两人都不习惯法国北部的寒冷和潮湿，因此拿破仑几乎总是尽可能地站在靠近壁炉的地方（后来当了皇帝的他抱怨说，他不能与第二任妻子共睡一间屋，因为她作为奥地利人习惯开窗睡觉）。

虽然布奥拿巴特一家绝谈不上富有，但和拉帕热里家一样，他们家境良好而殷实，在岛上很有名望。罗丝和拿破仑都有一个强势的母亲（据拿破仑说，他的母亲"严厉但温柔"）和一个软弱散漫的父亲。拿破里奥尼九岁时被送到法国本土上学，他以家庭为中心的幸福童年中断了。和罗丝一样，他也很难适应法国人的生活。但在布里埃纳（Brienne）军校读书的拿破里奥尼并没有陷入迷茫，他选择以变得好斗来应对。当他因自己奇怪的口音和异乡举止而遭到同学奚落时，他大吼："我要让你们法国人为此付出代价。"尽管有这样的戒备姿态，年少的拿破里奥尼还是很有进取心，他的军旅生涯蒸蒸日上。十六岁时，他选择加入备受赞誉的拉费尔（La Fère）炮兵团，该团驻扎在离科西嘉最近的驻军城市瓦朗斯（Valence）。1788年，他被派往欧索讷（Auxonne），从那里他去了巴黎，并在巴黎度过了大革命时期的大部分时间。

第一次来巴黎时，他有了首次性经验，他将此事描述为一次"哲学经历"，但它看起来唐突而相当下流。1787年11月的一个夜晚，他漫步在王家宫殿的拱廊里，偶然发现了一个衣衫单薄、冻得瑟瑟发抖的街头流莺。他和她聊了起来，把她带到他狭小但温暖的房间，并了解了她的悲情往事，她爱上了一个军官，这个军官把她带到南特，后来抛弃了她。她由此沦落为妓，正如她对这个天真的年轻人解释的，"人必须活着"。她一直留到天亮。那是拿破里奥尼与女性共度的第一个夜晚。

他的第一段也是唯——段真正的恋爱是在他取得土伦大捷之后几个月开始的，当时他作为一名年轻的炮兵少校，于1793年底代表革命势力从保王党手中夺回了土伦。在马赛，拿破里奥尼通过他的兄长约瑟夫结识了德茜蕾·克拉里（Désirée Clary）——他的家人在逃离科西嘉岛后住在马赛。德茜蕾出身于一个饶有资财的商人家庭，是家中的小女儿，约瑟夫正在追求她的姐姐朱丽。这两个姑娘都有十万利弗尔的丰厚嫁妆，光这一点就可能引起拿破里奥尼与她谈情说爱的兴趣。但十六岁的德茜蕾还有其他好处。她性情纯良温和，善解人意，柔情满怀，是个相当有魅力的女孩子，她长着精致的鼻子和漂亮的嘴，尽管眼睛有一点凸出，而且有发胖的倾向。

1794 年 4 月，拿破里奥尼被召回尼斯，负责主持对意大利作战的军事计划。他的薪资使他有能力在昂蒂布把家人都安顿好。约瑟夫此时已经和朱丽·克拉里结了婚，他被纳入了这个家庭。而吕西安娶了当地旅馆老板的穷妹妹，于是被排斥在外（布奥拿巴特一家始终没有放弃破坏这一幸福的结合）。德茜蕾来昂蒂布度假，但她和拿破里奥尼的关系在那里没有任何进展。

罗伯斯庇尔的倒台殃及拿破里奥尼的前程。拿破里奥尼与"不可腐蚀者"马克西米连的弟弟奥古斯汀是朋友，这导致他被软禁。后来他为了自保，否认了与奥古斯汀的友谊，证实了他自己的格言："人只为两个动机所驱使：恐惧和自利。"拿破里奥尼重新回到军队，但丢掉了指挥权，他开始更为认真地追求德茜蕾。在于果月二十四日（9 月 10 日）写给她的第一封信里，他单方面决定给她改名——就像他后来给罗丝改名一样——他认为"欧仁妮"听起来比"德茜蕾"更浪漫。然而，他写给"好欧仁妮"的信，与他后来给"约瑟芬"的热情洋溢的倾吐截然不同。尽管他声称自己"夺去了她的贞操"，但他给德茜蕾的信似乎是柏拉图关系的产物：充满深情而又奇特地矜持。

　　有时他给她讲授他自己喜欢的话题：军队部署、家庭管理和社交礼仪。有时他喜欢扮演导师的角色：指导她如何穿衣打扮，如何提高钢琴演奏水平。他的信缺乏浪漫气息，以至于德茜蕾温柔地责备他"冷漠"，要他更频繁、更有激情地写信。他生气地回复她，为自己辩护，反对她"不公正的责备"，并粗鲁地阐发一些自己的怨言。

　　尽管拿破里奥尼态度粗暴，长得也不怎么讨人喜欢，但天真无邪、易被人左右的德茜蕾还是爱上了他。这部分是由于他们的恋爱处在恐怖时期的大背景下，那时死亡如影随形——这位年轻姑娘经历了丧父之痛和兄长被捕的威胁，而拿破里奥尼曾出手相助，救了她兄长一命。但德茜蕾的感情也是她自己热烈的天性的产物。他是第一个向她求婚的人，她相信自己的爱情，希望能像自己的姐姐一样结婚。阿布朗泰斯公爵夫人（duchesse d'Abrantès）在回忆起德茜蕾时说，她"……热爱一切忧郁和浪漫的东西。当时还没有浪漫这个词。从那时起我们知道了它是什么，它与发疯的相似之处也不那么明显了"。[38]

　　她家里人对这段关系并不赞成。她母亲说："我家的布奥拿巴特已经够多了。"尽管家人反对，这对情侣还是认为自己已经非正式订婚了。共和二年芽月二十二日（1795 年 4 月 11日），拿破里奥尼颇有感触地写道："你的肖像镌刻在我的心上。"在短暂的重逢后，他们又因他的戎马生涯而分离。痛苦的德茜蕾在做白日梦、弹钢琴和给他写信中度日。在一封洒满泪水的信中，她写道："现在该是我们散步的时间了，可我的朋友不在这里，他不来找我。啊！我们不得不分开，我多难过啊……与你分离后的每一瞬都刺痛我心……"[39]

到下个月月底，拿破里奥尼在巴黎，陪他一起的还有另一位年轻军官奥古斯特·马尔蒙和勃艮第人安多什·朱诺（土伦战役时曾在他手下服役）。由于他是领半薪的将军，所以身上没什么钱。他们在胜利广场附近找了个简陋的住处，经常满怀感激地去佩尔蒙（Permon）夫人家蹭饭，她也出身科西嘉岛，是布奥拿巴特一家的老朋友。佩尔蒙夫人年过不惑，风韵犹存，在年轻的拿破里奥尼从王家军校放假的日子里，她为他提供了一个避风港。他和佩尔蒙夫人一家混得很熟，以至于她的小女儿洛尔（即后来的阿布朗泰斯公爵夫人，在他的宫廷里担任侍女官）给他起了个让他很恼火的绰号——"穿靴子的猫"，形容他细瘦的腿穿着大号靴子的样子。也许是因为他在佩尔蒙夫人的家里感到很自在，他最终向这位富孀求婚。老练的佩尔蒙夫人既惊讶又有点想笑，她优雅地拒绝了，理由是她年纪太大。

除了在佩尔蒙夫人家，在巴黎的这些日子是拿破仑一生中的最低谷之一。他把时间花在试图与知名人士接触（基本没用）和在城市里孤独地徘徊上。他在给哥哥约瑟夫的信里说，生活对他来说已经没有什么意义了，如果现在冲来一辆碾死他的马车，他也不会走两步躲开。他给德茜蕾的信也同样阴郁。他敦促她多写信，并感叹她寄来的信是他"漂泊而寡欢的生活"中为数不多的"幸福"之一。

正是在1795年那个享乐主义的夏季，当罗丝和特蕾莎在巴黎城中游逛的时候，巴拉斯把拿破里奥尼引入了他的社交圈。但是，罗丝不太可能真的注意到他。在这个充斥着共和国军官的城市里，他只是又一个穿制服的人，既没有名气，也没有奥什那样出众的男性美。正如一个当时的人所说："这位布奥拿巴特将军是什么人？他在哪里任职？没有人听说过他。"的确，如金融家乌夫拉尔所言："在场的所有人中……巴拉斯的小弟（即布奥拿巴特）被人嘲弄……也许是最不起眼、最令人过目即忘的人。"[40]

在巴黎生活的初期，布奥拿巴特确实看上去不吸引人。阿布朗泰斯公爵夫人用厌恶的笔调描述这个瘦小而病弱的人"干瘦的、棱角分明的面容，没洗的长头发和黄疸病似的肤色"。他身上"破旧又不合身的制服"也一样糟糕。他的朋友布列纳（Bourrienne）在承认他"穿得很差，而且有点邋遢"的同时，更多关注的是他相当可怜的举止。"他的性格很冷淡，经常表现得阴沉。笑容很假，而且经常在不该笑的时候笑。"此外，他还"经常很不合适地突然大笑，这并不会让他更招人喜欢"。社交技巧的短板阻碍了他进入巴黎这个光鲜的环境。而令拿破里奥尼感到非常沮丧的是，他的远见卓识和毋庸置疑的军事潜力无法打动这些人。正如德·夏斯特内（de Chasteney）夫人所写，他对他们来说只是"一个被所有认识他的人毫不犹豫地称为傻瓜的小将军"。这对一个在巴黎已经过得很不开心的人的自尊心来说，无疑是沉重的打击。

但随着夏日来临，他写信的语气开始发生变化。巴拉斯带着布奥拿巴特将军去了"塔利安夫人、德·斯塔尔夫人的沙龙……以及其他几家他赴宴并受到欢迎的地方"。在这里，他第一次接触到了真正具有社会地位和政治影响力的妇女，比如塔利安夫人、阿梅兰夫人和雷卡米埃夫人，当然还有他命中注定的女人——罗丝·德·博阿尔内。拿破里奥尼被征服了。他开始越来越多地、相当没有眼力见地对他的女友大肆宣扬巴黎妇女的神妙。"像古老的传奇一样美丽，如学者一般博闻多识……她们把所有时间花在梳妆、艺术和享乐上。她们是哲学家、情人、交际花和艺术家……所有这些轻浮的女子都有一个共同点，那就是对英勇和荣耀的惊人热爱……"[41]

现在回想起来，很多人都质疑这个青年英雄怎么会爱上这么一个浪荡堕落、徐娘半老的妖精。然而在当时，成谜的是她怎么会对他感兴趣。当拿破里奥尼见到罗丝的时候，她就是明星，人们讨论她的每一个举动，分析她的每一套着装。在大革命后的这些年里，罗丝真正崭露头角。她惊人的适应能力使她能够顺应新的风尚，应对接踵而至的变化，这对她大有裨益。她似乎是这一时期的缩影——对自发性的热情，对异国情调的爱和对欢乐的不懈追求。罗丝既是当时的时代精神的产物，也是时代精神的象征。

只消想象一下拿破里奥尼第一次见到她的情景，就能明白她对他产生了什么样的影响。背景不妨设在巴拉斯那些"流光溢彩的夜晚"中的一个。在"法制宫"（讲政治正确的革命者对卢森堡宫的另一种称呼）或他奢华的乡间别墅里，一间装潢无可挑剔的厅堂。金碧辉煌，堂皇富丽，是一座高级奢侈品的堡垒，水晶吊灯在烛光中辉耀，雪白的鲜花大朵大朵地从花瓶里垂落。餐桌上摆满了精致的饮食——是在巴黎其他地方很难看到的珍品。房间里飘荡着特权阶级的声音——银质餐具在精致的瓷器上发出的琳琅声响，钢琴的叮当声或竖琴的淙淙声，被绸缎和织锦掩盖的文雅的絮絮低语。蜡烛或火炬闪烁有光，身穿希腊式长袍的美人裹挟着麝香的馥郁气息飘然而过。只是个小角色的拿破里奥尼在旁边尴尬地看着，大家接纳他的存在，但基本注意不到他。罗丝在这一幕的中心发出光来，她

173

受所有人追捧，被人欢迎，风度迷人，举止从容自如。她代表一切他想成为和他想拥有的。

当他们真正相逢时，毫不奇怪，这是一场双方实力不对等的竞赛。布奥拿巴特可能是战场上的天纵奇才，但在沙龙里，罗丝才是大师。她引诱人的本领臻于完美，她掌握所有诱惑和说服他人的必需技巧。她"完美的姿态"、"克里奥尔式的优雅"的举止、柔而又深沉的声音都让人着迷。罗丝似乎很清楚什么时候该展示她神秘而不露齿的微笑，或轻触她同伴的手臂。她有倾听的本领，让对方觉得自己是她世界的中心。一把扇子在她手中就是致命的武器。所以，当拿破里奥尼最终与罗丝交谈时，他瞬间沉溺其中也就不足为奇了。"我对女人的魅力并非不敏感，"他后来解释道，"但在此之前，我在她们那里并没有好运气。我的性格使我在她们面前变得很胆怯。德·博阿尔内夫人是第一个让我放松下来的人。有一天我被安排坐在她身边，她对我的军事才能加以恭维。她的赞美使我陶醉了。我只和她一个人说话……"他承认，那天晚上之后，"我到处跟着她，我深深爱上了她"。

不足为怪，德茜蕾给拿破里奥尼的信变得愈发焦灼了。他安慰她说："你怎么会觉得我已经不爱我的欧仁妮，心里不想着她了……"但事实是，拿破里奥尼被他周遭的新环境和巴黎"无与伦比"的逸乐迷花了眼，并在同一封信中很不谨慎地大肆渲染。德茜蕾本能地感到，他与她渐行渐远了。她的感觉完全正确。她转而采取新策略：她停了一段时间的信，直到他最终回应她的沉默。虽然他爱上了罗丝，但并不能保证会有好结果，而在确定会发生什么之前，他必须维持与德茜蕾的关系。然而，她已经不再是他爱慕的对象。在 11 月 9 日给他哥

哥的一封信的附言里，他指示哥哥拥抱德茜蕾。她不再是他的
"好欧仁妮"了。

大约在这个时候，罗丝给拿破里奥尼写了第一封信。和他
们交往时的许多信一样，这封信中的一些内容后来被她热心的
子女删改了。比如信中没有日期，以免罗丝被指责为引诱葡月
的英雄。信是这样写的："你不再来看望一个喜欢你的朋友
了。你已经把她忘了。这是不对的，因为她温柔地爱着你。明
天上午来和我共进午餐吧，我想见你，谈谈和你有关的事情。
晚安，我的朋友，拥抱你。"落款是"博阿尔内遗孀"。[42]

这封信的措辞完美无瑕：俏皮、轻快、有挑逗的意味。它
成功地让将军确知她对他感兴趣，同时用"和你有关的事情"
吊起他关于自身利益的兴趣。拿破里奥尼恨不得马上就回信。
在当天晚上寄出的一封信中，他写道："我无法想象你为什么
在信中用这个语气说话。请你相信我，没有人像我一样渴望你
的友谊，没有人比我更渴望证明这一点。如果我的职责允许，
我会亲自来送信的。布奥拿巴特。"[43]①

他们的共舞开始了。拿破里奥尼对罗丝又爱慕又敬畏，觉
得她可望而不可即，他觉得这会是一场漫长的追求。但正如他
后来在圣海伦娜岛回忆的那样（他习惯以第三人称叙述），
"当德·博阿尔内夫人邀请他去拜访她时，他被她出众的风姿
和不可抗拒的甜美举止深深打动了"。这种相熟很快发展成了

---

① 这处引文已经过时了。2004 年（即此书出版的次年）开始，巴黎的拿破
仑基金会重新编纂整理了拿破仑存世的约 3.3 万封书信。在这个过程中，
在一位名叫德雷兹（Drez）的军官的档案中发现了这封信的副本。经过
考证，这封信实际上是写给他的。因此上文约瑟芬的信不是写给拿破
仑的，也产生了疑问。而下文"写于 1795 年 12 月的信"才是现存的拿
破仑写给约瑟芬的第一封信。——译者注

174

亲密关系，而这种亲密关系激发了十八世纪最为美丽的一束情书。一封写于 1795 年 12 月的信，纪念了他们在一起度过的第一个夜晚：

> 我一觉醒来，心里想的全是你。你的形象和昨夜令人沉醉的欢乐使我心绪不宁。甜蜜而无与伦比的约瑟芬啊，你对我的心施了什么法！你生我的气了吗？你有没有不高兴、不开心？……我的灵魂因悲伤而破碎，我对你的爱无法停息。可是，当我屈服于主宰我内心的情感，从你的双唇和心中饮下炽热的火焰时，我怎么还能保持平静呢？是的！昨夜让我知道了你的画像和你本人差得有多远！你中午动身，三个小时内我就能再见到你了。我的爱人，给你一千个吻，但不要回吻我，因为你的吻会让我的血燃烧起来。[44]

这封信的日期被奥坦丝和欧仁篡改过，所以看起来像他们结婚以后写的。有人认为，这封信中所说的夜晚真正标志着拿破里奥尼情欲的觉醒。如果说那头一次和异性发生关系让他有点失望的话，那拿破里奥尼现在则陷入了情欲的骚动之中，而这种骚动早在罗丝与亚历山大结婚时就已经吞噬了她。罗丝在这方面经验丰富，而缺乏经验的年轻将军则被她诱惑和迷住了。他对爱情的所有成见（不过是"一种社会感觉"）和对法国人的不屑一顾（"完全耽于情色"）都被打破了。现在，轮到他被情欲的力量迷惑了。她是属于他的出身热带的谢赫拉莎德①，她唤醒了他的感官，用身体的激情征服了他。

---

① 《一千零一夜》中为国王讲故事的女子。——译者注

她在很多方面都吸引他，她代表了他渴望的很多东西。对他来说，她似乎是一个真正的巴黎女人，一个名正言顺的贵族：一个圈子里的人，在那个让他畏首畏尾的世界里来去自如。不像不成熟的、崇拜和仰望他的德茜蕾，罗丝代表了一个挑战。这吸引了一个像拿破里奥尼这样的男人，他喜欢困难和风险，对他来说，欢乐和危险从来都是并辔而行的。比他年长、难以捉摸、任性无常、喜好奢华，她是那种让他忍不住想要征服的妖猾女人。为他作传的一位作家写道："这个人造女人，这个只顾着征服强势性别的风流艳妇，对他来说宛如一个敌人，他想降服她。"[45]

从浪漫和性爱上来看，拿破里奥尼火速求婚并不奇怪。于他来说罕见的是，这次他的动机主要是情感上的。不过，他内心也揣着实用的理由。他征询过的一个人——巴拉斯——极力看好这桩婚事。"你有军职，有成为英雄的才能，但你孤立无援，没有财富，没有人脉关系，你最好结婚，这样会给你信心。"圣海伦娜岛上的拿破仑承认，巴拉斯建议他和罗丝结婚是帮了他一个"大忙"。"他指出，她既属于旧政权，又属于新政权，这桩婚事会给我带来'融合'，会使人们忘记我的科西嘉姓氏，使我完全成为法国人。"

经济上的动机也有可能。这对夫妇唯一一次激烈的婚前争吵是由于罗丝发现拿破仑一直在探究她的财务状况（他似乎拜访过她的公证人，并询问过她家在西印度群岛的财产）。他当时流着眼泪争辩说，他和她结婚并不是为了钱，这一点从他此时和他们结婚初期那些洋溢着炽热激情的情书中得到了证明。正如他的朋友马尔蒙证实的那样，"波拿巴将军对德·博阿尔内夫人的爱是一种充满了力量和决心的爱情。显然，这是他的第一次激情，他用他天性中所有的热情去感受它"。[46]

176　　满腹疑云的人是罗丝，而非拿破里奥尼。她整个冬季都没有给他答复。她征求了所有人的意见，如家人、朋友、熟人，许多人觉得这是低嫁。其中之一是她的顾问拉基杜，这是一个颇具哥特风格的人物，布列纳说："他是我一生中见过的最矮的男人之一。"据布列纳说，拉基杜像是被下了诅咒，他头非常大，还驼背，但他是罗丝生活中最值得信赖的可靠人物之一。他觉得和布奥拿巴特结婚并不明智。"为什么不嫁一个军队承包商？"他建议说，"你要多少钱他就能给你多少。"当然，拿破里奥尼确实没有钱，而嫁一个将军通常是一种赌博：撇开戎马生涯奔波在外不谈，他有可能阵亡，也有可能在政治上失宠，这两种情况都会使她的经济状况陷入绝境。"嫁一个像巴拉斯这样的政客或金融界人士要聪明得多。"

拉基杜在审查婚前协议的草稿时目瞪口呆。根据前车之鉴，罗丝确保自己对两个子女都有监护权和控制权，但它在经济方面并不慷慨大方。它规定不得有任何形式的夫妻共同财产，双方都不对彼此的债务负责，布奥拿巴特每年将给妻子一笔微薄的钱财——1500法郎。婚前协议中拿破里奥尼的贡献，或者说缺乏贡献，促使拉基杜警告她："这个人除了斗篷和剑，可什么也没有给你带来。"拿破里奥尼并没有因为这句话生气，他说拉基杜的建议很诚恳，也很精打细算，罗丝把自己的事托付给他是对的。他唯一的报复是在罗丝签署了那份令人不快的文件多年后，在他一生荣耀的顶点——帝国的加冕大典上，据传他转而询问拉基杜："你现在觉得我的斗篷和剑怎么样？"

她的女儿对此并不热心。在巴拉斯于卢森堡宫举行的一次晚宴上，奥坦丝见到了拿破里奥尼，她回忆说："我发现自己的座位被安排在母亲和一位将军中间，这位将军为了和她讲话，不停地探过身子，非常活跃，使我感到厌烦，我不得不向后靠。就这样，我不由自主地开始认真审视他的脸，他的面庞很英俊，表情丰富，但非常苍白。他说话很热情，似乎所有的注意力都集中在我母亲身上。这就是波拿巴将军……"奥坦丝注意到，每当她从寄宿学校回家，这位将军对母亲都"更加殷勤"了。奥坦丝害怕拿破里奥尼会字面意义兼情感意义地"把她从他们身边抢走"，她恳求母亲不要和他结婚。[47]

罗丝并不爱布奥拿巴特。他甚至不是她喜欢的类型。她更爱比较传统的美男子，而且是那些具有魅力、风度翩翩的人，比如奥什或她的亡夫。拿破里奥尼也没有满足她的感官需求。他从来都不是个在性方面很令人愉悦的男人（他后来在和情妇们交往时自夸说，除了他经常"免去"的前戏，他往往三四分钟就搞定了），拿破里奥尼拿不出高超的床上技巧与她更有经验的情夫们竞争。即使他能这样做，罗丝也从她的惨痛经历中了解过激情与爱情的区别。她对他酷烈的感情感到忧虑，也许还有点怀疑，她不安地写道："波拿巴在我面前充满了崇拜，仿佛我是一个神灵……他对我的爱是一种宗教崇拜。"

也许她在想，拿破里奥尼作为一个年轻时曾把歌德的《少年维特之烦恼》，一本讲述注定毁灭的爱情的小说读过七遍的人，是不是有点太喜欢扮演慷慨激昂的情人的角色了。她知道自己不是一个理想的典范，也知道他们的关系还没有发展到如此亲密或浓烈的地步，值得这样奢侈的感情投资。正如她对巴拉斯解释的："我钦佩将军的勇气，我对他在所有话题上的广博知识印象深刻，无论什么他都谈得很好……但我很害

177

怕，我承认他似乎想对他周围的一切施加影响。尽管如此，"她接着承认道，"他的目光里有一些独特的东西让我着迷。"

也许与奥什的彻底分手最终决定了她的命运。奥什于1795 年 12 月底被召回巴黎，叛军已被他击溃，这意味着旺代地区的内战被视作已经结束。他被任命为西海岸军队总司令，筹备未来在爱尔兰登陆的计划，尽管妻子已经快要生产，但奥什仍停留在巴黎。他似乎无法忘掉罗丝。他不可避免地知道了全巴黎人都在八卦的事情：罗丝是巴拉斯的情妇。令他愤怒的是拿破里奥尼对她的关注，这个年轻人曾制造许多借口不到旺代的他手下服役。拿破里奥尼也把他当作威胁，这点在某天晚上的金融家乌夫拉尔的家中得到了证明。布奥拿巴特一反常态地玩兴大发，他假装成一个算命先生，开始给每位宾客看手相，包括塔利安夫人，"编出连篇瞎话"。等他走到奥什面前时，心绪低沉了下来，很不高兴地拉着他的手，"他可能是出于嫉妒：'将军，你会死在床上。'奥什愤怒地涨红了脸，此言是对一位军人的终极侮辱，德·博阿尔内夫人赶紧转移了话题。"奥什因情敌的存在而感到恼怒，但他还是在巴黎滞留到1796 年 1 月初，女儿的出生促使他最终回到了妻子身边。罗丝希望的离婚之事一直没有被提起。她害怕将来可能会耗尽心神却竹篮打水一场空，于是最终接受了拿破里奥尼的求婚。

有些传记作家认为，拿破仑为罗丝更名是为了忘掉她劣迹斑斑的过往。但在罗丝进入他的生活之前，他就有给情人整点新花样的倾向：他曾给德茜蕾改名，而德茜蕾并没有什么过往可供抹掉的。（我们必须记住，拿破仑就是在这个时候给自己改名的，他去掉了名字末尾的"e"和姓氏里的"u"，使之更法国化，他的家人后来也这样改了。）弗洛伊德对"约瑟芬"这个名字的解释更为新奇，他的理论的核心是拿破仑的长兄约瑟夫："在科西嘉人的家庭中，尤为维护的一个神圣原则是长子的特权……因此，长兄是一个与生俱来的敌手。"这种基本的敌意导致了潜意识中"渴望敌手的死，渴望谋杀他"的欲望。年轻的拿破仑被"消灭约瑟夫，取而代之"的渴望所困扰。但是，这个可恨的对手同时也被他深深地眷爱着。所以，这些爱与野心、怨恨与压抑的矛盾情感，成为激励这位伟人的复杂潜意识矩阵的一部分，成为他心理景观的重要组成部分。

据弗洛伊德所言，约瑟夫（约瑟芬）这个名字由此对拿破仑来说具有决定意义。"凭借这个名字，他可以把他为长兄保留的一部分柔情转移给她。"她又反过来深陷激发他野心的情结之中。然而，虽然他对约瑟芬·德·博阿尔内的爱无法摆脱地围绕着这个名字，但弗洛伊德强调，这并不代表他对约瑟夫这个人的真正认同。"长兄更像是拿破仑自身神话和动机的象征。因此，当他在现实的、世俗的动机驱使下休弃了深受爱戴的约瑟芬时，他也就在自取灭亡了。"按照弗洛伊德的说法，他背叛了自己内心的神话，他的陨落——某种程度上是一种自我惩罚的行为——也就是不可避免之事了。[48]

约瑟芬的第二次婚姻与第一次截然不同，没有举行教堂仪式，而是一次民事手续。因为她的丈夫是"葡月将军"，是革命的救星。这也并非一次家庭事务，约瑟芬没敢把自己的结婚计划告诉孩子们，因此他们没来参加婚礼。她也没有邀请侯爵和艾德米姑妈。拿破仑这边同样没有一个亲属出席。他的弟弟吕西安以母亲不同意为由："我们的妈妈对于她儿子娶了前博

179

阿尔内侯爵夫人（原文如此）感到不快。她告诉我们的主要和唯一的理由是，她对她儿子来说太老了，没法给他生孩子。"也许是因为对这一场合的矛盾心理，约瑟芬没有邀请任何一位女性朋友。她是由卡尔梅莱和让·塔利安陪同前来的。

结婚仪式在曾经煊赫一时的蒙德拉贡公馆（Hôtel de Mondragon）举行。在这个地方庆祝"法国历史上最辉煌的事件"之一有些奇怪。这座建于十八世纪的华丽宅邸坐落在歌剧院大道旁的一条小路上，在大革命期间被没收，并被改造为巴黎第二区的市政厅。二楼的一个房间被分配给公证结婚所用。这座公馆仍流露出往昔荣华的遗迹：大理石的壁炉，大扇大扇的镀金镜子和做工精致的路易十五镶板。但结婚用的这个房间，和这栋建筑的其他地方一样，被严重忽视了。正如约瑟芬多年之后回忆的那样，这间陈设简陋的屋子里，只有一根无精打采的蜡烛在锡制的烛台上燃烧着。

新娘于1796年3月9日晚八点准时抵达了这座衰朽的豪宅，身着一条白色薄棉纱长裙，腰系红白蓝三色彩带，佩戴着波拿巴送给她的一枚珐琅徽章，上面刻着"致命运"。巴拉斯作为拿破仑那边的一位见证人，没过多久也到了。但新郎不见踪影。分针过去了，时针过去了。这里没有舒服的地方可坐，疲惫不堪的登记员越来越恼火，终于去睡觉了，把这事交给他的一个下属去办，这人气鼓鼓地拖着一条木腿走来走去。最终，在快到十点的时候，拿破仑在他的副官的陪同下走上了大理石楼梯。因为忙于进军意大利的计划，他忘记了时间。此事将为他们的整个婚姻关系奠定基调：无论拿破仑自称他的爱情有多伟大，它都要让位于他的军事野心。

180　　　整份结婚证明漏洞百出。也只有在这乱世才没人质疑它的合法性。约瑟芬的年龄自大革命以来便一直是一场流动的盛宴，现在报的是二十九岁①，她把生年写成了 1767 年，而非 1763 年。为了让这对新婚夫妇的年龄看起来大致相仿，拿破仑慨然将自己的年龄写大了十八个月，他报的出生日期是 1768 年 2 月 5 日，而非 1769 年 8 月 15 日。由于没有来自殖民地的合适文件可提供证明，所有这些信息都没有遭受质疑。拿破仑把市政厅的地址说成是他的住址，尽管他住在旱金莲街 20 号。他的副官是唯一的见证人，此时还未成年，因此在法律上根本没有资格来履行这个任务，而只有一条腿的拉孔贝在法律上也显然没有资格主持婚礼。

　　行过婚礼后，疲惫的夫妇二人回到了尚特雷纳街 6 号的住所。正如波拿巴后来向来拜访他们的人解释的，这不是一个浪漫之夜。"你看看这家伙，"他指着约瑟芬的狗福蒂内说，"在我和夫人结婚的那天晚上，它占领了她的床。她直白地告诉我，我要么到别的地方去睡，要么和它共享一张床。这道选择题不是很妙！她对我说，要么答应，要么走人。"为了证实这个"可爱的小动物"确实比起拿破仑来"不那么好相处"，这条脾气很差的狗立刻咬了它的人类情敌的小腿。约瑟芬无疑为自己在婚礼上被晾了将近两个小时而愤愤不平，她可能觉得自己干得漂亮；而波拿巴，他本来就不喜欢狗，从这以后就更不喜欢了。

---

① 在两人的结婚证明上写的是二十八岁（周岁）。因为约瑟芬的出生日期仍报的是 6 月，结婚时（3 月）尚未满"二十九"周岁。——译者注

第十一章 意大利

女性之壮志在于激发他人的爱情。

——莫里哀

他们的蜜月非常短暂。婚礼次日（3月10日），新婚夫妇驱车前去圣日耳曼看望欧仁与奥坦丝。约瑟芬此时表现出一种奇异的胆怯，事先拜托了康庞夫人替她把婚讯告诉孩子们。奥坦丝后来在回忆录里写道，这位女校长坚定地列举出和意大利军团新司令结婚的种种好处，还说他可以成为欧仁的保护人。她还强调了拿破仑的家庭背景之优越："他家是科西嘉的高门世家，从各个方面来看，这门婚事是很合适的。"

尽管康庞夫人打了预防针，新娘和新郎还是发现欧仁一言不发，而奥坦丝害怕得直哭，因为她觉得继父会很严厉。拿破仑竭力发挥魅力想赢得孩子们的心，他参观他们的教室，和他们一起逛花园。当他安排自己几乎不认字的妹妹卡罗琳来这里上学时，不苟言笑的康庞夫人甚至也被他打动了。他同时还安排他的幼弟热罗姆入读欧仁所在的爱尔兰学院。拿破仑博取孩子们欢心的行动是成功的——除了在离开时，他本性难移地揪了一下奥坦丝的耳朵。她差点又哭了。

当晚拿破仑给督政府的主席勒图尔纳（Letourner）写信，正式将他结婚的消息告知他们。他所不知道的是，督政官们已经决定不给约瑟芬发旅行护照：他们不想让这软玉温香的妻子分去了"年轻的英雄"在军事上的精力。次日，3 月 11 日，差不多一整天都在为拿破仑的离去做准备。铃声响个不停，在客厅里开会，在书房里查阅阿尔卑斯山的地图。傍晚时分，一辆马车在屋外停下，拿破仑把他的新婚妻子搂在怀里，热烈地亲吻了她，并允诺很快就能和她相见。随后，在朱诺和意大利军团薪俸总管肖韦（Chauvet）的陪同下，他走了——就在午夜婚礼的仅仅两天之后——去担任军团的总司令。他带走了8000 利弗尔（金路易）和 10 万利弗尔的汇票、督政官们对增援的承诺，以及他心爱的妻子的一幅小像。

　　拿破仑一上路，就开始给他"无与伦比的约瑟芬"写信。一连串的情书接踵而至，其中一些是整个十八世纪最为热烈的抒情诗篇。一个又一个信使被派去送信，这些信——有时一天两封——汹涌流入尚特雷纳街 6 号。拿破仑的书信风格很可能会被批评为刻意忸怩、不自然，但其内容的真挚诚恳是不容置疑的。他的笔下尽是分隔两地的怨尤，是情人的困惑的典型表现：骚动着期待、渴望、妄想和色欲，全然是感官、激情、绝望、假想中的嫉妒和性挫败的混合体。

　　第一封信写于 1796 年 3 月 14 日①，是他在尚索（Chanceaux）驿站换马时写的：

　　　　我无时无刻不在离你远去，我亲爱的，每过去一刻，
　　　　我就丧失一分忍受别离的勇气。我无时无刻不在思念你，

① 这是现存的旅途中的第一封信。拿破仑自述此前曾在沙蒂永给约瑟芬去一信，授权她代领自己的薪水，此信已佚。——译者注

我穷尽想象力，想着你现在在做什么。如果我看到你的愁容，便心痛欲裂，悲苦愈深。如果你心情愉快，开开心心和朋友们在一起，我则会谴责你才三天就忘掉了我们悲哀的分离，你肯定是轻浮不专，没有深情真意。所以你看，我这人很难取悦，但是，我亲爱的，当我忧心你身体抱恙，或你可能心绪低沉时，那就完全是另一码事了，那时我就会悔恨我怎么如此匆忙地和我亲爱的人道了别……要是有人问我睡得怎么样，我觉得在回答之前先要收到你的来信，得知你也睡了一个好觉。亲爱的，人类的疾病和激情之所以引起我的注意，只因它可能与你有关。愿那始终在大难之中保佑我的守护星围绕你，守卫你，我单枪匹马面对我的命运也甘心。啊！不要太欢快，要怀有三分忧郁，尤其重要的是，愿你心中没有烦恼，身体不遭病痛……亲爱的，给我写信，要写得很长，接受你最忠诚、最真挚的爱人的一千零一个吻吧。波拿巴。[1]

3 月 20 日，拿破仑在半路停了下来，去马赛探望他的母亲。他要向她道个歉。拿破仑知道波拿巴家的人不会同意这门亲事，所以当时没敢邀请他们参加婚礼。列蒂契娅夫人①并不高兴。她从其他儿子那里听说了约瑟芬的事，她对她听到的一切感到不快。一个比儿子年纪还大的女人？一个带着两个孩子、花钱如流水的时髦女人？她会更喜欢纯贞的德茜蕾·克拉里，

① 此处原文为 "Madame Mère"，是拿破仑在称帝后赐予母亲列蒂契娅的称号，直译为 "母亲夫人"，一般译为 "母后" 或 "太后"。此时她还不享有这一称号，因此这里按照作者在本书中对她的常用称呼 "Madame Letizia" 译出。——译者注

她年轻，容易调教，况且她的育龄就在眼前。但尽管如此，她还是尽可能热情地接受了来自约瑟芬的一封措辞动人的信，甚至被拿破仑诱导着写了一封回信（内容是拿破仑站在她身边口述的）。

尽管陶醉于新生的爱情，但拿破仑并没有忘掉他是一个战士，需要证明自己名副其实。3月27日他抵达尼斯总部，第一项任务就是和他的高级军官们会面。四十三岁的贝尔蒂埃年纪最长①，出身于军官阶层，大革命前曾参加过北美独立战争。尽管他外表桀骜不驯，生着一头凌乱的鬈发，却是个天生的组织者，与生俱来的参谋长。还有原籍都柏林的基尔迈纳，他负责骑兵；前走私犯马塞纳，他精瘦的身躯和鸟喙般的鼻子使他看起来像一只老鹰；奥热罗，他履历复杂，当过钟表贩子和舞蹈教师，但这并不妨碍他纪律严明地管理麾下士兵。马塞纳和奥热罗都觊觎指挥权，对年轻的拿破仑很是反感，当他把他珍爱的约瑟芬的小像给大家传着看时，他俩就在背后偷笑。

他的士兵也是个挑战。然而，尽管拿破仑举止笨拙，外表"瘦弱，看上去病恹恹的"，但他已经开始展现出那种磁石般的魅力，他将用这种魅力激发他的部下对他报以近乎疯狂的忠诚。据说他曾宣布："士兵们，你们缺衣少食，政府亏欠你们很多，能给你们的很少。你们在这重重障碍中表现出的耐力与勇气令人钦佩，但它们并不能给你们带来任何荣誉和声名。而我将带领你们进入世界上最肥沃的平原。富饶的省份、伟大的城市将尽在你手。你们将在那里寻得荣誉、光辉和财富。意大

184

---

① 此处作者有误。拿破仑在意大利军团时麾下年纪最长的高级军官是塞吕里耶（Jean-Mathieu-Philibert Sérurier, 1742—1819）。——译者注

利军团的士兵们，你们缺乏勇气和恒心吗？"拿破仑是不是真的讲过这么一席话，后来的历史学家们表示怀疑，但他肯定说过一些鼓舞人心的话，做过一些鼓舞人心的事。因为不容争辩的事实是，即使他独一无二的领导能力尚在萌芽状态，他还是成功激励了意大利军团中士气低落的士兵，使他们做出了之前从未想象过的努力。

尽管戎马倥偬，拿破仑还是无法忘怀约瑟芬。他在1796年3月30日的信中写道：

> 我不能一天不爱你，不能一夜不渴望把你搂在怀中，甚至在喝杯茶的间隙里，我也诅咒那使我远离我生命之魂的荣耀和野心。在公务繁忙时，在率军前行时，在检阅营地时，我心中只想着我可爱的约瑟芬，她占领我的精神，吸去我的所思所想。如果我以罗讷河激流般的速度离你而去，那也只是为了能早日回到你身边。如果我在午夜时分起来工作，那也只是为了缩短我与爱人重逢的等待……[2]

历史记录的重点是拿破仑对约瑟芬的激情，而非她对他的爱。这种偏重因缺少约瑟芬的回信得到了加深：我们不掌握她的复函以供阅读和研究。然而，我们之所以能读到拿破仑奔涌的激情，唯一原因是约瑟芬把他的每封来信都细心地归档保存在一个饰着缎带的匣子里，她去世后一个脚夫发现了它。然而，那些她写给他的信，要么遗失，要么被丢弃。

她确实有给他写信，而且是怀抱激情的，这从他4月3日的一封回信中可以看出：

　　我已收到你的全部来信，但没有一封像最新的这封影响我。我迷人的人儿，你怎么会想到用这样的措辞给我写信？你难道觉得我的处境还不够痛苦，还要进一步增加我的懊悔，颠覆我的理智吗？这是怎样的文笔，怎样的感情，它们如火一般炽热，它们灼烧着我可怜的心！我无与伦比的约瑟芬啊，我离开了你就没有快乐可言——离开了你，世界就成了一片荒漠，我独立其中……你夺走的不仅是我的灵魂，你是我生命中唯一的所思所想。当我对事业上的困扰感到疲倦时……当别人厌恶我时，当我准备诅咒自己的人生时，我就把手放在我的心口，你的小像在那里和我的心脏一起跳动。我望着它，爱情对我来说就是全部的幸福，一切都在因欢乐而笑，除了我发现自己与心爱的人分隔两地的时候。

185

　　你学的是什么技艺，迷住了我的全部官能，把我的精神尽皆吸引到你自己身上——这是巫术，我亲爱的爱人，我死的那一天它才失效。为约瑟芬而活，这就是我一生的历史。我浴血奋战是为了到你身边去。我真是个傻子，我没有意识到我离你有多远，我们中间隔着遥远的土地和许多省份。你还要多久才会读到这些文字——来自一个被你主宰的狂热灵魂的气若游丝的文字。啊，我魅力无穷的妻子，我不知道等待我的是什么命运，但如果让我继续和你分开，那我无法忍受——我撑不下去了……一想到我的约瑟芬可能会生病，最重要的是，一想到她可能会不再那么爱我，这种残酷的、致命的念头，给我的灵魂蒙上阴霾，使我的血液停止流动，让我心生悲哀和沮丧，甚至没有给我留下愤怒和绝望的勇气……在没有你的爱的情况下死去，在对你的爱犹疑不定时死去，是来自地狱的折磨……
我独一无二的伴侣！你是命中注定要和我一起走在痛苦的
人生道路上的！不再拥有你的心的那一天，大自然对我来
说就会是一个干枯、冰冷、毫无生机的地方。我就此停笔
了，我亲爱的爱人！我灵魂悲伤，肉体疲惫，精神茫然，
那些人烦着我——我确实该恨他们，是他们让我远离我心
所爱……[3]

他从阿尔本加（Albegna）写来的下一封信是反思性质的：他
的朋友和同僚死了。他的心灵"很痛苦"，"需要安慰"，他对
着他的爱人陷入沉思：

> 未来意味着什么？过去意味着什么？我们自己又是什
么？是什么玄妙的液体将我们最应该知道的事情包裹和隐
藏了起来？我们在神秘中诞生，在神秘中活着，在神秘中
死去。难怪神父、占星术士和江湖骗子历来通过这种倾
向，利用这种古怪的情况和我们的想法，为他们自己博取
利益。肖韦死了……我看到了他的鬼魂，它四处徘徊，在
空中呼啸。他的灵魂在云端，他会保佑我的命运。可是，
我真是个傻子，我在为我们的友谊流泪，谁说我不会为已
经无可挽回的事情而悲伤呢。我的生命之魂，给我写信，
不要浪费任何一个信使，否则我将不知如何活下去……睡
眠安慰了我，因为它使你来到我身边，让我把你紧紧拥入
怀中。但一觉醒来，唉！我发现自己离你有三百里格之
远……[4]

186

有些人认为拿破仑过于以自我为中心，不可能有爱人的能力。阿布朗泰斯公爵夫人认为他有家人之间的感情，但不是爱情。此论似乎有些苛刻。青年时代的拿破仑与中年时玩世不恭的狂人是不一样的。后来他变得唯我独尊，爱权柄胜过爱任何人。但作为一个年轻人，他脆弱，缺乏经验，怀抱着强烈的浪漫主义。毫无疑问，拿破仑被他对约瑟芬的感情压倒，而这第一次真正的肉体激情体验，以飓风般的力量冲击着他。像许多头一次恋爱的人一样，他爱约瑟芬这个人，也爱爱情本身。青年时代的拿破仑曾在他未完成的小说《克利松与欧仁妮》中阐述了他的理想爱情模板，这篇小说大致写于 1789 年至 1795 年间，讲的是一个年轻人的故事，他已经是个成功的战士，但他的灵魂仍然没有被满足。他得到了短暂的家庭幸福插曲，但随后又被召回战场。当欧仁妮的来信最终平淡无情时，他只能寻求一死，在"被一千发子弹射穿"的情况下死去。

约瑟芬，美丽而难以捉摸，与剧本完美契合。她的高不可攀只会让拿破仑更加渴望她，因为他对难以捉摸的困难前景感到兴奋。在拿破仑的信中，约瑟芬仍然是他想象中的一个虚构物，他显然被自己的浪漫辞藻迷惑了。当约瑟芬没有按照他的意愿做出反应时，他就责备她，她没有扮演好自己的角色。因此，诱惑了年轻的拿破仑的是"女人"这一观念，也即法国历史学家马松（Masson）所说的"心灵的感官满足"，而非约瑟芬本人。

如果说拿破仑投入到了受折磨的情人的角色中，那么约瑟芬也同样轻松地进入了她作为致命女人的角色。在这段关系的早期，她挑逗他，折磨他，时而对他大献殷勤，时而对他置之不理。她有时甚至在他背后嘲笑他的性能力，与朋友们咯咯笑说波拿巴"不行"（bon-à-rien）。就像一个世纪后左拉笔下的娜娜一样，约瑟芬对自己的性吸引力感到兴奋：她时常任性，偶尔也很残忍。她在第一次婚姻中全然无力，而拿破仑的爱慕让她有机会扮演一个妖女，一只将无助的男性受害者束缚在闪闪发光的网罗中的蜘蛛，这是一个令人愉快的反转。

187　　他对她的爱也因她向他反映的自己的形象而加剧。他钦佩并与之竞争的男人一直在追求她——而他们都败给了他，这一事实只会增加她的诱惑力。她象征着他所向往的社会地位，他俘获了她，这让他的自尊心和情趣得到了满足。不过，他对自己在约瑟芬生命中的真实地位的犹疑，从他写信的方式就可以看出来。尽管他们已经结婚，但战役期间的第一封信是写给"博阿尔内女公民"的，后来是"请波拿巴女公民①转交博阿尔内女公民"，然后是"请波拿巴夫人转交博阿尔内女公民"。

　　这种犹疑不定也许可以解释他在一些信中的指责语气。拿破仑对她的来信的怨言一定会让约瑟芬感到似曾相识，她的第一任丈夫在将近二十年前也同样指责过她，说她的信不够热情，溢美之词还不够。"你竟然称我为'您'！"他在回复她的第一封信时暴跳如雷，"您！啊，坏人，你怎么能写那封信呢。然后，从 23 日到 26 日，整整四天，你都不给你丈夫写信，那你在干什么？啊，我亲爱的，这个'您'和这整整四天令我怀念我从前不动感情的时候。诅咒那个造成了这一局面的人。您！您！两周后会怎样！"

　　几个星期后，她的回信还是达不到他的要求，不光是内容他不满意，来信的频率也让他失望。"没有你的信。我每四天

---

　　①　指拿破仑的母亲列蒂契娅·波拿巴。——译者注

才收到一封。而你如果爱我，就会一天写两封。但你上午十点要和来拜访你的先生们聊天，然后再去听一百个蠢货的闲扯和愚蠢的废话，直到凌晨一点。在任何有道德的国家里，人们晚上十点前都回家了。在那些国家，人们会给丈夫写信，想着他们，为他们而活。再见，约瑟芬，你对我来说是个莫名其妙的怪物。"但接着他忍不住又说："我每天都更加爱你。离别能打灭小的激情，却能助长大的激情。"

和当时与亚历山大通信一样，约瑟芬的书信风格仍不能让对方满意。4月7日，拿破仑写道：

> ……你的上一封信让我不高兴，它冷冰冰的，仿佛仅仅出于友情。我没有在信中找到点亮你的目光的火焰，或者我有时认为我在你的信中看到的那种火焰。但我是多么疯狂地陷入了痴恋啊！我发现你以前的信对我的灵魂影响太大了。它们引起的紊乱压倒了我的感官，让我无法安宁。我想要更冷静一些的信，但这些信让我感到死亡的寒冷。不被约瑟芬所爱，一想到会发现她的不专……但我是在自寻烦恼——真正的烦恼太多了，没有必要再制造更多的烦恼了！你不可能激发出无尽的爱而自己却无动于衷，你这样有教养的头脑和灵魂，不可能对彻底的臣服和痴心报以致命一击……不要对我说你那糟糕的胃。我讨厌它……再见，直到明天，我甜蜜的爱人……又及：一个吻，吻你的心口往下，往下，再往下。[5]

188

拿破仑在思虑爱情，但他也在制造战争。他的部队在奥热罗的领导下于芽月二十四日（4月13日）在米莱西莫（Millesimo）

取得了胜利。但此时，战局胜负交替。然而拿破仑很精明，他在给督政府的报告中就失败的情况轻描淡写。巴拉斯没有意识到这一点，他对自己的小弟充满了热情，在共和四年花月二日（1796 年 4 月 21 日）正式致信约瑟芬："敬爱的女公民，接受我对你丈夫取得的成功表示的诚挚赞美吧：近 4000 名敌军被俘或死亡。他并没有就此罢休，很快我们就收到了这次战役的详情。波拿巴将军完全没有辜负督政府对他的信任和对他的才能的评价，他的才能对优秀的意大利军团的胜利做出了重大贡献……"

4 月 7 日至 23 日，波拿巴没有给约瑟芬写过信。不过他在 23 日致信巴拉斯，通报了他的战绩："到目前为止，我已经和敌军进行了六次战斗。我在十天内俘虏 12000 人，杀死 6000 人，缴获了 21 面军旗和 40 门大炮。你看，我没有浪费一点时间，也没有辜负你的信任。"他在信的结尾恳切地补充道："我非常渴望我的妻子能来到我身边。"6

4 月 24 日，拿破仑在一封给"我甜蜜的爱人"的信中写道：

你已经很多天没给我写信了。你一直在做什么？是的，我的好人儿，我亲爱的，我不是在嫉妒，只是有时候有点着急。快过来吧。我警告你：如果你来迟了，就会发现我生病了。疲惫和你的缺席让我无法忍受。你的来信是我每天的快乐的基础，而我快乐的日子并不多。朱诺带着 22 面敌军军旗去了巴黎。你应该和他一起来见我，明白吗？……如果他回来时没带着你，我就会悲痛得无可救药，伤心欲绝，焦虑不断。我可爱的爱人，他会看见你，他会在你的太阳穴边呼吸。也许你甚至会给他独一无二的无价之宝，允许他亲吻你的脸颊，而我，我将独自一人，离你很远，但你就要来了，不是吗？你很快就会到我身边，在我的心头，在我的怀里，在我的嘴唇上。插上翅膀，赶快来，但旅途上要小心些……拿破仑。[7]

正如他的朋友和副官马尔蒙解释的：

> 波拿巴将军虽然满心都是他向我透露的宏伟计划和他对未来的畅想，但当时有另一种性质的感情困扰着他，他不停地思念着他的妻子。他渴望她，他迫不及待地等着她——而她呢，更多的是在巴黎的兴奋中享受丈夫的胜利，而不是与他团聚。他经常以一个非常年轻的男人的感情、狂热与妄想谈起她，以及他的爱情。[8]

4 月 12 日，拿破仑已在蒙特诺特取得了第一次胜利。九天后，他又一次请求督政府允许他的约瑟芬前来与他团聚。在凯拉斯科停战协定谈判期间，有些人说，他愿意签字的前提是第五条——所谓的"约瑟芬条款"（l'article de Josephine），该条款保证他的爱人能从巴黎出发，走最短的路安全通过。他写信告知约瑟芬，说他已经在蒙多维和托尔托纳为她准备好了住处，并留下两百路易作为购置家具的费用。他挑选了忠实的部下若阿尚·缪拉作为她的护卫。5 月 6 日，也就是计划中缪拉应该抵达巴黎的那一天，拿破仑去视察军务安排。据马尔蒙说，他心情焦急。"约瑟芬迟迟不来，把他折磨得很厉害，他天性中强烈的嫉妒和迷信压倒了他。因此，当他发现他一直随身携带的约瑟芬小像上的玻璃破了，他面色苍白，举止焦躁不安，深刻的悲伤笼罩了他：'我的妻子要么生了重病，要么对我不忠。'"[9]

缪拉抵达巴黎后，设法向约瑟芬了解她是否与旁人有染。她对此予以否认，声称自己生病了。她报告的症状令人疑心是怀孕。拿破仑从缪拉那里得知此事后，欣喜若狂地写信给她："我多么渴望得知你怀孕的消息。它一定会让你看起来威严又可敬。"拿破仑后来发现了一件令他非常痛苦的事：生着一头黑色鬈发、相貌英俊如海盗的缪拉吹嘘自己和约瑟芬有不正当关系——"几乎没有得体的细节，恰适合一个骠骑兵军官"。缪拉很可能是在吹牛，是想和那个年代最著名的美人之一扯上关系。虽然是子虚乌有，但这一宣称会让拿破仑对他终生怀有隔阂。

许多为约瑟芬作传的人都对她的症状及随后声称怀孕的事不以为然，认为这是她不想去意大利找丈夫的借口。但这也可能不仅仅是一种拖延战术。约瑟芬有好几个月都在抱怨这些症状——头痛、发烧、月经不调——一直到后来她已不需要以此为借口的时候。她有可能在年近三十三岁时，像许多在恐怖时期遭到囚禁的妇女一样，因创伤和受挫而出现过早绝经的症状。

人们对约瑟芬不情愿去找丈夫一事颇有微词，但在当时的情况下，这是可以理解的。她实际上已经单身了十多年，而结婚才刚刚两天。她已经习惯于管理自己的生活，而不是围绕一位丈夫来安排。一想到要和子女、和塔利安夫人这样的朋友们、和她心爱的巴黎分别，且一去不知何时能归，似乎过于痛苦而难以接受。而且，拿破仑离开后的四个月是这座城市尤为

190

欢乐的一段时光。据后来成为拿破仑的司法大臣的马蒂厄·莫莱（Mathieu Molé）说，"巴黎这时的生活非常欢乐……大多数流亡者已经回家，正在社会上填补他们当初留下的空白。每个人都在努力忘记过去的苦难。不幸似乎留下了一块污点，人人都急于尽快把它擦掉"。[10]

家庭事务也让她分身乏术。奥坦丝和欧仁经常来看她，还有两场亲人的婚礼需要策划和庆祝：经过将近半个世纪的相守，德·博阿尔内侯爵与约瑟芬的姑妈艾德米·雷诺丹结婚了。命硬的雷诺丹先生去世了，他的妻子终于恢复自由身，和她现年八十二岁的情夫结为夫妇。就在约瑟芬结婚三个月后，1796 年 6 月 20 日，这对年事已高的夫妇在离孙辈更近的地方购置了一处新房，举行了婚礼。另一位新娘是弗朗索瓦丝·德·博阿尔内，她是范妮阿姨的女儿，也是亚历山大的哥哥弗朗索瓦的前妻。她的新郎名叫夏尔·纪尧姆·卡斯塔因（Charles Guillaume Castaing），已经和她同居了一段时间，他是个相貌英俊的混血儿，也是二婚，他对她有救命之恩，曾使她逃过断头台。她的女儿艾米莉在大革命的可怕岁月中遭受了巨大的创伤，后来成了奥坦丝在康庞夫人学校的同学。

与此同时，在意大利，皮耶蒙特陷落后，拿破仑带领军队连连告捷。他住进了奥地利大公卡尔在米兰的宫殿，而大公已经逃走。拿破仑欢欣鼓舞地给督政府写信："三色旗飘扬在米兰、派瓦、科莫和伦巴第所有城镇的上空。"他在阿尔科拉险些丧命，当时他身下的马被射中，他被甩进了沼泽地，但只过了片刻便被人救了上来。在这一决定性的事件发生后不久，一位督政府的线人生动地描绘了这位青年英雄："憔悴，瘦削，皮包骨，眼睛因发烧而闪闪发亮。"

作为拿破仑在巴黎的代表，约瑟芬的生活随着他的胜利而水涨船高。献给她的诗歌被投稿到报纸上；无论她走到哪里都会博得人们的赞赏和喝彩。令她欣慰的是，她在商人中的信用度比以往任何时候都高，她取代了她的朋友塔利安夫人，成为城市舞会、晚宴和庆典上的明星。在一次庆祝朱诺代表拿破仑将缴获的军旗呈献给督政府的典礼上，她受到了热烈的欢迎。在"一个最可爱的五月天"，约瑟芬和她的朋友们在军乐与"共和国万岁"的呼喊声中走下卢森堡宫的大楼梯。眼前的景象构成了一幅迷人的画卷。约瑟芬站在右边，身着华丽的骠骑兵制服的朱诺扮演护卫，塔利安夫人挽着他的另一只手臂。诗人安托万·阿尔诺（Antoine Arnault）将头戴花环的约瑟芬、特蕾莎和朱丽叶特·雷卡米埃比作"春天的三个月份聚在一起庆贺胜利"。人群被这一景象惊呆了，他们高呼："波拿巴将军万岁！""波拿巴女公民万岁！"一位女观众将她呼作"胜利圣母"（Notre-Dame-des-Victoires），这一称号会将她与她丈夫的军事成就紧密联系在一起，伴随她直至去世。

主要是由于约瑟芬本人的显赫地位和影响，督政府被彻底"克里奥尔化"了。与她一道的有阿梅兰夫人这样的克里奥尔朋友，阿梅兰夫人长得并不好看，但很有吸引力，其佻达让整个巴黎为之着迷。当时富于异国风情的女性非常时髦：英国漫画家们笔下的克里奥尔美女都有非洲人的特征和黑色的鬈发。[11]督政府对克里奥尔人的热情在审美生活的各个领域都显而易见：看似简单的白裙让人联想到殖民地流行的裙子；约瑟芬助力推广的克里奥尔头巾现在位居时尚的尖端。然而，克里奥尔人的影响不仅限于时尚界。从美洲归来的流亡者带回了家居和装潢的新潮流，克里奥尔人则使他们的食品和饮料流行起来，比如马提尼克岛的"小潘趣酒"。这是一种很烈的朗姆鸡尾酒，约瑟芬在尚特雷纳街用它款待客人。

5月15日，"年轻的征服者"入主米兰。他发表了一篇振奋人心的演说，承诺将结束暴政。"思想变得自由了……"毫无疑问，米兰居民希望拿破仑会是一个仁慈的保护者：他身上流淌着意大利人的血，会讲意大利语，热爱这个国家的音乐和艺术，身边聚集着意大利的历史学家、哲学家和科学家。但这些乐观的期望并没有阻止他从米兰掠走了二十件最伟大的杰作，包括柯勒乔、提香、拉斐尔和米开朗基罗的作品。尽管督政府不同意，拿破仑还是单方面掌握了权力，并与帕尔马公爵、摩德纳公爵以及那不勒斯国王就休战进行谈判，保证了它们与法国的和平，以及保护它们免遭奥地利的侵略——不是白保护的。

到了5月底，已成伦巴第之主的拿破仑还在等待他心爱的妻子。他写道："没有你，我在这里毫无用处。我要把追求荣耀和为国家服务的事留给他人；这种流放使我窒息，我无法在我的爱人生病时冷酷地筹谋如何击败敌军……我的眼泪落在你的画像上，只有它永远与我同在。"然而，督政府还是不肯放夫妇团聚，他在约瑟芬的闺房里扮演患相思病的情人时，是无法用战争赔款充实国库的。随着夫妇重逢一再推迟，拿破仑的信变得更加狂热。对于她明显的不情愿，他在每封信中都有不同的阐释。他怀疑她是否纯粹对他漠不关心。"我应该指责你吗？不，是你的命运让你这样做的。"但最让他忧心的是，他是不是有了情敌："你是不是跟哪个十九岁的小年轻好上了？"

约瑟芬被拿破仑狂热的来信淹没，她把他的行为诊断为"精神错乱"。她曾把这些信拿给她的朋友，诗人安托万·阿尔诺看，他说它们"以其最热烈的激情独树一帜"。约瑟芬被这些压抑不住嫉妒的情绪逗乐了。我仍能听见她给人念他的一封来信，信中语气焦灼，忧心如焚，怕她有了情夫。在这封信中，她丈夫写道："若真有其事，你得当心奥赛罗的拳头！"我仍能听见她用克里奥尔人的口音说道："这个波拿巴真搞笑！"

193 　　约瑟芬对拿破仑的残酷清楚表明了当时他们关系中的权力对比。它还揭示了约瑟芬已经不再是当年那个浪漫纯真的姑娘。她又一次发现自己嫁给了一个不认同她的婚姻观念的人。然而这一次，玩世不恭的人是她，而浪漫的理想主义者是他。浪荡的第一任丈夫对她的嘲笑使她摆脱了少女时代的多愁善感，亚历山大把她关于忠贞不渝和伴侣式婚姻的观念斥作幼稚和土气。随后悲惨的感情经历和所处环境的脆弱与堕落，最终改变了她。在勒-卡姆监狱的时日让她明白人生短暂，有幸福就要抓住，一段关系能否天长地久并不重要，重要的是要及时行乐。用一位法国传记作家的话来说，与拿破仑相遇时的约瑟芬已经是一个"不抱幻想的女人"。[12]她感激这段婚姻给她带来的好处，但别的就不期待了。她对他字里行间流露的热情持怀疑态度，并对信中的语气感到迷惑和好笑。

　　拿破仑和约瑟芬的婚姻，就像许多史诗般的爱情故事一样，是一出错过了时机的戏。这段关系刚开始时，她心存不满、玩世不恭，不愿全身心投入，而他则年轻又浪漫，一头扎进了爱河。当他的热情冷却到一个更为现实的程度时，她则会越来越有安全感，可以摘下疲惫而老练的面具，让自己爱上他，可此时他已经不在乎她的感情了。她最终会非常彻底地爱他，以至于拜伦在《唐璜》中的一句诗可以拿来形容她："爱情于男人不过是身外之物/对女人却是整个生命。"约瑟芬最终会拥抱以家庭为中心的伴侣式婚姻生活，这就是她在少女时代一开始的想法，拿破仑也认同这一点。她会在她一度非常鄙夷的、舒适温馨的家庭生活中找到幸福。

但现在拿破仑的担心是有根据的，的确有第三者，名唤伊波利特·夏尔（Hippolyte Charles）。他和约瑟芬是在4月中旬认识的，当时夏尔陪同拿破仑的老友勒克莱尔将军到巴黎去拜见这位年轻征服者的妻子。尽管夏尔差不多比约瑟芬小十岁，但他还是以惊人的精力追求她。她被深深吸引住了，在给塔列朗的信中写道："我们都迷上了他，雷卡米埃夫人、塔利安夫人、阿梅兰夫人都神魂颠倒，这个人太美了。他的衣着品位无可挑剔……我想世界上没有人比他更会打领结。"[13]

大家公认夏尔的确是个很有魅力的人（尽管有一个持不同意见的人说他看起来像个"理发师"）。据一个同时代人描述，夏尔是"地中海类型"，比一般人稍矮（和拿破仑一样高，约五英尺六英寸），肌肉发达，手脚小巧。他长着一张英俊的面孔：标致的五官、圆润的下巴、漂亮的牙齿、闪耀的蓝眼睛、容易被晒成深褐色的橄榄色皮肤。他的五官被修剪得完美的乌黑头发、小胡子、鬓角和络腮胡衬托着。他穿天蓝色的制服、红色腰带、匈牙利式长裤、打磨过的摩洛哥皮革靴子，佩着一把弯刀，涂银的皮制刀鞘上装饰着一条生机勃勃、喷吐金色火焰的龙。

他是那种在沙龙社交中大显身手的人。女人都喜欢他，他在她们身边从容自如。当时有位女性评价说："他非常有魅力，具有无懈可击的骑士风度，而且非常优雅。"他对时尚抱

194

有浓厚的兴趣，而且很擅长赞美女性。他总是知晓最新八卦，同时善于言谈，应答机敏。阿布朗泰斯公爵夫人评论道："不可能再找到一个比他更会逗人发笑的人。"[14]他的恶作剧属于粗俗的滑稽剧，既天真又傻气，包括往朱诺将军的刀鞘里灌胶水，打扮成克里奥尔人的模样在约瑟芬的沙龙里神气地走来走去。他最出名的是他的俏皮话和双关语，逗得约瑟芬非常开心，以至于她会笑得喘不上气来，用手帕捂住她"糟糕的牙齿"。

夏尔不仅仅是个花瓶，他是个可敬的人。他出生于德龙省的罗曼斯（Romans），大革命初期参了军，在十九岁时成了一名国民自卫军队员，并参加了瓦尔密战役。他得了一个绰号"快活人"（l'Éveillé），因为他擅长鼓舞同袍的精神。他的一位战友写道："我从未见过比他更好、更幽默的同志。"到了晚年，尽管他囊中羞涩，却从未试图拿约瑟芬给他的宝贵情书牟利，他临终时坚持要家人烧掉这些信，以免它们落入歹人手中。①

约瑟芬的传记作家们对伊波利特·夏尔的看法不尽相同。少数人喊破喉咙，说他与约瑟芬的往来书信是假非真，是为了赚钱或玷污拿破仑的名声而伪造的。他们似乎无法相信，约瑟芬会丢开伟大的皇帝，去喜欢一个无足轻重的副官。但在1796年，拿破仑还没有成为未来他将要成为的传奇人物，也不像夏尔那样是个美男子，有那种能吸引女人的自如和魅力。他也永远不会成为这样的人。尽管那些较为狂热的拿破仑崇拜者宣称，拿破仑是个"伟大的情郎，也是一个战士"，但波拿巴自己心知肚明事实并非如此。"我从来就不是一个情郎。"

① 有五封信保留了下来。——译者注

他给他的兄长如是写道。他后来在情场上轻松得手，是因为他的声名和伟业，而非他诱惑女人的技巧。

约瑟芬为什么会出轨夏尔？有可能是因为更年期提前冒头使她担忧自己的女性魅力受到了损害，一个年轻而有魅力的男人的关注让她感到放心。当然，她不是她丈夫那种浪漫的理想主义者。作为一个真正的巴黎女人，她把自己的浪漫和婚姻生活分得很开，认为有一个情人是完全可以接受的。而伊波利特·夏尔是一个完美的人选，他温文尔雅，容易亲近，不像拿破仑，不知道如何和女人说话，也不喜欢和她们在一起。夏尔是一个浪漫的娱乐节目——悦人眼目，刺激味蕾：在上主菜之前，这是一个令她愉快的消遣。

她与夏尔的韵事也可能代表她对新的婚姻的约束的反叛。她已经单身了十多年，现在发现自己的丈夫控制欲越来越强。也许这段小小的婚外情是对自主权的一次尝试，是一种宣扬自我的行为。她可能已经意识到做拿破仑的配偶是个不小的负担，它带来的是孤独，以及繁重的全新职责，常常要在异国他乡，远离家人和朋友，往往要在没有丈夫的情况下和那些权力欲旺盛的阴谋家周旋。约瑟芬，一个把爱情当作无穷尽的戏剧来体验的女人，现在却要和"动荡的主人"进入婚姻生活。难怪她在纵身入火之前会犹豫不决。

夏尔并不是阻止约瑟芬与丈夫团聚的唯一障碍。督政官们于 5 月 21 日给拿破仑的一封信清楚地表明，他们一直在幕后阻挠她动身："我们极不情愿地屈服于波拿巴女公民与你团聚的愿望。我们担心您对她的关注会使您无暇顾及国家的荣耀与安全。正因为此，我们之前一直拒绝了她的愿望……我们希

196　望，她将为你戴上的桃金娘花环不会减损胜利女神为你加冕的桂冠。"

　　即使在旅行获得批准之后，约瑟芬还是没有动身。接下来，她不再给拿破仑写信了。拿破仑陷入绝望："我接待了一个信使，他于 5 月 27 日离开巴黎，他没有拿任何信给我，没有来自我的好朋友的消息。难道她已经忘记了我，或者忘记了对我来说，没有比收不到我的甜心的信更大的折磨？他们在这里为我举办了一场盛大的宴会，有五六百个优雅的美人想取悦我，但没有一个人拥有刻我在心上的那张甜美的、音乐般的面容。我只看到你，我只想到你！"接着他又问："你怀孕的事怎么样了？我不断地想象着，我看见你挺着圆圆的小肚子——一定很迷人！"[15]

　　到了 6 月，拿破仑心乱如麻："我所有的信使都没有带来你的信……就算你给我写了信，那送来的寥寥几笔根本不表达任何深刻的东西……你从来没有爱过我……我的心从未感受过任何平庸的东西……你在我心中激发了一种没有限制的激情，一种陶醉，你现在只会使它退化。"[16]下一封信近乎歇斯底里："约瑟芬，这封信会送到哪里？如果是送到巴黎，那就坐实了我的不幸。你不再爱我了。我唯有一死……我的胸膛里住着所有的毒蛇和复仇女神，而我已只剩下半条命了……我恨巴黎，恨女人，恨爱情……这种情况太可怕了……你的所作所为……但我该指责你吗？不，是你的命运让你这样做的。你是如此的可爱，如此的美丽，你怎么能让我陷入绝望之中……"[17]

　　他在同日给巴拉斯的信中把这事又说了一遍："我已经绝望了。我的妻子不会来了。有个情人把她牵在巴黎。我诅咒所有女人……"次日，他怀着同样的心情给兄长约瑟夫写信：

"……我已经绝望了。我的妻子，我在这世上所爱的一切，病了……你知道，我从来没有恋爱过，约瑟芬是我爱慕的第一个女人……我爱她爱到发狂的地步，她不在身边我就不能安心。如果她不再爱我，我在这个世界上就没有什么可做的了。"[18]

尽管拿破仑有疑在心，但他不可能对伊波利特·夏尔有什么具体的了解。这段婚外情发生得太快，还没来得及传出流言。不过，拿破仑对约瑟芬不忠的指责，为他的心灵提供了一个关于妻子对他置之不理的合理解释。随着对奥地利的战役进入新高潮，他的焦虑继续攀升。虽然他在早先的一封信中曾开玩笑，说如果她心绪低落，就该找个情夫，但现在他坚决收回了这句话："你很清楚，我绝不能容忍你找情夫——更不必说真的给你找一个了。我要是见到他，就把他的心脏挖出来……在你的双眼、嘴唇、身体的每一处上落满一百万个吻。"[19]

他行军经过热那亚、托斯卡纳和罗马，围攻曼图亚，进入摩德纳和博洛尼亚，在这期间发出的信件里，他对约瑟芬一直不在身边的痛苦显而易见。6月15日，他写道："我的生活是一场无休无止的噩梦。灾难的预感使我窒息……我活不下去了，我失去的不仅仅是生命，不仅仅是幸福，不仅仅是安宁……"后来他听说她病了，信中又充满了悔恨：

> 原谅我吧，我的甜心。爱情让我丢弃了理智……五天之内我就能到巴黎，第十二天就能再回到我的军队中去。没有你，我在这里毫无价值……当我的爱人痛苦时，我不能冷静地计算胜利……请记住，从来没有人像我一样爱，它将和我的生命一样长久……没有你，我什么都不是……我想的全是你的卧室，你的床，你的心。我日夜记挂着你

197

的病。我茶饭不思，无法安眠，对友谊、荣誉、国家都兴味索然……如果你有危险，我警告你，我会马上去巴黎。我的出现会战胜疾病……我总是能把我的意志强加给命运。[20]

6月26日，他写道："一个月以来，我只收到我的好朋友的两封信，每封只有三行。她是不是有外遇了？她是不是觉得没必要给她的好朋友写信？"接着，他的情绪又有了新的变化，他愤怒地写道："你应该在5月24日就动身的，我真是个傻子，我以为你会在6月动身。好像一个漂亮女人能够抛弃她的习惯、她的朋友、她的塔利安夫人、她与巴拉斯的晚餐、新上演的戏剧，还有那条叫福蒂内的狗，对，福蒂内！你爱这些比爱你的丈夫多……别了，我的好朋友。在你的嘴唇上吻一下，心上吻一下，小腹上吻一下。"[21]

距督政府批准约瑟芬出境已经过了六周，拿破仑现在很可能要返回巴黎，这使政府紧张到了极点。波拿巴夫人不愿放弃首都的逸乐，而他们不能冒丢掉意大利胜局的风险。他们言辞强硬地将这一点告知约瑟芬，她的出行安排加快了。作为一个人人皆知的暗示，巴拉斯计划在卢森堡宫为她举办一场告别晚宴，然后把她送去意大利。据安托万·阿尔诺说，她看上去"好像是要去刑讯室"。

一支由六辆马车组成的车队上了路。约瑟芬坐在第一辆马车里，和她一起的有伊波利特·夏尔、拿破仑的哥哥约瑟夫、他的助手朱诺和她的哈巴狗福蒂内，福蒂内戴着一个新的皮项圈，上面有两个小银铃和一块刻有"我属于波拿巴夫人"的银色小名牌。后面的马车上还跟着德茜蕾·克拉里的哥哥尼古拉、塞尔贝洛尼（Serbelloni）公爵，以及约瑟芬漂亮的女仆路易丝·孔普安（Louise Compoint）。车队由一支骑兵分队护送，并由拿破仑最忠实的士兵之一"小胡子"（Moustache）[①]带领。一行人在枫丹白露短暂停留，以便约瑟芬向艾德米姑妈和侯爵道别。她的克里奥尔朋友福蒂娜的丈夫安托万·阿梅兰在此地加入了他们的队伍，他乘自己的驿车旅行。他说约瑟芬问他借了两百路易，答应到了米兰就还给他。

约瑟芬一出远门就会生病，当车队浩浩荡荡地南下时，她抱怨头痛、胃不舒服和天气太热。据阿梅兰说，在沿途的每一个驿站，约瑟芬和伊波利特·夏尔、路易丝小姐和安多什·朱诺都住在相邻的套房里。约瑟夫因"他在巴黎的风流韵事留下的痛苦纪念"（一种烦人的性病）而精疲力竭，独自一人编辑他的小说。他们途经里昂、尚贝里、蒙塞尼和都灵，拿破仑原本预计需要十二天的旅程花了十八天。他们一路上应该是愉快的，据阿梅兰说，朱诺用他那活跃的军人的智慧让他们笑个不停。但"小夏尔"每当看到别人受到偏爱时，就会心怀嫉妒地生起闷气来。他们抵达后，车队穿过城市的街道，迎接他们的是欣喜若狂的拿破仑和一支民兵护卫队。

这对夫妇在美丽的塞尔贝洛尼宫重逢，"一堆晶莹剔透的粉色花岗岩，在日光下像糖果一样闪闪发光"，它现在是意大利军团的司令部。高大的立柱、美丽的园林、奢华的法式家具和点缀着意大利艺术品的华丽大理石长廊，简直是童话中的地

[①] 指伊斯普里·夏扎尔（Esprit Chazals），自1797年开始任拿破仑的信使，绰号"小胡子"，以腿脚快而闻名。拿破仑在给约瑟芬的信中数次提到此人。——译者注

方。拿破仑对妻子的欲望非常强烈，据阿梅兰说，这让他感到很尴尬。"他热烈地爱着他的妻子，"他写道，"他时常放下手头正在研究的军事计划，离开书房，为了和她玩，好像她是个小孩子。他会逗弄她，让她叫出声来，用粗野的爱抚让她应接不暇，以至于我不得不走到窗边，看外面的天气。"[22]

为庆祝约瑟芬的到来，拿破仑组织了一系列活动。其中最令人印象深刻的是塞尔贝洛尼公爵举办的盛大舞会，米兰城所有的大美人都参加了。维斯孔蒂夫人，这位征服了巴黎之心的意大利美女，热拉尔①为她绘制的肖像至今还悬挂在卢浮宫，她来的时候戴着一条红天鹅绒束发带，上面用钻石排列出"波拿巴万岁"的字样。拿破仑对这些莺莺燕燕全然无动于衷，据一位客人说，他"站定在自己妻子的椅子后面，不对任何人说话"。[23]

然而，夫妇团聚的时间几乎和蜜月一样短暂。拿破仑四天以后就走了。尽管丈夫毫无保留地爱她，并为她举办了奢华的娱乐活动，约瑟芬却精神不振。她在给塔利安夫人的信中抱怨说："我一路上走得艰难无比。我在路上走了十八天。我一上马车就发烧，而且身侧很疼。烧已经退了，但疼痛还在。"约瑟芬虽然痛苦，但正如她向朋友解释的那样，她的当务之急是招一批仆人。"到了米兰，市政府把我当成大公夫人，而不是共和国公民。他们把我安置在米兰最漂亮的房子里。他们给我安排了三十个家庭佣人，五个厨师……我冒昧地把他们都辞退

---

① 指弗朗索瓦·热拉尔（François Pascal Simon Gérard, 1770—1837），法国当时最著名的肖像画家之一，雅克-路易·大卫的学生，有"王之画家，画家之王"的美誉。代表作有《雷卡米埃夫人像》《拿破仑在奥斯特利茨》。——译者注

了，重新建立了一个尚特雷纳街那样的小家庭。"尽管做出了这些努力，约瑟芬还是表示自己很无聊："我现在几乎见不到波拿巴。他正忙着围攻曼图亚……我在这些为我举办的盛宴中间无聊得快死了。我一直在怀念我在夏乐的朋友（指塔利安）和在卢森堡宫的朋友（指巴拉斯）……"[24]她也很想念她的家人。她在给女儿的信中写道："亲爱的奥坦丝，我迫不及待地想要拥抱你，向你保证来自你母亲的爱，最温柔的爱，一个最爱你的母亲……替波拿巴拥抱你，他要送你一条'皇后的项链'，我送你一条项链和一对古董耳环……你哥哥还没有到，我迫不及待地等着他。再见，我全心全意拥抱你，非常爱你……"[25]

她的朋友阿梅兰夫人过来与丈夫安托万会合，这有助于缓解约瑟芬的一些烦躁情绪。但日渐增多的巴黎人在米兰居民当中引起了骚动。约瑟芬圈子里的女人们——法国军队承包商和政府官员们的妻子及情妇——尤其招来人们的怒火。报纸上抱怨她们"行为不检，手臂、胸脯和肩膀都裸露在外。头发的式样很不正经——插着鲜花和羽毛，戴一顶小军帽，从里面掉出一绺绺乱糟糟的头发。她们甚至还厚颜无耻地穿能露出整条腿的长袍，腿上只遮盖着肉色的长袜。她们的行为与她们的衣着相匹配：言谈傲慢，神情风骚，还在星期五吃肉①"。

200

与此同时，约瑟芬越来越震惊于她丈夫的剧烈感情。他的爱慕开始显示出深深的痴迷和占有欲，这可能使她感到不安。她惊愕地给朋友写信说："我丈夫不仅仅是爱我，他崇拜我。我担心他会疯掉。如果我不在他身边，他是不可能幸福

———————

① 天主教禁止在星期五吃肉，因为基督受难的日子是星期五。——译者注

的……"[26]拿破仑写给她的信证明了这一论断。第一封是在他们短暂的重逢后寄出的，一如既往地充满激情：

> 你的来信我已收到，我可爱的爱人。我的心因它而充满喜悦……自从离开了你，我一直伤心。我的幸福就是能在你身边。我不停地在记忆中回味你的吻，你的眼泪，你迷人的妒意。无与伦比的约瑟芬的魅力在我的心灵和感官中创造了永恒的火焰，它活生生地炙烤着……我曾以为我很爱你，但自从和你重逢后，我发现我更爱你千倍……给你一百万个吻，也吻福蒂内，尽管它很坏……[27]

次日，他又写了一封：

> 我收到了欧仁的信。就是你寄给我的那封，我会给你可爱的孩子们写信，送他们一些首饰。你要向他们保证，我爱他们就像爱自己亲生的孩子一样……我很想知道你现在穿着什么衣服，在干什么，我在维吉尔的村子里，在湖边，在月光下，一刻也没有停止过对约瑟芬的思念……我一心只想约瑟芬，只有在她身边，我才有欢乐和幸福……我的鼻烟盒丢了，你能不能再给我挑选一个，用你的头发在里面刻些漂亮的纹样……

第二天，他承认，当信使把一些别人写给她的信带到他的司令部时，他把这些信拆了。"虽然这在我看来是一个很平常的举动，而且前几天你也允许我这样做，但我担心这可能会让你生气，让我懊恼……我有罪，请你原谅我。我发誓这不是因为嫉

201

妒——当然不是。我对我可爱的爱情评价很高。我希望你能完全允许我读你的信。这样我就不会有任何懊悔或恐惧了。"[28]

7月21日晚八点半，拿破仑在沉思中写道：

> 我希望能在今晚之前收到你的一封信。我亲爱的约瑟芬，你知道这些信给我带来了多大的快乐，我相信你写这些信时也同样很快乐……这个时候你在干什么？当然，你在睡觉。而我不在你身边，不能呼吸你的芬芳，凝视你的美貌，爱抚你。不在你身边时，夜晚漫长、沉闷而悲伤。在你身边时，我恨夜晚不能长久。再见了，美丽而善良、完全无与伦比的、神圣的约瑟芬。一百万个充满爱意的吻，吻遍你全身，吻遍你全身。[29]

拿破仑现在在卡斯蒂廖内，心情焦急。他身后的曼图亚仍未被攻克，而奥地利军队正准备从阿尔卑斯山上下来。尽管如此，他还是在7月24日致信约瑟芬，指示她到卡索诺（Cassono）与他会合。她在阿梅兰和他的朋友蒙格拉斯（Monglas）的陪同下立即离开了米兰，这两人都希望能从拿破仑那里得到好处。拿破仑的紧张情绪在她到来时显而易见，尽管他很高兴见到她。他对战役的担忧转移了他的注意力，但并不妨碍他希望她离他近些。三人继续前往布雷西亚，在那里住了两天，然后继续前往维罗纳。他们在维罗纳住进了流亡国外的路易十八不久前曾下榻的一所宅邸。追随王室的脚步的快乐很短暂。午饭后，约瑟芬和阿梅兰坐在阳台上喝咖啡，欣赏着他们脚下阿迪杰河的滔滔流水和前方阿尔卑斯山麓的田园风光，此时她注意到山坡上有星星点点的白色。那是奥地利军队的白色制服，他们已经从拿破仑麾下马塞纳将军的侧翼包抄过来，正在向小镇推进。

指挥这些士兵的是风烛残年的奥地利总司令维尔姆泽。虽然担心约瑟芬的安全，但波拿巴也不愿意让她冒险回米兰。他决定把她送到位于两地之间的佩斯基耶拉（Peschiera）。当一行人匆匆出发时，约瑟芬听到了枪声，这一定让她想起那次从马提尼克岛逃离的经历。然而这次不是大炮的轰鸣，而是火枪不断的噼啪声，伴随着奥地利士兵倒地的景象。

佩斯基耶拉的指挥官纪尧姆将军，据阿梅兰说，是个"没什么脑子"的人，总司令夫人的到来使他手忙脚乱。他指出，周围地区全是奥地利士兵，城市始终受到威胁。波拿巴夫人应该立即离开；他不能保证她的安全。约瑟芬则坚持自己的立场，说她在得到丈夫的新命令前绝不离开。那是一个艰难的夜晚。当约瑟芬衣冠齐整地躺在床上等待拿破仑的消息时，阿梅兰和蒙格拉斯在城墙上焦虑地注视着夜幕降临所带来的危险景象：奥地利军营的火光照亮了黑暗的天空。

奥地利向佩斯基耶拉进军的消息当晚就传到了拿破仑那里。朱诺立刻被派了过去，带着一封信，指示约瑟芬前去卡斯特尔诺沃（Castelnuovo）。次日早晨，朱诺带着一支龙骑兵分队抵达，命令一行人立即做好准备。他们从唯一还开着的城门匆匆逃离。但在沿路前行几里格后，他们看到了湖面上的一艘奥地利炮艇。当炮艇朝他们所在的方向开火时，朱诺从马上一跃而下，停下马车，飞快地把波拿巴夫人和她的女仆路易丝·孔普安赶下一条与道路平行的沟渠。很快，浓烟遮住了堤岸，两个女人在朱诺的指引下，沿着沟渠拼命往前爬行，直到抵达安全地带，能够重新上车继续她们的旅程。

约瑟芬在途经前一天晚上发生战斗的登桑扎诺（Densanzano）时，看到了可怕的战后余烬：败军的尸体横七竖八地倒在道路两旁的田野上。据阿梅兰说，在这些考验中，"波拿巴夫人没有表现出丝毫的软弱。她唯一思考和挂念的是她丈夫的生死与荣耀。这个如此浮华、如此耽于享乐的女人……蜕变成了一个贞洁的女英雄"。他惊叹道："女人的情感构成的适应性使她们能够真诚地扮演每一个角色，这真是事实。"[30]

约瑟芬一直保持镇定，直到他们抵达卡斯特尔诺沃，她看到了她的丈夫，他在一间被用作司令部的农舍前迎接他们。她终于放松了紧绷的弦，飞扑进他的怀里，抽泣不止。他安慰她："我向你保证，亲爱的，我会让维尔姆泽为你的眼泪付出沉重的代价。"拿破仑的骑士风格安慰实属虚张声势：他此时还不能保证能战胜奥地利人。还有许多工作要做，波拿巴要求阿梅兰护送约瑟芬去托斯卡纳。他已经和托斯卡纳大公签署了一项条约，他认为大公是个可敬的人。在等待局面向好时，约瑟芬在那里会很安全。他给了他们一笔钱作零用。五分钟后，一行人上了马车，准备出发。

他们走出没多远，约瑟芬往窗外瞥了一眼，注意到指挥这支龙骑兵团护送她的上校，就是大革命期间曾在莱茵军团中担任"国民代表"的米约（Milhaud）公民。她风趣地对阿梅兰说："你看我的命运多诡异啊。那个此时此刻保护我的人，当年告发了我的第一任丈夫德·博阿尔内先生，把他送上了断头台。"

在接下来的十天内，约瑟芬和阿梅兰穿越托斯卡纳地区。沿途的城镇对他们的到来态度矛盾。如果她的丈夫获胜，谁也不想冷落约瑟芬；如果他败北，则没有人愿意冒着风险去招待她。由于不确定风向如何，她在卢卡被涂上国王专用的圣油，在里窝那却受到怀疑。到了佛罗伦萨，她住在拿破仑已经与之签订条约的总督那里。当她住在佛罗伦萨的时候，一度有人闯入她的住处，企图搜查她是否带着她丈夫的遗体秘密旅行，根据当地的传言，她的丈夫已经阵亡了。

在 8 月 5 日卡斯蒂廖内的分水岭之战后，约瑟芬和阿梅兰在她得胜的丈夫的指令下，由三十名骑兵护送至布雷西亚与他会合。当天晚上他们到达时，收到一张字条，指示他们继续上路去克雷奥蒙（Creomone），波拿巴在那里等他们。约瑟芬说时间已经太晚了，坚持说自己过于劳累，不能再赶路，要求在布雷西亚过夜。她住进了她丈夫之前居住的公寓，阿梅兰则被分配到一间曾属于拿破仑的副官的公寓。安顿下来后，阿梅兰回到她的套间，那里已经摆好了一桌夜饭。他马上注意到，这桌菜是给三个人准备的。多出来的那个人正是伊波利特·夏尔。这顿饭终于吃完了，男人们要回自己的房间。一个"虚弱的"声音把夏尔从门外叫了回来。过了一会儿，阿梅兰在准备睡觉之前，回来取他留在她卧室外前厅的帽子和手枪。"在门外放哨的一个掷弹兵拒绝放我进去……我知道，佩斯基耶拉的女英雄已经变回了巴黎的风流女郎。"[31]

第二天，他们在科罗纳（Corona）与波拿巴会合。一路护送约瑟芬的阿梅兰终于得到了报偿，他在费拉拉公使馆谋得了一个军队代理人的职位。随后他们一齐回到了米兰。在又一次短暂而饱含激情的重逢之后，波拿巴再次告别妻子，去追击维尔姆泽，希望把他彻底赶出意大利。他仿佛察觉到了她与夏尔的事，在信中抱怨她缺乏爱意："你的信写得很冷淡"，好像

"我们已经结婚十五年了"。8 月 31 日，他给回到米兰的约瑟芬写信说："你，自然界赋予了你甜蜜、和蔼、一切讨人喜欢的东西，你怎么能忘记全心全意爱你的他呢？"[32]

9 月 3 日，他又写道："没有收到你的来信。这真让我焦虑不安……我每天都在等着邮差给我带来你的消息。"两周以后，他继续抒发被忽视的哀怨："我经常给你写信，我的好人儿，而你几乎不写给我……你又坏又丑，非常丑，特别是你还浅薄。欺骗一个可怜的丈夫、一个柔情满怀的爱人多可恶啊！……别了，亲爱的约瑟芬，不久后的某个夜晚，我会砰的一声破门而入，像一个妒火中烧的情人一样投入你的怀抱……"[33]

9 月初，塞尔贝洛尼公爵启程去巴黎，约瑟芬拜托他带了一批信件和礼物送给自己的亲人朋友。奥坦丝和欧仁源源不断地收着礼物，还有给塔利安的香肠和芝士、给特蕾莎的绉纱面料与佛罗伦萨草帽、给她的教女"热月"的红珊瑚饰品。给巴拉斯的是一箱利口酒和一张字条，向他保证她仍然忠心于他。在另一封给奥坦丝的信里，她写道："我是多么爱你。我爱你，也爱欧仁，我亲爱的女儿，我爱你们两个爱到发狂的地步。"[34]

在给德·雷诺丹夫人的信里，她写道："亲爱的姑妈，塞尔贝洛尼先生会告诉你我在意大利的待遇的，我走到哪里都有人宴请我，意大利所有的王公贵族都设宴招待我，包括皇帝[①]的弟弟托斯卡纳大公。不过，我更喜欢法国安静的生活。我并

---

① 　指神圣罗马帝国皇帝、奥地利大公弗朗茨二世，后来的奥地利皇帝弗朗茨一世。拿破仑的第二任妻子玛丽·路易丝是他的女儿。——译者注

不眷恋这个国家的荣耀。我很无聊。而且我的身体不太好，这也让我发愁，我经常不舒服……我的丈夫是可遇不可求的可爱可亲。我的需求就是他的需求。他每天都崇拜爱慕我，仿佛我是个神灵，再也不可能有比这更好的丈夫……"[35]

205

约瑟芬逐渐明白了自己的丈夫是个什么样的人。他既不是她第一任丈夫或巴拉斯那样高雅的贵族，也没有英俊的奥什将军那样外露的性感或夏尔驾轻就熟的魅力。他在巴黎的沙龙里并没有出众的表现。但在此地，在战场上调兵遣将，与法国的战争专员周旋，被人卑躬屈膝地求怜与追捧——他大放异彩。他巍然不可小觑的存在和地位也对约瑟芬有利。来自意大利各公国、那不勒斯王国、教皇国和托斯卡纳大公国的代表都来拜见她，且往往不会空着手来。他们恐惧巨额的战争赔款，于是寄希望于约瑟芬对她丈夫的影响力，盼她能软化拿破仑的态度，给她送来许多礼品。那不勒斯国王送给她一串珍珠项链，教皇送给他"上帝之中的女儿"许多古董浮雕首饰。作为回报，她承担起了调停者的角色，后来这一角色随着拿破仑权势的日益显赫而突出。

1796 年 11 月 21 日，拿破仑写道：

> 我要上床睡觉了，我的小约瑟芬，我心上全是你那可爱的模样，而如此长久地远离你，我心烦意乱。但我希望再过一段时日，就能够欣喜若狂地向你证明你在我心中激发的热烈的爱情……你很清楚，那小小的黑森林……我亲吻它千百次，迫不及待地想再到那里去……和约瑟芬生活在一起如同活在极乐世界！……吻你的双唇，吻你的眼

帘，吻你的肩膀，吻遍你全身，吻遍你全身！[36]

拿破仑直白的色欲震惊了很多人。小说家普罗斯佩·梅里美在读过拿破仑的一些书简后，对约瑟芬的外孙拿破仑三世皇帝说："他就会说亲吻、亲吻、吻遍全身和一些在法兰西学术院的任何词典中都查不到的部位。"在军营和战场上成长起来的拿破仑，讲的是"军营里的"语言。他给她的私处起了很多昵称："小黑森林"、"小奥斯卡"、"小穴"（little Quiquette）、"克庞男爵"（baron de Kepen），后来在圣海伦娜岛上，他又把它比作"三岛村"。当然，这些信写来本不是为了给公众消费的。它们仓促、俚俗，清晰地写出了欲望的灼热，激情和性欲在其中激荡奔涌。他的笔狂乱昏热地写满了信纸，单词写出来又划掉，在段落下划线强调，有些地方划得过于用力，信纸几乎要被他弄破。尽管奥坦丝明智地进行了审查，但这封书信还是揭开了一对充满激情的夫妇内心情欲世界的面纱。

约瑟芬是如何挑起这种情欲的狂乱的？有一本专门的书，全篇介绍了她的房中术。[37]她的魅力有一部分是与生俱来的。拿破仑崇拜她完美的身材——高耸的乳房、纤细的腰肢、无瑕的手脚。他认为她拥有"世上最美的阴户"。他喜欢她动作的方式，臀部性感的起伏，如此的从容不迫和优雅，来自她在海岛上度过的童年。她是他来自热带的谢赫拉莎德，她那"魅人的声音"，深沉而富于音乐感，带着温柔的克里奥尔口音，让他着迷，既能激起他的欲望，又能安抚他入眠。科斯顿（Coston）男爵形容约瑟芬的皮肤"细腻而富有光泽"。许多年后，拿破仑在一次对情欲的怀念中回忆："那是怎样的肌肤啊！"他如此赞叹道。

206

不过，约瑟芬的魅力也是后天形成的。她和拿破仑相遇的时候，已经是一个性经验丰富的女人了，虽然不是巴拉斯说的那种麻木了的交际花——而且她的性爱技巧也非常先进。拿破仑则几乎是个童男。他很感激一个能够引导他、让他感到自信的女人。她知道如何取悦他，并且善于"操纵欢愉"。拿破仑会带着满足回忆起她在床上的动作，他形容那是"之字形体位"（zig zags）。约瑟芬的双手非常灵巧，她擅长演奏竖琴，可为旁证。她是一个极富触觉的女人，经常坐在丈夫的膝头，爱抚他的脸庞，十指在他的头发间萦绕。在她一生的方方面面，取悦他人都是她的天职。她了解自己的丈夫，明白什么能让他高兴。她知道他是个嗅觉灵敏的人，对气味非常敏感，所以弃置了他不喜欢的香料（比如麝香），转而使用他偏爱的马提尼克岛的舶来香料。体味在他们的性关系中发挥了重要作用，这在他们的书信中有所体现，包括那封十分著名的信，拿破仑在信中恳求她在他们见面之前不要洗澡，这样他就可以沉溺于她自然的体香。

这种嗅觉上的性感并非约瑟芬唯一的武器。她在化妆和服饰方面的艺术才华堪称传奇。据拿破仑说，她看起来始终是一个迷人的女子，即使是刚起床的时候。她不断地变换自己的外表，给她的情人以千姿百态的错觉。她也深知爱情的布景、风流韵事的背景摆设的重要性。她一丝不苟地设计着她的卧室，她的一些设备可与最著名的交际花们相比。她很喜欢镜子，这一点在尚特雷纳街的寓所和后来的皇宫中都显而易见，这复制了他们缠绵的景象，并营造出一种狂欢纵情的幻觉。她在床第间的技艺让波拿巴一次又一次地回到夫妇俩的床上。对约瑟芬来说，激发出这样的激情是多么令人陶醉啊！她早已不是当年那个全无经验的、在床上忍受着年轻英俊的丈夫的拒绝的新娘了。

也正因此，人们记忆中一个关于约瑟芬的传言——拿破仑有一次拒绝了她的求欢，说"今天晚上不行，约瑟芬"——是很古怪的。也许拿破仑的确在某个筋疲力尽、艰苦不已的征战之夜讲过这句话，但这更像是后来者的杜撰，一个粗俗的笑话，意在通过强调约瑟芬传说中贪婪的性欲来攻击波拿巴的名誉。它之所以能成为笑话，就恰恰说明这一拒绝是不可能的。约瑟芬成为皇后之后，此类中伤就升级了，尤其是在英国。她的前辈玛丽·安托瓦内特肯定对这种手法感到熟悉。和许多女性名人一样，约瑟芬的性生活既是她的力量，也是她的弱点。富有魅力的妇女会因她们对男性施加的伟力而横遭指责，乃至被认定为罪人。

到 11 月 23 日时，被妒火吞噬的拿破仑在归途中写道：

> 我再也不爱你了。相反，我恨你。你又可恶，又笨，又愚蠢，又坏！你一封信也不写给我！你不再爱你的丈夫了！你知道我收到你的信会有多高兴，可你就给他草草写上六行！那你一天到晚在干些什么呢，夫人？是什么事务如此重要，竟让你没空给你亲爱的丈夫写信？是怎样的感情抹杀了你曾经对我许下的爱、忠贞和柔情？这位了不起的新欢是谁？他占据了你全部的时日，垄断了你所有的辰光，让你全然不关心你的丈夫！小心点，约瑟芬！我会在某个良夜破门而入，站在你面前！说真的，我亲爱的，收不到你的信，我心乱如麻。快给我写信，写满四页纸的甜

言蜜语，让爱情和欢乐填满我的心。希望不久之后我就能把你抱在怀里，给你印上一百万个赤道般灼热的吻。[38]

208　当拿破仑于 11 月 27 日回到米兰①时，约瑟芬不见人影。她在热那亚，享受着伊波利特·夏尔的陪伴。拿破仑飞奔上楼梯，冲进她的房间——发现她不在，他心急如焚，几乎要昏过去。他确实病了，情况之糟糕引起了他的参谋贝尔蒂埃的焦虑，后者写信要约瑟芬回来："来吧，他很痛苦，非常沮丧。"这两封信表露出拿破仑所受的伤害和被背叛的感觉：

> 我到了米兰，飞奔入你的房间，我把一切都抛下了，只是为了看到你，把你紧紧搂在我的怀中。……你不在……不用考虑我的幸福了，他只因你而活，只要你幸福快乐，他就高兴……我原先希望你能像我爱你一样爱我，我错了，怎么能要蕾丝和黄金一样重呢？……大自然没有给我能吸引你的魅力，但我真的值得约瑟芬的关心和尊重，因为我发疯般地爱她，这份爱是独一无二的。再见了，亲爱的妻子，再见了，我的约瑟芬。但愿命运把一切悲哀和苦恼都塞进我的心中，而让约瑟芬的日子欢乐、光彩……我又打开我的信，给你一吻……啊！约瑟芬！……约瑟芬！[39]

这成了他们二人关系的分水岭。拿破仑自此之后给约瑟芬的书信，虽然仍旧充满爱意，甚至谈得上是激情，但篇幅短下去

---

① 原文误作"从米兰回来"。——译者注

了，语气也更节制。这究竟是由于情爱的幻灭，还是由于他的时间越来越紧张，仍留待猜测。当然，在 1796 年底，军事上的步伐大大加快了。曼图亚在被围困八个月后最终屈服。1797 年 2 月，拿破仑终于能够服从巴黎的督政府一直以来的命令，从南路入侵奥地利，和约瑟芬从前的情人奥什将军、儒尔当以及法军的莱茵军团会合。3 月底的时候他距维也纳只有九十英里，3 月 26 日，他向苦苦支撑的奥地利人抛出停战邀约。4 月，他在未和督政府商议的情况下同敌军在莱奥本签订了初步的协议。

由于意大利战役以全胜告终，1797 年 5 月，拿破仑从米兰迁居到十英里外的蒙贝洛（Monbello）城堡。这里环境风雅，是个消夏的好地方。它的厅堂宽阔，装潢华丽，点缀着融合了巴洛克和古典主义风格的壁画。法国外交官员米奥·德·梅利托（Miot de Mélito）在那个意义重大的夏季，为这位年轻的征服者及其交际圈描绘了一幅近像。他写道，拿破仑身边与其说是"军队的总部"，不如说是一个辉煌的宫廷："在他身边，严谨的礼仪已经占了上风，他不再在餐桌上接待副官和军官们了，被他接纳为座上宾的人是经过严格选择的。他发出的邀请函是一种人人渴求的荣耀，而且很难获得。"拿破仑也养成了君主的做派。"在他用餐时，这里所有的居民都可以进入餐厅，并被允许抱着强烈的好奇心围观他……他的接待厅和宫殿前搭起的一个大军帐里，往来不断地挤满了将军、行政人员和大承包商，此外还有意大利地位最高的贵族与杰出人士，他们都来向他献殷勤，看上他一眼，或见缝插针采访他。"[40]

尽管礼制日趋严格，但对拿破仑圈子里的许多人来说，这是一段美好的时光。马尔蒙写道："这段时间的一个显著特点

209

是，他周围所有人的那种令人钦佩的精神和热忱。我们每个人都有一种未来无极限的感觉……"这一点在他们于蒙贝洛逗留期间体现得淋漓尽致。美丽而晴朗的天气，令人心旷神怡的地方，给这群人施了一个"独一无二的咒语"。在马尔蒙看来，那个夏天着实"有独属于它自己的气质，此后再也没有哪个环境能够复制"。他在总结围绕一群人的年轻乐观情绪时写道："那是一种宏大、充满希望和欣喜的气氛。在那些日子里，我们的雄心壮志完全是次要的，荣耀和欢乐占据了我们，一种大胆而热情的精神主宰了我们，仿佛没有任何情况或事情能给我们造成威胁。"[41]

在这个新宫廷的中心，约瑟芬以其无懈可击的旧制度时期的举止，为法兰西共和国军队大营似的风格带来了优雅与礼仪。她在沉迷园艺和为自己的新鸟笼搜集鸟类之余，主持着无休无止的娱乐和消遣：舞会、晚宴、午餐会、猎野猪。斯卡拉歌剧院的首席女演员，后来成了拿破仑情妇的格兰西妮（Grassini）夫人也被邀请来唱歌，此外还有野餐、社交晚会、业余的戏剧表演和令人愉悦的短途旅行。米奥·德·梅利托回忆说，他们有一回去马焦雷湖（Lake Maggiore）游玩，他和贝尔蒂埃尴尬地呆坐着，因为就在他们旁边，同一辆马车里，拿破仑正与他的妻子"卿卿我我"。

尽管他们终日除了享乐别无他事，但日程还是精心安排的。晚宴通常在下午三点，饭后在露台上享用咖啡和冰激凌。约瑟芬游刃有余、乐在其中地主持着大局。她总是身穿白色的衣裙，脖子上系着教皇送给她的浮雕颈带。一位来访者写道，她有"一张天使般的面庞……肌肤闪耀着光泽，说话时的声音夺魂摄魄"。她的一双美目格外动人："深蓝色，在沉重的

眼帘下半开半合，上面镶着世界上最长的睫毛……"她拥有
"完美异常的躯体"。"举手投足无不柔顺、轻盈得令人难以置
信"。她走起路来"既飘逸又庄严"，尤其吸引他。[42]

诗人卡里翁·德·尼萨（Carrion de Nisas）那年夏天同样
在场，但他对约瑟芬不怎么感冒："德·波拿巴夫人年老色
衰，但极为谦恭迷人。她经常爱抚她的丈夫，他看上去对她一
往情深。她经常哭，有时一天哭好几回，为了些微不足道的小
事……"[43]其实那个夏天约瑟芬伤心是有原因的。把拿破仑从
婚床上赶下来的福蒂内，这个讨厌的动物，终于遇到了它的克
星：厨子养的狗，这是一条又大又凶的杂种犬，长得很不好
看，它厌倦了这条小哈巴狗每日的攻击，有一天奋起反击了
它。为了安慰约瑟芬，伊波利特·夏尔偷偷又给她弄了一条
狗。不久后，拿破仑发现厨子为了躲他而藏到灌木丛里。问其
原委，厨子说他很害怕，因为他的狗咬死了波拿巴夫人的爱
犬，还说这只大逆不道的动物此后不被允许进入花园。"把它
带回来吧，"波拿巴指示道，"说不定它会替我把那条新的狗
也赶走。"

约瑟芬同样为伊波利特·夏尔落泪。这个夏天对他们的禁
忌之恋来说苦涩而甜蜜。夏尔被提拔为上尉，因其英勇而受
勋，进入了波拿巴的亲卫队，因此约瑟芬每天都能看见他。但
她四周都是眼睛，亲密或浪漫关系是没机会发生的。如果说这
让她心绪悲伤，那欧仁的到来则为这个夏天增添了莫大的欢
乐。和儿子分别了十五个月的约瑟芬迫不及待想看到他。约瑟
芬与两个孩子都很亲密，但她和欧仁的关系是特殊的。随着欧
仁的成长，母子之间坚固的感情纽带扩展成了一种友谊。十五
岁半的欧仁长成了一位英俊青年：性情始终很随和，为人非常

忠诚，这证明了母亲之教子有方。

在蒙贝洛，约瑟芬第一次见到了波拿巴家的大部分人。有聪明能干的长女伊丽莎，年轻久病的路易，两个最小的孩子热罗姆与卡罗琳（他俩是欧仁和奥坦丝的同窗），以及拿破仑最宠爱的妹妹，美貌"近乎无瑕"的波丽娜。她和约瑟芬有很多相似之处：她们都热爱时髦，举止佻达轻浮，而波丽娜作为风流美人的声名有朝一日甚至会压倒约瑟芬。但波丽娜讨厌她的嫂子，把她看作竞争对手，在约瑟芬背后冲她做鬼脸，并坚持称她为"老女人"。在诗人安托万·阿尔诺笔下，波丽娜是"所能想象的最漂亮、举止也最糟糕的人"。他描述她"嘴巴说个不停……与在场的其他杰出人士形成鲜明对比，当她嫂子背过身去时，她就冲她吐舌头，当我没足够关注她时会推我的膝盖，时不时引来她兄长极富震慑力的责备的目光"。

不过，波拿巴家族的关键人物是拿破仑彪悍的母亲列蒂契娅夫人。她年轻时是个美女，到老也风骨卓然。作为一个保守老派的女家长，是她，而非她不着调的丈夫，在困境中勉力支撑着这个家庭。波拿巴夫人声称，她对儿子这门婚事的抵触并非出于私心。约瑟芬实在是太老了——比她儿子年纪还大——一个寡妇，带着两个几乎要成年的孩子。不仅如此，约瑟芬身上集中了列蒂契娅夫人所厌恶的一切：一个道德上不可靠、生活中挥金如土的堕落贵族。尽管波拿巴一家自称出身高门世家，但他们受的却是资产阶级价值观的熏陶：谦恭、守贞和近乎无法自拔的节俭（毫无疑问，正是因为约瑟芬与他的母亲截然不同，拿破仑才会如此倾慕她。尽管他在公开场合对列蒂契娅夫人表示敬佩，但拿破仑终其一生都鄙夷那些同她一样意志坚决、性情强势的妇女）。

与波拿巴一家人会面，对大多数人来说并不是一件愉快的事。欧仁亲王的妻子，风姿夺人的巴伐利亚公主奥古斯塔-阿玛丽亚（Augusta-Amalia）有一回给她哥哥写信，谈到她 1810年时唯一一次去巴黎："一旦一个人近距离了解了（波拿巴一家），就只能鄙视他们。我从未想过有什么东西能像他们那样缺乏教养，令人憎恶。与这样的人来往对我来说是一种折磨。"约瑟芬很大程度上没有意识到婆母的敌意，也没有预料到见面时他们的态度。她以一贯无往不利的谨慎礼节和魅力对待列蒂契娅夫人。然而，波拿巴一家把他们的感情展露无遗。约瑟芬对他们是个威胁。她是个优雅的巴黎女人，一个抛头露面的女人，一个时髦女人，一个名人。他们憎恨她对拿破仑下 212了蛊。他们与她一直势同水火，直至她离开人世。

他们几乎讨厌拿破仑青睐的每一个女人。他是全家的经济支柱，因此其他任何能分走他的钱的人都会被像鹰一样盯住。波拿巴一家人心胸偏狭，对外人抱着本能的敌意。他们以争斗为生，无休止地互相争吵，然后抱团孤立任何妨碍他们的外人。随着波拿巴一家人的到来，拿破仑的沙龙里自然会发生一场争夺主导权的斗争。在此之前，约瑟芬的统治地位不受威胁，她的高贵、魅力和优雅引起了人们本能的忠诚与爱戴。但列蒂契娅夫人认为，作为征服者的母亲，她理应得到更大的尊重。当列蒂契娅夫人进入房间时，约瑟芬便优雅地退到一旁，以此显示婆婆优于她的地位。

那年夏季，约瑟芬请人为拿破仑画了一幅肖像，以纪念他在意大利战役中的赫赫武功。画家是一位崭露头角的年轻人，名唤安托万-让·格罗（Antoine-Jean Gros）。他的构思是波拿巴在阿尔科拉桥上挥舞旗帜、号召士兵的场景。但拿破仑根本坐不住，而这位年轻的画家被他杰出的模特所惑，无法对他发号施令，让他别乱动。约瑟芬以她一贯的魅力解决了这一问题。她陪同波拿巴来到画室，让他坐在自己的腿上，紧紧把他抱在怀里，直到格罗打完草稿。最终的结果是一幅传奇般的肖像画，描绘了拿破仑全部的青春的荣耀：手擎旗帜，战场上的风吹乱他的头发，他灼热的目光望着远方，仿佛思索着某种尚无法确定的未来。

当波拿巴一家人在蒙贝洛休憩放松的时候，法国的另一场政治爆炸正在酝酿之中。虽然拿破仑的胜利博得了民众的喝彩，但他的人气却无助于督政府，1797 年的选举反映了一场大规模的反雅各宾情绪反弹，而许多当权者不希望看到保王党复兴，尤其是当年投票赞成判路易十六死刑的巴拉斯和新任外交部长塔列朗。拿破仑被要求支持一场政变。（如果他不肯出手，他在爱情和事业上的对头奥什将是下一个被邀请的对象。）拿破仑决定给予支持，他也不想让波旁王室复辟，但他之前在葡月暴动时已经做过一次压制民心的工作，再干一次就不明智了，所以他把这项任务委托给了他的下属皮埃尔·奥热罗——他的将领中最热心的雅各宾派。在奥热罗调兵遣将的同时，以巴拉斯和塔列朗为首的左翼督政官散布谣言，说君主复辟即将发生。果月十七日（9 月 3 日）深夜，奥热罗的部队逮捕了新当选的议员，并宣布最新的选举结果无效。在这短暂的恐怖统治回潮中，数十名政治反对派人士遭到监禁，150 多人被判处"不流血的断头台"——流放圭亚那。果月政变，正如它的名字一样，产生了多方面的影响。它压制了国家的第一次真正的民主表达，并强化了"持剑者为王"（奥热罗语）的普遍观念。最重要的是，政府现在亏欠了拿破仑，他可以在与奥地利的谈判中决定他想要的条件。督政府已经在不知不觉中把未来卖给了波拿巴。

漫长的夏日即将结束，波拿巴夫妇去了帕塞里亚诺（Passeriano），下榻在总督的夏宫。意大利战役的事务在此地继续进行。拿破仑决定与奥地利缔结和约，他与奥地利特使路德维希·冯·科本茨尔（Ludwig von Cobenzl）伯爵进行了暴风骤雨般的谈判。他有时冲奥地利谈判代表大发雷霆，高声喊叫，有时又试图发挥魅力劝服对方。在后一种尝试中，他搬出了自己的妻子，科本茨尔称她为"和蔼可亲的化身"。她举办晚宴招待奥地利代表团，组织"香草茶会"。科本茨尔觉得拿破仑有点敬畏他的妻子。他描述了一次法奥代表出席的晚宴，拿破仑幼稚地用面包碎轰炸约瑟芬，但在遭了一记责备的眼神后，他"垂头丧气地停了下来"。约瑟芬在促成和谈方面帮了很大的忙，以至于外交官回到维也纳后给她写信，表达深深的感激之情。他还赠送给她一队很漂亮的种马。

这几周里，尽管约瑟芬表现得优雅亲切，但她内心相当沉重而郁郁寡欢。她听到一则传言，说伊波利特·夏尔和一个意大利女人好上了。拉扎尔·奥什去世的消息也令她哀恸不已，他亡年仅二十九岁，官方公布的死因是肺炎，但一直有传言说他死于毒杀。除了悲痛和怅然，她还忧心自己给他的情书的下落。她早就要求奥什把她的书信寄还给她，但没有回音。

到了10月中旬，与奥地利的谈判终于尘埃落定，条约在乌迪内附近一个叫坎波福米奥（Campo Formio）的村庄签署。最终的失败者是第三方——威尼斯共和国。在莱奥本初步协议的一项秘密条款中，法国同意将这个独立的中立国"让渡"给奥地利，以换取比利时和伦巴第。威尼斯共和国并未意识到

214

自己的命运已经注定，邀请拿破仑前去访问。因为拿破仑已经把它卖了，所以不愿亲自前往，便指派约瑟芬替他去。这项外交任务令她望而生畏，她得独自应对。但约瑟芬毅然决然地领命而去，并带走了由意大利军团出钱购置的大量礼服和其他女性装备。她的行头着实非常昂贵，以至于一个当事人说她的行头能抵得上两三个月的军费。

威尼斯人急于讨好拿破仑，他们相信自己的命运取决于他，所以征服者的妻子受到了盛大的欢迎。当她进入这座"优雅而华丽"的城市时，有十五万威尼斯市民前来欢迎她，他们在窗户外悬挂标语，挥舞旗帜，抛撒鲜花。次日，在利多岛（Lido）举行了水上游览和野餐活动，约瑟芬乘坐的船后面跟着数百艘装饰着花环的小艇，为她演奏意大利小夜曲。第三天晚上，在总督府举办的舞会开场之前，还举行了烟花表演和沿大运河游行，这尤其给拿破仑的朋友马尔蒙将军留下了深刻印象。"许多不同颜色的灯光照耀着大批贡多拉"，给人一种"整个城市都在运动之中"的视觉效果。[44]

约瑟芬此行大获成功。她把东道主哄得心花怒放，以至于在她回到帕塞里亚诺后，一个由著名的爱国者丹达洛（Dandalo）率领的威尼斯代表团向她表示，如果她能说服她的丈夫为威尼斯的利益而行动，就赠给她十万杜卡特。次日晚，已经爱上威尼斯共和国的约瑟芬在一次晚宴上热情地代表威尼斯发表了演讲，以示对代表团的回应。为了鼓励她继续支持威尼斯，代表团的一位成员在走过会场时，将一枚美丽的钻石戒指戴在她的手上。然而，威尼斯的命运早已注定，所以约瑟芬始终没有收到她的杜卡特，但也没有证据表明她归还了戒指。

意大利战役于10月正式结束。11月，拿破仑离开意大利，去拉斯塔特（Rastadt）参加关于重组德意志地区的会议。约瑟芬留在意大利处理她的事务，随后于 11 月下旬返回巴黎。众多致敬她杰出的丈夫的活动打断了她的归途。里昂和穆兰都为她点亮了灯火，她在各种舞会和聚会上受到欢迎。一句诗传颂了她的荣耀："万国敬仰的英雄的佳眷／我们心中赞美你为他的灵思之源。"约瑟芬对此予以亲切的回应，当她离开时，大批民众聚集在一起为她送行。而她又一次得到了一位旅伴：伊波利特·夏尔。

215

第十二章　埃及

　　　　独属于爱情的至高无上的快感，在于确信自己在作恶。

——波德莱尔

当约瑟芬在情人伊波利特的陪伴下在乡间嬉游时，拿破仑于 1797 年 12 月 5 日独自一人回到了尚特雷纳街。但正如他的一位副官所说，他那小小的"爱的神庙"[1]已经发生了翻天覆地的变化。约瑟芬曾说过她在重新装修它，毕竟这栋简朴的小房子已经不再适合"意大利的征服者"了。不过，约瑟芬没有提及的是，她已经指示她的朋友，建筑师沃蒂埃（Vautier）主持进行一次"最符合潮流"的全面大翻修。因此，拿破仑对眼前的辉煌华丽完全没有准备。当他在二十年后回忆起约瑟芬的改造时，其惊讶仍然显而易见："所有的家具都是特别设计的，光在沙龙里就花了十三万法郎。"[2]

房子添了一个新的入口：一扇宏伟的大门，上面装饰着战争主题的图案，它被一间悬挂着条纹帆布的门廊遮挡住了，因此客人不再直接进入前厅。一楼的餐厅地板铺满了马赛克，在客厅里，约瑟芬保留了前主人委托艺术家大卫创作的壁画，并添置了由玛丽·安托瓦内特最钟爱的橱柜制造商雅各布兄弟设计的漂亮的桃花心木家具。从意大利"解放"出来的艺术作品挂满了整栋房子。

然而，二楼的翻修才是重中之重。约瑟芬的更衣室里挂满了镜子，嵌有用细长的立柱支撑的拱顶。她的房间是军事与古典的混合风格：一顶复制的士兵帐篷，天花板上悬挂着蓝白相间、波动起伏的条纹帆布。竖铰链窗上挂着绣金线的薄棉纱窗帘，地板上铺着森林绿色的绒地毯。古罗马风格的青铜双床由一个巧妙的弹簧装置连接，只要一按按钮就能把它们扣在一起或推开。十一把鼓形的小椅子，用流苏薄纱装饰，分布在房间的各个地方，房间里还有一尊斑岩花瓶与一扇绣有约瑟芬名字缩写和一束花的塔夫绸屏风，进一步美化了房间。[3]

令拿破仑惊愕的是，翻修工作还远未结束。雅各布兄弟的日记显示，在拿破仑回来几天后，又运来了一些东西。"一张桃花心木、椴木、紫木和黑檀制成的古典风格写字台……"接下来是"一个四尺宽的桃花心木马桶……一张桃花心木和金丝雀木制成的单脚桌，上面的八角形台面是用白色大理石制成的……两张圆柱形的椭圆床头柜……还有一台六扇桃花心木折叠大屏风……另一台六扇折叠屏风带铜质铰链，底部是实心板，顶部是桦"。[4]约瑟芬什么都考虑到了。但翻修后的房子不仅外观令人屏息凝神，花费也是天文数字。拿破仑在四分之一个世纪后回忆起那些账单时，仍然感到震惊和难以置信。花在装修上的总金额达到了惊人的三十万法郎，几乎是这栋房子本身价值的十倍，几个月后他只用四万法郎就把这栋房子买了下来。

拿破仑几乎没有时间为妻子的挥金如土而烦心。他是当前的风云人物，每个人都想分享他的胜利。民众对他们凯旋的英

217

雄极为热情兴奋，以至于拿破仑几乎被堵在家里出不去。即使是在他回来几天后去看望他的奥坦丝，也发现她很难进得去门。"整个巴黎都在高呼他的名字，"她写道，"人们浩浩荡荡地涌向'意大利的征服者'，向他欢呼，以至于驻扎在胜利街（就是原来的尚特雷纳街，为向他致敬而改了名）的房子门口的哨兵几乎挡不住他们……最后，尽管人山人海，我们还是设法来到了将军面前，他正在将领们的簇拥下吃早饭。他以属于父亲的温柔迎接了我。"[5]

不过，波拿巴并没有被群众的激动情绪所惑。"如果我是去上断头台，他们也会一样热情地挤来看我的。"他如是评论。为了避免落得此等下场——在当时动荡的政治环境中这很有可能——拿破仑不得不把他的声望和军事上的胜利往下压。他的处境很微妙。督政官们知道自己人气低迷，就像拿破仑人气高涨一般，他对他们来说是一个真正的威胁。塔列朗建议他谨慎行事，因此拿破仑对他的雄心壮志和军事成就轻描淡写，很少出门，只接待最亲密的家人和朋友。他决心避开社交活动，"飞离所有的目光，拒绝一切朝他而来的敬意"，这一点大家都注意到了。在零星几次沉迷于剧院给他带来的激情时，面对观众的欢呼，他都选择退到包厢的阴影里。

1797 年 12 月 10 日，波拿巴在他为数不多的一次对外活动中，参加了在卢森堡宫为他举行的一个相当阴郁的仪式。在宫殿严峻而高贵的建筑背景下，立起了一座圣坛，上面插满了缴获的敌军军旗。圣坛前坐着身穿红金色长袍、头戴羽冠的督政官们，他们准备迎接英雄到来。拿破仑身着简单的制服出场，一动不动地站着，显然很胆怯。塔列朗发表了讲话，称赞波拿巴"对祖国和人类的无比热爱"。他只称拿破仑为"公民"，而绝不说"将军"，他向心惊胆战的听众保证说："对于有些人说的他的野心，我认为远不必担心，相反，也许有一天，我们会觉得有必要把他从一心退隐的状态中拉出来。"

为了巩固他爱好和平的新形象，拿破仑接受了法兰西学院选举他为院士的决定，他宣称，他最渴望的莫过于为知识分子事业奉献一生："我深刻地意识到，在和他们并肩之前，我必须长久地做他们的学生……我会退居一隅，为有朝一日荣膺法兰西学院的一员而努力。"他作为不问政治的学者的表现开始令人信服。12 月 20 日的《箴言报》（Le Moniteur）上，有一位作者理想化地描绘了拿破仑的共和主义谦逊和正直（他显然没有进去过新装修的拿破仑宅邸）。他描述说，波拿巴"住在他妻子位于尚特雷纳街的房子里，房子很小，很不起眼，非常简朴。他很少出门，即使出门也是独自坐着两匹马拉的车。人们可以看到他经常在他的小花园里散步"。

12 月底，拿破仑破例公开露了一次面，出席了由督政府的外交部长夏尔-莫里斯·德·塔列朗-佩里戈尔主持的舞会。塔列朗出身于法国最古老的贵族家庭之一，也是拿破仑重要的新盟友。幼年时的一次摔倒使他严重跛足，这一残疾让他的家人脸上无光，他们尽可能不让他出现在公众视线里。他与父母关系非常疏远，据他后来说，他在童年时代从未和父母睡在同一个屋檐下过。后来父母向他施压，强迫他放弃自己作为长子的权利，把继承权让给弟弟，并怂恿他去教会里发展事业。年轻的塔列朗从这些不幸中走了出来，他的玩世不恭和见风使舵将使他受益终生。

塔列朗顺从地听了父母的建议，进了教会。然而，他从没有让自己的宗教事业妨碍其他的世俗追求：金钱、女色、政治。到大革命爆发时，他已完全和革命事业结盟。随着局势日趋激进，他设法在恐怖统治最极端的行为吞噬法国之前跑到了美国。1796 年返法后，他召集他从前的人脉——尤其是他的老相好热尔曼娜·德·斯塔尔——以重启他的政治生涯。尽管像鲁贝尔（Reubell）这样的督政官对他充满敌意，认为他是"旧政权的走狗"和"各种恶习的集合体，背信弃义和腐化堕落的典范"，但他还是把自己运作到了外交部长的位置上。

塔列朗意识到，他选择效忠革命被他所属的阶级视作终极的背叛，而他最担心的是，督政府在政治上的混乱可能会导致波旁王朝复辟。他深信，以"剑"为后盾的政变是唯一可行的选择，于是他把希望寄托在拿破仑·波拿巴身上。他对被他选作心目中的英雄的人展开追求，风格优雅而无微不至。他在意大利战役期间就开始给拿破仑写信——言辞恭维奉承而又闪烁着智慧，成功培养出了一种稳定的通信关系。在拿破仑回到巴黎的当天晚上，塔列朗是第一个上门来拜访他的人。

不久之后，他开始策划一场敬献给波拿巴的舞会。塔列朗以其敏锐的政治洞察力，决定将舞会献给波拿巴夫人，而非她杰出的丈夫。这既避免了对任何一个派别做出公开的政治承诺，同时也击中了拿破仑在情感上的阿喀琉斯之踵：他对约瑟芬的爱。

不过当然，舞会的目的是献媚于那位真正的贵宾。通过口口相传，塔列朗明确表示，这场舞会不会是一场庸俗的督政府活动。对于当时普遍的革命态度，他唯一的迎合是随邀请函附上的一张纸条，上书："我确信，你们会觉得不穿英国制造的布料会合适些。"如此"不爱国"——也就是不革命的活动被传得沸沸扬扬，以至于有些人决定抵制它。督政官拉雷韦利

1. 拉帕热里博物馆，它的前身是拉帕热里种植园的厨房，石质结构使它保存到今天。约瑟芬正是在这充满生机和野性的环境中成长起来的。

2. 十八世纪中叶的马提尼克岛首府罗亚尔堡。约瑟芬的叔父塔舍男爵一度担任这里的指挥官，她本人则在这座城市度过了四年的学校时光。

3. 这幅作于 1837 年的画作畅想了约瑟芬年少时被马提尼克岛算命人预言命运的情景。娇媚、轻浮、迷信、有异域风情，这是当时许多人对约瑟芬的看法。

4. 亚历山大·德·博阿尔内子爵，约瑟芬的第一任丈夫。他身上既有对贵族特权和奢华享乐的眷恋，也有对大革命真挚的热情，既沉溺于洛可可时期的性放纵，也有对家庭生活的感伤情怀。他与约瑟芬的性格不合、旁人从中作梗最终导致二人婚姻破裂。

5. 玛丽·安托瓦内特王后在 1783 年的肖像画。她在这幅画中的造型代表了新的时尚：简洁、纯净、飘逸的田园风白色薄棉纱裙，它受到热带殖民地的服饰影响，一反之前华丽夸张的着装风格，是大革命后约瑟芬引领的新古典主义时尚的先声。

6. 曾是修道院的勒－卡姆监狱，约瑟芬在大革命期间被囚禁于此。

7. 保罗·巴拉斯，督政府的领袖，约瑟芬的密友和保护人。两人的良好关系一直持续到 1799 年的雾月政变。

8. 拉扎尔·奥什，约瑟芬的情夫和狱友。他支持约瑟芬度过了她一生中最黑暗的岁月。许多人认为，如果可以，她会嫁给他，而非拿破仑。

9. 狱中的特蕾莎·塔利安，约瑟芬的挚友和社交伙伴，"美惠三女神"之一。她青春貌美，长于交际，蹲过监狱，时尚品位极佳，是热月时期的顶级名流。

10. "美惠三女神"之一的雷卡米埃夫人。她在这幅肖像画中身着十八世纪末流行的新古典主义服饰，轻薄、简洁、高腰线，体现了那个时代对古希腊罗马风尚的追求。约瑟芬在推广这一时尚方面起到了十分重要的作用。

— ci-deevant Occupations — or — Madame Talian and the Empress Josephine, dancing Naked, before Barruss in the Winter of 1797 — A Fact!

Barruss (then in Power) being tired of Josephine, promised Buonaparte a promotion, on condition that he would take her off his hands: — Barruss had, as usual, dined freely, & placed Buonaparte behind a Screen, while he amused himself with these two Ladies, who were then his humble dependents, Madame Talian is a beautiful Woman, tall & elegant — Josephine is smaller & thin, with bad Teeth, something like Cloves... it is needless to add, that Buonaparte accepted the Promotion & the Lady... now — Empress of France.

11. 约瑟芬经常成为英国漫画家詹姆斯·吉尔雷下流攻讦的对象。这幅漫画发表于 1804 年，也就是她加冕为后的那一年，下方小字内容为："从前的职业——或——1797 年冬，塔利安夫人与约瑟芬皇后在巴拉斯面前裸舞——此为事实！巴拉斯（当时的掌权者）厌倦了约瑟芬，让布奥拿巴特接他的盘，许诺给他升职。——巴拉斯和往常一样，喝得酩酊大醉，把布奥拿巴特安置在屏风后面，而他则与这两位当时被他包养的女士恣意取乐。——塔利安夫人是个美女，高挑而优雅，约瑟芬则娇小纤细，牙齿很糟，像丁香一样，——不消说，布奥拿巴特接受了升职，而这位女士——现在是——法国皇后！"

12. 这幅画描绘了拿破仑在 1796 年 11 月的阿尔科拉之战中手擎旗帜的英武模样，是他最广为人知的形象之一。

13. 拿破仑掌权时期的杜伊勒里宫。这座宫殿是拿破仑及之后数个法兰西政权的首席官邸，但约瑟芬讨厌它的缺乏私密、过于正式和挥之不去的玛丽·安托瓦内特的阴霾。它于 1871 年被焚毁。

14. 时为第一执政夫人的约瑟芬在马尔梅松。这幅画展示了她从督政府时代的风流女神向温和庄重的国家元首配偶的转变。

15. 奥坦丝·德·博阿尔内，约瑟芬与第一任丈夫亚历山大·德·博阿尔内之女，浪漫、有才而美貌，她所谱写的军乐《向叙利亚进发》后来成为第二帝国的国歌。1802年，她被迫与路易·波拿巴结婚，这是一桩极其不幸的婚姻，尽管她诞下了未来的拿破仑三世皇帝。

16. 欧仁·德·博阿尔内，约瑟芬与第一任丈夫亚历山大·德·博阿尔内之子。他被公认为第一帝国最有才能、对皇帝最忠诚的宗室之一。1806年，他在拿破仑的安排下娶巴伐利亚国王的长女为妻，帝国灭亡后遂隐居慕尼黑。拿破仑曾赞美欧仁"从不让我操一点心"。

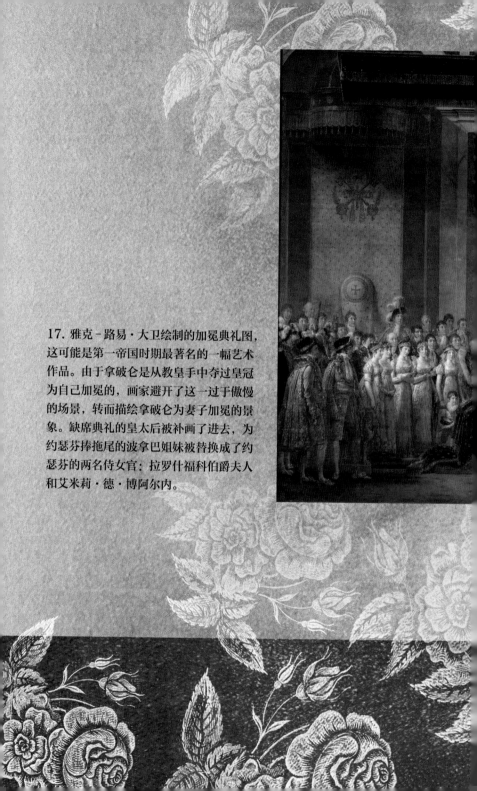

17. 雅克－路易·大卫绘制的加冕典礼图，这可能是第一帝国时期最著名的一幅艺术作品。由于拿破仑是从教皇手中夺过皇冠为自己加冕的，画家避开了这一过于傲慢的场景，转而描绘拿破仑为妻子加冕的景象。缺席典礼的皇太后被补画了进去，为约瑟芬捧拖尾的波拿巴姐妹被替换成了约瑟芬的两名侍女官：拉罗什福科伯爵夫人和艾米莉·德·博阿尔内。

18. 身着加冕袍的约瑟芬皇后官方画像。"我曾有幸见过许多真正的公主。但在我眼里，我从未见过哪位公主如此完美地表现出了优雅与威仪。"

19. 时年 26 岁的新古典主义大师让 - 奥古斯特 - 多米尼克·安格尔为称帝后的拿破仑绘制的肖像。这幅画颠覆了欧洲肖像艺术侧面画像的传统，正面呈现了御座上的拿破仑，使他看起来仿佛耶和华或宙斯。热尔曼娜·德·斯塔尔说："当你靠近那个人的时候，会感到有一阵威严的风从耳边吹过。"

20. 第一帝国时期的女式宫装，由约瑟芬和她的顾问们共同设计。长长的天鹅绒绣金拖尾、高腰线、自然垂下的裙摆，以及肩颈周围类似拉夫领的"切鲁斯克"（cherusque）是它的典型特征。这种设计非常成功，欧洲其他国家乃至之后的复辟波旁王朝均沿袭了这一款式。

21. 这是约瑟芬本人最喜爱的一幅肖像画。画中她身着拿破仑时代的经典服饰——白色长裙和色彩鲜艳的披巾,在马尔梅松花园的树荫下凝神沉思。

22. 约瑟芬皇后肖像。画面左边是一尊欧仁的半身像，右边桌子上的花瓶里则插着象征奥坦丝的绣球花（绣球花的法语名称是"Hortensia"），花瓶上的"J"是约瑟芬名字的缩写。

23. 这幅作于 1843 年的历史画想象了帝后离婚的凄婉场景。在共同经历了近十四年的婚姻生活后，无望诞育皇嗣的约瑟芬被迫在帝国的满朝文武面前宣布同拿破仑离婚。

24. 拿破仑的第二任妻子，奥地利女大公玛丽·路易丝。她为拿破仑诞下了后者渴盼已久的皇太子"罗马王"，但她的年轻青涩和不喜酬酢使她未能像约瑟芬一样扮演好第一夫人的角色。

25. 约瑟芬被黜后一度居住的纳瓦尔城堡，位于诺曼底乡间。这座建筑历史悠久、造型宏伟，但不适宜居住，寒冷、偏僻而潮湿。它于 1832 年被拆毁。

26. 今日作为博物馆对外开放的马尔梅松宫。它是约瑟芬持久的激情所钟，她的创造力倾泻的对象。拿破仑也期待到这里来，就像"一个小学生期待放假"一样。由于胜利街的故居、杜伊勒里宫和圣克卢宫均已不存，马尔梅松宫成为法国本土最重要的拿破仑与约瑟芬故居。

27. 马尔梅松宫的用餐室。墙上的壁画体现了第一帝国时期对古希腊罗马艺术的热衷。

28. 约瑟芬在马尔梅松宫的卧室。

Rosa Turbinata　　　Rosier de Francfort

29. 被誉为"花之拉斐尔"的皮埃尔－约瑟夫·雷杜德的作品，名为"约瑟芬皇后"的玫瑰。他在植物绘画领域的才华为约瑟芬打造的花园赋予了永恒的生命。

30. 维塔尔·迪布雷在第二帝国时期创作的约瑟芬雕像。它伫立在马尔梅松的花园中，手里拿着一朵玫瑰花。

31. 这幅水彩画将约瑟芬表现为马尔梅松的守护女神。背景是她著名的玻璃温室，溪水中游弋着作为约瑟芬个人标志的天鹅。

32. 约瑟芬将自己的子女和奥坦丝的儿子们介绍给沙皇亚历山大一世，以寻求他的庇护。

A

JOSEPHINE

EUGÈNE ET HORTENSE

1825.

33. 约瑟芬去世后被安葬在马尔梅松附近的圣彼得与圣保罗教堂。她的陵墓上雕的是她一生荣耀的顶点——她在巴黎圣母院加冕为后的场景。下面的石碑上刻着"献给约瑟芬，欧仁与奥坦丝，1825 年"。

埃-勒博（La Revellière-Lepeaux）拒绝出席，而且没有给理由，鲁贝尔则是因为对"那些人"感到恐惧。其他几位官方代表决定穿便装出席，以示对这一纸醉金迷的场合的抗议。

塔列朗设计了一个豪华而庄重的、让人联想到旧政权的晚会。为了营造出壮观的效果，他不遗余力，不惜代价。巴加泰勒亭（Bagatelle Pavillon）的设计人、建筑师巴朗格（Bellanger）被聘请来设计这次活动。他又将任务分配给了木匠、画家、装潢师傅、花匠和餐饮业从业者，他们着手改造位于格勒内尔街的美丽的加里菲特公馆（Hôtel Gallifet），这座公馆在恐怖统治时期被它的贵族主人遗弃，后来被征用为外交部的办公场所。

这场舞会的恶名保证了巴黎的精英们都对它屏息以待，等候着12月25日（雪月五日）这个重大的日子。唯一的问题在于，约瑟芬不见人影。她仍然没有回巴黎。塔列朗紧急取消了舞会，并在三天后发出了一套新请柬。费了很大的力气和代价，重新订购了菜品，拆除和更换了装饰物，并将903棵花树和灌木移走重新摆放。但到了28日，天亮了，约瑟芬仍然没有现身。塔列朗被迫再次更改活动时间。

最后，到第三次尝试时，舞会成功举行了。1月3日晚，马车从加里菲特公馆一直排到塞纳河畔。当衣着优雅的宾客终于在公馆门口步下马车时，身上撒满了轻盈的粉末状的雪。他们穿过入口处的多立克柱，发现自己进入了第一进庭院。塔列朗在这里显然是在向拿破仑致敬，他复刻了一座军营，里面有帐篷、篝火和身穿各色制服的士兵。在意大利的所有法军军种都有代表。在第二进院子里，塔列朗建了一座仿古神殿，里面赫然是雅各宾派的偶像布鲁图斯的半身像，仿佛在说："看，

221

他就在我们中间。"

当宾客终于进入接待室时，烛光、香薰和轻音乐的魔咒笼罩了他们。塔列朗在每一个能够加以利用的地方都展示着拿破仑从意大利"解放"并献在共和国脚下的艺术作品。在一座披挂着桃金娘的宏伟的双道楼梯的顶上，站着衣冠楚楚、挂着拐杖的东道主。赞成的人得到了主人热情的握手，不重要的人则握住了两根软趴趴的手指。为了达到无可挑剔的审美效果，塔列朗还邀请了"众多迷人的美女，让所有观众都感到惊奇和陶醉"。他请来的女宾完美地扮演了自己的角色，提供了她们独有的美妙消遣。她们身穿粉色和金色的透明衣裙，这是这场活动的主色调。

波拿巴夫妇于十点半进入会场，此时夜色正沉。宾客们一看到征服者和他的妻子，便都安静了下来。这种一声不响的、近乎宗教式的沉默，比任何澎湃的掌声或喝彩更令人印象深刻和心神不安。拿破仑和约瑟芬都恰到好处地表现出了谦谨的态度：前者穿着毫不起眼的深色大衣，扣子扣到下巴，约瑟芬则穿着一身朴实无华的长裙，戴一顶金色小帽子，上面还缀着古色古香的浮雕头饰。随行的奥坦丝一副纯真无瑕的处女姿态，金色的长发堆在头上，衬托出她那双柔和的蓝眼睛。众人的敬畏表现得太明显，把拿破仑吓着了，他抓住友人阿尔诺的胳膊不放，这样就可以避免与其他人交谈。

在塔列朗精心编导的这个夜晚，唯一的错误音符来自热尔曼娜·德·斯塔尔。她几个月来一直对拿破仑抱有一种疯狂的迷恋，于他出征在外时给他写了很多信。据拿破仑说，这些来信（现已不存）把他比作"西庇阿和坦克雷德，把前者纯朴的美德与后者辉煌的功业融为一体"。[6]拿破仑拒绝给她回信，对一位副官嘟哝道："这女人疯了吧！"这就算是答复。她完全不知道自己属于拿破仑最讨厌的那种博学多智、富有主见的女人，继续围追堵截他。她认为自己比约瑟芬更配得上这位年轻的英雄，主动向他推荐自己，敦促拿破仑丢开"那个微不足道的小克里奥尔"，因为把"他这样的天才"和她那样的女人拴在一起"非常可怕，因为她永远欣赏不了他"。[7]据波拿巴说，他回到巴黎后，她有一次甚至试图冲进他位于尚特雷纳街的居所，管家告诉她，将军正在一丝不挂地洗澡，她还是试图闯进去，喊道："没关系，天才是没有性别的！"[8]

　　拿破仑急于躲避她的追求，因此拒绝参加为他举行的另一场盛大的舞会。他在其他场合都避免和她讲话，但现在已经无处可逃了。热尔曼娜坚持要跑到拿破仑跟前，这让塔列朗大为光火。随后她继续用问题轰炸他："将军，你最爱哪个女人？"拿破仑立即回答说："我的妻子。""这是自然，但你最欣赏哪个女人呢？在世的和作古的都行。"她显然是期待他说些礼貌或动听的话，但他却粗暴直率地答道："生小孩最多的。"他回完这句嘴，转身就走了。热尔曼娜完全被吓住了，只能说："多了不起的男人啊。"[9]

　　晚上十一点时宣布开宴。据东道主说，这顿宴席"招待那些征服了亚洲的罗马人也够格，正如我们征服了意大利一样"。宾客们排成一队，缓缓走进宴会大厅，大厅里闪闪发亮的水晶在烛光下像钻石一样光彩四射。塔列朗举杯说道："为这位冠以距荣耀最近的姓氏的女公民干杯！"随后宾客们被告知，塔列朗（仅在这一晚）恢复了旧的宫廷习俗，即只有女性能够入座，男性站在她们身后，以便为自己的女伴服务。东道主很有仪式感地站在波拿巴夫人身后，整个晚宴期间他一直

222

站在那里，为她服务的细心和殷勤给大家留下了深刻印象。他的一举一动都没有流露出对她代价高昂的延误的任何恼怒。这位旧贵族和可爱的约瑟芬着实构成了一幅美丽的画卷。

晚餐后，著名歌手莱伊（Lays）为"宴席上的女王"演唱了一首小夜曲。这首由德普雷奥（Despreaux）作曲并特别敬献给她的歌曲受到了"热烈欢迎"，有人要求再唱一遍：

> 啊，战士、英雄和征服者的伴侣！
> 你与祖国共同占据了他的全部心灵。
> 这个伟大的民族对它的捍卫者亏欠良多，
> 而你给他带来的幸福为民族偿还此债，
> 宣告了你对法兰西的义务。[10]

223　波拿巴夫妇在凌晨一点多告辞，但许多客人为这一活动的盛大气氛所陶醉，一直留到了天亮。那个晚上首次引进了一种名叫华尔兹的新式舞蹈。尽管德·斯塔尔夫人和塔列朗付出了巨大的代价，但后者还是认为当晚的活动取得了圆满成功。这场舞会被一位作家形容是"比战斗更具决定性的姿态"。[11]塔列朗通过舞会的风格传达了一个微妙的信息，即他可以为拿破仑所做的贡献。他的角色将是某种"典礼大师"，培养"过去及其仪式，并使它们在新时代结出丰硕的果实"。[12]

有一个人并不享受加里菲特公馆舞会的辉煌绚丽——这场舞会的主宾约瑟芬。一些在场的人说她看起来"心不在焉"，另一些人则说她似乎完全不在状态。也许她在思念伊波利特，当然，她和拿破仑争吵不断。他对翻修房子的花费之巨大感到气愤，对她的迟迟不来心怀不满，然而她很可能会声称自己只是在做一个好妻子，代表他接受赞扬，以此来为自己的姗姗来迟辩护。

这场小小的风波很快就过去了，约瑟芬安稳地进入了她的角色，成了尽职尽责的妻子和助手。他们的社交圈的核心人物依然如故：巴拉斯、塔利安夫妇以及塔列朗等新盟友。波拿巴夫妇不再和那些可能会损害他们声誉的人来往，比如"绝代佳人"里那些比较浮夸招摇的人，同时努力结交那些能够很好地反映他们的新形象的人。约瑟芬款待她丈夫的新朋友：法兰西学院的学者、艺术家、科学家、诗人阿尔诺和舍尼埃①，以及画家大卫。偶尔也有始终热情不改的热尔曼娜·德·斯塔尔，她因她的政治影响力而被纳入他们的聚会。各报刊继续惊叹于拿破仑的缺乏野心和他的归隐生活。正如有人写道，他"避免做任何可能引起别人注意的事情。他的妻子也采取了和他一样的归隐的生活方式"。无论波拿巴夫妇之间的关系有多紧张，他们表现得是很幸福的。

在沉默的外表下，拿破仑正制订着自己的计划。他的计划与督政府企图入侵英格兰的蓝图毫无关系。他表面上配合着督政府的计划，假装探讨研究一个他私下里已经认为不可行的议案，与此同时追求着自己的梦想。一个特别的梦想从青春期开始就迷惑着他，那就是征服埃及。路易十五的外交大臣舒瓦瑟尔公爵早在 1769 年就提出了这个建议，作为对法国失去美洲殖民地的弥补。他雄心勃勃的计划包括在苏伊士地峡开凿一条运河，并在种植埃及传统作物的同时出产棉花、靛蓝和糖，从

224

---

① 指玛丽-约瑟夫·舍尼埃（Marie-Joseph Chénier, 1764—1811）。他是第十章提到的安德烈·舍尼埃（André Chénier, 1762—1794）的弟弟。——译者注

而在世界贸易中掀起一场革命，使法国在通往印度的路线上占据主导地位。这个计划已经被搁置了几十年。但拿破仑觉得现在时机到了。英格兰已于1796年从地中海撤走了舰队，欧洲处于和平状态。

拿破仑认为埃及计划对他放长线钓大鱼的雄心至关重要。"我意识到，如果我留在（巴黎），我的声名很快就会烟消云散。这里的一切都消失得快，我的声誉几乎被人遗忘。小小的欧洲所能提供的视野太小了，我必须到东方去，历史上所有的伟业都是在那里赢得的……"在改变那些对他的计划持怀疑态度的人时，约瑟芬是拿破仑的秘密武器。根据他的指示，她对那些最敌视东方计划的人发动围攻。督政官巴拉斯和鲁贝尔尤其是她的目标。后者是个更严峻的挑战，直到她发现他认识她的第一任丈夫，当时他在美因茨的革命军中作战。她利用与巴拉斯的特殊关系，组织烛光晚餐，并给他寄去不怀好意的便条："亲爱的巴拉斯，我需要和你谈谈。我想单独见你。我等着你，希望我们的友谊能促使你牺牲一刻钟的时间来见我，你会发现我完全是一个人在这儿。亲爱的巴拉斯，我希望你不要拒绝一个你关心的女人对你的兴趣……"[13]

尽管有着一致的政治目标，但胜利街6号的爱巢里却酝酿着一场风暴。约瑟芬从意大利回来后，发现她的女仆路易丝·孔普安与拿破仑的副官朱诺有私情，便辞退了她。报复心切的路易丝约见了拿破仑，告诉他有一个年轻的军人夏尔，一个在意大利战役时给他留下"小浪货"印象的人，在约瑟芬从意大利回来的时候与她同行，还和她同乘一辆马车，并住在同一家旅馆里。波拿巴质问约瑟芬："告诉我实情，毕竟住在同一家旅馆里，或者一起赶路，并不是什么大错……"

"不，这不是真的！"她立刻回答道，并开始哭泣。[14]

泪水总能解除她丈夫的武装，这场风暴也就过去了。她向情夫抱怨道："是的，我的伊波利特，活着对我来说是一场长久的折磨。只有你给了我幸福。告诉我，你爱我，只爱我。这样我就是世界上最幸福的女人了。"俗务短暂地打断了这些浪漫的倾诉，她要求夏尔通过波拿巴的一个仆人布隆丹（Blondin）给她送来五万利弗尔，但信的结尾却充满激情："再见，给你一百万个温柔的吻。都给你。"[15]

225

在接下来的几周里，波拿巴家暂时平静无事。随后拿破仑启程前往沿海地区，视察计划中入侵英格兰的军事部署。在他不在家的时候，约瑟芬加入了博丹公司，该公司是这一时期为了从军队合同中牟利而兴起的投机公司之一。此类活动使巴拉斯这样的政客和乌夫拉尔这样的银行家暴富。值得注意的是，伊波利特·夏尔也参与了博丹兄弟的业务，事实上，为了与他们更密切地合作，他现在已经放弃了军职。

约瑟芬参与这一灰色组织的动机并不仅仅是贪婪，也不仅仅是想离自己的爱人更近，她是迫不得已才对商业活动产生兴趣——她与亚历山大的婚姻以及大革命的剥夺，使她在经济上长期得不到保障。但是，发国难财并不是一件光彩的事情。报纸揭开了这桩丑闻。博丹公司被指控为军队提供劣质马匹，这些马是从农民那里征用的，而公司却没有给农民钱。约瑟芬与博丹公司的瓜葛传到了她丈夫的哥哥，对她深恶痛绝的约瑟夫·波拿巴那里。

约瑟芬口中的"大灾难"在3月中旬爆发了。约瑟夫兴高采烈地向他弟弟转达了约瑟芬与博丹公司的往来细节，以及她又欠了多少钱。他还证实了路易丝·孔普安说的关于夏尔的事。波拿巴听了这一肮脏卑劣的故事，怒气冲冲地进了妻子的房间。约瑟芬向她的情夫伊波利特描述了接下来二人的争吵细节。

> 约瑟夫昨天和他弟弟长谈了一次。之后他问我，是否认识博丹公民，是不是我设法搞到了和意大利军团的合同。他被告知夏尔住在圣奥诺雷郊区 100 号博丹公民家，并问我是不是每天都到那里去。我回答说，我对他讲的这些一无所知，如果他想离婚，直说就行，不需要诉诸这种指责，我是全天下最不幸的女人，最伤心的女人。是的，我的伊波利特，我所有的仇恨都给了他们，只有你，拥有我的温柔和我的爱。他们现在一定看出来了我有多讨厌他们，因为我这几天状态很糟。他们可以看出我很失望——我被剥夺了如我所愿常常与你相见的机会，我很绝望。伊波利特，我要自杀——是的，我想结束我的生命，如果不能献身给你，那从今往后活着对我来说只是一种负担。天啊！我把那些怪物怎么着啦？不过他们做什么都是徒劳，我绝不会成为他们的恶行的牺牲品……

但约瑟芬也有现实事务要处理：

> 告诉博丹，让他不要说认识我，也不要说是通过我才得到和意大利军团的合同的。告诉他吩咐 100 号的门房，要是有人来问博丹是不是住在这里，就说不认识他。告诉博丹，让他不要一到意大利就把我给他的信拿出来用，要过一段时间，等到他需要的时候再用……啊，他们折磨我

都是白费力气，他们永远不能拆散我和我的伊波利特，我的最后一次叹息将是为他……我会尽我所能在今天见到你。如果不能，我今晚去博丹那里，明天早上我会派布隆丹去找你，告诉你什么时候在蒙梭花园和我见面。别了，我的伊波利特，一千个吻，像我的心一样炽热，一样多情……[16]

约瑟芬的行为表现出一种根深蒂固的矛盾心理。她在给夏尔的信中流露出汹涌澎湃的炽情，但同样也有确凿证据表明，她此时正非常愉快地胜任着拿破仑的帮手，而且对丈夫的感情越来越深。愤世嫉俗者认为，她支持拿破仑的军事活动只是为了早日脱身，好和伊波利特在一起。另一些人则认为，她与伊波利特的关系才是无中生有，因为这段感情存在的唯一证据就是这些信，而它们在二十世纪才被意外发现，且很可能是赝品（尽管现在绝大多数历史学家认为它们是真的）。当然，也有可能是约瑟芬在两段感情之间徘徊，每段爱情都满足了她个性的不同方面。

然而令人惊讶的是，拿破仑并没有继续就这些指控追究约瑟芬。他的秘书布列纳将此归结为"他对妻子的爱、在沿海的事务以及对远征埃及的关注"。拿破仑和约瑟芬和好了，生活似乎又进入了正轨。可能拿破仑还不相信自己能无须妻子强大的政治影响力而单独行事。这是和他同时代的一些人的看法。无论现在看来多么荒谬无稽，据阿布朗泰斯公爵夫人说，在那些年里仍有人说"他是靠了他妻子的影响力"。[17]当然，拿破仑表面上驯顺的一个原因是东方计划，约瑟芬在这件事上一直——并将继续——对他非常有用且提供支持。督政府终于接受了入侵英格兰是痴人说梦这一事实，正如拿破仑一直认为的那样，并勉强批准了远征埃及的计划。

督政府的批准究竟是出于对这一想法本身的热情，还是担心这样一个受人爱戴、雄心勃勃的人物在首都赋闲，这一点并不清楚。但是，拿破仑欢欣雀跃。他在几个月前就已经意识到，他的声誉是一笔坐吃山空的资产："巴黎的记忆力很差。如果我再无所事事下去，就会迷失方向。在这个大巴比伦，一个名人很快就会被另一个名人取代。"此外，无所事事并不适合他，这让他郁郁寡欢。约瑟芬表示想陪丈夫一同去埃及，但在这个计划之前，他们还有一个离家较近的计划要完成：像所有富裕的巴黎居民一样，约瑟芬想在乡下购置一栋别墅。她拉着拿破仑去看马尔梅松，那是她四年前在克鲁瓦西时，透过租来的房子的窗户第一次看到的精致城堡。这对约瑟芬来说是一见钟情，她从此对它朝思暮念，但拿破仑觉得它太贵了，这件事似乎就到此为止了。

在出发去埃及之前，一些家务事也还要解决。拿破仑发现，他的弟弟路易爱上了约瑟芬前夫的侄女艾米莉·德·博阿尔内。拿破仑并不赞成这桩婚事：她的父亲，亚历山大的哥哥弗朗索瓦是个保王党，而她的母亲数年来一直同一个来自加勒比海的黑人非婚同居。拿破仑决定把艾米莉许配给他的副官安托万·拉瓦莱特（Antoine Lavalette）。但很不幸的是，拉瓦莱特并不是那种能让年轻女孩回首注视的男性。他四肢异常短小，是个猪型身材的年轻人，一张红扑扑的圆脸，斜视的小眼睛，鼻子仿佛豌豆。他的头发非常稀疏，以至于同僚们给他的每一缕头发都起有绰号。不过，拉瓦莱特心地善良且颇有自知之明，并没有打算逼迫这位少女和他结婚。但婚礼还是举行了，而且出乎所有人的意料，这段婚姻长久而幸福。

　　到 1798 年 4 月底，远征埃及的秘密计划已经完成。5 月 4 日，波拿巴夫妇分乘两辆马车离开了巴黎。五天后，柏林式大马车载着约瑟芬、拿破仑的秘书布列纳和身着时髦的副官制服的欧仁，浩浩荡荡地驶入土伦。迎接他们的是一幅令人望而生畏的景象：整支法国舰队都停泊在港口，"桅杆宛如一片辽阔的森林"，船只几乎向海面延伸了一英里。船上有超过三万名士兵、一千名平民和七百匹马。拿破仑在他的将领们的簇拥下，在海军上将的驳船上就位，检阅舰队。每艘船和港口要塞上的每一门炮都发射了礼炮，同时每艘船都打出了自己的旗帜。对这位青年将军来说，看到这一幕一定令他心满意足，毕竟五年前来到这个港口时，他还是一个囊中羞涩的无名之辈。

228

　　为了避开一场暴风雨，约瑟芬被迫等了六天，才有机会视察拿破仑的旗舰"东方"号。它被公认为当时最伟大的战舰，毫无疑问也是个头最大的战舰之一：为了建造它，砍伐了六千多棵大橡树。这艘船上有两千名士兵、水手、学者和工匠，它的体量非常庞大，以至于船上的人称它为"木头建成的世界"。它长近六十米，有三层炮甲板，120 门大炮。然而，尽管它体积很大，里面还是非常拥挤。后来当补给耗尽时，船上的人会遭受更多的痛苦，与高温、痢疾和被污染的水做斗争。

　　约瑟芬被这艘船的规模和下层舱位洞窟一般的黑暗和寂静所惊呆了，它仿佛一座哥特式教堂。她也被丈夫住所的豪华程度惊呆了。他的床底下有脚轮固定，以减轻他一直以来的晕船症。他们的诗人朋友阿尔诺建立了一个全面的图书馆，收藏了287 卷书，包括历史、政治、哲学、诗歌、游记、文学和科学著作。甚至还有一台印刷机，拿破仑会用它来准备他给埃及民众派发的宣言。酒窖里有 800 瓶上等葡萄酒，船上还有一辆马车，供他在埃及时使用。约瑟芬还见到了 150 名学者中的一些人，他们是科学家和知识分子，也是远征军的成员。这些人中只有少数知道此行的真正目的地，其余人都在猜测和梦想中度过。

尽管船上设施齐全，但拿破仑不想让约瑟芬冒险上路。相反，他决定让她去普隆比耶尔（Plombières），一处以硫黄浴闻名的水疗地，据说可以提高生育能力。约瑟芬决心陪她丈夫一起去埃及，花了很长时间试图改变他的想法。一天早晨，拿破仑麾下的一位将军，身材高大、容貌英俊、有黑人血统的亚历山大·仲马——他的儿子后来写了《三个火枪手》和《基督山伯爵》——走到这对夫妇身边，发现约瑟芬正在流眼泪。"她想去埃及，"拿破仑解释说，"仲马，你带你的妻子去吗？""当然不！"他回答，"按照传统，士兵的妻子应该稍后再跟去。"拿破仑表示同意。"如果我们在那里待上几年，我们会派人去接我们的妻子的。"据老仲马说，拿破仑在说这些话的时候，在约瑟芬光洁而形状优美的屁股上响亮地拍了一下。[18]

在一封给奥坦丝的信中，约瑟芬似乎向拿破仑妥协了："我已经在土伦待了五天了。旅途并没让我感到疲倦，可我对不得不如此迅速地上路，没有向你道别，更没有向我亲爱的卡罗琳[①]道别感到相当不快。但我亲爱的女儿，一想到很快就能拥你在怀，我还是感到有些安慰。拿破仑不想让我跟他去埃

229

[①] 指拿破仑的幼妹卡罗琳·波拿巴，她和奥坦丝是康庞夫人学校的同学。——译者注

及。他两个月后会派人来接我，所以，我的奥坦丝，我将很高兴地把你抱在我的怀里，并向你保证我非常爱你。"不过，实际上她还是希望丈夫能改变主意。如果不是在 5 月 18 日发现了一些据信属于英国人的舰船，她可能会成功说服他。事实证明这是虚惊一场，但这场虚惊坚定了拿破仑的决心，即约瑟芬不应该跟他同去。

5 月 19 日，破晓时分，拿破仑下达了最后命令，登上了"东方"号。在经历了一场深情告别后，约瑟芬与其他军官的妻子一起，重新回到了可以俯瞰海湾的海事厅阳台。一小时后，船帆升起。但当舰队驶出港口时，超载的"东方"号被船底拖得猛然倾斜了一下。观众们惊呼起来。尤其是约瑟芬，她的心脏一定猛跳了一下：她的丈夫和儿子都在船上。幸运的是，船很快就纠正了方向，驶入公海。伴随着铜管乐队、炮火和歌声的狂欢，舰队终于在灿烂的日光下出发了。约瑟芬站在欢呼的人群中，挥手告别了这支大约是"自十字军东征以来最壮观的远征军"。

5 月底，约瑟芬和她的同伴德·康比（de Cambis）夫人及德·克雷尼（de Krény）夫人开始向北旅行，前往位于孚日山脉的松树林中的温泉小镇普隆比耶尔。6 月 14 日，她们抵达了这个自古罗马时代就以硫黄浴闻名的度假胜地。约瑟芬下榻在马提奈特疗养院（Pension Martinet），正如她在给一位朋友的信中解释的，这是一座"非常体面的房子"，由一对上了年纪的夫妇经营，他们对彼此的忠诚让她想起奥维德笔下的费莱蒙和鲍西丝。

到这里两天后，她给女儿写了一封信：

230   我没有收到你的任何消息，我亲爱的奥坦丝。你在忙些什么，不能给爱你的母亲写信？我今天开始接受治疗。我要在这里住一个月，之后回巴黎待几天，然后去和波拿巴会合。我有他的消息了。他让我给你和卡罗琳写信，告诉你他爱你们两个，并要你们经常给他写信……我给你和卡罗琳寄了最新款的塔夫绸裙子。替我拥抱她，告诉她我爱她……我收到了你哥哥的信，他很好。替我拥抱康庞夫人，要多写信给我。我对你的爱达到了偶像崇拜的程度。[19]

正如约瑟芬在给巴拉斯的信中所言，她在普隆比耶尔"没有社交生活"。除了她的"水疗医生"之外，她几乎没有见过任何人，只能关心自己的健康。她戏谑地问他是否愿意过来和她一起治病，然后请求得到波拿巴的消息。

       我需要它。同他分开让我很难过，我被一种我无法克服的悲伤压倒。此外，他哥哥经常和他通信，他对我的态度非常差，以至于波拿巴不在我身边时我就很担心。我知道他（约瑟夫）对朋友们说了些什么，其中一个朋友给我复述了一遍，他说，只要能破坏我和我丈夫的关系，他就高兴。他是个卑鄙又可恶的人，这事你总有一天会明白的……我给你寄一封给波拿巴的信，请你赶快转寄给他。我会把我写给他的所有信都寄给你。我求你，一定要非常准时地把信给他。你知道他收不到我的消息时会对我发多大火。他写给我的上一封信非常温柔，充满了感情。他让我赶快去找他，他活着不能没有我。所以我努力改善我的健康状况，以便尽快动身去找波拿巴，我爱他，尽管他有些小毛病。[20]

1798 年 6 月 20 日，她在这个安静的小度假村的愉快生活骤然中断了。那天早晨非常平静，约瑟芬和她的同伴阿黛拉伊德·德·康比坐在那里，缝制克里奥尔妇女系在头发上的马德拉斯头巾，并与两位早起的客人，科勒（Colle）将军和拉图尔（Latour）公民聊天。康比夫人走到阳台上，喊她的女友来看楼下的街上走过的一只可爱小狗。爱好动物的约瑟芬走了过来，她的客人们也跟着来了。脆弱的阳台在他们的体重下轰然坍塌，四个人一齐从二十英尺高的地方摔落到街上。两个男人脚先着地，但两个女人摔得更惨。阿黛拉伊德摔断了腿，约瑟芬受了重伤。忠心耿耿的尤菲米娅立即被派去巴黎接奥坦丝，当地所有的名流都赶到了她的病榻前。

231

奥坦丝赶到时发现约瑟芬疑似骨盆骨折，脊柱瘫痪。她的瘀伤非常严重，尤其是手臂，甚至连叉子都举不起来，必须像喂婴儿一样喂她吃东西。她的医生对于自己收治了一个如此了不起的病人、能够在她身上展示自己的医术而感到十分高兴，他对约瑟芬进行了一系列令人看不懂的治疗，她能活下来简直是个奇迹。马提奈特医生在每天发给巴拉斯的简报中，兴高采烈地叙述当他被叫到事故现场时，如何立即给约瑟芬放血、灌肠、让她泡热水浴。在有毒的草药茶、灌肠和滚烫的热水浴之余，医生在一些专家的建议下在他的治疗手法中又添加了水蛭、樟脑敷贴和用煮熟的土豆做的外用药。甚至有人说要活剥一只绵羊，用血淋淋的羊皮把她裹起来。

治疗可能比事故本身更要约瑟芬的命。但尽管她的伤势十分严重，也尽管马提奈特医生非常热心，约瑟芬的健康状况还是开始逐渐好转。6 月 28 日，医生写信给巴拉斯："好消息。病人腰部还有些疼痛，但吃得下饭，睡得着觉。我希望她明天能够出去走走。"[21] 同一天，一个由知名人士组成的代表团来向"意大利解放者的妻子"致以问候。他们代表埃皮纳尔市（Épinal）邀请她参加一场为她举行的招待会。她和蔼可亲地回应，宣称她对埃皮纳尔居民的"尊敬和喜爱"，并向他们保证，只要她的健康状况允许，她就会出席。

尽管医生很乐观，她自己也决心去出席招待会，但她仍然感觉很糟。她向巴拉斯报告说："……我承受了很大的痛苦。我现在还是不能走路。我的身体痛得厉害。我每天都得盆浴。我要再恢复一些才能站起来洗澡，医生告诉我，只有这样才能治好我的病……我受尽了折磨。"[22] 过了将近三个星期，约瑟芬仍处于极度的不适之中，她坐或站超过十分钟腰和下腹就会开始痛。她心情很不好，而拿破仑在情书中乞求她来找他，她自己也渴望去，这使她的抑郁情绪更加严重。

232　　到 7 月底时，约瑟芬的健康状况已经可以让她按照约定前去埃皮纳尔。军乐队的演奏和大炮的轰鸣欢迎她的到来。在奥坦丝和贝农维尔（Beurnonville）夫人——一位将军的妻子，约瑟芬在大革命时期曾为她出头——的陪同下，约瑟芬走过绿树成荫的街道，攒动的人群使她心情激动。国民自卫军护送她穿过凯旋门，来到市政厅，市政厅前矗立着一座自由女神像，上面镌刻着向拿破仑致敬的铭文。约瑟芬在那里接受了献给她的一大束鲜花，市议会主席发表了一大篇讲话。当天晚上，庆祝活动在盛大的晚宴和壮观的烟花表演中达到高潮。约瑟芬在给内政部长弗朗索瓦·德·诺夫夏托（François de

Neufchateau）的信函中对这一天总结如下："我为波拿巴收到了能够想象的所有尊敬和爱戴的誓言……在这个美好动人的日子里，我唯一的遗憾是我的身体状况不允许我全身心地投入庆祝活动中……"

与此同时，远征埃及的军队传来了好消息。拿破仑浩浩荡荡地离去后，经过一天的象征性战斗，于 6 月 12 日占领了马耳他。十天后，他在海上向他的军队发表了一篇激动人心的宣言："士兵们！"他宣布道，"你们即将开启的征服对世界文明和商业的影响将是不可估量的！"[23]7 月 1 日，法国舰队望见了亚历山大港。两千年前，这座城市曾被称为世界的仓廪，出产纸莎草、乌木和香料。但当法国人登陆时，它已不再是重镇，只有六千居民。拿破仑大胆地将登陆地点选在西海湾的危险礁石上，到上午十一点，他们已经占领了亚历山大港。他向埃及人民发布的宣言是典型的大革命军队的解放说辞："……从今以后，在上帝的帮助下，任何埃及人都不能被排除在高级职位之外……那些最富智慧、最有教养和最有德行的人将执掌权柄，从而使人民获得幸福。"[24]

三个星期后，在恩巴巴（Embaba），拿破仑在一场被他称作"金字塔之战"的战斗中挑战了穆拉德（Murad）贝伊的军队。敌军——一万名马穆鲁克人——比法国人预料的要更可怕。根据一位法军军官的说法，他们每个人都是"一个骑着马的单兵军火库，而且至少有两个装备武器的仆从步兵"。他们的常用装备包括一把火枪、一对手枪、几支标枪、一把大马士革钢制弯刀"和各种战斧、尖刀和匕首"。7 月 13 日黎明时分，当马穆鲁克人向疲惫不堪的法军发起冲击时，后者惊呆

233

了。一位军官在他的回忆录中描述了这一场面，他写道：

> 背景是蓝天下的沙漠，我们眼前是美丽的阿拉伯马，马具华丽，马打着响鼻，发出咴咴的叫声，在骑兵的胯下优雅而轻盈地奔跑着，他们浑身上下的军事装备十分耀眼，镶嵌着黄金和宝石。服装色彩绚丽，头巾上饰有羽徽，有的还戴着镀金的头盔。这种新奇而富丽的展示给我们的士兵留下了鲜明的印象。从那一刻起，他们的心思就放在了抢夺战利品上。[25]

尽管马穆鲁克人打扮得潇洒神气，也很勇武，但他们缺乏组织，这意味着击溃他们并不难，法军得到了战利品。人们认为，拿破仑正是在这里说出了那句不朽的话："士兵们，四十个世纪正从金字塔顶凝视你们……"虽然这并非一场决定性的胜利，却极富感召力，"把拿破仑的名字与金字塔的魔力联系起来，由此给人的印象胜过数场胜利"。[26]几乎是在一夜之间，埃及的一切在法国都成了时尚，波拿巴比以往任何时候都更加崇高。

这些光荣的胜利故事掩盖了一个更加肮脏的现实：埃及远征军在泥泞、鲜血和疾病中已经到达了极限。埃及人民非但没有欣喜万分地迎接解放者，反而"被难以想象的恐惧所笼罩"。[27]在经历了六周的漫长航行之后，军队只能靠腐烂的腌肉、发霉的饼干和发臭的水维持生命，他们在亚历山大港登陆时生着病、饥肠辘辘、筋疲力尽。要不是他们飞快拿下了亚历山大港，他们早就渴死了。当法军重新开始向开罗迁回行进时，水成了极其稀缺的珍品，"为了几滴咸水，三十人在奔跑中被踩死……几十人失去理智，开枪自杀"。[28]

然而，7 月 19 日，拿破仑的军务被一场个人的灾难打断
了。他的秘书布列纳如是叙述此事：

> 我注意到波拿巴和朱诺单独走在一起……将军苍白的
> 脸色变得比以往任何时候都更加苍白。他的五官突然抽搐
> 起来，眼睛里流露出狂热的神情，好几次用拳头敲打自己
> 的脑袋！……大概十五分钟后，他离开朱诺，向我走来。
> 我从来没有见过他如此心乱如麻，心事重重……他破口大
> 骂："你对我并不是真心实意，否则我刚才从朱诺那里了
> 解到的情况你早就告诉我了。你有一个真正的朋友。约瑟
> 芬！而我在六百里格之外！你应该告诉我！约瑟芬——就
> 这样欺骗了我！去他妈的，我要把那群蠢货和花花公子全
> 灭了！至于她，离婚！是的，我要离婚——公开离婚——
> 公开的丑闻！……"
> ……除非人们熟悉波拿巴被激怒时的暴戾，否则不可
> 能想象他在这可怕的场面中是什么样子。[29]

234

不过，他的秘书还是坚持自己的立场。他解释说，编造和传播
谣言是很容易的事，而"指控一个不能在现场为自己辩护的
女人"很不公平。他争辩说，既然是朋友，就不该"在危险
的军事演习一开始就给指挥官增添家庭事务上的焦虑"。拿破
仑回答说："啊，我愿意付出一切代价来证明朱诺说的不是真
的！我多么爱这个女人啊！但如果她有罪，那我们就必须离
婚，永远分开。我不会让自己成为巴黎的笑柄！我会写信给

约瑟夫，让他宣布离婚。"[30]

布列纳劝拿破仑冷静一下，认为离婚是他可以以后考虑的事情，"经过适当考虑"。波拿巴同意了，但仍然心神不宁。他在给兄长的信中写道："我正经历着严重的家庭困扰，现在面纱已经完全撕破了。当一颗心被对一个人的这种矛盾的情绪撕裂时，是一种可悲的状态……我对人性感到厌恶。我需要孤独和寂寞。伟业已不再吸引我。我的情感已经耗尽、枯萎。我厌倦了荣耀。在二十九岁上，我已经用尽了一切。生活已经没有什么可以给我的了……"[31]

在同一个邮袋里，有一封欧仁写给约瑟芬的信，信中表现出与他十七岁的年龄不相称的细心和成熟：

> 我最亲爱的母亲……过去五天，波拿巴显得极为悲伤，这是他和朱诺及朱利安谈话的结果——甚至连贝尔蒂埃也加入了……从我能听到的几句来看，这一切都要追溯到夏尔身上。他和你一起坐着你的马车（从意大利）回来……你在巴黎的时候就见过他了，你和他一起去了意大利人（指意大利人剧院），去了第四阳台的包厢（私密性好的顶层包厢）。你的小狗是他送给你的，他此时此刻也和你在一起……
>
> 妈妈，你可以想见，这些话我一个字也不信。但可以肯定的是，将军深受其害。不过，他还是加倍地对我好，他似乎在用他的行动表明，子女不能为母亲的过错负责。但你的儿子告诉自己，这些流言蜚语都是你的仇人编造出来的，他仍然很爱你，渴望拥抱你。我只希望等你到这里的时候，这一切都会被遗忘……[32]

235

约瑟芬于 9 月 15 日晚回到巴黎，却接到了一个坏消息。法军舰队在阿布基尔被摧毁。拿破仑与法国的联系由此被切断，无法得到人员、武器和物资的补给，处境危在旦夕。约瑟芬在给巴拉斯的信中流露出惊恐："我昨天晚上很晚才到。我首先想到的是派信使去了解你的消息。我得知你在乡下，只怕很晚才会回来。我对马耳他传来的消息感到非常不安，所以我必须要求在今晚九点单独见你，请你下令不要再让其他人进来。"[33]

在与巴拉斯的这次会面中，约瑟芬将被告知这场战役的细节，这场战役将决定谁能控制地中海，并实质上结束了法国在东方的帝国建设。8 月 1 日午后，英国海军中将纳尔逊对停泊在阿布基尔湾的法军舰队发动了突然袭击。法军指挥布吕埃斯中将措手不及，严重缺乏准备，他试图集结部队，但他麾下三分之一的士兵滞留在陆地上收集补给，他无法从同样在陆地上的拿破仑那里得到指令。

布吕埃斯被纳尔逊打了个措手不及，被英国人极具革新性的攻击弄得瘫痪了。在几小时之内，法军的前锋和中军的船只在英国人的炮火中变成了大量引燃物。战斗在当晚十点达到了高潮，法军舰队的旗舰"东方"号被炸毁。爆炸震动了半径二十五公里范围内的一切，十六公里外的亚历山大港的夜空被照亮，五十公里外都能听到它的声音。硝烟散去后，"东方"号徒留一具燃烧的外壳。海湾的景象极为可怕，四处散落着法国人残缺的、伤痕累累的和烧焦的尸体。在大规模杀伤性武器还没有出现的年代，这种景象使战斗人员震惊无比，以至于在战斗中途引发了十分钟的停滞。但随后战火重燃，并不间断地持续了四个小时。

到这个漫长而致命的屠杀之夜结束时，布吕埃斯阵亡，纳

236

尔逊负伤。十一艘法国战舰被俘或被毁，1700 名船员丧生。"东方"号的船长路易·卡萨比安卡（Louis Casabianca）和他的儿子——"站在燃烧的甲板上的少年"的可怕命运在赫曼斯夫人①的诗篇中永垂不朽。

拿破仑对他口中的"尼罗河口之战"轻描淡写，督政府也是如此，这让法国媒体非常愤怒。然而，这场战役还是产生了广泛的政治影响。它的失败切断了拿破仑的部队与本土的联系，由此意味着在埃及的法军实际上是注定要失败的。它还在国际上引起了一场风暴。当年 9 月，屈服于英国和俄国的压力，奥斯曼苏丹塞利姆三世向法国宣战。俄国沙皇保罗在法军攻占马耳他后对法宣战，他派出黑海舰队前往地中海，经过长时间的围攻，俄军占领了科孚岛和伊奥尼亚群岛中由法军控制的其他岛屿。与此同时，那不勒斯国王斐迪南在纳尔逊的怂恿下对意大利境内的法军发起进攻。因此，以埃及战役为基石的整个外交政策计划出现了全盘紊乱。

尽管约瑟芬对身处埃及的拿破仑忧心忡忡，但巴黎生活的旋涡还是把她卷走了。有拜访要回，有约会要忙，有八卦要追。最有趣的八卦围绕着她的好朋友特蕾莎·塔利安。就像巴拉斯曾把约瑟芬安排给波拿巴一样，他现在正为特蕾莎做媒。这一情变在巴拉斯的乡间别墅格罗斯布瓦举行的盛大狩猎会上公开了。在巴拉斯的纵容下，特蕾莎带着她的新情人，大金融家乌夫拉尔来到这里。当这对情侣一同出现在乌夫拉尔的剧院

---

① 指英国诗人菲莉希娅·赫曼斯（Felicia Dorothea Hemans，1793—1835），所引诗句出自她 1826 年的诗作《卡萨比安卡》。——译者注

包厢里时，这一安排得到了巩固，后来她和这位百万富翁搬到了位于巴比伦街 685 号的新房子里。

和以往一样，约瑟芬接到了许多援助请求，最奇特的一个请求来自一位相当古怪的朋友，卡罗琳·伍尔耶（Caroline Wuiet）。她是个神童，五岁时就为玛丽·安托瓦内特表演过钢琴，后来成为一名作家，她在一首诗中赞美了约瑟芬"慷慨和迷人的精神"。她在经济上陷入困境，觉得当一个女人开销太大，穿男人的衣服会更便宜些。她爱穿男装的习惯引起了警察的反感，伍尔耶请求约瑟芬出面干预。约瑟芬答应了她的要求，并从当局那里为她争得了许可，"有时可以穿男装"。[34]

约瑟芬在重新融入巴黎的生活后，再度开设了她的沙龙。她广泛的女友圈子——维斯孔蒂夫人、德·克雷尼夫人、阿梅兰夫人、雷卡米埃夫人、德·拉梅特（de Lameth）夫人和德·卡斯特兰（de Castellane）夫人——被邀请来提供必要的优雅和美貌。另外还有一些增添戏剧性的怪人：品达①，他的口袋里塞满了他要向大家朗读的诗歌；霍夫曼（Hoffman），尽管他口吃，但他的论辩才华很了不起；范妮阿姨，刚要庆祝她的六十一岁生日。她们与督政府时代社交界最著名的文化人物打成一片：音乐家如梅于尔和凯鲁比尼；画家如热拉尔和吉罗代；演员德绍吉尔（Desaugiers）；作家贝尔纳丹·德·圣皮埃尔，他的小说《保尔与维吉妮》塑造了拿破仑对约瑟芬的看法；诗人如迪西（Ducis）和阿尔诺——后者曾陪同拿破仑一道去了马耳他，却发现打仗并不符合他的口味，于是匆忙返

237

①　这里的"品达"指的是诗人彭斯·德尼·伊古夏尔·勒布伦（Ponce Denis Écouchard Lebrun, 1729—1807），他以"品达"自称。——译者注

回了法国。她的圈子群星璀璨，以至于巴黎人都乞求能获得入场的资格。

由于约瑟芬的财务被拿破仑的兄长约瑟夫控制，而约瑟夫对她的每一个要求都牢骚不断，所以她努力与婆家保持良好关系。当时与红衣主教费什（Fesch）① 同住在巴黎的列蒂契娅夫人偶尔会主动邀她共进晚餐。家里的其他人都拒绝约瑟芬的邀请。因此，约瑟芬与波拿巴家的人见面次数并不多，但她无法回避城中流传的关于他们的八卦。这年 10 月，约瑟夫买下了孟特芳丹城堡及周围的地产，它是法国最有名的房产之一，曾是银行家杜雷（Durey）的宅邸，他的继承人因与流亡者勾结而被送上断头台。庄园占地近 700 英亩，包括草地、树林、花园和池塘。它的售价为 258000 法郎，后来约瑟夫又花了大致相同的数目对它进行装修。在被明确告知马尔梅松太贵的情况下，约瑟芬一定对这种奢侈行为感到难受——尤其是约瑟夫的财富主要来源于她丈夫的成功。

她决定再去一次马尔梅松。这回是奥坦丝和画家伊萨贝陪她。她发现她垂涎的庄园有着悠久的历史。早在十一世纪，就有记录说这里有一座坚固的田庄。到了十七世纪，它已经是一座成熟的庄园，其主人是巴黎议会的顾问，拥有“马尔梅松的领主”的头衔。尽管它的名字“马尔梅松”让人产生糟糕的，甚至是致命的联想②，但这座庄园总归很吸引人。它坐落在美丽的吕埃村的外围。这次造访激发了她对城堡的渴望，于是她着手购买它。1798 年 10 月中旬，她联系了她的老朋友，

238

---

① 列蒂契娅夫人的同母异父弟弟。——译者注
② “马尔梅松”（Malmaison）意为“坏房子”。——译者注

也就是克鲁瓦西的镇长夏诺里耶，请他作为波拿巴家和杜莫雷（du Moley）家之间的中介来购买马尔梅松城堡。谈判花了将近六个月的时间。

10月中旬，巴黎的报纸《宝柜之钥》（*La Clef du Cabinet*）报道了当时英格兰的一则传言。该传言声称，一艘法国邮轮在阿布基尔被英军俘获，船上载有法军的信件，其中包括领导人写的一些信。尽管海军中将纳尔逊诚恳地保证"所有非军事通信——机密的、个人的或情书——都将被释出并邮寄到相应的地址"，但这些信的内容还是在11月被公开发表了。《晨间纪事报》（*Morning Chronicle*）的一篇社论抱怨说，公开这些信件对"我们内阁的道德操守没有什么好处"。尽管对这种"兜售丑闻的行为"感到惊恐，但社论作者还是详细描述说："被缴获的信件中，有一封是波拿巴写给他哥哥的，对他妻子的外遇表示心痛不已。另一封是小博阿尔内写的，表示他希望自己亲爱的妈妈不像别人描述的那样风流……"[35]巴拉斯劝说大多数法国期刊不要重印这两封信，但由于《晨间纪事报》的法文版已经面世，损害已经造成。到了12月，全法国都知道拿破仑晓得了夏尔给他戴绿帽的事。波拿巴夫妇的婚姻裂痕成了一桩公开的丑闻。

拿破仑的报复和他所受的屈辱一样是公开的。他立刻和另一个女人发生了关系。在他与秘书布列纳的共同谋划下，"六个因美貌而被极力推荐的亚洲女子被召集前来，供将军审查"。[36]她们奢华娇娆的美并不吸引波拿巴。他偏爱"修长而优雅，身穿雪白的长裙，走在花园的林荫小道上"的女人。换句话说，是约瑟芬。最接近的人选是波丽娜·富雷斯（Pauline Fourès）。她刚和波拿巴的一位副官结婚不久，为了和丈夫在一起，她在土伦时偷穿了她丈夫所在团的军装，悄悄跟着来了。尽管有这一冲动的行为，她和她丈夫之间的关系并不牢靠，因此当这位年轻的金发美人在一次晚宴上见到拿破仑时，便倒向了他的魅力。她的丈夫很快就被派去出海执行一项督政府的任务，波丽娜则被安置在拿破仑官邸的隔壁。

239　　据布列纳说，"关于此事的流言蜚语在总部传得沸沸扬扬"。[37]这事搞得人尽皆知，以至于当波丽娜倒霉的丈夫被一名英国上尉俘房后，人家很快就把他放回了埃及，只是为了好玩。拿破仑别无他法，只好安排两人离婚。摆脱了婚姻的束缚，年方二十的波丽娜——现在的绰号是"东方圣母"——毫不掩饰地沉浸在他们的关系中。在波拿巴部下的欢呼声中，她穿着合身的白色马裤，身披绣金天蓝色大衣，头戴羽帽，骑着一匹与波拿巴的坐骑相配的白色阿拉伯马。这种公然的抛头露面让约瑟芬的儿子欧仁很为难，他也正好是拿破仑的副官。他多次被迫骑马护送这对情侣乘坐的马车，直到"再也无法忍受这种情况"[38]，他申请调岗。这引发了他与继父的激烈争吵，结果是拿破仑收敛了他"与这位有争议的女士的公开散步"。

　　拿破仑在埃及一直停留到阿布基尔战败后的一年零两周。"尽管有这些戏剧性的事件和英勇的成就"，历史学家克里斯托弗·赫罗德（Christopher Herold）称这一年为"虚构之年"。[39]拿破仑声称自己控制了埃及，但他实际上从未控制过多少重要城市，而且在奥斯曼苏丹对他宣战后整整三个月，他仍假称自己在埃及是受到苏丹的赞成的。他在给督政府的信中欣慰地写道："我们这里什么都不缺。我们精力充沛、身体健康、热情高涨。"[40]尽管他的军队中有三分之一的人患有"埃及眼疾",许多人感染了梅毒和淋病,12月还暴发了鼠疫,但他还是如是报告。

他征服叙利亚的决定也是不走运的。此行可怕地开始于雅法,这座城市在一场强奸和杀戮的狂欢中被洗劫一空。两千多个已经投降的人——包括儿童——被带到海滩上,被枪决、刺刀刺死或溺毙。对阿克的围攻在绝望的两个月后以失败告终。在他的13000名士兵中,至少有2200人阵亡或死于瘟疫,2000多人受伤或生病。尽管如此,返回埃及时的拿破仑看起来仍像是获得了一场胜利。战利品和战俘被送往开罗,同时还有光荣的公报。一位埃及远征军的平民成员在描述这场战役的恐怖时写道:"我所附上的总司令的报告将向你证明,一个人在政治上必须撒多少谎。"[41]

拿破仑在埃及战役中的最后一次战斗证明了此人在信中的观点。7月15日,土耳其军队(就是他在公报中宣称已经消灭的那支军队)在阿布基尔登陆。十天后,拿破仑以约一万人的兵力袭击了仍盘踞在海滩附近的土耳其人,并把他们中的许多人赶进海里并溺毙。他把这一景象描述得可怕而美丽。通过大肆夸大敌人的数量,拿破仑的报告把一个"必然的结果变成了一场壮观的胜利"。[42]

就在这次战役后不久,在一次例行的交换俘虏的过程中,拿破仑得到了一批来自欧洲的报纸。它们刊载的消息是爆炸性的。奥地利已于3月对法宣战,奥军正在把法国人赶出德意志地区。与此同时,俄军和奥军在陆军元帅亚历山大·苏沃洛夫的带领下,正在意大利击溃法军。拿破仑立刻意识到,"果实终于成熟了"。他计划秘密返法,此事只有他身边最亲密的圈

240

子知道。1799 年 8 月 18 日，他带着几名最亲近的副官出了开罗城。当海岸上没有英国船只时，他从亚历山大港出发，中途在他的故乡阿雅克肖短暂停留——这是他此生最后一次见到他的出生之地。在他抵达弗雷瑞斯之前，还传来了他最新的捷报。

拿破仑在启程前往埃及之前曾说："真正的征服，唯一不留遗憾的征服，是那些战胜了无知的征服。"此言巧妙地概括了埃及战役。虽然法军在他离开后对埃及的统治只维持了两年，但在学术和考古发现方面，这场战役可以说是取得了明确的成功。拿破仑的科学委员会包括工程师、制图师、物理学家、化学家、数学家、天文学家、地质学家和考古学家，他们摆脱了法国首都的纷扰，工作蓬勃展开。他们辛勤劳动的成果就是在 1809 年至 1828 年间陆续出版的二十四卷《埃及记》（*Description of Egypt*），一部图文并茂的皇皇巨著。

正是在考古领域，拿破仑的埃及战役为自己留下了最永恒的遗产。一位法国上尉偶然发现了一块花岗岩，上面用三种语言——希腊文、埃及通俗体文字和象形文字——镌刻着一份宣言。他发现的是公元前二世纪的罗塞塔石碑。此碑将为破译埃及象形文字提供一把钥匙，于是一门新的科学诞生了。埃及学的另一个催化剂是由波拿巴提供的，他命令德赛（Desaix）将军追击穆拉德贝伊，并征服上埃及地区，一直到阿斯旺以南。这场史诗般的战役持续了十一个月，行程超过三千英里。它发现了丹德拉、卢克索、卡纳克和国王谷的遗迹，以及令人肃然起敬的底比斯——这让整个师自发地鼓掌并演奏起了音乐。这种种景象都被昔日的色情小说家维旺·德农（Vivant Denon）

绘制成了著名的素描和图画，他的作品让欧洲人第一次见到了古老的文明，这一文明时至今日都令人心潮澎湃。

与此同时，约瑟芬经历着一桩接一桩的丑闻。这一次是她与博丹公司的瓜葛引起了轰动。战争部对该公司的调查导致了公司严重的财政困难，博丹本人也被捕入狱。在六个月的时间里，大小报纸上充斥着该公司卑劣行径的细节：马匹不适合服役，肉——腐烂而生蛆——完全不能给人吃。更糟糕的是，没有拿到钱的供应商现在威胁要采取法律行动。自己的妻子卷入一桩暴利者的丑闻，此事会进一步激怒拿破仑，尤其是因为他曾形容军队投机商是"军队的祸害和麻风病"。约瑟芬不愿意也无法求助于拿破仑，于是再次向巴拉斯求援。在 1799 年 6 月 21 日的一封信中，她写道："今天会有一份关于博丹公司的报告提交到督政府，我恳请你为他们出面干预。我本不愿让你从更重要的职责中分心，但该公司正处于十分严峻的困境中，它要是没有强有力的扶持便无法生存。"[43]

但即便是巴拉斯也无法挽救博丹公司的破产。这给约瑟芬带来的财务焦虑和名誉危机，使她和她的同伙兼情人伊波利特·夏尔之间出现了一些嫌隙。在夏尔的商业文件中发现了一封约瑟芬写给他的信，此信以惊人的讲求实际的口吻结束："……所以，我现在请你给我一点时间，就一件对我来说很重要的事情和你谈谈。你可以放心，这次面谈就是最后一次，此后你不会再因我的信或我本人的出现而烦恼了。一个有自尊心的女人发现自己成了欺骗行为的受害者，就会一言不发地安静退出……"[44]

夏尔是如何回复这封不高兴的信的，一直不得而知，但它确实激起了约瑟芬的痛苦，以至于她把这封愤怒的信寄给了自己的克里奥尔闺密德·克雷尼夫人：

242　　　　亲爱的，请你帮我读一读所附的信，这封信在这个关头寄给了我——然后请这个写信的人到你那里去，试着调查一下写这封信的动机是什么。我觉得它如此无理而不当，以至于我连回信都不屑。当然，我并没有做任何可以自责的事，在我看来，很明显，这意图是要公开断绝关系。我觉得此意由来已久，但应该采用比这更直接、更不虚伪的方法。亲爱的，请原谅我这样来麻烦你，但你可以想象，把我的痛苦强加给你，我也非常难过。这也证明了我是多么地依赖你的友谊啊。我太不幸了！[45]

在约瑟芬丑闻不断的生活中，有一个慰藉：她买到了马尔梅松城堡。她究竟是怎么凑齐 50000 法郎的首付的（转让契据上显示的售价为 272000 法郎），至今仍是一个谜，特别是约瑟夫还在不断克扣她的津贴。她很可能变卖了自己的一些珠宝，剩下的钱从巴拉斯或金融家乌夫拉尔那里借。无论是怎么办到的，筹集资金都是一场规模浩大的斗争，会让不如约瑟芬那么顽强的人望而却步。马尔梅松不仅仅是她一时的心血来潮。这是她在法国拥有的第一个家，她为此投入了她一生中最伟大的爱，它是安全和稳定的避风港，是她心灵的家园。

马尔梅松在方方面面都让人忆起拉帕热里庄园。它位于巴黎下游十英里处的吕埃村附近，占地 300 英亩，由连绵起伏的草坪、林地、葡萄园和农田组成，旁边是银丝带般的塞纳河。许多年来，马尔梅松经约瑟芬的扩张和美化而面貌大改，但当她刚买下它时，这里还是一个充满乡村魅力的小庄园。与波拿巴的兄弟们在名流经常光顾的乡间一掷千金的奢华大宅不同，马尔梅松更像是一座庄园而非城堡。它实际上是一片农场，住着众多佃户，到处是麦田和马厩，有十几头牛和150只产毛绵羊，还有各种猪和家禽。它有可能像她童年时代的种植园一样自给自足，只是它最重要的产品不是糖而是葡萄酒，它以可观的价格卖给当地的经销商。

由于房款中包括了全部家具，她可以即刻入住，当年4月她搬了进去，此时正是马尔梅松风景最美的时候。随着时间的流逝，约瑟芬发现自己在马尔梅松度过的时间越来越多，尤其是当后来巴黎已经不欢迎她时。负面新闻给她造成了损害。在首都的一次名流夜宴上，塔列朗对她爱答不理，这让她十分懊恼。她担心如果不是有某种迹象表明拿破仑要把她扫地出门，塔列朗是绝对不敢这样做的。她的被害妄想越来越严重。她退居马尔梅松，身边只有家人，以及夏尔，他们已经和好了。这是危险之举。他俩经常被人看到在庭院里散步，有个目击者误把他们当成了一对母子。

约瑟芬觉得自己四面受敌，1799年下半年，她的行为极其无常。她一方面肆无忌惮地炫耀自己和夏尔的情事，另一方面又试图维护自己的政治地位。为此她开始竭力巴结下一任督政府主席、热心的共和主义者路易-热罗姆·戈耶（Louis-Jérome Gohier）。他时年四十五岁，身材高大，威风凛凛，他可能希望约瑟芬的示好不仅仅代表友谊。毕竟勾搭到她可算是一桩情场大胜，而戈耶在他严肃的外表下以卡萨诺瓦自居。那年夏天，她轻佻地和他保持距离，当她就自己的感情问题向他征求意见时，他无疑是别有用心地建议她与夏尔分手。当她向

243

他保证他们只是朋友时，他坚持说"在世人眼中，你们的关系是引人生疑的"。戈耶认为，如果她不愿放弃夏尔，那就必须和波拿巴离婚。

然而，约瑟芬无法也不愿掰扯清楚自己的处境。她继续左右为难，极力支撑着自己的地位。她又一次联系了巴拉斯：

> 自从住到乡下以来，我变成了一个非常土气的隐士，外面的广阔世界让我害怕。此外，我过于不幸，以至于不想成为别人怜悯的对象。我只想见你——我亲爱的巴拉斯——你爱你的朋友，即使她处在逆境之中。所以请你告诉我你打算哪天请我吃午饭。我会专门为此从马尔梅松赶来，早在早上九点就可以和你见面了。我必须和你谈谈，我需要你的建议。看在我是波拿巴的妻子，也看在我们的友谊，你和我的友谊……[46]

巴拉斯和他的圈子仍然对她忠心耿耿，约瑟芬每每在首都时，就会躲到他们那里去。一个当时的人回忆说，大约这个时候在卢森堡宫见到了她：

> 一位个头中等、极其优雅的女人挽着戈耶的手臂走过：这是波拿巴夫人——约瑟芬——后来成为法国王后的人！她从德·斯塔尔夫人身边经过时，朝她深深地鞠了一躬。她一走进巴拉斯的沙龙，他就起身去迎接她，并拉着她的手把她引到一张扶手椅上。塔利安夫人走过来，坐到了她身边。她们当时是非常亲密的朋友，没有任何迹象表明，仅仅几个月后，她就将主宰现在由塔利安夫人统治的沙龙。[47]

1799 年 10 月初，奥坦丝给欧仁写信。很明显，这封信写来是想让其他人——包括拿破仑——读到的，它叙述了她和母亲在巴黎及城郊的颇讲道德的生活：

> 妈妈买下了圣日耳曼附近的马尔梅松。她在那里过着深居简出的生活，只见康庞夫人和她的外甥女奥吉耶姐妹，她们经常和我一起去。自从你们两个人走后，她只举办过两次大型晚宴。督政官们和波拿巴家的人都被邀请了，但后者总是回绝。就连路易也拒绝和我们在一起，从不来看我们。他们当中只有波拿巴夫人对我们友好，我们当然也对她给予了极大的关心……我向你保证，妈妈对波拿巴家的人排斥她感到非常苦恼，我知道这一定会让她的丈夫感到烦心，她非常爱她的丈夫，我敢肯定，如果妈妈能确定联系到他，她一定会过去的，但你知道现在这是不可能的……[48]

约瑟芬给这封信加了一个相当神秘的附言，说她非常盼望见到他们。"我全心全意地爱着你，我亲爱的欧仁，我无时无刻不在想你。我等待着与我所爱的人重逢的那一刻。如果波拿巴能平安归来，还像他离开我时那个样子，我就别无所求了。对我来说，他一直都应该是这样的。亲爱的欧仁，想想你们两个不在我身边给我带来的痛苦吧。为了母亲和妹妹，你要好好照顾自己，她们都非常爱你。"无论她关于她自己和波拿巴的话是什么意思——是在否认他们婚姻的不稳定，还是在隐晦地请求休战——都不重要，因为波拿巴和欧仁都不会在埃及收到这封信了。她写信的那一天，两人就已经在返回法国的路上了。

245

* * *

10 月 10 日，约瑟芬正在戈耶家吃晚饭，有人送信来，说拿破仑抵达弗雷瑞斯。她告诉戈耶"不用担心波拿巴是作为自由的敌人而来的"[49]，随后便匆匆离去，连饭都没吃完。她大声说："我要去见他。我必须赶在他的兄弟之前到他那里，他们一直恨我。"次日早晨，天刚一亮，约瑟芬便飞快地上路去迎接她的丈夫，身边一个女仆也没带，只由奥坦丝陪同。然而，尽管她拔腿就走，拿破仑的兄弟们却跑得更快。在去里昂的路上拦截波拿巴的竞赛中，他们走在了她的前面，所以她这一路走得绝望而焦急。

尽管心乱如麻，奥坦丝还是注意到拿破仑归来的消息在法国民众中引发的狂喜：

> 当时法国正处于极其难堪的困境当中。所有的手臂都伸向将军，所有的希望都寄托在他身上……每座城市和村庄都竖起了凯旋门。当我们停下来换马的时候，人们会围着我们的马车问，救世主（全法国都这么喊他）是不是真的回来了？在意大利失守，财政枯竭，督政府没有能力和权威的情况下，将军的归来被视作天赐的洪福。从弗雷瑞斯到巴黎的路上，连绵不绝的掌声让他和他的敌人都看到了法兰西对他的期许。[50]

迎接他归国的热情让拿破仑相信时机已经"成熟"。他在旅途中抽空出席了一场名为《英雄归来》的戏剧演出，此举旨在巩固他在集体意识中的形象，是一个娴熟的公关姿态。随着他登陆的消息流传开来，民众冒着早降的严寒和大雾聚集在一起，用火把照亮他前往首都的道路。每到一处驿站，欢呼雀跃的村民都用旗帜和音乐向他致意。当他接近巴黎时，气氛更趋狂热。他进入首都时燃放了烟花，人群的兴奋让人忆起大革命刚开始的时候。军团乐队在大街上游行，成群结队的士兵和平民跟着他们。戏剧表演被"共和国万岁！波拿巴万岁！"的呼号打断。大街上，完全陌生的人拥抱在一起，一个不幸的市民被喜悦冲昏了头脑，据说他因心脏病发作而死。

约瑟芬撞了霉运：拿破仑一行人在里昂转乘了一辆快车，以便尽早到达巴黎。更糟糕的是，他走的是西边经过波旁内斯（Bourbonnais）的路线，而约瑟芬走的是东边经过勃艮第的路线，其不幸的结果就是他比她早两天抵达巴黎。因此，当10月16日早晨六点，拿破仑的驿车停在胜利街的居所前时，约瑟芬不见人影。洛尔·朱诺①写道："这次还家对他的影响是深远而可怕的。"他将妻子的缺席解释为"她承认自己不配见丈夫的母亲和妹妹们，承认她害怕面对她所辜负的男人"。[51]

令欧仁绝望不已的是，约瑟芬的来迟被她的敌人，波拿巴一家给利用了："他们抓住了这个把柄，利用她不在的机会，进一步中伤她在丈夫心目中的形象，毒害他的思想，使他厌恶她。"[52]这正是列蒂契娅·波拿巴和她的女儿波丽娜·勒克莱尔、伊丽莎·巴乔基以及她在场的儿子们正在干的事，他们利用了拿破仑的恐惧，即约瑟芬已经投入夏尔的怀抱，不再爱他，或许从来都没有爱过他。波拿巴早先曾表现出想要原谅妻子的迹象，但现在他变得非常激动，对他的朋友皮埃尔－弗朗

右侧页码：246

---

① 即佩尔蒙夫人的女儿洛尔，阿布朗泰斯公爵夫人。她于1800年和拿破仑的副官安多什·朱诺结婚。——译者注

索瓦·雷亚尔（Pierre-François Réal）痛心疾首地说："从埃及归来的战士和从特洛伊围城战归来的战士有一个共同点：他们的妻子都表现出了同等的忠诚。①"[53]

拿破仑在他一生中的绝大多数领域非常果决，步履稳健，但在和约瑟芬的关系上却一反常态地优柔寡断。正如一位历史学家所写的那样，"拿破仑对约瑟芬的痴心，对她的爱和热情，是不容易被他作为君主的头脑和逻辑影响的……她仍然纠缠着他的肉体"。[54]在抵达巴黎的当天晚上，作为一位归国的军队将领的职责，拿破仑去见了督政府的代表，巴拉斯和主席戈耶。巴拉斯始终是个实用主义者，他只建议拿破仑"对此事进行哲学思考"。戈耶对约瑟芬的行为谈得少，对离婚一事的政治后果谈得多："法律允许离婚，但社会上对此是不赞成的。对于一个担任公职的人来说，离婚是个污点。一个人在公共领域的良心是由他的私生活和个人道德来判断的。婚姻状况是一个杰出的政治人物向社会提供的又一重保障。"[55]

第二天，拿破仑去找他社交圈里的人寻求建议。他先去拜访了约瑟芬的朋友，与她同为克里奥尔人的阿梅兰夫人。若他想着她会背叛自己的老友，那就要吃惊了：她为约瑟芬的德行辩护，还提醒他当年因为和她结婚而得到的好处："你的敌人因为她优雅的风度放下武器，叛乱的贵族与你修好，年轻的持异见者被她吸引到你这边。"[56]布列纳也为约瑟芬说好话，拿破仑的朋友，金融家让-皮埃尔·科洛（Jean-Pierre Collot）也是一样。当拿破仑说约瑟芬被他休弃是罪有应得时，科洛回答：

---

① 这里用了阿伽门农与其妻克吕泰涅斯特拉的典故。后者在丈夫远征特洛伊期间和埃吉斯托斯有私情，并因丈夫献祭女儿伊菲革涅娅一事怀恨在心，在丈夫凯旋后将其谋杀。——译者注

我没法回答你的问题，但我要问你另一个问题：你现在办这事合适吗？为法兰西考虑考虑吧！她的眼睛盯在你身上。法兰西现在希望你集中时间，集中思绪，集中精力保卫她的安全。如果她看到你搅和在家庭纷争里，对你的光辉形象是损害，你就会变成莫里哀喜剧里的那种滑稽丈夫。先不要去管你妻子的错处，不要去想它。如果你还是对这种情况感到不平，可以稍后再处置她……你太熟悉我们的道德氛围了，肯定会意识到不能以一个荒唐的角色在国家舞台上进行你的政治首秀。[57]

拿破仑难以自抑，打断了他朋友的话："不行！我心意已决——她绝不能再踏进这所房子半步！……人们顶多说上一两天的闲话，到第三天就忘了。现在我们正在酝酿一件惊天大事，区区一桩婚变有什么大不了的？……我妻子会搬去马尔梅松。而我留在这里。广大民众对事情的原委足够了解，不至于在分居的原因上受骗。"科洛继续宣扬妥协，拿破仑则回以一连串的谩骂和诅咒。科洛评论道："你的这种狂躁使我相信你还爱她。她会来找你，为自己开脱，然后你会原谅她，你俩重归于好。""我原谅她？"拿破仑吼道，"你竟如此不了解我！如果我对自己没有把握，我就把这颗心从我的胸中挖出来，扔进火里去！"波拿巴几乎因愤怒而窒息，他紧紧抓住自己的胸膛，好像要把它撕开，布列纳觉得这个动作深刻地表现了他的痛心和他激动不已的状态。

248

那天深夜，十二点左右，约瑟芬回到了胜利街。她一眼就看见自己的所有东西都被打包装箱放在门房里。表情尴尬的看门人告诉她，拿破仑已经下令不许放她进去。一番撕扯后，他终于让她进去了。她跳下马车，扑进儿子的怀里。稍后她跑上楼去，发现自己的卧室空空如也。她的侍女告诉她，将军在他的书房里。但当她穿过大厅，发现书房的门已落了闩、上了锁。约瑟芬和德·雷米扎夫人讲过那一夜的传奇故事，后者回忆说："她呼喊着波拿巴，哀求他开门。将军隔着门对她说不可能再给她开门。然后她双膝跪下，泪流满面，以她自己和她孩子的名义恳求他宽大为怀。但回应她的唯有沉默。整栋房子里只有她的声音，几个小时过去了，仍是一片死寂，只有她在啜泣。"[58]

"啊！眼泪！女人唯一的武器。"[59]拿破仑如是说。他说对了一部分。眼泪当然不是约瑟芬"唯一的武器"，但是她最令人难以招架的武器。的确，她哭的次数多，眼泪的量也大。意大利战役时的一个随员说她一天要哭两三次。如此随便地诉诸眼泪，今人可能会感到愤慨，但约瑟芬是那个好哭的时代的产物。在十八世纪，哭泣不仅是表达悲哀的一种方式，更是一种社交技能，一种生活的艺术。"眼泪是强有力的演说家"，它能表达很多事情。受卢梭"哭泣能使人复归身体和自然"的信念，十八世纪多愁善感的风尚要求男男女女高兴时哭，伤心时哭，恋爱时哭，分手时哭。伏尔泰每每听到悲情故事便泪如雨下。那个时代的小说，从卢梭到歌德，都是泡在眼泪里的，启蒙时代的精英们聚在沙龙里，为一个好故事一同流泪，而在剧院里"哭泣是严格规定的"，一台戏剧终了，若是观众没哭，则会被认为是失败之作。不光哭泣重要，这哭被人看见也很重要。即便是在英国——后来以不动感情闻名——哭泣也是广泛的风尚。在一场下议院辩论中，两个主角，福克斯和伯克

泪飞如雨，而华兹华斯第一首公开发表的诗歌题为《目睹海   249
伦·玛丽亚·威廉姆斯小姐为一个悲情故事落泪，有感而作》
(On Seeing Miss Helen Maria Williams Weep at a Tale of Distress)。

当时人们认为这种多愁善感在女性身上尤为发达。哭泣着
实是一种技能，以至于妇女们会憎恨那些在这方面比她们强的
人。好脾气的英国作家范妮·伯尼津津乐道地记录了她在宫廷
中泪迹斑斑的经历，她对一个能哭得更打动人心的女人很是不
满。眼泪是女人的神秘感和情感的一部分。对那个时代的男人
来说，没有什么比一个流着眼泪的女人更具诱惑力。一位作家
赞叹道："当情人的眼睛里盈满泪水时，是多么迷人而可爱
啊。"[60]女人流泪的诚意不如流泪的能力重要，正如加利亚尼
（Galiani）神父所言，"她们的眼泪，无论出于真情还是假意，
都在撕扯着我们的心"。[61]哭泣展示了她的敏感，也是爱情和欲
望的戏剧性场面的内在组成部分。

哭泣不仅受到推崇，而且还被色情化。萨德侯爵笔下的女
主人公朱斯蒂娜发现她的泪水会激起强奸犯们的欲望。拿破仑
自己也有虐待狂倾向，他曾说，没有什么东西比"胭脂和眼泪"
更能为女人增色。和他那一代人一样，在歌德和卢梭泪痕斑斑
的小说中成长起来的拿破仑，时常也会为情人哭泣的场面动容
和兴奋。因此，约瑟芬和她一直以来的眼泪对他来说代表了典
型的女性，她的泪水是她女性气质的内在表现。正如普雷沃斯
特（Prévost）神父所写，眼泪具有"无限的甜蜜"。当她那双长
睫毛的大眼睛盈盈有泪时，当泪水优美地流淌在她那张细瓷般
的脸上时，她的形象非常魅惑人心，难怪约瑟芬制定了一套完
整的哭泣策略，拿破仑自己也承认这种策略很成功，他说：
"……当她开始哭泣时，她认为自己已经达到了目的。"[62]

＊ ＊ ＊

但令约瑟芬无比震惊的是，这次她哭也无用了，这在他们三年的婚姻生活中是头一回。在地板上精疲力竭地匍匐了一夜，又是哀哭，又是恳求，又是乞怜，约瑟芬最终准备认栽了。天明时分，她站起身来，走下楼去。她遇见了自己的女仆，后者建议她对冷酷无情的拿破仑再发动最后一次攻势，但这次要拉上奥坦丝和欧仁一起。德·雷米扎夫人回忆说："孩子们的恳求动摇了波拿巴铁一般的决心。尽管他冷着一张脸，但通红的双眼出卖了他——他也哭过了。将军张开双臂拥抱了欧仁。约瑟芬和奥坦丝一边一个抱紧他的膝盖。很快，他完全原谅她了。"

250

波拿巴在和科洛的一次谈话中给出了他眼中此次事件的版本，记录者是布列纳：

> 永远不要认为我原谅了她。我向你发誓我从未原谅她！她来的时候我叫她滚出我家——但是，科洛，当她流着眼泪离去，走下楼梯时，我看见奥坦丝和欧仁跟在她身后，也在小声啜泣，我能做什么呢？我的心生来不能忍受哭泣的声音和景象。欧仁同我一起远征埃及，我已经把他视作我的养子。他是多么勇敢，多么好的一个年轻人哪！而奥坦丝才刚要在社交界露面，每个见过她的人都赞美她。科洛，我承认，我被打动了。我不能忍受那两个孩子的呜咽。我扪心自问，他们的母亲犯了错，应该牺牲他们吗？我伸出手去，抓住了欧仁的胳膊，把他拉进我怀里。然后奥坦丝和她母亲也转身走上台阶来。我什么也没说。还能说什么呢？生而为人，就无法不继承人类的弱点。[63]

那天早晨，拿破仑的弟弟吕西安来到他家，一眼撞见哥哥和嫂子一块儿在床上，绸缪缱绻，"完完全全，毫无疑问重归于好了"。

波拿巴夫妇婚姻中这一分水岭式的戏剧性故事——无疑被所有记录它的人渲染过——包含着一个深刻的事实：这次和解的确是夫妇关系的转折点。波拿巴对她的眼泪和哀求的抵抗力，在楼梯上的那个可怕的夜晚，使约瑟芬受到了直击内心的震撼。她知道，她差一点点就失去拿破仑了，失去他们的婚姻提供给她的地位和安全感。夫妇关系中的权力对比发生了不可逆转的变化。两人都变得比此前稍有不同了，他们的伴侣关系从此以不同的条件重新谈判，变得更加有利于他。拿破仑对她也许不再那么浪漫和纵容，约瑟芬也再不能把他的爱视作理所应当之事。这个曾经"把她当作神灵一样崇拜"的男人，不再高高捧着她了。从此时起，她将不得不为君心长留而努力。他妥协的条件很明确，她再不会对他不忠了。约瑟芬情愿做此牺牲。

251

第十三章　雾月

对波拿巴来说，爱国主义不过是其野心的幌子……

——蒂埃博

　　波拿巴夫妇在经历了跌宕起伏的和解之旅后，几乎还没来得及喘口气，就要面临他们迄今为止遭遇的最严峻的挑战：拿破仑的权力争夺。尽管这对法国的政治平衡、政府和拿破仑自己的命运构成了威胁，但事实证明，它巩固了波拿巴夫妇的感情。在拿破仑发动政变前的紧张日子里，这对夫妇为了同一个政治目标携手奋斗，几乎无暇纠结于过去的疏失。约瑟芬现在已经没有机会再沉浸于失去伊波利特的悲痛当中。她曾享受权势和商场带来的兴奋，而现在被强行提醒了拿破仑作为她的丈夫为她提供了什么。拿破仑则看着妻子忙于施展魅力和打点人脉关系，对她的任何残存的疑虑都迅速消失。他意识到她是多么巨大的政治和社交资产，他可以自喜做出了正确的选择。

　　史诗般的政治大戏最终引向了雾月政变，激烈的斗争在三个星期的时间内展开。与民众的欣欣鼓舞形成鲜明对比的是，督政府在得到拿破仑归来的消息时，态度十分矛盾。的确，他们要求他回国，但拿破仑早在督政府的命令到达之前就自己离开了埃及。他相当不管不顾地留下了他的部队，作为总司令，这意味着他把他的军队抛弃了。这是一种叛国行为，至少从法律上讲应当被判处枪决。

因此，拿破仑在 10 月 17 日正式访问卢森堡宫时有点紧张也就不足为怪了。尽管他是一位广受拥戴的英雄，但他看起来并不很具威胁性。出现在督政官们面前的是个疲惫不堪的瘦弱青年，肌肤被太阳晒成了古铜色，身穿便衣和马裤，身上唯一的华丽物件是一条丝绸腰带，上面挂着一柄土耳其马刀。督政府安心于他低调的举止和外形，决定忽略波拿巴的行为和他那结结巴巴的、显然不能让人信服的借口。（有位副官建议枪毙他，被喊了下来。）他的威望实在过高，枪毙他无异于政治自杀。

在挽救了这一相当棘手的局面后，拿破仑再次扮演了从前停留在巴黎时对他大有裨益的角色：离群索居、不问政治的军人。晚上，人们可以看到他和妻子两个人下双陆棋，一副共和主义人士的正直形象。他每天都以严谨公正的姿态接待来自各个团体和派系的访客——他们都希望把他拉拢到自己的计划当中。雅各宾派和共和派都把他当成自己人。保王党也希望争取他的支持，因为他们意识到了他对旧制度的氛围的偏好——他对约瑟芬的爱清楚表明了这一点。拿破仑巧妙地操纵了他们所有人，让他们觉得他的目标和他们是一致的，他能够成为，也将成为时势之英雄。

与此同时，他一直聚精会神地听着周围的响动。他发现，密谋推翻腐败政府的计划不止一个，而是有好几个。他意识到自己必须迅速行动起来。他自然而然地倾向于同巴拉斯合作，但巴拉斯明确表示自己并不把年轻的小弟当作一位政治领袖来认真对待，他碰了壁。于是，拿破仑选择了背叛他的大哥，表面上和大哥共谋，私下里却做出了其他安排，这一选择对巴拉斯

253

将是致命的。拿破仑考虑的下一个盟友是叛教神父埃曼纽埃尔-约瑟夫·西哀士（Emmanuel-Joseph Sieyès），西哀士是督政府的成员，也是小册子《什么是第三等级？》的作者，这本小册子是大革命的导火索之一。西哀士已经争取到了拿破仑的弟弟，五百人院的议长吕西安和他的导师塔列朗的支持。

　　西哀士这一派可说是温和派，其目的不是要摧毁共和国，而是要巩固共和国。然而，西哀士仍然缺乏一把"剑"：若是没有军队的支持，任何政变都不可能成功，军队现在已经取代了政府在大革命早期召集的起义者。他需要一个既能夺权，又不至于将权力据为己有的军方人士。但问题在于拿破仑和西哀士互相讨厌。拿破仑无法忍受"那个死人一样的教士"作为知识分子的自命不凡，西哀士则对波拿巴既害怕又不信任。他们对彼此的讨厌意味着谁也不会先迈出第一步。幼稚的游戏接连上演。波拿巴在一次晚宴上对西哀士不理不睬，激怒了西哀士，而西哀士则对波拿巴派来的一个安排会议的信使不理不睬，以此轻蔑波拿巴。两颗愤怒的自尊心最终被塔列朗安抚了下来，由于时间紧迫，塔列朗出手进行干预。两人最终达成和解。拿破仑加入了。

　　这是一个不稳定的联盟。每个人都有自己的算盘，每个人都对其他人怀有一定程度的敌意。西哀士把自己想象成这场密谋的引领者，巴拉斯则沾沾自喜地认为自己是主要操盘手。富歇和塔列朗是为了金钱、权力以及对搅弄风云本身的热爱。波拿巴冷眼旁观他们互相欺骗，然后把他们所有人都骗了。正如一位历史学家总结的："从来没有一桩阴谋的主要参与者交集如此之少，对彼此如此不信任，并在模棱两可的合作话语下如此小心翼翼地掩盖自己的意图。"[1]

由于胜利街是这桩阴谋的总部，约瑟芬不可避免地卷入了这一阴谋。就像两位历史学家所写的那样："在约瑟芬的晚宴吊灯的光芒下，督政府被谋杀了。"[2]她的沙龙为各类阴谋家的秘密往来提供了完美掩护，他们从波拿巴家到西哀士位于卢森堡宫的寓所，再到塔列朗府上，来回穿梭不停。由于她主持的聚会吸引了所有的达官显贵，波拿巴很容易利用这些场合来说服那些需要拉拢的要人，把他们悄悄地拉到他的书房里，在那里做大买卖，而沙龙里通常爱谈的时尚和八卦话题则消除了那些必须保持无知的人心怀的疑虑。但恰如菲利普·德·塞居尔（Philippe de Ségur）所言，约瑟芬提供的远不止是打掩护。"她的谨慎，她的优雅，她的温文举止，她的冷静沉着，她的机敏和智慧都起到了很大的作用。"她证明了波拿巴重新信任她是明智之举。

约瑟芬和所有参与这项谋划的人一样，被分配了具体的任务。波拿巴需要她来勾住贝尔纳多特将军（此时他已和被拿破仑抛弃的初恋德茜蕾·克拉里结了婚）。两人在情场和政坛上都是对头，互相看不顺眼。波拿巴认为贝尔纳多特是个虚张声势的小丑，贝尔纳多特则利用一切机会提醒所有愿意听他讲的人：拿破仑是一个抛弃军队的叛徒。当贝尔纳多特迅速成为拿破仑所说的"障碍"时，约瑟芬的"优雅和技巧"被调动起来。这是一项艰巨的任务，约瑟芬取得的成功相当有限，但我们不能据此指责她。

雾月七日（公历 10 月 29 日），两对夫妇应邀参加约瑟夫·波拿巴在孟特芳丹城堡举行的晚宴，他们将在这里进行一次会面。波拿巴抓住一个单独与贝尔纳多特夫妇相处的机会，安排他们四人同乘一辆马车。这趟旅程并不愉快，因为两个男人彼此仇视，而德茜蕾自从被拿破仑甩了之后就再也没有见过他。因此约瑟芬奉丈夫之命，竭尽全力"动用她所有的魅力和风情"，她尽心尽力地去做了。尽管约瑟芬努力周旋，拿破仑没话找话，旅途还是陷入了沉重的冷场。德茜蕾并没有被说服。当晚她见到姐姐朱丽时，讲述了当天发生的事情——她开怀大笑，还戏仿约瑟芬竭力周旋的样子。

戈耶则是一个简单些的任务。他一直迷恋约瑟芬，很容易就会被她的魅力吸引。他经常被邀请到胜利街，约瑟芬在那里用温柔的调情分散他的注意力，同时巧妙地引出他对未来政府的看法。她很好地扮演了她的角色，事实很快就会证明这一点——那是波拿巴家的一次夜间聚会，在场有很多不同派系的人，大多数人对正在发生的事情一无所知。富歇到来的时候，戈耶就在约瑟芬的脚边。"啊，部长公民①，"戈耶对富歇说，"最近有什么消息？""消息？"富歇重复了一遍，"哦，没有消息。""真的吗。"戈耶一派天真地说道。"有一些小道消息，你知道的，流言。""关于什么的流言？""阴谋。"富歇轻描淡写地说。现在约瑟芬知道戈耶对整件事情完全一无所知，因此她想知道富歇在玩什么把戏。她有点喘不过气来——"阴谋！""是的，"富歇漫不经心地说，"阴谋。""阴谋！"戈耶耸耸肩重复道，仿佛在说"这聊天真蠢！""我知道该相信多少，"富歇继续说道，"我知道是怎么回事，督政公民。交给我吧。我不是一个会被人抓到在打盹的人。如果有什么阴谋的话，我们应该在革命广场或格勒内尔平原给出证据②。"他大声笑了起来。

---

① 富歇当时是警务部长。——译者注
② 革命广场是断头台所在地，格勒内尔平原（la plaine de Grenelle）是执行军法处决的地点。——译者注

约瑟芬装出很害怕的样子。"富歇公民,"她说,"你这人真可耻!你怎么能拿这种事情开玩笑呢?"戈耶很高兴能有机会安慰约瑟芬,说道:"不过,不要难过,波拿巴女公民。他在女士们面前这样讲话,就证明他没有必要实施他的威胁。女公民,要像政府一样,不要为这样的流言而烦恼。不要让它们打扰你的安眠。"[3]与此同时,波拿巴一直微笑着旁听。

这个阴谋大致是这样的:在预定好的日子,即雾月十八日,一桩捏造的雅各宾派起事将迫使元老院宣布进入紧急状态。波拿巴将被授予巴黎地区的军队指挥权,元老院和五百人院的会址将被转移到圣克卢宫。他们会在那里接受"保护",免受不当影响,他们会被鼓励为新政府投票。

雾月十七日夜,约瑟芬向督政府发动了袭击。晚八点后不久,她给正在去剧院的欧仁送去一张字条,让他把它交给卢森堡宫的戈耶。字条上写道:"亲爱的戈耶,请和你的妻子明早八点来和我一起吃早餐。不要不来。我有一些非常有趣的事情要和你讨论。再见,亲爱的戈耶,请永远相信我的诚挚友谊。拉帕热里·波拿巴。"[4]为了打消他的疑虑,拿破仑又单独给他寄了一张字条,邀请他第二天晚上来吃饭。戈耶后来承认,正是这一姿态消除了他对流言的顾虑:"我怎么能相信如此阴暗的背叛呢?"[5]

由于戈耶在这次先发制人的打击中缴了械,次日早上的行动初步按照原计划展开。天还没亮,代表们就起床去参加一场紧急会议。由于在场的那些元老院代表很大程度上对这次政变表示同情,获得他们的赞成票不是什么难事。而他们认真地听着波拿巴的另一个盟友科罗奈(Coronet)报告这场捏造出来

256

的雅各宾派阴谋。科罗奈把它描绘得着实非常恐怖，以至于把立法机构转移到圣克卢宫的公决轻而易举便获得了通过。唯一使一些人犹豫不决的一项是把巴黎军区的指挥权非法授予波拿巴。[①] 但投票还是通过了，元老院代表们留在原地等待波拿巴的答复。

元老院的信使在抵达胜利街时，发现这里聚集了一大群军人，连花园里都挤满了人。波拿巴事先给每个人单独发去邀约，人人都以为这是一次私人会面。那些看起来会碍事的人被带去波拿巴的书房见他，但在场的大多数人立即意识到发生了什么事：政府要被推翻了。由于他们和波拿巴一样，都很鄙视那群把国家管理得混乱不堪的"讼棍"，大多数人并不关心要怎么做。

当天上午九点钟左右，波拿巴出现在他家门口的台阶上。一看到沐浴在苍白的晨曦中的他，欢呼声响起，人人拔出剑来，军队和前来看热闹的人都拍手称美。他宣布共和国正处于危险之中，随后翻身上马，带领这支强大的队伍出发了。大批民众聚集在一起，围观法兰西一直在等待的救世主。

在杜伊勒里宫，波拿巴首次在一个公众集会面前发表演讲。他讲了国民代议制的神圣原则，却忽略了宣誓对宪法忠诚。随后他在杜伊勒里花园检阅部队时心绪不佳。尽管他的部队欢呼雀跃，元老院议员们也纷纷表示祝贺，但他知道自己方才表现一般。为了挽回局面，他把矛头对准巴拉斯的秘书博托（Botot），说出了那句名言："我给你们留下了一个如此辉煌灿

① 因为此项任命属于战争部长的职权范围，不归元老院处理，故称"非法"。——译者注

烂的法国，而你们做了什么？我给你们留下了和平——我回来后发现的是战争。我给你们留下了胜利——回来时却发现了逆转。我把意大利千千万万的财富留给你们——我回来后发现的是贪婪的法律和彻头彻尾的苦难！"他的话语、军乐、制服共同对聚集在一起的民众产生了深刻影响，他们已经在阅读阴谋家们先前散发下去的议案和传单。他们在这些材料中不厌其烦地向公众保证，波拿巴没有搞暴政的念头，只是为了挽救共和国，最重要的是，不能让人认为他是为了一己私利而夺取政权的。

　　与此同时，约瑟芬在胜利街的家中等待戈耶。后者对事态的发展感到惊恐，于是放了鸽子，让他的妻子替他去。但随着时间的流逝，戈耶夫人也越来越害怕。因此，当波拿巴让她写一张便条鼓励戈耶过来时，戈耶夫人写好并封上了一封警告信，叫他不要来。戈耶被妻子的来信彻底吓住了，他召开了一次督政官会议。但是，五位督政官中有三位已成内鬼，西哀士、迪科和巴拉斯声称身体不适。只剩下愚钝的穆兰，他和戈耶决定去杜伊勒里宫看看到底是怎么回事。然而，戈耶还是没有认真警惕起来。约瑟芬不是强调过波拿巴对他有多高的评价吗？而且他不是还邀请他当天晚上去吃饭吗？

　　有人向戈耶建议说，参与政变的人只是想对督政府做一些微小的改动。于是戈耶签署了授权将议会转移到圣克卢宫的法令，并将巴黎卫戍部队的指挥权交给波拿巴。随后，戈耶被明确告知，督政府不复存在了。穆兰和戈耶负隅顽抗，拒绝辞职。回到卢森堡宫后，所有的门都有哨兵把守，任何人不准进出。当阴谋家们回顾当天的成果，并忧心接下来将要发生的事情时，被背叛的戈耶上床睡觉了，睡觉时有一个士兵驻守在床脚。约瑟芬在胜利街焦急地等待波拿巴。他在深夜时赶回了家，向她保证，并对布列纳说："今天很顺利。明天再说吧。"尽管波拿巴表现出明显的自信，但当他爬上床躺到约瑟芬身边时，她不禁注意到，他在枕头边上放了两把上了膛的手枪。

第二天开了个好头。日出之前，巴黎的各个军营里都响起了号角声，而在胜利街，波拿巴在他的将领的簇拥下精神抖擞，尽管空气中弥漫着紧张的气氛。就在他即将出发的时候，约瑟芬传话要求他上楼来见她。"他的爱比他愿意承认的要深"，将军显得很高兴，"我会上去的"，他说，"但今天不是女人的日子。这事太重大了"。[6]波拿巴在又一次亲吻妻子后，带领一支骑兵护卫队前往圣克卢宫。当他们穿过一度是断头台所在地的协和广场时，布列纳对波拿巴的副官拉瓦莱特说："明天我们要么睡在卢森堡宫，要么死在这儿。"

但他们的路被乘坐马车和骑马的观光客给堵了，走得很慢。这些观光客知道即将有重大事件发生，也向圣克卢进发。沿途的小酒馆和咖啡馆里都是欢声笑语的男男女女，而在圣克卢，尽管天气寒冷，人们还是在露天地里或马车上野餐。

圣克卢宫里的气氛就不那么喜悦了。上下两院已被安排坐在不同的大厅里，以防他们互通有无、串通一气。元老院的开会地点是米尼亚尔（Mignard）为路易十四主持装修的阿波罗长廊，五百人院则在橘园厅开会，这间大厅光线阴暗，可以望见花园。但圣克卢宫自1790年以来就一直没人住过，房间也没有准备好。于是两院的议员们去了花园里，于是便有了交头接耳、传递消息的机会，而这正是阴谋家们希望避免的。当

拿破仑在相邻的一个房间里踱步时，议员们有机会提出一些难 259
以回答的问题。波拿巴的目的是什么？为什么在离巴黎的无政
府主义阴谋如此之远的地方还需要这些军队？

几小时后上下两院终于重新开会，结果并不是波拿巴所希
望的：元老院通过的决议只是要求选举新的督政官。被激怒的
拿破仑在布列纳和他的一些军官的陪同下冲进了阿波罗长廊。
他随后的讲话语无伦次，令人惊恐。他告诉他们，他们正处于
危险之中，他和他的同志匆忙赶来营救他们，却遭到诽谤和搞
军事阴谋的指控。"如果我想要一个军政府，那我该来这里找
代表们的支持吗？……一旦这些危险过去……我将放弃一切权
力……让我们拯救自由吧……"但是，元老院议员们没有心
情听关于什么阴谋的空泛故事。"说出名字！"他们要求道，
"名字！"拿破仑无法说服他们，便试图加以恐吓。"你们记
住，"他不谨慎地说，"我的道路上有胜利之神和战争之神相
伴……"这话中隐含的威胁只是进一步触怒了元老院的议员
们，他面前赫然是一片红色托加袍的海洋。布列纳拉着他的衣
袖，低声说："走吧，将军，你都不知道你在说什么。"[7]

奇怪的是，拿破仑似乎真的没有意识到自己犯了什么错
误。他给约瑟芬送了信，说一切顺利，然后直接进了橘园厅向
五百人院讲话。他在五百人院立刻遭到了攻击，议员们大喊
"把他逐出法外！把他逐出法外！""打倒暴君！杀了他！独裁
者滚出去！"议员们翻过长椅冲向拿破仑，将他团团包围，还
推搡殴打他。而大厅外面的人都试图挤进来，这更加剧了混
乱。一位妇女表达了大众的看法，她高呼："波拿巴万岁！"
接着发生了争吵，波拿巴处在人潮之中时常会受幽闭恐惧症的
左右，他差点昏倒在地，被半抬半拖地带出议员堆，来到空气

清新的地方。

幸亏他的弟弟保持了冷静的头脑，否则大势去矣。当波拿巴在外面恢复冷静时，吕西安上前指出，他们甚至没让波拿巴说话，因此他们还并不了解他的意图。他成功拖延了足够长的时间，使议员们开始彼此争吵。随后，仍然身罩红色托加袍的吕西安离开了沸腾骚动的议院，跳上马背，召集军队。他告诉他们，有一小撮武装议员，"拿英国人工资的强盗"，正在恐吓其他议员，拒绝接受对波拿巴的任命。他指着他兄长那张沾染了血迹的脸庞（他在紧张和激动中挠伤了自己的脸），如同唱歌剧般地宣布："看看这些暴徒的匕首把你们的将军伤成了什么样！"[8]

拿破仑忠实的副官缪拉立即站在一列纵队的头里，吼道："把这些人赶出去！"在持续不断的军鼓声中，大厅被清场了。没有发生流血事件。一些议员为了保持体面，缓缓退去，另一些则夺门而逃。那些不肯挪窝的人被坚决地赶了出去。逃走的议员有些在花园和树林里游荡，直到暮色降临，然后悄悄进城寻求庇护。那些试图返回巴黎的人发现，城门被富歇下令关闭了。第二天，他们的红白蓝三色腰带和猩红色的长袍被人发现挂在灌木丛里，或散落在林间小道上，弄得又脏又破。

虽然现在已经不能指望发动纯粹的议会政变了，但又是吕西安挽回了表面上的合法性，他把几十名瑟瑟发抖的五百人院议员和剩下的一些元老院议员召集起来，让他们承认督政府的统治已告结束，然后让他们宣誓效忠于三位临时执政官：西哀士、迪科，当然，还有拿破仑·波拿巴。

列蒂契娅夫人、波丽娜·勒克莱尔和洛尔·佩尔蒙正在费多（Feydeau）剧院，对当天发生的重大事件浑然不知，直到演出被一个演员打断，他宣布："公民们！波拿巴将军差点被叛国者暗杀！"[9]列蒂契娅夫人发出一声刺耳的尖叫，三人立即离开演出现场，前去胜利街探听消息。她们见到了慌乱狂躁的约瑟芬，她在家等了一天，被波拿巴遇刺的流言吓坏了。三位妇女的报告稍稍缓解了她的焦虑，而一位信使的到来使她彻底放了心，他带来一张纸条，上面写着："将军挽救了遭到威胁的共和国，共和国的精神也挽救了将军！"[10]四名骑兵立即被派往康庞夫人的学校，安抚奥坦丝和波拿巴的妹妹卡罗琳。

凌晨两点，吕西安向三位执政官宣读了誓词，他们按要求宣了誓。波拿巴立刻发表了一份公告，向公众保证他不是任何派系的牵线木偶，现在是时候恢复秩序、重建温和派人士所珍视的生活方式了。他还描述了橘园厅发生的事情，坚称"有二十名武装刺客朝我扑来，手持匕首找寻我的心脏"。拿破仑不必费心，民众并不太关心这个问题的合法性，他们只是想让督政府下台。

261

与此同时，以为自己是这场阴谋的中心人物的巴拉斯，在他空荡荡的卢森堡宫寓所里徒劳地等待着波拿巴来召唤他上台的消息。过了好几个小时，来的却是塔列朗，要求他辞职。巴拉斯，这位了不起的幸存者，意识到自己被多么残酷地欺骗了。不管是受了贿赂还是遭了勒索，他签了字。巴拉斯回了他的乡间庄园格罗斯布瓦，以凄凉的下野状态度过了余生，被几天前才蜂拥而至的追随者们抛弃。从此，他不再是约瑟芬的前情夫、朋友和同盟了，而是她最不共戴天的仇敌。

拂晓时分，波拿巴回到了巴黎。他安慰了一直在等待他的、心乱如麻的约瑟芬，并对布列纳说："……明天我们睡到卢森堡宫去。"德布罗意公爵口中法兰西历史上最伟大的时期之一——为期四年的执政府时期，就这样开始了。

第十四章 执政府

传说的时代已告终结，历史的时代已然开始。

——约瑟芬

执政府时期是法兰西历史和约瑟芬人生中的一个分水岭。在经历了十年的无序与动荡之后，民众对波拿巴掌权的消息报以极大的热情和欢迎。11月21日的一份警务报告称："和平和波拿巴重建共和国被视作一个幸福的前景。"《箴言报》报道称，迎接政变的是"长长的游行队伍，人们欢呼'共和国万岁，和平万岁！'"

拿破仑在数月之内就把雾月政变的成果转化为他对法国的明确领导。巴黎人民注意到，《共和八年宪法》中"除了波拿巴，别无他物"。他的盟友西哀士被排挤进了参议院，另一位临时执政官迪科同意让位，他认了输："很明显，国家希望由一位将军来执掌。"[1]（之后两位新执政官替代了他们，即更加合作和恭顺的康巴塞雷斯与勒布伦。）在这些谋划下，拿破仑于1799年12月出任第一执政，其结果是在法国建立了事实上的君主立宪制。波拿巴对自己的新地位充满信心，他于1799年12月24日发布了一份公告，翻过了历史上的一个篇章，昭示着新时代的到来。它的内容很简单："公民们，大革命的事业已经建立在发起它的原则之上。大革命结束了。"

263　　因此，在新世纪的头一年，约瑟芬发现自己处在了一个新的位置上：国家元首的妻子。这是一个拥有全新期望和回报的角色。虽然地位、他人的仰慕和关注令人欣喜，但她现在却要不断接受审视。作为拿破仑的配偶，她在国内外的舞台上都扮演着引领人的角色，并面临着严格的时间安排，包括正式出席、大使招待会和出国访问。她的行为和外表时刻都要体现她杰出的丈夫的价值观，反映他的优先关注事项。这种从私人公民到公众人物的转变发生得非常迅速，现年三十七岁的约瑟芬必须在短时间内学会新职位所要求的风度和礼仪。然而，尽管面临种种挑战，执政府时期却成为约瑟芬一生中最安定的时期，在许多人眼里，这也是她一生中最幸福的岁月。

　　雾月政变五天后，约瑟芬和拿破仑最后一次离开了他们在胜利街的"爱的神庙"，搬进了卢森堡宫。他们都已经很熟悉这座华丽的宫殿，此前他们经常去那里拜访他们已经背叛的朋友巴拉斯和戈耶。波拿巴夫妇住进了原本属于戈耶的昏暗套房里，它位于正门右侧被称作"小卢森堡"的侧翼。卢森堡宫是在将近两个世纪之前，由亨利四世的意大利妻子玛丽·德·美第奇下令建造的，大革命期间曾被用作监狱（亚历山大·德·博阿尔内被捕后最初就关在这里），后来环境得到了很大的改善，但还是有属于自己的残酷记忆。波拿巴夫妇的住所俯瞰着沃吉拉尔街，这条街上有一座原为加尔默罗会修道院的监狱，六年前约瑟芬就被关押在这里。

　　他们在卢森堡宫没住多久。随着拿破仑成为第一执政，他认为自己的权力已经充分确立，可以向一座新官邸伸手了，那就是杜伊勒里宫。拿破仑决心"用一场辉煌的仪式让巴黎人民眼花缭乱",他力保 2 月 19 日的正式就职典礼上会有一场华丽的游行。这是他上台后的第一次亮相,他希望能给民众留下深刻印象。约瑟芬在游行之前就来到了杜伊勒里宫,出现在花廊(Pavillon de Flore)上方的窗户里。在奥坦丝和她的侍女们的陪同下,她穿上了漂亮的希腊式服装。所有女人都带着鲜艳的手帕,用来向士兵致礼。

下午一点,在雷鸣般的礼炮声和欢呼声中,游行队伍准时出发。卢森堡宫和杜伊勒里宫之间的路线由巴黎的驻军排成一排,而首都民众则"像一串串葡萄一样紧贴在窗户上"[2],观看这场盛事。游行的先头部队(由公民队伍组成)有些令人失望。由于旧制度时期的豪华大马车早已销声匿迹,部长和参议院议员们被迫乘坐一连串破旧的出租马车,马车上的营业车牌则用牛皮纸潦草地遮盖起来。

场面随着第一执政本人的到来而有所改善。他乘坐私人马车,由神圣罗马帝国皇帝在《坎波福米奥条约》签订之后送给他的六匹华丽的马拉着。他由一支骑兵护卫队护送,这支护卫队制服漂亮,训练有素。当他们到达花廊时,身着红天鹅绒镶金的新制服的拿破仑下了车。在上马——"或者说跃上马背"[3]之前,他抬头向他心爱的约瑟芬敬礼,而约瑟芬则骄傲地挥舞着手帕回礼。然后,伴随着人群的欢呼声、鼓声和号角声,拿破仑向军旗致敬,这些旗帜有的褪色,有的被风化侵蚀,有的被火烧焦,有的被子弹打烂。看到这些昭示他军事胜利的纪念品,拿破仑满怀激动地摘下帽子,垂下头颅,这个动作让人群中的许多人感动得热泪盈眶。

随后进行了第一次军事检阅,阅兵是拿破仑统治的一个主要视觉象征。那是一道潇洒威武的风景:军乐队、一丝不苟的行军和精心编排的骑兵表演。当天，拿破仑还介绍了他的新执政官卫队。这是一支精锐军团，大多数人身高超过六英尺，有属于自己的醒目制服。根据一份官方报告，整个场面激发了巴黎民众的极大热情："欢乐达到了顶点，希望和幸福照耀在每一个人的脸上。"与此同时，"人群不知疲倦地高呼：'第一执政万岁！波拿巴万岁！'"[4]

　　阅兵仪式结束后，波拿巴夫妇正式参观了他们的新居。那晚是他们在杜伊勒里宫度过的第一个夜晚，拿破仑终于和约瑟芬单独在一起了，他的心情很欣喜，玩心大发。他把妻子抱在怀里走进卧室，说道："来吧，小克里奥尔，到你主人的床上来。"

　　就职后几天，拿破仑在杜伊勒里宫为外交使团举行了招待会。这些晚会让约瑟芬展示了她作为女主人的才华，大大提升了她的知名度和公众形象。虽然"活动的礼节很简单"，但据拿破仑的贴身侍从康斯坦说，这些围绕第一执政夫妇的人群已经被称作"宫廷"：

　　　　晚上八点，波拿巴夫人的套间里挤满了人。琳琅满目的翎毛、钻石以及令人眼花缭乱的礼服，使人目不暇接。人实在太多，以至于大家发现有必要把波拿巴夫人卧室的门打开，因为两个沙龙里已经挤满了人，根本没有活动的空间。经过一番尴尬和困难之后，大家尽可能给自己找到了一个位置。侍者宣布波拿巴夫人到了，她挽着塔列朗的胳膊走了进来，身着一条短袖的白色薄棉纱裙，戴一条珍珠项链。她没戴帽子，那漂亮的发辫以一种迷人的漫不经心的态度排列着，用一把玳瑁插梳固定。迎接她出现的

265

是人们交头接耳的赞美之声，这对她来说最是令人满足。
我可以说，她此时表现出的优雅和高贵前所未有。[5]

然而，与她表现出来的情绪相反，约瑟芬并不喜欢住在杜伊勒里宫。尽管这座宫殿雄伟壮观，声名远播，但它作为安家之所并不让人感到愉快。这座长长的灰色建筑位于现在卢浮宫两个向西突出的侧翼之间，是凯瑟琳·德·美第奇于1563年委托建造的，后来亨利四世对它进行了扩建。1672年，它在路易十四治下竣工，但他后来将宫廷迁往凡尔赛宫，把杜伊勒里宫弃置了。从那时起，凡尔赛宫成了每一位法国统治者的主要居所。杜伊勒里宫近来的历史很不愉快。路易十六及其家人当年从瓦伦讷被抓回后就被软禁在这座宫殿里。它的墙壁上还留有1792年8月10日起义时发射的子弹和大炮的痕迹，那场起义标志着法兰西第一共和国成立。宫中的一些地板和楼梯上还沾着瑞士卫队在那场历史性的起义中被屠戮的血迹，而花园里几乎所有的树木都被毁掉了，除了一些细长的白杨树，因为它们长得像"自由之树"，所以才幸免于难。

在王室一家迁到圣殿塔后，所有王室的辉煌都消失了。杜伊勒里宫变成了一处临时办公楼兼购物商场。公安委员会在玛丽·安托瓦内特的套房里召开了第一次会议，而宫中的剧院则被国民公会一直使用到1795年。在大楼里工作的革命政府官僚（包括拿破仑，他在意大利战役之前曾在花廊五楼的测绘局上班）可以享受一系列诸如柠檬水摊、烟草店和点心铺的服务。乞丐趁着革命的人潮做起了生意。著名的象征自由的红帽子随处可见，它们被涂鸦或印在白色的墙上。拿破仑命令建筑师勒孔特（Lecomte）"把这些东西都搞掉，我不喜欢看到

266

这样的脏东西"。

杜伊勒里宫对拿破仑来说是一个挑战。正如他对布列纳所言，"住进来还不够，关键是要留下来"。但总是对周遭的氛围很敏感的约瑟芬发现杜伊勒里宫鬼气森森，其悲哀的气氛令人难以忍受。"我在这里永远不会快乐，"她对奥坦丝说，"从进门的第一分钟起，我就有种阴郁的预感。"⁶她对自己的私人居室尤其不满意，尽管她一搬进去就进行了装修，但还是感觉很压抑。据阿布朗泰斯公爵夫人说，她的居室现在"布置得很有品位，但并不华丽。宽阔的接待室挂满了黄色的丝绸帷幔，桃花心木家具靠墙而立，上面覆盖着锦缎，缀有丝绸流苏。屋里没有一处镀金的地方。其他房间的陈设也一样简单，它们的装饰崭新而雅致，但仅此而已"。⁷

然而，这些整修无法改变杜伊勒里宫的气氛。宫殿是一个黑暗的军营式的地方，房间和黑咕隆咚的走廊连接很混乱。约瑟芬的居室位于宫殿南侧一楼，可以望见花园和香榭丽舍大街，而且地理位置很方便，可以直接进入楼上的拿破仑居室。它们曾是可怕的公安委员会的开会场所，而在此之前，它们属于玛丽·安托瓦内特。对于像约瑟芬这样迷信的克里奥尔人来说，这相当可怕。她语调中带着痛苦，对奥坦丝说："我有黑暗的疑虑……我觉得好像王后的鬼魂在问我在她床上干什么。这座宫殿有一种属于君主的气息，让人无法肆无忌惮地呼吸，我仍然为之不安。"

或许玛丽·安托瓦内特的鬼魂也在以其他方式困扰着约瑟芬。她作为法国前任统治者的配偶——而且是被她的臣民处以极刑的配偶——仍然深深镌刻在国家的集体记忆之中。"那个奥地利女人"的特立独行、传言中的放荡不羁以及她作为

"穿衬裙的统治者"干政的名声，都无可挽回地损害了她丈夫的权威，削弱了他在国民意识中的阳刚之气。在旁人看来，她自己、她丈夫、她的家庭和她所属的整个贵族阶层的垮台应当归咎于她。因此，约瑟芬和拿破仑都敏锐地意识到，必须为国家的第一夫人树立一个新形象。起初，拿破仑对允许公共职能中出现任何女性感到焦虑，他坚定地宣称："执政官的职能中没有妇女的位置。"因此，约瑟芬在公共场合中的位置相当具有试探性。起初她几乎没有和丈夫一起出席过官方活动。他是一个强势的男人，是大革命之子，对他来说，重要的是要表明，这位将军女公民（Citoyenne Générale），有时也被称作执政官夫人，"绝不分享她丈夫的地位"。

为了使他的政权进一步远离旧制度和督政府时期的腐朽放浪，第一执政决心使它产生一种受人尊敬的光环。或者，如作家司汤达所言，"拿破仑，这个有着钢铁般意志的伟人……希望让他初生的宫廷受到尊重，他宣布宫廷应该是有道德的，而事实也确实如此"。[8]他指示当局清理首都最为明显的过度卖淫现象，干预戏剧行业，打压"有伤风化"的剧作，并遏制报刊业中比较露骨的出版物。一种新的情绪降临到公共生活当中，这种情绪比以往更加正式和缄默。革命词语诸如"公民"和"女公民"逐渐被"先生"和"夫人"取代，"您"取代了熟悉不拘礼的"你"。

约瑟芬知道她的行为和形象需要体现公共生活的新基调，于是硬着头皮规范她相当不好看的财务状况。她的第一个行动是谨慎地将自己从军队承包商那里撇干净。她在巴黎商人们那里欠下巨款的事传到了她丈夫耳中，她也得不情不愿地开始面对她的债务。拿破仑命令布列纳到她那里去收缴账单，以便查清她总共欠了多少钱。"不行，布列纳，"她抗议道，"我知道他会怎样大发雷霆，我没法面对他的怒火。"她欠的钱实在是太多了——120万法郎——约瑟芬决定只认下一半。布列纳知道就算是一半也会让拿破仑感到愤怒，因此鼓励她还是说实话为好，但她不同意。拿破仑和布列纳在翻阅账单时震惊无比。她是怎么做到在一个月内买了三十八顶夏季帽子的？（当时拿破仑在埃及，她退居马尔梅松。）拿破仑愿意支付的钱正好是全部账单的一半，布列纳和约瑟芬的债主们的谈判也很成功，他们中的绝大多数当初其实都向她漫天要价。

约瑟芬的社交行为也需要做出改变。令她难过不已的是，拿破仑现在坚决阻止她与阿梅兰夫人、塔利安夫人等"绝代佳人"继续做朋友，他认为这些人当他配偶的密友是不合适的。他此举或许部分出于报复，这些女人在督政府时期冷待过他。几年后，拿破仑怀疑约瑟芬可能在暗地里同特蕾莎接触，于是他明确表示："我禁止你以任何借口去见塔利安夫人。我不接受任何理由。如果你想继续在我心中拥有崇高的地位，如果你想取悦于我，就千万不要违背我现在的这个命令。"[9]眼泪汪汪的约瑟芬试图改变丈夫的想法，但拿破仑仍旧顽固不化，最终她被迫默然同意。特蕾莎给约瑟芬的一封信表达了她被抛弃的痛苦。她称约瑟芬为"曾经是我朋友的你"，她辛酸地写道："时间的流逝、世事的更迭和你自己的心都让我清醒了过来。"特蕾莎在信的结尾试图引起约瑟芬的歉疚之情。她宣称，尽管约瑟芬背叛了她，但给约瑟芬写信为她提供了"一个机会，提醒你我对你的友谊能够抵抗一切，而且它只会随着我的生命而消亡"。[10]

约瑟芬还被要求保护自己的名誉，不能让人指控她有任何不正当的性行为。约瑟芬从来都不喜欢开下流玩笑或参与猥亵的谈话，现在她不得不表现得更加恭谨。如果有男性在她的居室里和她单独相处，拿破仑就会大发雷霆。她被要求要守时，而且她的社交安排也变得更加正式，这与她自己的意愿有些背离。现在邀请别人入宫做客，需要先发去一封邀请函。她在各方面都要扮演一个尽职尽责的妻子，乐于满足丈夫的每一个想法。

虽然在督政府时期，约瑟芬从来都不是那种打扮得很出格的人，但在波拿巴夫妇入主杜伊勒里宫不久后发生的一件事表明，她的穿衣风格也要做出改变。一天晚上，拿破仑在盯着一群身着透明长裙的女郎后，走到壁炉前面，开始往火里加木柴。有人问他在做什么，他大声回答："屋里要暖和点！你没看见这些女士都光着身子吗？"这一姿态并不含蓄，他的观点已经有效地表达了出来：督政府时期的轻薄女装对新政权的庄严来说是不合适的。作为拿破仑的代表，无论是在他身边还是独自一人，约瑟芬意识到她现在必须考虑自己的公众形象，并据此选择自己的服饰。

在她的引领下，时装这个代表督政府时期颓废堕落风气的视觉符号逐渐被改造。随着过往过激行为的根除，时尚精神也发生了温和的转变。令人惊骇的古希腊风格服装，其紧贴身体的轮廓、透明的衣料和裸露胸部的剪裁已经不再流行，女性服饰变得更加恭谨温文。督政府时期被完全摒弃的衣袖又卷土重来。正如一位历史学家所写的："为了政治的需要，时装逐渐丢弃了曾经如此迷人的那种缥缈的轻盈感。"[11]为了避免过于冲击人们的感官，也为了避免在督政府时期的风格和执政府认可的风格之间表现出太明显的裂痕，约瑟芬选择了一种"在哈德良时代就很合适"[12]的新式贴身裙。它的腰线非常高，以至于"腰带"和裙子的上边缘之间只有两根手指的宽度，这轻轻地挤压和抬高了乳房。她在裙子上添加了一块背板，腰带很高，形成了一条适合她自然的优雅的裙裾。

拿破仑在影响时尚潮流方面做出了自己的努力。他尤其热衷于鼓励用法国本土产的丝绸和天鹅绒制衣，而不是流行的从英国进口的薄棉纱。他指示报纸报道说："妇女们又开始穿丝绸了，这不是因为寒冷，而是出于体面和时尚的要求。"他希望自己的妻子能够引领潮流，但她并不愿意，她沉迷于这种已成为她个人标签的轻薄面料。但拿破仑以他的决心对抗她的固执，正如奥坦丝在回忆录中说的："当母亲和我穿衣服的时候，他的第一个问题总是：'你们穿的是薄棉纱吗？'有时我们的笑卖了我们，然后他就会把我们的衣服扯成两半。"[13]

大披巾的流行是执政府推动女性礼仪的另一个案例。约瑟芬被誉为全法国将大披巾穿戴得最优雅的女人，她的号召力使大披巾取代了扇子，成为当时的必备配饰。一条大披巾可以让优雅的女性点到为止地展示她的魅力，从而增加她的神秘感。大披巾起源于东方，通过埃及战役传入法国，通常由羊绒手工制作而成，它成了不可或缺的奢侈品，价格昂贵。例如，第一执政送给约瑟芬的一条漂亮的大披巾，其价格就超过了一万法郎。

270　　拿破仑提供了充分的机会来展示这些时尚，他恢复了早年的一些盛大的社交传统。1800 年 2 月 25 日，约瑟芬出席了巴黎十年来举行的第一次假面舞会。她还主持了自己的舞会，据奥坦丝说，她的这些舞会是同类舞会的典范。"好打扮，好出身"（bon chic，bon genre）这一习语可以用来形容她的宾客名单，其中有旧制度时期社交场的新一代代表：诺瓦耶（Noailles）家族、舒瓦瑟尔－普拉斯兰（Choiseul-Praslin）家族、孔陶（Gontaut）家族，等等。画家伊丽莎白·维吉-勒布伦注意到了态度的深刻变化。她"再一次看到了这种堂皇富丽和优雅的风度举止，它对新的一代人来说全然是陌生的。这些男男女女长到二十来岁，还是头一回在接待厅和沙龙中见到穿制服的仆从，见到锦衣华服、佩戴着闪耀勋章的外国大使和要员"。[14]

约瑟芬从颓废堕落的督政府时代女神向贤德自持的政治家夫人的转变，似乎已告完成，但她过去的丑闻仍然困扰着她。那年夏季，描写"卢森堡宫的纵情欢宴"的讽刺小说《佐洛伊与她的两个跟班》出版了。在约瑟芬自己的圈子里，大家并不那么健忘，舌头也管得不是很小心，她的风流事和冒险都没有被人忘却。拿破仑在强迫塔列朗将情妇凯瑟琳·格朗（Cathérine Grand）娶作正室夫人之后，最终允许这个声名狼藉的女人在杜伊勒里宫露面。本着专制的大家长作风（这一点很快在他的性格中起到了主宰作用），他对她说："我希望塔列朗女公民的良好品行很快就会使大家忘掉格朗夫人的不检点行径。"塔列朗女公民那双大大的蓝眼睛天真无邪地盯住波拿巴的双眼，即刻回答道："在这方面，我肯定要追随波拿巴女公民的榜样。"[15]这一非难激怒了拿破仑，也证明了格朗夫人并不像大家认为的那样愚笨。

拿破仑对妻子的限制很快就扩大到全体妇女。拿破仑的《民法典》似乎决意抹杀使约瑟芬这样的女性得以出现的自由，全面消除了大革命及督政府时期在妇女问题上取得的法律进步。事实上，妇女所受的保障甚至比旧制度后期还少。拿破仑的《民法典》（后被称作《拿破仑法典》）起草于 1800 年，但直至 1804 年 3 月才获通过，它时至今日仍是比利时和卢森堡的法律基础，并在荷兰、瑞士、意大利和德国的民法中留下了印记。无论过去还是现在，它都体现了大革命的许多自由和开明的观点：法律面前人人平等、终结封建权利与义务、信仰自由、财产不可侵犯。只有在妇女问题方面，它的思想开了倒车。法典设计师的厌女态度在整部法典中得到了体现。在起草法典期间的讨论中，拿破仑坚决维护他的信念，即妻子理应服从丈夫。他写道，婚姻应当包含妻子对服从和忠贞的承诺。"她必须明白，未嫁时她受家庭监护，出嫁后监护权转给丈夫……"在明确地提到自己的妻子和她的朋友时，他又说："在巴黎，我们尤其需要服从的概念，因为这里的妇女认为她们有权为所欲为。我不是说这对她们所有人都会有影响，它只对某一些人有影响。"16

在拿破仑尤为关注的教育领域，他认为，公立中学只应招收男孩。后来他说："我认为我们没有必要为女孩考虑任何教育计划：她们由自己的母亲教育就是最好的。公共教育不适合她们，因为没人要她们参与公共事务。"17 在大革命时期成为合法行为的离婚也部分遭到拿破仑的扭转，许多人认为离婚导致了妇女犯罪。他认为"夫妇执意离婚是受到了激情的左右，需要引导……"因此，他建议想要离婚的夫妇必须得到双方父母同意。他还建议，只有在结婚两年之后和二十年之前才能离婚。在《民法典》的影响下，巴黎的离婚率从 1799 年至 1800 年的五分之一降到拿破仑统治后期的六十分之一。但观察家们注意到，拿破仑并未完全取消离婚的权利，不知道他是不是在为自己留后路。

约瑟芬可能认为这些限制是她为新生活的安稳富裕而付出的微小代价。许多年来，这是她第一次没有经济上的忧虑，子女们的生活也有了保障。但如果说约瑟芬通过表现得更加顺从，对丈夫的强大意志更为默许来维护这种新生活的稳定，那么她并没有放弃自己的自主权，而是将它引导到了独立的、她可以控制的领域。她不太容易被管束的那一面，在动荡的岁月里支撑她的主动性、决心和企业家的天赋，现在都被引导到了她与马尔梅松的激情关系中。她最初买下这座城堡是为了保险，万一拿破仑出了事，她也能有个自己的地方。毕竟她之前的婚姻并不长久，而她的新丈夫是名军人，很可能阵亡，或因为她无法再生育而决定与她离婚。约瑟芬和她的克里奥尔祖先一样，对土地满怀信仰，马尔梅松代表着安全感。它永远都在那里，是她的小王国，一个由她掌管、让她感到安全的地方。她把她的闲暇时间越来越多地花在城堡的修缮和现代化上，她可以在此充分挥洒她的愿景和想象力。因此，马尔梅松作为她最喜欢的家园，将她的渴望和品位展现得最为清晰。她在这里积累并展示她的艺术、家具和动植物收藏。多年来，她将一处舒适但不起眼的房产改造成了一个充满乐趣和魅力的天堂，与著名的皇室官邸，枫丹白露宫和贡比涅宫并肩，它更配得上"马尔梅松宫"（Palais impérial de Malmaison）的称号。

约瑟芬的财务状况在执政府成立初期得到了振兴，她终于可以自由地将自己对马尔梅松的梦想付诸现实。她立即开始了工作。建筑师方丹（Fontaine）和佩西耶（Percier），也即后

272

来巴黎凯旋门的设计师被安排负责翻新工作。前者在 1800 年
9 月 27 日的日记中带着一丝气愤写道："波拿巴夫人对手头的
工作极其感兴趣，并不断提出新的改造要求。她希望我们能对
装饰性的湖泊、温室，以及一切能美化被她视作私人住宅的地
方进行修缮。"[18]此二人还负责城堡本身的翻修工作。他们的预
算是 50 万法郎。他们在城堡的入口处建造了一个帐篷形状的
亭子，亭子通向带有灰泥立柱的前厅，使其看起来像古罗马别
墅的中庭。在入口大厅的右边，他们建了一间台球室、一间起
居室和一条长廊，作为听音乐的地方。左边是餐厅和拿破仑喜
欢的图书室，它的天花板是拱形的。二楼有七个卧室套间，三
楼有十个小套间。

　　方丹和佩西耶聘请了当时最著名的装潢师进行室内设计。
很快，马尔梅松充满了争奇斗艳的奇思妙想：希腊罗马的古典
装饰与狮身人面像、法老的金龟子和其他古埃及的象征符号一
同出现，路易·拉菲特（Louis Lafitte）在餐厅的墙壁上添上优
雅的庞贝舞者，S. F. 莫恩奇（S. F. Moench）在佩西耶的画作
指导下，为第一执政的图书室穹顶做了精致的古典时代风格装
潢，上面有藤蔓和涡卷花纹，以及伟大作家们的侧面像。在约
瑟芬的卧室里，悦人眼目的寓言图案长条饰带使墙壁更加生动。

　　虽然约瑟芬对佩西耶和方丹在城堡上所做的工作很高兴，
但她对花园的改造却不甚满意，她和这两个人的关系很快就恶
化了。方丹抱怨她的想法一直在变，他写道："她不断提出新的
愿望，于是一个又一个方案被弃置不用，而我们无法让她定下
哪个能一以贯之的、能实现她的雄心壮志的计划或方案……"[19]

　　1800 年春季，法国国内这些愉快的活动被一场新的军事

行动打断。英国、俄国和奥地利——第二次反法同盟——在拿破仑启程前往埃及之前已被法国击败，但奥地利军队现在将法军压制在热那亚。波拿巴想出了一个大胆而壮观的计划，以解救被围困的本国同胞：他将率领他的后备军像汉尼拔一样越过白雪皑皑的大圣伯纳德山口，出其不意地击溃敌军。5月5日，经过几个月的秘密准备，拿破仑化装成便衣，秘密启程前往瑞士，在瓦莱州与预备军团会合。五天后，他率领包括野战和后勤部队在内的四万军队开始了史诗般的穿越。不过与大卫的那幅名画相比，拿破仑在穿越大圣伯纳德山口时并没有骑着光彩四射的白色高头大马，而是骑着一头骡子。

然而，此次战役与上一次意大利战役大不相同了。这次是约瑟芬坚持要和他同行，而拿破仑却不情不愿。在5月15日第一封从洛桑寄出的信里，他似乎终于同意让她来找他，但比起她的到来，他更在意的是间谍会监视她的行动，从而发现他的秘密部署。"我看不出有什么理由阻碍你在十或十二天之内来这里与我会合。但你出行时必须隐姓埋名，不要提及你的目的地，因为我不想让任何人知道我打算做什么。"[20]

他来信的语气也不一样了。昔日浪漫、色情而不着边际的话语已经不复存在，取而代之的是篇幅短小、频率也不规律的来信，比如他两个星期后寄来的一封："敌人已经彻底丧失了士气，他们甚至还没能认出我们。我希望在十天之内就能投入我的约瑟芬的怀抱，她不哭、不和别人调情的时候总是很好的。"[21]现在轮到她忧心他是否爱她，是否对她忠诚了。特别是当她收到一封简明扼要的公函说："我在米兰……我不劝你到这里来。我会在一个月内回家。我相信能看到你状态饱满。我刚启程去帕维亚和斯塔德拉。布雷西亚、克雷莫纳和普拉森蒂亚

274

已经在我们的手里了。"[22]

　　拿破仑不在法国的时候，首都躁动不断。大街小巷充满了紧张的气氛，到处都是关于法军战败和波拿巴被俘或战死的流言。甚至有人传说富歇和塔列朗正在谋划一场政变，这不太可能，因为这两个人很不对付。在这一不确定性极大的糟糕时期，约瑟芬保持了冷静和清醒，这让拿破仑感到很骄傲。6月20日，在为外国使节和政府各部部长举行的招待会上，她以一种神灵般的平静主持大局，目的是要让紧张的人群激发信心。她的一言一行都没有表示出对她所谓阵亡的丈夫的任何悲痛或关切。

　　招待会刚结束，一名信使突然闯了进来，戏剧性地将两面被子弹击穿的奥地利国旗摊开在约瑟芬脚下。信使告诉大家，6月14日，波拿巴的军队在皮耶蒙特的马伦戈镇附近与奥地利人交手。经过一场史诗般的搏斗，法军起初似乎落败，但德赛将军大举进攻，奥军被全面击溃。次日早晨，奥军派出的使者来到波拿巴的军帐里请求停战。停战协议得到了批准，但条件是奥军必须立即从曼图亚、皮耶蒙特和伦巴第撤出。拿破仑在米兰给巴黎去信："我希望法兰西会为它的军队感到高兴。"

　　法兰西不只是高兴，而是狂喜难禁。《箴言报》报道说，巴黎"歌舞厅一直到晚上十一点都是满座，所有的酒杯都在向共和国、第一执政和军队致敬"。阿布朗泰斯公爵夫人说："到处都是欢呼雀跃，人人都在向其他人表示祝贺，为他们迎来了解放和荣光的时日而干杯。"外省也和巴黎一样，一片欢欣鼓舞，即便是仍处在保王党叛乱中的旺代同样如此。这是新政权所需要的，更确切地说，是波拿巴所需要的。正如保王党代理人海德·德·努维尔（Hyde de Neuville）所写的，"马伦戈是拿破仑个人权力的洗礼仪式"。在经历了督政府统治后期的一连串军事失败之后，马伦戈之战在人民眼中是变革的象征。短短几个月内，波拿巴在很大程度上成功地平定了国家，为法国混乱的金融体系带来了一些秩序，现在又让他的人民尝到了他们所渴望的军事荣誉。由此他对法国的统治得到了不可估量的巩固，他对布列纳说，回到巴黎时迎接他的欢呼声"对我来说就像约瑟芬的声音一样甜美"。

275

7月2日，凌晨两点左右，载着"马伦戈的英雄"的马车在杜伊勒里宫门前停了下来。消息传开后，宫廷和花园里挤满了人，他们把脸贴在宫殿的窗户上，火把把这一带照得通亮。为了庆祝她丈夫的胜利和平安归来，据方丹所述，"波拿巴夫人在马尔梅松花园的树下举行了一场晚宴。我们坐在勒孔特制作的帐篷下，面前是满桌子的美味佳肴。那天，约瑟芬在城堡附近种下了一株小雪松"。这一姿态旨在纪念她丈夫的胜利，以及哀悼他亲爱的朋友，英勇阵亡的德赛将军，它将长久地被人铭记——正如方丹指出的："马伦戈的雪松仍然在那里，威严依旧。"[23]

拿破仑最新的战役留下了一桩令人不快的遗产：一位情妇。波丽娜·富雷斯已经不是问题，虽然她早已从埃及回来，拿破仑也给了她钱，并给她安排了一门婚事，但他并没有去探望"尼罗河畔的克丽奥帕特拉"。然而，一个新的威胁出现了——意大利著名歌唱家朱塞庇娜·格兰西妮（Giuseppina Grassini）的丰姿。第一次意大利战役时她就曾试图引诱拿破仑，但当时拿破仑被他对约瑟芬的渴望蒙蔽了双眼，对她没有兴趣。当拿破仑马伦戈大捷后住在米兰时，她再度发起攻势，这回她得手了。这就是他一直不想让约瑟芬来找他的原因。战役结束后，拿破仑把格兰西妮安置在胜利街的一栋房子里，离从前"爱的神庙"不远。格兰西妮的存在立刻引起了回响。约瑟芬在信中向她的好友德·克雷尼夫人倾诉："亲爱的，我很不开心。波拿巴每天都对我发无名火……追根溯源，我发现过去八天里，那个格兰西妮一直在巴黎。看来她是我所有痛苦的缘由……你能不能查到那个女人住在什么地方，是他去找她，还是她来这里找他……"[24]约瑟芬不必忧虑，格兰西妮很快就另寻新欢，并迅速被拿破仑抛弃。（数年之后，她又与波拿巴的宿敌威灵顿公爵好上了。）

276　　还有其他一些女人——巴黎歌剧院的布朗舒（Branchu）夫人，包括特蕾莎·布尔古昂（Thérèse Bourgoin）与迪谢努瓦（Duchesnois）小姐在内的女演员，以及其他一些不太出名的女人，她们在他的私人套间里来来往往，占去他几个小时或几夜的时间。但是，她们对约瑟芬构不成真正的威胁。拿破仑显然把情妇视作权力的一个体现，这也有效地表明他并不过分迷恋自己的妻子，与坚持一夫一妻制的路易十六大相径庭。同时，他也决定不再像许多法国早期的统治者那样，拥有一位官方情妇①，他不希望被人认为受到任何女人的过度影响，即使这个女人不是他的配偶。事实上，他在那些风流韵事中相当三

---

①　"官方情妇"（maîtresse en titre）是查理七世以来法国宫廷中常设的一个职位，法国国王能够同时拥有很多情妇，但"官方情妇"同一时期只能拥有一名，她们享王室津贴，与国王生下的私生子女拥有合法身份和头衔。如查理七世的艾格妮丝·索雷尔、路易十四的蒙特斯潘夫人与曼特农夫人、路易十五的蓬帕杜夫人与杜巴里夫人。此词广义上也可以用来形容其他君主或知名人士的首要情妇，如前文曾用它来描述作为巴拉斯情妇的约瑟芬，但用的是该词的英译形式"offical mistress"。——译者注

心二意。拿破仑对权力比对性更感兴趣，他曾说："我唯一的、真正的情妇是法兰西。"他经常以令人震惊的随意态度对待那些外遇，专横地把情妇们召来，让她们等上好几个小时，然后在几分钟之内完事，或者根本就懒得见她们了。拿破仑史学家弗雷德里克·马松在他的著作《拿破仑与女人们》（*Napoléon et les Femmes*）中，以指责那些女人自身来为他心目中的英雄的行为开脱："他不熟悉礼貌的言辞，也没有充分掩饰他对那些奉一位贴身男仆的口信前来找他的女人的蔑视……他会蛮横地说话，他的态度换作任何一个人都会被称作是厚颜无耻。然而事实上，没有人比他脸皮更薄了。"① 对拿破仑的行为不那么共情的人会指责他有厌女症。他的一位同时代人声称他"鄙视妇女"。[25] 当然，他的行为有报复的意味——一个曾经被女性排斥的男人的报复，现在他有权力恶劣地对待她们。

拿破仑之所以出轨，是因为他能够这样做，因为这符合他的形象，能让他的自尊心得到满足，而且简而言之，这就是他那个级别和时代的男人一贯做的事情。（"爱情是战士的消遣。"他曾如此说过。）但他对与他交往的女人的态度，说明了他的性和情感需求在很大程度上仍由约瑟芬来满足。据他的贴身侍从说，拿破仑仍然"像任何一个受人尊敬的公民一样和他的妻子同床"。[26] 他们已经成功克服了因伊波利特·夏尔而起的强烈冲突，彼此都对这段婚姻感到非常幸福。拿破仑依旧

---

① 马松后一句话的意思是，拿破仑在态度上的粗暴蛮横，实际上是对他在男女之事上的生疏幼稚的掩饰。他接下来写道："他在言语上的蛮横无礼，只是他掩饰自己在女人面前的尴尬的手段。他夸口自己并不具备的恶习，以此来装点自饰。因此，在圣海伦娜岛的谈话中，他总想表现得只图肉欲而不谈感情，但实际上，很少有人比他更多愁善感。"——译者注

沉醉于与妻子的性生活，几乎每晚都在她的床上度过。约瑟芬也很快乐，这是事实，她于 1801 年 10 月 18 日写给母亲的一封信可作佐证："你会真正爱上波拿巴的，他让你的女儿获得了真正的幸福，他人很好，和蔼可亲，在各方面都很有魅力，他真的很爱你的耶耶特。"[27]

277　　因此，撇开这些小的过失不谈，波拿巴夫妇的婚姻从未如此稳固。拿破仑深爱着他的妻子，据他的贴身侍从说，他对她"非常体贴"，"竭力不让她知道他出轨的事"。[28]约瑟芬也越来越深地爱上了她的丈夫，这一转变对她来说并不仅仅是见风使舵。执政府时期的拿破仑与她在 1796 年所见的那个笨拙的小青年已是截然不同了。那个身材瘦弱、营养不良、头发长而油腻的人，已经变成了一个身材苗条、体魄健康、一头鬈发修剪得无可挑剔的年轻人。这就是所有纪念章上描绘的拿破仑。令她兴奋，也可能惊恐的是，他正在她眼前发展壮大起来。这个曾经被认为是上不得台面的无名小卒，现在成了所有人目光的焦点。如今约瑟芬的朋友们都嫉妒她，巴黎的每个女人都认为第一执政极其迷人，令人向往。拿破仑仿佛已经成长为了他自己。一位历史学家写道："伟大的野心勃勃的精神，以前被桎梏和压抑的精神，现在已经摆脱了它的枷锁和镣铐，在凡人的躯体中胜利地闪耀着光辉。"[29]

　　作为一对夫妻，他们是实实在在的互补。在公共生活中，奥地利大使梅特涅口中约瑟芬的"独一无二的社交技巧"弥补了他的短处。他依靠她的魅力吸引了对他抱有疑虑的人。她从不自命不凡，热情大方，说话直率，这在贵族阶层中很少见。她能够凭直觉了解到别人的所思所感所需所愿，她还有一种惊人的取悦于人的天赋，把她可爱的头颅倾向每一个人，让厌烦的人着迷，认真地倾听。如果有人沉默寡言或紧张羞涩，她就努力把他们的话引出来。她很容易获得别人的信任，有时也会过于信任别人，通过展示她自己的感情来引出别人的倾诉。她极富同情心，以至于旁人的身心痛苦会强烈地打动她，让她立即感到自己必须做点什么来进行安抚。她最一以贯之的情感是敬慕、忠心和与人共情。

这些社交技巧对拿破仑来说是无价之宝，而约瑟芬也享受着作为法国最有权势的男性的助手的满足感。亚历山大让她觉得自己无用而多余，但拿破仑显然很重视她。事实上，他对妻子的依赖近乎迷信。他相信她是自己成功的关键，并希望她尽可能地和他待在一起。在他们的私人生活中，他也很依赖她。她之前作为被包养的情妇的经历留下了积极的遗产。她已经成为一个妻子，却没有丢掉属于情妇的细心和魅力。在他脾气无常善变、反复莫测时，她温和平允、轻松友好。她知道什么时候该说，什么时候该听，他疲惫的时候她慰藉他，他生气的时候她安抚他。约瑟芬的"习惯性的温柔使他得到了安宁……"[30]一个同时代人曾这样评价她。拿破仑在晚年回忆说："约瑟芬对我性格中所有复杂的东西都了如指掌。"她也会反过来为他辩护，反对那些将他指斥为暴君的言论："他们不了解波拿巴。他为人严厉，但他心地是善良的。"[31]她对他的帮助不仅仅是作为妻子，更是作为合作伙伴。他从她的陪伴中找到了宁静，从她的美貌中找到了欢乐。她始终努力取悦他的眼目，不断更新自己和周围的环境，使他永远不会对她感到厌倦，永远不会冷漠。

约瑟芬满足了拿破仑的需求，这是其他女人都无法办到的。她迎合他的心血来潮，他离开她时，她会表现得很失落。

278

她充满爱心与温暖，用情感包裹着他，她会在书信和言谈中强调她对他的信心和崇拜。她主持着一个奢华的宫廷，用仪式感装点他的荣耀。她用温暖的光辉笼罩了他，他在其中抽枝散叶。约瑟芬强化了拿破仑的胜利者形象，并提供了他所需要的稳定和信心来使之长久。

约瑟芬的天才在于生活的艺术：那些转瞬即逝的、难以用语言描述的领域。它们不留下任何痕迹，但如果没有它们，生活就不值得继续过下去。她是个殷勤的情人，热情而善良，她热爱艺术与音乐，拥有无可挑剔的品位，知道如何在身边创造和谐与美。她为拿破仑的生活提供了"甜蜜"（douceur）。这个词在当时的含义比今天更为丰富。作家罗伯特·卡拉索斯（Robert Calassos）如此定义该词："'甜蜜'是指甜美、欢乐、愉悦、柔软、温存、慵懒、亲切、谦恭、平顺。"[32]这是与约瑟芬的一生密切相关的概念。在宫廷和国家中，她的慷慨与甜蜜为拿破仑的强者形象提供了重要的缓冲。如果没有她，他的统治在别人眼中会是残暴而非强硬，顽固而非坚定。拿破仑对这一点心知肚明，他也很欣赏约瑟芬的高人气和她对国家所起的象征作用。拿破仑与约瑟芬共同创造了一种极具魅力的伙伴关系：她衣冠济楚，永远优雅，始终善良，他则是性情坚毅、充满活力的青年将军，会带领他的国家走向一个美丽而崭新的未来。

279　　拿破仑现在试图在政治领域利用约瑟芬的品质。自执政府成立以来，流亡者一直是个棘手的问题。许多法国民众仍然认为流亡者是叛徒，他们抛弃了自己的国家，阴谋破坏国家的最高利益。波拿巴知道，稍微放宽对他们的政策都会引来不满，会被看作是对大革命遗产的背叛。但必须就此事采取一些措施，因为流亡者是国内异见和叛乱的支点：他们的怨恨在法国境内引起反响，威胁到他的统治。为了消除这一威胁，自第二次意大利战役以来，波拿巴就悄悄停止了"对落入他手中的流亡者的制裁"。正如约瑟芬在克鲁瓦西的老邻居、如今在拿破仑政府中做事的帕斯基耶解释的，他的动机完全是出于实用主义的考虑："第一执政对他们（流亡者）并没有任何仇恨，他既不恨也不爱，他的感情是受自身利益支配的，在当时，很明显，对国家有好处的是清算这一内部分裂的根源，从境外势力手中夺走这些盟友——他们不断向前者提供情报和国内动态，制造或大或小的危险。"[33]拿破仑希望通过支持流亡者的要求，把他们从"共和国的敌人"的名单上划去，并把没有出售的财产归还给他们，以终止他们的阴谋。

约瑟芬在其中发挥的作用至关重要。贵族德·拉图尔·杜邦夫人自己也是一位流亡者，她写道："我清楚地看到，第一执政让她来处理宫中的女性事务，相信只要一有机会，她就会将其争取到他的事业中来。"[34]她认为这并非难事，因为所有人都"开始转向初升的太阳——波拿巴夫人。她所居住的杜伊勒里宫套房已被装饰一新，仿佛挥动魔杖一般。她已经把自己打扮得像个王后，但是一位非常亲切的王后。尽管没有出众的才智，但她很理解丈夫的计划：他希望通过她赢得社会上层人士的效忠"。在这几个月里，当她们见面时，约瑟芬对她"恭维备至"，并就流亡者的命运向她做出保证。[35]

拿破仑在官方层面并没有软化态度，而是暗中鼓励约瑟芬代表流亡者进行干预，并在他的部长中表明，应该支持约瑟芬的被保护人。这一角色非常适合她。帕斯基耶说："波拿巴夫人

280　从一开始就一直是个乐于助人的热心的中间人，她很适合这个任务。她天生的善良心肠和她丈夫的政策结合得非常好……貌似屈服于妻子的影响很适合拿破仑，满足了各方利益，平息了仇恨，向全法国发出了积极信号。"[36]

在她著名的黄色沙龙里，请愿者络绎不绝。几乎有数百人给她写信，差不多同样数量的人要求觐见。她会不厌其烦地、满怀同情地倾听那些来到她面前的人讲给她的可怕故事，然后向部长和政府官员提出她的建议。例如在 1800 年 4 月 13 日，她写信给司法部长："部长公民，你会答应我的要求，加快处理公民米雄·德·乌吉（Michon de Vougy）的事情，他想从流亡者黑名单上除名。"[37]刚过了一个多星期，她又写信给警务部，代表她的朋友帕斯基耶夫人为塞尔·圣罗曼·孔布莱（Serre Saint-Roman Combret）公民出头，他家已经忍受了无数"在过去的政府治下的不公正待遇"，因此他对现政府的利益享有更多"权利"。[38]在这一明确要求之后，她代表约瑟夫·马丁（Joseph Martin）写信给流亡者委员会的勒萨日公民，前者也想从名单上除名。她明确表示，如果能够"非常迅速地"采取行动，她将"感激不尽"，并不忘补充说，他的文件在第 34e 号纸盒里，已经转交到委员会那里了。

约瑟芬在代表亲友抗争时尤为坚决。值得一提的是，她为她第一任丈夫的哥哥、保王党人弗朗索瓦·德·博阿尔内发了声，他在大革命期间移居国外，加入了孔代亲王的军团。她不仅成功将他从名单上除名，还通过中间人设法寄钱给他，好让他回法国："我希望你不会迟迟不来和我们团聚，我很快就能有幸当面向你表达我一直以来对你的热烈感情，分隔两地并没有改变它。"

"约瑟芬战略"（Josephine strategy）[39]——一位历史学家如此称呼——获得了成功。在 1801 年，有四万多名流亡者返回了法国。通过鼓励流亡者归国，并由约瑟芬个人出面提供支持和帮助，他们的感激之情得到了保证，许多流亡者愿意融入统治阶层。波拿巴为他们提供了在他的政府和军队中工作的机会，让他们获得权力和金钱，从而进一步削弱了他们的力量。因此，约瑟芬在促进波拿巴达成最终目标方面是大有裨益的：他希望通过将"旧贵族和年轻的革命精英、合法势力和富人、正义的人和有权势的人、旧的君主制传统和我们现有的政府"结合在一起，重新塑造"法国的头部"。他承认约瑟芬对他的"同化政策"所做的贡献："我与德·博阿尔内夫人的婚姻使我能够同我的'融合体系'所必需的党派进行接触，这是我的行政管理的主要和最关键的要点之一……如果没有我的妻子，我就不会与他们缔结自然而融洽的关系。"他在圣海伦娜岛上如此回忆道。

281

约瑟芬对流亡者的同情和支持让某些人认为她是保王党。事实上，一些为她作传的人认为她可能为保王党充当了某种代理人。然而，约瑟芬虽然心地善良，却并不蠢。她的旧贵族圈子可能是她的一个弱点，但她的忠心是朝着她的丈夫的。保王党人卷土重来不仅会威胁到波拿巴，也会威胁到她自己和她子女的利益。最重要的是，这将是对她如今真心爱慕的男人的背叛。

她与贵族的亲密关系是服务于她丈夫而非颠覆她丈夫的。在这个对拿破仑基本充满敌意的团体中，约瑟芬就是他的耳目。她伪装成一个不涉政治的赶时髦的女人，这使她看起来人畜无害，所以人们在她身边往往无所顾忌。这一点，加上她敏锐的社会敏感度和八卦的耳朵，使她成为理想的探子。因此波拿巴鼓励她在旧贵族中交友，同时保王党多年来一直想打通与波拿巴的通道，也积极培养她。她的贵族出身，以及她在第一次婚姻中获得的人脉为她在旧制度时期的贵族中提供了相当广的人脉。现在与流亡者的来往扩大了这个圈子，使她成为她丈夫和保王党之间的渠道。不过，她最有用的一些保王党人脉来自她自己的过去，比如弗朗索瓦·休伊，她住在枫丹白露时与他成了好友。路易十六被关押在圣殿塔时，他曾忠心耿耿地侍奉过他，现在他在米塔乌①担任波旁王室总管，是里尔伯爵的亲密盟友。她甚至与主张恢复君主制的人保持联系，比如皮埃尔-艾蒂安·雷格诺（Pierre-Étienne Regnaud），此人曾建议波拿巴将国家元首的位置让给阿图瓦伯爵之子昂古莱姆公爵②，以换取摄政和法国总督的职位。约瑟芬适时地把这些消息转达给丈夫，他对此类招揽一概置之不理，但很高兴自己消息灵通。

保王党的大业在 1800 年秋季遭到了打击。路易十八经过几个月的思考和与顾问们的辩论后，给第一执政写了一封信（也许是"约瑟芬战略"的成功使他对波拿巴的同情心有了足够的信心，所以才最终寄出了这封信），信上注明的日期是 2 月 20 日，此信于 6 月初抵达巴黎，而此时波拿巴已经启程去

---

① 米塔乌（Mitau）即今日拉脱维亚的叶尔加瓦，在当时是库尔兰公国的首府，当时法国波旁王室成员在此地流亡。下文的"里尔伯爵"（comte de Lille）即路易十八。——译者注

② 阿图瓦伯爵即路易十六和路易十八之弟，后来的法王查理十世。昂古莱姆公爵即后来的"路易十九"，他娶了路易十六与玛丽·安托瓦内特唯一免于夭折的孩子玛丽-特蕾莎·夏洛特（Marie-Thérèse Charlotte，1778—1851）。——译者注

意大利作战，有好几个月没有收到信。他的回信写于 9 月 7 日，正如一位历史学家描述的那样，内容既"突然又明确"："你必须放弃返法的一切希望，因为你要回来必得踏着十万人的尸体。所以，为了法兰西的和平与福祉牺牲你的一己私利吧，历史将因此向你致敬。"（私底下他对布列纳说："如果我请回波旁王朝，他们会给我立一尊雕像——然后拿我的尸体去垫基座。"）[40]他的反应激起了顽固保王党人的不满，他们现在游说着对他们报以同情的欧洲正统君主们，反对"篡位者"波拿巴，他们称波拿巴是"欧洲所有王室赖以生存的两个基础——正统和宗教的敌人"。

这些事的影响几个月后就表现出来了。1800 年圣诞节前夕，海顿的《创世纪》在法国歌剧院首演，由传奇的歌手加拉和巴尔比耶-瓦邦讷（Barbier-Walbonne）夫人演唱。这是当季的盛事之一，整个巴黎的时尚人士都要到场，包括第一执政及其家人。晚上八点，拿破仑驱车离去。约瑟芬在晚礼服上围上一条漂亮的新披巾，准备进入后面的马车，这时拿破仑的副官拉普（Rapp）建议她把大披巾裹成埃及风格。约瑟芬以优雅而新颖的披巾穿法闻名，她表示感兴趣，请他示范。拉普将披肩叠起来，罩在她的栗色鬈发上。约瑟芬当时并不知道，她对时尚一直以来的兴趣将挽救她的生命。

约瑟芬意识到拿破仑已经走了，她在拉普、奥坦丝和拿破仑的妹妹卡罗琳的陪同下进入她们的马车，跟在他后面出发了。拿破仑坐在第一辆马车里打瞌睡，当载着他的车驶近圣尼凯斯街（rue Saint-Nicaise）时，他的车夫塞萨尔注意到，这条街上停着一匹母马和一辆马车。他迅速驶入下一条街，此时

283 剧烈的爆炸发生了。爆炸的威力非常大，以至于马车前的掷弹兵差点从马上被掀下来。如果当时第二辆马车按时出发了，它就会被炸得粉碎。马脱了缰，窗户被震破，空气中弥漫着火药的气味。飞溅的碎玻璃划破了奥坦丝的手腕，约瑟芬尖叫着昏了过去。只有快要临盆的卡罗琳还算镇定。整条街都被炸坏了，房屋被毁，九名无辜者死亡，二十六人受伤。

　　一行四人惊呆不已，但他们还是继续赶往歌剧院，到了那里，他们发现拿破仑已经坐在他们的包厢里了。席上的观众们发出狂热的欢呼声。拿破仑仔细阅读节目单，始终保持微笑，约瑟芬则面色苍白地坐在他身后颤抖。然而，回到杜伊勒里宫后，第一执政的假面裂开了。他召见富歇，愤怒地表示必须抓捕应对这场暴行负责的雅各宾派。警务部长徒劳地试图解释说，这次暗杀企图来自保王党，而非雅各宾派恐怖分子。拿破仑没理睬富歇，将近百名前雅各宾党人驱逐出境。事实证明富歇是对的，最后有两个朱安党人（法国西部的保王游击队）被送上了断头台，第三个人则逃去了美国，在那里当了一名教士。根据一位同时代人的说法，阴谋者选择的暗杀时机实在太差了，这场未遂的刺杀使舆论强烈地倒向拿破仑。谴责阴谋团伙、颂扬第一执政的小册子和歌谣很快就出现了。但这一事件提醒全国人民，法国的政治平衡脆弱至斯，举国之权柄维系于一人之祸福。

　　随着安保措施的加强（在富歇的坚持下，马尔梅松建造了比城堡本身大六倍的营房），波拿巴夫妇的生活最终恢复了正常。他们的时间主要分配在杜伊勒里宫和马尔梅松之间，前者是工作的地方，而每到逢十的假日前夕，他们便去马尔梅松。

约瑟芬仍然对杜伊勒里宫的鬼气感到压抑，也不喜欢那里的缺乏隐私，所以到马尔梅松度假对她来说是一种解脱和快乐。出人意料的是，身为工作狂的拿破仑也对去马尔梅松充满了期待。他的一个仆人评论说，他期待去马尔梅松就像"一个小学生期待放假"一样。

"除了在战场上，我从来没有看到波拿巴像在马尔梅松那样高兴。"布列纳如是说。这对夫妇在那里度过了执政府时期最快乐的岁月。马尔梅松优点颇多。首先它的地理位置很方便，离首都只有五英里的车程。它也非常舒适，佩西耶和方丹主持的装修使城堡变得更加宜人，在约瑟芬的精心照料下，城堡的场院也得到了美化。女主人的精神使城堡的气氛更加浓厚。马尔梅松的生活亲密而温馨，这在杜伊勒里宫那样冰冷而正式的宫殿里是不可能实现的。马尔梅松的接待室漂亮柔和，它的客房舒适温暖。据拿破仑的贴身侍从康斯坦说，"那里的社交优雅而不装腔作势，与共和国的庸俗和帝国的奢华迥然不同"。[41]

游客在庄园内绵延起伏的小丘和山谷中蜿蜒前行，来到一座布局精美的英式花园，周围是数亩修剪完美的草坪。草坪上穿插着绿叶林，其中富有艺术气息地散着爱神庙、雕像和尺寸超大的伊特鲁里亚花瓶。美景被小小的溪流组成的河网贯穿，这些小溪上搭有漂亮的石桥或木桥。有些小溪和小河会汇入一个微型湖泊，湖中游弋着天鹅，约瑟芬将它选作自己的象征标志，因为天鹅会与其伴侣共度终生。约瑟芬精心收集和培育的各色国内外花卉也在户外随处可见，产生了巨大的美学效果。这些花朵与高大的林木形成了鲜明对比，为庄园提供了美妙的景观。

284

这些财富滋养了一座令人印象深刻的动物园，其中的动物来自世界各地：澳大利亚的袋鼠、鸸鹋和鼯鼠，埃及的瞪羚，非洲的羚羊、鸵鸟和斑马，南美的骆驼和苏格兰的小马——都在花园里半自由地游荡。除了这些外，她还在室内饲养了其他动物：兔子、猴子和她的爱犬。城堡的等候室里鸟声阵阵，包括鹦鹉和凤头鹦鹉，其中一只鹦鹉会不停地叫"波拿巴"。约瑟芬甚至还养了一只母猩猩，它有时会和客人一起用餐，身穿白色的棉衬衣，美滋滋地吃着它最喜欢的食物：扁萝卜。

约瑟芬的子女及其朋友经常到马尔梅松来。这些年轻人是约瑟芬和她丈夫的骄傲与快乐的重要源泉。奥坦丝现在十七岁，已经长成了一个非常有魅力的姑娘。据阿布朗泰斯公爵夫人描述，她"像玫瑰花一样清新""像棕榈树一样纤细"，而285 且非常优雅，生着蓝紫色的眼睛和金黄色的头发，她的外貌完美地融合了父母双方的特点，但她的举止——柔和、优雅、和蔼可亲——完全是约瑟芬的风格。然而，她的头脑比母亲要更聪明，在种种艺术方面都拥有显著的天赋：绘画、演戏、跳舞和音乐［据阿夫里永（Avrillon）小姐说，"整个巴黎都在传唱她创作的美妙情歌"］——这些天赋都是康庞夫人培养和发展的。奥坦丝纯真善良的气质如此明显，以至于阿布朗泰斯公爵夫人观察到拿破仑不会"在她面前表露出不雅的情绪"。

她的哥哥欧仁与她有许多相似之处，他和她一样热爱音乐和戏剧。一位同时代人写道："他身材很美，精通所有的健身项目，从他父亲那里继承了那些旧制度宫廷绅士的优雅举止，也许博阿尔内子爵亲自给他上了最早的一课。除了这些特点外，他还有纯朴和善良的心地；他既不虚荣也不自负，真诚，不轻率，在需要沉默的时候可以保持沉默。"[42] 尽管欧仁风度优雅、擅长社交，但令他继父很高兴的是，他也是一个战士：他在埃及时被提拔为中尉，一路升迁，现在在执政卫队中担任上尉。他在战场上的英勇与他在沙龙里的风度不相上下，身着潇洒的制服（深绿色的大衣，有红色的袖口和领口）的欧仁，是所有最高端的聚会都欢迎的宾客。这个迷人、好脾气、爱玩、深色肌肤的英俊青年和许多巴黎的美人，包括意大利舞女比戈蒂尼（Bigottini）都有过浪漫关系。但这些韵事无伤大雅，对于他这个年龄的有活力的年轻人来说，这些都被认为是非常正常的。

约瑟芬的两个子女极大地促进了马尔梅松生活的青春和乐观气氛。他们在"共和国的纯朴"和清新的田园氛围中茁壮成长。据在执政府时期经常住在马尔梅松的阿布朗泰斯公爵夫人说，这里的生活"就像任何一个有很多游客的乡下城堡一样"。奥坦丝评论说，"在马尔梅松不难寻找乐趣"，"长廊、湖边野餐、打纸牌，所有这些都很迷人"。对于约瑟芬来说，对花卉的热情占据了她一天的大部分时间：查看她的无数植物和灌木，与她的园丁们讨论如何规划土地，并就她希望得到的种子和植物进行交流。

拿破仑总是把工作带在身边，但有时又不想做。他和侄子侄女们一起玩游戏、跳山羊，有时还参加"营救人质游戏"，玩"营救人质游戏"时，他有时通过不喊警告口令的方式作弊。他有时还会在捉迷藏时偷偷睁眼。吃饭有时在露天地里，菜肴摆在花草间的桌子上。城堡的轻松气氛并不适合每个人。塔列朗在一次造访马尔梅松时，发现所有人都坐在滚球场的草坪上。"他穿的是军营里的衣服，骑马靴和皮革裤子，"拿破仑的愤怒的外交部长回忆说，"但我呢，我穿的是丝绸马裤和

286

丝袜！你能想象我坐在那草坪上的样子吗？我跛脚，还有风湿病。这人真是！他以为自己在外面露营呢！"

在马尔梅松，最愉快的活动是在户外进行的。如果天气允许，约瑟芬喜欢在午后乘敞篷小车在院子里兜风。有时——特别是在执政府早期——波拿巴会在忙里偷闲和她单独相处时亲自给她驾车，行车风格相当蛮横，有时也骑着马跟在她的车子旁边。波拿巴太忙的时候，约瑟芬则和她的侍女们一起，约瑟芬坐在前车，打着一把巨大的遮阳伞，保护自己的皮肤不被晒伤。她最喜欢的一条路线是去布塔尔（Butard）的，它是于1802年购置的一座漂亮的狩猎亭。去那里要经过乳制品厂，她可以在此品尝到身穿伯尔尼地方服装的瑞士牧民制作的奶制品。有时约瑟芬喜欢带着她的客人在"安哥拉河"上划船，她在那里安放了轻便的小舟。他们有时还在城堡周围散步，约瑟芬向他们讲述她收集的植物、花卉和异国水果的知识。

到了傍晚，一家人和他们的密友在马尔梅松城堡一同吃饭，此时是全然不拘礼节的，这是马尔梅松的特色。谈话非常活跃热烈，有时声音还很大。和往常一样，拿破仑抱怨菜上得太多，吃得心不在焉，如果发现晚餐时间超过了十五分钟，就会说拖得太久。之后在沙龙里喝咖啡。如果晚餐在六点半之前结束，拿破仑便会回到他的办公室处理紧急公务，然后和约瑟芬一道在蜿蜒曲折的小径上作饭后散步。回到室内后，他们看到的是一群热闹的、以年轻人为主的人，这些人都是波拿巴军队里的朋友和奥坦丝的同学。第一执政和他的妻子希望这种自由的联谊能为这两拨人缔结美满姻缘。尽管拿破仑和约瑟芬给人做媒的努力并不总是成功，但马尔梅松的确孕育了许多爱情的萌芽。内伊元帅、拉纳元帅、麦克唐纳元帅和贝西埃尔元帅都是在马尔梅松邂逅他们的妻子的。

夜幕降临时，客人们玩起了纸牌，偶尔会赌钱。约瑟芬喜欢玩二十一点、黑白棋和双陆棋。拿破仑玩得很紧张，很快就开始厌烦，不停作弊，他讨厌输，总是为自己的输找借口。有时他会就自己喜欢的一个主题向客人们发表长篇大论，或给他们朗读高乃依、伏尔泰或拉辛的悲剧，读的效果很差。他有时会给客人们介绍新出的小说，奥坦丝痛苦地记得，有一次拿破仑强迫她把《阿达拉》的前几页朗诵给人们听。和他的对话经常变成他的自白，波拿巴叙述他的回忆，或与蒙日、德农和阿尔诺谈论科学、历史和文学，把他的政治观点留着跟别人说。有时他会用阴恻恻的声音讲鬼故事，效果颇佳。城堡里有很多埃拉尔牌（Erard）的钢琴和库西诺牌（Cousineau）的竖琴，约瑟芬曾经会在亲朋好友面前表演唱歌和竖琴，她现在很快放弃了这一习惯，但她鼓励她的子女替她表演，他们的声音都相当甜美。

有时波拿巴夫妇会举行社交晚会，上了年纪的克莱农（Clairon）小姐、拉拉古尔小姐、塔尔马和米肖这样的演员，以及蒙特松（Montesson）夫人这样受人尊敬的旧贵族都被允许与第一执政共进晚餐。有时还会举行更重要的晚宴，聚集了四五十位政界和军界精英。他们聚集在餐厅、大前厅和台球室，所有这些地方都由大双扇门连接。如果正好有重要的外交谈判，则会邀请大使们参加。这些较大规模的聚会之后往往会有精心设计的娱乐活动：舞会、音乐会和戏剧表演。

由于约瑟芬和拿破仑都很喜欢戏剧，而且私人戏剧也很受欢迎，戏剧在马尔梅松占有重要地位。起初这里上演的都是短小的独幕剧，几乎不需要任何道具或布景，对演员的要求也很低。但他们很快变得更加雄心勃勃，发展起了一个马尔梅松剧团，目的是呈现出比肩专业人士的表演。1802 年，马尔梅松建起了自己的剧院，演员们有了一个合适的地方来发展他们的艺术。他们决心超越他们的劲敌——吕西安·波拿巴在纽利（Neuilly）的剧团。拿破仑是一个坚定的冒险家，他挑选剧本，分配角色，提供最好的戏装，并召集最杰出的老师来指导他的演员，包括不朽的塔尔马。每个人都被拉拢过来，包括画家伊萨贝，他曾是奥坦丝在康庞夫人学校的老师，此外还有德农。

马尔梅松剧团排演了许多已成传世经典的现代剧目。奥坦丝在该剧团的第一次盛大演出中扮演了博马舍的《塞维利亚的理发师》中的罗西娜，成为明星之一。欧仁也是一位热心的演员，布列纳和拿破仑的妹妹卡罗琳亦如此。演员们如此年轻迷人，以至于一位旁观者评论说："很少有哪个巴黎剧院能拥有如此漂亮的女演员。"[43]演出结束后，观众聚集在一楼，阿布朗泰斯公爵夫人回忆道："每个人在那里都可以享用各种各样的点心，约瑟芬则以她一贯的和蔼可亲的态度进行介绍，让每个人都感到她对他们感兴趣，且只对他们感兴趣。这些美妙的夜晚通常在午夜时分结束，之后我们便踏上了返回巴黎的路。"

考虑到拿破仑和约瑟芬对戏剧的共同爱好，而他们二人都没有在这些私人戏剧中出演任何角色，这似乎很奇怪。这当然不是有失体统的问题，以前的法国统治者常常乐于登台演戏。历史上记载了太阳王路易十四在凡尔赛宫的私人戏剧中的精彩表演，以及玛丽·安托瓦内特作为牧羊女的魅人亮相。也许他们二人都觉得在舞台上展示自己的戏剧才华是疏失之举，会让人们开始怀疑他们扮演自己最伟大的角色——拿破仑和约瑟芬的诚意。

历史学家们很重视拿破仑的戏剧属性。他们强调他对戏剧的热爱，频繁光顾剧院，以及他与演艺界人士，尤其是塔尔马的友谊。在担任第一执政的岁月里，拿破仑会在演员的陪伴下度过整整一个晚上，同对方讨论演戏的问题，甚至有时还会冒昧地给这位伟大的演员提出演戏建议。当塔尔马在高乃依的《庞培之死》中扮演恺撒，说出"我视王座为恶名"的台词时，拿破仑告诉他，他过于真诚了。他解释说："在这个地方，恺撒绝对不是在表达他的真实感情。他之所以这样说，只是因为他希望罗马人民相信他是怀着憎恶的心情来把持王座的。"[44]难怪夏多布里昂说拿破仑"既是一个原型，又是一个复制品，既是一个真实的人，又是一个饰演这个人的演员，拿破仑是他自己的哑剧，如果他不给自己穿上英雄的戏装，他是不会相信自己是一个英雄的"。[45]

约瑟芬和她的丈夫一样，也很喜欢舞台。她和他一样经常上剧院，和演艺界人士也建立了友谊。少女时代的她通过扮演"巴黎女人"的角色，找到了自己在法国的定位。从那时起，她通过一系列角色来适应这个世界：被抛弃的妻子、爱国的女公民、坚毅的寡妇、无忧无虑的交际花。她在每一种情形下都仔细研究了自己的角色，学习了一套新的姿态和举止，组装了正确的服饰和配件。如今，在她最了不起的角色，即完美无瑕的法国第一夫人的角色中，她和她的丈夫一样，都在参与衡量和操纵公众的反应。即便是拿破仑的贴身侍从康斯坦也习惯了主人不知疲倦的工作态度，他对约瑟芬勤奋学习公开露面的

"剧本"印象深刻，她在脑海中彩排出场和退场，记诵人们的姓名和演讲内容。正如她的仇人（曾经的友人）巴拉斯评论的那样（这一次很准确），约瑟芬"是一个真正的女演员，她知道如何在同一时间扮演好几个角色"。[46]但在饰演拿破仑的配偶这一名角时，她才达到了超凡脱俗之境。作为法国第一夫人，约瑟芬的确无与伦比，她从不出错。在执行公务时，她的面具一分钟也没有松懈过，她从不傲慢或轻蔑，脸上绝不出卖无聊或疲惫，再烦琐的仪式她也义不容辞。

1801 年那个美丽的夏季，约瑟芬第二次前往普隆比耶尔温泉，她仍然希望它能够治疗她的不孕，给拿破仑生下一个继承人。7 月 7 日，一行人在波拿巴的副官拉普的护送下启程，同行之人包括奥坦丝、拉瓦莱特夫人和拿破仑的母亲。所幸这回去普隆比耶尔比经历了可怕的摔伤的上一次要更加愉快。约瑟芬见到了老朋友，比如亚历克斯（Alex）伯爵夫人、德·苏尔蒂（de Sourdis）夫人和德·塔鲁埃（de Talhouët）夫人，她们陪她参加各种宴会、舞会和远足。被撇下的拿破仑并不那么开心。他在给约瑟芬的信中郁闷地写道："这里的天气太糟糕了，我一直留在巴黎。没有你，马尔梅松太令人难过了……从伦敦给你送来了一些植物，我已经交给你的园丁了。如果普隆比耶尔的天气和这里一样糟糕，那你那边可就要发水灾了。"[47]但温泉城的天气比首都要好得多，约瑟芬勤奋地继续接受治疗。

290   当约瑟芬于那年秋季回到巴黎之后，不得不去处理一个悬而未决了好几年的问题：奥坦丝的婚事。自从拿破仑一跃而为执政之后，这位姑娘就被潜在的追求者包围了。有被热尔曼娜·德·斯塔尔甩掉的一个男人，富有而聪明的芒伯爵（comte de Mun，奥坦丝认为他是个一心向上爬的人，不喜欢他），还有前督政官戈耶与鲁贝尔的儿子们，传言也有外国的贵胄，即坎伯兰公爵①与卡尔大公。奥坦丝还遭遇过现代名流的窘境：跟踪者。这个疯疯癫癫的青年在马尔梅松的大门外徘徊，当奥坦丝乘车出门时就跟在她的车子旁边跑，给她献花、他写的诗和一绺他的头发。有一次，当她从剧院里出来时，他甚至扑倒在她的脚下。

然而，满头金发的奥坦丝是一位浪漫的年轻小姐，她"厌恶出于权宜之计的婚姻"，所以她的婚事还没有影子。但她不能永远这么被纵容着。她现年十七岁，她母亲在这个岁数时已经生了两个孩子②。她开始被催婚。拿破仑尤其想要给她找个合适的丈夫，因为他对自己妹妹们的婚事都很失望：伊丽莎嫁给了粗鲁的科西嘉人巴乔基，波丽娜嫁给了将军勒克莱尔，现在卡罗琳又已成若阿尚·缪拉的妻子。奥坦丝讲过他是怎么和康庞夫人说起此事的："我希望这一个（指着我）能结一门好亲。"[48]据奥坦丝说，她的继父曾对他忠实的战友德赛将军寄予厚望，而德赛在意大利的死令他"十分沮丧"。另一位潜在的追求者是拿破仑最喜欢的助手迪罗克将军。奥坦丝虽然不爱他，但同迪罗克结婚对她来说"并不讨厌"。拿破仑没有异议，约瑟芬却不同意这门婚事，她说："我不可能习惯听人

---

① 英王乔治三世的第五子，后来的汉诺威国王恩斯特-奥古斯特一世。——译者注

② 此处应有误：1801 年秋季奥坦丝十八岁，约瑟芬生欧仁时十八岁，生奥坦丝时二十岁。但这句话来自奥坦丝自己的回忆录："我当时十七岁，我母亲在这个岁数上已经生了两个孩子，她认为我年龄已经太大，不能再等了。"——译者注

喊你迪罗克夫人。"[49]

拿破仑和约瑟芬都能同意的一个候选人是前者的弟弟路易。对约瑟芬来说，这似乎解决了棘手的继承人问题。她至今无有所出，这意味着她要接受永远不能为拿破仑生下继承人的现实。但如果奥坦丝和他的某个弟弟结婚，所生的孩子可以过继给他们，而且孩子身上也流淌着她和她丈夫的血脉。这就使拿破仑没有抛弃她的必要了。对波拿巴来说，这一提议也很有吸引力。路易是他最喜欢的弟弟，他曾对自己的一个秘书说："路易没有他兄弟的缺点，却有他们所有的优点。"

布列纳主动向奥坦丝提出了这一建议，并向她解释这桩婚事的好处："他善良而富有感情。他的喜好很简单。他会充分欣赏你，是唯一适合你的丈夫……到目前为止，你还没有爱过谁。你爱法国，你想离开它吗？你的母亲无法忍受你成为外国的王妃。你知道她再也没有希望生出孩子了，她为此十分忧愁。你可以加以补救，我向你保证，有人一直在密谋劝说第一执政离婚。只有你的婚事才能加强你母亲的幸福所依凭的纽带。"[50]

然而，奥坦丝仍然不情愿。她在回忆录里淡化了她个人对此事的感受，但她对路易的矛盾心理显而易见。她把他"当作一位兄长"，而非追求者，她担心他有厌女倾向。她的这种感觉不无道理。路易本身并不是一位诱人的配偶。他的外表因身体一侧轻度麻痹而失色，性格上也没有什么吸引人的地方。他是个忧郁而多愁善感的青年，喜欢沉浸在歌德的《少年维特之烦恼》和卢梭的《新爱洛伊丝》等小说的忧郁情绪中。他的精神状态不稳定，有强烈的自怜和狂热的偏执狂，他患有无数神经上的小毛病，包括眩晕、喉咙痉挛和反复头痛。

康庞夫人应召前来说服这位不情愿的新娘。她写信给奥坦丝，为包办婚姻辩护。她辩称："年轻人常常被情感所左右，无法做出明智的抉择。在婚姻中，爱情是一种转瞬即逝的幻觉。当它消失时，没有感情和利益共同体来代替它。"她自己当年拒绝了一个她爱的男人，并愉快地嫁给了父母给她挑的那位。写了这封信之后，她很快就去马尔梅松探望她"亲爱的天使"。奥坦丝向她的前校长解释说，她不喜欢路易对妇女的蔑视——这难道不会让他的妻子伤心难过吗？康庞夫人对此的解释是，路易是在军队里长大的，因此他根本就不认识几个好女人，她觉得他对女人看法不好是很自然的。"你会改变他的观念的。"

奥坦丝最终屈从了。她在回忆录中写道："这是一个为了我母亲的幸福而牺牲我的浪漫幻想的问题。在这两者之间是不容我犹豫的。"[51]1802 年 1 月，民事婚礼在杜伊勒里宫举行，一楼的接待厅里搭起了一座圣坛。证婚人包括第二执政康巴塞雷斯和第三执政勒布伦，以及贝西埃尔和拉瓦莱特将军。宗教典礼由红衣主教卡普拉拉（Caprara）主持。一贯孝顺的新娘允许自己做了一个小小的反抗：她没有穿戴约瑟芬送给她的华丽的刺绣礼服和钻石首饰，而是挑了一件简单的白色绉纱长裙，只戴一串珍珠。当看到自己献祭出的苍白的羔羊时，约瑟芬泪如雨下。

在当时看来，这桩婚事不仅能保障约瑟芬自己的利益，还能荫庇整个博阿尔内家族。但如果约瑟芬能预料到这次联姻最后会落到什么地步，无论对她有什么好处，都很难相信她会推波助澜。德·雷米扎夫人称奥坦丝是"她那个时代最不幸的人"是有一定道理的。这段关系从一开始就极其不幸。这对夫妇内在的不相容很快就恶化成了不断的争吵。约瑟芬被迫眼睁睁看着奥坦丝勇敢地承受着丈夫妒意和偏执的冲击。英国传开了刻毒的诽谤，说奥坦丝的孩子的生父是拿破仑本人，这更令他们的婚姻举步维艰。夫妇二人在惨不忍闻的痛苦中蹉跎了许多年月，直至最后以分居作结。奥坦丝的第三个孩子对约瑟芬来说是个小小的安慰：他出生于 1808 年，受洗时的名字是夏尔-路易-拿破仑（Charles-Louis-Napoleon），他有朝一日会继承拿破仑，成为皇帝拿破仑三世。

　　在这些家庭事务发生的同时，世界舞台上也在上演重大的政治事件。法国与其他欧洲国家之间关系的变化，使拿破仑不情愿地追求起了与英国的和平。经过几个月的谈判，双方于 1802 年 3 月在亚眠签订了最终的条约。这是法国的胜利。英国吐出了它自 1792 年对法宣战以来赢得的几乎所有东西。法国收回了马提尼克岛和瓜德罗普岛，苏里南和好望角归荷兰人所有，梅诺卡岛归西班牙所有。英国在其所有征服成果中只保留了特立尼达和锡兰。虽然这种不留情面的解决方式注定了它最终的失败，但法国人在当时欣喜若狂，拿破仑胜利地宣称自己是创造和平的功臣。数月之后[①]，他签署了《政教协定》，承认罗马天主教为"绝大多数法国人的宗教"，并允许其"自由活动"，这使他的声望进一步飙升。塔列朗写道："重建宗教不仅是一种正义的行为，而且是一种伟大的、聪明的行为。"

　　对普罗大众来说，拿破仑俨然"奥古斯都再世，是一位半神，他不仅使世界恢复了秩序与和平，也是伟大终于重临人

---

① 此处应有误。《政教协定》签署于 1801 年 7 月，1802 年复活节（4 月 18 日）正式公布。——译者注

间的证明"。在他的统治下，法兰西的内政和外交都取得了惊人的成就。他接手的是一个完全混乱的国家，国库破产，股市处于历史最低点，而现在工业繁荣，交易所兴旺。来自雅各宾派的威胁已基本消除，除了最极端的保王党，其他保王党人都因政府对流亡者的政策而得到安抚。拿破仑的目标是使巴黎成为"神话般的、恢宏和全新的存在"，这个目标即将成为现实。一项公共工程计划正在全面展开，供水、桥梁、街道和下水道都得到了改善。公共花园的华丽和魅力大大提升。卢浮宫里摆满了杰作，让所有目睹它们的人都赞叹不已。阿布朗泰斯公爵夫人写道："巴黎的确实现了第一执政对他的伟大城市的梦想——它将成为文明世界的首都。"[52]

人们对政府的信心从来没有这么足过，法兰西在世界上享有的主导地位是多年来之最。"可以毫不夸张地说，"塔列朗写道，"在《亚眠和约》签订之时，法国在对外关系中拥有的力量、荣耀和影响力，能够满足最有野心的人的期望。而使这一成果更令人震惊的是它完成得如此之快。在不到两年半的时间里，法国就从督政府使她陷入的屈辱深渊中走入了欧洲的第一梯队。"[53]

1802 年复活节，星期日，巴黎圣母院举行了一次感恩弥撒，以庆祝这些伟大的成就。游行队伍在六十响的炮声中绵延长达一英里。第一执政乘坐由八匹阿拉伯马牵引的马车出席了仪式。他身着猩红色的天鹅绒外衣、黑色马裤和一柄典礼佩剑，剑柄上闪耀着摄政钻石，这是法国最著名的王冠珠宝①之

---

① 王冠珠宝（crown jewels），也译为"御宝"，指欧洲王室在重要典礼上使用的珠宝及配件，如王冠、权杖、王球、钻冕等。它不是君主个人的私产，而是在统治者间代代相传。如 1814 年拿破仑退位后，就委托外交大臣科兰古办理王冠珠宝的认定和交接程序。——译者注

一。约瑟芬则"在钻石的火焰中"引起了轰动。这是一场壮观隆重的盛典。大街上金色和深红色熠熠生辉，这是自大革命以来从未有过的景象，隆隆钟声打破了十年的沉寂，在装饰着戈贝兰挂毯的大教堂里，两支管弦乐队在凯鲁比尼和梅于尔的指挥下演奏。英雄、和平缔造者、宗教捍卫者拿破仑在深红色和金色的华盖下就位，华盖上插满了雪白的羽毛。仪式结束后，拿破仑及其随员在身着崭新的绣金绿色制服的脚夫的护送下，乘马车返回杜伊勒里宫，此时人群欢呼雀跃，一位目击者感叹道："啊，多么美丽！我们多爱它！像从前一样，我们的国家终于又做回它自己了！"[54]

在这意义重大的一年里，约一万名英国游客涌入了重新焕发活力的巴黎，其中有厄斯金勋爵、威尔士亲王的弟媳坎伯兰公爵夫人、德文郡公爵夫人乔治安娜及其随从等显赫人物。乔治安娜是个有名的美人，她与约瑟芬的儿子欧仁优雅共舞，并引发了一阵美妙的绯闻。尽管游人被这座城市的"美丽和繁华"所震撼，但据其中一位说，她们懊恼地发现，自己带来的衣服似乎"都是可怕的老式样，土气得滑稽"。[55]游客们一旦确认了法国时尚并不像英国向国民宣传的那样令人惊骇，就急忙跑到时髦的女帽商和裁缝那里——比如约瑟芬最喜欢的设计师勒罗伊（Leroy）先生和德普奥（Despeaux）小姐，她们在那里把大堆的衬裙、连衣裙和紧身胸衣都淘汰了，换上了轻盈飘逸的法国服装和羊绒大披巾。

游客们穿着新款服饰，拿着写有本人姓名、职业和个人描述的基本旅行许可证去四处观景。除了舞会、招待会和博彩等巴黎的常规活动外，他们还去卢浮宫参观贝德维尔的阿波罗与米洛斯的维纳斯。或者挤进巴黎几十家剧院中的一家，去欣赏维斯特里斯的舞蹈或塔尔马的朗诵。他们在城市的三千家咖啡馆中任意采择：下棋的人选择摄政咖啡馆（Régence），知识分子则喜欢谢龙咖啡馆（Café Cheron），追求奢华的人去米勒克隆咖啡馆（Café des Mille Colons）。预算更充足的旅行家经常光顾高档餐厅，他们可以在那里品尝到由大厨卡雷姆（Carême）制作的奇妙甜品，它们被设计成古典庙宇、桥梁或圆形大厅的形状。而最忠实的美食家则都希望能被邀请去第二执政康巴塞雷斯的府邸用餐，食物对康巴塞雷斯来说几乎是一种宗教。他曾用一句话让一位喋喋不休的客人安静下来："请安静，我听不见我在吃什么了。"

所有时髦的人都想去参观雷卡米埃夫人位于勃朗峰街——"百万富翁一条街"的新居，一个英国人说她的卧室装饰得"美到极致，宛如仙境一般"。他们参观了巴士底狱的遗址，它现在是一片树林，只留下"生满青苔的断壁残垣和两三间地牢"。还有声名远扬的王家宫殿，那个"巴黎中的巴黎"，它使一位游客大惊失色，他评论道："一个人可以在这里待一辈子，他的所有低级感官需求和罪恶都能被满足。世界上大概没有其他地方邪恶如此集中，在如此狭小的范围内压缩如此之多的邪恶……"[56] 还有些人想瞧瞧来自阿韦龙（Aveyron）的"野孩子"，一个被发现生活在丛林里的小男孩，现在在他的恩主伊塔尔（Itard）的陪同下，被邀请到许多大宅子里，以满足绅士淑女们的好奇心。

伟大的政治家查尔斯·福克斯（Charles Fox）提供了一幅最具思想的巴黎肖像画，他厚重的双下巴和农夫似的肩膀使他在阿布朗泰斯公爵夫人眼中更像一个英格兰农民，而非政治家。他说，"一想到要去参观一座如此著名的城市，很难不屏

295

息而待"，尽管"街道狭窄，缺少人行道"，他还是觉得巴黎的市容市貌令人愉悦。他参观了巴黎的一处大型娱乐场所，"一座灯火通明的花园，似乎是由仙女出手装饰的……"他见到了塔列朗，但发现其面容缺乏"高贵和高尚"的气质。他看了波拿巴的一场军队检阅，觉得那是一幕"辉煌而生动的场面"。但在巴黎的剧院里，"人民的性格才真正展现出来"。他注意到，在剧院里，"演到每一个悲哀而又动人的段落时，男女观众都会毫不克制地泪如泉涌"。不过，福克斯指出，这座城市的新生活是付出了一些代价的。首都到处都有武装卫队，附近驻扎着 7 万人的军队。他指出，监视制度发展到了高压的程度，"对政府的过失提出丝毫质疑就足以使一个人在夜间匆匆消失"。[57]

但最受欢迎的旅游景点还是拿破仑和约瑟芬本人。几乎人人都在争抢前往杜伊勒里宫的邀请函，或是出席第一执政阅兵式的资格。作家范妮·伯尼为我们留下了这样一次目击的独特写照。尽管杜伊勒里宫人头攒动，但来围观的法国人还是好心地让了一个黄金观赏位置给她，这给她留下了很深刻的印象：

终于，人群在两旁一字排开站好了，一声令下，观众厅的门被推开，一个很有精神的军官——或者是哨兵，或我不知道的什么人……用响亮而不容置疑的声音高喊道："第一执政到！"……当他和他的随员走过时，无人说话，也没有一丝骚动……我近距离目睹了他的面容，虽然转瞬即逝，但我被击中了。这张脸庞给人留下了深刻的印象，苍白，甚至是气色不佳，而与此同时，在双眸里，在脸上的每一处——忧虑、思索、沉郁和冥想都极具鲜明的个人特征，不，是天才，还有那如此直穿人心的严峻，或者说是哀愁，强有力地沉入观者的心灵。[58]

约瑟芬和她受人尊敬的丈夫一样吸引人。（莫佩斯勋爵，即后来的第六代卡莱尔伯爵拒绝将自己的妻子介绍给她认识，大约是因为波拿巴在埃及时约瑟芬丑闻缠身。不过，这样的人当然是少数。）[59]一位来访者，英国沃里克郡的乡绅伯蒂·格雷希德（Bertie Greatheed）如是描述他觐见约瑟芬的过程："非常讲究和高贵……我们被带进了她位于杜伊勒里宫的套间，房间不大，但布置得非常漂亮。二三十位女士围坐在一起，衣着华丽优雅……她人很好，举止优雅而讨人喜欢。"格雷希德认为，波拿巴"比在他自己的观众面前时更自如些"，[60]他评论说："波拿巴对妻子抱有一种非常特别的迷信……有一天晚上，尽管她病得很重，但她还是陪在他身边，满足他的感情。"[61]尽管波拿巴取得了巨大的成就和赞誉，但他仍然把约瑟芬看作是一种护身符，和她在一起的时候会更舒服。

如果说这些外国游客为巴黎和第一执政倾倒，那么英国传媒界则仍坚决地，乃至是恶毒地反对波拿巴。它充满恶意地嘲讽拿破仑为"波尼"（Boney）①，一个可笑的科西嘉暴发户，生着病态的黄皮肤、瘦骨伶仃的腿和油腻的长头发。它还把拿破仑夸大成一个可怕的幽灵，"妖怪波拿巴"出现在当时流行的一首小孩催眠曲中："别再哭了，也许波拿巴会从这里经过……他会把你的胳膊腿儿撕得粉碎，就像大猫撕咬老鼠一样……"

---

① 意为"骨瘦如柴的人"。——译者注

这些攻击常常殃及约瑟芬。1803 年 2 月，一位来到巴黎的英国访客——政治家查尔斯·福克斯的秘书特罗特（Trotter）描述了第一执政对新闻界以贬损口气报道他妻子的反应："波拿巴因《晨报》和《纪事报》上的文章发脾气。在我看来，攻击一个女人年老色衰是很恶俗且缺乏教养的行为，因为这个缺点要是能改，哪个女人不想改呢？更何况她已经承受了这么大的压力，却仍因为她的极度善良和谦逊而受到普遍爱戴。"[62]

297　　最恶毒的攻击出自漫画家吉尔雷（Gilray）笔下，一位历史学家说此人是拿破仑唯一真正害怕的人。他最著名的关于约瑟芬的漫画发表于她加冕为皇后的那一年，大肆渲染她不光彩的过去，画中她和特蕾莎·塔利安一丝不挂地为巴拉斯跳舞，而拿破仑躲在帷幕后面贪婪地偷看这一艳景。约瑟芬的年龄和她的性生活史并不是她唯一的受攻击点，吉尔雷还对她的加勒比血统进行批判，将她家描述为种族出身可疑的贫苦的田间工人，而非种植园主。随着约瑟芬年岁渐长，吉尔雷最常见的手法是把约瑟芬画成一个肥硕邋遢、酩酊大醉的老妓女，脸颊通红，肚子巨大。

据德·雷米扎夫人说，没有什么比英国媒体的攻击更让拿破仑心烦。"有很多次，当我们看到他阴沉着脸、精神不振时，波拿巴夫人告诉我们，那是因为《信使报》或《太阳报》上刊出的一些反对他的文章。"拿破仑并不拥护新闻自由，法国媒体上出现污言秽语时，他会迅速而无情地加以报复，但英国新闻界他基本上管不着。据他的秘书布列纳说，他确实曾找过英国财政大臣，要求采取立法手段整治那些针对他和他妻子的下流内容，但对方建议他只需对那些报纸示以蔑视。布列纳还说："我相信，这种对英国诽谤报纸的神经质的敏感，对英法再次敌对所起的作用，和对巨大的政治利益的考量所起的作用一样大，也许更大。"[63]

大约在这个时候，发生了一件事，使约瑟芬在她故乡的名声蒙上永恒的污点：奴隶制卷土重来了。在《亚眠和约》中，法国重新控制了许多前殖民地，包括马提尼克岛和瓜德罗普岛，因此拿破仑被迫重新考虑其殖民战略，决定在法属岛屿上重新实行奴隶制。这与执政府早期的立场完全不同，彼时执政府决心让人看到它维护共和国的原则，于1799年12月在圣多明各（今天的海地）宣布："执政府声明，黑人自由和平等的神圣原则在你们中间永远不会遭到任何威胁或篡改……对于那些与敌国势力有牵连的人，请记住，勇敢的黑人，只有法国人民承认你们自由和平等的权利。"

在加勒比地区重新实行奴隶制的同时，拿破仑还授权向岛上输入更多的非洲奴隶。他还恢复了旧制度时期的种族法律。在瓜德罗普岛和马提尼克岛，获得解放的人受到歧视，被拒绝进入法国本土，这与之前的做法一样。异族通婚被严格禁止，事实上，拿破仑时期的法律规定任何与黑人男子发生性关系的白人妇女都要从圣多明各驱逐出境。

目前尚不清楚在这一对大革命政策的残酷反拨中约瑟芬起到了多大作用。历史学家们对此莫衷一是。有人认为，约瑟芬作为一个克里奥尔人，其家庭财富来源于奴隶的劳动，而且她母亲还住在岛上，她必然会鼓励重新唤回奴隶制。另一些人则认为，拿破仑做出这一决定有着更为迫切的动机。他毕竟不是那种会出于保护妻子的娘家等感性动机而行动的人，事实上他

298

也不是一个很注重理想的人。他的理由可能是务实的。拿破仑认为奴隶生产是确保法国恢复加勒比帝国财富的最佳手段。

这一决定在当时是受到欢迎的。在很多法国人的心目中，圣多明各的屠杀是由于未能控制黑人并使他们处于被征服状态。虽然这些奴隶起义最终带来了解放，但人们普遍认为，事情的逻辑恰恰相反，是解放黑人导致了他们在殖民地大开杀戒。流血事件证实了在奴隶制支持者中普遍存在的对黑人"野蛮"的看法。黑人的自由对拿破仑来说是可憎之物，他问道："我怎么能给非洲人、给那些完全不文明的人以自由，他们甚至不知道什么是殖民地，什么是法国？"[64]

拿破仑亦曾因在该地遭遇兵败而极为尴尬，后来他在圣海伦娜岛将远征圣多明各描述为"我最大的错误之一"。尽管拿破仑的妹夫勒克莱尔将军率领法军攻打该岛，但它仍然没有被征服，并成功地维护了其独立地位，勒克莱尔在岛上死于黄热病，留下了他二十三岁的寡妇、拿破仑最宠爱的妹妹波丽娜。据说她按照科西嘉人的传统剪掉了自己黑如鸦羽的长发，把它撒在丈夫的灵柩上。当选为圣多明各终身总督的杜桑·卢维杜尔的傲慢更加剧了拿破仑的恼怒。1801 年 7 月，杜桑写信给他，以挑衅的口吻开篇："黑人之首领致白人之首领"。杜桑在这封信中宣称："我是圣多明各的波拿巴，殖民地不能没有我……"拿破仑会让"黑人之首领"为其狂妄自大付出代价。他采取诱骗的方法把杜桑抓回了法国本土，后者在法国因天气寒冷和疏于照料而死于牢狱之中。

然而，拿破仑重建奴隶制可能有其他理由。事实上，他在处理奴隶制问题上的报复性行为表明，他至少有一部分动机是私人的。如果说重建奴隶制仅仅是基于经济上的考虑，那么我们很难理解拿破仑为什么非要命令巴黎综合理工学院把黑人学生开除，以及禁止来自安的列斯群岛和塞内加尔的黑人进入法国本土，这项法律直到 1818 年才生效。拿破仑对自己在国内外媒体上的形象总是非常敏感，他可能一直被诸如 1803 年 2 月 1 日《晨报》上的嘲讽所困扰，该报描述他是"一个无法归类的存在，一半非洲人，一半欧洲人，一个地中海黑白混血儿"。[65]当英国大使馆的牧师见到拿破仑时，大为惊讶地发现他"身材匀称，相貌英俊"，绝非英国漫画家描绘的黄皮肤侏儒。约瑟芬的血统是否纯正也时常遭人质疑，作为一个克里奥尔人，她的血统因与黑人太近而受到污染。于是，拿破仑不仅仅是拒绝与黑人平等和博爱的想法，他的行为似乎决心要与黑人保持距离，撇清与黑人的任何关系。

后来当拿破仑被流放到圣海伦娜岛，积极构建自己作为一个开明的自由主义统治者的声名时，他坚持说，自己曾考虑如何在种植园殖民地实现种族平等。他声称讨论过一个议题，即允许种植园主娶两个妻子——一个黑人，一个白人，这样她们的子女就会彼此感到亲近，种族对立就会消失。[66]然而，他统治下的现实叙说的是另一个故事。

约瑟芬在种族问题上的态度在二十一世纪的观察者眼中也是自相矛盾的，尽管这对她同时代的人来说完全正常，可以接受。像许多殖民者一样，她很喜欢和黑仆人在一起，并以极大的善意和爱对待他们。她也懂得奴隶制的残酷，她为解放那些她爱的奴隶下了很大功夫，可为依据。但在其他场合，她又表现出殖民主义先辈的种族偏执。在 1803 年给母亲的一封信中，她以欣慰的口吻写道："波拿巴对马提尼克岛非常重视，并希望得到这里的殖民地种植园主的支持，他将使用一切可能的手

300 段来维护他们的地位。"[67]也许作为童年的遗泽，她能够在个人层面上表露出巨大的同情心，但没有想象力的远见，无法将这种同情心扩展到她的同类和时代的常规之外。这是她与拿破仑共同的缺陷，拿破仑虽然能够做出随机的善举，却很少想到他在欧洲的战场上抛掷了数百万人的生命。

1802 年 8 月 2 日，万民拥戴的拿破仑·波拿巴乘势而上，做了"终身执政"。这一决定得到了绝大多数人的支持。在 350 万名就此事进行公投的法国人中，只有不到 9000 人反对他做终身执政。即使是保王色彩浓厚的旺代省也以压倒性的优势投票支持波拿巴：在 17000 名投票者中，只有 6 个人反对延长执政官任期。如今所有的国家权力都集中在了拿破仑手中，他有权指定自己的继承人。一位历史学家写道："换句话说，他已经成了国王，比国王还要尊贵，所差的不过是一个头衔，无论是他自己还是别人都毫不怀疑，终身执政只是他通往更伟大的事业的中间步骤。"[68]

拿破仑很兴奋，但约瑟芬心中却充满了不祥的预感。那年夏季，她在给奥坦丝的信中坦言："孩子，我觉得我生来就不是为了这样的宏图伟业，如果能退居一隅，被我所爱的人包围，我会更幸福的。"拿破仑的新地位又一次将可怕的继承问题拉上了台面，而她生不出继承人的问题是大家最关心的事。当整个巴黎以三百名乐师演奏的小夜曲和随后的烟花表演来庆贺拿破仑的新职位时，布列纳注意到了她的伤怀："约瑟芬的忧郁和普天同庆的场面形成了鲜明对比。当晚她需要接待众多政要和官员，尽管深深的抑郁压抑着她的精神，她还是以一贯的优雅姿态完成了任务。她相信，拿破仑离王座越近，离她就越远。"[69]

拿破仑的高升改变了约瑟芬的生活。第一个变化发生在 9 月，拿破仑决定，象征着执政府早期的轻松风格，并为他们二人带来幸福的马尔梅松已不足以作为他的次席官邸。取而代之的是圣克卢宫。这座宫殿地理位置很方便，比马尔梅松更靠近巴黎，位于塞纳河畔一座漂亮的山谷中。这座由孟萨尔建造的住宅曾被路易十四在其统治初期收购并进行过整修，但在大革命期间遭到破坏。拿破仑希望以低廉的价格对它进行改造，然而当佩西耶和方丹大功告成时，账单已超过 300 万法郎。翻新工作取得了部分成功，清理了场地，更换了雕像，修复了喷泉。虽然再也没有恢复原来的华彩，但这处房产还是有它独特的魅力，不过对约瑟芬来说，这次搬迁让她感到悲伤，因为这意味着她花在马尔梅松这个承载了她印记和心血的地方的时间会减少。

拿破仑还着手建立宫廷。许多人认为，这是他从一开始就有的打算，当时他获得了康庞夫人口中"宇宙中最闻名的宫殿"杜伊勒里宫，并建立了必不可少的军事扈从——他的精英执政卫队。从彼时起，拿破仑就一直在暗中增加围绕他的统治的仪式与礼节。早在 1801 年 9 月，普鲁士大使就观察到"第一执政身边看起来越来越像宫廷了"。同年年底，波拿巴开始定期为外国大使和共和国的精英人物举办招待会，到 1802 年 3 月时，官方的来访者开始被正式介绍给波拿巴夫人，而参加在杜伊勒里宫举办的招待会也必须身着正装（女士穿精致的礼服，男士穿马裤）。一位爱尔兰来访者指出，"宫廷礼仪和宫廷服饰规范都得到了严格的遵守，人人都认为杜伊勒里宫的华丽程度已经远远超过了法国从前的宫廷"。[70]

这种发展既符合拿破仑个人喜好宏伟的倾向，也符合法国人民的意愿。几个世纪以来，流光溢彩的宫廷一直是法兰西民族性的内在因素，它影响着礼仪、习俗、社会结构以及国家的经济与艺术发展。拿破仑相信许多人会觉得旧传统让人放心，他也希望一个华丽的宫廷可以诱惑旧统治阶级，因为他们仍然没有接受作为统治者的他。这也将表明他与之前垮台的共和国和督政府不同。他本能地知晓，视觉上的辉煌绚烂是宫廷的基本要素之一，这在 1800 年时对一个政府来说，就像在媒体上的正面形象对如今的政治家一样不可或缺。波拿巴精打细算的母亲也赞同这一点，她给儿子写道："你知道，在公众舆论看来，外在的华丽会给所在等级乃至个人素质带来多大的影响。"到 1802 年 10 月时，路易十八的一位代理人报告说："波拿巴每天都在增加他周围的礼仪和排场。"

约瑟芬是他在这方面的主要顾问。她又咨询了她的朋友康庞夫人。康庞夫人曾是玛丽·安托瓦内特王后的首席寝殿女官，是凡尔赛宫廷习俗和礼仪的信息宝库。她还帮助王后和国王的前仆人在波拿巴家族中找到了职位。约瑟芬咨询的另一位旧人是蒙特松夫人，她是已故的波旁王公奥尔良公爵贵贱通婚所娶的妻子。她是旧时代的坚定遗老，在她的待客厅里，男人们在经历了十年大革命的靴子和长裤之后，第一次穿回了丝袜和带鞋扣的鞋子。

宫廷的建立对约瑟芬的公共角色产生了深远影响。她的官方地位得到了加强，现在她的优先级已经高于第二执政和第三执政，这一变更意味着与波拿巴的私人关系正变得比为国家服务的地位更加重要。正如拿破仑获得了四位宫廷长官一样，约瑟芬很快就有了四位侍女官。对这几个人的任命是拿破仑"融合政策"，或者说"同化政策"的一个完美例子，因为这些人大多出身贵族。聘请她们在新成立的宫廷中任职的公函如此写道："第一执政本人对你的性格及道德准则的了解使他相信，你将以法国淑女特有的礼貌和政府的尊严，来履行自己的光荣职责。"

侍女官们的职责是与约瑟芬一同出行，在不同宫殿下榻。其中名气最小的两位的丈夫都在执政府中工作：德·卢凯（de Luçay）夫人，康斯坦形容她"为人吝啬，但其他方面都很好，很有责任感"，她的丈夫是一位宫廷长官；洛里斯顿（Lauriston）夫人的丈夫则是拿破仑的一位副官。历史可能已将她们忘却，但她们都相当尽职尽责：周到、高效、谨慎。第三位却不具备这些品质，德·塔鲁埃夫人容貌美丽而有教养，出身于布列塔尼一个历史悠久的家族，她的丈夫将在帝国时期被封为伯爵。但是，她会在很多方面背叛约瑟芬。她被认为是保王党的间谍，并在晚年的回忆录中讲拿破仑和约瑟芬的坏话，尽管她家的飞黄腾达离不开他们二人。

第四位侍女官与约瑟芬的关系最为亲密。她就是德·雷米扎夫人，时年二十二岁，是约瑟芬的侍女官中年龄最小的一位。她未出阁时名唤克莱尔·德·韦尔热讷，人们喊她"克拉丽"（Clari），是路易十六著名的外交大臣的后代。她第一次见到约瑟芬时，还是一个在克鲁瓦西与奥坦丝交好的小姑娘，恐怖统治时期她一家曾在那里避难。大革命打乱了她的未来，她的父亲早亚历山大·德·博阿尔内一天上了断头台，家里的经济状况一落千丈。她最终和年长她十六岁的奥古斯汀·德·雷米扎结婚，他和她一样，出身高贵，但没有什么财产。尽管她年纪尚轻，但大革命的可怕经历造就了一个善感而早熟的女孩子，她有敏锐的观察能力。这一点在她精彩的回忆录中

303

得到了极大的发挥，她的回忆录是对拿破仑时代最有趣、最完整的呈现之一。

她对约瑟芬的描述是我们能读到的最不偏不倚、富有洞察力的文字之一：

> 她并不是很漂亮，却个人魅力十足。她五官精致，表情甜美，她的嘴巴非常小，遮住了腐坏的牙齿，她肤色比较黑，但她傅粉施朱的娴熟技巧掩盖了这一缺陷。她的身材完美无瑕……她的穿衣品位无可挑剔，给她所穿的衣服增添了美感。有了这些优点……她避免了被她周围那许多年少的美人压倒……她并非智慧超群之人……但她能意识到自己的不足之处，说话滴水不漏。她拥有真正自然的社交技巧，很容易就能找到令人愉快的话题……除此之外，她心地极其善良，脾气非常好，而且很愿意忘记别人对她犯下的任何错误。[71]

执政府的日子一天天过去，拿破仑正蜕变成他将要成为的传奇。现在的他看起来不像格罗笔下那个年轻的共和国英雄了，而更像安格尔著名的着加冕袍的皇帝画像中捕捉到的那位面容冷峻的专制君主。但发生变化的不仅仅是他的体貌，他的性格也在改变。那些亲近他的人已经对他产生了惧意，不仅因为他发起怒时的可怕，还因为从他身上散发出的、无情而令人惊恐的力量。德·斯塔尔夫人在约瑟夫·波拿巴的庄园与波拿巴夫妇共度周末后，给她父亲写道："他所激发的恐怖是难以想象的。当你靠近那个人的时候，会感到有一阵威严的风从耳边吹过。"

许多人开始怀疑拿破仑的无限野心远没有得到满足。他开 304
始沿袭君主们的习惯，用名字"拿破仑"来称呼自己，他开
始组织一些君主式的消遣，比如王家狩猎。随着他周围的典仪
礼制不断升级，许多人，包括塔列朗在内，都相信能令他高兴
的莫过于一顶王冠。约瑟芬对丈夫攫取王位的野心感到忧虑。
有一天，她来到他的办公室，试图劝他不要这样做，当时他正
在向秘书口述内容。布列纳写道："她以她那优雅而诱人的方
式走到他身边，坐到他的膝头，抚摸着他，用指尖轻轻拂过他
的脸颊，穿过他的头发。她的话语发动了温柔的攻势。'波拿
巴，我恳求你不要称王。是那个可怕的吕西安让你去搞这种阴
谋的。求你，哦，求你了，不要听他的。'"波拿巴只是微笑
着答道："你肯定是疯了，约瑟芬，你只可能在圣日耳曼郊区
听到这样的胡言乱语①。"但约瑟芬很了解自己的丈夫，她不
相信他的这一否认。

10 月，波拿巴夫妇在诺曼底进行了一次庆祝胜利的旅行，
这是新晋的终身执政及其妻子在他的领地上进行的多次正式访
问中的第一次。约瑟芬私下里是不愿意去的，因为奥坦丝刚刚
诞下她的头生子，一个胖胖的小男孩，他立刻成了家里的宝
贝。尽管如此，她还是顺从了丈夫的意愿，把自己的角色扮演
得很漂亮。她在公共生活中一如既往的完美：细心、和蔼，总
能预备好正确的言辞和恰当的姿态。她始终留心如何完善自己
的表现：在迪耶普，她需要把一只手镯赠给一个给她献花的小

---

① 圣日耳曼郊区是巴黎的贵族聚居区，拿破仑对这里的贵族和知识分子沙
龙里的流言颇为恼火。据他的副官拉普回忆，拿破仑曾说："这些人总有
一天会气得我把他们全部赶去虱子横行的乡下。"——译者注

女孩。孩子在接过手镯后伸出另一只胳膊，约瑟芬便摘下自己的一只手镯送给她。她注意到小女孩和围观群众对这第二个更为私人的举动非常高兴，自此之后，她会在典礼仪式前把她要分送给别人的首饰都戴在身上，这样她就可以从自己的手腕、脖颈或手指上把它们摘下来了。

严谨的礼节在他们返回圣克卢宫后也依然如故。执政府早期的非正式聚会已成过眼云烟：拿破仑和约瑟芬在晚上单独进餐，每周有几天有她的一位侍女官或他的一位部长列席。周日的弥撒由凡尔赛主教主持，波拿巴来到曾属于路易十六的小礼拜堂包厢里，身后是第二执政与第三执政，约瑟芬在他身边。他依旧站着，摆出一副英武的姿态，双手交叠在胸前，她则优雅地跪倒在地，姿态完美地展示她优雅的身材。

尽管仪式越来越多，但据德·雷米扎夫人说，第一执政夫妇还是适应了一种舒适的生活方式，它表明了约瑟芬对拿破仑的生活是多么不可或缺，以及他在她的陪伴下多么快乐。无论是在圣克卢宫还是杜伊勒里宫，这对夫妇总是睡在一起。拿破仑很早就离开妻子的床，开始了他任务繁重的一天。如果他在巴黎，他晚些时候就来和她一起吃早餐：如果在圣克卢，他就独自在与书房相邻的阳台上用餐。约瑟芬一小时后起床，在漫长的盥洗梳妆之后接待络绎不绝的访客：商人试图引诱她消费，个人向她寻求帮助，其他人则希望她能将他们的亲人从流亡者名单上除名，或拿回他们的财产。她的日程经常会被丈夫的到来打断。德·雷米扎夫人回忆说："只要他有一丁点空闲时间，就会来陪约瑟芬。"他会在两次会议的间隙里飞奔进妻子的房间，以便他们能一起分享几分钟的聊天或放松时间。六点钟，夫妇二人用晚餐，饭后拿破仑经常回到办公室处理更多的工作，并早早上床睡觉，喜欢晚睡的约瑟芬则与她的侍从们一起消磨晚上的时光。一天的生活结束在它开始的地方——夫妇二人共同的婚床上，这是他们的激情和持久的伙伴关系的象征。

然而，这种平静的家庭生活很快就遭到了另一个女人的威胁：年方十五的女演员玛格丽特-约瑟芬·韦默尔（Marguerite-Josephine Weimer），人称"乔治小姐"。对约瑟芬来说，令她尤为痛心的是，她曾欢迎这位情敌来她家，和她交了朋友。她的朋友拉拉古尔小姐在乔治小姐首次登台演出之前，就把这位年轻的女演员带到了圣克卢宫与她见面。乔治小姐在她的回忆录中回忆了"美丽而亲切的"约瑟芬给她留下的深刻印象："她的双目如此柔和，如此吸引人！她是多么和蔼可亲！她让你感到轻松自在，但又让你觉得自己与众不同，她身上有一种与生俱来的优雅简约。她拥有能够磁化你的魅力。在那种柔和神秘的魅力面前是不可能不屈服的。我还没听到她开口说话就喜欢上她了，感觉她很善良。"[72]

乔治小姐对约瑟芬的崇拜并不妨碍她做拿破仑的情妇。她的动机可能有两个：面子和实际需要。她的舞台首秀在约瑟芬和拿破仑的见证下取得了巨大成功，而她与另一位年轻女演员迪谢努瓦小姐的著名纷争也进一步提高了她的名气，她们之间的竞争使巴黎市民产生了分歧，以至于观众们经常互相争吵。但被新闻界称作"巴黎的维纳斯"的她需要一个可以罩她的人，没有人罩，就不可能活得有模有样。包括吕西安·波拿巴在内的众多有钱人都十分愿意充当这一角色。无论拿破仑的兴趣是源于他弟弟的兴趣，还是源于乔治小姐丰满迷人的美貌，

306

或者是觉得拥有一个来自法兰西喜剧院的情妇很光彩，总之他派人去请了她来。

乔治小姐在回忆录中激动地回忆说，她被送到第一执政位于圣克卢宫的居所，巨大的蜡烛在高大的烛台上燃烧着。她独自一人在"一间有宽大的床和厚重的丝绸窗帘的大房间里"等待。在一次激起拿破仑的欲望的"腼腆的抵抗"后，她优雅地屈服于他的青睐。他按照自己的习惯给她重新取名，说："我很喜欢约瑟芬（她的中间名）这个名字，但如果你允许，我想叫你乔治娜（Georgina）。"[73]如果乔治小姐在多年后的回忆是真实的，"想要了解这位伟人，就要看到他在亲密关系中的样子"[74]，那他们二人的爱情游戏揭示了拿破仑一直不为人知的一面。这是一种奇怪的孩子气的关系。他们的恋爱中穿插着你追我跑、捉迷藏和讨论剧院里的八卦。有一次，拿破仑抓起她戴着的一顶花冠，跃跃欲试着戴到自己头上。还有一次，他假装成一位男演员，拙劣地唱起流行歌曲，直到两个人一块儿笑得前仰后合。这种玩闹使两人走到了一起。这与拿破仑和约瑟芬之间浓烈而富于激情的关系不同，毫无疑问，与乔治小姐的关系对他来说是一种放松的小憩。

很快，约瑟芬就注意到她的丈夫对她不那么殷勤了：有时冷淡、烦躁，有时心烦意乱、神情恍惚。更能说明问题的是，现在有些晚上他会说工作太多，直到很晚才来和她一起睡觉——如果他还来的话。一旦意识到丈夫对她的态度发生了变化，哭泣和指责的场面便随之而来。拿破仑的第一道防线是矢口否认。他说这种出轨流言是那些希望他们婚姻不幸的人散布的。她知道他只爱她一个人，但他太忙了，不可能每时每刻都跟她在一起。他恳求她不要用歇斯底里的场面来骚扰他，她知道这些场面让他很烦。

但传闻不断升级，很快巴黎人民纷纷议论起了第一执政对 307
这位年轻女演员的迷恋。在一次演出中，乔治小姐说了一句台
词"如果我迷住了秦纳，那我也会迷住其他男人"，观众疯狂
欢呼，目光从舞台转向第一执政所在的包厢。这位女演员意识
到："每个人都知道我非常想隐藏的东西。"[75] 如果"每个人都
知道"，约瑟芬的耳目便只能证实她的怀疑。她感到羞辱，心
乱如麻，再次找丈夫对质。拿破仑再也无法否认这段婚外情，
于是转而试图为其辩解。他解释说，他被俗务的烦恼压垮，而
乔治小姐能让他心情舒畅起来。如果约瑟芬爱他，就该更理解
他，为他高兴，甚至允许他偶尔向她倾诉一下他的情妇。

拿破仑认为约瑟芬的痛苦荒谬可笑。"她的烦恼远超必要
的范围。约瑟芬总是担心我会认真地陷入爱河。她难道不晓得
我并不是为爱情而生的吗？什么是爱情？它是一种激情，怀抱
这种激情的人会觉得整个宇宙的分量都比不上心中所爱的人。
你肯定不认为我是那种会把自己交给任何这种专一的激情的人
吧？既然这其中没有爱情，那我的一点小分心又有什么要紧
呢？"在另一个场合，他用一句话为自己的不忠行为开脱：
"我和其他人不一样，普通的道德法则和公序良俗不适用
于我。"[76]

这样的话并没有安抚约瑟芬。她的哭泣和指责让拿破仑很
恼火，随后发生了更为激烈的争吵。据德·雷米扎夫人说，有
一天晚上，妒火激怒了约瑟芬，使她做出了一些极其轻率的行
为。当时是凌晨一点，杜伊勒里宫里一片深沉的寂静。"'我
睡不着，'她突然对我说，'我肯定乔治小姐在上面。我要上

去看看能不能攻其不备。'我对这突如其来的念头非常担心，我尽我所能劝阻她，但无济于事。'跟我来，'她说，'我们一起上去。'"紧张的两个人轻手轻脚地爬上了通往波拿巴房间的秘密楼梯。

然而，当我们走到一半时，一个细微的声音打破了寂静。波拿巴夫人转向我，低声说："也许是鲁斯塔姆。"她指的是波拿巴的黑仆人，他通常守在门口。"这个野兽完全可以割断我们两个的喉咙！"于是我顿时惊慌失措。我转过身，端着手里的蜡烛冲下楼去，以最快的速度钻进了沙龙。我没有反应过来我把波拿巴夫人丢在了伸手不见五指的黑暗中。几分钟后，她跟了过来，惊讶于我的突然逃跑。她看到我惊慌失措的样子时开始大笑，这让我也笑了起来。我们的事业就这样结束了。我走了，对她说她在我心中激起的惊恐对她很有益，我吓得跑路是对的。[77]

308

约瑟芬深感乔治小姐是个威胁。拿破仑从来没有这样认真地爱过别的女人，这个青春年少的佳人——年方十六，娇嫩、迷人、美丽，而约瑟芬已年届四十。约瑟芬担心自己不再是拿破仑不可或缺的人，一旦他意识到这点，可能就会重新审视他们的婚姻，也许她不能给他生孩子的问题会变得更加紧要。当拿破仑第一次建议他们分房睡时，她的痛苦达到了顶点。她暂时设法劝住了他，但她受到了严重的惊吓。

然而，她的恐惧对他没起到什么作用。他向德·雷米扎夫人抱怨说，约瑟芬的眼泪和指责让他厌烦。他继续在自己的私人套房里接待乔治小姐，并经常去剧院看她。乔治小姐在回忆录里承认，"他无疑来得太频繁了"。但拿破仑觉得自己没有什么问题，拒绝对妻子让步。德·雷米扎夫人说："波拿巴反倒是专横、强硬、反应过度，然后他会突然表露出一些感情，态度缓和下来，脾气几乎变得很温柔，以一种良好的风度弥补他所造成的伤害——尽管他没有表现出要改过自新的迹象。"[78]

只有时事的发展才能抑制拿破仑对他的乔治娜的热情。他在 1803 年越来越专注于军事计划和外交斡旋。法国与外国盟友的关系几乎在《亚眠和约》签订后就开始恶化。双方都对条约的撕毁负有责任。英国宣布要在马耳他驻军，并称波拿巴于 1802 年 9 月在皮耶蒙特驻军、拒绝按照在吕内维尔的协议从荷兰撤军，破坏了和约中的条款。1803 年 2 月，此举在杜伊勒里宫引发了可怕的一幕，当时拿破仑当着塔列朗和整个外交使团的面，对英国大使惠特沃斯勋爵进行了粗暴的辱骂。当欧洲的使节们听得"哑口无言，惊恐万分"时，波拿巴猛地冲出房间，对惠特沃斯抛下最后一句话："我们将在两周内开战。马耳他——或战争！"

英国外交大臣霍克斯伯里勋爵（惠特沃斯向他报告了此事）断定拿破仑肯定是疯了，于是他着手发出自己的最后通牒。尽管做出了紧张的外交努力来修补裂痕，战事还是不可避免地发生了。5 月 2 日上午，波拿巴召见巴黎总督朱诺，指示他发布如下命令："凡是目前身在法国的，十八岁至六十岁的英国人或受英王陛下委派的英国人，应就地成为战俘。"在谈话的最后，他说："我决心已定，到今天晚上，巴黎最默默无闻的剧院里也不得出现一个英国人。"到了 1803 年 5 月 20 日，

309

仅仅十四个月的和平之后，法国正式向英国宣战。①

为了团结和安抚全国人民，拿破仑决定在妻子的陪同下对沿海地区和低地国家进行为期六周的访问。6 月 24 日，拿破仑与约瑟芬从圣克卢宫出发，队伍包括数辆马车、几位将军、众多的副官和两位宫廷长官。约瑟芬由她的两位侍女德·塔鲁埃夫人和克莱尔·德·雷米扎陪同。欧仁所属的团也在随行人员之中。他们旅途的第一个晚上是在约瑟夫·波拿巴的乡下庄园孟特芳丹度过的，在那里发生了一件意图昭然若揭的事情：在一次有波拿巴家的大部分成员列席的聚会上，拿破仑首次坚持让约瑟芬而非他的母亲坐主位。这个姿态只能增加波拿巴家的人对她的敌意。

余下的行程是顺利的。在亚眠，当一行人穿过搭建起凯旋门的街道时，沐浴着民众向他们抛来的花环。人们看到他们传奇的统治者及其美丽的妻子时，都被征服了，以至于他们坚持要解开拴马的缰绳，亲自为第一执政夫妇拉车。在皮卡第，波拿巴获赠了一对天鹅，这是传统中接待国王的礼节。两只天鹅立即被送回巴黎，安放在杜伊勒里宫的一处池塘里，向首都展示他所受到的王室礼遇。他们途经里尔、奥斯坦德、布鲁日、布鲁塞尔和列日，这种欢呼雀跃的接待一再上演。但在人后，约瑟芬却显然对这些关注漠然视之。她非常思念她的家人，写信给奥坦丝道："自从离开巴黎后，我一直忙于接受恭维。你是了解我的，所以你知道这一切让我多厌烦。但令人高兴的是，我的侍女们的陪伴弥补了我喧闹的生活。"[79] 然而，在公开场合她却表现得十分亲切。据德·雷米扎夫人说，约瑟芬留下

310

---

① 两天前（5 月 18 日）英国已经对法国宣战。——译者注

了"十五年后仍无法抹去的关于她的慷慨和优雅的记忆"。她是她丈夫的绝佳配偶，他一直梦想在伦敦塔上插旗，这次他拿出了他全部的魅力，与平头百姓们开玩笑，并按照他的习惯，俏皮地捏他最喜欢的人的脸颊。

这次旅行使波拿巴夫妇重归于好。它提醒了拿破仑，他的妻子有多受人欢迎，她对他来说是多么珍贵。他们于 8 月中旬回到巴黎时，拿破仑没有立即派人去找他的情妇。等到他们见面时，他心不在焉，神情疏离。乔治小姐意识到，他们之间强烈的激情已经永远消逝了。分隔两地使他意识到他并不需要她，他在和平时期对爱情的追求已然被更引人入胜的战争欲望所取代。但约瑟芬并不知道他对女演员的热情正在迅速冷却，她仍然没有安全感。据德·雷米扎夫人的说法，她的嫉妒在 10 月时又引发了一次争吵。

在一切都还没来得及顺利解决的时候，拿破仑又走了。这次是去布洛涅监督军事安排。他们之间的信件往来最终在 1803 年 11 月，以约瑟芬写给拿破仑的一封信告终。这是极少数现存的、可以确定是由约瑟芬写给拿破仑的信件之一：

> 读着你如此美好、如此动人、充满了你对我的爱意的信，我所有的忧愁都烟消云散了。你如此关怀你的约瑟芬，我是多么感激啊！你要是知道你为所爱的妻子带来了多么大的欢乐，会为自己鼓掌的。
>
> 书信是灵魂的写照，我把这封信贴在我的心口。它让我多么快乐！我会永远保存它！当你不在我身边时，它就是我的慰藉，当你在我身边时，它就是我的向导，我希望我在你眼中永远是那个善良、温柔的约瑟芬，只专注于你

的幸福……

　　我将和你分享你的一切情感。

　　我的渴望和祈愿就是为你挡开一切你不喜欢的东西，
让你幸福……

　　再见，波拿巴。我永远不会忘记你信中的最后一
句话。

311　　我将它铭记在心。它在我心上镌刻得多深啊！我的心
中回响起怎样的情感！是的，我的愿望就是使你高兴、爱
你、崇拜你。[80]

新近和好的夫妇几乎没有时间相处。1804 年 1 月 13 日，一场
阴谋被曝光，对拿破仑的统治产生了重大影响。首犯是一个名
叫乔治·卡杜达尔（Georges Cadoudal）的人，他在流亡期间
曾拿英国人的工资。他此行到底是为了绑架波拿巴还是刺杀波
拿巴，并不完全清楚，但无论是哪种情况，主使之人都是前五
百人院的议长夏尔·皮舍格吕（Charles Pichegru），他早在
1797 年就因勾结路易十八而被流放到卡宴。后来他从流放地
逃到伦敦，在那里为英国政府和波旁王室效命。皮舍格吕非法
重返法国的消息立即被报告给了波拿巴，波拿巴下令逮捕他、
卡杜达尔和他们的同谋莫罗。多亏了富歇（他此时已恢复警
务部长的职务）组织的有效的警察网，这三个人很快就被关
进了监狱，他们在监狱里把什么都招了。卡杜达尔说："我来
巴黎是为了刺杀第一执政……我要等到一位王子来到巴黎后，
才能动手刺杀他。到目前为止他还没有来。"当主审官问这场
阴谋是不是同"一位波旁王室的王子合作"策划并执行的，
卡杜达尔简单地回答："是。"[81]

卡杜达尔招供的消息被呈到波拿巴面前时，他的愤怒多于震惊。"难道我是一条狗，要被人杀死在大街上，而凶手却可以逍遥法外吗？"（凶手显然是波旁王室的王子们。）"罪人的头颅将是我的报复。"不知怎的，波拿巴相信这一阴谋背后的"罪人"是昂吉安公爵，孔代家族的成员，法国王室的血亲王子，他就是巴黎等着的那个"法国王子"。昂吉安公爵住在巴登公国的埃滕海姆（Ettenheim），此地靠近法国边境，据说（假的）他有时会偷渡过莱茵河进入法国。当波拿巴发誓说"这些王子中第一个到达的人将被毫不留情地射杀"[82]时，他似乎就想到了这一传言。

3月14日晚，根据波拿巴的命令，在违反所有国际法的情况下，昂吉安公爵在巴登公国的中立领土境内被逮捕，并被越过边境线押到维莱特堡垒（Barrier de la Villette），随后被押往万塞讷城堡。对他的讯问和审判只得出了最间接的证据。3月20日晚①，公爵被处决，遗体被埋葬在城堡的护城河边预先挖好的坟墓里。谋杀无疑是无辜的公爵、从中立的外国领土上把他绑走、对他进行无中生有的审判，这桩桩件件都是犯罪行为，即便是最坚定的波拿巴支持者也很难打圆场，而拿破仑传奇最勤奋的耕耘者也很难为之辩护。

约瑟芬本人就此事严词斥责了第一执政，而他把她打发走了，说道："在这些事情上你就是个小孩子！你不懂。"尽管如此，他后来还是觉得要在她的沙龙里加以解释："我之所以让人流血，是因为我有必要这样做。"当晚在餐桌上，针对妻

---

① 此处原文如此，实际上昂吉安公爵是于3月21日凌晨被处决的。——译者注

子和宾客们的无声指责，他愤怒地喊道："至少我们已经向他们展示了我们能做什么！也许现在他们会罢手了。"直到生命的最后一刻，拿破仑都坚持自己在此事上的决定是明智的，他宣称："我逮捕并审判昂吉安公爵，是因为这对法国人民的安全、利益和荣誉是必要的……即使今天再让我面临类似的情况，我也会做出同样的选择。"但其他人就不这么认为了。富歇最后评论说："此举比犯罪更严重，这是个错误。"[83]

尽管拿破仑虚张声势，但他对法国民众如何看待这一处决感到很紧张。他按照以往的做法，通过莅临剧院来试探民意。据波拿巴夫妇的一个随从说，在这类出行中，拿破仑通常不会等待约瑟芬，而是"迅速走上楼梯"，在包厢里落座。"然而这一次，他在毗邻的小前厅里等待着，直到波拿巴夫人到来。她浑身发抖得厉害，而他的脸色苍白得过分。他环视我们大家，仿佛在无声地询问我们认为他会得到怎样的接待，随后他终于向前走去，仿佛一个走向行刑队的人。"令拿破仑十分欣慰的是，惯常的赞美和掌声向他表示了欢迎。[84]

如果说被严格控制的官方媒体用巧妙操纵过的事件版本说服了法国民众的话，那么外国人则不予相信。密谋和处决昂吉安公爵的影响在英吉利海峡对岸和欧洲大陆都能感受到，那里的人们普遍表示惊愕和反感。法国的孤立无援之感引发了一种偏执，拿破仑立即利用了这种偏执。他终于找到了夺取皇冠的借口。拿破仑祭出法国唯一的朋友和庇护人的旗号，决定自立为"法兰西人的皇帝"，以此巩固自己的权力。

第十五章　加冕

愿上帝使你高居帝国的宝座，愿耶稣基督，万王之王……使你和祂一同统治直至永恒。

——教皇庇护七世

帝国于 1804 年 5 月 18 日宣告成立。当参议院全体成员在大批军队的护送下抵达圣克卢宫时，巴黎城中还在轰鸣着二十一响的礼炮。身着军服的拿破仑在将军们的簇拥下接待了这支队伍，接受了新授予他的地位，他面容平静，仿佛"一生下来就拥有此权利"。随后，参议院议长，第二执政康巴塞雷斯转向约瑟芬，首次使用了她的新头衔：

> 参议院有责任完成一项令人愉悦的任务：向陛下献上我们的敬意，传达法兰西人民的感激之情。是的，夫人，您因无尽的善举而闻名于世。您始终在访贫问苦……而且您向来乐于伸出援助之手……正是这种甜美而善良的性格，使约瑟芬皇后的名字永远成为抚慰和希望的象征。[1]

一位旁观者说："她作答时仍带着那种浑然天成的优雅，这种优雅使她能够适应任何位置，哪怕是现在的至尊之位。"[2]

在第二天晚上的家宴上，白天的胜利情绪恶化成了一片口

角与怨言。扮演着新角色的拿破仑恰然自得，他向家人宣布了
315 一些礼节上的变更。作为皇帝和皇后，拿破仑和约瑟芬现在被
称作"陛下"。但在他的兄弟姐妹里，只有约瑟夫和路易及两
人的妻子被授予亲王和王妃的称号。他的妹妹伊丽莎和卡罗琳
又羞又气。为什么那两个外人，奥坦丝和约瑟夫的妻子朱丽，
能够成为王妃，而她们却什么都没有得到——没有新头衔，没
有地位？她们，他的亲手足，怎么可以这样被轻视？拿破仑故
意一直喊奥坦丝"王妃"，以此调笑他的妹妹们，气氛又焦灼
了几分。卡罗琳愤懑又羡慕地哭了起来。

拿破仑的行为由来已久。他的手足缔结了一连串在他眼中
不合适、掉身价的婚姻，使他非常恼火。他对妹妹们的婚事颇
不满意，这是众所周知的事情。而当他的弟弟热罗姆在巴尔的
摩同一个名叫伊丽莎白·帕特森（Elizabeth Patterson）的美国
姑娘结了婚时，这种失望情绪更趋严重。这则婚讯激怒了拿破
仑，以至于他禁止热罗姆返回法国。后来他又发现吕西安打算
与茹贝东夫人（吕西安几年前丧妻，此后一直和她生活在一
起）结婚，怒气大发。他试图阻止婚礼，但全家人都和他作
对，婚礼还是举行了。现在，随着帝国的成立，他有机会让顽
固的家人屈服了。

次日爆发了一场严重的争吵。卡罗琳要求知道为什么她和
姐姐要"默默无闻、受人蔑视，与此同时外人却被赐予荣耀
和威严"。拿破仑同样愤怒地回答说，他是一家之主，荣耀如
何分配由他决定。正是在这次争吵中，他道出了那句令人印象
深刻的驳斥："说真的，夫人们，要是旁人听了你们的自命不
凡，一定会以为我头上的冠冕是从你们已故的父王那继承来
的。"[3]冲卡罗琳大发一通脾气后，拿破仑心平气和了。几天之

后，皇帝的妹妹们被授予"皇室殿下"的礼节性头衔。

这场胜利至少为约瑟芬赢得了一段短暂的安宁。但是，如果说有哪件事能使长期内斗不止的波拿巴家族团结一心，那就是对"博阿尔内家女人"的仇恨。他们很清楚，约瑟芬热切渴望加冕，这样可以"保证她的地位和安全感"，他们也知道拿破仑在是否为她加冕这件事上还举棋不定。于是他们加倍努力，试图推翻这个篡夺者，使出种种手段为波拿巴的犹豫不决推波助澜：翻出约瑟芬出轨的旧闻，暗示她的子女对他的感情是"被迫的"，他们还说他有希望得到一个亲生的继承人，约瑟夫指出了"与某个外国公主或……（乃至）法国高门世家的女继承人结婚的好处"。[4]

这种挑唆行为和拿破仑自始至终的沉默，使约瑟芬逐渐慌了神。但她继续尽可能表现得泰然自若，投身到她的职责和宫廷生活的日常中去。波利尼亚公爵夫人的儿子参与了最近一桩反对拿破仑的保王党阴谋，这个上了年纪的妇女恳求约瑟芬出面为她儿子说情。① 其他十二名阴谋分子已被处决，公爵夫人担心下一个就要轮到自己的儿子。经过六个小时的交谈后，约瑟芬安排这个痛苦的女人藏在拿破仑的办公室里，她昏倒在皇帝的脚下。面对倒在地上的妇人和自己流泪的妻子，拿破仑屈服了，赦免了她的儿子。据德·雷米扎夫人说，"约瑟芬的出

---

① 此处原文应有误。"波利尼亚公爵夫人"为之说情的应是她的丈夫，第二代波利尼亚公爵（Armand Jules Marie Héracle de Polignac, 2nd Duke of Polignac, 1771—1847）。公爵的母亲，第一代波利尼亚公爵夫人约兰达（Yolande de Polastron, 1749—1793，即著名的"勃利夫人"）此时已经去世。陪同二十九岁的公爵夫人的有她五十岁的亲戚，哲学家爱尔维修之女德·昂德劳夫人（Madame d'Andlau），作者可能将这两个人搞混了。——译者注

316

手在巴黎引起了巨大轰动，又掀起了一波对她的仁慈善良的赞美，几乎所有人都是这样看她的"。此后，其他的妻子、母亲和姐妹们一哄而上，请求觐见约瑟芬，希望能争取她为自己身陷险境的亲属说情。在皇后的帮助下，许多死刑判决改为监禁。拿破仑意识到"过多的死刑可能会投下黑暗的阴影"，而此时，随着加冕大典的临近，以仁慈来调和司法在政治上是有益的。[5]

起初，约瑟芬的新角色似乎与她之前作为第一执政夫人没什么不同。程序和礼节上的变化是循序渐进的，但这些变化不可避免地改变了她生活的方方面面。虽然"皇后"这个新头衔对约瑟芬来说还是有点不真实，但她很快就会听到这个头衔在正式场合的首次使用。7月14日，庆祝荣誉军团成立的弥撒在巴黎圣母院举行，新立的约瑟芬皇后第一次正式亮相。拿破仑告诉她，他希望她"戴上耀眼的珠宝，穿上华丽的衣裳"，约瑟芬很乐意遵从。一位目击者说，那天她十分光彩照人。"她出现在明媚的日光下，身着一袭玫瑰色的薄纱长裙，上面点缀着银色的星星，领口按照当时的时尚裁得很低。她头上戴着许多钻石麦穗，这身辉煌的装扮、她优雅的仪态、迷人的微笑、甜美的面容效果极好，以至于我听到许多出席仪式的人说，皇后比她随行的所有女士都要出众。"[6]

十天之后，约瑟芬开始了一年一度的温泉之旅，这次是去亚琛（拿破仑为了他入侵英国的计划，已经去布洛涅视察海军的部署情况了）。她的旅行与她的新地位相称，非常隆重，御用随从超过五十人，包括一名御马总管、两名内侍、一名侍女官、三名随行侍女、两名迎宾员、十名脚夫，还有各种女仆和厨房的工作人员。但是，新的典仪和庞大的随行人员团队意味着一切都要花上两倍的时间。她每经过一个城镇，都有一支骑兵分队骑马护送她，在她进出城镇时，守军要鸣放二十五响的礼炮。此外，她在所到之处还要慷慨布施，赠送金钱、戒指、胸针和手镯。关于沿途民众对约瑟芬到来的反应，她的女仆阿夫里永小姐如是写道："我不会试图描绘沿途城镇的居民在看到皇后时爆发的热情：我只想说，所有得知她来访的人都热烈欢迎她，这足以说明她仁慈善良的名声远播各地，也证明了在法国长期流行的一个说法——她是她高贵的丈夫的幸运之源。"[7]

这次旅行并非一帆风顺。一个凄凄惨惨的夜晚，这支队伍试图在色当和列日之间的山路上行进，拿破仑事先为他们标好了路线，却把一条正在修建的道路误当作已经完工。由于队伍当中无人敢违背皇帝的指示，只好用绳索拖着马车在皇帝指示的险路上前进。约瑟芬心惊胆战，又犯了偏头痛，最后只好下车在泥浆和雨水中徒步。在参观查理曼的陵墓时，有人赠给她一根据说是查理曼的臂骨，她婉言谢绝并解释说，她"有一条和查理曼同样强壮的臂膀作为自己的依靠"。此事报告给拿破仑时（她旅途中的每一个细节都会被汇报给他），他为她的机灵感到非常高兴。

约瑟芬抵达亚琛时终于松了一口气，尽管这里的市容市貌并不吸引人，而且泉水中弥漫着硫黄的臭味。天气很好，民众欣喜若狂。温泉城的娱乐活动相当平淡：晚宴、纸牌派对以及由一个巴黎剧团和一群德意志歌手提供的表演。拿破仑的来信洋溢着爱意与温情："我相信我很快就能知悉，这里的泉水对你很有好处。我很遗憾听到你经历的一切烦心事。请经常给我写信……给你印上无数个吻。"次日他写道："我很渴望见到

318

你。你永远是我幸福的必要条件。"[8]

因此，当拿破仑甜言蜜语地写信说"我迫不及待地想见你"，还通知约瑟芬他将在亚琛与她会合，并在正式访问莱茵期间与她在一起时，她被幸福冲昏了头脑。但当他抵达时，她发现了一件令她非常委屈的事——他真正迫不及待要见的人是她的一位侍女，德·沃代（de Vaudey）夫人。他的粗野行为进一步加剧了她的不快：和往常一样，他在和另一个女人交往时，便对约瑟芬横行霸道，不讲人情。在美因茨的一个晚上，约瑟芬正生着病，他闯进她的房间，把她从床上拖下来（字面意义），要求她马上穿好衣服。

当他们于10月回到巴黎时，在利益上有点儿过于贪婪的德·沃代夫人很快就被丢到了一旁，这让约瑟芬松了口气。然而，另一个女人几乎立刻就晃到了拿破仑眼前。她是阿黛尔·迪夏泰尔（Adèle Duchâtel），一位二十五岁的金发女郎，有一个比她年纪大得多的丈夫。这段婚外情让约瑟芬醋意大发。德·雷米扎夫人在回忆录中讲述了一个戏剧性的故事：某天早晨，约瑟芬发现阿黛尔蹑手蹑脚地从房间里出来。约瑟芬确信她要去找拿破仑，便把德·雷米扎夫人拉到一旁说："我现在就要去看个究竟，你和这些人都留在这儿，如果有人问你我去了哪里，就说是皇帝把我叫去了。"她的侍女想劝阻她，觉得给拿破仑提供任何"吵架的由头"都不明智，但约瑟芬是不会被吓倒的。她沿着后面的楼梯上了楼，来到了与他的居所相通的小套间。

约瑟芬回到会客厅时非常激动。过了一会儿，她实在无法压抑自己的情绪，便招手将德·雷米扎夫人叫进自己的卧室。

"一切都完了……我去皇帝的办公室找他，他不在。然后我沿着后面的楼梯来到楼上的房间。我发现门关着，但我能听到波拿巴的声音，还有迪夏泰尔夫人的声音。我大声敲门，喊道我在这里。你可以想象我把他们吓成了什么样。过了好一会儿，门才打开。最后，等我被允许进入时——虽然我知道我应该要控制自己，但这是不可能的——我痛心疾首地指责他。迪夏泰尔夫人开始哭，波拿巴骤然大发雷霆，我几乎来不及逃走，躲避他的怒火。我现在想起来还在发抖。我不知道他会有多生气。"

几分钟后，我们听到皇后的套间里传来巨大的声响。当然，我知道皇帝在里面，而且正在激烈争吵。迪夏泰尔夫人叫来她的马车，马上就去巴黎了。

后来，约瑟芬含泪向德·雷米扎夫人讲述了当时的情景。波拿巴"在以各种可能的方式侮辱了她，并在愤怒中砸烂了她的一些家具"之后，命令她立即离开圣克卢宫。他厌倦了她的嫉妒和监视，宣布自己"决心甩掉这个枷锁，从此听从他的幕僚给他的建议，娶一个能给他生孩子的妻子"。[9]

当晚皇帝召见欧仁，告诉他自己打算与约瑟芬离婚。欧仁没有试图干涉，但他拒绝了波拿巴对他个人的示好，宣布"一旦他母亲遭遇这样的不幸"，无论她要去哪，甚至是马提尼克岛，他都有责任追随她。[10]奥坦丝也拒绝为她母亲说情。她对德·雷米扎夫人说："我不能以任何方式插手。我丈夫已经明确禁止我这样做。我母亲一直很轻率。她就要失去一顶皇冠了，但至少她会过上安静日子。啊！相信我，世上还有比她更为不幸的女人。"奥坦丝说得如此哀伤痛切，以至于作为

319

约瑟芬的侍女官的德·雷米扎夫人知道她在说她自己。"此外，"她最后说道，"如果说有什么机会能平息此事，那就是我母亲的眼泪和温柔对波拿巴的影响。相信我，让他们自己去处理比较好——我们完全不要干涉他们之间的事……"[11]

事实证明奥坦丝是对的。两天后，这对夫妇和好了。德·雷米扎夫人报告说："她的屈服和眼泪有效解除了波拿巴的武装。"但几天后，他仍不能打消离婚的念头，对约瑟芬说："我没有勇气做出最终的决定，只要你让我看到你的痛苦太深——只要你向我表示顺从——我就觉得我永远不会有力量强迫你离开我。不过，我明明白白地告诉你，我诚恳地希望你能屈服于我的政治利益，自己替我免去这痛苦分离的一切困难。"[12]皇帝在讲这些可怕的话时痛哭流涕，但约瑟芬采取的策略彻底解除了他的武装。她宣称自己将"等待拿破仑直接下达命令，要求她让出后位"，她采取了一种逆来顺受的、唯命是从的受难者的姿态。"屈服、悲伤……完全顺从，但也善于对丈夫行使权力，她使他陷入了焦躁不安、犹豫不决的境地，他无法从中脱身。"[13]

拿破仑对离婚一事一直以来的矛盾心理，在他与皮埃尔-路易·勒德雷尔（Pierre-Louis Roederer）的一次谈话中表现得很明显，他谈到他的家人反复索要荣誉地位，令他心烦："他们嫉妒我妻子、欧仁、奥坦丝，乃至一切我身边的人。"他们的行为和他的继子女形成了鲜明的对比，后者不问他要任何东西，赢得了他的爱和尊重——就像约瑟芬在这艰难的几个星期里一样。尽管她非常焦虑，但还是"对所有人都很体贴"，对他始终柔情满怀。他承认，"她经常遭他们欺负。我的妻子非常善良，从不伤害别人……出于正义和公平，我不会休弃她！毕竟我是一个公正的人。如果我不是登上皇位而是被捕下狱，她也会跟着我。我怎么能因自己一朝发迹就把这个了不起的女人丢到一边呢？不，这不是我会做的事。我有凡人的心肠……是的，她应当被加冕！她会被加冕，"他奇特地补充了一句，"即使搭上二十万人的性命！"[14]

正是波拿巴一家人的糟糕行为和约瑟芬的贤德，使拿破仑下定了决心。怀着对家人"过早庆祝胜利"的愤怒，他去了约瑟芬的房间。他告诉她教皇马上就要来巴黎，教皇会为他们二人加冕，她现在应该开始为这一盛大典礼做准备。她几个月来的"惶惶痛苦和焦虑"结束了。

约瑟芬将被加冕的消息在波拿巴家族中掀起了一波新的愤恨，尤其是他们发现拿破仑还想要他的妹妹们给她抬礼服的拖尾。这一次又是卡罗琳带头反抗，她代表所有人明确拒绝为约瑟芬扮演这么一个谦卑恭顺的角色。约瑟芬的拖尾长达二十五码，由深红色的天鹅绒制成，上面绣着金蜜蜂，边缘缝有俄罗斯白鼬毛皮。它的重量要求有人来抬。在度过六个不眠之夜后，拿破仑最终找到了一个他满腹怨气的家人能够接受的解决方案。他搞了一个文字上的把戏，把"抬拖尾"改成了"为披风提供支持"，而她们自己的礼服拖尾则由宫务大臣们来抬。

约瑟芬满怀热情地投身到加冕大典的准备工作中。克莱尔·德·雷米扎写道："皇后召集了当时最杰出的艺术家和工匠，来和她一起商议宫中的贵妇和她自己的礼服设计。"约瑟芬和她的顾问们决意不重拾大裙撑，而是"选用长长的披风来盖住我们的裙子，配以蕾丝或绉纱制成的拉夫领，用金线或银线镶边，这种领子被称作'切鲁斯克'（cherusque），它从肩膀处高高升起，衬托出脖颈和脸……"[15]据一位旁观者说，在"加冕前的准备阶段，巴黎的大部分商贸都在为女人们创造徒具华丽的东西。"[16]

在对加冕大典的期盼中，人们从各个省份乃至海外涌入首都。巴黎的人口在这几周内似乎翻了一倍，咖啡馆和剧院等场所因蜂拥而来的游客获利颇丰。据布列纳说，商业也很兴旺："旧风尚的复兴给那些在督政府和执政府时期找不到工作的生意人带来了就业机会，比如马鞍匠、马车匠、蕾丝工人、刺绣工人等等。"[17]军队被动员起来以管束人潮，但城中的气氛良好，以好奇和兴奋的情绪为主。一个巴黎居民说："到处都喧嚣而热闹。"这是因为每个人都在匆匆忙忙地购买新衣服，奢侈地招待朋友。诗人舍尼埃奉命创作了一部肃剧以资纪念，歌剧院也受命上演了多部精彩的芭蕾舞剧。在洛尔·朱诺笔下，"巴黎当时盛行的兴奋、欣喜与狂欢是难以想象的"。

加冕大典将是拿破仑统治的终极盛景，他希望用它的威严和宏伟震惊世界。为了使一切都能顺利进行，皇帝指示负责监督活动组织的画家伊萨贝准备一系列图纸，精心绘制出典礼的各个阶段。但时间紧迫的画家却选择在巴黎的商店里翻箱倒柜，买下了所有能找到的玩偶娃娃。他给这些娃娃穿上各种服装，放在巴黎圣母院的建筑模型里。有了这些玩偶，拿破仑与约瑟芬就能演绎和重演仪式的每一个细节。这种与以往不同的排练方式非常有效。据阿夫里永小姐说，加冕大典"完全像一场戏剧表演，所有角色都是事先研究过的"。[18]

在这几个星期里，约瑟芬还接到了一个光荣的任务。11月25日，她受拿破仑委托，在枫丹白露宫接待了教皇庇护七世。

许多年前，她连进这座王宫都还不太够格，而现在作为一国之至尊站在这里，对她来说一定恍如隔世。如今她是整个法兰西的女主人，迎接着教皇国的使团，包括十六名红衣主教和主教，以及一百名品级较低的神职人员。不管约瑟芬当时心里是怎么想的，她把任务完成得很漂亮，令教皇为之倾倒，在逗留期间，他颇为喜爱地喊她"我的女儿"。

约瑟芬讨好教皇有她自己的目的，教皇很快就会发现这一点。他和一群随员热热闹闹地进了巴黎，被安置在杜伊勒里宫一片为他们保留的、拥有五十六个房间的华丽片区里。加冕大典的前一天，约瑟芬请求单独面见教皇陛下。她为恐惧所驱使，害怕这段没能诞下孩子的婚姻将来会被宣布无效，她向教皇吐露实情：她和拿破仑当年只办过民事婚礼。庇护七世向她保证会给她解决问题，以此平息了她的眼泪。他绝无可能给一对实际上生活在罪孽中的夫妇加冕。拿破仑试图改变教皇的想法，但后者坚决不松口。教皇在宗教这一块已经做出了许多让步，这件事上不能。拿破仑不想推迟或取消加冕大典，于是别无选择，只能让步。那天晚上，在皇帝的书房里临时搭建的圣坛前，红衣主教费什给拿破仑和志得意满的约瑟芬主持了一场私密的天主教婚礼。

1804 年 12 月 2 日，破晓前几小时，杜伊勒里宫在活跃和欢乐的气氛中醒来。为了跟上皇帝设置的严格的时间安排，有些廷臣直接选择通宵，还有些前一天晚上做好了发型的人选坐在椅子上睡觉，直到换装时间结束。黎明时分，人群聚集在街道上的严寒之中。先是下雪，少顷变成下雨，被行进的队伍踩乱的融雪打湿了军人和民众的鞋。

六点时，伊萨贝来给约瑟芬化妆，监督她的穿衣情况。一丝不苟地化好了妆之后，发型师们把她的头发梳成了许多光亮的褐色发卷，上面戴着一顶交缠着珍珠和钻石叶子的钻冕。然后，她的侍女官们帮她穿上白色缎子制成的长袖礼服，上面有金线和银线的刺绣。上衣的方领裁到胸口，肩膀处升起小小的蕾丝立领，环绕着脖子。长裙和拖尾上绣满了金蜜蜂。她的项链和耳坠由镶钻石的雕花宝石组成，手指上戴着一枚象征欢乐的红宝石戒指。打扮完毕后，约瑟芬——全身上下都是钻石和黄金——耐心地等待着拿破仑。他精神十足地醒来，开始换装，据他的侍从说，他吹起了跑调的口哨。但很快，这位伟大的武士被一大堆珠宝和他不习惯的锦衣华服压倒，完全慌了手脚，最后迟到了。

七点时，一支身着官袍的官员队伍从司法宫步行至圣母院，冰冷的教堂里已有了第一批客人。（佩西耶和方丹重新装修了圣母院，改造了它的外观，以至于一位观察家指出："这样浩大的工程，上帝自己都会迷失方向。"）九点整，教皇准时从杜伊勒里宫出发。他的教皇国御车顶上有一尊巨大的教皇冠冕。四个骑兵中队护送教皇，前面是一个骑着骡子、背着一个大木头十字架的教皇内侍。这种不协调的景象让一些观众笑了出来，但令人惊讶的是，有许多人被压抑已久的宗教情感压倒，敬畏地跪倒在地。教皇身后跟着的是其余的卫队，包括巴黎总督缪拉元帅和他的部下、四个卡宾枪骑兵中队、四个胸甲骑兵中队和近卫猎骑兵，还有许多马车，载着各路大臣、来访的达官贵人和王子公主。

上午十点（比预定时间晚了两小时），皇室马车在一声鸣枪礼中宣布从皇宫出发。这辆马车是方丹专门为这一场合设计的，由二十个骑兵中队护送。马车是一只"鎏金彩绘的大笼子"，由八匹头戴白翎、鬃毛和尾巴编出花样的华丽马匹牵引，每匹马前面都走着一个脚夫。车顶上镶嵌着一顶巨大的皇冠，四角各有一只雄鹰。马车的其他部分铺着绣金白色天鹅绒，上面凸印着雄鹰、蜜蜂和月桂，这些都是帝国的新标志。透过八扇大玻璃窗，可以清楚地看到拿破仑和约瑟芬坐在约瑟夫与路易·波拿巴的对面。拿破仑从前的情妇乔治小姐说，这是一幕"令人惊叹的景象"。她只注意到皇帝"平静地微笑着"，她的注意力和大多数人一样集中在他的妻子身上。"约瑟芬皇后看上去一如既往地'有天家风范'"，她表现出"完美的穿衣品位"，并拥有"和蔼仁慈的风度，让你对她如此着迷"。

十一点四十五分，皇室马车抵达圣母院。波拿巴夫妇从马车上走下，众人看到皇后时都屏住了呼吸。"她的脸上流露出幸福、优雅、威仪和单纯。"帝后走进了大教堂旁搭建的作为更衣室的帐篷。拿破仑将他那绣有蜜蜂的紫色天鹅绒披风套在他的缎子长袍上，约瑟芬则在她的白缎长袍外套上了内衬貂皮的紫色天鹅绒皇室披风，并将她的钻石头冠换成了一顶以紫水晶为主的头冠。约瑟芬从更衣室出来时令人屏息凝神。"她戴着头冠的样子就像它没有重量似的，"一个在场的人后来回忆说，"她用她固有的善良和令人鼓舞的热情来答谢她的随从……啊！她真是好样的，一个了不起的女人。地位的提升并没有改变她：她是一个有精神、有心灵的女人。"[19]

队列通过木制的通道进入圣母院，许多人已经在冷风飕飕的教堂里等了好几个小时，只能靠混迹其中的小贩偷偷兜售的夹香肠的小圆面包果腹。走在队列最前面的是传令兵、侍从、助祭和大司仪。约瑟芬的前头走着缪拉，他手中捧着一块天鹅绒垫，上面放着皇冠。她的右边是宫务大臣，左边是首席御厩大臣。在她身后依次走来的是拿破仑的妹妹们，之后是拿破仑本人，在他身后是他的兄弟约瑟夫和路易。人们注意到热罗姆、吕西安和列蒂契娅夫人都不在场，热罗姆被放逐，吕西安选择自我流放，列蒂契娅夫人去陪他（为了保持齐整，画家大卫后来把她加到了自己的画作中）。

阿布朗泰斯公爵夫人描述了约瑟芬从御座上走下来，步向圣坛，皇帝在那里等待她的场景：

约瑟芬皇后最美的地方，不仅仅是她窈窕的身材，还有她优雅的颈项，以及她抬起头来的样子。的确，她的举手投足以其高贵和优雅而出类拔萃。用圣日耳曼郊区的话说，我曾有幸见过许多真正的公主。但在我眼里，我从未见过哪位公主如此完美地表现出了优雅与威仪。而拿破仑的表情告诉我，他也完全是这样认为的。当皇后向他走来时，他志得意满地望着她，当她跪倒在地时——她不禁流下眼泪，泪水滴落在她合十的双手上，她将双手举向天穹，或者说，是举向拿破仑——两人似乎都在享受那一生中独一无二的、转瞬即逝的、纯洁的、为岁月增光添彩的幸福时刻。皇帝在典礼上以独特的优雅姿态完成了他应做的每一个动作，但他给约瑟芬加冕的方式最引人注目：在接过顶端有十字架的小皇冠后，他首先应当把它戴在自己的头上，然后再摘下，把它戴到皇后头上。当他把皇冠戴在这位被人民迷信是他的幸运之源泉的女人头上时，他的态度几乎是开玩笑的。他费尽心思地调整这顶约瑟芬钻冕

上的小小皇冠；他给她戴上，然后挪开，最后又给她戴
上，似乎是在向她保证，她应该优雅而轻盈地戴着它。[20]

　　也正是约瑟芬跪倒在她丈夫面前，他将皇冠戴在她头上的那一幕，被大卫选作他再现加冕大典的油画的中心部分。

　　随着仪式的神圣部分结束，波拿巴夫妇开始回到自己的御座上。当约瑟芬从不稳当的台阶上走下来时，波拿巴姐妹抓住机会报复她们厌恶的嫂子，扔下了她沉重的拖尾。约瑟芬踉跄了一下，如果不是拿破仑一个致命的眼神和从牙缝里挤出的嘶吼，让妹妹们扶好她的话，她肯定就摔倒在地了。但是，这一事故不足以挫伤约瑟芬在这一天的欢乐。当他们驱车穿过欢呼雀跃的人群时，她的面庞上洋溢着笑容。的确，阿夫里永小姐如是评论："我从未见过有谁脸上的喜悦、满足和幸福的表情能与当时的皇后相提并论，她容光照人。"[21]他们回到被千灯照彻的杜伊勒里宫和杜伊勒里花园后，魔术仍未结束。拿破仑宣布他将与他新加冕的皇后单独共进晚餐，他坚持让约瑟芬在吃饭时也戴着皇冠，"因为它和她很相称，她看起来如此美丽"，还因为"没人能把皇冠戴得比她更为优雅了"。

第十六章　帝国

伟大亦有其不便之处……

——拿破仑

　　从此时起，帝国第一夫人的角色塑造约瑟芬的人生直至最后一刻。她生来不是为了做皇后，没有人教育她成为皇后，也没有人期望过她成为皇后，但这就是她的命运。那个垂垂老矣的马提尼克算命人的预言成真了，她的确"地位胜于王后"：她成了皇后，按照官方头衔，是"法兰西人的皇后"。这一位置对人的要求很高，也颇令人感到压抑，因为它涉及对生活的束缚和自始至终的审视。虽然拿破仑决意不让她执掌任何来自官方的政治权力，但她需要在法国的社交、文化和庆典礼仪生活中发挥核心作用。最关键的是，她被期望成为拿破仑政权所有权势与荣华的象征。

　　由于没有丰富的宫廷生活经验，约瑟芬必须完全"在工作中"掌握技能，从错误中学习，边学边干。她出生在种植园，在错综复杂的等级制度和内部争斗中长大，这可能为她的新生活做了一些间接的准备，但主要是约瑟芬自己的适应能力、敏锐善感和个人魅力引导她完成了任务。

　　在这段风起云涌的岁月里，当欧洲的面貌因战争与和平的大变革而改换时，她扮演的角色尤为重要和困难。她在位期间

发生了一系列传奇性的战役：奥斯特利茨、耶拿、埃劳、埃斯
林、瓦格拉姆。在这一动荡的时期，"奥地利两次被征服，普
鲁士被摧毁，俄国受挫。西班牙遭到入侵，意大利建国，德意
志联合，波兰复生"。[1]尽管面临着这些挑战，以及对一朝被废
的恐惧，约瑟芬还是出色地塑造了这个角色，击败了许多凭借
血统登上后位的人，她在国后这个位置上打上了自己的优雅烙
印，跻身法兰西最受爱戴的国后之列。

327

在加冕大典后的几个星期里，约瑟芬忙于庆祝活动。巴黎
一片欢腾，街道上到处都是集市、跳舞棚、五朔节花柱、旋转
木马和街头流动乐队。皇帝的侍卫长向人群投掷加冕纪念章，
还放飞了许多气球，这都令民众兴奋不已。这些官方活动的第
一场，即"分发雄鹰"的庆典，字面意义地一溃千里了：一
场无情的大雨夹杂着积雪，把香榭丽舍大街的地面变成了
"泥湖"，观众被迫穿着糟蹋了的宫廷礼服和制服匆匆撤离。
（由于有些人甚至相信拿破仑可以控制天气，他们令人难以置
信地声称"雨水并没有淋湿他们"。）后来的活动办得更成功：
巴黎政府在市政厅举行的"豪宴"；陆军部长和海军部长举办
的舞会，光是晚餐——由著名的大厨维里掌勺——就花费了六
万法郎；以约瑟芬之名举办的音乐会，在一座装饰着银色薄纱
和花环的歌剧院举行；立法机构的开幕典礼上聚集了全城最体
面的市民，皇后欣赏了格鲁克的小夜曲《伊菲革涅娅》，它很
快成为接待君主的招牌曲目。

这些庆祝活动逐步降温后，约瑟芬有几个月的时间来接受
身为皇后的挑战。在这种新的生活中，她的一举一动，身上穿
的每一件衣服，口中说的每一句话，几乎都被典仪、规矩和礼

节的迷宫所规制。塞居尔伯爵精心设计了一套宫廷礼仪，并将其出版为《宫廷礼制》（*Étiquette du Palais impérial*）一书。它有效地规定了所有场合所需的仪仗，并详细到分钟地说明了皇室一天中的礼仪安排，无论帝后是住在巴黎还是出巡在外。它解释了谁有权入宫，不同类别的客人在觐见帝后时所要保持的不同距离。它规定了皇室官邸中各种房间的处置和用途。它指出了入宫的帝国显贵及随从的适当人数，解释了他们的具体职责，并说明每个人应该出现在什么地方。有许多规则复杂犹如拜占庭宫廷。第二章的标题是《关于房间的安排和进入每处房间的权限》，分为四十八个精确而详细的段落。第五章的标题是《关于皇帝与皇后陛下的膳食》，有四十三个段落，包括"皇帝与皇后陛下何时公开用餐"等礼仪信息。第十二章是《宫廷治丧》，事无巨细地涵盖了各种可能发生的情况。

328

约瑟芬生活中的每时每刻都受到雷打不动的礼仪规则的支配。她与玛丽·安托瓦内特不同，后者的内廷实际上独立于她丈夫和其他王室成员的内廷，而约瑟芬的内廷与拿破仑的内廷并没有分开。1804 年的一项规定解释说："皇帝陛下决定只设一个内廷，一个管理部门。"如此，皇后内廷各部门的长官就受皇帝内廷的同等级部门长官的领导。

同样，皇后所住的套房和皇帝的一样，分为"荣誉服务"（service d'honneur）和"需求服务"（service des besoins）——官方的和私人的。在前者，即约瑟芬接待来宾的地方，房间的布置几乎与皇宫完全一样，包括前厅、第一沙龙、第二沙龙和皇后自己的沙龙。她的私人套间包括一间卧房、一间图书室、一间更衣室、一间化妆室和一间浴室。这两套房间都有详细的规范，规定谁可以进入房间、进入哪些房间，以及皇后和她的来客应该如何行事。级别较高的女士可以坐椅子，级别较低的女士则坐凳子，双腿要交叉放好。约瑟芬不允许在她的私人套间里接待任何不服务于她的男性。

约瑟芬每次出行都有步兵和骑兵护卫。她每到一座城镇边境都会受到相应官员的迎接，无论是市长还是省长，钟声齐鸣以示欢迎。据拿破仑史学家弗雷德里克·马松的说法，当约瑟芬进入一座有要塞的城镇时，典仪就更加复杂了。此时"全体卫戍部队全副武装，骑兵到城外半里格的地方迎接她，号角吹响行军号；军官和军旗向她致礼……士兵们呈上武器；击鼓致敬，要塞的大炮发射三发礼炮"。[2]她下榻的地点有一个带有旗帜的步兵营守卫，由一位上校指挥，门前站着两个佩剑的哨兵。如果她的车驾途经城镇，守军在她到达和离开时都会献上武器，同时击鼓致敬。她莅临港口时也会同样受到欢迎。当她上船时，枪声响起，帝国的旗帜升起，并高呼七声"皇帝万岁！"向她致敬。而当她在长期离开后还驾巴黎时，会有大炮宣告她的到来，她坐在御座上，周围是她的内廷成员，所有的组织机构都来向她致意。

拿破仑意识到玛丽·安托瓦内特的不拘小节给那些围绕她的骇人传闻提供了话柄，他要求约瑟芬即使在他不在巴黎的时候，也要尽可能生活得庄重而合乎礼节。他在波兰时写信给她，说她在巴黎应当被"恰当的奢华"包围，如果她去歌剧院，应当始终使用皇室成员的包厢。"伟大亦有其不便之处：你不可以去普通人能去的地方。"在另一封信中，他写道："我希望你不要邀请我没有邀请过的人来吃饭。"传达的信息总是一个样："像我在巴黎时一样生活吧……如果你不这样做，会惹我不高兴的。"约瑟芬意识到，她显赫的丈夫对她的一举一动都了如指掌。她知道，如果她违反了规矩，就会被叫去谈话，所以她努力遵守。

约瑟芬为她的服从付出的代价是很高的：她从来没有独处的时候，她几乎没有时间可以用来放松和做自己。她的一位传记作者写道，她的生活仿佛一个"受宠的土耳其皇后"。[3]和她的表妹，不幸落入奥斯曼后宫的德·里维利小姐一样，约瑟芬忍受着戒备森严的宫禁生活，忍受着嫉妒的反复折磨和永不停歇的被废黜的恐惧。在这种幽闭而压抑的气氛中，约瑟芬"能够以某种方式接受并执行这些令人窒息的例行公事，并表现出技巧、同情、始终如一的优雅，以及至少是表面上的欢愉"[4]，这真是一个奇迹。

约瑟芬的新生活是高度流动的。在随后的五年里，她在巴黎只住了十二个月。有两年多是在法国内外出行：她在圣克卢宫度过了十三个月，在马尔梅松宫度过了八个月，在枫丹白露宫度过了三个半月，在朗布依埃宫度过了一个月。但即便是这些时间也具有迷惑性，因为它们都不是连续不间断的停留，比如她在圣克卢宫的几个月里有七次单独的出行。这还不包括她每年去普隆比耶尔或亚琛的温泉之旅。在此期间，她还访问了莱茵河沿岸，在斯特拉斯堡住了将近六个月，在美因茨住了四个月，访问了德意志、意大利、比利时以及法国北部、南部和中部。由于拿破仑拥有的宫殿比当时任何一位欧洲君主或以往的法国君主都多——总共有四十四座，她的时间被划分得非常零碎。

330　　　　皇后的生活有常例可循，提供了一些稳定性。无论她下榻的宫殿叫什么名字，按照规矩，这些宫殿的布局几乎是一模一样的，装修成华丽的帝国风格，有博韦或戈贝兰挂毯，靠墙裙摆着厚重的镀金座椅，巨大的桌案上放着沉重的水晶花瓶。在这些熟悉的环境中，约瑟芬身边陪伴着她忠实的随从，他们几乎随处可见。她的内廷人数众多，有一百余号人。为首的是首席施赈官斐迪南·德·罗昂①，他是一位主教，出身于法国最有权势的家族之一，他在所有公开场合都陪伴她。内廷中最重要的人物是"荣誉夫人"（dame d'honneur），也即首席侍女官。她负责组织皇后的内廷，监督仆人，审查约瑟芬的财务开支，并负责决定分发礼物和邀请函。在约瑟芬在位的大部分时间里，这一角色由亚历山大·德·拉罗什福科伯爵夫人担任，她是亚历山大·德·博阿尔内的远房表亲，在恐怖统治时期作为嫌疑人被捕入狱，出狱后不久与重获自由的约瑟芬相识。她是一位举止傲慢、言语恶毒的贵妇，皇帝非常不喜欢她，称她为"既愚蠢又丑陋的小驼子"。她到最后会背叛约瑟芬。

首席侍女官之下设有一定数量的宫嫔（dames du palais），也就是英文当中的"侍女"（ladies-in-waiting）。皇后拥有二十名侍女，而玛丽·安托瓦内特当年只有十六名。约瑟芬还有十七位宫廷女官，到 1807 年时增至三十位。这其中包括司袍女官、寝殿女官和一位朗读女官。在她的男性侍从中，有一位首席御厩大臣，负责管理她的马厩；一位首席宫务大臣，负责为她引见各国大使。首席宫务大臣之下有四位"常务"宫务大臣，负责协助前者的工作。她有三名马夫和一位私人秘书。往下还有一定数量的迎宾员，他们负责手持长戟守卫在皇后的两个沙龙门口，决定是开一扇门还是两扇都开。她还有四名私

---

① 即第六章"钻石项链事件"的男主角红衣主教德·罗昂的弟弟。——译者注

人寝殿侍从、两个脚夫和两个随行侍儿，当约瑟芬起身离开房间时，一个在前为她引路，一个在后为她捧裙子的拖尾。随着宫廷规模的扩大，随从的人数也水涨船高——到 1809 年时，有六名迎宾员、七名寝殿侍从和二十六名脚夫。这还只是直接为皇后服务的人数，负责日常家政工作的仆役不计在内。这些人（或至少是从这些人中遴选出来的小圈子）整天和约瑟芬待在一起，成了她的内廷亲信，发挥类似家人的作用。他们为她时而奔波在外、时而居于深宫的皇后生涯提供了情感支柱，而她也慷慨大方地维护他们的身家利益。

约瑟芬每天的例行日程为她动荡的人生提供了另一个支柱。无论她身处何地，这一套日程几乎不变。早晨八点，一位女仆（负责管理服装的人员）打开窗户，轻声唤醒她的女主人，并给她端来一杯香草茶或柠檬水。约瑟芬赖一会儿床，她的床单是绣花的细亚麻布，配套的枕套饰有梅什林蕾丝。房门打开，一条她宠爱的小狗——福蒂内的后任们——汪汪叫着被放进屋里。一般情况下是哈巴狗，有时是毛茸茸的博美，还有一次是一对阿尔萨斯犬。然而，再也没有哪条狗能像福蒂内一样享有和女主人同睡一张床的待遇了，它们睡在当值的侍女官房间里的一把椅子上。

对心爱的小动物搂搂抱抱一番后，约瑟芬脱掉她的绣花蕾丝睡袍和薄棉纱睡帽，在加了芳香精油的水里久久地泡个澡。随后她穿上内衣、衬裙和一条丝绸长裙，换上一双小羊皮（有时是丝绸或缎子）晨鞋来到梳妆室，坐在由比昂奈（Biennais）设计的漂亮的桃花心木梳妆台前，开始一丝不苟地打扮自己（她的工具——发刷、梳子、剪子——材质是白银的，一套收在一个嵌宝钢镶的木匣里，上面饰有一幅皇帝的小像）。她先完成她自己研究出来的护肤步骤，接着开始化妆。胭脂和水粉是她化妆的重要部分，从她在这部分的花费来看，她总是有足够的富余来支援她的那些女性随从。

接下来，约瑟芬开始盘算要穿什么衣服。这不是一个简单的任务。有一间大屋子存放皇后价值不菲的衣橱，每天早晨，她的女仆们会带来几个大筐，里面是挑选好的衣服，请她过目。尽管一天要换三四次衣服，约瑟芬还是很重视这一过程，每每会征求侍女官们的意见，如果奥坦丝和她住在一起，也咨询奥坦丝。她夏季常穿薄棉纱或细棉布，冬天穿天鹅绒或羊毛织物，如克什米尔。随后是挑选配饰。约瑟芬收藏的大披巾、珠宝、帽子和手套同她的衣裙一样多，因此这一过程也颇花时间。接着常驻理发师，一般是埃尔博（Herbault）来给她做头发。遇到更重要的场合，她会召请巴黎著名的发型师迪普朗（Duplan）。

332

梳妆打扮完毕后，她戴上一顶不可或缺的小帽子，开始接待常上门来向她推销货物的商人，她买东西从来不看价钱。在愉快的购物疗法后，她开始写信，口述推荐信、账单、慈善捐款和信件，寄给那些为她的园艺提供花木和扦插的商家与官员。那些更为私密的信件，如给丈夫、孩子和其他家人的信则由她亲笔来写。她的书信多年来形成了一种直率而雄辩的风格，即便是那位难对付的亚历山大想来也会予以称赞。在这段时间内，她的秘书向她通报即将举行的国家要事。约瑟芬对待这些会面十分认真，一丝不苟地了解即将和她见面的人的名字、头衔和个人详细信息。她做的功课收效甚好。人们惊讶于她消息如此灵通，无所不知，对自己如此了解，从而感到颇为荣幸，拜倒在她的脚下。

上午十一点，约瑟芬终于准备好吃早饭。早饭摆在她的套间里，由她的膳食总管里乔（Richaud）服务。波拿巴不会过来和她一起吃，他通常一个人在办公室里匆匆忙忙就吃完了，而约瑟芬经常和奥坦丝以及五六个朋友或侍女官一起吃。在今人眼里，菜似乎太多了，包括一道汤、开胃冷盘、主菜、烤肉、中间菜和甜点。此外还有一瓶瓶勃艮第，佐以咖啡和餐后甜酒。和拿破仑一样，约瑟芬不是个老饕，她吃得很少，在餐桌上比起吃饭更爱聊八卦。皇帝偶尔会想过来一起吃，但如果他发现有他不喜欢的人列席，就会开始生气，而且经常大意粗鲁，刻薄地戏弄别人，把原本轻松愉快的气氛搅黄。

用完早餐后，约瑟芬来到一楼的沙龙里接待访客。在等着客人陆续到来时，她会打打台球，或做刺绣活、弹竖琴。访客中有她曾施以援手的流亡者的配偶或子女，有寻求帮助的人，也有自称和她有亲的人。如果天气允许，下午两点左右她会到庭院里去散步（这在杜伊勒里宫是不可能的，因为杜伊勒里花园向公众开放，她走到哪身边都会围着一群人），有时也骑一会儿马。很偶尔的情况下，皇帝会下令召集宫廷一起去打猎，约瑟芬会陪他同行，身穿一件白色的缎袍和绣有金线的紫色天鹅绒外套，头上戴一顶相同颜色的帽子，装饰着一支白色的翎毛。宫中每位皇室成员的内廷都有自己的代表色：奥坦丝是蓝色和银色，卡罗琳是粉色和银色，波丽娜是丁香色和银色。狩猎场面令人印象深刻，华服锦簇，号角齐鸣。但这对约瑟芬来说无异于一种折磨，即便她很喜欢骑马。让拿破仑不快的是，当他们逼近不幸的猎物时，约瑟芬会难以自抑地流泪，真刀真枪的杀戮让她感到很不舒服。

随后，约瑟芬回到自己的套间，为晚上的盛装做准备，这比早晨的那一轮工作还要复杂烦琐得多。尽管拿破仑对花钱问题颇有微词，但他还是希望自己的妻子每晚都能盛装出席。所以，她从头到脚都得换：换上新的内衣；更华丽、更隆重的珠宝；更加精巧的发型，装饰上珍珠、宝石、鲜花、羽毛、发梳和一顶钻冕。她选择的礼服材质和设计多种多样——轻纱、绸缎、天鹅绒、薄罗，绣有金线或银线，装饰着蕾丝、织带或皮草。拿破仑有时会来打破这一派宁静的准备工作，逗弄他的妻子，或对内务情况发表指示。有时他会揪她，揉她的头发，或捏她的脸，直到她喊出"别动，波拿巴！别乱动！"但通常情况下，约瑟芬在他幼稚的胡闹下始终波澜不惊，她会利用这单独在一起的时间巩固他们的关系，或替别人说情，谋得好处，或转移他对她爱花钱的絮叨。

约瑟芬一旦梳妆完毕，便等着侍从长来传她去参加晚宴。晚宴时间定在六点，有时因为拿破仑有要事在身，会推迟一到两个小时，甚至是三个小时。等他最终到场后，帝后往往单独用餐，拿破仑会在十五至二十分钟内飞快吃完。如果晚宴六点半能结束，拿破仑一般会回到他的办公室处理紧要公务。而午夜之前不会上床的约瑟芬则回到她的沙龙，与尚留在那里的廷臣们会面。

晚上十点左右，波拿巴上床睡觉，经常把约瑟芬叫进屋里给他朗读书籍。他爱听她音乐般的、带一点慵懒的克里奥尔口音的嗓音。他睡着以后，约瑟芬回到自己的待客厅，此时大概是十一点，茶已经摆上。随后，约瑟芬在上楼去之前打打单人纸牌、打台球、玩猜谜游戏。和她的侍从们在一起时，谈话更为轻松自如，话题集中在家庭琐事和宫廷八卦上。最后，她回到自己的房间。一边和侍女们聊今日发生的事，一边脱衣服、

334

卸妆、涂晚霜、把头发收进一顶可爱的小睡帽里。她的睡前准备工作几乎和早上的梳妆一样花时间，而最终结果也是一样动人。"她此时也一样的优雅，"拿破仑评论说，"她连上床时都仪态万方。"

无论生活中出现什么插曲或突发事件，约瑟芬总要挤出时间来进行日常的装扮护理。她不得不这样做：她一直依靠她的魅力来取悦他人，帝国成立时她已经四十一岁，膝下有了外孙，丈夫比她小好几岁，而且是他那个时代最抢手的男人。此外，拿破仑帝国的宫廷非常年轻，充斥着青春少艾的美人，他那些军中同僚的早熟的妻子。尽管如此，她的努力还是非常成功的。在宫廷和社交场合，约瑟芬以优雅和富有品位的女神形象出现。据奥坦丝说，拿破仑"认为妇女的大事是且应当是她们的化妆间"——他认为约瑟芬对时尚的兴趣是她强烈的女性气质的证明。没有人比他更能欣赏她的艺术技巧。他喜欢看她打扮和化妆，认为他的妻子是女性美和优雅的化身，是所有"艺术和优雅"交融的奇迹般的产物。

她的日常美容程序漫长而细致。和拿破仑一样，约瑟芬也非常注重身体清洁，每天都要洗澡，在一个认为每天洗澡对健康不好的年代。她通过定期的修脚和手部护理来保养拿破仑崇拜的美丽手脚。她的一个仆人描述她的化妆室有一部分是"非常秘密的"，她在里面使用她自己调制的护肤品（约瑟芬是个业余的美容师）。她发现了甘油的保湿特性——时至今日它仍然是绝大多数保湿乳霜（无论其价格高低）的主要有效成分——她将其应用于芳香油、护肤霜、润肤露、收敛乳、粉饼、胭脂和美白剂中，在她的面庞上和身体上大放异彩。她

"欢愉而年轻的外貌"即使到了年过五旬的时候，也继续引来人们的赞誉之辞。

约瑟芬对美貌和时尚的投入使她的一些传记作者指责她虚荣肤浅，但化妆的过程并无自恋的成分在其中。一个女人若是想创造出约瑟芬那种光鲜亮丽的魅力，就必须要冷静地看待自己，必须对自己诚实。为了创造完美的画皮，她必须意识到每一处瑕疵、皱纹和缺陷，以便加以遮掩。她必须去评估她脸上的哪些地方应得到强调，哪些地方她希望看她的人不去注意。因此，约瑟芬把她的功夫集中在双眼和肌肤上，以淡化她那糟糕的牙齿。她给自己的面庞增添了许多色彩，以至于拿破仑会觉得素颜女人不漂亮。（他曾经质问一个出现在他面前的、没有涂胭脂的妇女："怎么了，夫人？刚生完小孩？"）约瑟芬游刃有余地创造了一种经过修饰的美，一种通过幻觉手段增强的魅力。

没有人比约瑟芬更了解外表的重要性。她在修道院时通过改变自己的外貌和风格，使自己成为一个"巴黎女人"。她在这些女性艺术方面的技巧使她在大革命后的可怕时期得以生存下来。现在，正是这些同样的美容程序帮助她蜕变成了一位皇后。这些仪式的意义不仅仅是身体上的，也有心理上的。这些时间是短暂介入的治疗，其重复的动作仿佛冥想时念叨的话语，让她能有空间收敛自己的情绪，这样她就可以继续像众人期待的那样，做一个平静镇定的、永远善良的女人。梳妆台前的约瑟芬就像化妆镜前的演员，为一个角色而描眉点唇。护理面部和上妆的仪式给了她时间和信心——释放她的精力——重新"成为"一个人。一旦化妆完毕，在给她勇气的同时，也给了她一种受保护的感觉，妆容提供了一张面具，一个在她和

335

社会之间的"具有装饰功能的屏障"。

作为历史上最伟大的时尚偶像之一，约瑟芬对整整一代人的风貌、衣着和行为方式的影响不言而喻。她是世界上最有权势的男性的妻子，也是那个时代最引人注目的女性名人。她的一举一动和外表上的细微变化，都被法国内外的报纸和杂志热切地关注着。她是时尚界的最高女祭司，全世界注重时尚的女性都视她为偶像。她们翻阅时尚杂志，比如《淑女与风尚》——它相当于那个时代的《时尚》（Vogue）——以了解约瑟芬的穿着，并试图模仿她的风格。约瑟芬巩固了巴黎作为世界时尚之都的地位，这反过来又促进了法国工业的发展。

因此，具有讽刺意味的是，约瑟芬极力普及推广的帝国时336 尚，其实全然不合她本人的口味。她觉得所有的蕾丝和刺绣都过于烦琐正式。她本人倾向于简约的风格，但她明白自己的喜好与拿破仑的优先考虑并不一致。因此，她发展出的风格既支持了他对促进法国奢侈品贸易的重视，同时也加强了他的信念，即煊赫的排场能够加强公众对新政权的信心。其结果是将古希腊的单纯和欧洲的侈丽融为一体，将大革命以来占主导地位的新古典主义美学与中世纪趣味的复兴（即所谓的"游吟诗人风格"）连接起来。因此，对刺绣和蕾丝立领的偏好成了宫廷礼服的一部分。约瑟芬穿上这些华服时的优雅完美地掩盖了它们的不舒适：僵硬而沉重，而且经常拖曳着累赘的披风。

她的"造型"是与裁缝勒罗伊合作设计的，此人已成为她生活中最重要的男性之一。据约瑟芬的女仆阿夫里永小姐说，他是个相当不讨人喜欢的人，为人"愚蠢而矫揉造作"。他是一个糟糕的势利小人："对身份低微的人态度傲慢，在权贵面前油嘴滑舌、胆小懦弱。"不过，他却是一个制衣的天才。勒罗伊的设计将约瑟芬的长处展现得淋漓尽致，她是他最重要的主顾。她的地位、金钱和无可挑剔的品位使他能够创造出最具独创性的服饰。随着时间的推移，他成了约瑟芬的心腹知己，跻身少数几个能进入她的化妆室的男人之列。他的孙女菲内特是约瑟芬的教女。他们之间的亲密关系使他地位卓然，以至于勒罗伊有一次主动和拿破仑说，要让约瑟芬有更多的钱买衣服。根据拿破仑对这次会面的描述，他对勒罗伊的胆大妄为感到非常愤怒，用他那著名的"眼神"① 让这位裁缝快闭嘴。

约瑟芬的名流效应提升了勒罗伊的名气，为他吸引来新的客户。在她的赞助下，他成为十九世纪初的头号男性服装设计师，自己也成了名流。妇女们蜂拥而至，来到他位于黎塞留街的知名工作室，在那里，身穿镶黑天鹅绒边的浅蓝色制服的仆人为她们服务。他开出的价格是天文数字，客户都是欧洲上流社会的那些男男女女。他的商标用金线刺绣而成，金绣在督政府时期又恢复了，因为它与旧制度有关，反映了人们对奢侈品的新态度。

约瑟芬的服装、她的造型、她的沙龙、她的娱乐、她的说话之道以及她对艺术和文化的兴趣与知识，都是她工作的一部分，她在这些方面的投入相当巨大。1809 年对她的衣橱进行了一次清点，列出了 49 件宫廷大礼服、676 条连衣裙、60 条羊绒大披巾、496 条其他材质的披巾和围巾、498 件衬衫、413

337

---

① 这里作者玩了一个文字游戏。"look"一词兼有"造型"和"眼神"的意思，本段开头提到的约瑟芬的"造型"和此处拿破仑的"眼神"都用的是这个词。译文难以传达其意。——译者注

双手套以及 200 多双丝袜。这还不包括她之前分送给朋友和家人的 533 件物品。

她的珠宝数量也同样令人震惊。当年那个一个衣兜就可以装下所有小饰品的少女早已不复存在。现在她的宝石收藏太多，根本无法装进玛丽·安托瓦内特留下的珠宝柜。她逝世后的一份清单揭示了"一座令人眼花缭乱的宝藏"：据她的一位侍女官说，"她的珠宝收藏堪比一千零一夜里的故事"。[5]其中有来自东方和巴西的红宝石、祖母绿、蛋白石、蓝宝石、绿松石、马赛克、珊瑚、玛瑙和浮雕宝石、10 条珍珠项链和一条由 27 颗钻石组成的精美项链，后来被沙皇亚历山大一世买下。她在加冕大典当天佩戴的一顶冠冕由 1049 颗钻石组成，重 200 克拉，并以铂金镶嵌。这件令人惊叹的作品在她逝世后被遗赠给她的女儿，现由纽约梵克雅宝收藏。

难怪拿破仑和约瑟芬之间唯一冲突不断的问题就是钱。尽管拿破仑以她的外表为傲，并经常要求她穿戴"最耀眼的珠宝和服装"出现，但拿破仑一直为给她付账所苦。1805 年，拿破仑清查完她的账目后（她再次只认了一半的债务）禁止她内廷中的任何人从零售商那里接收任何物品，并指示说任何上门来卖东西的人都应由她的主管会计而非她本人接待。但心智坚定的商人们还是蜂拥而至，约瑟芬也还是设法见到了他们。当拿破仑发现女帽商德普奥小姐列席圣克卢宫的蓝色沙龙时，叫嚷着让卫兵快把她抓起来。（他很快就消气了，她还没出皇宫的门就被释放了。）

德·雷米扎夫人精辟地论证说，拿破仑"喜欢人们欠钱，因为这使他们有把柄可拿捏。他的妻子在这一点上让他非常满意，他决不会把她的事务安排得井井有条，这样他就可以保留惊动她的权力"。[6]然而，约瑟芬无疑是有史以来最了不起的买家之一，她买东西纯粹是为了享受买东西的乐趣。布列纳经常为了此类事情在帝后之间充当和事佬，他为约瑟芬会在完全没有意义的事情上大把撒钱感到震惊。商人们经常问她漫天要价，知道无论他们开什么价她都会照付，也知道他们得等很久才能收到款。布列纳说，她对消费的狂热"几乎是她的不幸的唯一缘由"。今天我们可能会把她的购物行为视作一种疾病，并送她去接受治疗。

尽管有这些小小的争执，约瑟芬的风格和美丽仍能让拿破仑着迷。洛尔·朱诺描述了在圣克卢宫的一个晚上，约瑟芬的装束以及它对她丈夫的影响："约瑟芬身着如云似雾的白色印度薄棉纱，褶裙的裙摆上有一条窄窄的金箔花边，仿佛一条金色的溪流，两肩各有一枚黑金相间的珐琅狮子头，腰间还有一枚，用来扣住金腰带。她的发型就像古代浮雕上的人一样，鬓发从金发圈中垂落，她戴着一条蛇形的金项链，还有配套的耳坠和手镯。"如果说她的服装风格惊人的简约，那这种简约也是精心为之的；如果说她的服装和她很相称，那是因为约瑟芬总是根据她的个人情况来调整穿衣风格——这也是她享有"最优雅女人"赞誉的原因之一。"很明显，皇帝和我一样被她迷人的装束所打动，因为他一进房间就走到她身边，亲吻她的肩膀和眉毛，并把她拉到壁炉上方的镜子前，这样他就可以同时从所有角度看到她。"[7]

约瑟芬的王室头衔在 1805 年得到了确认，她成了意大利王后。那年的早些时候，一个来自伦巴第的代表团来到杜伊勒里宫，请求拿破仑出任他们的国王。他首先想到的是把王位给他的哥哥约瑟夫。但拿破仑提出的条件里有一条，说约瑟夫必须放弃他作为法国皇位继承人的地位，因此约瑟夫拒绝了。于是波拿巴又将王位给他的继外孙拿破仑-夏尔（Napoleon-Charles），但孩子的父亲路易也拒绝了。路易不想看到儿子的地位在自己之上，另外据他所写，他也不愿意给在"英国诽谤小报"上流传的令人不快的谣言，即孩子的生父问题提供任何话柄。

拿破仑不情愿地自己戴上了王冠，并通知意大利人他将去米兰加冕。到了4月初，皇室的队伍已经上路了，4月10日到达里昂，在那里举行了约定的典礼和庆祝活动。一周后，他们再启程，这次是骑着骡子翻越塞尼斯（Cenis）山口的艰辛旅途。4月24日，他们抵达都灵，与教皇和他那庞大而喧闹的随从队伍会面。5月8日，皇室一行抵达米兰，礼炮和教堂的钟声向他们致以热烈欢迎。他们下榻在蒙扎宫（Monza Palace），在那里一个由米兰最显赫的贵妇人组成的意大利侍女团负责服侍约瑟芬。

加冕大典在蒙扎宫对面光华熠熠的大理石大教堂内举行，典礼非常隆重，面前是欢呼的人群。虽然约瑟芬出现在了队列当中，但这次她并没有积极参加典礼。相反，她坐在观众席上，一起的还有拿破仑的妹妹伊丽莎，她曾唠叨着让拿破仑把意大利的小公国皮翁比诺（Piombino）送给她。她们看着拿破仑被授予著名的铁王冠——实际上是一圈褪了色的黄金，上面装饰着形状不规则的珠宝和珐琅，围着一条细细长长的金属带，据信是海伦娜皇后①从耶路撒冷带来的真十字架上的钉

① 即君士坦丁大帝之母圣海伦娜（Saint Helena）。囚禁拿破仑的岛屿以她的名字命名。下文提到的"真十字架"是基督教圣物之一，据传是钉死耶稣时使用的十字架。——译者注

子。拿破仑接过王冠，把它戴在自己的头上，用意大利语高声说道："上帝赐此冠于我，他人染指必遭灾祸。"

拿破仑明确表示，他希望庆祝活动能让人回想起罗马帝国的那些盛事。所以次日在卡斯特洛（Castello）竞技场举行了竞技游戏和战车比赛，当天晚上则上演了一台非常现代的表演，与那些向古典时代致敬的活动形成了鲜明对比：一名女性飞行员乘坐热气球飞上天空，向拿破仑和约瑟芬抛撒鲜花。《箴言报》对此报道说："在一天之内，意大利人把古典时代最壮观的东西，和现代科学中最大胆的东西结合在一起，呈现在了一位超越古人和今人的英雄面前。"

6月7日，拿破仑召开立法会议，宣布立欧仁为意大利总督，在意大利国王缺席的时候管理意大利。他的继子即刻宣誓效忠，并计划在该国定居。约瑟芬的心情很矛盾：她为儿子感到高兴和自豪，又为不得不生活在离他如此遥远的地方而极度不安。在他们安排离开的那天，她流下了眼泪。据阿夫里永小姐说，拿破仑的反应很残忍："约瑟芬，你哭了。你这样做太不明事理了。你哭是因为你得和你的儿子分隔两地。如果你的孩子不在身边能让你痛苦成这样，你猜我一直以来的感受是什么。你对子女的感情让我痛苦地感受到自己没有孩子的不幸。"

稍后拿破仑留下约瑟芬，自己去视察意大利北部的主要边防城市，而她则去游览意大利的大小湖泊。他在布雷西亚写给她的信要温存得多："我收到了你的信，我的好人儿小约瑟芬，我高兴地得知，洗浴对你有好处……你会喜欢科莫湖的……要理智、快乐、幸福。"[8] 不久之后，这对夫妇在热那亚重聚，他们在那里得到了盛大的接待。帝后在大批围观群众面

340

前登上了一艘被设计成流动神庙的驳船，船只驶到海湾中央。四只装饰有树木、花朵、雕像和喷泉的大筏子在旁随行。壮观的烟花点亮了城市，水面上聚集着许多船只。当他们抵达都灵时，传来的消息清晰地表明他们应该立刻返回巴黎，因为战火再次迫在眉睫。

塔列朗发现了奥地利人准备再次挑起战争的情报。拿破仑决定在他们以前的地盘意大利加冕为王，这是最后的挑衅。拿破仑在布洛涅视察军队时，从他的外交大臣那里得到了无可争议的证据，他是直接从意大利去布洛涅的，以备入侵英格兰的部署。拿破仑虽然专心于战略问题，但在给约瑟芬的信中却充满了热情和戏谑的意味："我这里有精良的陆军和海军舰队，有能帮助我愉快地消磨时光的一切，可唯独不见我甜蜜的约瑟芬。不过，我不应该把这个说出来，在爱情的问题上，最好对女人保持悬念，不让她们知道她们有多大的威力。"⁹拿破仑的安抚语气部分是出于歉疚感。他带着一个迷人的意大利情妇去了布洛涅，他正是和她一起"愉快地消磨时光"。而约瑟芬像她对家人与朋友们保证过的那样，忍气吞声。她在给欧仁的信中坦言这种新策略很管用："皇帝对我总是很贴心，我也尽我所能让事情变得可以接受：我不再吃醋了。亲爱的欧仁，我是真心的。这样他更高兴，我也更高兴。"¹⁰

拿破仑的计划大胆而富有新意：他将率领他的军队横跨欧洲，对抗奥地利人和俄国人。然后再返回英吉利海峡入侵英格兰。约瑟芬希望尽可能缩短与丈夫分居两地的时间，劝说他带她同行，至少到斯特拉斯堡。她赢了，9月24日，两人乘坐皇帝的卧铺马车离开了杜伊勒里宫。经过五十八个小时不间断的旅行——据康斯坦说，每次换马都要用桶把水泼在冒热气的车轮上——他们到达了斯特拉斯堡。他们被安置在该城的一个大贵族家庭——罗昂家族华丽的主教宫里。这座住宅具有历史意义，十四岁的玛丽·安托瓦内特在法国土地上的第一个夜晚就是在这里度过的。这里直到最近还是办公室兼档案馆，甚至还关过囚犯。但拿破仑派他的建筑师方丹为他们的到来把它修整得井井有条，这些居室在几周之内得到了修复。十四个房间供皇后和她的随从们使用。

341

　　这对夫妇在逗留斯特拉斯堡的头四天里举行了各种招待会和宴会。而在拿破仑于 10 月 1 日离开后，约瑟芬就开始了自己的生活。她接到了大量的舞会、晚宴和音乐会的邀请函，所有这些活动都要求她接见很多人。首先来的是该省的政府官员和来自斯特拉斯堡显贵家庭的八十位年轻女士；然后是克勒曼元帅和他的幕僚们；接着是由保民官组成的大代表团，他们本来是要和军队一起到皇帝的司令部去见皇帝，但后来接到命令，要他们留在斯特拉斯堡，"使它成为社交的中心"。在大代表团之后是来自巴黎的市政官员们，他们正赶来向皇帝祝贺。然后，随着她丈夫的捷报一波接一波传来，德意志的各类宗室成员也来了，如巴登亲王、霍恩洛厄亲王和黑森-达姆施塔特亲王储。

　　在这些活动中，约瑟芬的"皇室面孔"一刻也没落下。她始终如一地守时，没有错过任何一场仪式。她用似乎没有尽头的吸引人的闲聊迎接每一位新来的客人，当她遇到以前见过的人时，能奇迹般地喊出他们的妻女或孙辈的名字。所有的舞会她都留到最后，脸上始终挂着亲切的微笑。她除了自己举办许多活动外，还邀请艺术家到斯特拉斯堡来为人们表演。其中最有名的一位是作曲家斯蓬蒂尼（Spontini），他从巴黎过来的费用是她出的，他演出了题献给她的《维斯塔贞女》（La Vestale）和他的新作《救主牺牲》（O Salutaris）。为了放松心情，约瑟芬做了她一贯做的事：购物。她买画、瓷器、种子、植物、动物、玩具、糖果。她拉动经济的成果极为显著，以至于她离开的时候，斯特拉斯堡的商人们都跌足长叹。

在这次驻跸期间，充实她时间的一项活动是共济会，她对它重新产生了兴趣。在斯特拉斯堡的东方俱乐部，"法兰西骑士"在名誉总会长、斯特拉斯堡市长夫人德·迪特里希（de Dietrich）夫人的指导下举行了一次入会仪式，约瑟芬作为主持出席。由于她多年前和亚历山大一起入了会，因此她可以推荐一些新成员。其结果是约瑟芬在世界各地的教友中非常受欢迎。巴黎和米兰的分会都以她的名字命名，并请求得到她的赞助。这种共济会活动无疑是在拿破仑的庇佑下进行的（她的儿子欧仁也是共济会员）。皇帝以他的融合政策在各个圈子里培养了人脉，特别是那些吸引了杰出人士加入的组织，比如那个时代的共济会。

约瑟芬窝在她舒适的套房里，等待着拿破仑的消息。他几乎每天都给她写信，信中充满了柔情和安慰，是一对相伴了很多年但仍然恩爱的夫妻的信。10 月 2 日，他写道："伟大的行动现在正在进行中……我已经为战役做好了准备，我爱你。"[11]两天后，他没有任何有趣的报告，他写道："保重身体，相信我全心全意爱着你。"他在斯图加特①附近的一个小镇上写信

①　符腾堡选帝侯国的首府。下文的"选帝侯"即指符腾堡选帝侯，"普鲁士王后的外甥女"即后文的"保罗王妃"。——译者注

342

向她解释："亲爱的，接下来五六天我都不会再写信给你，不要担心。"[12]接着，他指示她为选帝侯的儿子与普鲁士王后的外甥女的新婚买一件结婚贺礼。五天后，他从奥格斯堡给她写信说："到目前为止，战役已经够成功了……事态发展得很快。我已将 4000 名俘虏、8 面军旗送到法国，并缴获了 14 门敌军大炮。"[13]

10 月 12 日，尽管持续的潮湿天气让拿破仑疲惫而病痛，他还是欢欣鼓舞地写道："我的军队已经进入慕尼黑……敌军被打败了，先头部队已经被歼灭，一切都指向一场最为光荣的战役，迄今为止最迅疾和辉煌的战役。"[14]10 月 19 日，他总结道："我的目标已经实现。我仅凭行军就摧毁了奥地利军队，我已经俘虏了 6 万人，缴获 120 门大炮，90 多面军旗，30 多名将军。我正在追击俄国人，他们是丧家之犬。我对我的军队很满意。我只损失了 1500 名士兵，其中三分之二只是受了轻伤。"[15]

在斯特拉斯堡，约瑟芬为她丈夫的辉煌胜利而举行的庆祝活动比较克制：她在大教堂参加了感恩弥撒，并为城中的贵妇淑女们举行了一次宴会。与此同时，拿破仑仍一路高歌猛进，10 月 26 日，他开始前往慕尼黑。尽管他得胜了，约瑟芬还是极度焦虑。他得知后写道："我收到了你的信……看到你如此无谓地自寻烦恼，我很难过。我听到的细节已经证明你是多么爱我，但你应该拿出更多的毅力和信心……你不必考虑在两三个星期内渡过莱茵河。你一定要高兴起来，自己寻点乐趣，希望月底之前我们能相见。"[16]

343

11 月 3 日，他简短地写道："我的战役进展令人满意，我的敌人一定比我更为焦虑。希望能收到你的信，得知你没有在自寻烦恼。"[17]15 日，他写道："我到维也纳已经两天了……我还没有在白天看到过这座城市，每次经过都是在夜里。明天我将接见那些名流和公共机构。我的部队几乎都在多瑙河外追击俄国人。再见，约瑟芬，一有可能我就派人去接你。"[18]他没有提及 10 月 21 日法西联合舰队在特拉法尔加大败的事。这一失败沉重打击了拿破仑，因为这意味着他入侵英格兰的梦想付诸东流。他曾写信和约瑟芬说："我会带你去伦敦，我要让当今恺撒的妻子在威斯敏斯特加冕。"

第二天，约瑟芬接到消息，说她可以去和她丈夫团聚了。她要前往巴登，随后去斯图加特，在那里向保罗王妃赠送结婚贺礼，然后再从那里去慕尼黑。拿破仑指示她要带够钱，好给迎接她的女士与先生们赠送礼物："要有礼貌，但要接受一切敬意，他们应该对你千恩万谢，而你只需礼貌待人。"[19]约瑟芬一行人即刻大张旗鼓地出发，拜访了途经的所有德意志宫廷。在卡尔斯鲁厄，巴登大公在自己的宫殿门口迎接她，钟声响起，大炮轰鸣。在斯图加特，选帝侯拒绝让她或她的随从在任何咖啡馆或旅店里花一分钱。选帝侯的身量奇大无比，以至于餐桌需要切出一个凹口，以容纳他史诗级的肚腩。他的妻子是乔治三世的女儿，也很粗壮高大，她郁郁不得志，唯一的乐趣是一有机会就把尺寸很不适合她的王冠珠宝戴出来。她被约瑟芬吸引住了，约瑟芬对这个寒碜的女人非常善良和蔼。拿破仑在得知人人喜爱约瑟芬时并不惊讶，他说："我赢得战争，而约瑟芬赢得人心。"

在中间的几个星期里，拿破仑打了这场战役中最重要的一仗。虽然俄奥联军的人数是法军的两倍还多，但拿破仑相信，如果他能控制交战的时间、地点和方式，就能击败他们。拿破仑选择的决战地点在一处名唤奥斯特利茨的村庄周围，离布吕恩（Brunn）有几英里。他在那里策划了一个战术，以智取年纪尚轻、缺乏经验的俄军指挥官亚历山大沙皇。拿破仑放弃了最坚固的阵地普拉岑高地，选择将大部分部队驻扎在高地后方，表面上是为了保护他撤退的后卫行动做准备。敌军的表现完全如他所愿，在战斗的前夜，心满意足的拿破仑从他的宿营地的高处眺望，宣布："明天晚上之前，这支军队就归我了。"

344

战事打响的那一天是 12 月 2 日，拿破仑加冕为帝的一周年纪念，这天朝日灼灼，预示着一天的好天气。这就是托尔斯泰在《战争与和平》里沉痛地描绘过的，闻名遐迩的奥斯特利茨的天空与太阳。身负重伤的安德烈·保尔康斯基仰面躺在地上，在生死交关的宁静中目光庄严地望向天空。拿破仑设下陷阱，敌人失脚掉了进去。"他们正以为自己占了上风，却忽然发觉已经落入我的埋伏，"拿破仑如是写道，"他们丧失了一半的士气。"这场战役在五个小时内即宣告结束。俄奥联军损失 26000 人，法军损失 9000 人。毫无疑问，拿破仑取得了他军事生涯中最为壮丽的一场胜利。"这是我生命中最美好的一个夜晚。"他又加上一句。

12 月 5 日，约瑟芬抵达慕尼黑。她在那里接到了丈夫的捷报。拿破仑给她写道："俄国人已经败退，奥斯特利茨战役是我此生打过的所有战役中最辉煌的一场。缴获军旗 45 面，大炮 150 多门，俄国近卫军的骑兵团旗数面，活捉将领 20 名，俘虏 30000 人，毙敌 20000 名——真是令人心惊的景象……我非常期待与你团聚。"[20] 12 月 7 日，他写道："我已经拟好了一份停战协议，一周之内就会谈妥……晚安，我亲爱的，我焦急地期待着与你重逢。"[21] 法国人为了这场胜利普天同庆，人们感到和平终于要来临了。

约瑟芬事务繁忙，既要为她丈夫的胜利而庆祝，又要和巴伐利亚选帝侯及其宫廷社交周旋，找不到时间给拿破仑回信。但拿破仑正为疆场大捷兴高采烈，没空与她置气。他接下来的几封信异常愉快，带着调侃的意味："很久没有收到你的来信了。难道巴登、斯图加特和慕尼黑的盛筵使你忘掉浑身污泥、雨水和鲜血的可怜的士兵了吗？"[22] 一周过去了，他还是没有收到她的信："伟大的皇后啊——您从斯特拉斯堡走后一封信也没写给我……您太不善良、太没感情了……敬请金尊玉贵的皇后陛下开开恩，稍微关怀一下您的奴仆。"[23]

他佯装的烦恼结束了，拿破仑下定决心，要把约瑟芬的东道主，巴伐利亚选帝侯的女儿说给欧仁为妻。这个想法几周之前已经提出来了，约瑟芬给奥坦丝的一封信显示，她已经意识到了这件事。拿破仑正在赶来的路上。两人见面后，发现这桩婚事谈得并不怎么顺利。选帝侯解释说，他的女儿之前已经许给了巴登大公储，事关脸面，他不想悔婚。而且他也不怎么想收欧仁为女婿。欧仁既不是王族出身，也非一国元首，仅仅是个"法国绅士"，配不上正统王室的女儿。拿破仑难道不能和约瑟芬离婚，亲自来娶奥古斯塔公主吗？拿破仑游刃有余地解决了这个问题，他把巴伐利亚升格为王国，让马克西米连当了国王，正式收欧仁为义子，册封他为意大利总督，享"皇室殿下"的头衔。

拿破仑在给欧仁的一封信中写道："我已经到慕尼黑了。你和奥古斯塔公主的婚事我已经安排了。今天早晨公主来见了我，她长得相当漂亮。我给你寄了一个杯子，上面有她的画像，你可以看看，她真人比画像还要好看。"约瑟芬也对

345

未来的儿媳妇印象颇佳，说她"非常迷人，美貌如同天使"。拿破仑命令欧仁"快马加鞭赶来慕尼黑"，他忠心耿耿的继子奉命前来，一路上只花了破纪录的四天。他一到，约瑟芬就唠唠叨叨地让他赶紧把大胡子刮掉（蓄须是军中的时尚），别让他年轻的新娘感到反感。婚约飞速拟好，1806 年 1 月 13 日，脸刮得干干净净的欧仁举行了婚礼。奥坦丝非常难过，因为她刻毒的丈夫不准她出席。这桩婚事尽管办得仓促潦草，却相当成功。一如既往的迷人与随和的欧仁，很高兴看到他年方十八的新娘既美丽又柔顺——"宛如一位宁芙仙女"。约瑟芬的血脉基本是通过这一对夫妇传播到欧洲的大多数王室家族中的。①

欧仁不是约瑟芬的家人中唯一被拿破仑的外交政策决定了命运的。《普雷斯堡和约》使拿破仑成为西欧的实际统治者。第三次反法同盟瓦解，奥地利元气大伤，不再成为威胁，神圣罗马帝国也从此不复存在。12 月 27 日签订的和约将德意志地区洗牌重组。如今身为欧洲霸主的拿破仑开始将地盘划分给家人和盟友，以便在法国四周建立缓冲国。此外，他还通过一系列包办婚姻将他的家族同欧洲大陆的正统王室联结起来，借此拱卫他的疆土。1806 年底，约瑟芬的两个亲戚步欧仁的后尘，被拿破仑安排了婚事：斯蒂芬妮·塔舍②嫁给

346

---

① 如今仍在位的欧洲王室家族中，瑞典、丹麦、挪威、比利时和卢森堡的君主均为欧仁与奥古斯塔的后代。他们的长女小约瑟芬为瑞典王后，三女阿梅莉为巴西皇后，长子奥古斯特入赘葡萄牙女王玛丽亚二世，次子马克西米连入赘沙皇尼古拉一世的长女玛丽亚·尼古拉耶芙娜女大公。——译者注

② 约瑟芬的堂妹。她的父亲是约瑟芬的叔父塔舍男爵。——译者注

德意志亲王阿伦贝格（Arenberg）公爵；范妮阿姨的孙女——漂亮的斯蒂芬妮·德·博阿尔内则被拿破仑正式立为义女，地位与欧仁和奥坦丝等同，安排给了巴登大公储为妻，填上了奥古斯塔的缺。

拿破仑出手之大方不止于此。他的大妹妹，以专横跋扈闻名的伊丽莎被授予了卢卡亲王国的统治权，还有托斯卡纳的海港皮翁比诺，这是她在 1805 年初就讨要的。在和约签订当天被拿破仑宣布灭亡的那不勒斯王国，则被划给他的兄长约瑟夫。缪拉与其妻卡罗琳"只"分到了贝格大公国，而非一个王国，这令他们颇为恼火。对约瑟芬影响最大的决策是对路易·波拿巴的任命，他被封为荷兰国王，这意味着奥坦丝要陪他远赴海牙。想到要和女儿分隔两地，而且女儿和女婿关系仍极其糟糕，这令约瑟芬难以忍受。

尽管纷纷得到擢升，波拿巴一家人仍不高兴。绝大部分人对自己获得的头衔感到失望。它们要么地位不够高，要么所辖的领土不够辽阔。此外，他们还为没获得封赏的兄弟们打抱不平：一个是吕西安，他依然不肯甩掉如今和他生了四个孩子的妻子；另一个是热罗姆，当时（不会太久了）他还和他那个漂亮的美国妻子在一起，拿破仑对她深恶痛绝。而最引起他们不满的是约瑟芬的家人所受的厚待。目前仍有争议的继承问题也是引起口角的原因。欧仁仍在竞争序列之中，尤其是他如今已经被拿破仑正式收养，更让拿破仑的兄弟们不满。他们认为这个荣誉应该落在他们头上。路易仍然拒绝将自己的继承权移交给儿子拿破仑-夏尔，宣称他宁愿离开法国也不愿被"剥夺继承权"。把这个内斗不停的家族团结在一起的唯一纽带，是他们对约瑟芬和博阿尔内家的人的憎恨，以及迫切要摆脱他们的渴望。

　　约瑟芬于 1806 年 1 月 26 日回到巴黎，立即就投入了宫廷生活的各类冗长仪式和奢华的招待宴会之中。在 2 月 13 日给欧仁的信里，她恳求儿子原谅自己没有早点写信，她解释说："我在这里的日子极尽疲劳之能事：从来没有一时半刻是属于我自己的，我很晚才上床睡觉，很早就醒了。皇帝很强大，能够很好地应付这种忙碌的生活，但我的健康和灵魂却受到了一点伤害。"[24]他们两人都曾访问德意志的宫廷，这段经历激起了拿破仑对更为盛大的荣华和排场的渴望。他回到法国后，决心进一步美化他的宫殿的视觉效果，并增加宫廷的仪式。在杜伊勒里宫，那些宫廷生活中必不可少的元素，一个小礼拜堂和一个剧院，都得到了修复。许多丝绸和织锦被订购来用于家具装饰和壁挂。本来已经很常见的帝国标志变得无处不在：随处可见的字母 N，布满蜜蜂图案的窗帘，以及许多有帝国之鹰图案的家具。约瑟芬为自己的套房所选的装饰在一定程度上中和了拿破仑的过分行为。但她的品位——许多人都很欣赏——却让拿破仑不满意，他将其视为一个"被供养的女人"的审美。

　　拿破仑把宫廷视为一种得力的政治工具，可以被他用来争取那些反对他的政权的人。他建立了一套新的贵族体系，包括公爵、伯爵和男爵①，并赐予他们能够生财的资产。他利用宫廷来提升自己作为一国之君的威望，同时满足自己的野心、虚荣心和对辉煌盛景的喜爱。正如作家司汤达解释的，"如果

---

　　①　侯爵和子爵的头衔没有被恢复。Philip Mansel 的 *The Eagle in Splendour* 指出，这是由于它们"旧制度色彩过于浓厚"。——译者注

（拿破仑）想当国王，就必须拥有一个宫廷，以引诱软弱无力的法国人民，因为'宫廷'这个词对他们来说是无所不能的"。[25]宫廷强化了民族自豪感，对民族认同感有重大贡献。拿破仑确保它能为他的融合政策添砖加瓦：他的宫廷接纳贵族，也接纳出身平凡的人，比其他国家的宫廷更具包容性。

如果说拿破仑创建宫廷的首要动机是实用主义的话，那他对华丽和奢侈的热爱肯定也起到了一定的作用。拿破仑的宫廷令人目眩神迷。从外观上看，这些宫殿布置得奢华而隆重，令人神往。廷臣们的衣装上遍布闪烁的金银刺绣，每个人的胸前都挂着勋章和绶带，来来往往的女士则身着绚丽的礼服，钻石和花朵点缀其间。而在这一切的中心，既是幕后推手又是台前明星的人，是皇帝。"人们无法不看到拿破仑，"阿布朗泰斯公爵夫人写道，"在他那神话般的奢华宫廷中，是他亲自指挥庆典节日、假面舞会，以及一系列品位高雅的娱乐活动。七年来，这些活动使法国宫廷成为全世界最美丽的宫廷。"

宫廷生活因花样繁多的娱乐活动而更加令人兴奋。因为宫廷是巴黎的社交中心，它的娱乐活动——舞会、音乐会、歌剧和戏剧表演——是全国最上乘的。根据一位历史学家的说法，"宫廷的所闻所见令人陶醉。宫中的庭院里演奏的军乐，几乎和皇帝走进每个房间时引起的惶恐的寂静一样令人印象深刻"。[26]的确，宫廷生活非常刺激，它提供的机会和风险远远大于私人生活，许多廷臣发现这种生活令人沉迷，甚至上瘾。他们无法想象其他的生活方式，正如梅特涅在 1806 年以奥地利大使的身份抵达巴黎时指出的那样。他在向皇帝递交了国书后写道："整个宫廷共同呈现出了一幕非常壮观的景象，服装的华丽所引起的恒久不变的气氛比它本身要更令人惊讶：内廷运转得好像人人都已经把自己的工作做上一百年了。"[27]

　　这种自信的气氛和外在的辉煌掩盖了更黑暗的现实，因为宫廷并不总是一个令人愉快的所在。拿破仑令人敬畏的声名、奢华而正式的服装、身着全套制服的廷臣和官员森然罗列，这一切都让宫廷变得相当令人望而生畏，以至于妇女们在入宫觐见时常因恐惧而昏倒。此外，正如司汤达所言，宫廷生活"被争强好胜所吞噬"。竞争的气氛非常激烈，据德·雷米扎夫人说，廷臣们不断争夺地位："一条绶带、衣着上的一点不同、通过某扇门的权限、进入某某沙龙的机会——这些都是骗局的可悲原因。"[28]与此同时，由于严格的监视，朝臣中普遍存在着偏执心态。德·雷米扎夫人写道："人们每天都更加保守和不可信任。他们几乎不敢谈论最无害的事情。"她描绘的宫廷生活是一幅竞争、背信弃义和焦虑的图景，她黯然总结道："快乐并不居住在宫殿里。"

　　拿破仑在很大程度上要为这种紧张的气氛负责。他的完美主义助长了廷臣们的焦虑，他们总是担心自己能否正确扮演所在的角色。根据德·雷米扎夫人的说法，皇帝"以戒严令的严格程度强制执行礼仪规范，典礼就像敲打军鼓一样。所有的事情都是在原计划一半的时间内完成的。而始终的匆匆忙忙和波拿巴引起的不断的恐惧，再加上他的一半廷臣对这种形式的不熟悉，使宫廷变得比起庄重更近于沉闷"。[29]另一个问题在于拿破仑的态度，因为如果有一个"史上最粗鲁君主奖"的话，那这个奖项可能非他莫属。德·雷米扎夫人写道，"那些旧贵族轻率地认为，这些宫殿除了主人外没有发生别的变化，他们还能像以前习惯的那样行事"，然而这种想法很快就会被矫正，"一句严厉的话语、一个不容反抗的命令、一个独断的意志带来的压力很快就会粗暴地提醒他们，在这个独一无二的

349

宫廷里，一切都是新的"。[30]

　　拿破仑被他的下属惹到时，会对他们不耐烦和发脾气。他对大臣们的谩骂也很有传奇色彩。他在一次发火中把塔列朗说成是"丝袜包着的一坨屎"。即便是在心情好的时候，他最爱的游戏之一也是在廷臣中拱火，比如暗示他们的妻子有外遇。在1806年的一次接见上，他向巴伐利亚王储询问他的情妇的情况。当王储否认自己有情妇时，拿破仑生了气，说道："瞎扯，快告诉我。"然而，他把最具冒犯性的评头论足留给了女人们。他宫中的命妇经常遭到言语攻击。他对一个人说："你这帽子真难看！"对另一个人说："我的天哪，你胳膊好红。"有一回，他说："夫人，我听别人说你长得很丑，他们确实没有夸大其词。"大多数人被这异乎寻常的攻击惊得哑口无言，唯一的例外是活泼的爱梅·德·科瓦尼，他对她提出了一个不礼貌的问题："夫人，你对男人还和以前一样迷恋吗？""是啊，"她直率地回答，"当他们讲礼貌的时候。"

　　约瑟芬的聪敏和魅力在一定程度上减轻了他的无礼造成的影响。尽管宫廷是恶意和阴谋的渊薮，但除了波拿巴一家人外，她从未树敌。然而，拿破仑的无礼行为给她带来了额外的负担。约瑟芬传说中的外交才干常常被压榨到了极限，她跟在他身后，试图抚平受伤害的感情和被激怒的羽毛。与她丈夫对廷臣们的傲慢态度相比，约瑟芬就是和蔼本身。她理解身边人的志向和焦虑，并希望给他们提供支持。她在给欧仁的信中说，她渴望"为我周围的人做些什么，每天都做有贡献的事，让我的生活更加愉悦"，她将自己的话语付诸实践，促成别人的婚姻，为他人的事业助力。[31]

　　在这几个月里，有一些令人愉快的插曲。1806年4月初，

2500 名宾客应邀列席杜伊勒里宫，庆祝约瑟芬前夫家的堂侄女斯蒂芬妮·德·博阿尔内与巴登大公储的婚礼。宾客们在两天的时间内欣赏了一场令人眼花缭乱的拿破仑时代盛典展。民事仪式和婚约签署在狄安娜长廊举行，宗教仪式则于次日在杜伊勒里宫的新小礼拜堂举行。当天，来宾们目睹了一个由四十人组成的光华闪烁的队列——包括身着西班牙式礼服的波拿巴、身着缀有银色星星的白色薄纱礼服的新娘，以及一众身着丝绸和天鹅绒的侍女官，她们的头发上戴着缀满钻石的花环，庄严地向祭坛行进。宫殿的外墙辉耀着灯笼和闪闪发光的玻璃，盛大的焰火表演点亮了天空。那天的皇后尤为美丽，她身穿"一件覆满不同色调的金线刺绣的礼服，头上佩戴的除了皇冠，发间还有价值 100 万法郎的珍珠"。

剩下的时间，约瑟芬的日常事务集中在她热心的项目上，如马尔梅松、她的植物收藏和慈善事业。约瑟芬的慈善捐款每年都在成倍增长。1805 年为 7.2 万法郎，次年增加到 12 万法郎，1809 年增加到 18 万法郎。就像她生活中的其他领域一样，她大大超支，不断问国库要钱。她的绰号"丰饶圣母"是当之无愧的。她给那些写信给她请求帮助的众多无名人士拨款，还在她的公务出行中施舍了大量钱财。她捐献的慈善机构多种多样，但很多都是为母亲和儿童提供支持的：母亲慈善协会、巴黎的产科医院和许多孤儿院。她还向宗教慈善机构和关照老弱病残的慈善机构捐赠了大量资金。

约瑟芬在婚前便热爱艺术，许多塑造了帝国艺术风格的艺术家都是经她引荐进入拿破仑的宫廷的。她在大革命后结识了画家伊萨贝，当时他是康庞夫人学校的教师。在督政府时期，她见到了许多创作圈子里的人，比如艺术家普吕东（Prud'hon），他们都是她后来培养的对象。随着拿破仑成为第一执政，她有了委托和购买艺术作品的经济能力，她对艺术的兴趣也随之增大。

351　　作为皇后，约瑟芬将艺术赞助人视为她国母角色的一部分。她深知文化禀赋对塑造民族认同感和开辟商业市场的重要性，将紧跟艺术界的脚步视作自己的事业，为此她订阅了《历史与基础绘画课程，或法国中央博物馆收藏总览》（*Cours historique et élémentaire de peinture ou galerie complète du Muséum central de France*）。1806 年，她买下了《佛罗伦萨与皮蒂宫收藏》（*La Galerie de Florence et du Palais Pitti*）的三十二期杂志，它们由维卡尔（Wicar）绘制插图，并由莫特兹（Mottez）作注。她有许多这方面的顾问：阿夫里永小姐回忆过约瑟芬与维旺·德农的长谈，他是旧制度时期风流潇洒的遗老，负责绘制了那些不朽的埃及插画。德农尤其钟爱现代艺术，约瑟芬帮助他为他的被保护人们争取到了许多订单。此外还有纪尧姆·康斯坦丁（Guillaume Constantin），此人在绘画上并无建树，是她收藏的画作的管理人；图桑·哈金（Toussaint Hacquin），他负责修复她收藏的画作；亚历山大·勒努瓦（Alexandre Lenoir），他在艺术品和雕塑方面为她担任顾问。在他们的支持下，约瑟芬发展出了一套兼收并蓄、非常可观的艺术收藏，其中有佩鲁吉诺和提香这样的意大利大师以及当代的法国作品。

单是约瑟芬对皮埃尔-约瑟夫·雷杜德（Pierre-Joseph Redouté）的事业的扶持，就使她无愧于艺术赞助人的美誉。她在买下马尔梅松城堡的前一年，在卢浮宫第一次见到了这位著名的花鸟画家，买下马尔梅松几个月后，他也去了她那里参观。

从彼时起，直到她去世前几小时，雷杜德都是她生活的一部分。两人对植物的喜爱都是打小就有的。她和他将通过他的书永远联系在一起，他的艺术为她打造的花园赋予了永恒的生命。如果没有来自她的安全保障和经济支持，雷杜德将永远无法开展他的工作。是拿破仑和约瑟芬为他的书提供了资金，并使其广为流传：他们自己买、鼓励他人买，并将其作为礼物赠送给贵宾。雷杜德的作品如今是世界上最昂贵的植物艺术之一。

和拿破仑一样，约瑟芬也明白构建和控制她的公众形象的重要性，这在很大程度上解释了德·雷米扎夫人所说的约瑟芬"对绘制肖像的狂热"。在这些艺术家与模特携手合作的绘画中，约瑟芬以各种姿态出现。最早的一幅作品是伊萨贝作于1797年的肖像素描，画中她身着一袭白裙，头戴头巾，是共和国倡导的朴素的模范。五年之后，安德烈亚·阿皮亚尼（Andrea Appiani）的画笔将她描绘得通身罗马式的华丽，一条大披巾富有艺术气息地搭在她的手臂上，她是年轻的恺撒的理想配偶。但她最喜欢的是普吕东画的那一幅，现藏于卢浮宫，画中的她流露出沉思的情态，在马尔梅松芬芳馥郁的花园里小憩。

352

这些肖像画满足了约瑟芬的虚荣心，它们就和如今的摄影照片一样，描绘出她生活的变化，但其主要目的是政治宣传。它们经常被作为礼物赠送给外国宫廷，并在法国国内以复制品、印刷品、纪念杯碟、披巾和卡片等形式传播。它们共同起到了纠正英国文宣界关于她的恶毒漫画的作用，同时也有助于塑造她作为拿破仑的配偶的理想形象。

在战争的间隙之中，约瑟芬将越来越多的时间花在为她庞大的家庭谋福利上，她的家人围在她身边请求帮衬。她慷慨解囊的第一个受益者无疑是她的母亲，她每年都给她发养老金。

尽管旁人一再建议她母亲卖掉种植园，在法国本土置产，但她仍然不肯离开心爱的马提尼克岛，宁愿在拉帕热里大屋的几个房间里过着孤独的生活。岛上的其他人也得到了经济上的支持，比如在她初婚时陪她来法国的罗塞特姑妈。虽然约瑟芬真正想见的那个人拒绝来大都市，但她家的其他人都很愿意。她的叔父罗贝尔·塔舍带着他九个孩子中的五个来了法国，还有她母亲的娘家（维尔杰·德·萨努瓦家）的一些亲戚。所有这些人都需要得到安置和帮衬。博阿尔内一家也受益于她的恩泽。范妮阿姨每年能领到一笔 2.4 万法郎的养老金，她的女儿则得到定期的经济支持。博阿尔内家的其他成员也从与约瑟芬的关系中获益。[①] 亚历山大的哥哥，保王党人弗朗索瓦被任命为驻伊特鲁里亚全权公使，后来又担任驻西班牙大使。他的女儿艾米莉（拿破仑的副官拉瓦莱特之妻）成为约瑟芬的侍女官。她们加入了约瑟芬获得的越来越大的内廷队伍，总共有近 150 人。其中有跟她来法国的、忠诚的同父异母妹妹和奴隶尤菲米娅，奥坦丝从前的家庭教师德·兰诺瓦小姐，她前夫的乳母，以及他的各种私生子女。这些资助没有任何党派色彩。她向已故革命者科洛特·德·埃尔布瓦（Collot d'Herbois）的遗孀提供了经济援助，当时她正因癌症而奄奄一息。她同时还向许多一文不名的保王党人提供了经济援助。最能说明问题的是，她给她的老对头，亚历山大的情妇洛尔·德·隆格布雷发放了抚恤金。当面对洛尔的请求时，约瑟芬立刻原谅了这个女人对她犯下的所有过错，在推荐信的空白处写道："这位女士现在非常虚弱。"

拿破仑那边的亲戚继续制造问题。波拿巴一家坚持不懈地

---

① 博阿尔内侯爵与艾德米姑妈分别于 1800 年和 1803 年逝世。——译者注

对他们憎恨的嫂子发起战斗，这次又找来了另一个女人诱惑拿破仑离开她。此女名唤埃莱奥诺尔·德努埃尔·德·拉普莱涅（Eleonore Dénuelle de La Plaigne），在康庞夫人学校念过书，目前为卡罗琳·缪拉担任朗读女官。据康斯坦形容，她"身材高挑，体型匀称，深色肌肤，有一双漂亮的黑眼睛，活泼好动，是个美人儿"。她的丈夫因造假证而入狱，此时恰好不在她身边。这段婚外情开始于 1806 年 2 月，他们最初是在杜伊勒里宫皇帝的私人套房楼上的小房间里幽会。皇帝的贴身侍从得到指示：如果有访客到来，就说他正在接见一位部长。然而，一旦关系"发展了起来"，缪拉夫妇就密谋让这个姑娘搬到一座偏僻的住所，希望她能怀孕，以证明拿破仑有生育能力。两人之间的激情是拿破仑单方面的，埃莱奥诺尔对拿破仑的陪伴感到厌烦，她会把时钟拨快，好让他早点走。

约瑟芬对此类事情已逐渐习以为常了，在家人和朋友的建议下，她又一次试图控制自己的嫉妒心。她从德·雷米扎夫人那里得到了安慰，后者向她解释说，做拿破仑的情妇一般情况下"不是个好差事……他的本性不会让他去补偿一个软弱可爱的女人为他所做的牺牲，也不会让他给一个野心勃勃的女人提供行使权力的机会"。做他的妻子更好，因为至少约瑟芬享有"令人艳羡的崇高地位，至少满足了人的自尊心"。约瑟芬知道，她的丈夫仍对她怀有强烈的感情，并把她视作他的幸运符，"他的守护星的一束光"。她唯一真正的问题是如果拿破仑的情妇怀了孕，则证明他有生育能力，那么，她的命运就确实岌岌可危了。

到 1806 年秋季，皇帝再次备战，这次的对手是普鲁士，这个国家在军事界的声望很高。约瑟芬被安置在美因茨，这里方便她跟踪战事，而且如果拿破仑撤退，也更容易到这里来。她于 9 月 28 日抵达美因茨，此时她不会料到自己要在这里留到次年 1 月中旬，也不会料到接下来十个月她都不会再见到丈夫，事实证明，这次分离对他们的婚姻来说是致命的。

354　　在这几个月里，约瑟芬住在始建于十二世纪的选帝侯城堡。从这里去探望奥坦丝和现已成为巴登大公储妃的斯蒂芬妮很方便，但约瑟芬在驻跸期间却很难过。她想念拿破仑，想念她的家人和朋友，并发现很难应对战争的不确定性。10 月 5 日，皇帝写信给她："我想不出你为什么哭，你这是在自寻烦恼。"两天后，他的语气更让人安心些："一切顺利。我身体很好。"[32]

10 月 8 日，普鲁士在萨克森、俄国和英格兰的协助下对法国宣战。次日战役打响。拿破仑迅速赢得了耶拿战役和奥尔施泰特战役，给敌人降下灭顶之灾。正如他在第二天所写的："从来没有一支军队被打得如此落花流水，被消灭得这样一干二净。"普鲁士的领土大幅缩水，丧权辱国，还要承担巨额的战争赔款。拿破仑本以为约瑟芬会很高兴，但他气愤地发现，即使他疆场大捷，她还是情绪低落。11 月 1 日，他写道："亲爱的，塔列朗刚到，他告诉我你整天尽是哭。你到底想要什么？你有女儿，有孙辈，还有好消息，这些还不能让你快乐、让你满足吗？"[33]

但约瑟芬并不满足。她发现埃莱奥诺尔·德努埃尔怀孕了，似乎怀的是拿破仑的孩子。她的信中充满了与丈夫分隔两地的焦虑，好像她已经预感到未来会发生什么。11 月 11 日，她致信塔列朗，语气异常恼怒："约瑟芬皇后向您询问的并非国家机密，只是您对皇帝回銮的看法。请坦率告诉我，我能否期望他回来。您知道离开他我有多痛苦。"³⁴两天后，她在给贝尔蒂埃的信中写道，他出言安慰说皇帝挂念着她，使她"极为感动"，并补充说："我需要得到皇帝的珍视，需要知道他没有忘记我，这是他不在我身边时我唯一的安慰，我非常懊恼地看到他回来的时间比我想象的要晚……"³⁵

拿破仑一直谈及夫妇相聚的可能性，但不知为何一拖再拖。约瑟芬越发焦灼慌乱，这让他既恼怒又怜悯。他写信向她保证："我只有一个女人。"但正如约瑟芬所恐惧的，他已经和一位波兰佳丽好上了。这场邂逅和其他关于拿破仑的一切一样被神话了。1806 年底的一个大雪天，拿破仑从华沙的冬季宿营地回来①，在一处驿站停下来换马。一群热情的波兰人在那里冲他热烈欢呼，他们把他看作是他们的解放者。在渴望一睹皇帝风采的人群中，有一位满头金发、颜如渥丹的少女。迪罗克将军提醒他的主人："陛下，您看，这里有一位女士冒着人挤人的危险来看您。"少女走近马车，（用无可挑剔的法语）感谢他拯救了她的祖国。作为回礼，拿破仑把人群扔给他的一束鲜花送给她，然后驱车离去了。

回到华沙之后，伟大的征服者无法忘怀那个青春少艾的女郎。迪罗克奉命追查这个神秘的陌生人是谁。几天之内，他就得知她是一位风烛残年的波兰贵族的妻子，名唤玛丽·瓦莱夫斯卡（Marie Walewska）伯爵夫人。他在一次为他举行的舞会上与她重逢，从此下定决心一定要得到她。那天晚上，他给她

355

---

① 此处原文应有误。拿破仑是在从普乌图斯克（Pultusk）返回华沙的路上结识玛丽·瓦莱夫斯卡的。——译者注

送去一张字条，上面写着："我眼中只有你。我只崇拜你。我只想要你。马上回复我，平息你的 N 的急躁的热情吧。"[36] 然而，已是有夫之妇的、贤德而虔诚的玛丽并不情愿。第二天她又收到了一封信："夫人，我让你不高兴了吗？我没有想到是这样。这是我的一厢情愿吗？你的热情冷却了，可我的却越烧越旺。你毁了我的平静！哦，请给渴望顶礼膜拜你的那颗可怜的心一点点欢乐和幸福吧！从你那里得到一个答案就这么难吗？你欠我两封信了。"[37]

在接下来的日子里，他继续围追堵截她。他的引诱策略与其说是爱心和鲜花，不如说是强奸和劫掠："我要强迫你，是的，我要强迫你爱我。"他如此写道。面对她的继续抵抗，他雷霆万钧地说："如果你坚持拒绝我，我就把你的人民碾成尘土……"瓦莱夫斯卡继续抵抗，直到她的同胞，甚至是她自己的丈夫，都暗示说委身于拿破仑是她作为爱国者的责任。

实际上，这对情人的相遇可能比这个故事说的要平淡得多。它可能是塔列朗策划的，希望加深拿破仑与波兰的蜜月期。但这对情人的韵事并没有任何捏造成分，这段关系将是拿破仑所有婚外情中持续时间最长、感情最为热烈的一段。

拿破仑在写给约瑟芬的信中不再谈及相聚。相反，他认为为她自己考虑，她还是不要过来为好。1807 年 1 月 7 日，他写道："这个季节很冷，路况很差，一点也不安全，我不能同意让你承受这样的疲劳和危险。回巴黎去吧，在那里过冬。"[38] 第二天他写道："巴黎需要你，去那里吧，这是我的愿望。我比你更烦恼。我本想和你一起度过这个季节的漫漫长夜，但我们必须服从大环境。"[39]

356

约瑟芬回了巴黎。宫廷生活恢复正常，她履行着自己的职责，莅临工厂和名胜古迹，观看表演，出席外交招待会、歌剧演出和舞会，以此来保持自己的形象。但她仍然不开心。1月16日，她的丈夫写道："每个给我写信的人都告诉我你不高兴……为什么要伤心、难过？不要告诉我你是缺乏勇气？我真诚地希望不是这样。不要怀疑我的感情，如果你还想让我爱你，那就坚强些，拿出勇气来。"[40]两天后，他的口吻还是一样严厉："我听说你总是哭。真丢脸！这是多么不应该啊！……要配得上我，要表现出更多的坚忍。在巴黎塑造一个合适的形象，最重要的是，要知足……我不喜欢懦夫，一个皇后应该勇敢。"[41]

然而，拿破仑更关注的是军事问题。埃劳战役获得了胜利，但代价极其高昂：25000名俄国士兵和18000名法国士兵在鲜血淋漓的雪地里丢掉了性命。拿破仑在他的胜利公报中写道："为了在脑海中构建出这个场面，人们必须想象在三平方里的范围内，有九千或一万具尸体，四五千匹死去的马……地上布满了炮弹、弹片和其他弹药……这样的景象应当激发统治者对和平的热爱和对战争的仇恨。"他在给约瑟芬的信中说："这里全是尸体和受伤的人。这不是战争荣耀的一面，看到这么多牺牲者，我很痛苦，心里感到压抑。"[42]

拿破仑被持续的战争纠缠，一直到春季——先是在"凄凄惨惨的村庄"奥斯特罗德（Osterode），然后是在柯尼斯堡附近的芬肯施泰因（Finckenstein）城堡。尽管他专注于军务，身边也有迷人的玛丽·瓦莱夫斯卡相伴，但他给妻子的信还是一如既往地控制欲强烈。"如果你真心想让我高兴，那在巴黎生活时就要如我亲临，"他在3月下旬时写道，"那时你是不会有去二流剧院或其他地方的习惯的。"[43]

约瑟芬决心服从她的丈夫，试图压抑她公开表现出的不快乐。然而，她的绝望在写给孩子们的信中仍然显而易见。她给儿子写道："再见，我亲爱的欧仁。我的身体还好，但由于皇帝长期不在，我心里非常难过。"3月7日，她试图表现出一副勇敢的样子，告诉奥坦丝她收到了皇帝的信："有时每天两次，这是个很大的安慰，但并不能代替他本人。"[44]一周后，她以同样的口吻给欧仁写信："我经常收到皇帝的信。他的健康状况一如既往地良好，但他不在身边我真的很难过，如果继续这样下去，我不知道自己是否有勇气承受。"[45]

接下来，一场悲剧降临到了整个家庭。1807年5月4日的深夜，约瑟芬的外孙，奥坦丝和路易的长子夭折了。他得的病发病快而剧烈，可能是白喉，症状包括皮疹和高烧。根据一个在场的人的说法，这个四岁孩童的死是一幕"令人痛苦的场景"。他死在母亲的怀中，奥坦丝伤心欲绝，她用胳膊勾住椅子，人们无法把她和死去的孩子分开。她最终昏了过去，在要被抬回自己的套间时，不省人事的身体仍坐在她强迫性地抓着的椅子上。她醒转过来后，整个宫里都能听到她刺耳的尖叫。奥坦丝犯了歇斯底里，变得神志不清，她呼唤着儿子，寻死觅活，连她面前的人都认不出来。她的情况日渐恶化，出现了紧张性精神病的症状。她成天瘫坐着，双眼如玻璃球般呆呆地瞪着，嘴唇发灰，脸色死一般苍白。一个在场的人回忆说："我从未见过有人如此悲伤。"

小拿破仑-夏尔的死对所有人来说都是悲剧。他是个迷人的孩子，他的友好和好奇心甚至让牢骚不断的波拿巴一家也喜欢他，拿破仑很喜欢这个小男孩，管他叫"小乖乖"，孩子喊

他 "比比什伯伯"（oncle Bibiche）。① 每次去看小男孩时，拿破仑都把礼物藏在口袋里，然后在孩子面前把礼物变出来，哄他高兴。约瑟芬也悲恸不已。他是她的第一个孙辈，是拿破仑的继承人，她觉得这个孩子一死，离婚就成了不可避免的事。拿破仑会觉得生一个自己的孩子是唯一可行的选择。

尽管拿破仑肯定是悲痛的，但他对失去继外孙的反应很粗暴。5月14日，他给约瑟芬写信说："我知道孩子的死……一定会引起悲痛；你可以想象我在忍受什么……你很幸运，从来没有失去过孩子，但这本来也是人世间难以避免的痛苦。"⁴⁶她哀切的回应一定使他不快，因为六天以后他写道："我很遗憾看到你没有理智。悲痛是有界限的，不应该无休无止地下去。"⁴⁷过了四天，他又写道："我很遗憾看到你的悲痛丝毫未减，奥坦丝还没有来……她不讲理，不值得我们爱，因为她只爱她的孩子。试着让她平静下来，不要让我感到痛苦。"⁴⁸

约瑟芬前去布鲁塞尔乡下的莱肯（Laeken）城堡探望女儿。随着时间的流逝，在约瑟芬的母爱关怀下，奥坦丝慢慢恢复了元气。家人们因悲痛和对奥坦丝健康的担忧而团结一心。欧仁过来探望妹妹，他可爱的乐观态度一如既往地安抚了她。他和妻子奥古斯塔最近有了第一个孩子，是个女儿，他们给她命名为约瑟芬。甚至连奥坦丝的丈夫路易也冲到了她身边。据德·雷米扎夫人说，他对妻子的状况感到"惊恐和难过"，妻

358

---

① 据康斯坦回忆，"比比什"是小拿破仑-夏尔对约瑟芬在圣克卢饲养的一群羚羊的称呼，它们性子非常野，唯有拿破仑能加以管束：他给它们喂鼻烟，以此控制它们。因此小拿破仑-夏尔用羚羊的名字称呼拿破仑。——译者注

子的崩溃使夫妇二人真诚地和解，尽管只是暂时的。最后，奥坦丝终于恢复了健康，可以去比利牛斯山间游泳了，路易也陪她一起去。她在那里逐渐回到了正常状态，并怀上了第三个孩子，这个小男孩注定要成为她继父唯一真正的继承人：拿破仑三世。

那年夏天，约瑟芬又失去了一位至亲：她的母亲去世了。起初拿破仑下令向她隐瞒这一噩耗，因为她仍沉浸在失去外孙的悲痛当中，但她最终还是知道了。德·拉帕热里夫人一直住在三岛村，直至去世。身边环绕着她的奴隶，还有她的神父陪伴，神父成了这个虔诚女人最亲近的知己。作为"皇后的母亲"，她以全套皇室典仪下葬。6月10日，送葬队伍在礼炮的开道下穿过港口，抵达三岛村的小教堂，教堂为这次葬礼做了隆重的装潢。岛上出身良好、受人尊敬的人们汇聚一堂，一支庞大的神职人员队伍主持了仪式。仪式结束时，遗体在全场的军礼声中被葬入一座华丽的坟墓。约瑟芬诞生时的那个家里的最后一个人离开了人间。

如果说1807年的夏季对约瑟芬来说充满了悲哀，那么对她的丈夫来说，这是胜利之夏。6月14日，他在弗里德兰战役中对俄军取得了决定性胜利。沙皇及时认清形势，决定与拿破仑会面，他们为时三小时的历史性会晤于6月底在涅曼河中央举行，该河是俄国与欧洲之间的边界。约瑟芬从拿破仑的随从那里得到了目击者的描述，她对奥坦丝说："场面非常壮观。双方军队在涅曼河的左右两岸列阵。皇帝乘坐华丽的筏子首先到达了河中央。沙皇的船要稍慢一些……他们告诉我，当两位皇帝相拥亲吻的那一刻，河两岸的人都欢呼喝彩。"[49]

拿破仑对沙皇很有好感。他在6月25日给妻子的一封信中写道："我刚刚见到了亚历山大皇帝。我很喜欢他。他相貌非常英俊，是个年轻而善良的皇帝。他比人们通常认为的要聪明。"[50]他们之间的条约于 7 月 7 日在附近的提尔西特（Tilsit）签署，两天后正式生效。这份条约是拿破仑的胜利。他得到了普鲁士将近一半的国土和人口。沙皇还同意撤出伊奥尼亚群岛，以及由俄军把持的达尔马提亚部分地区。此外，亚历山大承诺在英国和法国之间担任调停人，而拿破仑应允在俄国和奥斯曼帝国之间担任调停人。拿破仑欣喜若狂，他以迅疾的速度接连征服了奥地利、普鲁士和俄国，现在欧洲绝大部分地区已在他的统治之下。

1807 年 7 月，拿破仑在离开十个月后回到了圣克卢宫。然而，从提尔西特回来的皇帝与当初离开的皇帝已经不是同一个人了。征服奥地利、俄国和普鲁士是如此非凡卓绝的成就，以至于拿破仑现在相信他几乎可以做到任何事情。他认为自己无往不胜，受到命运——他那颗著名的守护星的庇佑。按塔列朗的说法，他是"自我陶醉"。他的帝国从大西洋沿岸一直延伸到俄罗斯的大草原，从北海直通地中海。在三十八岁时，他统治了七千多万人口，包括法国人、荷兰人、意大利人、德意志人和波兰人。这是一个自古罗马以来未有其比的帝国。

但是，正如拿破仑自己曾说的，"野心即使在伟业之巅也永远不会满足"。在接下来的六个月里，他重塑了欧洲的版图。普鲁士被肢解，并建立了一个新的波兰，意大利经历了进一步的重组。9 月 1 日，伊奥尼亚群岛成为法兰西帝国的一部分。11 月中旬，拿破仑成立了威斯特伐利亚王国，任命他的弟弟热罗姆为国王。现在，拿破仑怀疑自己其实有生育能力，他希望自己能成为欧洲众王室的首领，而一门合适的婚姻可以为他实现这个目标。这一切，正如他周围的人认为的那样，是以离婚为前提的。

360　　约瑟芬向她的子女报告了这些令人震惊的事态发展。她写信给欧仁，说她怀疑缪拉在唆使拿破仑离婚。她写道：

> 至于我，你知道我只渴望得到他的心。如果他们成功地拆散了我们两个，我应该为之懊悔的不是失去后位……他迟早会发现围绕在他身边的那些人比起关心他，更关心他们自己，他那时会知道自己是如何被欺骗的。不过，我亲爱的欧仁，我对他没有什么可抱怨的，我很高兴能够依靠他的公正和他的爱。至于你，我亲爱的儿子，继续对皇帝表现出同样的热忱吧，你会得到普遍的尊重——这是最大的恩宠也不能给予你的。[51]

欧仁在回信中证实，他"从慕尼黑和巴黎听到了许多关于离婚的消息"，但母亲与皇帝的谈话使他感到放心。欧仁认为，如果最坏的情况发生，"他必须善待你，给你一个适当的解决办法，让你和你的孩子一起在意大利生活。然后，皇帝就可以根据他的政策和幸福所需再行安排婚事。我们对他的感情不会被削弱，因为他对我们的感情没有必要发生改变，即使客观环境迫使他和我们家分道扬镳。如果皇帝希望得到真正属于他的孩子的话，没有别的办法了。"

最后，拿破仑决定是时候向妻子提出离婚的问题了。由于缺乏直接与约瑟芬对话的勇气，他找来富歇帮他。富歇在一次与皇后的私谈中直言不讳，他认为在拿破仑没有继承人之前，国家永远不会安全，他宣布她有责任主动提出离婚。约瑟芬立即要求知道富歇是不是在代表她丈夫说话。"不，当然不是，"他回答，"但我对王朝的忠诚迫使我像现在这样对陛下您说话。"约瑟芬说："这个问题不是我该和你讨论的。"当她和丈夫说起此事时，拿破仑否认对谈话内容知情，并向她保证要惩罚富歇的"管太多"。

拿破仑知道他必须亲自和妻子谈谈了。他怕她哭，便用假设的语气提出了这个话题。据德·雷米扎夫人说，他讲话时有些激动："约瑟芬，如果发生这样的事情，那就会由你来帮助我做出牺牲。我将指望你的爱使我免于被迫分手的一切苦痛。你会主动的，对吗？你会设身处地替我考虑，你会有勇气退出吗？"约瑟芬清晰无疑地回答说，她会服从他的命令，但决不主动提出离婚。"陛下，"她说，"你是主人，应当是你决定我的命运。如果你需要命令我离开杜伊勒里宫，我将立刻服从，但你至少要以正面姿态向我下令。我是你的妻子，我已经被你当着教皇的面加冕了。这种荣誉至少不应该自愿放弃。如果你和我离婚，全法国都会知道是你送我走的，他们能得知我的顺从和深深的哀痛。"[52]约瑟芬的平静随即破裂，她哭成一团，他把她紧紧抱在怀里，自己的眼睛也湿润了。

拿破仑被约瑟芬的回答打动了。德·雷米扎夫人报告说，每当重新提起这个话题时，拿破仑就会流泪，并"因内心的感情斗争而激动万分"。有时拿破仑几乎和约瑟芬一样痛苦，但这种对前途的惶惶不定给约瑟芬的精神健康造成了可怕的伤害。她哭得更加频繁，并在私底下痛斥丈夫的行为。她回忆说，他们结婚的时候，他对能娶到她表示"非常荣幸"，她还声称在他的命运摇摆不定的时候，她愿意与他共度一生，而他

361

功成名就后却选择抛弃她，这是不光彩的。

随着时间的推移，离婚的事逐渐不再被提起了。拿破仑的问题在于，他只有在约瑟芬不在身边的时候才能下定决心离婚。而一见到她，想起了与她相伴的欢乐，他的决心就崩溃了。就像他对塔列朗哀叹的那样："我将放弃她给我的私人生活带来的一切美好……她根据我的习惯调整她的生活习惯，她完全理解我……我将辜负她为我所做的一切。"他还将失去一位完美无瑕的配偶，正如阿夫里永小姐所证实的："约瑟芬对皇帝始终柔情蜜意，她能以一种我从未在他人身上见过的柔顺恭谨适应他的每一种情绪、每一次心血来潮。通过研究他的表情或语气的细微变化，她为他提供他现在唯一要她给予的东西。"

当年 11 月，拿破仑决定出访意大利。不祥的是，他选择不带约瑟芬同行。明面上的理由是天气不好。约瑟芬所不知道的是，她丈夫出发时口袋里有一份名单，上面列着二十位适婚公主的名字。他跋山涉水走遍了整个地区，"受到意大利所有城镇的热烈欢呼……于法兰西，他是救世主，而于意大利，他是创世神"。

362　　　拿破仑不在的这段时间，离婚传言不断。12 月 4 日的一份警察报告如是写道：

> 圣日耳曼郊区（巴黎的贵族区）的布道女士们正举起神圣的手，对离婚一事表示恐惧。阿梅兰夫人在公开场合反复讲她口中皇后陛下私下对她说的话。这个女人和其他几个跟她一样的人每天都主动发表评论，煽动和夸大皇

后的怨言和痛苦。她们说自己确知某一天皇帝对皇后说了什么话，在加冕大典前后谈了些什么，皇室里有过什么争吵。她们声称帝后未有所出不是皇后的错，皇帝从来没能生出孩子，陛下与几个女人的交往一直没有结果，但这些女士一跟别人结婚就怀孕了。[53]

对约瑟芬来说，新的一年充满了焦虑。1808 年 2 月 10 日，她写信给欧仁：

> 你不难猜到我有很多可焦虑的事情。皇帝在外期间的流言蜚语在他回来后仍未停歇，现在的闲话比以往任何时候都多……好吧，我把自己交托给上苍和皇帝的旨意。我唯一可倚仗的是我自己的行为，我竭力让它无懈可击。我不再出门了，我一无所乐。在习惯了之前那样的社交生活后，我竟能忍受如今这种生活，人们都感到惊奇……我亲爱的欧仁，御座让人多苦啊！明天就下殿而去对我来说不会有任何痛苦。对我来说，皇帝的爱就是一切。如果失去了这个，其他损失都是不值一提的。[54]

让约瑟芬长舒一口气的是，拿破仑接下来几个月实在是太忙，无暇考虑离婚的事。帝国新的烫手山芋是西班牙，拿破仑于 1808 年早春时分启程，决意治好这块"流脓的疮"。他发现西班牙人冥顽不化，便速速召请约瑟芬，希望她的魅力能派上用场。约瑟芬欣然启程前往巴约讷（Bayonne），拿破仑在那里与西班牙首相和王室会面。和往常一样，约瑟芬相当得力，在冲突不断的会议后安抚众人，并同疯疯癫癫、邋里邋遢的王后玛丽亚·路易莎（Maria Luisa）成了朋友，赠给她华服和珠宝。拿破仑由此又意识到妻子于他是多么重要的资本，对她又旧情复燃，夫妇二人难舍难分。旁人惊讶地看到帝后在大西洋海滩上像小孩一样玩耍，拿破仑把约瑟芬的鞋子扔进海里，和她在沙滩上打滚。

尽管在国外如此这般，但在国内，帝后离婚仍是谈话的热门主题。正如富歇于 5 月 26 日向拿破仑报告的那样："这里人人都相信帝后会离婚，他们引用了写于巴约讷的一封信，说这事就快了，他们提到最近在巴黎为新皇后购置的一顶钻冕。大家都对离婚的必要性表示充分理解。法国内外无人不认为王朝的命运和繁荣与皇帝的婚姻和子嗣息息相关。巴黎人民还相信如果皇帝有自己的子女，他就会……更谨慎一些。"⁵⁵

但拿破仑对离婚一事仍举棋不定，并对富歇插手他的家务事感到恼火。6 月 17 日，他给康巴塞雷斯写信说："有人告诉我，富歇那边正在讲些乱七八糟的东西。自从传出离婚的流言后，他们说这是他的沙龙里经常讨论的话题……我不怀疑富歇的忠诚，但我担忧这种轻浮的行为，它传播的这些东西会让别人瞎想，而去反驳这些瞎想又是他的责任。"

7 月，拿破仑与约瑟芬回到了巴黎。他们刚回到圣克卢宫，拿破仑便马上又要离开。将他的帝国缝缀起来的针脚已经濒于撕裂。西班牙的起义此起彼伏，葡萄牙也出现了问题，拿破仑需要确保他和沙皇的同盟还能维持下去，在俄国人为他的后方提供保护的情况下，他方能进军西班牙，在那里指挥他的军队。与沙皇的会面定在 9 月，中间几周是疏远了的帝后互相增进感情的时间。约瑟芬给欧仁写道："你知道我有多么焦虑，我头痛得要命……它把我折腾得十分难受……皇帝依恋我，对我很关心，有时一夜醒来四五次看我感觉怎么样。在过去的六个月里，他对我一直非常好。因此当我今早日送他离去时，虽然心里非常难过，但对我们的关系没有丝毫焦虑之感。"[56]

约瑟芬不知道的是，埃尔富特会议期间，拿破仑打算和沙皇商谈的一个问题便是，他有没有可能娶到沙皇的某个妹妹。不过，他写信给她时语气仍然笃定。10月9日，很高兴与沙皇重逢的拿破仑在给约瑟芬的信中，以罕见的自贬语气谈到他们二人共同参加的舞会："亚历山大皇帝跳了舞，但我没跳。毕竟是四十岁的人了，四十岁啦。"[57]在接下来的一封信中，他写道："我亲爱的，只给你写上几行，我太忙了。成天开会，感冒总好不了。不过一切都还顺利。我很喜欢亚历山大，他应该也喜欢我。如果他是个女人，我想我会收他为情妇的。我很快就能回到你身边，保重，到时候要让我看到你丰满、气色好。"[58]

拿破仑于10月底回到了巴黎，但据旁观者记载，他与妻子的关系变得紧张了。拿破仑不清楚约瑟芬是否知道他向沙皇议亲的事，而约瑟芬则不敢询问发生了什么。他们只相聚了十天，随后拿破仑就被迫去西班牙处理乱局。他在西班牙一直待到1809年3月才回来，这段时间里，约瑟芬的焦虑再一次达到了顶点。

和往常一样，拿破仑这次从西班牙回来并没有待多久。1809年4月12日晚，他接到了奥地利对法国宣战的消息。凌晨两点左右，他准备悄悄离开，不惊动皇后，然而据康斯坦回忆，"她听到了皇帝离开的响动，连忙跳下床，下楼来到庭院

364

里，脚上只穿着拖鞋，没穿袜子。她哭得像个小孩，扑进他的马车里。她衣裳穿得实在太单薄，陛下把自己的镶毛披风盖在她肩膀上，吩咐把她的行李给她送来"。这是夫妇最后一次共同出行。他们抵达目的地后，拿破仑离开，约瑟芬再次下榻罗昂主教的宫殿，在那里主持宫廷生活，等待丈夫的消息。

这场仗打得并不像之前那些战役一样干脆利落。由于拿破仑的军队有相当一部分被牵制在西班牙，埃克米尔（Eckmuhl）的鏖战持续了五天。随后在雷根斯堡有流言说拿破仑负伤，可能已经驾崩。他写信给约瑟芬，让她安心："那发子弹并未伤我，它勉强擦到了我的阿喀琉斯之踵。"[59]5月21日至22日的埃斯林战役几乎是一场灾难，法军最初被迫撤退，后来才扭转颓势。在这段可怕的时日里，拿破仑的老战友，英勇无畏的拉纳元帅被炮弹炸伤双腿，最终不治身亡。一个半月后，战火在声势浩大的瓦格拉姆战役中达到了最高潮。血腥的战斗持续了两天两夜，这是有史以来最可怕的一场炮战，超过900门火炮被投入战斗。拿破仑最终获得了胜利，但代价惨重，近5万具尸体和濒死的人被丢弃在战场的泥泞中。

在拿破仑的鼓动下，约瑟芬于6月前往普隆比耶尔做一年一度的水疗，随后去了马尔梅松。与此同时，拿破仑去了维也纳——身边陪着玛丽·瓦莱夫斯卡。可能是出于负罪感，拿破仑这段时间的信件情意绵绵。8月26日，他写道："已收到你从马尔梅松寄来的信。得知你长肉了，气色很好，身体也健康。我向你保证，维也纳可不是什么讨人喜欢的地方。我更愿回巴黎去。"[60]8月31日，他写道："我已经好几天没收到你的信了。马尔梅松的欢乐、美丽的温室和花园使你忘了我这出门在外的人。他们说这是你们这一性别的习惯。人人都说你身体康健，我不信……"9月25日，他写道："小心点。我奉劝你夜里警觉一些，因为接下来的某个夜里，你会听到一声响亮的敲门声。"[61]

这种虚情假意的妒夫做派并没有骗住约瑟芬。此时她已经知道玛丽·瓦莱夫斯卡和拿破仑在一起，并且有了身孕。（他之前的情妇埃莱奥诺尔·德努埃尔也生了一个孩子，是个男孩，但当时埃莱奥诺尔有其他情人，这一"试验"遭到了污染，拿破仑不允许拿这个孩子来证明他有生育能力。后来这个孩子相貌和他酷似，他才认了他。）瓦莱夫斯卡夫人发自内心地爱慕拿破仑，且人品无可指摘，她的孩子毫无疑问是拿破仑的。约瑟芬向阿布朗泰斯公爵夫人吐露说："我从不知嫉妒为何物，可当你们带着自己的孩子出现在我面前时，我真的很痛苦。那个给我加冕的男人有朝一日会把我扫地出门，我心知肚明，但上帝知道我爱他胜过生命，更不必说区区后位了。"

10月中旬，《维也纳和约》最终签署。尽管拿破仑离开维也纳时已经知道他打算和约瑟芬离婚，并赶紧另结一门亲事，但在给约瑟芬的信里，他依然巧言令色。10月21日，在回巴黎的路上，拿破仑于慕尼黑致信约瑟芬："等我们重逢了，我要好好庆祝一番，我已经迫不及待等着和你见面了。"[62]但约瑟芬并不是傻子，她一定明白自己的命运已经注定。因此当她收到拿破仑的信，要她在"26日或27日"去枫丹白露宫见他时，她的心中必然充满了不祥的预感。不过，她仍照着信上说的，召集侍女们即刻出发了。

366

10月26日傍晚，拿破仑抵达枫丹白露宫，此时约瑟芬还没有到。虽然她后脚也到了，却遭到了冷待。拿破仑似乎对她的迟来感到恼火，他第一次没有主动来找她，而是窝在自己的办公桌前。当约瑟芬来到他的书房见他时，他只说："啊，终于来了。"当然，拿破仑的糟糕心情和约瑟芬的迟到无关：他被负罪感撕扯得四分五裂。他已经下定决心同她离婚，但不敢亲自和她说。在接下来的几周里，约瑟芬痛苦地忍受了相当可怕的待遇，拿破仑动辄吹毛求疵，派她的不是，好让他的决定显得顺理成章。奥坦丝写道："他对我母亲没有温情，不再体贴了……他变得不公且恼人。"[63]两人共进晚餐的场合以前很欢洽，如今却凄凄惨惨，相对无言。拿破仑拒绝和妻子说话，转而选择和他的家人一起热热闹闹地吃饭，无视独自坐在一旁的约瑟芬。

在这种恐怖的气氛里，戏一出接着一出。看到妻子的模样，拿破仑有时发火，有时落泪。约瑟芬则寝食难安，日渐消瘦，哭泣不止。在哀告其他人——康巴塞雷斯、欧仁，甚至是奥坦丝——来替他干脏活以后，拿破仑最终鼓起勇气告诉他的妻子，他要休弃她。此情此景着实堪悲。据侍从长博塞（Bausset）伯爵回忆，整个宫里都能听到她刺耳的哭叫。当博塞到场时，约瑟芬已经昏倒在地。这两个人——拿破仑拿着一支蜡烛，博塞半抱半拖地把这个不省人事的女人弄回她的寝殿，中途被自己的佩剑绊了一跤。然而，约瑟芬并没有像博塞一开始担心的那样完全昏过去。在半路上，她小声对博塞说："你把我抱太紧了。"

奥坦丝被派去安慰她的母亲。当约瑟芬告诉女儿发生了什么以后，奥坦丝的回答一定令她感到惊讶："好吧，这更好。我们可以一起离开这里，您会过上清净日子。""可是你，我的孩子，你们怎么办呢？"约瑟芬问道。"我们和您一起离开。

我哥哥一定也是这样想的。这还是我们人生头一回呢：远离喧嚣的人群，真正体会到幸福的真谛。"[64]这一席谈话似乎让约瑟芬冷静了些，于是奥坦丝留下长吁短叹的母亲，去面见焦虑不安的拿破仑。他颇怀戒心地先开了口："你已经见过你母亲了。她已经和你说过了。我意已决，无可更改。希望我离婚的呼声很高，全法国都是这样想的。我不能违背我的国家的意愿。因此没有什么可以更改我的决定，哭也没用，求也没用。"奥坦丝则沉静而冷漠地顶了回去："您可以做您认为合适的任何事。没有人要试图反对您。只要您高兴，那就够了。我们知道如何牺牲自己。不要为我母亲的眼泪感到惊讶——在做了十五年的夫妻后，要是她竟没落一滴泪，那才值得惊讶。但我确信她会服从的。我们会一起离开，心里只念着您对我们的好。"[65]

奥坦丝的话似乎让拿破仑正视了他的损失有多大：不仅仅是一位挚爱的妻子，还有两个心地善良、克尽厥职、被他视如己出的孩子。他哭了。"我话还没说完，他便泪流如注，带着哭腔喊道：'什么！你们所有人都要离开我！你们要抛弃我！你们不再爱我了吗？如果这只关乎我个人的幸福，我愿意为你们而牺牲。可这是法兰西的利益。可怜我不得不牺牲我最珍视的感情。'"奥坦丝自己也抹起了眼泪，尝试安慰他，而拿破仑继续为自己辩护，并抗议继子女要离开他的决定。不过，最终奥坦丝还是坚持了下来，总结说："陛下，我对我的母亲负有责任。她需要我。我们不能再和您住在一起了。这是我们必须割舍的。我们已经准备好了。"[66]

欧仁奉命从意大利赶来，他第一时间便意识到发生了什么。他同妹妹讲的第一句话是："妈妈有勇气面对这事吗？"

当奥坦丝给出肯定答复后，他回答："那就好。我们可以一块儿安安静静地离开，比这一切开始之前更为平静安宁地度过余生。"但是，他和拿破仑的会面相当艰难。拿破仑完全被悲伤压倒，泪如雨下，看起来甚至愿意撤回离婚的想法。然而，约瑟芬的子女让他确信此举"已经不合时宜了，现在我们知道了他的心思，皇后和他在一起不会幸福了"。心地高贵的欧仁拒绝了一切恩惠，他不接受"由他母亲的不幸交易来的任何好处"。[67]

约瑟芬尽管心绪悲伤，却仍慷慨力争，要尽力谈条件来保全她和她的儿女。她利用自己为国家利益做出的巨大"牺牲"，开始做拿破仑的工作。她的论断是正确的。她比任何人都更了解拿破仑，知道必须趁热打铁，等火候一过，他的责任感就淡薄下去了。事实上，拿破仑保证离婚后仍然是她的孩子的保护人，还说想让他们继续留在他身边。约瑟芬告诉阿夫里永小姐，拿破仑向她保证，"离婚后他会定期来看望我。允许我住在马尔梅松城堡。他说我的地位将仍然尊崇，我会拿到一笔可观的安置费"。拿破仑的唯一条件是约瑟芬不得离开法国。回马提尼克老家的念头想都不要想。约瑟芬接受了他的条件。

当拿破仑决心离婚的意图路人皆知后，约瑟芬在宫中便度日如年了。据奥坦丝回忆，波拿巴家的人尤其喜不自胜。事实上，在自认获得了对"博阿尔内家女人"的最终胜利后，他们并没怎么下功夫去遮掩自己的幸灾乐祸。奥坦丝回忆说："每当心怀妒忌的他们见到我们时，心满意足、趾高气昂的举止便出卖了他们。"[68]拿破仑同样残忍。他决意使自己的意图更明朗，在正式宣布离婚前便解除了对约瑟芬的保护，对她视若

368

无睹，并指示说不应再以皇室礼节对待皇后。12月3日，在庆祝加冕大典五周年的感恩弥撒上，他坚持要约瑟芬和他分乘两辆马车，到场后两人也不坐在一起。据阿布朗泰斯公爵夫人洛尔透露，那晚在巴黎举行的一场盛宴上，门口既没有人迎接皇后，也无人护送她上台。"她飞快地自己坐下了，两腿几乎支撑不住身体，她一定想找个地缝钻进去，但不知为何她还笑得出来。"

在那些艰难的日子里，约瑟芬展示出了阿夫里永小姐说的"她独有的英雄主义"。尽管受尽侮慢和冷眼，她将情绪严严实实地掩盖住，在所有人面前仍然表现得优雅迷人，仪态万方。12月14日，在杜伊勒里宫的一次晚宴上，约瑟芬最后一次公开露面。她在克鲁瓦西的老邻居帕斯基耶回忆说："我永远不会忘记皇后在宫中最后一次出席宴会的那个晚上。"他为约瑟芬那"无懈可击的镇定沉着"倾倒，尽管"这是最后一次，再过几个小时，她就要走下皇座，离开宫廷，不再回来了……我疑心世上还有哪个女人能表现得像她这样优雅和得体。拿破仑本人的举止风度还不如被他牺牲的皇后令人印象深刻"。[69]

离婚仪式是公开举行的，地点设在杜伊勒里宫的御座大厅。皇室成员悉数到场：那不勒斯国王缪拉与王后卡罗琳、威斯特伐利亚国王热罗姆与王后凯瑟琳、荷兰国王路易与王后奥坦丝、博尔盖塞亲王妃波丽娜、西班牙王后朱丽以及皇太后。约瑟芬在子女的陪同下出席。她一身缟素，神态镇定从容，显得相当美貌——尽管她高超的化妆技巧也无法遮掩眼周的潮红。康斯坦回忆说，在场的所有人里，欧仁的神色最为悲戚：他浑身战栗，以至于身边的老侍从觉得他随时可能不省人事。

369

在一刻钟的例行繁文缛节之后，拿破仑进入正题，开始宣读一份事先准备好的文书，但他很快又把它丢到一边。他泪如泉涌道："只有上帝知晓我内心有多么痛苦，但为了法兰西的最高利益，我有勇气承受一切牺牲。……对我挚爱的妻子的忠诚与柔情，我除了感激外一无怨言。十三年来，她为我的生活增光添彩，这些记忆将永铭我心。"拿破仑泪流不止，最后说道："我要她继续保留皇后的特权和头衔，以及，最重要的是，她永远不必怀疑我对她的感情，她永远是我最好、最亲密的友人。"[70]

轮到约瑟芬发言了。她拿出那份泪痕斑斑的文书，是她前一天晚上忍痛修改的，她宣读道："在我亲爱的、尊贵的丈夫的许可下，我宣布，我不再希望能诞育一个继承人，来满足法兰西的政治利益了。我曾将这个世界上一个丈夫所能得到的最高的爱情和忠诚给予他，我为此感到骄傲……"[71]她沉默了足足一分钟，无法再念下去，于是把文书递给身边的一个官员，由他代读，她则当着所有人的面开始哭泣。"……但离婚丝毫不会影响我的感情：皇帝将永远是我最爱的人。这一出于政治大局的考量同样令他心痛，我对此心知肚明。不过，我们二人都因为为国家利益做出牺牲而感到无上光荣。"

接下来由拿破仑和约瑟芬签署离婚协议，随后皇帝亲吻了约瑟芬，护送她回她的寝殿。他们一出门，欧仁这个身经百战、军功累累的武士便昏倒在地。（离婚仪式的凄惶哀婉如同一出古希腊悲剧，因此拿破仑要艺术家大卫把这一事件画下来——就和他人生中其他的关键时刻一样。）

那天晚上，约瑟芬最后一次在拿破仑的怀抱中寻得安慰。据康斯坦回忆，她来到皇帝的寝殿，"头发蓬乱，哭得不成样

370

子。她倒在床上，双臂搂住陛下的颈项，狂乱地极尽爱抚他……皇帝也开始哭，他从床上坐起来，把约瑟芬抱在怀里，说：'走吧，我亲爱的约瑟芬，要勇敢。我永远都是你的朋友。' 随后是数分钟的沉默，两人的泪水和呜咽混在一处"。[72]

第十七章　隐遁

　　　　岁月不能使她枯萎，陈规也不能腐坏她变化无穷的千姿百态。

　　　　　　　　　　　　　　　　　　　　——莎士比亚

　　这是约瑟芬在杜伊勒里宫度过的最后一个晚上。1809年12月15日，她独自在自己的套房中醒来，这套房间这一年刚按照她的要求重新装修过。门终于打开了，还穿着睡衣的皇帝走进房间，身后跟着新秘书梅内瓦尔（Mèneval），他接替了因贪污而被解雇的布列纳。听到他进来的声音，她从床上一跃而起，扑向他的怀抱。他把她拉到身边，温柔地拥抱她，直到她昏了过去。痛苦而苍白的拿破仑将她无力的身躯移到梅内瓦尔的怀里，然后迅速出了门，回到一楼他自己的房间。约瑟芬醒来后发现他已经离去，于是哭得更厉害了。她抓着梅内瓦尔的手，泪流满面地求他告诉皇帝不要忘记她，到了特里亚农宫要给她来信，一定要确保让皇帝给她写信。

　　与此同时，一长队马车在院子里停下，人们开始把约瑟芬的行李搬上去。可以想见，有堆山塞海的裙子、披巾、帽子和鞋子，一盒盒化妆品与配饰，还有一些奇奇怪怪的东西：装着一只鹦鹉的鸟笼，一对猎狼犬，还有它们刚出生的几个小崽子。下午两点左右，一切打点妥当，梅内瓦尔进来通知约瑟芬

是时候走了。拿破仑不忍心眼看着她走，已经先行一步离开
了。梅内瓦尔一番搪塞后，约瑟芬整理了一下脸上笼着的厚厚
的面纱，最后一次走出了杜伊勒里宫，经过前厅里林立的仆役
用人，其中许多人痛哭失声。在奥坦丝和欧仁的陪伴下，约瑟
芬钻进她的旅行马车"欧帕尔"（Opale），车轮滚滚驶进阴沉
昏暗的 12 月午后。雨下个不停，仿佛上苍在为她的离去泪流
如注。

372

据奥坦丝回忆，"在去马尔梅松城堡的路上，我们都很悲
伤，一句话也不说。当她来到这个她如此喜爱的地方时，心绪
非常沉重。'如果他现在感到高兴，'她说，'那我就不后悔。'
她眼里一直有泪"。[1]那天下午晚些时候，这小小的一群人抵达
了马尔梅松。这座城堡和它美丽的土地头一次没能让约瑟芬心
情好起来，相反，一看到"这个她与皇帝一起住了这么久的
地方"，她就忍不住哭泣。

第二天更加难熬了。什么都让她难过：这个季节，寒冷的
天气，还有过往的回忆。雨无情地下着，一刻不停，仿佛她的
眼泪一般。次日早晨，皇帝派来一个使者问她怎么样了，她便
又开始哭泣，赶来的朋友们的同情和支持也只能加剧她的眼
泪。在特里亚农宫，拿破仑幸灾乐祸的家人试图分散他的注意
力。他激动得几乎坐不住。下雨天使事态变得更糟，这意味着
他没法出去打猎，甚至连散步也不行，因此只能打牌。

拿破仑无法控制自己的不安情绪，他叫来马车，去了马尔
梅松，她的随从隔着窗户看着两人手拉手在雨中行走。当天晚
上回来后，他给她去信：

> 我亲爱的，今天我发现你很虚弱，这不应该。你已经

表现出了勇气，有必要把这种勇气保持住，不要让步于一
种悲哀的忧郁。你一定要知足常乐，要特别注意你的健
康，这对我来说非常宝贵。如果你依恋我，爱我，就应该
拿出坚强的意志，强迫自己快乐起来。不要怀疑我恒久而
温柔的友谊，如果你怀疑我对你的深厚感情，或者想象你
不快乐我就能快乐，你生病了我就能高兴，那就大错特错
了。再见，我亲爱的。好好睡一觉吧，做个好梦，我希望
你这样。[2]

这封柔情满怀的书简加深了约瑟芬的失落感，促使她又度过了
一个不安和痛苦之夜。第二天清晨，大雨持续不断，这意味着
即使她想在院子里走走，用植物和花朵来分散注意力，她也无
法做到。相反，她被迫待在室内，欧仁试图用不好笑的笑话和
373　他那坚定不移的乐观态度来分散她的注意力，但徒劳无功。整
整一天，来访者络绎不绝。有些人是在皇帝的催促下过来的，
皇帝向他的所有圈里的人打招呼说："你们去看望皇后了没
有？"不过，许多人都是出于自己的意愿，出于真挚的感情而
来。他们觉得她很勇敢，钦佩她的牺牲。约瑟芬以她惯有的优
雅和甜美迎接他们所有人，但每一次新的慰问和同情的流露，
都会使她再次感动得落泪。

　　来访者里有阿布朗泰斯公爵夫人：

　　皇后接待了所有想来向她致以敬意的人。会客厅、台
球室和画廊里全都是人……至于皇后，她的气色从来没有
这么好过：她坐在壁炉的右边，上方是一幅吉罗代的杰
作，她的衣着非常简洁，头上系着宽大的绿色头巾，必要

时可以用来遮泪……她扬睫注视每一个进来的人，对他们报以微笑……但如果这个人是她的老友，眼泪则立刻顺着她的双颊滚滚而下，她哭起来时完全没有一般女人哭的时候脸皱缩起来的难看样子，而且这种姿态是毫不费力的……1810年的那个冬季，所有在巴黎的戴冠者，各种皇室、王室成员都来到马尔梅松向皇后鞠躬。这些来访令人心痛，却让她很高兴，因为这证明皇帝希望她仍然被尊为他的妻子，至少给我的印象是这样……[3]

来访者们发现，城堡中关于过往的记忆被精心呵护了起来。据基尔曼塞格（Kielmansegge）伯爵夫人说，皇后"把我领进图书室，那里曾是皇帝的卧房，里面的每一样东西都留在原来他放的地方。她把一件又一件东西指给我看，情绪越来越激动。她指给我看的最后一件东西是被他用小刀划破的黑色摩洛哥皮扶手椅。之后她再也无法控制自己的情绪，恸哭失声"。她的圈子里的另一个人，乔治埃特·杜克莱斯特（Georgette Ducrest）的描述则更节制一些：

　　皇后对皇帝抱有名副其实的崇拜，他曾住过的房间里，一把椅子也不允许挪动：她本可以住到里面去，但她宁愿很不舒服地睡在二楼。皇帝书房里的每一样东西都还是他离开时的样子，他写字台上的一本历史书籍在他读罢的那一页做了记号……他用来向亲信展示他征服计划的地球仪上，有某些不耐烦的动作的痕迹……这些被约瑟芬称作"他的圣迹"的东西都由她亲自除尘，她很少允许别的人进入这座圣殿。[4]

374

某些随从的不忠加剧了约瑟芬的悲痛和失落。她的一些随从已经不见人影了。拿破仑意识到了这些叛逃行为，并决心加以制止，他下令派发一份通知，上面写道："皇后的家臣将继续在约瑟芬皇后陛下身边履职，直至 1 月 1 日为止。"他给她安排了一个可观的"团队"。阿尔贝格伯爵夫人为首席侍女官，九名宫中侍女、一名神父、数名宫务大臣［包括迷人的画家图尔邦·德·克里塞（Turpin de Crissé）］、数名马夫、一名荣誉骑士、一名朗读女官、一名医生、一名首席秘书、一名总管和四名寝殿女官；至少三十六人，这还不包括仆役。

12 月 18 日，皇帝派了三个信使去打听她的情况。次日，也就是 12 月 19 日，他派了一个助手去打听她的情况，并带回她的答复。他的报告让皇帝很不高兴。他写道："亲爱的，我刚收到你的信。萨瓦里告诉我，你总是哭。这可不好……我相信你今天能出去散步……一旦你告诉我你恢复了理智，拿出了勇气，我就会来看你的……再见，亲爱的。我今天也很难过，我需要知道你心满意足、知道你心平气静了。睡个好觉吧。"[5]次日，皇帝本来要来，但因工作繁忙而耽误了。但他当晚就写信指示她，如果天气允许的话"去看看她的植物"。最后，她在关心她的克莱尔·德·雷米扎的陪同下，的确出去散了个步。约瑟芬眼神空洞，疲惫不堪，伤心欲绝，她对朋友说："有时候，我好像已经死了，剩下的只是一种微弱的感觉，感觉到我已经不存在了。"

约瑟芬仍处在深深的震惊之中。虽然这对夫妇间关于离婚的谈话拖了很久，但现实却发生在很短的时间内。从拿破仑通知她决定离婚，到她泪流满面地离开杜伊勒里宫，只隔了一个半月的时间。事情发生的速度实在太快，以至于约瑟芬没有时间来接受人生中的这一剧变。拿破仑也无法接受，他语气霸道而自怜的信件表明了这一点。他似乎相信自己也是受害者，离婚并非他的责任，而是上帝平等地强加给他们两个人的行为。

许多人认为这种心态只能延长痛苦。德·雷米扎夫人目睹了约瑟芬日日的苦楚和不眠之夜，她通过丈夫，建议拿破仑重新考虑他该怎么给皇后写信。她建议拿破仑不要一味地沉浸在自己的失落中，而是应该尝试——至少在纸面上——"缓和自己的悲伤"。他尽可能听从了她的建议，后来的信也不再那么宣泄了。平安夜当天他去马尔梅松看望约瑟芬，圣诞节当天邀请她、欧仁和奥坦丝来特里亚农宫与他一道用餐。在这两个场合，他都表现得很和善体贴，但他知道自己已经在商谈新的婚事了，他要确保不会有人指责他行为不端。他举止一丝不苟，没有拥抱约瑟芬，也没有带她进自己的卧室，他确保自己在她来访的整个过程中一直留在大庭广众之下。

毫无疑问，这次圣诞午餐期间讨论的话题之一是他即将到来的婚姻。虽然拿破仑声称他仍举棋不定，但据说最有可能的人选是奥地利女大公玛丽·路易丝。1810 年 1 月 1 日，约瑟芬派人送信给奥地利驻法大使梅特涅的妻子，要求她到马尔梅松来见她。次日，梅特涅夫人来到皇后面前，接受了皇后迷人的盘问，皇后解释说，只有与奥地利的谈判成功，"她所做出的牺牲"才不会白费。[6]婚姻谈判可能不需要她从旁出力，但这一直接介入的自信行为表明，即便是现在，约瑟芬也决心发挥积极的政治作用，并继续处于事务的中心。

随着婚事的商谈进行，拿破仑与约瑟芬继续让信使们在马尔梅松和特里亚农之间疲于奔命，他们互送无尽的信件和小礼物。在一次探访之后，拿破仑沉重而哀愁地写道："你知道你的陪伴于我有多大的吸引力。"约瑟芬非常思念他，而且在马尔梅松感到无聊，因为现在车水马龙的访客逐渐少下去了，于是她和他说自己想搬到爱丽舍宫去，这是他答应划给她的另一处住所。搬家后两人见面可以更方便。尽管他的信写得颇为动人，但拿破仑对这一设想却很矛盾。他不希望前妻在他的新婚妻子到来时还在巴黎。不过，约瑟芬占了上风，2月初她搬进了爱丽舍宫。四天后，拿破仑签署了他与玛丽·路易丝女大公的婚书。首都因即将到来的婚礼的欢庆而沸腾。

在与世隔绝的马尔梅松，约瑟芬渴望着巴黎提供的社交风云，但当她到了巴黎时，却大失所望。她并不知道拿破仑已经明确表示，如果对前皇后的爱戴以任何方式压倒了他认为的新皇后应当得到的关注，他将会很不高兴。因此，在这个辉煌的冬天，当巴黎的其他地方都忙着举办庆祝舞会、音乐会和晚宴时，约瑟芬被冷落在门外了，既没有邀请函给她，也没有访客来看她。她实际上被囚禁在了爱丽舍宫。她陷入绝望，所有对过气和孤独的恐惧都向她涌来。在巴黎当弃妇比在马尔梅松更难忍受，因为这里的其余一切都是开心而热闹的。她在离开五个星期后就回了马尔梅松。报刊上简短地报道了她离开首都的消息，但这类简讯也给富歇招来了拿破仑的尖锐指责："我已经告诉过你，要你注意报纸上不要提到约瑟芬皇后。结果他们恰好就没干别的。"

现在，拿破仑觉得即便是马尔梅松也离巴黎太近了，让人不舒服。在为约瑟芬筛选了众多可能的备选住所后，他想到了一个近乎完美的选择：纳瓦尔。这座城堡坐落在美丽的诺曼底乡间，曾属于纳瓦尔女王①。它有一个宝贵的优点，那就是离巴黎既不近也不远。城堡与它周边的森林、农场和草坪是一块颇令人倾心的地产，唯一的缺点是城堡本身已经空置了很长一段时间。在匆忙开始装修后，拿破仑于 3 月 12 日致信约瑟芬："我相信你会对我为纳瓦尔所做的一切感到满意。你一定能从中看出我是多么急切地想讨你欢心。准备好占有纳瓦尔吧，你要在 3 月 25 日到那里去，度过 4 月。"[7]

约瑟芬比原定计划晚了几天，于 3 月 28 日晚动身前往纳瓦尔。经过一夜的旅行，她于次日上午九点抵达埃夫勒（Evreux）。她在镇上的广场——恰如其分地被命名为"波拿巴广场"——接受了全体居民的欢迎，礼炮齐鸣，镇长发表了讲话，国民自卫军的一支特遣队向她行了鸣枪礼，然后护送她抵达庄园。然而，这位新晋的"纳瓦尔女公爵"被眼前的景象震惊了。这座城堡非常可怕：一栋体量庞大的两层石质建筑，上面是一个穹顶，被一个覆盖着铅的大平台从中截断。它由伟大的建筑师孟萨尔的侄孙②设计，布永公爵（duc de Bouillon）一个随意的愚蠢行为将它的美感破坏殆尽：他曾梦想在穹顶上为他的叔叔，杰出的蒂雷纳元帅立一尊巨大的雕

377

---

①　指胡安娜二世（Juana II, 1312—1349，因法语、英语和西班牙语拼法不同也被译作让娜二世或琼二世），法王路易十世之女。这座城堡因为曾归她所有而被称作"纳瓦尔"，与法国西南部的纳瓦尔不是同一个地方。——译者注

②　原文误作"侄子"，实际上应指的是儒勒·阿尔杜安-孟萨尔（Jules Hardouin-Monsart, 1646—1708），路易十四时代杰出的建筑设计师，代表作有大特里亚农宫、凡尔赛宫镜厅和荣军院穹顶。他在胡安娜二世时期的纳瓦尔城堡基础上进行了重建。"伟大的建筑师孟萨尔"指他的叔祖父弗朗索瓦·孟萨尔（François Mansart, 1598—1666），路易十三时期著名建筑设计师，"孟萨尔屋顶"以他命名。——译者注

像，但国王对这个项目的敌意导致它未能完工。① 因此，约瑟芬的新居几十年来既非城堡也非名胜。这座建筑的外观过于丑陋，以至于当地居民根据它的外形和房主的名字"布永"给它起了个绰号叫"饭锅"（la Marmite）②。

四根高大的立柱框出了城堡的入口。它的门厅通向一个由大理石铺成的圆形待客大厅，挑高通过两层楼一直延伸到屋顶。这个大厅光线昏暗，光源只有前厅的窗户和远处穹顶上的狭缝。城堡不仅因其奇特的设计而采光奇差，采暖也很糟糕。尽管大量木柴被运来供巨大的壁炉使用，但在穿堂风往来的大厅周围的三角形房间③里，寒风无情地吹着。

潮湿也是个大问题。城堡位于两座布满森林的山坡之间的谷底，因此所有雨水都向下流入房屋所在的洼地，并在周围汇成积水。城堡的景观设计更加剧了这个问题。中国式风格的布局，由人工运河和溪流组成的水网交汇联通，这些运河和溪流上架着摇摇欲坠的小桥，周围是破旧的东方式亭子和爱神小庙，到处都是水。这导致城堡的木质窗户已经不可逆地变形，很难转动，既打不开也关不上。

令人灰心的条件打击了约瑟芬的侍从们。他们本来就不想离开巴黎，因为那里正在为皇帝的新婚举行庆祝活动。马尔梅松虽然偏僻，但至少离中心地带很近，可以来去自如，而且温暖舒适。可这里的阴冷、潮湿与偏远导致越来越多的人离她而

---

① "国王"指路易十五。蒂雷纳曾参与旨在推翻路易十四的摄政马扎然的投石党叛乱，因此这里说国王对为蒂雷纳立像抱有"敌意"。——译者注
② "Bouillon"意为"肉汤"。——译者注
③ 城堡本身是立方体，居中是"圆形待客大厅"，故四周的房间都是"三角形"。——译者注

去。德·雷米扎夫人的借口很拙劣：她说自己找不到合适的交通工具。约瑟芬的侍从布蒙（Beaumont）伯爵给了一个更可信的理由，他说自己要参加立法团选举。但最伤人的一桩请辞来自内伊夫人①，她从小就是约瑟芬的跟班，是康庞夫人的外甥女，也是奥坦丝的同学，她与内伊元帅的婚事就是约瑟芬撮合的，约瑟芬还担任了她长子的教母。现在她宣布，她的丈夫不希望她继续为约瑟芬服务。约瑟芬的回复非常亲切且有助于内伊夫人，人们只能希望这能使她不忠的朋友感到羞愧。她同意了："顺从丈夫的意愿是妻子的首要责任"，她还补充说，"我会向皇帝转达你丈夫的意愿，并尽力帮助你在皇后那里谋一个职位。"[8]

约瑟芬也许对那些曾受惠于她的人的不忠感到愤慨，但她没有表露出来过。相反，她鼓舞精神，动员余下的那些对她忠心耿耿的人，监督房屋的整修。这是一个挑战。城堡里的家具少且破旧。当新家具运来时，主管会计皮耶罗（Pierlot）还没来得及清点，绝望的侍从就像秃鹫一样朝它们扑过去，要求把这些桌椅拉到自己的房间。当秩序最终恢复后，约瑟芬把注意力转移到了屋外的场院上。

约瑟芬与她牢骚不断的随从们一起隐居在这座不舒服的城堡里，她努力适应外省的新生活。如果天气允许，她白日在庭院里散步，晚上与七十六岁的埃夫勒主教下双陆棋。与此同时，她为从巴黎传来的流言而烦恼。这些传言称，她将被永久流放到纳瓦尔，马尔梅松则会被卖掉，新皇后讨厌约瑟芬，不

---

① 即第十二章里提到的"奥吉耶姐妹"中的姐姐，阿格莱·奥吉耶（Aglaé Auguié，1782—1854）。——译者注

希望她接近拿破仑和她自己。此外，约瑟芬还担心奥坦丝，在波拿巴一家的压力下，她回到了阿姆斯特丹的丈夫路易身边，但这次夫妇重聚把她驱向了绝望的边缘。约瑟芬担心她的健康和神智，写信向她保证："只要我一息尚存，你就能掌握自己的命运。无论是欢乐还是悲苦——你知道我会和你分担这一切的。试着找点勇气，我亲爱的女儿，你知道我们很需要它，我们两个都需要。我的勇气常常微薄无力，但我对时间和我们自己的努力有信心。"[9]

约瑟芬的阴霾因欧仁的来访而暂时散去。她之前给皇帝写了一封信，现在他派欧仁带来了复函。欧仁受命告诉她，拿破仑确实愿意为纳瓦尔城堡的必要修复工程出资，而且，令约瑟芬感到欣慰的是，他勉强同意她在修复期间回马尔梅松去。欧仁活泼有趣的个性给纳瓦尔的生活带来了一些乐趣，字谜游戏代替了台球，即兴的戏剧表演代替了单调的讲座，但约瑟芬仍然很不开心。她对拿破仑如此不关心她，以至于将她放逐到如此凄凉的地方深感伤怀；他再婚后也没有给她写过任何表示关心，或对她的新生活表示感兴趣的信件，她也对此感到不满。

在 1810 年 4 月 19 日的信中，她表面上感谢拿破仑准许她返回马尔梅松，但字里行间却充满了责备之意：

> 陛下，我已从我儿子处确认，陛下同意我返回马尔梅松，并应允向我拨款整修纳瓦尔城堡，使其适宜居住。陛下，这双重的恩典在很大程度上消除了我的不安，甚至驱散了陛下长期不给我写信在我心中引起的恐惧。我害怕我会完全从你的记忆中消失，现在我知道并没有。因此，我今天不再那么难过了，而且以后也会尽可能地幸福。

既然陛下没有异议，我将在月底去马尔梅松。但陛下，我应该告诉你，如果不是为了我和我的随从们的健康，纳瓦尔的房子急需整修的话，我是不会这么急着利用陛下赐予我的自由的。我不会在马尔梅松住太久，我很快就会从那里去水疗地。但请陛下放心，我住在马尔梅松和住在离巴黎一千里格之远的地方是一样的。我已经做出了巨大的牺牲，陛下，如今我日渐体会到这一牺牲有多大。然而，完全该由我一个人、会由我一个人担负起这牺牲。陛下，我不会流露出我的遗恨来搅扰你的幸福。

我将始终为陛下的幸福祈祷，也许我甚至会祈祷能再次见到你。但陛下可以放心，我会永远尊重我们的新关系。我会一言不发地尊重它，倚靠你从前对我的爱，我不要求你再做什么来证明它，你的公正和心灵会让我毫不犹疑。

我谨求一个恩典：那就是你可否屈尊降贵，用什么方式让我自己和我的随从们相信，我在你的记忆里只占一个小小的位置，而在你的敬意和友谊中占有很大的位置。这样，无论发生什么事，我的悲伤都能得到缓和，而不会像我看来的那样，损害对我来说永远重要的东西——陛下的幸福。[10]

380

拿破仑的回信令人安心，充满爱意，是出自一个深情的丈夫之手，而非一个把她抛弃的高高在上的国君：

亲爱的，我收到了你 4 月 19 日的信。你的语气很不好。我心始终如一，像我这样的人是不会改变的。我不知道欧仁和你说了什么。我不给你写信，是因为你不给我写信，我唯一的渴望就是满足你的哪怕一丁点愿望。

我很高兴看到你要去马尔梅松，也很高兴看到你感到满意，至于我，在收到你的信和给你写信的时候也是一样。我不再多说了，你先把我的这封信和你的信比一比，判断一下我们两个谁是更体贴的朋友。再见，亲爱的，保重身体，对我要像对你自己一样公正。[11]

她的心上仿佛卸下了重担。从复函的字里行间可以读出约瑟芬的欣慰和感激之情：

千万次充满爱意的感谢，感谢你没有忘记我。我儿子刚刚把你的信带给我。我怀着多么冲动的心情读它，然而我花了很长时间才读完，因为没有一个字不使我流泪。但这些眼泪是出于至高的欢乐。我又找回了自己的整颗心——就像它一直以来的那样；有的感情就是生命本身，它只能与生命一同终结。

我绝望地发现我 19 日的信让你不高兴了。我想不起来我当时具体怎么写的，但我记得我在写这封信时感到了怎样的折磨——悲痛于得不到你的来信。我在离开马尔梅松时给你写了一封信，从那时起，我多么希望给你写信啊！但我知道你沉默的原因，怕写信打扰了你。你的信对我来说是真正的良药。幸福吧，该有多幸福就有多幸福，我在用整颗心灵对你说话。你也给了我那份幸福，我最珍视的那一份，因为在我眼中，没有什么能比得上你还记得我的证据。再见，亲爱的，再次深情地感谢你，我将永远爱你。[12]

那年春天，约瑟芬回到了马尔梅松：她的城堡，她的归隐之地，她的舞台。每年这个时候都是马尔梅松最美丽的时候，鲜花盛开，枝叶葳蕤。她在买下它后的这些年里为它打上了不可磨灭的烙印。就像她的先祖在热带的荒原上雕刻出拉帕热里庄园，并按照他们的意愿塑造它一样，她对马尔梅松做了同样的事情。这是她的地盘，是她的愿景的产物，她费尽心思监督着它的创建、扩张和美化。如果她永远无法再回到她海岛上的故乡，那也没有关系，她已经在这里把它重建了出来，而且更绚烂丰富。马尔梅松是她自己的小王国，她的伊甸园，有她钟爱、贪恋和觉得可爱的一切。正如她自己在 1813 年赞叹的那样："我的花园是世界上最美丽的东西。"

从拿破仑成为第一执政的那一天起，约瑟芬就一直在为改善马尔梅松而不懈努力。她以耐心、坚韧和良好的判断力拓展她的植物收藏，并获得了一些新的土地。1802 年，她建造橙园，在那里种了菠萝，它缓解了阿布朗泰斯公爵夫人怀孕时的食欲。1803 年，庄园里添了一个奶牛场，就像玛丽·安托瓦内特的小特里亚农宫花园一样。约瑟芬的牧牛人是瑞士人，她的侍女们也身着瑞士服装，那里出产的黄油和乳酪每天都被端上城堡的餐桌。庄园里还有一座动物园和一个鸟场。1805 年，约瑟芬建造了她著名的温室。1808 年，西班牙国王送来一群绵羊，她开辟了一片养羊场。1810 年，她得到了邻近的布瓦-普雷奥庄园（Bois-Preau），这是她渴求多年的地方。到了1811 年，马尔梅松的面积几乎扩展为原来的三倍；它占地 726 公顷，从吕埃的郊区和圣库法（Saint-Cucufa）的森林一直延伸到布吉瓦尔（Bougival）的塞纳河畔。

约瑟芬不是园丁，她并没有花几个小时蹲在地上挖土种植。她扮演的角色是收藏家和鉴赏家，她非常认真地对待这个角色。她广泛阅读园艺方面的书籍，订阅能补充她的知识的期刊，并不断与该领域的专家对话。她最初将花园的设计工作委托给了为城堡翻新而聘请的建筑师佩西耶和方丹，但他们的计划并不合她的设想。莫雷尔（Morel）接替了他们的工作，他在大革命前就已经成名。他上了年纪，脾气火爆，接替他的是建筑师和景观艺术家路易·贝尔托（Louis Berthault），他的设想与约瑟芬不谋而合。他为马尔梅松提供的花园设计使他名声大噪。最后是探险家和植物学家邦普兰（Bonpland），他和他的前任们一样，有能力抓住皇后的想法并将其转化为现实。不过，他们只是在马尔梅松工作的景观艺术家、园丁、监工和植物学家大军中的一部分。

382

一开始，在一座可以自由体现想象力的庄园里，约瑟芬重温了她的加勒比海童年，在其中寻找灵感。她积极索求的第一批植物来自马提尼克岛。在给母亲的一封信中，她要求德·拉帕热里夫人给她寄来"尽可能多的树苗和种子"。她当时收藏的植物主要是外来品种，比如兰花、木兰和圣卢西亚的樱桃。然而，她的兴趣很快就扩大了，杜鹃、紫罗兰、玫瑰和更多的异国植物混种在一起。她和雷杜德一样，认为"花儿就是地上的星星，应该用温柔和爱来对待"。

约瑟芬在整理她的植物收藏时表现出了非凡的坚韧不拔的精神。她经常和有助于她的个人与机构通信，包括巴黎植物园的教授们，以及国家自然历史博物馆的园艺学教授安德烈·图安（André Thouin）。约瑟芬和这些专家之间有大量的书信往来，她总是以热情亲切的口吻亲手写信。她还利用丈夫的地位，围追堵截他的各商务参赞、外交官员和驻外大使，提出园艺方面的要求。因此，她从非洲、南美洲、君士坦丁堡和远东等各个地方收到了种子和扦插苗。

约瑟芬收藏的植物的质量和多样性，在尼古拉·鲍丹（Nicolas Baudin）的澳大利亚探险队归来后得到了巨大提升。鲍丹是一位自学成才的植物学家，在 1796 年至 1798 年的加勒比海之行中取得了丰硕成果，由此名声大噪。他的下一次远航得到了第一执政的批准（无疑是在约瑟芬的督促之下），他于 1800 年 10 月从勒阿弗尔起航，1803 年返回法国。他带回了花卉标本，包括榕树、木槿、洋槐和含羞草，以及袋鼠、鸸鹋和凤头鹦鹉等陌生动物。这批动植物里还有日后成为约瑟芬的非官方标志的黑天鹅。如今任何一个有分量的动物园都有黑天鹅，但约瑟芬无疑是法国第一个成功地人工饲养了这种优雅鸟类的人。她和自然历史博物馆就鲍丹带回的战利品展开激烈争夺。但是，内务部长夏普塔尔（Chaptal）——无疑是在约瑟芬的压力下——指示博物馆的官员们先让她挑。

然而，约瑟芬并不是一个贪婪攫取的收藏家。布列纳肯定地说："她的快乐在于获取而非占有。"约瑟芬慷慨大方地守护着马尔梅松的财富，她喜爱将它们公之于众，普及她的发现。她激发了公众的兴趣，鼓励人们的善意，她与许多外省的植物园交换植物、扦插苗和相关的信息。她在 1804 年写道："对我来说，看到越来越多的外国植物出现在我们的花园里，是一种莫大的幸福……我希望在十年之内，每个省份都能拥有一批珍稀植物，是我的苗圃的分支。"[13]

1805 年，让-托马斯·蒂博（Jean-Thomas Thibaut）和巴托罗缪·维尼翁（Barthélemy Vignon）建造的温室竣工。它是

383

除邱园①外最大的温室之一，长 155 英尺，是人们广为羡慕的
对象。她的珍稀热带植物现在有了一个专门建造的家园，她的
耐心和毅力使她的选种、杂交和嫁接策略行之有效。美丽的大
丽花、朱顶红和橘子这样的热带水果都在那里茁壮成长。约瑟
芬的园艺灵感之一———卢梭的一尊半身像被安置在了最显眼的
位置。她曾指示她的管理员，要确保"藤蔓和叶子可以在他
的头顶上玩耍。这会是一顶天然的冠冕，配得上《爱弥儿》
的作者"。[14]

约瑟芬并没有让拿破仑战争阻碍她发展园艺收藏。尽管她
显然希望成全拿破仑的每一个想法，但在这方面她始终无视他
的命令，下令将植物从位于哈默史密斯的李与肯尼迪（Lee &
Kennedy）公司运过英吉利海峡，该公司是英国最大的植物贸
易商之一。在两国冲突的大环境下，来自英国及其殖民地的植
物能抵达约瑟芬的手中，是一件罕事。除了 1802 年《亚眠和
约》签署后的十三个月外，英法在十五年间一直处于战争状
态，但约瑟芬的植物学研究却在战争与和平中持续进行。拿破
仑知道她在这方面不可救药，于是下达指示，允许她的植物订
单穿越他的大陆封锁线，而她从英国运来的货物也没有受到
干扰。

1810 年以后，被废黜的皇后对植物学的热忱达到了新高
度。这是约瑟芬的一大安慰，她在马尔梅松和纳瓦尔城堡的园
艺事业越来越多地占去她的注意力。拿破仑明白这一点，并给
她划拨了一笔用于马尔梅松花园的丰厚预算。约瑟芬知道，她
的花园不指望能与宏伟的国立花园相媲美，但她希望能创造出

---

① 英国王家植物园，位于伦敦西南郊。——译者注

一个具有独一无二的吸引力的群芳园。她大获成功，她创造的 384
是一个和马提尼克岛老家一样的和谐的自然世界，来自天南海
北的植物共同生长。在她的世界里，树木可以自由地生长和蔓
延，动物也可以不受约束地生活。来访者对这里的赞美之情溢
于言表，克拉里亲王①写道："马尔梅松是我在法国参观过的
最有吸引力的花园。它占地辽阔，设计得很有品位，覆盖了整
座山丘，并延伸到你所能及的地方……它由巨大的森林、设计
得很好的草坪、宏伟的水道和一条长长的运河组成，运河上漂
浮着美丽的小船和时髦的黑天鹅。"

　　虽然今天人们对约瑟芬的印象主要是她的玫瑰花，但她最
初对这种花根本不感兴趣，马尔梅松的第一批植物里没有任何
玫瑰品种。直到 1804 年，在她的植物学家和园丁的影响下，
玫瑰才开始出现在马尔梅松的花园中。自此之后，约瑟芬的热
情发展成了一种真正的激情。在相对较短的时间内，她成功地
收集和种植了超过 250 种不同的玫瑰品种，包括"夺目红"
（Rouge formidable）、"美丽的赫柏"（Belle Hébé）、"佳人"
（Beauté touchante）、"童贞女的盛装"（Parure des Vierges）、
"宁芙仙女的步伐"（Cuisse de Nymphe émue）和"痴笑"
（Rire niais）等令人回味无穷的名字。约瑟芬美妙的玫瑰园鼓
励了法国人对种植玫瑰的热情，如今巴黎的公园里有 50 万株
玫瑰，这也是她的遗泽之一。维塔尔·迪布雷（Vital Dubray）
的雕像表现了她作为"玫瑰第一夫人"的角色，这尊雕塑中
她傲然而立，手持一朵玫瑰花。她与世长辞后，雷杜德最著名

---

① 指克拉里-阿尔德林根亲王夏尔（Charles de Clary-et-Aldringen，1777—
　　1831），著名的利涅亲王的外孙。1810 年拿破仑与玛丽·路易丝大婚时，
　　他担任奥地利的特命全权大使。——译者注

的作品《玫瑰图谱》（*Les Roses*）讲述了她对玫瑰和其他植物的热情。的确，没有人比这位比利时中年人和他那双胖乎乎的大手更能提升马尔梅松的名气。他在众多书籍中绘制的精美插图，为约瑟芬的植物收藏引来了大量关注。

约瑟芬在园艺方面的贡献已经淡出了人们的认知，但这并没有削弱她真正的影响。据马尔梅松和布瓦－普雷奥博物馆馆长的说法，最新的研究表明，"她在十九世纪初的法国自然史中发挥了重要作用"。[15]她是那个年代法国最伟大的私人园艺收藏家，有将近200个新品种首次在马尔梅松种植，其中一些现在已经被人遗忘，但为了纪念它们的庇护人而被命名为"拉帕热里"。如今谁还在种植西班牙园艺师献给皇后的"拉帕热里玫瑰"（Lapagerie Rosea）呢？然而，奢华的红色"约瑟菲娜朱顶花"（Amaryllis Josephinae）现在仍然被称作"约瑟菲娜灯台百合"（Brunsvigia Josephinae）。

385　　　约瑟芬在植物学上的功绩体现在两本华丽的出版物中，即《马尔梅松的花园》（*Le Jardin de Malmaison*）和《马尔梅松与纳瓦尔城堡的珍稀植物》（*Les Plantes rares cultivées à Malmaison et à Navarre*）。在前者的序言中，旺特纳（Ventenat）总结了她的总体成就："您收集了法国土地上生长的最珍稀的植物。一些从未离开过阿拉伯的沙漠或埃及灼热的沙地的植物，在您的照料下得到了驯化。如今它们被有序地分门别类，当我们在马尔梅松美丽的花园里驻足欣赏时，它们有力地向我们提醒着您杰出的丈夫的征服，它们也是最令人愉快的证据，证明您在闲暇时间里所进行的研究。"[16]

约瑟芬去世、拿破仑战败后，马尔梅松的物品被出售或流散四方，部分地产被分割成小块出售。在随后的岁月里，马尔梅松被转手多次，花园也年久失修，陷入衰败。① 1870 年的普法战争几乎将它们完全摧毁。但在 1904 年，法国慈善家丹尼尔·奥西里斯（Daniel Osiris）买下了马尔梅松城堡并将其赠给国家，马尔梅松的命运终现转机。随后它被改造成博物馆，马尔梅松得到了复兴和维护。我们如今可以走进城堡，漫步在两百年前约瑟芬和拿破仑曾踏足的地方。那里曾经茂盛纷繁的千种植物只剩下少数几株还在，但这里的魅力和美感依然挥之不去，约瑟芬的精神也无处不在。

马尔梅松还有约瑟芬著名的艺术藏品。这既源于她自己的热爱，也因为她认为自己身为皇后有责任赞助艺术事业。她的藏品因此而广泛且不拘一格，被认为具有重要的文化价值。这些藏品主要存放在路易·贝尔托建造的、于 1809 年落成的大长廊中。长达 100 英尺的长廊设计有天窗和条案，用于展示约瑟芬收藏的许多艺术作品。受她对游吟诗人风格的喜爱的启发，这里装点着白色的丝绸帷幔、绿色的软垫家具和雅各布兄弟设计的三十张凳子，上面铺着红色的摩洛哥皮革。

她在这里展示的艺术收藏令人印象深刻。她去世后人们清点遗物，发现了 360 幅画作和无数其他艺术品。其中许多被沙皇亚历山大买走，现藏于艾尔米塔什博物馆。由于其中一些是别人作为礼物送给她的，或是她丈夫获得的战利品，因此它们

---

①　约瑟芬去世后马尔梅松归欧仁继承。他在 1819 年主持了一次对城堡内物品的大甩卖，以清偿约瑟芬留下的近 300 万法郎的债务。欧仁去世后，他的遗孀奥古斯塔于 1828 年将马尔梅松卖给瑞典金融家乔纳斯·海格曼（Jonas Hagerman）。1842 年，它又被转卖给西班牙前王后玛丽亚·克里斯蒂娜。1861 年，它被拿破仑三世买下。——译者注

386　不一定代表她的个人喜好。例如，她曾得到原属于黑森-卡塞尔选帝侯的 36 幅画作，这些画是在 1807 年耶拿战役后被拉格朗日将军缴获的，其中有克劳德①的《时日》、一幅伦勃朗、一幅鲁本斯，还有波特②的《阿姆斯特丹附近的农场》。约瑟芬还收藏了一些意大利文艺复兴时期的画作，如贝利尼、吉兰达奥、提香和韦罗内塞。此外，她还有一幅丢勒、各种西班牙作品与数件法国十七和十八世纪艺术家的作品，如纳蒂尔（Nattier）、格勒兹（Greuze）和卡勒·凡·卢（Carle van Loo）。

　　约瑟芬本人的喜好最为明显地体现在她的当代绘画收藏中。她的品位明显是女性化的：有大量关于家庭和她爱的人的肖像画，花卉画（比如她的被保护人雷杜德的水粉和水彩画），以及动物画，如佛兰芒艺术家让-巴蒂斯特·贝尔（Jean-Baptiste Berre）的《母狮喂养幼崽》，模特是出生在巴黎植物园的猫，它们已经成为巴黎的景点之一。她的收藏中还包括一些略带情色意味的作品，比如普吕东的学生康斯坦丝·梅耶（Constance Mayer）画的《沉睡中的维纳斯》以及一件配套的《维纳斯的火炬》。约瑟芬喜欢温柔的风景画。她收藏了五十多幅这种类型的画，其中一些是 B. P. 奥梅甘克（B. P. Ommeganck）和 J. B. 科贝（J. B. Kobell）的历史风景画和农牧风景画，它们描绘了宁静的荷兰风景和远方的地平线。

　　这一时期的女性画家的作品她都有收藏，包括一幅相当富有感情的画作，题为《喂鸡的少女》，作者是著名雕塑家肖代

---

①　指克劳德·洛兰（Claude Lorrain, 1600—1682），法国十七世纪最伟大的风景画家，以海景和日出闻名。——译者注

②　指保卢斯·波特（Paulus Potter, 1625—1654），荷兰十七世纪风景画家。——译者注

的妻子兼学生让娜－伊丽莎白·肖代（Jeanne－Elisabeth Chaudet）。约瑟芬也是最早收集缅怀中世纪的画作的人之一，她收藏了迪佩罗①和勒孔特的画，包括巨幅布面油画《十字军向圣母敬献武器》和《祈祷中的巴亚尔》。作为游吟诗人风格的拥趸，她也喜欢彼得·德·霍赫（Pieter de Hooch）和杰拉德·杜（Gerard Dou）描绘的那类家庭私人场景。一个完美的例子是安托万·洛朗（Antoine Laurent）的一对油画，《拿鲁特琴的女子》和《双簧管演奏者》，这两幅画被陈列在一扇竖铰链窗的壁龛里。在这类作品中，她最喜欢的画家是弗朗索瓦－弗勒里·理查德（François－Fleury Richard），他是大卫的学生，她收藏了他的七幅画，包括 1810 年沙龙展的冠军《圣路易向母亲致敬》。1808 年，她任命他为"皇后的画师"。约瑟芬助力推广的游吟诗人风格将为德康（Decamps）和德拉罗什（Delaroche）等艺术家铺平道路，促成画坛浪漫主义运动的胜利。[17]

马尔梅松还有约瑟芬收藏的雕塑作品。许多雕塑陈列在大长廊里，其他的则以一种有意为之的随意态度散落在户外，或摆放在城堡的其他房间里。这些作品显示了约瑟芬对雪花石膏和大理石的偏爱。这些雕塑和 215 尊古董花瓶一同陈列，其中有博齐奥（Bosio）和希纳尔（Chinard）的作品，以及安托万－德尼·肖代（Antoine－Denis Chaudet）的《库帕里索斯哀悼他的鹿》。然而，她收藏的主要是她最喜欢的雕塑家卡诺瓦的作品。她急切地寻求他的作品，经过一番周折，终于得到了

387

---

① 指法国画家亚历山大－路易－罗贝尔－米兰·迪佩罗（Alexandre－Louis－Robert－Millin Duperreux，1764—1843）。——译者注

《赫柏》和《丘比特与普塞克立像》这两件。她还委托他创作了两件原创作品——《手放在臀部的舞女》和一尊帕里斯的大理石雕像。她作为赞助人非常热情，给予了对方很大的帮助，以至于在她和拿破仑离婚后，当卡诺瓦去巴黎为新皇后制作半身像时，坚持要来马尔梅松宫拜访约瑟芬。[18]

这些令人惊叹的艺术收藏，与城堡内绚丽的植物一道，使参观马尔梅松的审美乐趣几乎无可比拟。这也让我们对约瑟芬的个性有了更加深刻的认识。收藏家的气质是一个很有趣的东西，毕竟一样物品必需与否从来都不是收藏的理由。由于收藏永远不可能尽善尽美——总能找到下一个或更好的版本——它需要对物品的掠夺性的热爱和无尽的索求欲，尽管与收藏相连的占有欲（这也是约瑟芬广为人知的品质）在传统上并不属于女人。优秀的收藏家都具有攻击性，对追逐索求乐在其中。他们还要有无情的商业意识、估值的能力和谈出好价钱的硬气。他们必须善于掩盖自己的真实意图：表现出感兴趣但又不是太感兴趣的样子，以免被人利用。

约瑟芬丰富的收藏也许有助于补偿她被废黜后的阴暗岁月。这些藏品无疑为她提供了一个避难所，使她免受经常围绕她的战争和政治的动荡。约瑟芬作为一个收藏家如此出色，暴露了她个性中被压抑的一面：对没有节制和多多益善的欲望，这与一位后妃所需要的约束和节制是不相容的。作为一个收藏家，约瑟芬创造了自己的遗产，并流露出与拿破仑不相上下的希望被人铭记的渴盼。在这一点上她也许失败了，因为她的许多花木凋零殆尽，收藏的种种画作亦流散四方，但她作为一个引领风尚、创造品位的人的遗泽却经久不衰。最重要的是，她的收藏揭示了她自己的内心故事，一个充满渴望、激情和贪婪的欲望的故事。难怪拿破仑曾如此评价约瑟芬："我的妻子什么都想要！"

　　6月13日，令约瑟芬高兴的是，拿破仑来马尔梅松看她了。他们主要谈的是奥坦丝，她的处境仍然令他们担忧。她在婆家人的压力下乖乖回了荷兰。在荷兰，她受到路易不稳定的精神状态的摆布，他一天天消沉和偏执下去。奥坦丝的生活因她糟糕的健康状况而雪上加霜：她得了肺病，开始吐血。由于病情一直得不到改善，她的医生建议她去普隆比耶尔。她在那年6月初回到法国，并上书拿破仑要求他批准她留在那里。现在，她正等着他对她的命运做出裁决。约瑟芬在给女儿的信中解释说："我和他谈了你的情况……他听得很专注。他建议你不要回荷兰去，国王（路易）的行为已经不尽如人意了……皇帝的建议是，如果你需要，就去水疗地，写信告诉你丈夫，说医生建议你到气候温暖的地方生活一段时间，所以你要去意大利找你哥哥。一旦你和你哥哥在一起，皇帝就会下旨，让你不必回法国了。"[19]

　　但路易于7月1日宣布退位，这使他们大感意外。路易一直把自己作为荷兰国王的角色看得比对兄长的忠诚更加重要，因为兄长的大陆封锁政策正在毁掉荷兰的商贸。这令拿破仑大失所望。当拿破仑在荷兰边境集结法军时，路易甚至短暂地考虑过打开堤坝以抵抗兄长的入侵，但他知道这将给荷兰带来更大的灾难，于是他选择退位，让还不满六岁的长子贝格公爵继位，奥坦丝出任摄政。她在位八天，之后拿破仑将荷兰并入了法兰西帝国。他在给约瑟芬的信中说，这个决定"有一个好处，就是让王后获得自由"。这意味着奥坦丝失去了一个王

388

位，而且，现在拿破仑可以指望有一个亲生的继承人，她的孩子们很可能被他的继承人取代。

然而，奥坦丝并不在意。她憧憬着与她的情人夏尔·德·弗拉奥（Charles de Flahaut），也就是她在萨伏伊遇见的塔列朗的私生子，一起过上平静幸福的新生活，她的健康状况开始逐渐好转。那年夏末，当奥坦丝与母亲在亚琛重逢时，她虽消瘦而憔悴，但已经开始恢复她先前的一些生活乐趣。

那年 8 月，约瑟芬心事重重地踏上了她的瑞士之旅。坊间有传言说玛丽·路易丝已经怀孕，约瑟芬担心她能否如拿破仑承诺的那样在夏末返回巴黎。瑞士人热情地接待了她，她是湖泊节的贵宾，被安排坐在由两只天鹅牵引的定制船上。当政府坚持要其他船只后退，让她乘的船优先时，她甜蜜地抗议说："我希望让人们看到我对我周围的一切都非常高兴，我对我所受的接待感到很欣喜。被人爱戴真是令人欣慰。"

随着 9 月到来，约瑟芬继续她的旅行，途经洛桑、日内瓦和伯尔尼。途中她接到消息，确知玛丽·路易丝已经怀孕，接着是德·雷米扎夫人的来信，证实了她最担心的事。她的朋友小心翼翼地说，她最好不要回马尔梅松：

> 在如此迫不及待地等着一个孩子出生的时候，在接下来的盛典的喧嚣中，你会怎么做，夫人？皇帝又会怎么做？——他的首要职责必须是照顾这位年轻的母亲，而他仍然被对你的余情所影响。他会很不好受，尽管你的体贴不允许你向他提出任何要求；而你也会很不好受：听着如此的欢呼声，你不会不感到悲伤，你或许会在流放中被整个国家遗忘，或者被那些也许出于偏爱而同情你的人渲染

成受人怜悯的对象。你的处境将逐渐变得非常沉重，只有完全退出才能使事情走上正轨。[20]

威胁很隐晦，但还是有的。如果约瑟芬不离远一些，她就可能被永久流放。信中的情绪显然受到了拿破仑本人的影响，他知道自己有孕在身的妻子极度嫉妒约瑟芬，绝对不想忍受任何风波。德·雷米扎夫人最后得出结论，约瑟芬还需要做出最后的牺牲，那就是不要等待皇帝来信，而是要"勇敢而坚定"地立即给皇帝写信，解释她将延长她的行程，在意大利过冬，春天则住到纳瓦尔城堡去。

这个计划与几个月前约瑟芬向拿破仑提出的计划并无二致，当时她请求允许她返回马尔梅松。但她还是很担心，德·雷米扎夫人信中的隐晦威胁并不是好兆头。她给皇帝写道："波拿巴，你答应过不抛弃我的。在这种情况下我非常需要你的建议。在这个世界上，除了你，我没有别人了，你是我唯一的朋友，请你坦率地和我谈谈。我是该回巴黎还是留在这里？……决定你想让我做什么吧，如果你不愿意写信，就告诉王后（奥坦丝），让她把你的详细意图转达给我。啊！……不要拒绝指导我。给你可怜的约瑟芬一点建议吧，这将是你的爱的证明，会给我的所有牺牲以安慰。"[21]

这封信和奥坦丝的请求让拿破仑有所动摇，但他仍然承受着来自妻子的压力。他告诉奥坦丝："我对我妻子的幸福负有责任。"

　　　　事情并没有像我希望的那样发展。她对你母亲的魅力和这魅力对我的影响感到警觉。这一点我是知道的。

> 最近我想和我妻子驱车去马尔梅松。我不知道她是不是以为你母亲在那里，但她开始哭，于是我不得不掉头去别的地方。不过，无论发生什么，我都不会强迫约瑟芬皇后做任何她不想做的事。我将永远铭记她为我做出的牺牲。如果她想住到罗马，我会和罗马总督说。在布鲁塞尔她可以主持一个辉煌的宫廷，为国家增光添彩。如果她能去和她的儿子和孙辈们一同生活，那也很好，更合适。[22]

最后他完全让步了："写信告诉她，如果她想回马尔梅松，我不会阻拦她。"

约瑟芬悬着的一颗心放下了。她决定于 11 月 1 日启程去日内瓦，游览瑞士那些她还不熟悉的地方。从那里回来时她将在马尔梅松逗留一天，然后前往纳瓦尔城堡。她于 11 月 22 日抵达，这一次比之前要更加愉快。在她不在的这段时间里，建筑师贝尔托考虑到这栋建筑本身的局限性，将它修复到了他力所能及的最高标准。不过，花在花园里的费用是最高的。它在探险家和自然学家邦普兰的精心设计下被重新布置，从马尔梅松运来的植物和花草照亮了忧郁的冬季。

391 约瑟芬的随行人员比上一次来纳瓦尔时更多，也更多元化。其中有阿尔贝格夫人，她重新扮演了家庭总管的角色，她的密友安妮特·德·马克考（Annette de Mackau），以及两个漂亮但贫穷的年轻女孩，她们在康庞夫人学校里以音乐才华出类拔萃。还有杜克莱斯特小姐和她的母亲，约瑟芬在瑞士和她成了熟人。杜克莱斯特小姐后来写了一本不甚可靠的回忆录，讲述她在约瑟芬身边的日子。来访者络绎不绝，其中有她的堂妹①斯蒂芬妮·塔舍，也就是现在的阿伦贝格亲王妃，还有奥坦丝和欧仁，如果他们有空的话。

约瑟芬的日程一如既往地规律。她直到上午十一点吃过早饭后才露面，随后，尽管离巴黎有一段距离，她还是接待了仍然围上门来的商人们。在这之后，她开始处理她的信件。当地居民很快发现她无法抗拒为他人做些有意义的事，她接到了大量的请求，要求她提供赞助，或借她的名头为他们的事业增光。约瑟芬还保持着对她从前捐助的所有慈善机构的承诺，并继续为了他人游说各部大臣和官员。午饭后，在接待室里可以读书或做针线活。如果天气好的话，还可以在院子里散步，或坐着大敞篷马车兜风。下午四点时大家各奔东西，直到六点才重新聚在一起吃晚饭，晚餐往往有当地的贵宾参加。随后大家听音乐或表演小品，玩台球或纸牌游戏。德·雷米扎夫人回忆起在纳瓦尔的这些日子的悠闲节奏，写道："那里的时间过得很奇特，我们总是在一块儿，我们不做什么事情……但我们从来没有感到无聊。"

在经历了离婚前、离婚时和离婚后的动荡之后，没有什么比这种平静而规律的生活方式更让约瑟芬舒服了。她的健康状况大大改善，偏头痛犯得少了。她发福得厉害，以至于不得不在胸衣里装上鲸骨，好更有效地控制她膨胀的身体线条。她的随从们也胖了，他们逐渐抛弃了过去的僵硬礼节。这种更轻松、更淡化等级区隔的生活方式一直适宜她的克里奥尔灵魂，但在纳瓦尔城堡安插了眼线的拿破仑却不赞成。他坚持要恢复全套礼节，指示她要像还在杜伊勒里宫一样遵循礼制。因此，

---

① 原文误作"侄女"。——译者注

约瑟芬之前曾允许宫务大臣和马夫穿更简单、更便宜的制服，现在却被迫要求他们穿回全套礼服制服，且在任何时候都要穿它。约瑟芬在树林里兜风时，车两旁都会有飒飒作响的护卫队，她把他们裁撤了，但拿破仑立即下令恢复护卫队。不过，约瑟芬确实成功地为她的侍女们争得了更简单的生活方式，她允许她们穿任何样式的衣服，只要是绿色的就行，这是她的内廷的代表色。

在这种宁静和平的气氛中，约瑟芬也许有机会复盘离婚究竟让她失去了什么。是的，她爱拿破仑，爱他给她的生活带来的地位和安全感，但正如他关于礼制的诏令必然会提醒她的那样，她的前夫也是一个控制欲极强的独裁者，几乎不允许她有任何自主权。约瑟芬从未享受过宫廷生活（尽管表面上并非如此），她曾经罕有地表达过一次受挫情绪，说皇后不过是"一个穿金戴银的奴隶"。总的来说，皇宫没有人情味，令人不舒服。不断的出巡让她疲惫不堪，并使她想念那些她真正关心的人的陪伴。她痛恨宫廷里矫揉造作的礼节，痛恨廷臣之间无休无止的内斗，痛恨永远要掩饰自己的真实想法。

在约瑟芬的命名日①（3月19日）前夕，乡民们为她举办了一场表演。身穿白衣的少女列队从约瑟芬面前走过，手捧一尊鲜花簇拥的她的半身像。随后朗诵诗歌、分发礼物。命名日当天，约瑟芬在沙龙里为小镇举办了一场舞会，沙龙的大理石地板上铺了木板。舞会办得很有格调，来自巴黎的美食和舞者让埃夫勒的居民们非常开心。为了延长庆祝活动，次日晚上

---

① 命名日（saint's day）是与本人同名的圣徒的纪念日。3月19日对应的圣徒是圣约瑟夫。——译者注

镇长为她举办了晚宴。但她累了，心绪有些低沉，派侍从代表她去，她和阿尔贝格夫人一起留在城堡里。两人刚吃完晚饭，镇长派来的信使就带着一份公文来了。当他呈上公文时，妇女们听到村里敲起了钟，随后是四十响的礼炮声：玛丽·路易丝的儿子出生了。

约瑟芬的反应一如既往地令人印象深刻。一个在场的人回忆说，她的脸庞"短暂地收缩了一下之后，又恢复了她惯常的亲切态度，说道：'皇帝不会怀疑这件让他如此喜悦的事给我也带来了快乐。如你们所知，我与他的命运密不可分，我将永远为他的好运感到高兴。'"她立即派出一位信使送去贺信。3月22日，皇帝寄来一张便条："亲爱的，我收到了你的信。感谢你的来信。我的儿子很胖，身体非常好。我相信他会苗壮成长。他的胸膛、嘴和眼睛都十分像我。我希望他能完成他的使命。我对欧仁一直很满意，他从来不让我操一点心。拿破仑。"这句提到欧仁的话是一个敏感的触碰，他用心照不宣的方式向她保证，尽管有了和他血脉相连的孩子，他还是会继续他的扶持。[23]

拿破仑很幸福，相应地对约瑟芬也更慷慨，他允许她回马尔梅松去。她于1811年4月底抵达，却又遭遇了另一场财政危机。她的新任主管会计蒙利沃（Montlivault）发现她账户上的钱被挪用了。摩纳哥亲王的儿子管理的马厩问题尤其严重，他将顶级的良马廉价出售，再购买驽马来代替它们。他伪造了账目，四万法郎不翼而飞。他的记录显示有六十匹马，但约瑟芬本人证明马匹的数量从未超过五十匹。约瑟芬心软，这个年轻人家世又显赫，于是这事没有闹上法庭。

但拿破仑还是对约瑟芬的财务状况感到焦虑，去信警告她：

> 管理事务要有条理些。每年只花 150 万法郎，存 150 万法郎，这样十年之后你就能为孙辈们积攒 1500 万法郎。能够给他们留下些东西，对他们有帮助，这是一件乐事。要是让我听到你欠了债，那就真的太不好了。你要把自己的事情照管好，不要谁来问你要钱你都给。如果你想让我高兴，那就让我听说你已经攒了一大笔钱。想想看，要是我知道你一年欠了 300 万法郎的债，我会对你有多大的意见啊。再见，亲爱的，保重。[24]

拿破仑的指责并不完全公正。约瑟芬的确花钱如流水，从来没有学会管好自己的钱。然而，她的很大一部分开销是由于拿破仑要求她以皇室水准生活。他派遣帝国大司库莫里昂（Mollien）去她那里，以查清问题的全部症结。莫里昂向他的老板汇报时，得出的结论是事态并没有那么严重，但他也承认，约瑟芬在谈话的过程中已经哭成了泪人儿。听到这个消息，拿破仑大叫："你不可以把她弄哭！"他有些惭愧，给她寄去一封安慰信："我派人去了解你的情况……我对你的债务感到恼火。我不希望你欠一分钱，相反，我希望你每年能攒出 100 万法郎，在你的孙辈结婚时给他们。不过，千万不要怀疑我对你的感情，也不要再为现在的尴尬局面挂怀。再见，亲爱的。给我来封信，报个平安。他们说你胖得像诺曼底农夫的好媳妇儿。"[25]

在接下来的几个月里，约瑟芬确实做出了一些努力，以图让她的财务状况井然有序。她积极关注她的主管会计为马尔梅松开源节流的努力。他尝试通过向邦普兰索要预算来抑制她对园艺的疯狂消费，他还把庄园里一些未开垦的土地租出去，同时试图追索她在马提尼克岛的财产的未结清资金，但这并非易事，因为该岛已于 1809 年落入英国人之手。约瑟芬开始对这些事务产生热情，她给他寄去自己关于削减成本的建议，她说："你会发现这封信非常严肃，但我注意到，我每天都在变得更精打细算，如果还算不上一个经济专家的话。"她大概也相信这一点，尽管她还是忍不住要买些漂亮的东西自己留着，或者作为礼物送人。

撇开经济上的难题，约瑟芬的生活确实是充实而幸福的，她投身她心爱的马尔梅松的生活中。在给女儿的信中，她描述了她在那里的宁静生活。"这里非常平静，我发现它对我很有好处。"唯一打扰她安宁的事也让她很快乐，1811 年夏季，奥坦丝的孩子们两次来到这里居住。约瑟芬是一位慈爱而深情的外祖母，她不遗余力地逗她心爱的外孙们开心，给他们买玩具和糖果，还带他们看小丑和魔术灯笼表演。在给女儿的信中，她清晰地表达了自己见到他们的喜悦之情：

> 我还要替你的孩子们给你报平安，他们的健康状况非常好，气色很好，他们似乎很高兴到这里来，就像我很高兴看到他们一样。他们真的很迷人，对我非常亲热。星期天，我问奥伊-奥伊（小路易-拿破仑的绰号），我看起来像谁……他环顾四周，回答说，我像巴黎最美丽的女人。这个回答证明他更多地在用心灵观察我，而不是眼睛……他们使我周围的一切都充满活力，你看，你把他们留在我

身边，让我多么幸福。[26]

约瑟芬的外孙们每年夏天都会来看望她，直到她去世。拿破仑三世写过一篇题为《我生活的纪念》（Souvenirs de ma vie）的自传，其中一些片段清晰地表明，这些对外祖母的拜访为他提供了一些最早的、最清晰的记忆，是他童年最"珍贵的遗物"。

> 随后，我的记忆引我来到马尔梅松。我还能看见约瑟芬皇后在她一楼的沙龙里，亲热地爱抚我，甚至还重复我幼稚的俏皮话来奉承我的虚荣心。我的外祖母在各方面都非常溺爱我，我母亲则从我很小的时候起就试图纠正我的缺点，发展我的优点。我记得，一到马尔梅松，我和哥哥就成了主人，可以随心所欲。皇后热衷于养花和温室，她允许我们掰甘蔗来吃，她总是告诉我们，我们想要什么东西就尽管说。[27]

约瑟芬发现，马尔梅松的生活在离婚后的日子里有了很大的改善。起初蜂拥而至的来访者很快就消失了，留下她孤零零的一个人，而现在"到马尔梅松拜访约瑟芬皇后已经成为一种时尚"。马尔梅松的热情好客令人非常愉快，以至于圣克卢宫或杜伊勒里宫的侍从官都会来拜访她并与她共进晚餐。按照礼节要求，想来拜访她的客人需要先向她的首席侍女官提出申请，等他们抵达后，他们会被带去参观她收藏的艺术作品，或者在大长廊里听音乐会。如果天气好的话，他们会去花园参观，她会在那里展示她的植物学知识和她饲养的异国动物：黑天鹅、羚羊和袋鼠。

约瑟芬一直是个体贴的女主人，尽管她个人对美食没什么兴趣，但她还是在马尔梅松装饰着异国花卉和华丽瓷器的桌子上摆上了精美的菜肴，用上好的美食和葡萄酒来招待来访的人。约瑟芬甚至有自己的冰激凌师，一个她从意大利请来的人，他研发了一种葡萄干和利口酒做的冰激凌，被称作"马尔梅松冰激凌"（glace Malmaison）。那些不爱吃冰激凌的人则可以品尝她温室里的异国水果，比如香蕉和菠萝。一位来自英国的卧房女官提供了其他的异域风味，比如柴郡奶酪和英式松饼。图尔邦·德·克里塞伯爵满怀敬意地写到约瑟芬，说她主持着一个"拥有高贵、优雅、机智、才华和美妙的言谈"的宫廷，这些"使流放地变成了一个迷人的地方，使一位没有王冠的王后变成了一个被真正的朋友包围的女人"。[28]

不招待客人时，约瑟芬就把目光转向自己的随从们。她是₃₉₆个无可救药的浪漫主义者，她无法抗拒做媒和干涉周围人的感情生活。当她发现德·普尔塔莱斯（Pourtales）先生开始与德·卡斯特兰小姐鱼雁传情时，立即进行了干预。他是个风流人物，而且已经和约瑟芬的朗读女官加扎尼（Gazzani）小姐有了私情，拿破仑以前和这位小姐有过短暂的暧昧。约瑟芬决心不让他玩弄天真可爱的德·卡斯特兰小姐，于是带着他们二人一起在庭院里散步，告诉他们，她知道他们刚开始谈恋爱。然后，她带着与她丈夫相称的诡诈口吻，对德·卡斯特兰小姐说："你除了你的名字之外，什么也没有。……德·普尔塔莱斯先生非常富有，你不可以相信他打算娶你。"普尔塔莱斯尴尬地打断了她的话，为自己辩护说他很乐意和她结婚。他话还没说完，约瑟芬就宣布："我给10万法郎的嫁妆和妆奁。"当人们发现这对新人宗教信仰不同时，约瑟芬又帮助解决了这一难题，她先请一位牧师在沙龙里为他们办了一场婚礼，然后请了一位红衣主教在小礼拜堂里又办了一场。

她还促成了安妮特·德·马克考的婚事，并给了她与德·卡斯特兰小姐同样的嫁妆。她宠爱的女仆阿夫里永小姐选择和一个姓布吉永（Bourgillon）的先生结婚，约瑟芬给她出了嫁妆和妆奁。她的另一位女仆希望和一个黑人结婚，约瑟芬弄到了拿破仑的特别许可，让他们得以异族联姻。她的黑人女仆玛尔维娜（Malvina）爱上了当地的黑人男子让-巴蒂斯特·朱利安（Jean-Baptiste Julien），她也答应送她一笔礼金。

约瑟芬自己的恋爱生活呢？开始一段新恋情是没有障碍的。她已经离异，仍然迷人，身体康健，有一种与她的年龄不相称的生活乐趣。一些为她作传的人认为，她的侍臣，艺术家图尔邦·德·克里塞成了她的情夫。这是个令人愉快的想法，约瑟芬在经历了婚变的痛苦之后，理应得到爱情的抚慰。不过，没有任何证据能够证明这段感情的真实性。这位相貌英俊的画家显然仰慕约瑟芬，但她和许多享受过丰富而动荡的浪漫生活的妇女一样，似乎乐于远离性爱的欢愉，让自己沉浸在亲情和友情之中。1813 年，图尔邦·德·克里塞在约瑟芬毫无保留的祝福下结了婚，如果他与她的关系曾经超越了友谊，那他也从未表露出来过。

约瑟芬在给随从保媒拉纤之余，把大部分精力都投入了家庭中。1812 年 5 月，她在圣卢（Saint-Leu）和奥坦丝及孩子度过了短暂而又"令人着迷"的一段时日，然后一起去亚琛消夏。7 月，她得到了皇帝的许可，前往米兰探望她临产的儿媳妇奥古斯塔。约瑟芬微服私访，满载为儿子一家准备的礼物和美食来到了米兰：她为美丽的奥古斯塔准备了知名设计师做的衣服，为孩子们准备了无数的玩具。她的儿媳妇安排了一场盛大的招待宴会，她舒舒服服地下榻在波拿巴别墅（the villa Bonaparte）。她的孙辈们很可爱：她在一封信中描述说，男孩"非常强壮，是个大力士宝宝，他的姐姐们漂亮无比，老大是个美人，容貌高贵，这点像她的母亲。第二个女孩长相迷人，活泼聪明，她将来会非常漂亮"。[29]奥古斯塔的第四个孩子在约瑟芬逗留期间出生了。她挚爱的儿媳妇的健康状况曾引人深忧，但她现在平安，新生的女儿（"一只小猫咪"）也很好。约瑟芬在奥古斯塔处住到 9 月，然后先去艾克斯莱班（Aix-le-Bains），接着又去普雷尼（Pregny）住了三个星期。

10 月 25 日，约瑟芬回到处在一场政治风暴中的巴黎。两天前发生了一场未遂政变。领头人是一个名叫马莱（Malet）的前军官，他声称拿破仑死在了莫斯科，想以此夺取政权。他未能得逞，拿破仑并没有死。但巴黎一度士气低落，惶惶不可终日，再次想起了自己的命运在多大程度上取决于一人之祸福。如果说法兰西是这样，那约瑟芬就更是如此了。尽管已经离异，可他们二人的命运仍然交织在一起，她焦急地给欧仁写信说："制造这场麻烦的三个怪物的胆大妄为——甚至不如说是愚蠢——真是不可思议。你要非常小心地关照皇帝的安全，因为这些恶人什么事都干得出来。替我告诉他，他住在宫殿里，却不知道宫殿底下是否被人埋了炸药，这很危险。"[30]

对俄战争从头到尾都是失败的。拿破仑于 1812 年春季入侵俄国，起因是俄国不愿继续参与他针对英国的大陆封锁政策。他率领的军队是世人记忆中规模最大的一支：60 万人，来自他的帝国的各个地方，包括意大利人、波兰人、葡萄牙人、德意志人、达尔马提亚人、丹麦人、荷兰人、萨克森人和瑞士人，他们都有自己的军装和进行曲。拿破仑曾轻率地预言，这场战役将在20天内结束，但当他们在俄国一望无际的平原上缓缓跋涉时，情况显然不合预期。俄军以一比二的兵力拒绝与他对抗。不过，当他们为躲避他而撤退时，无形中削弱了拿破仑的部队。俄国夏季的炎热天气使军队减员（一些老兵把行军途中的条件与当年在埃及相提并论），数千士兵死于疾病、高温和疲劳。两个月后，一场战役都还没打，拿破仑麾下15万士兵就失去了战斗力。他们中的许多人干脆当了逃兵。

9月初，帝国军队终于在博罗季诺村以南与俄国人交手，随后的战斗漫长而残酷。最终有44000名俄国人死伤，法国则损失了33000人，包括拿破仑的大批高级军官——有43名将军。法国人宣称此役他们获得胜利，但俄国人拒绝议和。拿破仑继续向莫斯科挺进，于1812年9月15日进入莫斯科。当天晚上，莫斯科被它自己的人民放火烧掉了。拿破仑在回忆当时的景象时说道："旋转起伏的红色烈焰，仿佛滔天的海浪。啊，那真是世界上最宏伟、最崇高、最可怕的景象！"

盘踞在克里姆林宫的拿破仑给沙皇写信，仍希望就停战进行谈判。他没有收到回信。10月中旬，一个温暖的秋日，他率领军队出城。之后不到三个星期，天开始下雪：传说中的俄国的冬天提前到来了。很快，气温降至零下22摄氏度，拿破仑的部队在茫茫郊野冻得瑟瑟发抖。"我们的嘴唇粘在一起，鼻孔冻住了，"一个士兵回忆说，"我们似乎是在寒冰的世界里行军。"撤出俄罗斯的苦楚难以尽述：粮草耗尽，马匹数以千计地死去，士兵们死于饥饿、寒冷、疲劳和疾病。哥萨克军队骚扰着拿破仑的部队，在天寒地冻的乡间精准袭击虚弱不堪的法军士兵。到战役结束时，60 万人的大军只有 9.3 万人保全了性命。正如塔列朗总结的那样，这场战争是"终章的开端"。

约瑟芬为她的儿子担心得发狂。她与欧仁和皇帝都联系不上。事实上，征俄军队根本没有任何消息。终于，她在 11 月初收到了欧仁的一封信，约瑟芬立即把信寄给了他忧心忡忡的妹妹，并附上一张宽慰的条子："我如此如饥似渴地阅读它。我已经从焦虑中走了出来，现在我感到无比的幸运。我的儿子还活着！"但接下来又杳无音讯了。约瑟芬知道欧仁在战场上受罪，他的腿部负了伤。她的忧虑更加强烈了。"为什么我没有他的消息？"她向奥坦丝求助。玛丽·路易丝被她们共同的痛苦所打动，她把皇帝寄给她的信拿给奥坦丝看，知道后者会把这些消息转告母亲。约瑟芬非常感激。有了这些零碎的消息，她设法维持了心态的平衡，直到她最终确认欧仁平安无事，身体恢复良好。

马莱政变的消息传到拿破仑那里，他于 12 月 19 日率部分军队先期返回巴黎。皇帝对他的军队损失之惨重深感震惊，并担心这会对他攻无不克的声誉造成坏影响，他坚持要求宫廷保持积极的外貌，频繁举行娱乐活动和豪华舞会。1812 年与 1813 年之交的冬天在一种奇怪的粉饰太平中度过：许多被邀请参加宫廷庆典的人在战火中缺了胳膊少了腿，以至于这些活动被称作"木腿舞会"。这个季节对约瑟芬来说格外忧郁，她没有去纳瓦尔，而是留在马尔梅松，但她没有被囊括在庆典活动之中。然而她的许多常客都去了，所以约瑟芬独自度过了这

399

黑暗而寒冷的几个月，离那些把她的社交圈吸走的娱乐活动只有一射之地。

1813 年初战事再起。普鲁士与俄国再次结成反法同盟，拿破仑匆忙征召起一支军队，奔赴德意志，同时立玛丽·路易丝为摄政。这不是个好主意。尽管拿破仑极尽所能，他的第二任妻子却从未受到国民拥戴。法国人对她怀有戒心，因为她是个奥地利人，还是法国人痛恨的玛丽·安托瓦内特的亲族。此外，玛丽·路易丝并不具备约瑟芬的魅力。尽管她出身皇室——也许正因为她出身皇室——她没有约瑟芬那种取悦于人的渴望和才能。1813 年皇帝委派她去瑟堡主持船舰的下水典礼，鼓舞士气，警务大臣给她的御前护卫队司令写了一封很说明问题的信。他恳请卡法雷利（Caffarelli）伯爵确保皇后会守时，会保持微笑，对那些被引见给她的人亲切友好地说话，表露得自信一些。"看在上帝的分上，我的朋友，不要冷冰冰的……你明白的。"[31] 他补充道。

越来越多人看清，拿破仑的帝国是一座逐渐倾圮的大厦，外部被敌人环伺，内里为异议侵蚀。某种程度上是因为它实在是太大了。大帝国庞大、臃肿、笨重，难以控制，不可能加以监督。到了 1812 年，帝国的核心区域除法国本土外，还包括威斯特伐利亚王国、贝格大公国、巴登大公国、瑞士联邦、巴伐利亚王国和意大利王国。帝国的缓冲地带包括华沙大公国和那不勒斯王国，外围则有西班牙、不来梅、罗马和伊利里亚各省，包括达尔马提亚、克罗地亚和蒂罗尔的一部分。

不管这些国家或地区是作为法国的行省被直接统治，还是由它的卫星国代为治理，或是如莱茵邦联等独立国家一样受到间接的压力，拿破仑的统治在许多地方都引起了不满，怨声载道。其中最主要的原因是征兵制度。十八世纪欧洲的许多国家都存在义务兵役制，但实际上很少有人被征召入伍，因此拿破仑帝国超乎寻常的需求带来了可怕的冲击。人们害怕自家的男丁被从城镇中带走，而且往往一去不归，此外壮劳力流失也造成了巨大的经济困难。对宗教的攻击也招致许多不满。尽管《政教协定》承认天主教是绝大多数法兰西人的宗教，但拿破仑决心让教会完全服从于国家，导致教会财产被侵占，教团被关闭。帝国一些地方的修女在街头行乞的可怜景象，可无助于激发人们对拿破仑政权的好感。[32]

战争带来的其他苦难加剧了这些难题。拿破仑的大军团给许多欧洲人的第一印象是残忍野蛮：这些暴力的、久经战火的军队在占领区烧杀淫掠。此外，被占领地区的人民还被迫缴纳高额的税赋和财政征收，以补偿占领的成本。帝国许多地方都有民众揭竿而起，这不足为怪。1806 年的卡拉布里亚、1808 年的葡萄牙和 1809 年的蒂罗尔都爆发了大规模起义。最壮观的例子在西班牙，法国在此地的统治激起了大规模的民众反抗。这场名副其实的解放战争产生了"游击战"（guerrilla）这个词语，它给如今仍活跃于战场的一种战术命了名。拿破仑严重误判了西班牙抵抗的威胁，从未真正以应有的严肃态度对待它。西班牙问题是帝国久病不愈的顽疾，消耗了帝国宝贵的兵力，并给其他抵抗运动输血。

拿破仑帝国依赖于一系列无法维持或倚仗的同盟。丹麦、萨克森和梅克伦堡值得信赖，但其他国家阳奉阴违，比如普鲁士和奥地利。这很大程度上是因为拿破仑坚持签订的条约对盟友非常不利，以至于他们最终觉得还是背弃这些条约为好。远

401

征俄国就是一个典型的例子。随着 1807 年《提尔西特条约》签订，沙皇亚历山大已经默认了法国在欧洲的统治地位。然而，拿破仑并没有花心思维护这一重要的妥协。他不但没有培养与沙皇的关系，反而通过扶植华沙大公国来危害这个攸关的联盟，他知道华沙大公国会威胁到俄国的安全（波兰的弱势一直被视作俄国强大的先决条件）。此举加深了俄国的疑虑，最终促使沙皇在 1810 年末退出对俄国经济造成灾难性影响的大陆封锁体系。俄国的单飞行为是一种挑衅，拿破仑本可以选择示以安抚——他与沙皇的关系曾经非常好——可他却立刻行动起来准备战争。当他的前盟友对他进行外交接触时，他并未做出积极的回应。他最亲近的顾问劝告他不要开战，他们认为法国应当节约资源以对付真正的敌人——比如英国。但拿破仑是不可以被吓倒的：他组建了一支规模浩大的联军，并在 1812 年发动了进攻。随之而来的灾难向欧洲其他国家证明：拿破仑的继续坐大将导致无穷无尽的战争，同时法兰西也并非不可战胜。拿破仑意味着战争，但并不总意味着胜利。他的陨落现在成了无可避免之事。

甚至拿破仑建立在血缘关系上的那些联盟也经不起考验。事实证明在他的所有手足中，唯有伊丽莎是天生的君主：一个意志坚定而勤勉认真的管理者，对她所辖的疆土有着明确的蓝图。约瑟夫在西班牙令人大失所望，他无法针对国内的动荡建立任何形式的秩序，他的无能和进退失据只会加剧臣民的怨恨。与此同时，威斯特伐利亚国王热罗姆也没有什么治国热情和功绩。事实上，拿破仑的一些手足的忠诚度似乎正在动摇。路易是第一个放弃自己的王冠的人，他不想当一个傀儡国王，不愿为了兄长的利益而牺牲他眼中王国的福祉。他的妹妹卡罗琳与其丈夫若阿尚·缪拉共同统治那不勒斯王国，他们背叛拿破仑与其说是出于原则，不如说是出于野心。缪拉决心无论如何都要保住自己的王位，他在这一年与维也纳达成了一纸秘密协议①，背弃了这个扶持他的事业、提拔了他的大舅子。 402

　　拿破仑自己也变了。他越来越脱离现实，被溜须拍马、奴颜婢膝的宫廷所隔绝。早在 1807 年，约瑟芬就曾写信给欧仁，表达她对宫廷之于皇帝的影响和宫中不绝的谄媚的担忧："皇帝太伟大了，没有人敢对他说真话，每个围在他身边的人都整天奉承他。"[33] 拿破仑身边的阿谀谄媚者越来越多，这种倾向在离婚后日趋严重。没有了约瑟芬的缓和，他变得越发乾纲独断、孤高自许。他不再接受别人的建议，只相信他自己和他的"守护星"。宫廷的规模加剧了这一问题，在离婚后的几年里，宫廷的规模成倍扩大。它的广大与宏丽现在吸去了拿破仑更多的时间和兴趣。

　　那个只在金戈铁马中才感到蓬勃生机的、年轻的军事天才已经不见了，拿破仑现在发了胖，人届中年，宁愿留在家里守着新妻和孩子，享受宫廷生活。他一直相信自己的能力到了四十岁就会衰退，现在他已经四十二岁了，肚腩也鼓了起来。瞻望战场以及它带来的苦楚与不便，使他感到困扰而非兴奋。正如他对一位副官说的那样："战争的夙兴夜寐和艰难困苦不适合我这个年纪的人。我爱我的床和休息胜过一切，但我必须要完成我的工作。"

　　然而，最重要的是，大帝国之所以注定要走向灭亡，是因为欧洲——包括法国人民——对战争深感厌倦了。拿破仑于

---

　　①　此事发生在 1814 年初。——译者注

1799 年上台，承诺给国家带来和平。从那时起，每一次战争都被承诺是最后一次，能够一劳永逸地结束战局。现在，民众对拿破仑渴望和平的说法越来越感到怀疑。法国人开始议论——一个同时代人这样说——"连年征战让情况越来越坏，新的征服迫使他寻找新的敌人。很快欧洲对他来说就不够用了，他得对亚洲虎视眈眈。"[34]

拿破仑治下的社会现实给这种信仰的丧失提供了依据，冲突永无止息，每年有千千万万的年轻人血流疆场。夏多布里昂在他的回忆录里描述了贴在街角的征兵告示，以及聚集在那些巨大的阵亡士兵名单前的人群："他们面带惊惧地寻找自己的孩子、兄弟、朋友和邻人的名字。"他提到，现在凡是能逃过审查人员的对波拿巴的批评，在剧院里都会受到热烈欢迎。他总结道："人民、宫廷、将领、大臣和拿破仑的亲属都厌倦了他的暴政和征服……因为看不到和平。"[35]小说家阿尔弗雷德·德·缪塞在回首往事时，生动描绘了在拿破仑的统治下成长的情景："从来没有哪个时代像这个人的时代一样，有那么多不眠之夜，从来没有见过那么多悲伤的母亲倚靠在城墙的堡垒上，从来没有如此的沉默笼罩着那些谈论着死亡的人。"[36]

1813 年春季有一段短暂的和平时期，约瑟芬的访客也随着美丽的天气一道回来了。5 月，她在圣卢住了几天。6 月，她与奥坦丝及其孩子们一起，按照往年的惯例去亚琛住了三个月。但这种宁静只持续到了 8 月——奥地利投靠了反法同盟。奥坦丝带着儿子们去了迪耶普，约瑟芬则始终担忧着欧仁与皇帝的命运，无暇他顾。10 月，威灵顿公爵从西班牙挺进法国，欧仁的岳父、现在成了奥地利人盟友的巴伐利亚国王给欧仁写信，提供签署停战协定的机会。欧仁热情而恭敬地回了信，但声明他对皇帝完全忠心不改。他说回绝这一建议是他的责任。他的妻子奥古斯塔也给父亲去信。她以感人的高尚情操请求他在必要的时候保护她的子女，但她声明，出于对丈夫的忠诚，她不能再与他联系。

欧仁对皇帝的忠心让约瑟芬深引为豪。他的可敬行为与波拿巴一家形成了鲜明对比。缪拉和贝尔纳多特都表示愿意与拿破仑的敌人勾结。只有已退位的路易忠心耿耿。他写信给拿破仑，请求在这个"不幸的时刻"搁置他们的争吵，好让他返回法国，在他身边效命。尽管婚姻不幸，听到这个消息的奥坦丝还是评论说："我的丈夫是个好样儿的法国人，他在全欧洲都反对法国的时候回到法国，已经证明了这一点。他是个诚实的人，如果说我们的性格不相容，那是因为我们各自都有缺点，无法调和。"[37]

11 月 22 日，巴伐利亚国王的一位副官化装成奥地利军官，要求面见欧仁，给他提供了一个改弦易辙的机会：对方建议欧仁抛弃拿破仑，作为交换，巴伐利亚国王将保护他在意大利的利益，并保证封他为国王。欧仁坚定不移，说道："虽然很抱歉要拒绝国王，但我不可能答应……不可否认，皇帝的守护星的光芒开始黯淡，可正因为此，那些深受君恩眷顾的人更该忠于他。"随后他写信给拿破仑，重申自己的忠诚：

> 我不必多加思考就能向巴伐利亚国王保证，他的女婿是一个诚实的人，决做不出如此卑鄙的行径。我将忠于对您立下的誓言——忠心为您效命——直至最后一息。我的家族的命运将永远掌握在您的手中，即使不幸就悬在我们

404

的头顶上。最后，我对巴伐利亚国王评价够高，可以预先确定，他会愿意要一个诚实的人做女婿，而非一个国王，一个叛徒。[38]

然而，形势已经超越了忠诚等崇高的议题。拿破仑正在为自己的生存而战。战斗现在已经是在法国本土进行了。军队命运的反复无常——这场战役赢了，那场战役输了——意味着通信线路被完全打乱。没有人确切无疑地知道发生了什么，这加剧了国民的焦虑情绪。在没有任何具体信息的情况下，全国范围内流传着各种谣言和疑问。法国人曾经践踏了欧洲的大部分地区，占领了别国的土地，凌辱了别国的人民，如今害怕在自家的土地上遭到报复。现在只剩下十六名负伤的士兵守卫马尔梅松，约瑟芬极度恐惧。她周围的一切都在崩溃——皇帝、帝国——而她的孩子却离她很远。欧仁在意大利，奥坦丝则受命留在玛丽·路易丝身边。

她整天都在为皇帝担心，同时不知是否应该逃离首都，很多人已经跑了。她把时间分配在利用她强大的关系网探听消息和为医院制作药棉之间。1814 年 3 月 28 日晚，她接待了奥坦丝派来的一位信使，得知玛丽·路易丝将于次日早晨离开巴黎。皇后出逃是法国士气的转折点。巴黎将此事解读为一切都已无可挽回的信号。经过一番痛苦的挣扎，约瑟芬决定放弃她心爱的马尔梅松，她的黑天鹅刚刚在这里孵出第一只小天鹅。3 月 29 日，她逃至纳瓦尔。那是一个下着雨的寒冷的早晨，她带上了她所有的马匹和车辆，还把一些贵重的珠宝缝在了衬裙里。抵达纳瓦尔时她已心灰意冷。她给奥坦丝写信说："我不知道我能否表达出我有多么难过。在我发现自己所处的许多悲惨境地中，我都有勇气；我可以忍受这些命运的逆转；但我不知道我是否有足够的力量，来忍受我的孩子们的离去和他们命运的不确定性。"两天后，奥坦丝带着孩子们来见她，告诉她巴黎已经投降。拿破仑实际上被困在了枫丹白露。

　　沙皇亚历山大来到巴黎，与其他盟军领袖会面，缔结和约，庆祝胜利。他刚一来便给约瑟芬去信，要求拜访她。她本能地想拒绝，她对与敌人交好并无兴趣。但拿破仑本人建议她回来，他说："……这能决定你子女的未来。"4月14日，精疲力竭的约瑟芬回到马尔梅松，不知道自己是否能打起精神来应对如此一个突发情况。就像一个在漫长的表演末尾谢幕的女演员一样，她在内心深处再次寻到了扮演"无与伦比的约瑟芬"这一角色的能量。她拿起了在过去一直保卫她的武器：她的魅力和吸引人的力量。她从勒罗伊那里订购了一批做工精致的新薄纱裙，在化妆镜前加倍努力。当奥坦丝几天之后来见她时，她正沉浸在自己的角色中，与沙皇手挽着手在花园里散步，庭院里林立着哥萨克。奥坦丝回忆说："我在下午一点时抵达了马尔梅松。院子里全是哥萨克，热闹非凡，我十分震惊，询问是怎么回事，得知我母亲正在花园里和俄国皇帝散步。我去找他们，在温室附近遇见了他们。我母亲看到我时非常开心，也很惊讶。她温柔地吻了吻我，然后对皇帝说：'为您介绍一下，这是我女儿和我外孙。'"[39]

　　奥坦丝对沙皇表现得冷淡无礼，直到约瑟芬严厉斥责了她。她提醒女儿，若是没有亚历山大的干预，拿破仑得被迫接受更苛刻的条款。她还指出，尽管拿破仑在协商签署退位条约时尝试保护博阿尔内一家，但他们的地位仍很脆弱。欧仁的命运尤其未卜。最终奥坦丝的态度软化了，亚历山大继续来拜访她们，并最终赢得了她的好感。沙皇对马尔梅松的喜爱在盟军首脑中掀起了一股时尚，他们成群结队地到这里来拜访约瑟芬，参观她著名的花园。佳人在侧，华筵正酣，艺术收藏琳琅满目，他们怀着对约瑟芬的折服和迷恋告辞而去。

未来的比利时国王利奥波德一世在一封写于 4 月 25 日的信中，对他姐姐索菲亚说：

> 今晚我和大公①在马尔梅松用晚餐。我希望接下来的内容你读了会和我一样高兴：尽管人人喜爱可怜的约瑟芬和奥坦丝王后，她们的处境仍很艰难。虽然她们没有向我提什么要求，我还是设法在马尔梅松和"恺撒"②谈了谈，为她们争取到了最好的结果。关于这个话题，只有我能和皇帝谈，而我毫不犹豫地为她们争取了公道。现在我可以以此自喜了。当年她们春风得意时对我非常友善，如今没人关怀她们的利益，她们也不能给我任何恩泽，于是我做了这样一件事，向她们表达我的感激，投桃报李。

然而，在约瑟芬表面的快活和魅力下，是前几个月的焦虑与动荡所带来的深远影响。她对科舍莱小姐倾诉说："一种可怕的悲痛折磨着我，我无力克服……我的孩子过得艰难啊！这个要命的念头会杀了我的。"[40]她同样长久地为自己的前夫感到哀伤，担忧他现在的状况，担忧什么样的未来在等着他。她曾对

---

① 指亚历山大一世的弟弟，俄国大公康斯坦丁·帕夫洛维奇。他的妻子安娜·费奥多罗夫娜是利奥波德的姐姐。——译者注

② 指亚历山大一世。——译者注

奥坦丝的一个仆人说："我有时感到这样的忧郁会置我于死地。我无法对波拿巴的命运感到释怀。"[41]她的女儿回忆说："皇帝被赶下他的宝座，囚禁在厄尔巴岛上的画面一直在她眼前挥之不去，撕扯着她的心。"[42]

1814 年 5 月 14 日，奥坦丝应亚历山大的要求，和母亲与欧仁一起，在圣卢接待了他。约瑟芬在和他散步时着了凉，但她向大家保证，它会自己好的。5 月 23 日，她接待了普鲁士国王和康斯坦丁大公。"我母亲已经抱病，但还努力下楼欢迎他们。"奥坦丝回忆说，"她让我觉得她只是得了感冒，她的身体一向健康，所以我完全没有警觉。"[43]次日，约瑟芬卧床不起，但她的医生奥罗（Horeau）说并无大碍。因此第二天约瑟芬坚持主持了一场宴会，公开与沙皇共舞。随后她挽着亚历山大的手在庭院里久久地散步，症状愈发重了。她对病情轻描淡写，但到了星期四，她的双臂和胸口起了一片皮疹。周四夜里，她的情况继续恶化：舌头肿了起来，高烧不退。奥罗给她开了治疗肩膀上的水疱的药和涂在脚上的芥末膏药，但无济于事。

她的情况显然变得棘手了。据奥坦丝回忆，27 日，"俄国皇帝派了他的首席医生过来。尽管她非常疲惫，但还是以她一贯的优雅态度对他说：我希望他（沙皇）的关心能给我带来好运。"的确，沙皇亚历山大原先说要来赴次日的晚宴。尽管沉疴不起，约瑟芬依然监督了晚宴的每一个细节，还尝试起身去欢迎他。她的医生劝她躺在床上，但约瑟芬拒绝了。她有大人物要招待，需要争取。"当医生告辞时，"奥坦丝回忆道，"面容焦虑不安，我们看出了他要说的话：她已病入膏肓。"惊慌失措的奥坦丝去请巴黎最好的医生来：波尔多瓦·德·拉莫特（Bourdois de la Motte）、拉穆勒（Lamoureux）和拉塞尔（Lasserre）。

为了转移她的注意力，让她振作起来，雷杜德给约瑟芬带来了他为她温室里的植物画的画。她露出感激的微笑，随即挥手让他离她的床远一些，她怕自己的病会传染。5 月 28 日晚是亚历山大原本约好来赴宴的时刻，而依据传说，一个不速之客来了——她童年时的爱人"威廉"。他一直爱她。但约瑟芬谁也没见，她此时几乎已经无法说话。奥罗和他急忙与之商量的一班医生都承认，已经没有希望了。约瑟芬呼吸困难，脉搏虚弱，喉咙后的一块紫斑已经发黑。她的知觉已经涣散，这减轻了她所遭受的痛苦。她身上的水疱越来越多，那天夜里奥坦丝陪在她身边。

奥坦丝把自己的孩子领了过来，让他们对外祖母说晚安。约瑟芬马上让他们离开，说："这里空气不好，对他们有害。"[44]她也让奥坦丝快走。为了使她平静下来，奥坦丝走了，但一夜都守在她母亲的卧房附近。"我的侍女告诉我不必担心，她很平静，有时嘴里念叨着：'波拿巴……厄尔巴岛……罗马王。'"[45]但次日早晨八点，当奥坦丝和欧仁来看她时，她显然大限将至了。"当她看到我们时，动情地伸出双手，嘴里说着我们听不懂的什么话。"上午十一点，贝特朗神父（abbé Bertrand）被带来为她主持临终圣事，她的孩子们在病榻边垂泪。午间时分，她身穿一件玫瑰色的丝绸晨衣，戴着红宝石珠宝，告别了人世。一些医生认为她死于白喉，另一些则说她死于喉咙的败血症。无论表面上的症候是什么，毋庸置疑的是，将近五十一岁的约瑟芬此时已经精疲力竭了。她实在是被疲惫和哀伤所累，无力再改头换面，去在一个新政权下过上新的生活了。她的侍女阿夫里永小姐给出了一个不一样的诊断，也许这是更深层的真相："她悲哀而死。"

　　约瑟芬的遗体在马尔梅松的灰泥立柱前厅里停放了三日。有将近两万名公众来向她致以最后的敬意。他们缓缓走过帝国卫队的哨兵，沿着长长的马车道，穿过修剪整齐的美丽草地，进入庭院，走过覆盖着黑布的灵柩台，上面是她的桃花心木铅棺。里面躺着他们的胜利圣母——"好像睡着了一样"，一位前来哀悼的人低声说道。她睫毛修长的眼帘合上了，嘴唇紧闭，只余下一缕幽幽的微笑。周围教区的钟声连绵不断地响着，当地的神父们为她的灵魂祈祷。

　　巴黎民众表现出的悲悼和马尔梅松居民一样显而易见。城市的大街上售卖着题为"约瑟芬皇后之遗嘱"的小册子，尽管她死时根本未留遗嘱。皇帝虽已遭废黜，公众还是要求保留她皇后的头衔，直至她去世。为了回应公众的强烈抗议，也为了平息每当有名人去世便会流传开来的毒杀谣言，新君路易十八不得不发布了一份公告，上书："德·博阿尔内夫人逝世的消息激起了人们的普遍哀悼。这个女人生而可爱，举止和精神中流露出一些真正美好的东西。不幸的是，在她丈夫治下的那些可怕时日里，她被迫以她钟爱的园艺来逃避他的暴行。……在科西嘉暴发户的地盘上，她独自一人讲着法兰西人的语言，理解他们的心。"

　　6月2日（星期四）中午，棺木被合上，灵车驶往吕埃教堂。紧跟在灵车后面的是举着教区旗帜的地方代表们。他们由一支身着全套制服的帝国卫队分队护送，他们的军鼓上蒙着黑纱。在他们后面独自走着一个身披丧服的脚夫，手捧一个软垫，上面放着一尊小小的银瓮，里面盛的是皇后的心脏。灵车两旁是四位扶柩人：巴登大公，他发自内心的悲痛显而易见；博阿尔内侯爵和伯爵（即亚历山大的哥哥弗朗索瓦与叔父克劳德）；塔舍伯爵。灵车后面是主要的送葬者，欧仁与奥坦丝，忠实的阿尔贝格公爵夫人和约瑟芬的孙辈们。陪同他们的有巴黎总督、沙皇的副官和普鲁士国王派出的官方代表。

国民自卫军立在道路两旁，看着送葬的队伍走过，后面跟着漫长而蜿蜒的队列，其中有许多旧帝国时期的名流、外国政要和使节，以及当地的艺术和科学界名人。送葬队伍中有二十名唱着圣歌、身穿薄棉纱裙的年轻姑娘，还有两千名工人和农民，尽管钟鼓隆隆，他们的哭泣声仍然清晰可闻。当这支队伍抵达披挂着黑纱的教堂时，等待着葬礼开始的图尔大主教、埃夫勒主教和凡尔赛主教，以及玛德莱娜唱诗班都来迎接他们。来送葬的人实在太多，以至于只有持书面邀请函的人才能进入教堂，其余的人都留在了外面，全神贯注地听着他们能听到的程序。

尽管对约瑟芬的悼念是热烈的，甚至是华丽的，但葬礼上没有明显的徽记或象征符号来昭示她过去的品级。而任何悼词，无论怎样表达，都无法捕捉到她一生的风浪：在炎热的加勒比海度过的童年，第一次婚姻的失败与孤独，大革命时被捕入狱，生活凄惨，在断头台的阴影下惶惶不可终日，后来又仓促潦草地同一位年轻将军结婚，他引领她走上世界的舞台，将她加冕为法兰西人的皇后。

七百英里外的厄尔巴岛上，拿破仑最终接到了约瑟芬的死讯。他伤心欲绝，在一间黑屋子里独自躺了三天，拒绝进食。百日王朝期间他重返法兰西，为夺回他的帝国做出最后一搏，在滑铁卢大败之前，他去了一次马尔梅松。在那里，他挨个询问那些在约瑟芬临终时待在她身边的人，试图获知她最后的所思所想。随后他怅然漫步在这宫苑之中，说道："我仿佛还看见她走在这小路间，采集她钟爱的花儿。可怜的约瑟芬！她是我见过的人里最富于魅力的一个。她是女人一词的最完美诠释：任性，有活力，有一颗最为善良的心。"1821 年春天，弥留之际的拿破仑吐出的最后一个词，便是他当年为她起的名字——"约瑟芬"。

410

注 释

第一章 童年

1 Frédéric Masson, *Joséphine de Beauharnais* (Paris, 1913), p. 28.

2 Robert Rose-Rosette, *Les Jeunes Années de L'Impératrice Joséphine* (Les Trois-Îlets, 1992), p. 30.

3 François Girod, *La Vie quotidienne de la société créole* (Paris, 1972), p. 29.

4 Sidney Dancy, *Histoire de la Martinique* (Fort-Royal, 1846), p. 252.

5 Ibid., p. 254.

6 M. A. Le Normand, *The Historical and Secret Memoirs of the Empress Josephine*, vol. I (London, 1895), p. 6.

7 Lafcadio Hearn, *Esquisses Martiniquaises* (Paris, 1887), p. 72.

8 Dr Jones quoted in James Walvin, *Black Ivory* (London, 1992), p. 94.

9 Victor Schoelcher quoted in *Vivre, survivre et être libre* (Fort de France), 22 May–22 July 1998, p. 33.

10 很多材料都记载过这件事，比如 C. L. R. James, *The Black Jacobins* (London, 1980), p. 56。

11 关于这起投毒案的细节，参见 Françoise Wagener, *L'Impératrice Joséphine* (Paris, 1999), p. 424。

12 Le Normand, *The Historical and Secret Memoirs*, p. 32.

13 Quoted in William B. Cohen, *The French Encounters with Africans* (Bloomington, Indiana, 1980), p. 104.

14 C. L. R. James, *The Black Jacobins*, p. 57.

15 J. B. T. de Chanvallon, *Voyage à la Martinique* (Paris, 1763), p. 38.

16 Girod, *La Vie quotidienne*, p. 74.

17 See Evangeline Bruce, *Napoleon and Josephine: An Improbable Marriage* (London, 1996), p. 1.

18 Masson, *Joséphine de Beauharnais*, p. 56.

19 Ibid., p. 56.

20 Quoted in Ernest Knapton, *Empress Josephine* (London, 1969), p. 16.

21 Rose-Rosette, *Les Jeunes Années*, p. 30.

22 Joseph Aubenas, *Histoire de l'Impératrice Joséphine*, vol. I (Paris, 1857), p. 77.

23 Ibid., p. 78.

24 Ibid., p. 84.

25　Le Normand, *The Historical and Secret Memoirs*, p. 8.

26　Moreau de Saint-Méry quoted in Girod, *La Vie quotidienne*, p. 31.

27　L. Garaud, *Trois Ans à la Martinique*, 2nd edn (Paris, 1895), p. 54.

28　J. G. M. de Montgaillard, *Souvenirs* (Paris, 1895), p. 277.

29　C. A. Tercier, *Mémoires politiques et militaires* (Paris, 1891), p. 15.

30　Le Normand, *The Historical and Secret Memoirs*, pp. 19–20.

31　See *Le Thé*, 30 Mai 1797.

32　Lafcadio Hearn quoted in Liliane Chauleau, *Les Antilles au temps de Schoelcher* (Paris, 1990), p. 242.

33　Masson, *Joséphine de Beauharnais*, p. 29.

34　Ibid., p. 67.

35　Ibid., p. 73.

36　Ibid., p. 75.

37　Jean Hanoteau, *Le Ménage Beauharnais: Joséphine avant Napoléon – d'après des correspondances inédites* (Paris, 1935), p. 80.

第二章　来到巴黎

1　Quoted in François Girod, *La Vie quotidienne de la société créole* (Paris, 1972), p. 32.

2　Frédéric Masson, *Joséphine de Beauharnais* (Paris, 1913), p. 10.

3　Jean Hanoteau, *Le Ménage Beauharnais: Joséphine avant Napoléon – d'après des correspondances inédites* (Paris, 1935), p. 76.

4　Ibid., p. 28.

5　Ibid., p. 28.

6　Ibid., p. 54.

7　Ibid., p. 78.

8　Ibid.

第三章　婚后生活

1　Mme de La Tour du Pin, *Memoirs*, ed. and tr. Felice Harcourt (London, 1969), p. 72.

2　Arthur Young, *Travels in France during the years 1787, 1788 & 1789*, ed. Constantia Maxwell (Cambridge, 1950), p. 90.

3　Quoted in Evelyn Farr, *Before the Deluge* (London, 1994), p. 22.

4　Mercier quoted in Alain Corbin, *The Foul and the Fragrant: Odour and the Social Imagination* (London, 1996), p. 54.

5 Gouverneur Morris, *The Diary and Letters of Gouverneur Morris*, ed. A. C. Morris (London and New York, 1889), p. 57.

6 F. K. Turgeon, 'Fanny de Beauharnais: Bibliographical Notes and Bibliography' in *Modern Philology*, August 1932, p. 62.

7 Ibid., p. 64.

8 Prince de Ligne quoted in Evelyn Farr, *Before the Deluge*, p. 121.

9 Jean Hanoteau, *Le Ménage Beauharnais: Joséphine avant Napoléon – d'après des correspondances inédites* (Paris, 1935), p. 85.

10 Ibid., p. 87.

11 Alicia M. Annas, 'The Elegant Art of Movement' in *An Elegant Art: Fashion and Fantasy in the Eighteenth Century*, organized by Edward Maeder (New York and Los Angeles, 1973), p. 48.

12 William Howard Adams, *The Paris Years of Thomas Jefferson* (New Haven, Conn. and London, 1997), p. 298.

13 L. S. Mercier, *The Picture of Paris Before and After the Revolution* (London, 1929), p. 103.

14 J. Christopher Herold, *Mistress to an Age: A Life of Madame de Staël* (London, 1959), p. 165.

15 Ibid., p. 58.

16 Ibid., p. 69.

17 Adams, *The Paris Years*, p. 212.

18 See Dr. G. Valensin, *Le Lit de Joséphine* (Paris, 1971).

19 de La Tour du Pin, *Memoirs*, p. 342.

20 Ibid.

21 Hanoteau, *Le Ménage Beauharnais*, p. 43.

22 Ibid., p. 103.

23 Frédéric Masson, *Joséphine de Beauharnais* (Paris, 1913), p. 12.

24 Ibid., p. 10.

25 Hanoteau, *Le Ménage Beauharnais*, p. 102.

26 Ibid., p. 87.

27 Ibid., p. 90.

28 Ibid., p. 91.

29 Ibid., p. 92.

30 Ibid., p. 95.

31 Ibid., p. 106.

32 Ibid., p. 58.

33 Ibid., p. 103.

34 Ibid., p. 104.

35 Ibid., p. 115.

36 Ibid., p. 124.

37 Ibid., p. 125.

38 Ibid., p. 130.

39 Ibid., p. 137.

40 Ibid., p. 14.

第四章 亚历山大在马提尼克岛

1 Jean Hanoteau, *Le Ménage Beauharnais: Joséphine avant Napoléon – d'après des correspondances inédites* (Paris, 1935), p. 149.

2 Ibid., p. 151.

3 Ibid., p. 152.

4 Ibid., p. 156.

5 Ibid., p. 155.

6 Ibid., p. 158.

7 Ibid., p. 160.

8 Ibid., p. 162.

9 Frédéric Masson, *Joséphine de Beauharnais* (Paris, 1913), p. 117.

10 Hanoteau, *Le Ménage Beauharnais*, p. 173.

11 Ibid., p. 171.

12 Ibid., p. 186.

13 Masson, *Joséphine de Beauharnais*, p. 115.

14 Ibid., p. 116.

15 Hanoteau, *Le Ménage Beauharnais*, p. 124.

16 Masson, *Joséphine de Beauharnais*, p. 118.

17 Hanoteau, *Le Ménage Beauharnais*, p. 183.

第五章 修道院

1 Explored in Virginia Swain, 'Hidden From View: French Women Authors and the Language of Rights', in *Intimate Encounters: Love and Domesticity in Eighteenth-Century France*, ed. Richard Rand (Hanover, N. H. and Princeton N. J., 1997), p. 22.

2 Jean Hanoteau, *Le Ménage Beauharnais: Joséphine avant Napoléon – d'après des correspondances inédites* (Paris, 1935), p. 201.

3 Ibid., p. 194.

4 Ibid., p. 197.

5 Ibid.

6 Alicia M. Annas, 'The Elegant Art of Movement' in *An Elegant Art: Fashion*

and Fantasy in the Eighteenth Century, organized by Edward Maeder (New York and Los Angeles, 1973), p. 47.

7 Hanoteau, Le Ménage Beauharnais, p. 199.

第六章　枫丹白露

1 Quoted in Francine du Plessix Gray, At Home with the Marquis de Sade (London, 1999), p. 255.

2 Mercier quoted in William Howard Adams, The Paris Years of Thomas Jefferson (New Haven, Conn. and London, 1997), p. 38.

3 Ibid., p. 41.

4 L. S. Mercier, The Picture of Paris Before and After the Revolution (London, 1929), p. 135.

5 Simon Schama, Citizens: A Chronicle of the French Revolution (London, 1989), p. 131.

6 See Chantal Thomas, The Wicked Queen: The Origins of the Myth of Marie-Antoinette, tr. Julie Rose (New York and London, 1999).

7 Quoted in Adams, The Paris Years, p. 47.

8 Ibid., p. 215.

9 Impératrice Joséphine, Correspondance 1782–1814, eds. Bernard Chevallier, Maurice Catinat and Christophe Pincemaille (Paris, 1996), p. 14.

第七章　还乡

1 Queen Hortense, The Memoirs of Queen Hortense, vol. I, ed. Prince Napoleon, tr. Arthur K. Griggs and F. Mabel Robinson (London, 1929), p. 31.

2 Source unknown.

3 Queen Hortense, Memoirs, vol. I, p. 30.

4 Ibid. p. 32.

5 See, for example, Jacques Petitjean Roget, J'ai Assassiné la Sultane Validé (Fort-de-France, 1990).

6 Armand Nicolas, 'La Résistance des esclaves à la Martinique à la veille de la Révolution de 1789 – Spécial Révolution 1789', Les Cahiers du patrimonie (Martinique, n.d.), p. 111.

7 Jacques Janssens, Joséphine de Beauharnais et son temps (Paris, 1963), p. 86.

8 David P. Geggus, 'Slavery, War and Revolution in the Greater Caribbean, 1789–1815', in A Turbulent Time, eds. David B. Gaspar and David P. Geggus (Indiana, 1997), p. 3.

9 Marquise de Sade quoted in Francine du Plessix Gray, *At Home with the Marquis de Sade* (London, 1999), p. 292.

10 Armand Nicholas, 'La Résistance des esclaves', *Les Cahiers du patrimonie* (Martinique, n.d.), p118.

11 Ibid., p. 117.

第八章　大革命

1 William Howard Adams, *The Paris Years of Thomas Jefferson* (New Haven, Conn. and London, 1997), p. 266.

2 Gouverneur Morris, *The Diary and Letters of Gouverneur Morris*, ed. A. C. Morris (London and New York, 1889), p. 35.

3 Richard Holmes, *Footsteps* (London, 1995), p. 74.此处作者是在描述他对二十世纪六十年代的学生运动的看法，但用在这里也似乎是完全合适的。

4 Ibid., p. 80.

5 Marquis de Bouillé, *Souvenirs et fragments pour servir aux mémoires de ma vie et de mon temps: 1769–1812*, vol. I (Paris, 1906–11), pp. 53–4.

6 Baron de Frénilly, *Recollections of Baron de Frénilly, Peer of France*, tr. Frederic Lees (London, 1990), p. 81.

7 Germaine de Staël quoted in Marilyn Yalom, *Blood Sisters: The French Revolution in Women's Memory* (London, 1995), p. 25.

8 Lezay-Marnesia quoted in Evangeline Bruce, *Napoleon and Josephine: An Improbable Marriage* (London, 1996), p. 42.

9 Aileen Ribeiro, *Fashion in the French Revolution* (London, 1988), p. 75.

10 Jean Hanoteau, *Le Ménage Beauharnais: Joséphine avant Napoléon – d'après des correspondances inédites* (Paris, 1935), p. 201.

11 Frédéric Masson, *Joséphine de Beauharnais* (Paris, 1913), p. 163.

12 Queen Hortense, *The Memoirs of Queen Hortense*, vol. I, ed. Prince Napoleon, tr. Arthur K. Griggs and F. Mabel Robinson (London, 1929), p. 33.

13 Baron de Frénilly, *Recollections*, p. 91.

14 Ibid., p. 95.

15 Germaine de Staël quoted in Marilyn Yalom, *Blood Sisters*, p. 146.

16 André Gavoty, *Les Amoureux de l'Impératrice Joséphine* (Paris, 1961), p. 78.

17 Source unknown.

18 Simon Schama, *Citizens: A Chronicle of the French Revolution* (New York, 1989), p. 631.

19 Ibid., p. 615.

20 Impératrice Joséphine, *Correspondance 1782–1814*, eds. Bernard Chevallier, Maurice Catinat and Christophe Pincemaille (Paris, 1996), p. 16.

21 William B. Cohen, *The French Encounter with Africans* (Bloomington, Indiana, 1980), p. 115.
22 Masson, *Joséphine de Beauharnais*, pp. 186–7.
23 Ibid., p. 208.
24 Schama, *Citizens*, p. 788.
25 Claye quoted in Alain Corbin, *The Foul and the Fragrant* (Leamington Spa, 1994), p. 196.
26 Fabre d'Eglantine quoted in Simon Schama, *Citizens*, p. 771.
27 Mme de Rémusat, *Memoirs of Madame de Rémusat 1802–1808*, vol. 1 (London, 1880), tr. Mrs. Cashel Hoey and John Lillie, p. 34.
28 Élisabeth Vigée-Lebrun quoted in Marilyn Yalom, *Blood Sisters*, p. 25.
29 Quoted in Ewa Lajer-Burcharth, *Necklines: The Art of Jacques-Louis David after the Terror* (New Haven, Conn. and London, 1999), p. 17.
30 Source unknown.
31 Masson, *Joséphine de Beauharnais*, p. 201.
32 Ibid., p. 209.
33 Ibid., p. 210.
34 Queen Hortense, *Memoirs*, vol. I, p. 34.

第九章　在狱中

1 Grace Dalrymple Elliott, *Journal of My Life During the French Revolution* (London, 1859), p. 189.
2 Source unknown.
3 Quoted in André Gavoty, *Les Amoureux de l'Impératrice Joséphine* (Paris, 1961), p. 115.
4 Queen Hortense, *The Memoirs of Queen Hortense*, vol. I, ed. Prince Napoleon, tr. Arthur K. Griggs and F. Mabel Robinson (London, 1929), p. 38.
5 Quoted in Dorinda Outram, 'The Guillotine, the Soul and the Audience for Death', in *The Body and the French Revolution* (New Haven, Conn. and London, 1989), p. 113.
6 Ibid., p. 111.
7 Impératrice Joséphine, *Correspondance 1782–1814*, eds. Bernard Chevallier, Maurice Catinat and Christophe Pincemaille (Paris, 1996), p. 82.
8 Grace Dalrymple Elliott, *Journal of My Life*, p. 188.
9 Quoted in André Castelot, *Joséphine* (Paris, 1964), p. 81.
10 Castelot, *Joséphine*, Paris 1964, p. 79.
11 Frédéric Masson, *Joséphine de Beauharnais* (Paris, 1913), p. 216.
12 Queen Hortense, *Memoirs*, vol. I, p. 38.

13 Oliver Blanc, *Last Letters: Prisons and Prisoners of the French Revolution* (New York, 1987), p. 46.

第十章　热月

1 Quoted in Minnigerode Meade, *The Magnificent Comedy* (London, 1932), p. 92.

2 Baron de Frénilly, *Recollections of Baron de Frénilly, Peer of France* (London, 1909), tr. Frederic Lees, p. 154.

3 Impératrice Joséphine, *Correspondance 1782–1814*, eds. Bernard Chevallier, Maurice Catinat and Christophe Pincemaille (Paris, 1996), p. 20.

4 Meade, *The Magnificent Comedy*, p. 246.

5 Paul Barras, *Memoirs of Barras: Member of the Directorate*, vol. II, ed.George Duruy, tr. Charles E. Roche (London, 1895–6), p. 62.

6 Impératrice Joséphine, *Correspondance*, p. 23.

7 Ibid., p. 26.

8 Ibid., p. 28.

9 Baron de Frénilly, *Recollections*, p. 130.

10 Ibid., p. 129.

11 Ibid., p. 136.

12 Ibid.

13 François Furet and Denis Richet, *French Revolution*, tr. Stephen Hardman (London, 1970), p. 232.

14 Étienne Denis Pasquier, *Histoire de mon temps: Mémoires du Chancelier Pasquier*, part 1 (Paris, 1893–5), p. 14.

15 Both letters quoted in Lillian Faderman, *Surpassing the Love of Men* (London, 1981), p. 71.

16 Christian Gilles, *Madame Tallien* (Biarritz, 1999), p. 206.

17 Edmond and Jules de Goncourt, *Histoire de la société française pendant le Directoire*, 4th edn (Paris, 1879), p. 295.

18 Margaret Trouncer, *Madame Récamier* (London, 1949), p. 23.

19 Ibid., p. 24.

20 Impératrice Joséphine, *Correspondance*, p. 32.

21 Meade, *The Magnificent Comedy*, p. 217.

22 Larevellière-Lepeaux quoted in Henri d'Alméras, *Barras et son temps* (Paris, 1930), p. 205.

23 Carnot quoted in Christian Gilles, *Madame Tallien*, p. 248.

24 Pasquier, *Histoire de mon temps*, part I, p. 118.

25 Guy Breton, *Histoires d'amour de l'histoire de France*, vol. VII (Paris, 1955), p. 16.

26 Barras, *Memoirs*, vol. II, p. 67.

27　Ibid., p. 66.

28　Francine du Plessix Gray, *At Home with the Marquis de Sade* (London, 1999), p. 371.

29　Anon., *Zoloé et ses Deux Acolytes* (Paris, 1800).

30　Joanne Richardson, *The Courtesans: The Demi-Monde in Nineteenth-Century France* (London, 1967), p. 1.

31　Simone de Beauvoir, *The Second Sex* (New York, 1969), p. 435.

32　Grimod quoted in Venetia Murray, *High Society in the Regency Period 1788–1830* (London, 1998), p. 176.

33　Letter from Josephine to Mme Tallien.

34　Duc Victor de Broglie, *Souvenirs, 1785–1870* (Paris, 1886), p. 23.

35　Aileen Ribeiro, *Fashion in the French Revolution* (London, 1988), p. 127.

36　Ibid., p. 134.

37　Meade, *The Magnificent Comedy*, p. 145.

38　Gabriel Girod de L'Ain, *Désirée Clary* (Paris, 1959), p. 48.

39　Ibid., p. 51.

40　G.-J. Ouvrard, *Mémoires de G.-J. Ouvrard*, vol. I (Paris, 1827), p. 20.

41　Girod de L'Ain, *Désirée Clary*, p. 73.

42　Impératrice Joséphine, *Correspondance*, p. 32.

43　Napoléon I, *Lettres d'amour à Joséphine*, presented by Jean Tulard (Paris, 1981), p. 45.

44　Ibid., pp. 46–7.

45　Girod de L'Ain, *Désirée Clary*, p. 88.

46　Duc de Raguse, *Mémoires de Maréchal Marmont*, vol. I (Paris, 1857), p. 93.

47　Queen Hortense, *The Memoirs of Queen Hortense*, vol. II, ed. Prince Napoleon, tr. Arthur K. Griggs and F. Mabel Robinson (London, 1929), p. 43.

48　Freud to Thomas Mann, November 1936.

第十一章　意大利

1　Napoléon I, *Lettres d'amour à Joséphine*, presented by Jean Tulard (Paris, 1981), pp. 49–50.

2　Ibid., pp. 51–2.

3　Ibid., pp. 54–5.

4　Ibid., pp. 58–9.

5　Jean Savant, *Napoléon et Joséphine* (Paris, 1960), p. 53.

6　Ibid.

7　Napoléon I, *Lettres d'amour*, p. 63–4.

8　Duc de Raguse, *Mémoires de Maréchal Marmont*, vol. I (Paris, 1857), p. 187.

9 Ibid., p. 188.

10 François Furet and Denis Richet, *French Revolution*, tr. Stephen Hardman (London, 1970), p. 330.

11 See Gilray's cartoon of Mme Tallien.

12 Françoise Wagener, *L'Impératrice Joséphine* (Paris, 1999), p. 143.

13 Louis Hastier, *Le Grand Amour de Joséphine* (Paris, 1955), p. 70.

14 Ibid.

15 Napoléon I, *Lettres d'amour*, pp. 74–5.

16 Ibid., p. 78.

17 Ibid., pp. 78–9.

18 Savant, *Napoléon et Joséphine*, pp. 66–70.

19 Napoléon I, *Lettres d'amour*, p. 80.

20 Ibid., pp. 85–6.

21 Ibid., pp. 90–2.

22 A. R. Hamelin, 'Douze ans dans ma vie', *Revue de Paris*, November 1926, pp. 14–15.

23 Ibid., p. 14.

24 Impératrice Joséphine, *Correspondance 1782–1814*, eds. Bernard Chevallier, Maurice Catinat and Christophe Pincemaille (Paris, 1996), p. 45.

25 Ibid., p. 41.

26 Ibid., p. 45.

27 Napoléon I, *Lettres d'amour*, p. 95.

28 Ibid., pp. 96–7.

29 Ibid., p. 101.

30 Hamelin, 'Douze ans dans ma vie', p. 19.

31 Ibid., p. 22.

32 Napoléon I, *Lettres d'amour*, pp. 112–13.

33 Ibid., pp. 113–14.

34 Impératrice Joséphine, *Correspondance*, pp. 45–6.

35 Ibid., pp. 47–48.

36 Napoléon I, *Lettres d'amour*, pp. 123–4.

37 Dr. G. Valensin, *Le Lit de Joséphine* (Paris, 1971).

38 Napoléon I, *Lettres d'amour*, pp. 124–5.

39 Ibid., pp. 127–130.

40 Miot de Mélito, *Memoirs of Count Miot de Mélito*, vol. I, ed. General Fleischmann tr. Cashel Hoey and John Lillie (London, 1881), p. 184.

41 Duc de Raguse, *Mémoires de Maréchal Marmont*, vol. I, p. 282.

42 Baron Coston quoted in Evangeline Bruce, *Napoleon and Josephine: An Improbabl Marriage* (London, 1995), p. 195.

43 Fonds Masson, Bibliothèque Thiers, no. 223, I, p. 81.

44 Duc de Raguse, *Mémoires de Maréchal Marmont*, vol. I, pp. 293–5.

第十二章　埃及

1 Duc de Raguse, *Mémoires de Maréchal Marmont*, vol. I (Paris, 1857), p. 313.

2 Quoted in Denise Ledoux-Lebard, 'Josephine and Interior Decoration', *Apollo*, July 1977, p. 16.

3 Ibid., pp. 16–17.

4 Ibid., p. 16.

5 Queen Hortense, *The Memoirs of Queen Hortense*, vol. I, ed. Prince Napoleon, tr. Arthur K. Griggs and F. Mabel Robinson (London, 1929), p. 48.

6 J. Christopher Herold, *Mistress to an Age: A Life of Madame de Staël* (London, 1959), p. 172.

7 Andrew C. P. Haggard, *Women of the Revolutionary Era* (London, 1914), p. 278.

8 Herold, *Mistress to an Age*, p. 176.

9 Jean Orieux, *Talleyrand ou Le Sphinx incompris* (Paris, 1998).

10 Ibid., p. 28.

11 Roberto Calasso, *The Ruin of Kasch* (London, 1995), p. 9.

12 Ibid., p. 12.

13 Impératrice Joséphine, *Correspondance 1782–1814*, eds. Bernard Chevallier, Maurice Catinat and Christophe Pincemaille (Paris, 1996), pp. 56–57.

14 André Gavoty, *Les Amoureux de l'Impératrice Joséphine* (Paris, 1961), p. 271.

15 Ibid., p. 270.

16 Ibid., p. 272.

17 Duchesse d'Abrantès, *Memoirs of Madame Junot, Duchesse d'Abrantès*, vol. I (London, 1883), p. 203.

18 Vincent Cronin, *Napoleon* (London, 1994), p. 146.

19 Impératrice Joséphine, *Correspondance*, p. 66.

20 Ibid., pp. 66–67.

21 André Castelot, *Joséphine* (Paris, 1964), p. 199.

22 Impératrice Joséphine, *Correspondance*, p. 68.

23 J. Christopher Herold, *The Age of Napoleon* (Boston, 1981), p. 65.

24 Ibid., p. 65.

25 Ibid., pp. 67–8.

26 Ibid., p. 63.

27 Ibid., p. 64.

28 Louis-Antoine-Fauvelet de Bourrienne, *La Vie privée de Napoléon, par Bourrienne, son secrétaire intime* (Paris, 1910), p. 66.

29 Ibid.

30 Frances Mossiker, *The Biography of a Marriage* (London, 1965), p. 181.

31 Ibid., p. 182.

32 Impératrice Joséphine, *Correspondance*, p. 73.

33 See Georges Maugin, *L'Impératrice Joséphine: anecdotes et curiosités* (Paris, 1954), pp. 34–40.

34 Mossiker, *Biography of a Marriage*, p. 183.

35 Ibid., p. 185.

36 Ibid.

37 Ibid., p. 187.

38 Herold, *The Age of Napoleon*, p. 71.

39 Ibid.

40 Ibid., p. 73.

41 Ibid., p. 74.

42 Impératrice Joséphine, *Correspondance*, p. 86.

43 Gavoty, *Les Amoureux*, p. 279.

44 Impératrice Joséphine, *Correspondance*, p. 93.

45 Ibid., p. 89.

46 Quoted in Evangeline Bruce, *Napoleon and Josephine: An Improbable Marriage* (London, 1995), p. 268.

47 Carola Oman, *Napoleon's Viceroy* (London, 1966), p. 99.

48 Ibid.

49 Queen Hortense, *Memoirs*, vol. I, p. 52.

50 Duchesse d'Abrantès, *Memoirs*, vol. I, p. 265.

51 Mossiker, *Biography of a Marriage*, p. 201.

52 Ibid.

53 Ibid.

54 Ibid., p. 202.

55 Maurice Lescure, *Madame Hamelin* (Paris 1995), p. 54.

56 Mossiker, *Biography of a Marriage*, p. 203.

57 Ibid., p. 204.

58 Ibid.

59 Mme de Rémusat, *Memoirs of Madame de Rémusat 1802–1808*, vol. I (London, 1880), tr. Mrs. Cashel Hoey and John Lillie, p. 247.

60 Baculard d'Arnaud quoted in Anne Vincent-Buffault, *The History of Tears* (London, 1991), p. 52.

61 Ibid., p. 49.

62 de Rémusat, *Memoirs*, vol. I, p. 247.

63 Mossiker, *Biography of a Marriage* (London, 1965), p. 205.

第十三章　雾月

1 J. B. Morton, *Brumaire: The Rise of Bonaparte* (London, 1948), p. 216.

2 Impératrice Joséphine, *Correspondance 1782–1814*, eds. Bernard Chevallier, Maurice Catinat and Christophe Pincemaille (Paris, 1996), p. 192.

3 Morton, *Brumaire*, pp. 221–2.

4 Ibid., p. 223.

5 Ibid.

6 Evangeline Bruce, *Napoleon and Josephine: An Improbable Marriage* (London, 1995), p. 292.

7 Ibid., p. 293.

8 Morton, *Brumaire*, p. 260.

9 Duchesse d'Abrantès, *Memoirs of Madame Junot, Duchesse d'Abrantès*, vol. I (London, 1883), p. 273.

10 Bruce, *Napoleon and Josephine*, p. 295.

第十四章　执政府

1 Thierry Lentz, *Le Grand Consulat 1799–1804* (Paris, 1999), p. 99.

2 Maurice Guerrini, *Napoleon and Paris*, tr. Margery Weiner (London, 1970), p. 37.

3 Evangeline Bruce, *Napoleon and Josephine: An Improbable Marriage* (London, 1995), p. 309.

4 Guerrini, *Napoleon and Paris*, p. 37.

5 Louis Constant, *Memoirs of Constant, the Emperor Napoleon's head valet*, vol. I, tr. Percy Pinkerton (London, 1896), pp. 41–2.

6 Queen Hortense, *The Memoirs of Queen Hortense*, vol. II, ed. Prince Napoleon, tr. Arthur K. Griggs and F. Mabel Robinson (London, 1929), p. 56.

7 Duchesse d'Abrantès, *Memoirs of Madame Junot, Duchesse d'Abrantès*, vol. I (London, 1883), p. 441.

8 Stendhal, *Selected Journalism from the English Reviews*, ed. Geoffrey Strickland (London, 1959), p. 170.

9 Napoléon I, *Lettres d'amour à Joséphine*, presented by Jean Tulard (Paris, 1981), p. 179.

10 Source unknown.

11 Philippe Seguy, 'Costume in the Age of Napoleon', in *The Age of Napoleon:*

Costume from Revolution to Empire, 1789–1815, ed. Katell le Bourhis (New York, 1989), p. 76.

12 Ibid., p. 73.

13 Queen Hortense, *Memoirs*, vol. I, p. 56.

14 Élisabeth Vigée-Lebrun quoted in Seguy, 'Costume in the Age of Napoleon', p. 72.

15 Quoted in J. F. Bernard, *Talleyrand: A Biography* (London, 1973), p. 240.

16 Vincent Cronin, *Napoleon* (London, 1994), p. 199.

17 Ibid., p. 203.

18 Quoted in Denise Ledoux-Lebard, 'Josephine and Interior Decoration', *Apollo*, July 1977, p. 17.

19 Ibid.

20 Napoléon I, *Lettres d'amour*, p. 148.

21 Ibid., pp. 151–2.

22 Ibid., p. 153.

23 Source unknown.

24 Impératrice Joséphine, *Correspondance 1782–1814*, eds. Bernard Chevallier, Maurice Catinat and Christophe Pincemaille (Paris, 1996), p. 101.

25 Mme de Rémusat, *Memoirs of Madame de Rémusat 1802–1808*, vol. 1 (London, 1880), tr. Mrs. Cashel Hoey and John Lillie, p. 11.

26 Constant, *Memoirs*, vol. I, p. 27.

27 Impératrice Joséphine, *Correspondance*, p. 115.

28 Constant, *Memoirs*, vol. I, p. 73.

29 Edith Saunders, *Napoleon and Mademoiselle George* (London and New York, 1958), p. 50.

30 de Rémusat, *Memoirs*, vol. I, p. 79.

31 Queen Hortense, *Memoirs*, vol. II, p. 59.

32 Roberto Calasso, *The Ruin of Kasch* (London, 1995), p.58. 作者探讨的"甜蜜"概念是与塔列朗相关的，但也同样适用于约瑟芬。

33 Étienne Denis Pasquier, *Histoire de mon temps: Mémoires du Chancelier Pasquier*, part 1 (Paris, 1893–5), p. 149.

34 Mme de La Tour du Pin, *Memoirs*, ed. and tr. Felice Harcourt (London, 1969), p. 343.

35 Ibid., p. 341.

36 Pasquier, *Histoire de mon temps*, part 1, p. 149.

37 Impératrice Joséphine, *Correspondance*, p. 99.

38 Ibid.

39 Lentz, *Le Grand Consulat*, p. 247.

40 Bernard, *Talleyrand*, p. 232.

41 Constant, *Memoirs*, vol. I, p. 25.

42 Marie Avrillon, *Mémoires de Mlle Avrillon, première femme de chambre de l'impératrice, sur la vie privée de Joséphine, sa famille et sa cour*, ed. Maurice Dernelle (Paris, 1969), p. 137.

43 Constant, *Memoirs*, vol. I, p. 29.

44 Stendhal, *Selected Journalism*, p. 139.

45 Chateaubriand, *Memoirs*, tr. Robert Baldick (Harmondsworth, 1965), p. 327.

46 Paul Barras, *Memoirs of Barras: Member of the Directorate*, vol. II, ed.George Duruy, tr. Charles E. Roche (London, 1895–6), p. 74.

47 Napoléon I, *Lettres d'amour*, p. 155.

48 Queen Hortense, *Memoirs*, vol. I, p. 55.

49 Ibid., p. 69.

50 Ibid., p. 73.

51 Ibid.

52 Guerrini, *Napoleon and Paris*, p. 96.

53 Bernard, *Talleyrand*, p. 245.

54 Philip Mansel, *The Court of France 1789–1830* (Cambridge, 1988), p. 52.

55 Fanny Burney, *Diary and Letters of Madame D'Arblay*, vol. II, ed. Sarah Woolsey Chauncey (Boston, 1880), p. 416.

56 Bertie Greatheed, *An Englishman in Paris: 1803 – The Journal of Bertie Greatheed*, ed. J. P. T. Bury and J. C. Barry (London, 1953), p. 34.

57 Charles James Fox, *Memoirs of the Latter Years of the Right Honourable Charles James Fox* (London, 1811), pp. 188–285.

58 Burney, *Diary and Letters*, vol. II, p. 427.

59 Venetia Murray, *High Society in the Regency Period 1788–1830* (London, 1998), p. 176.

60 Greatheed, *An Englishman in Paris*, p. 55.

61 Ibid., p. 144.

62 Bruce, *Napoleon and Josephine*, p. 341.

63 Ibid.

64 William B. Cohen, *The French Encounter with Africans* (Bloomington, Indiana, 1980), p. 119.

65 *Morning Post*, 1 February 1803, quoted in Cronin, *Napoleon*, p. 231.

66 Cohen, *The French Encounter with Africans*, p. 119.

67 Impératrice Joséphine, *Correspondance*, p. 138.

68 Bernard, *Talleyrand*, p. 246.

69 Bruce, *Napoleon and Josephine*, p. 327.

70 Philip Mansel, *The Court of France*, p. 49.

71 de Rémusat, *Memoirs*, vol. I, p. 34.

72 Marguerite Joséphine Weimer, called Mlle George, *Mémoires inédits de Mademoiselle George*, 2nd edn (Paris, 1908), p. 29.

73 Saunders, *Napoleon and Mademoiselle George*, p. 55.

74 Ibid., p. 63.

75 Ibid., p. 69.

76 de Rémusat, *Memoirs*, vol. I, p. 91.

77 Ibid., p. 93.

78 Ibid., p. 91.

79 Impératrice Joséphine, *Correspondance*, p. 135.

80 Ibid., p. 137.

81 Bernard, *Talleyrand*, p. 250.

82 Ibid., p. 251.

83 Ibid.

84 de Rémusat, *Memoirs*, vol. I, p. 214.

第十五章　加冕

1 Bernard Chevallier and Christophe Pincemaille, *Impératrice Joséphine* (Paris, 1998), p. 227.

2 Mme de Rémusat, *Memoirs of Madame de Rémusat 1802–1808*, vol. I (London, 1880), tr. Mrs. Cashel Hoey and John Lillie, p. 232.

3 Ibid., p. 255.

4 Ibid.

5 Ibid., p. 281.

6 Ibid., p. 297.

7 Marie Avrillon, *Mémoires de Mlle Avrillon, première femme de chambre de l'impératrice, sur la vie privée de Joséphine, sa famille et sa cour*, ed. Maurice Dernelle (Paris, 1969), p. 69.

8 Napoléon I, *Lettres d'amour à Joséphine*, presented by Jean Tulard (Paris, 1981), p. 167.

9 de Rémusat, *Memoirs*, vol. I, pp. 305–8.

10 Ibid., p. 308.

11 Ibid., pp. 308–9.

12 Ibid., p. 309.

13 Ibid., p. 311.

14 Napoléon I, *In the Words of Napoleon: The Emperor Day by Day*, ed. R. M. Johnston with new material by R. M. Haythornthwaite (London, 2002), p. 141.

15 de Rémusat, *Memoirs*, vol. I, p. 313.

16 Avrillon, *Mémoires*, p. 73.

17 Bourrienne quoted in J. Christopher Herold, *The Age of Napoleon* (London, 1963), p. 136.

18 Avrillon, *Mémoires*, p. 74.

19 Marguerite Joséphine Weimer, called Mlle George, *Mémoires inédits de Mademoiselle George*, 2nd edn (Paris, 1908), p. 151.

20 Duchesse d'Abrantès, *Memoirs of Madame Junot, Duchesse d'Abrantès*, vol. II (London, 1883), pp. 347–8.

21 Avrillon, *Mémoires*, p. 75.

第十六章　帝国

1 Frédéric Masson, *Josephine, Empress and Queen*, tr. Mrs Cashel Hoey (London, 1899), p. 2.

2 Ibid., p. 156.

3 Ibid., p. 170.

4 Ernest Knapton, *Empress Josephine* (London, 1969), p. 272.

5 Mme de Rémusat, *Memoirs of Madame de Rémusat 1802–1808*, vol. 1 (London, 1880), tr. Mrs. Cashel Hoey and John Lillie, p. 40.

6 Ibid., p. 23.

7 Quoted in Norman Hartnell, *Royal Courts of Fashion* (London, 1971), p. 117.

8 Napoléon I, *Lettres d'amour à Joséphine*, presented by Jean Tulard (Paris, 1981), p. 174.

9 Ibid., p. 175.

10 Impératrice Joséphine, *Correspondance 1782–1814*, eds. Bernard Chevallier, Maurice Catinat and Christophe Pincemaille (Paris, 1996), p. 156.

11 Napoléon I, *Lettres d'amour*, p. 182.

12 Ibid., p. 183.

13 Ibid., p. 184.

14 Ibid., p. 185.

15 Ibid., p. 186.

16 Ibid., p. 190.

17 Ibid., p. 192.

18 Ibid., p. 194.

19 Ibid., p. 195.

20 Ibid., p. 198.

21 Ibid., p. 200.

22 Ibid., p. 201.

23 Ibid., p. 202.

24 Impératrice Joséphine, *Correspondance*, p. 173.

25 Philip Mansel, *The Court of France 1789–1830* (Cambridge, 1988), p. 53.

26 Philip Mansel, *The Eagle in Splendour* (London, 1987), p. 104.

27 Ibid., p. 106.

28 de Rémusat, *Memoirs*, vol. I, p. 294.

29 Ibid., p. 295.

30 Ibid., p. 297.

31 Mansel, *The Eagle in Splendour*, p. 99.

32 Napoléon I, *Lettres d'amour*, p. 204.

33 Ibid., p. 211.

34 Impératrice Joséphine, *Correspondance*, p. 185.

35 Ibid., p. 186.

36 Napoléon I, *Napoleon's Letters*, ed. J. M Thompson (London, 1998), p. 145.

37 Ibid.

38 Napoléon I, *Lettres d'amour*, p. 235.

39 Ibid., p. 237.

40 Ibid., p. 239.

41 Ibid., p. 240.

42 Ibid., p. 252.

43 Ibid., p. 267.

44 Impératrice Joséphine, *Correspondance*, p. 199.

45 Ibid., p. 200.

46 Napoléon I, *Lettres d'amour*, p. 283.

47 Ibid., p. 285.

48 Ibid., p. 286.

49 Impératrice Joséphine, *Correspondance*, p. 216.

50 Napoléon I, *Lettres d'amour*, p. 297.

51 Impératrice Joséphine, *Correspondance*, p. 217.

52 de Rémusat, *Memoirs*, vol. I, pp. 409–10.

53 Maurice Guerrini, *Napoleon and Paris*, tr. Margery Weiner (London, 1970), p. 183.

54 Impératrice Joséphine, *Correspondance*, p. 219.

55 Guerrini, *Napoleon and Paris*, p. 199.

56 Impératrice Joséphine, *Correspondance*, p. 229.

57 Napoléon I, *Lettres d'amour*, p. 312.

58 Ibid., p. 313.

59 Ibid., p. 331.

60 Ibid., p. 347.

61 Ibid., p. 348.

62 Ibid., p. 353.

63 Queen Hortense, *The Memoirs of Queen Hortense*, vol. I, ed. Prince Napoleon, tr. Arthur K. Griggs and F. Mabel Robinson (London, 1929), p. 208.

64 Ibid., p. 209.

65 Ibid., p. 210.

66 Ibid.

67 Ibid., p. 212.

68 Ibid., p. 215.

69 Étienne Denis Pasquier, *Histoire de mon temps: Mémoires du Chancelier Pasquier*, part 1 (Paris, 1893–5), p. 371.

70 Frédéric Masson, *Joséphine répudiée, 1809–1814*, 6th edn (Paris, 1901), p. 80.

71 Ibid., p. 81.

72 Evangeline Bruce, *Napoleon and Josephine: An Improbable Marriage* (London, 1995), p. 446.

第十七章 隐遁

1 Queen Hortense, *The Memoirs of Queen Hortense*, vol. I, ed. Prince Napoleon, tr. Arthur K. Griggs and F. Mabel Robinson (London, 1929), p. 215.

2 Napoléon I, *Lettres d'amour à Joséphine*, presented by Jean Tulard (Paris, 1981), p. 359.

3 Duchesse d'Abrantès, *Memoirs of Madame Junot, Duchesse d'Abrantès*, vol. III (London, 1883), pp. 230–3.

4 Mme Ducrest, *Memoirs of the Empress Josephine*, vol. I (London, 1894), p. 295.

5 Napoléon I, *Lettres d'amour*, p. 360.

6 Frédéric Masson, *Joséphine répudiée, 1809–1814*, 6th edn (Paris, 1901), p. 123.

7 Napoléon I, *Lettres d'amour*, p. 381.

8 Impératrice Joséphine, *Correspondance 1782–1814*, eds. Bernard Chevallier, Maurice Catinat and Christophe Pincemaille (Paris, 1996), p. 255.

9 Ibid., p. 254.

10 Ibid., pp. 255–6.

11 Napoléon I, *Lettres d'amour*, p. 382.

12 Impératrice Joséphine, *Correspondance*, p. 257.

13 Ibid., p. 154.

14 Jill Douglas-Hamilton, Duchess of Hamilton and Brandon, *Napoleon, the Empress and the Artist* (London, 1999), p. 48.

15 Bernard Chevallier, *L'Impératrice Joséphine et Les Sciences Naturelles* (Paris, 1997), p. 8.

16 Douglas-Hamilton, *Napoleon, the Empress and the Artist*, p. 22.

17 我对约瑟芬的艺术收藏的评述主要来自 Nicole Hubert, 'Josephine and Contemporary Painting', *Apollo*, July 1977, pp. 25–33。

18 我对约瑟芬的雕塑收藏的评述主要来自 Gérard Hubert, 'Josephine, a Discerning Collector of Sculpture', *Apollo*, July 1977, p. 43。

19 Impératrice Joséphine, *Correspondance*, p. 262.

20 Masson, *Joséphine répudiée*, pp. 199–201.

21 Impératrice Joséphine, *Correspondance*, p. 274.

22 Queen Hortense, *Memoirs*, vol. II (London, 1929), pp. 17–18.

23 Napoléon I, *Lettres d'amour*, p. 395.

24 Ibid., p. 396.

25 Ibid., p. 397.

26 Impératrice Joséphine, *Correspondance*, p. 296.

27 Fenton Bresler, *Napoleon III: A Life* (London, 2000), p. 48.

28 Philip Mansel, *The Court of France 1789–1830* (Cambridge, 1988), p. 121.

29 Impératrice Joséphine, *Correspondance*, p. 323.

30 Ibid., p. 340.

31 Mansel, *The Court of France*, p. 121.

32 Charles Esdaile, 'Popular Resistance in Napoleonic Europe', *History Today*, vol. 48 (2), February 1998, p. 37.

33 Impératrice Joséphine, *Correspondance*, p. 217.

34 Chateaubriand, *Memoirs*, tr. Robert Baldick (Harmondsworth, 1965), p. 269.

35 Ibid., p. 292.

36 Michael Broers, 'The Empire Behind the Lines', *History Today*, vol. 48 (1), January 1998, p. 28.

37 Masson, *Joséphine répudiée*, p. 306.

38 Ibid., p. 308.

39 Queen Hortense, *Memoirs*, vol. II, p. 83.

40 Bernard Chevallier and Christophe Pincemaille, *L'Impératrice Joséphine* (Paris, 1996), p. 423.

41 Evangeline Bruce, *Napoleon and Josephine: An Improbable Marriage* (London, 1995), p. 477.

42 Queen Hortense, *Memoirs*, vol. II, p. 102.

43 Ibid., p. 103.

44 Ibid., p. 106.

45 Ibid., p. 107.

参考文献

Abrantès, duchesse d', *Memoirs of Madame Junot, Duchesse d'Abrantès*, 3 vols (London, Richard Bentley & Son, 1883).

Adams, William Howard, *The Paris Years of Thomas Jefferson* (New Haven, Conn., and London, Yale University Press, 1997).

Alexander, R. S., *Napoleon* (London, Arnold, 2001).

Alméras, Henri d', *Barras et son temps* (Paris, Albin Michel, 1930).

– *La Vie Parisienne sous le Consulat et l'Empire* (Paris, Albin Michel, 1909).

Annas, Alicia M., 'The Elegant Art of Movement' in ed. Edward Maeder, *An Elegant Art: Fashion and Fantasy in the Eighteenth Century* (New York, Los Angeles County Museum of Art in Association with Harry N. Abrams, 1973).

Anon., *Zoloé et ses Deux Acolytes* (Paris, 1801).

Arnault, A. V., *Souvenirs d'un sexagénaire* (Paris, Dufey, 1833).

Arneville, Marie-Blanche d', *Parcs et Jardins sous le Premier Empire* (Paris, Librairie Jules Tallandier, 1981).

Aubenas, Joseph, *Histoire de l'Impératrice Joséphine*, 2 vols (Paris, 1857).

Avrillon, Marie, *Mémoires de Mlle Avrillon, première femme de chambre de l'impératrice, sur la vie privée de Joséphine, sa famille et sa cour*, ed. Maurice Dernelle (Paris, Mercure de France, 1969).

Banbuck, Cabuzel Andréa, *Histoire politique, économique et sociale de la Martinique sous l'ancien régime* (Paris, M. Rivière, 1935).

Barras, Paul, *Memoirs of Barras, Member of the Directorate*, 4 vols, ed. George Duruy, tr. Charles E. Roche (London, Osgood, McIlvaine and Co., 1895–6).

Basily-Callimaki, Mme de, *J.-B. Isabey: sa vie, son temps* (Paris, Frazier-Soye, 1909).

Baumer, Franklin, *Modern European Thought: Continuity and Change in Ideas, 1600–1950* (New York, Macmillan, and London, Collier Macmillan, 1977).

Bausset, Louis-François-Joseph, baron de, *Mémoires anecdotiques sur l'intérieur du palais et sur quelques événements de l'Empire depuis 1805 jusqu'au Ier mai 1814 pour servir à l'histoire de Napoléon*, 2nd edn, 2 vols (Paris, Baudouin Frères, 1827–29).

Beauvoir, Simone de, *The Second Sex*, tr. Howard Madison Parshley (London, Landsborough Publications, 1960).

Berlin, Isaiah, *The Age of Enlightenment: The 18th Century Philosophers* (New York, New American Library, 1956).

Bernard, J. F., *Talleyrand: A Biography* (London, Collins, 1973).

Bertrand, comte, *Napoleon at St. Helena*, deciphered and annotated by Paul Fleuriot de Langle, tr. Frances Hume (London, Cassell and Co., 1953).

Blanc, Olivier, *Last Letters: Prisons and Prisoners of the French Revolution*, tr. Alan Sheridan (New York, Andre Deutsch, 1987).

Blanning, T. C. W., *The French Revolution: Class War or Culture Clash?*, 2nd edn (Basingstoke, Macmillan, 1998).

Boigne, Louise-Eléonore-Charlotte-Adélaïde d'Osmond, comtesse de, *Mémoires de la comtesse de Boigne, née d'Osmond: récits d'une tante*, 2 vols, presented and annotated by Jean-Claude Berchet (Paris, Mercure de France, 1999).

Bonaparte, Napoléon, *In the Words of Napoleon: The Emperor Day by Day*, ed. R. M. Johnston (London, Greenhill Books, 2002).

Bouillé, Louis-Amour, *Souvenirs et fragments pour servir aux mémoires de ma vie et de mon temps: 1769–1812*, 3 vols (Paris, A. Picard et fils, 1906–11).

Bourhis, Katell le (ed.), *The Age of Napoleon: Costume from Revolution to Empire 1789–1815* (New York, Metropolitan Museum of Art, 1989).

Bourrienne, Louis-Antoine-Fauvelet de, *La Vie privée de Napoléon, par Bourrienne, son secrétaire intime* (Paris, Librarie Contemporaine, 1910).

Bresler, Fenton, *Napoleon III: A Life* (London, HarperCollins, 2000).

Breton, Guy, *Histoires d'amour de l'histoire de France* (Paris, Éditions Noir et blanc, 1955).

Broglie, Victor, duc de, *Souvenirs, 1785–1870*, 2nd edn (Paris, Calmann Lévy, 1886).

Brookner, Anita, *Jacques-Louis David* (London, Chatto & Windus, 1980).

Bruce, Evangeline, *Napoleon and Josephine: An Improbable Marriage* (London, Weidenfeld & Nicolson, 1995).

Burney, Fanny, *Diary and Letters of Madame D'Arblay*, 2 vols, ed. Sarah Chauncey Woolsey (Boston, Robert Brothers, 1880).

Calasso, Roberto, *The Ruin of Kasch* (London, Vintage, 1995).

Campan, Mme, *Correspondance inédite de Mme.Campan avec la reine Hortense* (Brussels, J. P. Meline, 1835).

Castelot, André, *Joséphine* (Paris, Perrin, 1964).

– *Napoléon et les femmes* (Paris, Perrin, 1998).

Chanvallon, Thibault Baptiste de, *Voyage à la Martinique* (Paris, 1763).

Chateaubriand, François-René, *Atala/René*, tr. Irving Putter (Berkeley, University of California Press, 1980).

Chauleau, Liliane, *Les Antilles au temps de Schoelcher* (Paris, 1990).

– *Dans les îles du vent: la Martinique (XVIIe–XIXe siècle)* (Paris, L'Harmattan, 1993).

Chaunu, Pierre, *La Mort à Paris: XVIe, XVIIe et XVIIIe siècles* (Paris, Fayard, 1978).

Chevallier, Bernard, *L'art de vivre au temps de Joséphine* (Paris, Flammarion, 1998).

- and Christophe Pincemaille, *L'Impératrice Joséphine* (Paris, Payot, 1988).
- , Maurice Catinat and Christophe Pincemaille (eds), l'Impératrice Joséphine, *Correspondance, 1782–1814* (Paris, Payot, 1996).

Christiansen, Rupert, *Romantic Affinities: Portraits from an Age, 1780–1830* (London, Vintage, 1994).

Cobb, Richard, *Death in Paris, 1795–1801* (Oxford, Oxford University Press, 1978).

- *The French and Their Revolution* (London, John Murray, 1998).

Cohen, William B., *The French Encounter with Africans: White Response to Blacks, 1530–1880* (Bloomington, Indiana University Press, 1980).

Cole, Hubert, *Josephine* (New York, Viking, 1963).

Constant, Louis, *Memoirs of Constant, the Emperor Napoleon's Head Valet*, 4 vols, tr. Percy Pinkerton (London, H. S. Nichols, 1896).

Cooper, Alfred Duff, *Talleyrand* (London, Phoenix, 1997).

Corbin, Alain, *The Foul and the Fragrant: Odour and the Social Imagination* (London, Papermac, 1996).

Coryn, Marjorie, *The Marriage of Josephine* (London, Hodder & Stoughton, 1945).

Cronin, Vincent, *Napoleon* (London, HarperCollins, 1994).

Daney, Sidney, *Histoire de la Martinique, depuis la colonisation jusqu'en 1815*, 6 vols (Fort Royal, 1846–47).

Dessalles, Pierre, *Sugar and Slavery, Family and Race: The Letters and Diary of Pierre Dessalles, Planter in Martinique, 1808–1856*, ed. and tr. Elborg and Robert Forster (Baltimore, John Hopkins University Press, 1996).

Douglas-Hamilton, Jill, Duchess of Hamilton and Brandon, *Napoleon, the Empress and the Artist: The Story of Napoleon, Josephine's Garden at Malmaison, Redouté and the Australian Plants* (East Roseville, New South Wales, Kangaroo Press, 1991).

Ducrest, Mme Georgette, *Memoirs of the Empress Josephine*, 2 vols (London, H. S. Nichols & Co., 1894).

Elias, Norbert, *The Civilizing Process*, vol. I: 'The History of Manners' (Oxford, Blackwell, 1978).

- *The Court Society*, tr. Edmund Jephcott (Oxford, Blackwell, 1983).

Elliot, Grace Dalrymple, *Journal of My Life During the French Revolution* (London, R. Bentley, 1859).

Ellis, Geoffrey, *The Napoleonic Empire* (London, Macmillan, 1991).

Erickson, Carolly, *Josephine: A Life of the Empress* (New York, St. Martins Press, 1998).

Faderman, Lillian, *Surpassing the Love of Men: Romantic Friendship and Love between Women from the Renaissance to the Present* (London, The Women's Press, 1985).

Fain, Agathon-Jean-François, baron, *Mémoires du baron Fain: premier secrétaire du cabinet de l'Empereur* (Paris, Plon-Nourrit et Cie, 1908).

Farr, Evelyn, *Before the Deluge* (London, Peter Owen, 1994).

Flake, Otto, *The Marquis de Sade* (London, Peter Davies, 1931).

Fontana, Biancamaria, *Benjamin Constant and the Post-Revolutionary Mind* (New Haven, Conn., Yale University Press, 1991).

Forster, Elborg and Robert (eds and trs), *Sugar and Slavery, Family and Race: The Letters and Diary of Pierre Dessalles, Planter in Martinique, 1808–1856* (Baltimore, John Hopkins University Press, 1996).

Fouché, Joseph, *Mémoires* (Paris, Tournon et Nouvelles, 1957).

Fox, Charles James, *Memoirs of the Latter Years of the Right Honourable Charles James Fox* (London, 1811).

Fraser, Antonia, *Marie Antoinette: The Journey* (London, Weidenfeld & Nicolson, 2001).

Frénilly, baron de, *Recollections of Baron de Frénilly, Peer of France*, tr. Frederic Lees (London, William Heinemann, 1909).

Furet, François, and Denis Richet, *French Revolution*, tr. Stephen Hardman (London, Weidenfeld & Nicolson, 1970).

Gallaher, John G., *General Alexandre Dumas: Soldier of the French Revolution* (Carbondale, Southern Illinois University Press, 1997).

Garaud, L., *Trois Ans à la Martinique*, 2nd edn (Paris, A. Picard et Kaan, 1895).

Gaspar, David Barry, and David Patrick Geggus, *A Turbulent Time: The French Revolution and the Greater Caribbean* (Bloomington, Indiana University Press, 1997).

Gautier, Arlette, *Les Soeurs de solitude: la condition féminine dans l'esclavage aux Antilles du XVIIe au XIXe siècles* (Paris, Éditions Caribbéennes, 1985).

Gavoty, André, *Les Amoureux de l'Impératrice Josephine* (Paris, Librairie Arthème Fayard, 1961).

Gay, Sophie, *Salons célèbres* (Paris, Michel-Lévy, 1864).

Genlis, comtesse de, *Mémoires* (Paris, 1828).

George, Mlle (Weimer, Marguerite Joséphine), *Memoires inédits de mademoiselle George* (Paris, Plon-Nourrit et Cie, 1908).

Gilles, Christian, *Madame Tallien: la reine du Directoire* (Biarritz, Atlantica, 1999).

Girod, François, *La Vie quotidienne de la société créole* (Paris, Hachette, 1972).

Girod de L'Ain, Gabriel, *Désirée Clary* (Paris, Hachette, 1959).

Goethe, Johann Wolfgang, *The Sorrows of Young Werther*, tr. Michael Hulse (London, Penguin, 1989).

Goldworth, John Alger, *Paris in 1789–94: Farewell Letters of Victims of the Guillotine* (London, George Allen, 1902).

Goncourt, Edmond and Jules, *Histoire de la société française pendant le Directoire*, 4th edn (Paris, G. Charpentier, 1879).

Gough, Hugh, *The Terror in the French Revolution* (London, Macmillan, 1998).

Gourgaud, Gaspard, baron, *The St Helena Journal of General Baron Gourgaud*, ed. Norman Edwards, tr. Sydney Gillard (London, John Lane, the Bodley Head, 1932).

Gouyé Martignac, Gérald, and Michel Sementéry, *La Descendance de Joséphine, impératrice des Français* (Paris, Christian, 1994).

Grandjean, Serge, *Inventaire après décès de l'Impératrice Joséphine à Malmaison* (Paris, Ministère d'État – Affaires culturelles, 1964).

Greatheed, Bertie, *An Englishman in Paris: 1803 – The Journal of Bertie Greatheed*, ed. J. P. T. Bury and J. C. Barry (London, Geoffrey Bles, 1953).

Gronow, Captain, *The Reminiscences and Recollections of Captain Gronow, 1810–1860*, abridged by John Raymond (London, Bodley Head, 1964).

Guerrini, Maurice, *Napoleon and Paris*, tr. Margery Weiner (London, Cassell, 1970).

Gulland, Sandra, *The Last Great Dance on Earth* (London, Review, 2001).

– *The Many Lives and Secret Sorrows of Josephine B* (London, Review, 1999).

– *Tales of Passion, Tales of Woe* (London, Review, 2000).

Haggard, Andrew C. P., *Women of the Revolutionary Era* (London, Stanley Paul & Co., 1914).

Hanoteau, Jean, *Le Ménage Beauharnais: Joséphine avant Napoléon – d'après des correspondances inédites* (Paris, Librairie Plon, 1935).

Hartnell, Norman, *Royal Courts of Fashion* (London, Cassell, 1971).

Hastier, Louis, *Le Grand Amour de Joséphine* (Paris, Chastel, 1955).

Hearn, Lafcadio, *Esquisses Martiniquaises* (Paris, 1887).

Herold, Christopher J., *The Age of Napoleon* (Boston, Houghton Mifflin, 1987).

– *Mistress to an Age: A Life of Madame de Staël* (London, Hamish Hamilton, 1959).

Hibbert, Christopher, *The French Revolution* (London, Penguin, 1982).

– *Napoleon: His Wives and Women* (London, HarperCollins, 2002).

Hobsbawm, E. J., *The Age of Revolution: Europe 1789–1848* (London, Abacus, 1962).

Honour, Hugh, *Neo-Classicism* (Harmondsworth, Penguin, 1968).

– *Romanticism* (London, Penguin, 1981).

Hortense, Queen, *The Memoirs of Queen Hortense*, 2 vols, ed. Prince Napoleon, tr. Arthur K. Griggs and F. Mabel Robinson (London, Thornton-Butterworth, 1929).

Hubert, Gérard, *Malmaison* (Paris, Réunion des musées nationaux, 1989).

Hurel, Roselyne, and Diana Scarisbrick, *Chaumet, Paris: deux siècles de création* (Paris, Musée Carnavalet, 1998).

Imbert de Saint-Amand, Arthur Léon, *La Citoyenne Bonaparte* (Paris, E. Dentu, 1883).

Iung, Thomas, *Bonaparte et son temps 1769–1799*, 3 vols (Paris, Charpentier, 1881).

James, C. L. R., *The Black Jacobins: Toussaint L'Ouverture and the San Domingo Revolution* (London, Allison and Busby, 1980).

Janssens, Jacques, *Joséphine de Beauharnais et son temps* (Paris, Berger-Levrault, 1963).

Johnston, R. M. (ed.), *In the Words of Napoleon: The Emperor Day by Day* (London, Greenhill Books, 2002).

Joséphine, l'Impératrice, *Correspondance, 1782–1814*, ed. Chevallier, Bernard, Maurice Catinat and Christophe Pincemaille (Paris, Payot, 1996).

Kahane, Eric H., *Un mariage parisien sous le Directoire* (Paris, Éditions le Carrousel, 1961).

Kauffmann, Jean-Paul, *The Dark Room at Longwood: A Voyage to St Helena* (London, Harvill Press, 1999).

Keates, Jonathan, *Stendhal* (London, Minerva, 1995).

Kelly, Linda, *Women of the French Revolution* (London, Hamish Hamilton, 1987).

Kielmannsegge, comtesse de, *Mémoires de la comtesse de Kielmannsegge sur Napoléon 1er*, 2 vols, tr. Joseph Delage (Paris, Éditions Victor Attinger, 1928).

Knapton, Ernest John, *Empress Josephine* (London, Penguin, 1969).

Kunstler, Charles, *La Vie privée de l'impératrice Joséphine* (Paris, Hachette, 1939).

Laclos, Choderlos de, *Les Liaisons Dangereuses*, tr. P. W. K. Stone (London, Penguin, 1961).

Lacroix, Paul, *The XVIIIth Century: Its Institutions, Customs and Costumes: France, 1700–1989*, (tr.), (London, Bickers and Son, 1870)

Laing, Margaret, *Josephine & Napoleon* (London, Sidgwick & Jackson, 1973).

Lajer-Burcharth, Ewa, *Necklines: The Art of Jacques-Louis David after the Terror* (New Haven, Conn., and London, Yale University Press, 1999).

Las Cases, Emmanuel-Auguste-Dieudonné, comte de, *Le Mémorial de Sainte-Hélène*, 2 vols, ed. Gérard Walter (Paris, Gallimard, 1956).

La Tour du Pin, Mme de, *Memoirs*, ed. and tr. Felice Harcourt (London, Harvill, 1969).

Lavalette, Antoine-Marie Chamans, comte de, *Memoirs of Count Lavallette, written by himself*, 2nd edn, 2 vols (London, H. Colburn & R. Bentley, 1831).

Laver, James, *The Age of Illusion: Manners and Morals, 1750–1848* (London, Weidenfeld & Nicolson, 1972).

Lenôtre, G., *La Maison des Carmes* (Paris, Librarie académique Perrin, 1933)

Lentz, Thierry, *Le Grand Consulat: 1799–1804* (Paris, Fayard, 1999).

Lever, Evelyne, *Marie Antoinette; The Last Queen of France*, tr. Catherine Temerson (London, Piatkus, 2000).

Lutz, Tom, *Crying: The Natural and Cultural History of Tears* (New York, Norton, 1999).

Lyons, Martyn, *France under the Directory* (Cambridge, Cambridge University Press, 1975).

Mackau, Annette de, *Correspondance d'Annette de Mackau, comtesse de Saint-Alphonse, dame du palais de l'impératrice Joséphine, 1790–1870*, ed. Chantal de Toutier-Bonazzi (Paris, S.E.V.P.E.N., 1967).

Mallet du Pan, Jacques, *Mémoires et correspondance pour servir à l'histoire de la Révolution Française* (Paris, Amyot et Cherbulliez, 1851).

Mansel, Philip, *The Court of France 1789–1830* (Cambridge, Cambridge University Press, 1988).

– *The Eagle in Splendour: Napoleon I and His Court* (London, George Philip, 1987).

Mantel, Hilary, *A Place of Greater Safety* (London, Penguin, 1993).

Marbot, Jean-Baptiste de, *The Exploits of Baron de Marbot*, ed. Christopher Summerville (London, Constable, 2000).

Marchand, Louis-Joseph, *In Napoleon's Shadow: Being the First English Language Edition of the Complete Memoirs of Louis-Joseph Marchand, Valet and Friend of the Emperor, 1811–1821*, ed. Proctor Jones (San Francisco, Proctor Jones Publishing, 1998).

Marmont, Auguste Frédéric, *Mémoires du maréchal Marmont, duc de Raguse, de 1792 à 1841*, 6 vols (Paris, Perrotin, 1928).

Marquiset, Alfred, *Une Merveilleuse (Mme Hamelin), 1776–1851* (Paris, H. Champion, 1909).

Martin, Andy, *Napoleon the Novelist* (Cambridge, Polity, 2000).

Masson, Frédéric, *Joséphine de Beauharnais* (Paris, Librairie Paul Ollendorff, 1913).

– *Josephine, Empress and Queen*, tr. Cashel Hoey (London, Simpkin, Marshall, Hamilton, Kent & Co., 1899).

– *Joséphine répudiée* (Paris, Paul Ollendorff, 1901).

– *Mme Bonaparte: 1796–1804* (Paris, Albin Michel, 1945).

Maugras, Gaston, *Delphine de Sabran, marquise de Custine* (Paris, Plon-Nourrit et Cie, 1912).

Mauguin, Georges, *L'Impératrice Joséphine: anecdotes et curiosités* (Paris, J. Peyronnet, 1954).

Mélito, Miot de, comte, *Memoirs of Count Miot de Melito*, 2 vols, tr. Cashel Hoey and John Lillie (London, Sampson Low, Marston, Searle & Rivington, 1881).

Mercier, Louis-Sébastien, *The Picture of Paris: Before and After the Revolution*, tr. Wilfrid and Emilie Jackson (London, Routledge, 1929).

Montgaillard, Maurice, comte de, *Souvenirs du comte de Montgaillard* (Paris, Paul Ollendorff, 1895).

Morris, Gouverneur, *The Diary and Letters of Gouverneur Morris*, ed. Anne Cary Morris (London, Kegan Paul, Trench, & Co., 1889).

Morton, J. B., *Brumaire: The Rise of Bonaparte* (London, T. Werner Laurie Ltd, 1948).

Mossiker, Frances, *Napoleon and Josephine: The Biography of a Marriage* (London, Victor Gollancz, 1965).

Murray, Venetia, *High Society in the Regency Period, 1788–1830* (London, Penguin, 1998).

Napoléon I, *In the Words of Napoleon: The Emperor Day by Day*, ed. R. M. Johnston (London, Greenhill Books, 2002).

– *Lettres d'amour à Joséphine*, presented by Jean Tulard (Paris, Fayard, 1981).

Ober, Frederick, *Josephine, Empress of the French* (New York, Grafton, 1901).

Oman, Carola, *Napoleon's Viceroy: Eugène de Beauharnais* (London, Hodder & Stoughton, 1966).

Orieux, Jean, *Talleyrand ou Le Sphinx incompris* (Paris, Flammarion, 1998).

Ouvrard, G.-J., *Mémoires de G.-J. Ouvrard*, 4th edn, 2 vols (Paris, Moutardier, 1827).

Paine, Thomas, *Rights of Man* (London, C. A. Watts, 1954).

Pasquier, Étienne Denis, *Mémoires du Chancelier Pasquier*, 2 parts, 6 vols (Paris, Plon-Nourrit et Cie, 1893–95).

Petitjean Roget, Jacques, *J'ai assassiné la Sultane Validé* (Fort-de-France, Société d'histoire de la Martinique, Imprimerie Pierron, 1990).

Plessix Gray, Francine du, *At Home with the Marquis de Sade* (London, Chatto & Windus, 1999).

Rand, Richard (ed.), *Intimate Encounters: Love and Domesticity in Eighteenth-Century France* (Hanover, N. H., Hood Museum of Art, Dartmouth College, and Princeton, N. J., Princeton University Press, 1997).

Rémusat, Mme de, *Memoirs of Madame de Rémusat 1802–1808*, 2 vols, tr. Cashel Hoey and John Lillie (London, Sampson Low, Marston, Searle & Rivington, 1880).

Ribeiro, Aileen, *Dress and Morality* (London, Batsford, 1996).

- *Fashion in the French Revolution* (London, Batsford, 1988).

Richardson, Frank, *Napoleon: Bisexual Emperor* (London, Kimber, 1972).

Roberts, Andrew, *Napoleon and Wellington* (London, Weidenfeld & Nicolson, 2001).

Roederer, Pierre-Louis, *Autour de Bonaparte: Journal du comte P.-L. Roederer, ministre et conseiller d'état* (Paris, H. Daragon, 1909).

Rose, J. H., *The Revolutionary and Napoleonic Era, 1789–1815*, 7th edn (Cambridge, Cambridge University Press, 1815).

Rose-Rosette, Robert, *Les Jeunes Années de l'Impératrice Joséphine* (Les Trois-Îlets, publié avec le concours de la Fondation Napoléon, 1992).

Rousseau, Jean-Jacques, *La Nouvelle Héloïse* (Paris, 1763).

- *The Social Contract* (London, Penguin, 1972).

Rude, George, *The French Revolution* (London, Weidenfeld & Nicolson, 1988).

Russell, John, *Paris* (New York, Abrams, 1983).

Saunders, Edith, *Napoleon and Mademoiselle George* (London, Longmans, 1958).

Savant, Jean, *Napoléon et Joséphine* (Paris, Fayard, 1960).

Schaeffer, Neil, *The Marquis de Sade: A Life* (London, Hamish Hamilton, 1999).

Schama, Simon, *Citizens: A Chronicle of the French Revolution* (New York, Knopf, 1989).

- *Landscape and Memory* (London, Fontana, 1996).

Schom, Alan, *Napoleon Bonaparte* (New York, HarperCollins, 1997).

Selinko, Annemarie, *Désirée*, tr. Arnold Bender and E. W. Dickes (London, Heinemann, 1953).

Sergeant, Philip Walsingham, *Empress Josephine*, 2 vols (London, Hutchinson, 1908).

Stendhal, *Selected Journalism from the English Reviews*, ed. Geoffrey Strickland (London, John Calder, 1959).

- *The Life of Henry Brulard*, tr. John Sturrock (London, Penguin, 1995).

Sydenham, M. J., *The First French Republic, 1792–1804* (London, Batsford, 1974).

Tercier, C. A., *Mémoires politiques et militaires*, ed. C. de La Chanonie (Paris, 1891).

Thibaudeau, A. C., *Mémoires sur la Convention et le Directoire*, 2 vols (Paris, Baudouin Frères, 1824).

Thiébault, Paul Charles, baron, *The Memoirs of Baron Thiébault*, 2 vols, tr. and condensed by John Arthur Butler (London, Smith, Elder & Co., 1896).

Thomas, Chantal, *The Wicked Queen: The Origins of the Myth of Marie-Antoinette*, tr. Julie Rose (New York, Zane Books, 1999).

Tocqueville, Alexis de, *The Ancien Régime and the French Revolution* (Manchester, Fontana, 1966).

Tomalin, Claire, *Mary Wollstonecraft* (London, Penguin, 1992).

Trouncer, Margaret, *Madame Récamier* (London, Macdonald, 1949).

Tulard, Jean (presented by), Napoléon I, *Lettres d'amour à Joséphine* (Paris, Fayard, 1981).

Tussaud, Marie, *Memoirs and Reminiscences of France, forming an abridged history of the French Revolution*, ed. F. Hervé (London, Saunders & Otley, 1838).

Valensin, Dr Georges., *Le Lit de Joséphine* (Paris, La Table ronde, 1971).

Vigny, Alfred de, *The Servitude and Grandeur of Arms*, tr. Roger Gard (London, Penguin, 1996).

Vincent-Buffault, Anne, *The History of Tears: Sensibility and Sentimentality in France*, tr. Teresa Bridgeman (Basingstoke, Macmillan, 1991).

Wagener, Françoise, *L'Impératrice Joséphine* (Paris, Flammarion, 1999).

Walvin, James, *Black Ivory: A History of British Slavery* (London, HarperCollins, 1993).

Warner, Marina, *Monuments & Maidens: The Allegory of the Female Form* (London, Picador, 1987).

Weimer, Marguerite Joséphine (Mlle George), *Memoires inédits de mademoiselle George* (Paris, Plon-Nourrit et Cie, 1908).

White, T. H., *The Age of Scandal* (London, Jonathan Cape, 1950).

Yalom, Marilyn, *Blood Sisters: The French Revolution in Women's Memory* (London, Pandora, 1995).

Young, Arthur, *Travels in France during the years 1787, 1788 & 1789*, ed. Constantia Maxwell (Cambridge, Cambridge University Press, 1950).

期刊文献

这本书借鉴了许多期刊文献中的信息。以下仅仅是我认为尤其有帮助的一些：

Castel-Çagarriga, G., 'Fanny de Beauharnais et ses amis', in *Revue des deux mondes*, August 1959.

Clouzot, Henri, 'Un soir de Ventose an IV à l'hôtel de Mondragon', in *Revue des études napoléoniennes*, July 1935.

Hamelin, Antoine R., 'Douze ans de ma vie', in *Revue de Paris*, November 1926 and January 1927.

History Today, 48 (1), January 1998.

– 48 (2), February 1998.

– 48 (3), March 1998.

— 48 (6), June 1998.

Macey, David, 'Fort de France', in *Granta* 59, autumn 1997.

'Spécial Révolution 1789', in *Les Cahiers du patrimoine* (Martinique, n.d.).

Sutton, Denys, 'The Empress Josephine and the Arts', in *Apollo* 185, July 1977.

Turgeon, F. K., 'Fanny de Beauharnais: Bibliographical notes and a Bibliography', in *Modern Philology*, August 1932.

Vivre, survivre et être libre, 22 May–22 July 1998 (Fort de France).

索 引

译后记

　　在翻译这本书的过程中，我得到了许多同好和友人的帮助，在此向她们致以诚挚的谢意。我尤其要感谢《拿破仑大帝》的译者苏然、《帝国之路：通向最高权力的拿破仑》的译者王雨涵和微博@19eSiecleRoyalisme 的运营者波波在专业领域上的指导，逆梭星与菱州蕉客在译稿审读方面的意见，以及我的朋友 Bella Audley 为我提供的马尔梅松的照片。由于我个人水平有限，译文中的疏失在所难免，恳请读者们谅解并不吝斧正。此外，本书据 Pan Books 于 2013 年出版的 *Josephine：The Rose of Martinique* 译出，其中的绝大部分插图是重新采选的，由我本人编写文案，为原书所无。读者若对照原文阅读，也请务必注意这一点。

余南橘

2021 年 5 月 5 日

图书在版编目（CIP）数据

马提尼克玫瑰：约瑟芬皇后传／（英）安德莉亚·
斯图亚特（Andrea Stuart）著；余南橘译.－－北京：
社会科学文献出版社，2023.8
　　书名原文：Josephine：The Rose of Martinique
　　ISBN 978-7-5201-9905-6

　　Ⅰ.①马… Ⅱ.①安… ②余… Ⅲ.①博阿尔内（
Joséphine de Beauharnais，1763-1814）-传记　Ⅳ.
①K835.657＝41

中国版本图书馆 CIP 数据核字（2022）第 047114 号

马提尼克玫瑰：约瑟芬皇后传

著　　者／〔英〕安德莉亚·斯图亚特（Andrea Stuart）
译　　者／余南橘

出 版 人／冀祥德
组稿编辑／董风云
责任编辑／张金勇
责任印制／王京美

出　　版／社会科学文献出版社·甲骨文工作室（分社）（010）59366527
　　　　　地址：北京市北三环中路甲 29 号院华龙大厦　邮编：100029
　　　　　网址：www.ssap.com.cn
发　　行／社会科学文献出版社（010）59367028
印　　装／南京爱德印刷有限公司

规　　格／开 本：889mm×1194mm　1/32
　　　　　印 张：19.375　插 页：0.75　字 数：442 千字
版　　次／2023 年 8 月第 1 版　2023 年 8 月第 1 次印刷
书　　号／ISBN 978-7-5201-9905-6
著作权合同
登 记 号／图字 01-2021-0662 号
定　　价／128.00 元

读者服务电话：4008918866

The
Rose
of
Martinique